U0787267

桐庐年鉴

TONGLU NIANJIAN

2018

（总第22卷）

桐庐县地方志编纂委员会 编

方志出版社
Publishing House of Local Records

图书在版编目（CIP）数据

桐庐年鉴.2018/桐庐县地方志编纂委员会编. --
北京：方志出版社，2018.11
ISBN 978-7-5144-3399-9

Ⅰ.①桐… Ⅱ.①桐… Ⅲ.①桐庐县—2018—年鉴
Ⅳ.①Z525.54

中国版本图书馆CIP数据核字（2018）第261378号

桐庐年鉴（2018）

编　　者: 桐庐县地方志编纂委员会
责任编辑: 刘方圆

出 版 人: 冀祥德
出 版 者: 方志出版社
地址　北京市朝阳区潘家园东里9号（国家方志馆4层）
邮编　100021
网址　http://www.fzph.org
发　　行: 方志出版社图书经销中心
电话（010）67110500
经　　销: 各地新华书店
印　　刷: 杭州富春电子印务有限公司

开　　本: 889mm×1194mm　1/16
印　　张: 37
字　　数: 930千字
版　　次: 2018年12月第1版　2018年12月第1次印刷
印　　数: 0001～1000册

ISBN 978-7-5144-3399-9　**定价:** 280.00元

·版权所有 翻印必究·

桐庐县地方志编纂委员会

主　任：方　毅

副主任：周　扬　　王优健　　吴金富　　方　科

成　员：徐文波　　宋健民　　钱潮力　　仰忠明

朱红亮　　赵雄军　　俞　放　　施　伟

毛旭红　　余志明　　潘胜华　　孙叶华

季建平　　丁有理　　钟关贤　　谢　棣

《桐庐年鉴》编辑部

主　编：余志明

副主编：杨建丽

编　辑：叶雪珍　　张　红　　李海伟　　邵晓洁　　陈雪萍

桐庐县行

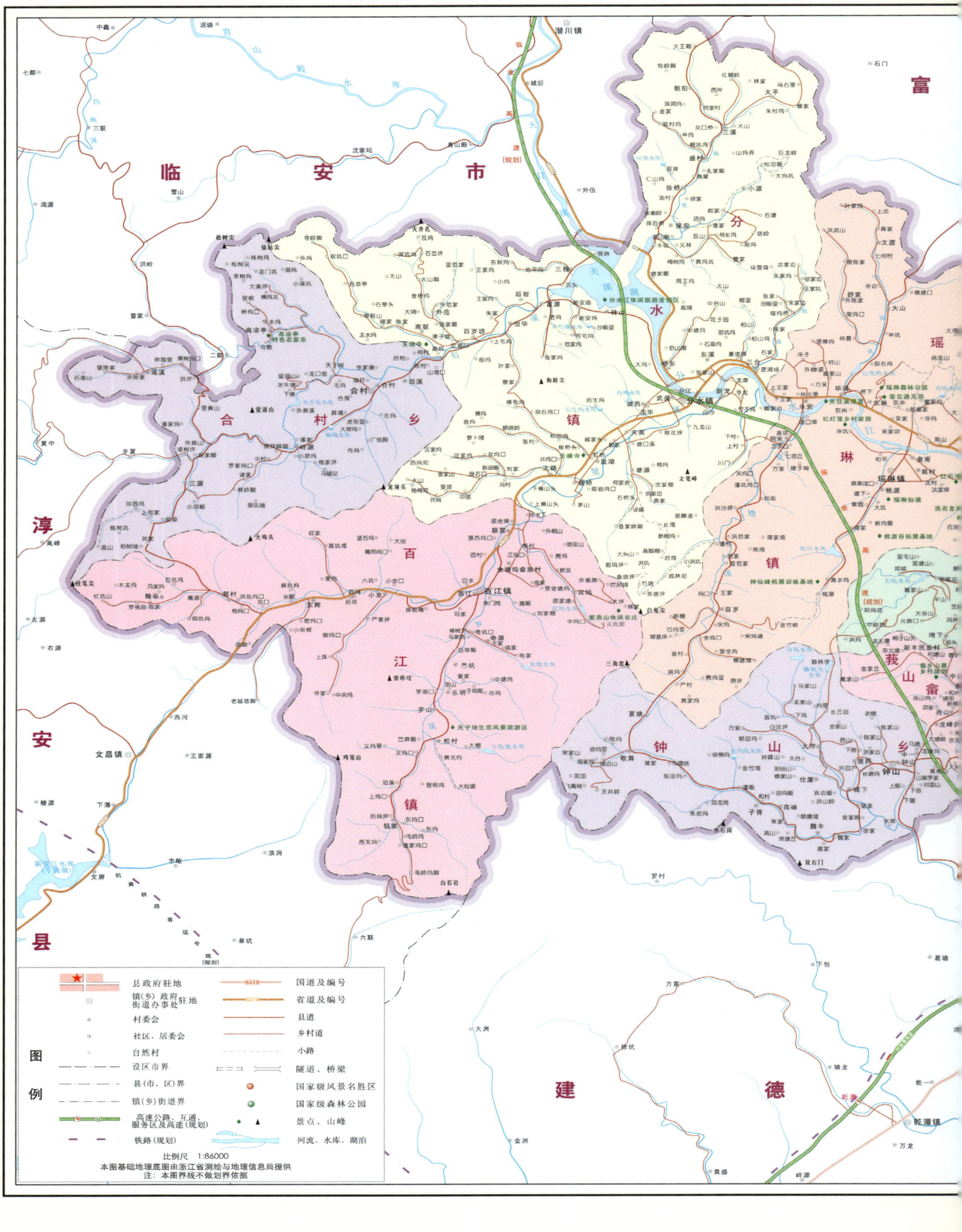

临安市
淳安县
建德
富
瑶琳镇
分水镇
合村乡
百江镇
钟山乡
莪山畲
潜川镇
文昌镇
乾潭镇
天井尖
天目溪
分水江
青山殿水库
新安江水库（千岛湖）
图例
县政府驻地
镇（乡）政府 街道办事处驻地
村委会
社区、居委会
自然村
设区市界
县（市、区）界
镇（乡）街道界
高速公路、互通、服务区及高速（规划）
铁路（规划）
国道及编号
省道及编号
县道
乡村道
小路
隧道、桥梁
国家级风景名胜区
国家级森林公园
景点、山峰
河流、水库、湖泊
比例尺 1:86000
本图基础地理底图由浙江省测绘与地理信息局提供
注：本图界线不做划界依据

政区划图

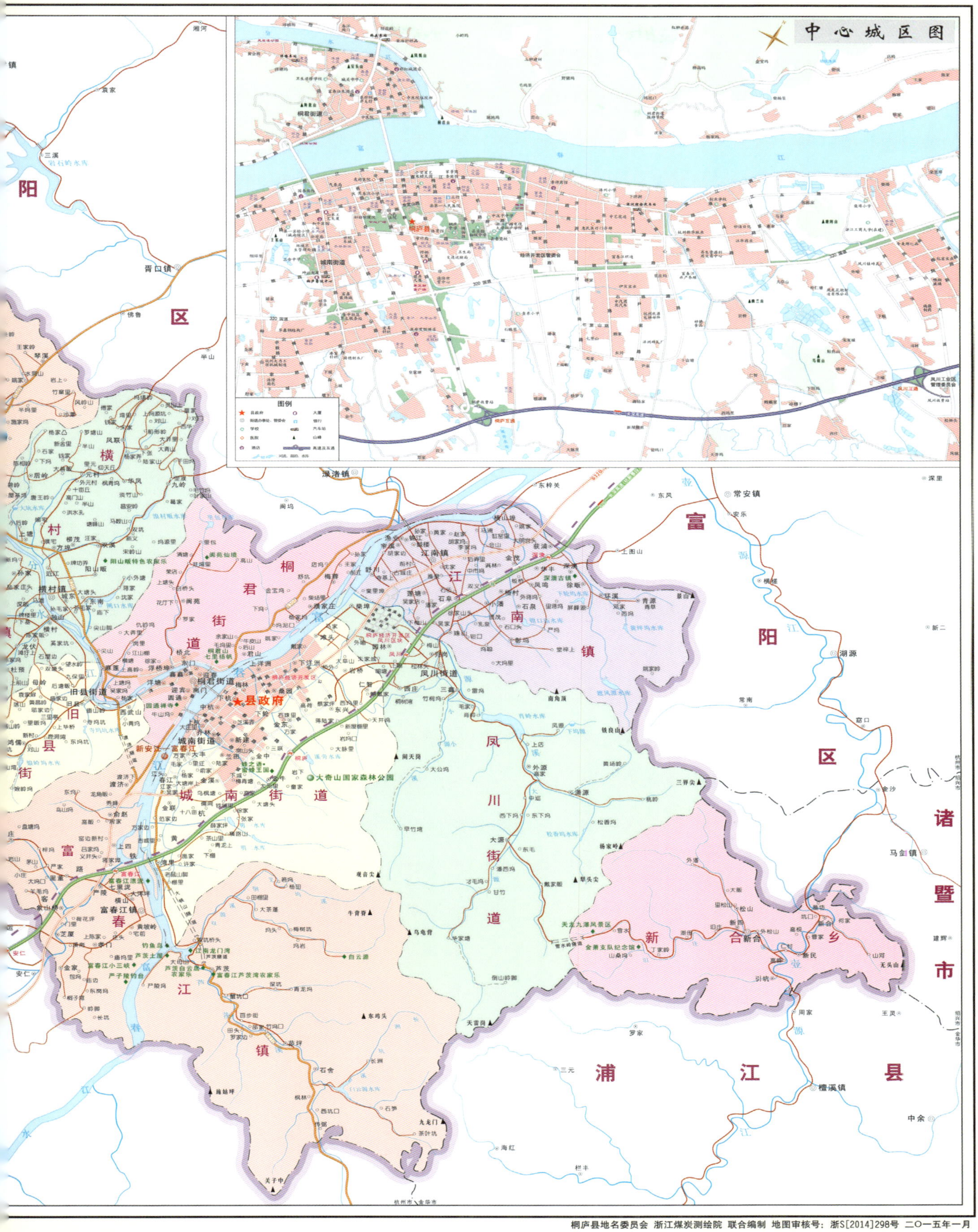

桐庐县地名委员会 浙江煤炭测绘院 联合编制 地图审核号：浙S[2014]298号 二〇一五年一月

2017 年 11 月 24 日，第二届中国（杭州）国际快递业大会在桐庐召开　　　（黄强摄）

2017 年 10 月 17 日，第二届中国国际民宿发展论坛暨国际乡村（民宿）设计大会在桐庐隆重召开　　　（黄强摄）

2017 年 11 月 14 日，第二届国际 4P 健康高峰论坛暨 2017 杭州桐庐“君山引凤”科技人才周活动开幕 （黄强摄）

2017 年 10 月 28 日，第四届中国笔业国际博览会在分水举行 （徐军勇摄）

2017 年 9 月 21 日，省委常委、市委书记赵一德（前中）到桐庐调研“最多跑一次”改革工作　　（滕晶晶摄）

2017 年 9 月 20 日，省委常委、纪委书记、监委主任刘建超（前中）到桐庐调研　　（滕晶晶摄）

2017年5月19日，省人大常委会党组书记、副主任王辉忠（前中）到桐庐开展“最多跑一次”改革蹲点调研督查

2017年11月1日，杭州市委副书记、市长徐立毅（前中）到桐庐考察富春山健康城

（滕晶晶摄）

2017 年 12 月 4 日，杭州市“最多跑一次”改革四季度现场会在桐庐召开，与会人员考察县行政服务中心

2017 年 5 月 23 日，杭州市委副书记、政法委书记马晓晖（前左一）到桐庐调研基层治理体系“四个平台”建设情况　　（滕晶晶摄）

2017 年 3 月 22 日，桐庐县举行重大项目集中开工活动　　　　（滕晶晶摄）

2017 年 11 月 8 日，浙江省首个行政服务 24 小时自助服务大厅在桐庐正式启用

2017 年 3 月 6 日，桐庐县人民政府与莱茵达体育发展股份公司举行战略合作签约仪式

（滕晶晶摄）

2017 年 11 月 28 日，桐庐抽水蓄能电站项目合作协议签约仪式举行　　（滕晶晶摄）

2017 年 7 月 15 日，桐庐县首届全民运动节开幕

2017 年 11 月 19 日，浙江省女子冰球、冰壶队落户桐庐签约仪式举行　　（滕晶晶摄）

2017 年 8 月 17 日，阿尔法人工智能产业田园小镇项目合作协议签约和启动仪式举行（滕晶晶摄）

2017 年 3 月 8 日，桐庐县纪念“三八”国际妇女节暨“喜迎十九大 妇女展风采”跳绳大赛举行（黄强摄）

2017 年 5 月 6 日，桐庐范仲淹纪念馆举行开馆仪式

2017 年 11 月 11 日，纪念叶浅予先生 110 周年诞辰暨“潇洒桐庐”全国中国画作品展开幕

（滕晶晶摄）

编辑说明

1．《桐庐年鉴》是中共桐庐县委、桐庐县人民政府主办，由中共桐庐县委党史研究室（桐庐县地方志办公室）承编的地方信息资料性文献。《桐庐年鉴（2018）》为第22卷。

2．《桐庐年鉴（2018）》以马克思列宁主义、毛泽东思想、邓小平理论、“三个代表”重要思想、科学发展观、习近平新时代中国特色社会主义思想为指导，围绕全县“生态立县、产业强县、全民兴县”三大战略建设，全面、系统地记载2017年桐庐政治、经济、文化、社会和生态文明发展的基本情况，为广大读者了解和研究桐庐提供基本信息资料。

3．《桐庐年鉴（2018）》采用分类编辑法，保持卷首、百科、卷末三个基本组成部分和栏目、分目、条目三个层次的框架结构。卷首设特载、大事记、总述等3个栏目；百科设中共桐庐县委员会、桐庐县人民代表大会等23个栏目；卷末设文献、名录、专刊、阅读引申、索引等5个栏目。

4．本年鉴所采用的文字原稿和数据，均由桐庐县各部门、各乡镇（街道）提供。稿件由专人撰写，领导审核，文后署作者名。凡涉及全县性国民经济和社会发展的数据，均以桐庐县统计局提供的为准。

5．本年鉴中的特载、文献中的重要文件辑录按原文登录；县级主要机构及负责人名录，由县委组织部提供；专刊中的国家及部属部门、省级和省级部门、杭州市级的获奖名单由各部门单独提供；县级的获奖名单以县委、县人大、县政府、县政协公布的文件为准。

6．《桐庐年鉴（2018）》随文图片由各单位撰稿人提供，均不署名。年鉴卷首彩页及切封图片由县委宣传部、县广播电视台、县信息传媒中心、县文联等单位提供，署拍摄者名；但因选用图片来源较广，少数图片不知拍摄者，故未署名。

7．《桐庐年鉴（2018）》编纂工作在中共桐庐县委、桐庐县人民政府的指导下，得到全县各部门、乡镇（街道）和有关单位的大力协助和支持，广大编纂人员为年鉴撰稿、编辑、校对付出了辛勤劳动，在此深表谢意。同时，恳请广大读者对书中的疏漏和失误之处批评指正。

《桐庐年鉴》编辑部

2018年11月

目 录

特 载

大事记

总 述

中共桐庐县委员会

桐庐县人民代表大会

桐庐县人民政府

政协桐庐县委员会

民主党派·社会团体

农业农村

工　业

商业贸易

旅游

综合管理与监督

基础设施建设

财政　税务

金 融

城乡建设与管理

国土资源 环境保护

人力资源与社会保障

法治　军事

教育　科技

文　化

卫　生

社会生活

乡镇　街道

四大平台

文 献

名 录

专　　刊

阅读引申

索　引

特　载

Special Reports

张军 / 摄

扛起新时代使命　推动高质量发展　奋力开创美丽中国桐庐样本建设新局面

——在县委十四届三次全体（扩大）会议上的讲话

中共桐庐县委书记　朱　华

（2018 年 1 月 8 日）

这次会议的主要任务是，认真学习贯彻党的十九大精神以及中央和省委经济工作会议、省委十四届二次全会、市委十二届三次全会精神，回顾总结去年以来主要工作，研究部署今年重点任务，审议通过《中共桐庐县委关于深入实施“产业强县”战略的决定》，进一步动员全县广大干部群众乘势而上、拼搏实干，奋力开创美丽中国桐庐样本建设新局面。

中共桐庐县委书记　朱　华

下面，我代表县委常委会向全会报告工作。

一、认真回顾总结，充分肯定去年以来的主要工作

县第十四次党代会和县委十四届一次全会召开以来，新一届县委常委会坚持以习近平新时代中国特色社会主义思想为指导，坚决贯彻中央和省市重大决策部署，紧紧围绕建设“山清水秀民富县强的美丽中国桐庐样本”奋斗目标，扎实推进“生态立县、产业强县、全民兴县”三大战略，边干边谋划，边谋边落实，一步一个脚印把县党代会绘制的蓝图转化为现实。预计全年实现地区生产总值 400 亿元左右，同比增长 8% 以上；社会消费品零售总额 164 亿元，同比增长 11.5%；一般公共预算收入 27.83 亿元，同比增长 8.1%。我们集中精力抓了以下六方面工作。

1. 围绕十九大召开，切实抓好学习宣传贯彻等各项工作。认真学习贯彻习近平总书记系列重要讲话精神以及省市党代会精神，全力促进经济平稳健康发展，全面打赢十九大维稳安保攻坚战，为迎接十九大召开营造了良好氛围。十九大胜利闭幕后，把认真学习宣传贯彻党的十九大精神作为首要政治任务，通过召开县委常委扩大会议、领导干部大会、县管干部集中轮训等形式，运用固定主题党日、周四夜学、桐庐大讲堂等载体，持续兴起了学习宣传贯彻十九大精神的热潮。我们还结合桐庐县域实际，组织开展乡村振兴战略等专题大讨论，碰撞思想、交流体会，努力在贯彻十九大精神上积极探索、先行先试。

2. 聚焦创新驱动，产业转型步伐加快。坚持把产业作为桐庐发展的核心，保持定力、坚守情怀，远近结合、科学布局，努力以产业提升筑牢民富县强的物质基础。着力做强产业平台。进一步理顺富春江科技城、富春山健康城、迎春商务区管理体制，强化主平台要素资源保障，加快建设特色小镇、双创平台和众创空间，提升改造重点工业园区，平台支撑力和产业集聚度持续提升。着力优化产业结构。围绕"生态产业化、产业生态化"和"产业智慧化、智慧产业化"，整合优化"6+1"产业扶持政策，制笔、针织、箱包等传统产业转型升级步伐加快，乡村旅游、农村电商、现代民宿等富民经济蓬勃发展；大力发展电子信息、先进装备制造、医疗器械、磁性材料等重点产业，战略性新兴产业增加值增幅高于规模工业增加值7个百分点以上；加快布局生命健康、运动休闲、金融服务等新型业态，中科纳泰4P健康、光华国际精准医疗中心、普望生物技术、爱唯生命科技等项目落地建设。着力增强发展后劲。开展两次重大项目开工签约"双集中"活动，海康威视二期、国际箱包智慧产业园、杭黄铁路场站等项目加快建设，富春江三桥全面竣工；狠抓招商引资和招才引智"一把手工程"，突出精准招商、产业链招商，白云源抽水蓄能电站项目前期取得重大进展，莱IN体育生活之城、阿尔法人工智能产业园等项目签约落户；创新设立县招才局，出台新一轮人才政策，设立硅谷美国桐庐创新中心等招才驿站，成功举办国际民宿发展论坛、"君山引凤"科技人才周、国际快递业大会等重大活动，努力吸引更多高层次人才来桐庐创新创业，新柔性引进"国千"人才5人、达成合作项目5个，自主培育"省千"人才1人，新达成"省千"人才合作项目2个。

3. 全面深化改革，发展活力有效激发。抓住省人大常委会作出《关于推进和保障桐庐县深化"最多跑一次"改革的决定》契机，聚焦提升群众和企业的获得感，聚力推进"最多跑一次"改革，商事领域改革持续领跑全国，法律法规衔接机制探索走在全省前列。坚持以人民为中心的改革价值取向，落实经济、政治、文化、社会、生态文明和农业农村六大领域年度改革任务，蹄疾步稳地推进乡镇街道（平台）财政体制调整、"块抓条保"督查考核机制完善、县属国有企业体制改革等重点改革任务。深化投融资体制改革，设立大健康产业基金，企业对接多层次资本市场的意识进一步增强、成效有明显提升。优化商事制度改革等政务服务，深化农民工等人员返乡创业试点示范县创建，新注册登记各类市场主体9176家。充分发挥美丽乡村发展基金作用，实施发展村级集体经济化解村级债务专项行动，超额完成年度化债增收任务。试点政府民生实事项目代表票决制工作，被中央主流媒体广泛报道。

4. 加强综合治理，文明城市成功创建。深入实施"全民兴县"战略，发动干部群众广泛参与文明创建，持续开展社区共建、市民素质提升、礼让斑马线、整治占道经营等活动，创建成为全国首批县级文明城市。按照"旅游全域化、全域景区化、景区生态化"要求，深入实施"生态立县"战略，努力打造美丽城乡标杆县、全域美丽大花园。统筹推进县域总体规划修编、老城区有机更新、城中村改造等工作。着力完善公共基础设施，桐庐城市规划展示中心、范仲淹纪念馆建成开放，萧山机场桐庐航站楼启用运营。大力开展小城镇环境综合整治，实施整治项目360个、完成投资26.9亿元，稳步推进美丽乡村示范区和村落景区建设，"中国最美县"品牌的美誉度和影响力进一步提升。强势推进拆违治乱工作，实施存量违建攻坚、拆后土地利用、乱建坟墓整治等专项行动，重点处置非法一户多宅

4533处，进一步拆出了美丽环境、公平正义和发展空间。持续深化治水、治气等工作，全面开展温室甲鱼养殖场、小微水体整治行动，实现“全县域、全天候消灭Ⅳ类及以下水体”目标，Ⅱ类以上水质河道占比达86.7%，全年空气优良天数比例达92.1%。积极配合中央环保督察组督查工作，高质量办理督察组交办信访件，全面排查整治环境问题隐患，环境保护工作短板进一步补齐。

5. 强化共建共享，民生事业不断进步。突出“保重点、保基本、保底线”要求，认真办好年度十大民生实事，调整优化特优人群免费乘车、义务教育学生免费午餐等惠民举措，“家院一体”微型养老机构建设走在全省前列，连续三年蝉联中国最具幸福感县级城市榜首。落实就业创业新政，支持大众创业万众创新，城镇居民人均可支配收入达4.6万元，农村居民人均可支配收入达2.6万元，分别同比增长8.3%和8.5%。优化教育规划布局，主动寻求名校合作办学，各类教育发展水平和群众满意度逐步提高。深化健康桐庐建设，积极对接优质医疗资源，医改先行先试县工作扎实推进，首届全民运动节成功举办，市运会居金牌、奖牌榜双榜首。深化“中国书法之乡”“书香桐庐”创建，打造“诗乡画城”品牌，文化软实力不断提升。着力构建社会治理大联动体系，全面推进“四个平台”建设，深化“两链”风险防范和化解处置工作，荣获全省首批“平安金鼎”，被评为“2013—2016年度全国平安建设先进县”。

6. 坚持从严治党，党的建设全面加强。统筹推进党风廉政建设、组织建设、意识形态和统战工作，大党建工作格局进一步形成。扎实推进“两学一做”学习教育常态化制度化，深化基层党建“整乡推进、整县提升”，完成村社组织换届选举工作，抓实基层“全科网格”建设，深入开展“联村走企访户”深化基层走亲活动，基层基础进一步得到夯实。认真落实意识形态工作责任制，深入开展培育和践行社会主义核心价值观活动，全面加强网络安全管理，充分营造积极向上的主流舆论。始终强化铁军是“带出来的、干出来的、管出来的”意识，按照增强“一心五力”要求，着力强化队伍责任心和向心力、学习力、公信力、执行力、免疫力，大力实施“学习力提升”“君山育凤”党政人才培养工程，开展全县中层及以下干部跨单位交流，强化退出县管领导岗位干部作用发挥，桐庐铁军的战斗力明显提升。层层落实全面从严治党“两个责任”，扎实推进监察体制改革，着力发挥巡察利剑作用，全年处置问题线索884件、立案查处党员干部违纪案件197件。人大、政协、统战、武装、法院、检察等工作取得新进展，老干部、党校、档案、保密等工作取得新进步，工青妇等群团改革任务顺利完成。

回顾2017年，县委常委会特别强调讲政治、重特色、强创新、惠民生、抓统筹、求实效。一是坚持正确政治方向，坚定保持政治定力，切实增强“四个意识”，清醒自觉地在政治立场、政治方向、政治原则、政治道路上同以习近平同志为核心的党中央保持高度一致；二是坚持特色发展，把生态作为发展根基，牢牢守住生态红线，有所为有所不为，着力拓宽绿山青山向金山银山转化的通道，推动新发展理念在桐庐生动实践；三是坚持改革创新，在继承中创新、在创新中发展，以“最多跑一次”改革撬动各方面各领域改革，努力把改革的红利释放出来、把创新的活力激发出来；四是坚持以民为本，突出“发展为了人民，发展依靠人民，发展成果为人民共享”，最大限度地激发群众的智慧和力量，促进政府有形之手、市场无形之手、群众勤劳之手同向发力；五是坚持统筹协调，把认识论上的系统学和方法论上的协同学贯穿于工作始终，健全落实战略规划引领一张图、资源要素保障一本账、工作协同推进一盘棋“三大机制”，讲究谋划、章法和联动，找准了跑道、干出了节奏；六是坚持求真务实，按照规律办事，强调实事求是、真抓实干，不驰于空想、不骛于虚声，说实话、谋实事、出实招、求实效。上述“六个坚持”，是县委常委会一年来履行职责的切身体会，也是今后我们开展工作的重要遵循。

以上成绩和经验的取得，是各级各部门真抓实干、合力拼搏的结果，是全县人民团结一心、共同奋斗的结果。在此，我代表县委常委会，向县委全体委员、向全县广大干部群众表示衷心的感谢！

在总结成绩的同时，我们也清醒地认识到工作中存在的不足和问题：一是经济高质量发展动力依然不足，产业结构优化、新旧动能转换还不够快，创新动力不足，部分重点项目推进缓慢，优质储备项目偏少，土地、人才、资金等要素瓶颈尚未根本性突破；二是民生的需求和供给矛盾依然突出，城乡居民持续增收压力较大，教育、医疗、养老等社会事业发展水平亟须提升，保障和改善民生任重道远；三是社会治理形势依然严峻，涉军、涉房地产、涉互联网金融等群体维稳压力仍然较大，安全生产、交通安全等领域事故时有发生，社会治理大联动体系还需进一步完善；四是加强干部队伍建设依然紧迫，部分党员干部精气神有待提升，专业知识和业务能力有待增强，执行中央八项规定精神还没有完全到位，全面从严治党还需常抓不懈。我们一定要高度重视这些问题，切实在今后的工作中加以解决。

二、增强责任担当，落实好今年工作的各项任务举措

党的十九大是一次具有划时代、里程碑式意义的盛会，学习宣传贯彻十九大精神是当前和今后一个时期的首要政治任务。我们要深刻领会习近平新时代中国特色社会主义思想，坚定不移沿着总书记指引的路子走下去，清醒认识、着力解决当前桐庐发展不平衡不充分的问题，推动习近平新时代中国特色社会主义思想在桐庐落地生根、开花结果。我们要深刻领会新时代经济由高速增长阶段转向高质量发展阶段的重大判断，坚决贯彻以新发展理念为主要内容的习近平新时代中国特色社会主义经济思想，坚持以供给侧结构性改革为主线，着力推动理念、动能、结构、效率、环境“五个转换”，统筹推进稳增长、促改革、调结构、惠民生、防风险各项工作，努力走出一条具有桐庐特色的高质量发展之路。我们要深刻领会新时代党的建设总要求，用心学习、用心领悟建设伟大工程的根本遵循，从政治和大局上向核心看齐，在学思践悟中融会贯通，不断增强把方向、谋大局的定力，全面提高领导经济社会发展的能力，广泛汇聚建设美丽中国桐庐样本的强大合力。

今年是贯彻党的十九大精神的开局之年，是改革开放40周年，是决胜高水平全面建成小康社会、实施“十三五”规划承上启下的关键一年。我们要全面贯彻党的十九大精神，以习近平新时代中国特色社会主义思想为指导，坚持稳中求进工作总基调，坚持新发展理念，统筹推进“五位一体”总体布局、协调推进“四个全面”战略布局，深入实施“产业强县推进年、拥江发展落实年、乡村振兴启动年、改革开放深化年、文化文明提升年、全民兴县促进年”行动，努力推动高质量发展，为建成高水平全面小康社会、建设美丽中国桐庐样本奠定坚实基础。

建议今年我县经济社会发展的主要预期目标为：地区生产总值（GDP）增长7.5%左右，城乡居民人均收入与经济增长基本同步，一般公共预算收入增长8.0%左右，研究与试验发展（R&D）经费支出占生产总值比重达到2.2%左右，投资结构优化、效益提高，城乡居民收入比缩小，主要环境指标优化。重点要大力实施“六个年”行动：

（一）实施“产业强县推进年”行动

这次全会其中的一个重要任务是审议通过《中共桐庐县委关于深入实施“产业强县”战略的决定》。县委对《决定》稿的起草工作高度重视，精心部署、周密安排，深入调研、集思广益，先后多次召开不同层面的座谈会听取意见，充分吸纳借鉴省市和先进地区产业发展方面的政策、经验，并邀请省发展规划研究院、省工业和信息化研究院等单位的专家把关论证，力求增强《决定》稿的科学性、指导性和可操作性。可以说，《决定》稿的起草过程，是紧密联系桐庐实际、深入贯彻党的十九大和中央经济工作会议精神以及省市党代会精神的过程，是不断深化思想认识、汇聚各方智慧的过程，是充分营造产业发展氛围、凝聚产业强县合力的过程。希望大家把《决定》稿审议好，使其成为指导全县上下推进产业发展、实现民富县强的纲领性文件。

1. 构筑产业发展新体系。全面落实《中共桐庐县委关于深入实施“产业强县”战略的决定》，调整完善与高质量发展根本要求相匹配的指标体系、统计体系、考核体系，努力构筑实体经济、科技创新、现代金融、人力资源协同发展的产业体系。做强以智慧安防、先进装备为重点的大智造产业，充分利用“互联网+”“大数据+”“机器人+”“标准化+”“品牌+”，推进制笔、针织、箱包等传统优势产业优化升级，大力培育引进人工智能、新能源、新材料、节能环保等新兴产业，拓展军民融合领域，培育新的经济增长点。做强以健康服务、药械制造为重点的大健康产业，在精准医疗、生物医药、健康管理、中医养生等领域加快布局，推进医疗器械产业高端化、智能化发展。做强以生态康养、休闲体验为重点的大旅游产业，丰富旅游产品业态，促进乡村旅游、运动休闲等产业融合发展，全面创建国家全域旅游示范县。紧密结合杭州钱塘江金融港湾、城西科创大走廊等发展战略，积极培育以电子商务、现代物流、金融服务为重点的生产性服务业，加快以研发设计、文化传媒、时尚消费为重点的文化创意产业与传统产业融合提升。坚持质量兴农、绿色兴农，大力培育以高效农业、都市农业为重点的现代农业。

2. 打造创新创业新引擎。在创新人才集聚上实现新突破。紧扣引进人才、培育人才、用好人才关键环节，制定实施人才工作三年行动计划，张开双臂、满腔热情地汇聚天下英才共建美丽中国桐庐样本。完善人才政策体系，健全人才市场化评价、认定和引进机制，舍得下本钱，放得开手脚，实实在在优化人才落户环境。注重与欧美同学会浙江分会、国千专家联谊会等组织加强交流合作，以“抢”的姿态做好“国千”“万人计划”“省千”和院士专家等“高精尖缺”人才招引工作。坚持“储才之要在育才”，着力培养一批高层次人才和高水平创新团队，今年力争引进“国千”人才3名以上、自主培育“省千”2名以上。在创新主体培育上实现新突破。出台高新技术企业和科技型企业“双倍增”、科技型中小微企业梯度培育、科技创新“双十”培育等扶持政策，今年要新认定市级及以上高新技术企业40家、省级科技企业40家。激发各类市场主体活力，大力弘扬新时代桐商精神，依法保护企业家创新权益，引导支持企业建立和引进研发中心、研究院、重点实验室等机构，新增院士专家工作站、博士后科研工作站等平台2个以上，市级及以上高新技术研发中心6家。在创新生态优化上实现新突破。深入实施科技创新发展三年行动计划，加快打造“产学研用金，才政介美云”十联动的创新创业生态系统。完善科技服务体系，加快建设孵化器与众创空间，推进产业创新服务综合体建设，不断优化产业发展的创新环境。强化科技金融支撑，推进专利权质押融资提质扩面，放大科技风险池基金效应，加快形成有利于创新成果产业化的新机制。强化知识产权创造、保护、运用，全力创建中国（杭州·文创）知识产权保护中心，实现全年专利授权量总数2000件，其中发明专利授权量达60件以上。

3. 厚植产业平台新优势。推动重点平台做强做优。富春江科技城、富春山健康城、迎春商务区等主平台要着力优化产业服务、完善产业生态，统筹推进智慧安防小镇、中国外科器械小镇、慢生活小镇等特色小镇，以及科技型小微企业园、“双创”园等载体建设，构建“种子—苗圃—孵化—加速—产业化”的接力式培育链条，加强各类资源要素保障，推动企业集聚、产业集群发展，全面提升对全县经济发展的贡献度。树立现代产业园区发展理念，强化平台园区与镇街的规划、设施、功能对接，进一步提升交通、信息、物流等基础设施，优化布局教育、医疗、商贸等配套设施，努力实现“产城人文景”五位一体融合发展。加快乡镇园区转型升级。实施工业园区提升改造三年行动计划、乡镇平台工业用地亩均税收三年倍增计划，制定园区增量准入标准和存量盘活计划，推进阿尔法人工智能产业田园小镇、妙笔小镇、时尚针织小镇等特色小镇建设，整合提升小微企业集聚片区，持续加力处置“僵尸企业”和淘汰落后产能，努力实现集聚集约发展。

（二）实施“拥江发展落实年”行动

建设生态文明是中华民族永续发展的千年大计。要牢固树立社会主义生态文明观，深入实施“拥江发展”“生态立县”战略，进一步做强生态支撑、擦亮美丽品牌，加快实现绿色崛起。

1. 规划先行，深化多规融合。找准我县在杭州拥江发展中的定位，坚持走精美精致和特色错位发展道路，打造好富春江、分水江“两江”特色生态带、文化带、景观带、交通带和产业带。按照生态空间山清水秀、生活空间宜居适度、生产空间集约高效的要求，加快修编新一轮县域总规，划定、严守生态保护红线、永久基本农田、城镇开发边界三条控制线。对接《杭州市拥江发展战略规划》，通盘考虑空间、产业和功能布局，切实做好城市总体规划、土地利用规划、环境功能区划、综合交通规划、全域旅游规划等规划的融合衔接，优化富春江科技城、富春山健康城、高铁新城、柴埠区块、城西区块等重点区块的规划和设计，充分发挥规划的先导和引领作用。

2. 保护优先，夯实生态本底。统筹推进山水林田湖生态保护与修复，建立市场化、多元化生态补偿机制，坚决制止和惩处破坏生态环境的行为。加强“两江”流域生态保护，编制实施“两江”流域生态保护与景观环境建设控制专项规划，加快富春江干堤二期、三期等项目建设。推进森林抚育、平原绿化、林相改造、矿山复绿等工作，争创国家森林城市、浙江省森林休闲养生城市。深化小城镇环境综合整治、拆违治乱、治水剿劣、治气治废和土壤治理等工作，加快构建政府为主导、企业为主体、社会组织和公众共同参与的环境治理长效机制，逐步实现山美水美人更美、城美乡美全域美。

3. 项目带动，建好重点区块。推动醉美县城4A级景区创建，强化城市设计和经营，协同推进城市建设、产业发展、文脉传承、景观打造等工作，有序推进城中村改造，谋划建设商业综合体，加强特色街区培育、地下空间开发利用，制定县城建制区域景区创建标准，打造富春江畔的璀璨明珠。高标准规划建设高铁新城，注重功能分区和业态布局，努力将其打造成为高品质的城市“会客厅”、高端业态集聚区、城市经济辐射带动区。启动疏港公路、舞象山路道路工程等环县城交通设施建设，改造提升东兴路等主干道路，优化富春江水上交通布局和功能，构建现代化综合交通网络。谋划推进江南综合码头、富春江旅游码头和游客中心建设，打造环富春江绿道风光带，全面加速富春江5A级景区创建步伐。

（三）实施“乡村振兴启动年”行动

按照“产业兴旺、生态宜居、乡风文明、治理有效、生活富裕”的要求，制定实施乡村振兴行动计划，先行布局、加快行动，努力打响“乡村振兴、桐庐先行”的品牌。

1. 深化美丽乡村建设，推动乡村更美更精。坚持把乡村作为实施“生态立县”战略的重点，编制县域乡村建设规划，注重土地利用、生态保护、产业发展、空间建设等规划衔接，保留乡村原始风貌和生态肌理，彰显真山真水的优势和特色。突出小城镇环境综合整治“以点带面、全域治理”要求，更加注重设施完善、产业导入、特色彰显、风貌提升和文脉延续，推动小城镇规划、建设、管理水平全面提升。贯彻落实中央和省市农村人居环境整治方案的要求，推进美丽田园、美丽庭院和杭派民居建设，创成浙江省3A景区村庄10个以上。深化农村厕所革命、污水革命和垃圾革命，加快道路、水电、环保、信息等配套设施建设，完善教育、医疗、养老等公共服务，不断提升乡村美丽宜居指数。抓好历史文化村落、历史建筑等各类文化遗存保护利用工作，传承发展农村优秀传统文化，彰显个性特色，弘扬人文之美，让乡村既有“颜值”又有“气质”。

2. 加快农村三产融合，推动生活更富更好。深入推进农业供给侧结构性改革，大力提升蜂产品、茶叶、干鲜果、中药材等特色产业，积极发展林下经济，着力增强绿色、高附加值农产品供给，加快培育区域公用品牌、企业品牌和特色农产品品牌，扶持和培育新型农业经营主体，提升农业发展的质量效益和竞争力。推进农村一二三产融合发展，培育壮大农村电商、休闲农业、乡村旅游、现代民宿等富民经济，谋划打造若干个“三产深度融合”示范园。统筹推进农村集体产权制度、农村土地制度、“三位一体”农合联和农村金融体制等改革，推动土地流转与适度规模经营，促进资源要素城乡双向流动，全面激发农村要素活力。有效盘活农村资源、资产，管好用好村级集体经济组织留用地，加强造田造地补助资金规范化管理，力争全面消除集体经济总收入30万元以下、经营性收入5万元以下的薄弱村，确保村级集体经济增收3500万元以上、村级债务化解7000万元以上。激发农民群众的创业热情，积极引导新乡贤回乡争当“新农人”“农创客”，使新型农民成为既赚钱又体面的职业。

3. 创新乡村治理体系，推动基层更融更和。推进农村精神文明、公共文化建设，倡导现代文明理念和生活方式，开展移风易俗、缩减人情债等行动，培育文明乡风、良好家风、淳朴民风。实施“农民素质提升工程”和新型职业农民培育工程，加强农村专业人才队伍建设，不断强化乡村振兴人才支撑。加强和创新基层社会治理，完善自治、法治、德治“三治融合”治理机制，深化村民自治实践，修订完善村规民约、社区公约，发挥社会各类人才、新乡贤群体在乡村治理中的作用，实现政府治理和社会调解、村民自治良性互动。

（四）实施“改革开放深化年”行动

只有改革开放才能发展中国、发展社会主义、发展马克思主义。要坚定不移高举改革开放大旗，以“最多跑一次”改革撬动各方面各领域改革，为推动高质量发展注入新的动力。

1. 深化“最多跑一次”改革，力争继续领跑全省。围绕“勇当全省‘最多跑一次’改革排头兵，持续走在全国‘放管服’改革前列”目标，深化企业投资领域、商事登记制度、便民服务领域三大重点领域改革，扎实推进服务网、监管网、数据网“三张网”建设，加快数据、信息归集共享进程，深化“标准地+承诺制”试点，率先实现事项全面覆盖、投资审批过程全面覆盖、流程全面优化、乡镇全面延伸等“四个全面”，为全省深化“最多跑一次”改革提供桐庐经验、桐庐样本。

2. 推进经济社会各领域改革，不断增强发展动力。谋划实施一批群众最期盼、发展最急需的改革项目，点、线、面梯次推进，力争改革成果更多更广惠及人民。深化土地利用综合改革，建立土地整治和城乡建设用地增减挂钩机制，深入开展批而未供、供而未用和低效用地“三块地”消化利用专项行动，加强“退二进三”政策引导和规划管控，全面完成今年垦造水田3000亩、垦造旱地1000亩、建设用地复垦300亩、盘活存量用地1500亩以上的任务。调整完善乡镇街道（平台）财政体制和土地出让金分配办法，稳步推进行政区划调整，进一步理顺关系、做强平台。推进国有企业体制改革，推动国有资本优化布局、做大做优。深化投融资体制改革，积极引进私募股权、风险投资等产业投资基金，大力实施“凤凰行动”，鼓励引导企业对接多层次资本市场，新增拟上市培育企业15家。推进社会治理大联动体系建设，完善县智慧治理中心功能，深化镇街“四个平台”和村社“全科网格”建设，着力推动重心下移、资源下沉、权力下放，不断提升社会治理体系和治理能力现代化水平。

3. 构建全面开放新格局，提高开放融合水平。积极融入国家“一带一路”“乡村振兴”、全省“大湾区”“大花园”“大通道”“大都市区”建设、杭州“拥江发展”“加快城市国际化”等大战略，立足生态优势和产业基础，加快融杭融圈步伐，推动县域经济向都市圈经济转型。坚持以全球竞争布局和全国战略布局的宽阔视野来谋划和推进桐庐发展，主动寻求国际商务、人才合作，积极招引国际高端会议展览，扎实推进旅游国际化，谋划布局国际学校、国际医院，努力在杭州打造世界名城进程中形成特色优势。抓住省市大抓交通基础设施的有利时机，加快建设杭黄铁路场站、临金高速等项目，深化通杭轻轨和通用机场项目前期谋划，对接推进湖州至杭州西至杭黄铁路连接线、杭义温高铁等重大交通项目，进一步打开外联通道。重视谋划、宣传和营销生态环境、最美品牌等优势资源，变资源、资产、资金为资本，促进人流、物流、信息流与资金流加速流向桐庐。坚持把招商引资和招才引智放到更加突出的位置，健全项目谋划、甄别、谈判、协调等机制，大力实施以快递业为重点的“浙商回归、桐商回家”工程，切实发挥硅谷美国桐庐创新中心、上海张江医谷等招才招商驿站作用，力争招引更多优质产业项目、高层次人才项目和高科技项目。坚持高质量“引进来”和“走出去”，注重引资、引智、引技并举，有效引导支持对外投资，进一步增强开放活力。

（五）实施“文化文明提升年”行动

文化是一个国家、一个民族的灵魂。要牢固树立“文化强则区域强”的理念，大力实施“文化名县”工程，进一步提高我县文化软实力。

1. 积极打造特色文化品牌。深入挖掘、传承和弘扬“中医药文化、隐逸文化、诗词文化”三大文化，推进“中国诗歌之乡”创建，打响“诗乡画城 潇洒桐庐”“中国最美县”“中国诗词第一县”等城市品牌，进一步彰显桐庐地方文化的特色和魅力。注重将桐庐富春山水、名人名家以及剪纸、故事、越剧、书画等特色文化元素植入城乡建设、产业发展等各个领域，实现文化元素、经济业态、城市风貌互融互促。

2. 大力发展文化事业和文化产业。健全公共文化服务体系，深入实施文化惠民工程，谋划建设县大剧院、非遗展示馆、会展中心等文体设施，完善城市文化公园、社区文化家园等公共文化设施，争取承办有影响力的体育赛事，提供更多更好的文化体育产品和服务。大力发展文化产业，主动对接之江文化产业带、杭州全国文化创意中心建设，加快发展影视拍摄制作、创意设计、数字服务、艺术品交易展示等新型业态，引进培育一批龙头骨干文化企业，打造若干个特色文化产业园，增强文化产业对其他产业的促进带动作用。

3. 深入开展精神文明建设。巩固和发展全国文明城市创建成果，深化社区结对共建、基层文明创建等活动，广泛开展“礼让斑马线点赞行动”，久久为功、常抓不懈，推动文明创建制度化、规范化、常态化。积极践行社会主义核心价值观，深化“最美桐庐人”“桐庐好人”评选，挖掘弘扬“南堡精神”“快递人创业精神”等价值内涵，提炼形成新时代“桐庐精神”，激励全县人民爱国爱乡、向上向善、创新创业。牢牢掌握意识形态工作领导权，健全完善意识形态领域情况研判和通报机制，加强互联网内容建设，强化阵地建设和管理，推动新时代中国特色社会主义思想深入人心。

（六）实施“全民兴县促进年”行动

人民是历史的创造者。要坚持人民主体地位，把人民对美好生活的向往作为奋斗目标，统筹政府、人民、社会三大主体，既尽力而为又量力而行，共建共治共享美好生活。

1. 坚持政府主导。坚决贯彻“坚守底线、突出重点、完善制度、引导预期”十六字方针，立足保基本，注重可持续，不断增强人民群众获得感幸福感安全感。要保障就业创业促民富。落实就业优先战略和积极就业政策，完善就业创业服务体系，鼓励创业带动就业，千方百计促进城乡居民增收。对低收入人群实行动态管理，注重扶贫同扶志、扶智相结合，确保全面小康“一户不漏、一个不少”。要优化公共服务惠民生。夯实养老、医疗等基本保障，稳步提高社会保障水平，完善社会救助、社会福利、优抚安置等制度，切实保住基本、兜住底线。深化政府民生实事项目代表票决制工作，加快推进千岛湖配水配套引水工程、住宅区配套改善、公交服务优化等民生项目，着力提升居民小区物业管理水平，使民生实事真正惠及广大群众。优化教育、医疗、养老等公共事业布点规划，加快推进县第一人民医院和县妇保院迁建、经济开发区学校、城西小学等项目，千方百计引进名师名医名校名院等优质资源，竭尽全力提高宜居宜业宜学指数。要深化平安桐庐建设保民安。加强社会治安防控体系建设，健全矛盾纠纷多元化解平台以及社会心理服务体系，推进“无讼无访”村创建，做好违法违规金融活动、地方隐性债务、问题烂尾楼盘、环境污染事件等风险防范和处置，深化安全生产、消防安全综合治理，切实抓好地质灾害隐患综合治理等工作，维护社会大局和谐稳定。

2. 坚持群众主体。创新推出“知桐庐、爱桐庐、兴桐庐”系列活动，丰富拓展“桐庐百姓日”“政府开放日”等载体内涵，切实增强广大群众作为桐庐主人翁的自豪感责任感。弘扬劳模精神和工匠精神，选树一批积极参与产业发展、乡村振兴、社会治理等工作的先进典型，引导群众努力向榜样看齐学习，从爱护环境卫生、文明养犬、自觉缴纳物业费等小事做起，不断提升自身素质。推广“楼下书记”、物管协调站、村级商会、村级养老互助会等基层自治模式，加强“花厅议事会”等基层协商民主议事载体建设，推动基层群众在“有事好商量、众人的事情由众人商量”上各创做法、各显神通。启动“乡贤还巢”计划，谋划召开“桐庐人大会”，让更多乡贤在乡情乡愁的联结下，以项目回归、资金回归、人才回归等多种形式助力家乡经济社会发展。

3. 坚持社会协同。整合社会各种资源，发挥行业协会、商会、同乡会等组织作用，激励社会各类主体广泛参与全县各项中心工作，形成人人参与、人人尽责、人人共享的良好局面。逐步扩大开放公共服务市场，通过政府购买服务、健全激励补偿机制等办法，引导社会资本参与基础设施建设以及教育、卫生、养老、体育等事业发展，扩大社会协同参与。发动民间力量参与设立各类公益基金，动员更多社会组织和爱心人士参与精准扶贫、公益慈善等事业。鼓励发展社会基层直接服务群众的社会组织尤其是社区社会组织，成立县级社工协会，加强社工队伍管理和规范化建设，促进社会工作职业化、专业化发展。

三、全面从严治党，为全县经济社会发展提供坚强保障

完成既定的目标任务，最根本的是要学懂弄通做实新时代党的建设总要求，切实发挥党建引领保障发展的重要作用;最关键的是要进一步增强“一心五力”，鼓足劲头真抓实干、精准发力狠抓落实，推动全县各项工作再上新台阶。

1. 坚定信念、不忘初心。要增强政治定力。始终把讲政治放在首位，强化“四个意识”，坚定“四个自信”，严守政治纪律和政治规矩，自觉学习党章、贯彻党章、维护党章，不断加强党性锻炼，一心为党工作、为民造福。要坚持解放思想。推进“两学一做”学习教育常态化制度化，开展“不忘初心、牢记使命”主题教育，用习近平新时代中国特色社会主义思想和党的十九大精神武装头脑，学深悟透、深谋实干，不机械性地照搬上级部署，不满足于现有经验和惯例做法，创造性地用好机遇、解决问题、推动发展。要充满干事激情。共产党人要汲取理想信念的力量和养分，始终保持蓬勃朝气、昂扬锐气和浩然正气，点燃干事激情，全心投入工作，把我们身上的持久力、爆发力、冲击力都派上用场，为实现新时代党的历史使命贡献全部力量。

2. 实干担当、善作善成。要有敢于担当的勇气。“干部”二字干字当头，必须敢于担当、崇尚实干，一往无前、破难而行。要勇担产业发展之责、改革创新之责、改善民生之责，面对矛盾敢于迎难而上，面对危机敢于挺身而出，面对失误敢于承担责任，把担当铭刻在骨子里、落实到行动上。要有干事成事的本领。李大钊曾撰写一副名联：“铁肩担道义，妙手著文章。”如果铁肩是责任担当，妙手就是干事本领、成事能力。我们要结合“学习力提升工程”的要求，勤学善思、完善自我，取长补短、扬长避短，真正做到政治过硬、本领高强、作风严实。要有创先争优的意识。“法乎其上，得乎其中；法乎其中，得乎其下。”我们做任何事情，都要志存高远、奋勇争先。对于当前已经形成特色、走在前列的工作，要树立不进则退的忧患意识，进一步拉高标杆、保持领先。对于处于后进追赶的工作，要发扬“啃骨头、涉险滩”的精神，找准原因、想出办法、拿出行动，直至迎头赶上、后来居上。

3. 以上率下、引领示范。各级领导班子和领导干部要发挥率先垂范作用。《论语》有云，“其身正，不令而行；其身不正，虽令不从”。全县各级领导班子和领导干部要以身作则、率先垂范，整体把握、系统推进“六个年”行动，一级带着一级干，一级做给一级看，做到学在前、谋在前、干在前。党的基层组织要发挥战斗堡垒作用。要压实党委（党组）抓基层党建工作责任，扎实开展基层党建“全域提升、全面提质”行动，加强农村基层党建，抓好社区党建提升、“两新”党建推进等工作，扩大党内基层民主，激发基层组织活力，为全县改革发展汇聚最广泛的基层力量。全体党员干部要发挥先锋模范作用。党员身份既是荣誉更是责任。每名党员都要时刻牢记党员的身份、遵守党员的规矩，始终将个人的智慧、才能和心血倾注到事业发展和群众工作上，绝不与群众争名争利，用实际行动感召和带动群众崇德向善、助推发展。

4. 从严治党、干净干事。要从严从实抓履责。紧紧扭住党风廉政建设“牛鼻子”，严格落实“两个责任”，做到守土有责、守土负责、守土尽责。各级各部门党委（党组）要切实增强“抓好党建是最大政绩”的意识，切实把责任传导到位、压实到位。各级纪检监察组织要主动适应新形势、践行新要求，全面实施素质提升工程，强化责任担当、铸造执纪铁军，切实履行监督执纪问责职责，为经济社会发展提供坚强的纪律保障。要严管严查抓作风。严格落实习总书记“纠正‘四风’不能止步，作风建设永远在路上”的重要批示精神，紧盯“四风”问题新形式新动向，不断健全改进作风的长效机制，一刻不停歇地推动作风建设向纵深发展。各级干部要牢固树立纪律意识和规矩意识，习惯在监督下成长成才、干事创业。要动真碰硬抓反腐。坚持无禁区、全覆盖、零容忍，加大对重点领域、关键岗位、突出问题的查处力度，以惩治腐败的实际成效维护正义、赢得民心。推动全面从严治党向基层延伸，加大巡察力度，严管“微权力”、严惩“微腐败”，进一步扎紧制度“笼子”、筑牢基层防线。

5. 凝心聚力、团结奋进。要发挥党委领导核心作用。坚持党对一切工作的领导，充分发挥党委总揽全局、协调各方的作用，旗帜鲜明讲政治，坚定不移地贯彻执行党的路线方针政策，集中精力谋大事、把方向、带队伍，以大党建统领大发展。要加强民主政治建设。支持人大、政府、政协和监察委、法院、检察院依法依章程履行职能，做好新形势下民族、宗教、港澳、对台、侨务等工作，巩固和发展生动活泼、安定团结的政治局面。无论是一线二线、党内党外，都要把推动地方发展作为共同的目标，心往一处想、劲往一处使，拧成一股绳，合力干大事。要广泛凝聚各方力量。众人拾柴火焰高。要充分发挥工会、共青团、妇联等群团组织的桥梁纽带作用，全力做好武装、档案、党校、老干部等各项工作，调动一切积极因素，为桐庐绿色崛起转型跨越凝聚最广泛的共识、汇聚最强大的力量。

同志们，新时代孕育新希望，新征程承载新使命。让我们更加紧密地团结在以习近平同志为核心的党中央周围，在省市委的坚强领导下，不忘初心、砥砺前行，勇立潮头、实干求成，为加快建设山清水秀民富县强的美丽中国桐庐样本而努力奋斗！

政府工作报告

—— 在桐庐县第十六届人民代表大会第二次会议上

桐庐县人民政府县长　方　毅

（2018 年 1 月 20 日）

桐庐县人民政府县长　方　毅

一、克难奋进，合力攻坚实现本届政府良好开局

2017 年是党的十九大召开之年，也是本届政府履新施政的开局之年。一年来，在上级党委、政府和县委的坚强领导下，在县人大、县政协的监督、支持下，我们坚持以习近平新时代中国特色社会主义思想为指导，全面践行新发展理念，紧紧围绕“一个目标、三大战略”，凝心聚力，真抓实干，较好完成了县十六届人大一次会议确定的主要任务，实现了本届政府的良好开局。经济实力进一步增强，全县生产总值有望突破 400 亿大关（预计数，下同），同比增长 8.5%；一般公共预算收入 27.83 亿元，同比增长 8.1%；城镇和农村居民人均可支配收入达 4.6 万元和 2.6 万元左右，分别同比增长 8.3% 和 8.5%。发展质量进一步提高，第三产业比重达 40% 以上，信息经济、战略性新兴产业、高新技术产业增加值均增长 13% 以上，新引育“国千”人才 5 人、“省千”人才 1 人。城市品牌进一步打响，获得全国文明城市、全国生态保护和建设典型示范区、全国平安建设先进县等荣誉，蝉联中国最具幸福感城市榜首。

过去一年，我们紧盯产业、紧抓项目，发展动能加快积聚。全面实施“产业强县”战略，出台“6+1”产业政策，大力支持实体经济发展。成功举办国际快递业大会、国际民宿发展论坛、国际 4P 健康高峰论坛、“君山引凤”科技人才周、产业发展大会、创业创新大会等重大会议（活动），产业发展氛围日益浓厚。理顺产业平台体制机制，提升平台发展能级，富春江科技城战略性新兴产业达 121 亿元，同比增长 27.9%，占工业总产值的 63.8%；迎春商务区创业创新环境持续优化，新注册企业 666 家，楼宇入驻率达 73.6%；富春山健康城发展基础不断夯实，成功引进爱唯（国际）细胞工程与再生医学产学研基地、光华国际精准医疗中心、中科纳泰4P健康产业园等高层次人才领衔项目。着力发展电子信息、先进装备制造、新材料、新能源等主导产业，推进制笔、针织、箱包等传统产业改造提升，规模工业增加值同比增长6.3%。全域旅游、电子商务、金融服务等现代服务业提速增效，生命健康、运动休闲等新兴业态加快布局，服务业增加值、社会消费品零售总额均同比增长10%以上。强化项目带动，海康威视二期、国际箱包智慧产业园等重点产业项目加快建设，江南油库项目破难推进，桐庐抽水蓄能电站前期工作取得新进展。莱IN体育生活之城、阆苑温泉养生谷、富春马都、阿尔法人工智能产业园等重大产业项目签约落户，发展后劲进一步增强。

过去一年，我们敢为人先、敢于破难，“最多跑一次”改革走在前列。认真贯彻落实省人大常委会《关于推进和保障桐庐县深化“最多跑一次”改革的决定》，全面推进“361”重点任务，96%以上审批服务事项实现“最多跑一次”，凭身份证可办理事项达269项，在省市多次满意度测评中名列前茅。实施商事登记“准入准营同步”改革，率先破解“注册容易注销难”，新注册登记各类市场主体9176家。探索企业投资项目“标准地+承诺制”改革，实施区域能评环评、区块能耗和环境标准，推行多评合一、多图联审、测验合一。制定“一件事”标准，减少审批事项151项、材料3123项。完成县行政服务中心提升改造，推出24小时自助服务厅，下放202项审批服务事项，基本形成15分钟政务服务圈。建立事中事后监管综合平台。梳理了一批与改革不相衔接的法律法规规章及政策性文件，争取省市下放审批权限32项，改革与法治深度融合做法得到国务院法制办充分肯定。以“最多跑一次”改革撬动其他领域改革创新，乡镇街道（平台）财政体制、县属国有企业改革稳步推进，县招才局、硅谷美国桐庐创新中心组建成立，大健康产业引导基金、体育基金会等相继设立，商事改革、PPP模式推广成效被国务院办公厅通报表扬，“千亩水田、万亩耕地”垦造工程全面实施，支持农民工等人员返乡创业国家试点深入推进，土地经营权入股发展农业产业化经营工作成为全国典型。

过去一年，我们全民参与、全力以赴，全国文明城市一举创成。着力培育社会主义核心价值观，弘扬崇德向善好风尚，涌现出一批省市道德模范、“桐庐好人”。重拳治理占道经营、流动摊贩等“马路顽疾”，完善市政道路、停车泊位等基础设施，加强老旧小区、无物管小区综合整治，城市公共秩序和环境面貌显著提升。全面实施网格化管理，构建大联动协调机制，深化“清洁桐庐”行动，江南镇、分水镇、合村乡创成国家卫生乡镇，分水镇后岩村、合村乡创成全国文明村镇。坚持全民共创，组建“市民体验团”“文明观察员”“文明使者”等队伍，开展志愿服务活动2000余场次，累计志愿服务120多万小时，“礼让斑马线”成为城市靓丽风景。

过去一年，我们一以贯之、一抓到底，城乡环境持续优化。完善城市重大基础设施，杭黄铁路站前广场建设进展顺利，滨水风光带（洋州段）即将完工，城市规划展示中心投入使用，富春江三桥竣工通车。大力推进小城镇环境综合整治，实施整治项目360个，集镇面貌明显改善。深入开展“三改一拆”行动，清理非法“一户多宅”4533处，整治乱建坟墓3466处，拆除违法建筑182万平方米。编制富春江、分水江全流域控制性专项规划，加强“两江”生态保护和景观建设。深入推进治水剿劣，开展温室甲鱼养殖污染整治，实施小微水体修复治理，实现“全县域、全天候消灭Ⅳ类及以下水体”目标，Ⅱ类以上水质河道占比达86.7%。推动治水先行向秀水共享转变，打造天然浴场、嬉水乐园等精品示范点115个。加强农村生活垃圾源头分类和资源化利用，建成运行餐厨垃圾处理项目。强化大气污染防治，全年空气优良天数比例达92.1%，PM2.5平均浓度为38

微克／立方米。积极配合中央环保督察工作，全面排查整治环境问题隐患。推进国家森林城市创建，成为全省唯一林业现代化“厅县合作”共建县。被认定为全省首批生态文明建设示范县。

过去一年，我们创美提质、创富增收，农村发展更具活力。深化美丽乡村建设，建成杭派·富春民居示范村15个，县级精品村9个、市级精品示范线2条，省级传统村落11个，百江镇乐明村等12个村入选全国首批绿色村庄。推进“美丽公路”建设，获评“四好农村路”省级示范县。打好村级集体经济增收化债“组合拳”，创新美丽乡村投入治理机制，建立美丽乡村发展基金，实行村级运维政府购买服务。全县村集体经济增收5574万元，增长54.8%，村级债务减少2.46亿元，化解41.7%，被列入全省扶持村级集体经济发展试点县。农业“两区”建设深入推进，成为一二三产深度融合现代农业园区省级试点。农业主导产业量质齐升，“天尊贡芽”获评中华文化名茶。乡村旅游、民宿经济等蓬勃发展，新增3A景区村庄10个，乡村旅游收入增长32.2%，荣获中国民宿经济发展活力县、中国十大品质休闲县等称号。

过去一年，我们以人为本、以民为先，群众幸福感日益提升。民生实事项目实行人大代表票决，决策从“为民做主”向“由民做主”转变，十大民生实事项目年度任务基本完成。调整优化特优人群免费乘车、义务教育学生免费午餐等惠民举措。深入开展名校合作办学，义务教育质量测评居全省前列，职业教育“现代学徒制”成为全省示范。杭州技师学院蒋应成获世界技能大赛汽车喷漆项目冠军。深入推进全省综合医改先行先试工作，成为“健康浙江”试评价样本。文化体育事业加快发展，范仲淹纪念馆建成开放，成功举办叶浅予诞辰110周年系列纪念活动和首届全民运动节，位列市运会金牌、奖牌双榜首。合力推进老农保清理工作，长期护理保险服务体系初步建成，残疾人四项福利补贴制度全面落实，“微型养老”模式全国推广。着力构建社会治理大联动体系，“四个平台”建设全面完成，“全科网格”基层基础不断夯实。扎实开展“两链”风险防控和化解处置，率先建立政府项目安评机制，持续加强消防、道路交通、工矿商贸等领域安全生产专项整治。开展出租房“旅馆式”管理试点，治安打防管控全面发力，十九大安保工作圆满完成，荣获全省首批“平安金鼎”。

与此同时，我们深入学习贯彻党的十九大精神，积极推进“两学一做”学习教育常态化制度化，进一步树立“四个意识”，不断加强政府自身建设。严格落实政府党组主体责任，支持监察体制改革，深入推进廉政建设和作风建设。自觉接受人大依法监督和政协民主监督，办理人大代表建议198件、政协委员提案202件。法治政府建设深入推进，政府常务会议学法、行政首长出庭应诉工作走在全省前列，规范性文件、政府合同、重大决策合法性审查全覆盖，食品安全、环境保护等民生重点领域联合执法力度加大，行政处罚、行政复议结果100%公开，建成统一政务咨询投诉举报平台。行政复议体制改革不断深化，行政争议案件呈“三升一降”良好态势。

统计、审计、地方志、人口计生、民族宗教、对口支援、山海协作、外事、港澳台侨务等工作进一步加强，国防动员和后备力量建设、人防、关心下一代、老龄、妇女儿童、公积金、气象、档案、慈善、红十字等工作取得新成绩。

各位代表，一年来，我们接续奋斗，谋长远夯基础，全面落实“生态立县、产业强县、全民兴县”三大战略，迈出了桐庐发展新步伐；我们克难奋进，集众智聚众力，全力打好“最多跑一次”改革、治水拆违、全国文明城市创建三大硬仗，增创了桐庐发展新优势。这是县委统揽全局、坚强领导的结果；是县人大、县政协监督支持、鼎力相助的结果；是全县干部群众团结一心、奋发拼搏的结果。在此，我代表县人民政府，向全县广大干部群众，向驻桐部队和武警官兵致以最崇高的敬意！向所有关心、支持桐庐发展的各界人士表示最衷心的感谢！

在肯定成绩的同时，我们清醒地认识到：经济发展质量不够高，新旧动能转换不够快，稳增长与控债务的矛盾依然突出；城市管理还不够精细，交通治堵、物业管理等短板还需加快补齐，治水、拆违仍要继续努力；美丽乡村经营能力亟待增强，村级化债、农民增收渠道还需拓宽；社会事业发展不够充分，教育、医疗等优质资源供给不足；政府服务水平有待提升，干部专业素养、攻坚能力、作风建设还要进一步加强。桐庐最重要的任务是发展，上述问题都是发展中的问题，进入新时代，更需要我们保持定力、创新破难、加快发展。

二、乘势而上，奋力谱写新时代桐庐发展新篇章

2018年是贯彻党的十九大精神开局之年，是改革开放40周年，是决胜高水平全面建成小康社会、实施“十三五”规划承上启下的关键之年。展望新的一年，科教兴国、人才强国、创新驱动、乡村振兴、区域协调发展等国家战略深入实施，我省“大湾区”“大花园”“大通道”“大都市区”建设全面展开，杭州城市国际化、拥江发展等战略加快推进，都将给我们发展带来诸多新契机。同时，县域美丽品牌效应持续放大，全国文明城市成功创建，“最多跑一次”改革纵深推进，让桐庐的发展优势进一步增强。特别是杭黄铁路即将建成通车，我县将大步迈入“高铁时代”。站在新的起点上，我们要坚定信心，因势而谋、顺势而为，奋力谱写新时代桐庐发展新篇章。

2018年政府工作的指导思想是：全面贯彻党的十九大精神，以习近平新时代中国特色社会主义思想为指导，坚持稳中求进总基调，坚持新发展理念，统筹推进“五位一体”总体布局，协调推进“四个全面”战略布局，深入实施“产业强县推进年、拥江发展落实年、乡村振兴启动年、改革开放深化年、文化文明提升年、全民兴县促进年”等“六个年”行动，努力推动高质量发展，为建成高水平全面小康社会、建设美丽中国桐庐样本奠定坚实基础。

全县经济社会发展的主要预期目标为：地区生产总值增长7.5%左右，城乡居民人均可支配收入增长与经济增长基本同步，一般公共预算收入增长8.0%左右；研发经费支出与地区生产总值之比达2.2%左右；投资结构优化、效益提高，城乡居民收入比缩小，主要环境指标优化。

各位代表，做好今年政府工作，我们必须以新思想引领新发展，注重把握“三个导向”：

（一）必须更加突出高质量发展。我国经济已由高速增长阶段转向高质量发展阶段。我们要把质量第一、效益优先放在更加突出的位置，全面落实县委关于深入实施“产业强县”战略的决定，着力推动理念转换、动能转换、结构转换、效率转换和环境转换，打好“破、立、改、降”组合拳，深化供给侧结构性改革，加快构建实体经济、科技创新、现代金融、人力资源协同发展的产业体系，努力走出一条从“有没有”转向“好不好”的高质量发展之路。

（二）必须更大力度深化改革。新时代要有新气象新作为，唯有改革开路、负冀前行。我们要紧紧扭住“最多跑一次”改革“牛鼻子”，扛起啃“硬骨头”的责任担当，进一步深化认识、丰富内涵、拓展外延、提升质量，坚定不移推动这项改革向纵深发展。要充分发挥“最多跑一次”改革牵引作用，撬动经济体制、公共服务体制等各领域改革，不断提高改革的系统性、整体性、协同性，全面激发经济社会发展新活力。

（三）必须更好满足人民美好生活需要。我国社会主要矛盾已经转化为人民日益增长的美好生活需要和不平衡不充分的发展之间的矛盾。我们要深刻认识这一关系全局的历史性变化，坚持以人民为中心的发展思想，既主动作为，着力解决发展不平衡不充分问题；又坚守底线，打好防范化解重大风险、精准帮扶、污染防治攻坚战，并在发展中补齐民生短板、促进社会公平正义，更好满足人民日益增长的美好生活需要，让群众有更多的获得感、幸福感、安全感。

围绕全年发展目标和工作要求，着力抓好以下八个方面的重点工作：

（一）聚焦质效提升，大力构建现代产业新体系

着力大智造产业培育。加快发展电子信息、先进装备、新材料、新能源等先进制造业，信息经济、高新技术产业增加值增长15%以上。以富春江科技城为主平台，创建国家级经济开发区，建设智慧安防小镇，培育以数字安防为重点的百亿级产业集群。推进阿尔法人工智能产业园项目，深化浙江省先进材料研究院、磁性材料产业园建设，做强能源装备、汽车零部件等优势制造业，促进军民融合发展。实施制笔、针织分行业改造试点，推进分水妙笔小镇、横村时尚针织小镇、国际箱包智慧产业园等建设，加强建材、有色金属冶炼与加工技术创新，加快传统产业转型升级。

加速大健康产业布局。积极构建以健康服务、药械制造为重点的大健康产业。以健康小镇为核心区，推进富春山健康城建设，加快实施郎景和健康管理中心、光华国际精准医疗中心、爱唯（国际）细胞工程与再生医学产学研基地、中科纳泰4P健康产业园等项目。加强中医药传承与科技转化，发展中药材种植、中药制造和中医健康服务，壮大中医药产业。积极打造中国外科器械小镇，推动医疗器械产业向价值链中高端升级。

促进大旅游产业提质。大力发展全域旅游，旅游总收入增长15%以上。深化富春江5A景区创建，推进“醉美县城”AAAA景区建设，启用东门游客服务中心，规划建设旅游码头，丰富富春山居图水上实景游产品。鼓励老景区改造提升，推动江南古村落、合村生仙里、大瑶琳景区、旧县富春大岭图景区等乡旅集聚区品质升级，培育富春江慢生活体验区、分水天溪湖两大省级旅游度假区。推进莱IN体育生活之城、富春马都项目建设，发展体育休闲产业。完善智慧旅游体系，加强旅游综合执法，构建一体化旅游公共服务平台。争创全国首批全域旅游示范县。

推进新兴产业发展。主动对接之江文化产业带、杭州全国文化创意中心建设，着力打造特色文化产业园，培育影视拍摄制作、创意设计、数字服务、艺术品交易展示等文化创意产业。以迎春商务区创业创新先导区建设为主抓手，发展电子商务、中介服务、虚拟现实、时尚体验等新型业态。积极引育平台型企业，发展平台经济。深化“快递回归”战略，推动中通“云谷”、圆通桐庐创客园等项目建设，谋划建立快递业发展研究院、专用装备研发中心、标准化示范基地和快递业发展基金。积极融入钱塘江金融港湾建设，大力发展科技金融、绿色金融、健康金融，推动金融服务业发展。

持续扩大有效需求。把优化投资结构放在突出位置，力争交通投资、生态环境和公共基础设施投资、高新技术产业投资、民间投资分别增长10%以上。坚持精准招商，突出主导产业招大引强、招新引优，加快链式集群发展。积极参与杭州城市国际化建设，抢抓“后峰会、前亚运”机遇，主动寻求国际商务、人才合作，积极招引国际高端会议展览、国际学校、国际医院。推进消费升级，培育数字娱乐、教育文化、体验分享等新兴消费。加快转变外贸发展方式，提升传统外贸产品附加值，推动跨境电商出口规模化。

（二）聚焦创新引领，加快培育经济发展新动能

强化科技创新。实施科技创新发展三年行动计划，深入实施高新技术企业倍增、科技创新“双十”培育，新增市级及以上高新技术企业40家，省级及以上科技型企业40家。引导支持企业建立和引进研发中心、研究院、重点实验室等机构，新增院士工作站、博士后科研工作站2个以上，市级及以上高新技术研发中心10家。

加快人才引育。深化“君山引凤”招才引智工程，着力引育高层次人才、引领型人才，鼓励带重大项目、关键技术、新兴学科落户，力争引进“国千”人才3名以上、自主培育“省千”人才2名以上。注重管理型、经营型、专业型实用人才引育，继续选树一批“桐庐工匠”，培育高技能人才800人。谋划人才社区建设，统筹布局教育、医疗、商业、休闲等生活配套设施。

优化创新生态。加快众创空间、微创园、孵化器、加速器等“双创”平台建设，努力打造特色产业创新服务综合体，桐庐科技孵化园力争创成省级科技企业孵化器。推进杭州商学院、杭州技师学院等校地合作、融合发展。加强与滨江区、余杭区等地的交流合作，探索建立异地创新平台。全力创建中国杭州（文创）知识产权保护中心，加速专利提档增量，新增专利申请量2000件，发明专利授权量60件以上。完善科技创新投融资体系，发挥科技风险池作用，促进专利权质押融资扩面提质，推动金融与科技、产业的良性互动。

（三）聚焦改革深化，持续激发体制机制新活力

纵深推进“最多跑一次”改革。巩固深化“361”重点改革任务，完善大受理、大办理、大监管体系，确保“最多跑一次”改革覆盖100%行政权力事项。深化投资项目“标准地+承诺制”改革，建立投资“一站式”服务中心，一般企业投资项目开工前全流程审批时间“最多100天”。推进商事登记“证照分离”“多证合一”改革。全力承接省市下放权力，行政服务事项进一步向镇村延伸。着力打破“信息孤岛”，实现行政审批事项网上受理全覆盖。开展国务院政务信息系统整合共享试点，强化事中事后监管，探索重点领域联合监管执法“一次到位”。推进相对集中行政许可权改革，加快部门职能转变。强化改革法治保障，深化“一件事”标准化建设，打造全省示范型县级行政服务中心，推动桐庐实践上升为“浙江样本”。

深入推进要素配置市场化改革。深化投融资改革，加强政府债务管控与化解，运用PPP模式推动社会资本参与公共基础设施建设。发挥政府产业基金引导作用，鼓励私募股权、风险投资等基金投入实体经济。激发各类市场主体活力，大力弘扬新时代桐商精神，分类实施“凤凰计划”、小巨人培育和小微企业提质等行动，培育重点拟上市企业15家。实施“标准地”制度，推行工业用地、商业用地、旅游用地带能耗、环境、建设、亩产等标准进行“招拍挂”。坚持“亩

产论英雄”，实施工业用地亩均税收三年倍增计划，大力提升改造工业园区，整合提升小微企业集聚片区，加强“僵尸企业”处置和落后产能淘汰。深化土地利用综合改革，推进低丘缓坡开发利用，加强“退二进三”政策引导和规划管控，开展“三块地”消化利用专项行动，盘活存量低效用地1500亩以上。

统筹推进其他重点领域改革。加强国有资产管理，理顺国有企业经营管理体制，强化国有企业市场主体地位。推进农村土地全域综合整治，深化农村集体产权制度改革，实施农村土地“三权分置”，加快土地流转，促进农业适度规模经营，培育新型农业经营主体100个。探索宅基地所有权、资格权、使用权分置改革，推进村集体经济组织留用地开发利用。深化农村股份制改革，发挥村经济合作社市场主体作用，鼓励村集体开展资源资产储备，加强村级资产经营管理。

（四）聚焦拥江发展，着力提升协调发展新水平

坚持高水平规划引领。主动融入省市大通道建设，深度对接杭州市拥江发展战略，高质量修编新一轮县域总体规划。科学定位城市发展目标，优化城市空间布局，合理划定生态保护、永久基本农田、城镇开发边界三条控制线，推进多规融合。精心编制富春江、分水江两岸重点区域发展规划，积极谋划储备产业发展新空间。编制富春江科技城、富春山健康城产城融合规划，完成城西区块、杭黄铁路站前区块、柴埠区块等重点区块城市设计。紧抓大交通发展新机遇，优化县域交通布局，对接推进湖州至杭州西至杭黄铁路连接线、杭义温高铁、临金高速等重大交通项目，实施新龙线（坞善岭至龙头山段）、柴雅线（凤川至新合段）等改建工程，开展通杭轻轨和通用机场项目前期，谋划桐庐西部地区交通基础设施提升工程，完善外联内优的交通网络。

坚持高品质打造美丽城市。建设富春绿道风光带，推进东兴路区块转型提升，建成杭黄铁路站前广场，加快高铁新城建设，构建“一带一路一新城”美丽县城新门户。完成城南街道、凤川街道行政区划调整，加快疏港公路等项目建设，加速城东融合发展。完善城西公共服务设施，建设新型居住区。启动舞象山道路工程（牛山坞隧道、洋塘大桥）建设，开展23省道（窄溪至麻蓬段）改建项目前期，提升改造西湖弄等里弄小巷，挖掘传承老城文化文脉。有序实施城中村拆迁改造，谋划建设商业综合体，加强特色街区培育、地下空间开发利用，改善群众居住环境，提升城市宜居品质。

坚持高标准建设魅力城镇。深入推进小城镇环境综合整治，确保全面通过省级验收。着力办好“关键小事”，整治“车乱开”“道乱占”“摊乱摆”等现象，完善城镇路网、雨污分流、“三线”序化等基础设施，不断提升群众获得感。注重讲好“小城故事”，挖掘新合革命老区、钟山快递之乡等特色文化，打造横村埠头、翙岗古街、窄溪老街等历史街区，彰显各具韵味的小镇特色风貌。全力抓好“小镇产业”，持续推进“散乱污”行业整治，培育壮大特色产业，为小城镇发展注入新动能，为居民增收提供新渠道。

（五）聚焦乡村振兴，努力开创“三农”工作新局面

致力村强民富，推进乡村产业发展。深入实施村级集体经济增收化债三年行动计划，完善政府购买村级服务机制，做强美丽乡村发展基金，全面消除集体经济总收入30万元以下、经营性收入5万元以下的经济薄弱村。稳定粮食生产，推进高标准农田建设。打造农产品区域品牌，培育茶叶、中药材、蜂业、干鲜果等超10亿产业链，建设钟山蓝莓、分水大路欢乐农场等一二三产融合发展示范园。完善公共服务配套，引导民宿特色发展、集聚发展，新增民宿示范村3个以上。培育安厨、艺福堂等农业电商平台和企业，提升农产品电商产业园，推动线上线下融合发展。

致力景美宜居，推进乡村品质提升。优化美丽乡村区域化布局，启动新一轮精品村、精品线、风情小镇建设，创成3A景区村庄10个。深化美丽庭院创建，创成美丽庭院1000

户、精品示范户100户、示范村10个。围绕宜居宜业，完善农村水电道路、生态环境、信息网络等基础设施。推进历史文化村落和杭派·富春民居建设，加强非物质文化遗产保护和传承，推广“清廉环溪”等基层文化品牌，建成农村文化礼堂8家，打造一批特色文化村，留住乡愁乡韵。

致力和谐融洽，推进乡村治理创新。加强村民自治，完善村规民约、社区公约，推广桐君街道“花厅议事会”等基层协商民主议事做法。普及农村法律服务，推进“无讼无访村（社区）”创建，民主法治村（社区）创建率达95%以上。启动“乡贤还巢”计划，积极引导乡贤回乡争当“新农人”“农创客”，以乡贤文化推动乡村治理。实施乡村振兴人才培育工程，培养造就一支懂农业、爱农村、爱农民的“三农”工作队伍。

（六）聚焦美丽建设，不断彰显生态品牌新优势

深化拆违治危。完善城乡违建联合防控和即查即拆机制，实现“新违建零发生、老违建逐年减”。加强农村建房管控，严格落实“四到场”等监管制度。强化拆后土地利用，加强老民居、旧厂房保护开发。实行城乡危旧房动态监管，推进C、D级危旧房治理改造，完成农村困难群众住房改造200户。

深化“四治联动”。健全“河长制”等管理模式，强化农村生活污水处理设施运维，完善“智慧治水”体系建设，开展“美丽河湖”创建工作。推进五水共治“先行先享”示范区建设，新增天然浴场等精品示范点100个。开展县城新建水厂、县城污水厂扩容工程前期工作。全面落实大气污染防治计划，持续提升区域环境大气质量。深化城乡生活垃圾分类处理和资源化利用，加强餐厨垃圾、建筑垃圾规范化处置，提升改造城乡公厕和旅游厕所。有序开展土壤综合治理，强化土壤污染监管和修复。

深化生态保护。加强“两江”流域生态保护，加快富春江干堤二期、三期等项目建设。深化林业现代化“厅县合作”，加强森林抚育、平原绿化、林相改造、矿山复绿等工作，全力创建国家森林城市。推进生态化造田造地，完成水田垦造3000亩、旱地垦造1000亩、建设用地复垦300亩。持续开展环保“零容忍”执法，坚决制止和惩处破坏生态环境行为。认真做好中央环保督察反馈问题整改工作。着力提高全民生态文明意识，积极培育生态文化，践行绿色生活方式。

（七）聚焦文化繁荣，全力打造县域文明新高度

着力深化文明城市建设。大力培育社会主义核心价值观，继续开展“最美桐庐人”“桐庐好人”评选等活动。深化“最美家庭”“星级文明户”等基层文明创建，广泛开展“礼让斑马线点赞行动”，引导群众从爱护环境卫生、文明养犬、自觉缴纳物业费等小事做起，不断提升文明素质。加强“雷锋广场”“楼下书记”“物管协调站”等阵地建设，深化网格化管理，常态化开展“社区结对共建”系列志愿服务。开展移风易俗行动，倡导缩减人情债，抵制不良风气，大力弘扬时代新风。

大力发展文化体育事业。制定“文化名县”实施意见。完善现代公共文化服务体系，谋划建设县大剧院、会展中心等项目，实施非遗展示馆、叶浅予艺术馆展厅改造，完善城市文化公园、社区文化家园等公共设施，丰富“全民阅读·书香桐庐”等载体。实施文化从业人员专业力提升工程，培养社会文艺骨干。加快发展体育事业，壮大体育基金规模，支持竞技体育发展，提升青少年身体素质，开展全民健身活动，培育品牌体育赛事，举办县第二届全民运动节、国际马拉松赛、全国女子足球甲级联赛、国际50后羽球达人邀请赛等赛事活动。

努力打造地域文化品牌。深化“越剧、书画、剪纸、故事”四大特色品牌建设，举办第二届“潇洒桐庐”全国中国画作品展、第六届“神州风韵”全国剪纸大赛。扩大桐君老人、严子陵、范仲淹、黄公望和叶浅予等名人名家效应，打响“中医药文化、隐逸文化、诗画文化”三大品牌，力争创成美术采风创作国家级基地、中国诗歌之乡。支持莪山畲族乡举行

成立30周年纪念活动，深化“中国畲族第一乡”建设。挖掘“南堡精神”、桐庐快递人创业精神等价值内涵，弘扬新时代“桐庐精神”。

（八）聚焦民生关切，切实增进人民群众新福祉

优先发展教育事业。优化教育规划布局，加快推进经济开发区幼儿园、城西小学、方埠初中（暂名）等校园建设。深化与杭二中等名校合作办学，与杭州主城区优质中小学组建新教育集团。精准招引优质民办学校，实施新一轮学前教育三年行动计划，完善普通高中发展政策，支持中职教育发展，全面提升教育质量。启动建设县培智学校。推进名师名校长引育工程，设立市级名师乡村工作室10个以上，改革教师培训机制，打造师德高尚、业务精良的教师队伍。

深入打造健康桐庐。推进全省综合医改试点工作，完善与上海瑞金医院、杭州市一医院等名院合作办医机制，加强学科建设，优化内部管理，畅通双向转诊通道，切实提高医疗服务质量。加快推进县第一人民医院和县妇保院迁建工程，优化医疗资源布局。探索县乡一体化管理医共体模式，健全基层医疗服务体系和分级诊疗体系。强化智慧医疗服务。落实国免优生政策。加强食品药品安全管理，完成新检验检测中心建设并投入使用，争创浙江省食品安全县，建成国家农产品质量安全县。

不断加强社会保障。推进社保参保扩面，深化长期护理保险工作。健全基本医疗保障制度，稳步提高大病医疗保障水平。完善社会救助、社会福利等制度，进一步提高低保标准。加强残疾康复和托养服务，提升临时救助、大病致贫公益金等社会救助的覆盖面和精准性。优化居家养老服务，加快医养结合发展，推进农村微型养老机构建设，探索养老机构公建民营改革，新增养老机构4家。完善就业创业新政，精准帮扶低收入群体和困难群众，做到全面小康路上“一户不漏、一个不少”。

持续深化社会治理。坚持政府主导、群众主体、社会协同，大力推进共建共治共享。开展“知桐庐、爱桐庐、兴桐庐”系列活动，丰富拓展“桐庐百姓日”“政府开放日”等载体内涵。举办首届“桐庐人大会”，激励社会各类主体广泛参与全县经济社会建设。完善社会大联动体系，深化乡镇（街道）“四个平台”和“全科网格”建设。调整城市社区设置，成立县级社工协会。提升住宅小区物业管理水平，建立物业管理综合协调（整治）机构和纠纷诉调机制。健全矛盾纠纷排查化解体系，做好互联网金融、房地产等行业及企业“两链”风险管控。严格落实安全生产责任制，强化企业主体责任，加大消防、道路交通、建筑工地等重点领域安全防控力度，加强自然灾害监测预警体系建设。优化智能化社会治安防控体系，严厉打击各类刑事犯罪活动，确保平安桐庐“十三连创”。

各位代表，政府为民办实事， 是践行以人民为中心发展思想的重要举措。今年，我们继续实施政府民生实事项目人大代表票决制工作，前期向“两代表一委员”、市民群众等各层面广泛征集民生实事项目，共征集到意见建议411条，比上年增长46.8%。经过遴选论证，正式形成12件候选项目，提请大会审议。对大会票决确定的民生实事项目，我们将加强统筹协调，认真分解落实，并接受县人大和各位代表的监督，确保把实事办好、好事办实，不断提升人民群众获得感。

三、善治有为，驰而不息打造人民满意政府

中国特色社会主义进入新时代， 对政府工作提出了更新更高要求。我们将坚定政治方向，进一步加强自身建设，努力打造人民满意政府。

（一）忠诚坚定、不忘初心，全面落实从严治政。把深入学习贯彻落实党的十九大精神作为首要政治任务，开展“不忘初心、牢记使命”主题教育，扎实推进“两学一做”学习教育常态化制度化，切实用习近平新时代中国特色社会主义思想武装头脑、指导实践。全面落实党风廉政建设主体责任，加强政府系统廉政风险防控，支持纪检监察机构开展工作，强化对重点领域、重点单位、重点岗位的全程管控和审计监

督，大力营造风清气正的良好政治生态。

（二）持之以恒、厉行法治，深入推进依法行政。切实将政府活动全面纳入法治轨道，不断深化法治政府建设。认真执行人大决定，自觉接受人大依法监督、政协民主监督。实行重大行政决策目录化管理、全过程留痕。深化综合行政执法改革，完善跨部门、县乡联动、重心下沉的执法机制。建立行政复议委员会，推行审理公开，强化复议监督。

（三）公开透明、回应关切，切实推动阳光施政。充分尊重人民群众的知情权、参与权和监督权，全面推动征地补偿、拆迁安置全过程阳光透明，加强财政资金使用、公共资源配置、公共服务监管等重点领域信息公开。完善政府新闻发言人、突发事件信息发布、行政负责人政策解读等机制，及时回应人民群众关切。优化政府门户网站，大力推进政府数据共享，不断提高政务公开信息化、集中化水平。

（四）善谋勇为、真抓实干，着力实现高效理政。坚持实干至上、行动至上，围绕县委决策部署强谋划、强执行，切实提高行政质量、行政效率和政府公信力。深化学习型政府建设，继续实施学习力提升工程，不断提升干部理论素养和专业能力。深入谋划重要规划、重大政策和重点项目，建立信息共享应用、“一个平台”议事等工作协同机制，着力增强工作推进的系统性、精准性和高效性。坚持精打细算过“紧日子”，科学安排政府投资项目，继续压缩一般性支出，集中精力财力办大事、办实事。突出改革创新导向，完善正向激励和容错纠错机制，坚决整治“不担当、不作为、不落实”问题，大力弘扬敢于负责、勇于创新的担当精神，全力打造“善谋划、能干事、敢担当”的政府铁军！

各位代表，新时代开启新征程，新征程呼唤新作为。桐庐正朝着高水平全面建成小康社会的宏伟目标阔步前行，历史只会眷顾坚定者、奋进者、搏击者，我们将不忘初心、牢记使命，高举习近平新时代中国特色社会主义思想伟大旗帜，在省市党委、政府和县委的坚强领导下，开拓创新谋突破，求真务实勇担当，为建设山清水秀民富县强的美丽中国桐庐样本，为满足桐庐人民日益增长的美好生活需要不懈奋斗！

《政府工作报告》词解

4P健康：指以PREDICTIVE（预见性）、PREVENTIVE（预防性）、PERSONALIZED（个性化）、PARTICIPATORY（参与性）为宗旨的4P医学理念和模式，通过对基因组、蛋白质组、血液指标、代谢物检测等技术的大数据全面分析和持续监测，并结合家族遗传史、个人病史及生活习惯和环境因素来量化健康，达到精准早期预测个体疾病风险的目的。

爱唯（国际）细胞工程与再生医学产学研基地：由中组部第五批“国家千人计划”特聘专家、江苏省异种移植重点实验室主任戴一凡博士，留美博士脐血干细胞创始人之一、中国工程院自体干细胞项目组专家王健博士共同领衔，由杭州爱唯生命科技有限公司投资建设。总投资约2.5亿元，一期建设爱唯医美中心，已进场装修；二期建设细胞研发、制备、储存中心；三期建设生物工程专家服务中心等为主要内容的细胞工程与再生医学产学研基地。

光华国际精准医疗中心：由“国家千人计划”专家、法国再生医学与功能医学研究中心首席科学家杨光华领衔，由浙江华医健康产业发展有限公司投资建设。总投资约10亿元，项目主要利用富春山健康城内原女儿村闲置资产打造集特色体检、肿瘤早期筛查、纳米枪肿瘤治疗技术于一体的肿瘤专科医院。

中科纳泰4P健康产业园：由国家纳米科学中心“百人计划”研究员，中国科学院大学教授、博导胡志远领衔，由杭州中科纳泰健康科技有限公司投资建设。总投资约10亿元，项目内容以“肿瘤监测与精准医疗”为特色，运用纳米医疗临床病理和肿瘤等监测技术，实现“产学研用”和检测市场化，建设全国首个“4P”健康医院。一期为“4P”医学检验室，现正在进行室内装修；二期计划投资建设试剂生产基地和大数据 4P 健康医院。

莱 IN 体育生活之城：由莱茵达体育发展股份有限公司投资建设。总投资约 30 亿元，项目内容以足球和冰上项目为双核心，打造集体育场馆、创意产业、特色商业、足球教育、休闲旅游等为一体的综合体。

阆苑温泉养生谷：位于桐君街道阆苑村，项目围绕温泉主题，依托森林、山水、石林等景观资源和历史文化，建设集酒店、游乐、美食、休憩等为一体的汤养旅游综合体。

富春马都项目：拟选址瑶琳镇永安村，由杭州神汇航空实业集团有限公司投资建设。总投资约 40 亿元，占地面积约 1500 亩。项目依照国际一流标准建设马术竞技场、马术俱乐部、马业科研中心、马术国际学校、会展中心、主题酒店以及商业旅游配套设施。

阿尔法人工智能产业园：位于江南镇，项目以人工智能产业孵化为核心，通过提供技术、金融、产业化、运营等综合服务，打造技术研发、产品生产、运用实践、人才培养的聚合性平台。主要建设内容包括阿尔法智能制造产业园、总部经济中心、智能设备体验中心、人工智能技术学院、会展中心、设计者之家等功能区块。

“361”改革任务：“3”指强化三张网：一是提速数据网，二是做优服务网，三是织密监管网；“6”指抓好六项重点工作：一是改革与法律法规衔接工作；二是编制“一件事”办理标准化清单；三是深化商事登记制度改革；四是加快企业投资项目审批改革；五是全面构建监管体系；六是推进政府职能调整和配套机构改革工作；“1”指实现县行政服务中心软硬件提升。

投资项目“标准地 + 承诺制”改革：指政府在土地出让前打造包含高标准净地（九通一平一围墙）、技术包（按照产业分类提前制定标准，并将标准均纳入土地出让条件）和数据包（政府免费提供平面蓝图底图及相关权籍调查成果）的标准地，业主取得标准地后自主承诺，容缺获得施工许可前所有证照，并提前开展相关设计，开工前通过投资项目在线监管平台提交容缺材料，部门强化事中事后监管，并与企业信用相挂钩，构建“政府定标准、企业作承诺、过程强监管、信用有奖惩”的企业投资项目管理新模式。

“千亩水田、万亩耕地”：以垦造水田为主、垦造旱地为辅，按需实施建设用地复垦，力争 2017 ～ 2018 年全县垦造耕地面积超万亩，其中垦造水田 6250 亩以上、垦造旱地 2600 亩以上、建设用地复垦 1160 亩以上。

林业现代化“厅县合作”共建县：指浙江省林业厅与桐庐县人民政府合作共建林业现代化，内容包含将桐庐打造成为林业现代化示范县、高水平的森林大花园、森林休闲养生标杆县、林业综合改革示范区等四方面。

“微型养老”模式：指拥有 10 至 30 张床位，规模较小、成本较低兼有居家养老和照料服务功能的养老服务模式。通过与地方医疗部门、居家养老服务照料中心、老年食堂、社工等的资源整合、功能融合、工作联动，让老年人不离开家乡不远离子女的情况下，就近提供专业化、多样化养老服务。

“四个平台”：指乡镇（街道）综治工作平台、市场监管平台、综合执法平台、便民服务平台。

“全科网格”：指以基层治理“一张网”为基础，推进资金、人员等有效整合，发挥网格长、专（兼）职网格员、网格指导员“一长三员”作用，发现问题、化解矛盾，推动“小事不出网格、大事不出村”。

出租房“旅馆式”管理：指将村居、社区的集中规模住宿点作为居住出租房屋“旅馆”，以管理联络点为“旅馆总台”，以居住出租房屋为“旅馆房间”，逐户编号、制作门牌、掌控底数，通过社会化运作，实现房屋租赁许可前置审批、租赁活动事前申报、流动人口全程掌控。

行政争议案件“三升一降”：我县自 2016 年 9 月实施行政复议体制改革以来，行政复议化解行政争议的主渠道作用日益彰显，行政复议案件受理量、公开审查率、纠错率明显提升，同比分别增长 60%、30%、20%；行政诉讼的案件受理量明显下降，同比下降67%。

“破、立、改、降”：“破”，即大力破除无效供给、坚决淘汰落后产能；“立”，即大力培育新动能、加快发展新产业；“改”，即大力推进传统产业改造升级；“降”，即大力降低实体经济成本。

浙江省先进材料研究院：由中国科学院张泽院士（浙大材料科学与工程学院教授）领衔，联合谷月峰（“国家千人计划”人才）、韩高荣（浙江大学材料科学与工程学院院长）等知名教授在桐庐经济开发区科技孵化园内发起设立，打造集新材料及相关设备研发、引进、转让、咨询、培训等功能于一体的人才集聚和科技成果转化的综合服务平台。

郎景和健康管理中心：由中国工程院院士、北京协和医院妇产科主任郎景和领衔，杭州康银投资管理有限公司投资建设。总投资8000万元，占地面积15亩，项目内容为建成集妇产科健康咨询、高端健康管理服务、全国性妇产科专业学术基地为一体的健康管理中心。

中国外科器械小镇：基于我县与省食品药品监督管理局签订的《关于桐庐县打造中国外科器械小镇的合作协议》，以传统硬管内窥镜及配套手术器械为产业基础，以经济开发区、富春山健康城、江南镇等现有医疗器械产业园、集聚区为核心辐射带动全县，用3年时间全面优化产业布局、产业生态和区域定位，完善研发注册检测销售等产业配套。

中通“云谷”：由中通快递股份有限公司投资建设，总投资15亿元，建设内容为集中通学院、健康禅修、中通金融和物流大数据中心等为一体的大健康和新金融集聚项目。

圆通桐庐创客园：由圆通速递有限公司依托其快递产业基础与优势，针对电商、物流、金融等产业创新创业与小微企业成长而构建的孵化培育平台。

产业创新服务综合体：以产业创新公共服务平台为基础，坚持政府引导、企业主体，高校、科研院所、行业协会以及专业机构参与，聚焦新动能培育和传统动能修复，集聚各类创新资源，为广大中小企业创新发展提供全链条服务的新型载体。2018至2020年，全省计划每年择优选定10个左右市、县（市、区）开展产业创新服务综合体建设，建设期限为3年；到2022年，全省建成50个以上产业创新服务综合体。

“凤凰计划”：指浙江省政府于2017年10月发布的以推进企业上市和并购重组为核心的“凤凰行动”计划。主要目标是：经过4年（2017～2020年）努力，全省境内外上市公司争取达到700家，重点拟上市企业300家；5家上市公司以上的县（市、区）数量达到40个以上；新三板挂牌1200家，股交中心挂牌5000家，股份公司达8000家；资本市场融资累计达2万亿元，全省直接融资占比35%以上；60%以上的上市公司开展并购重组，年均并购金额800亿元以上。

三块地：指批而未供土地、供而未用土地和城镇低效用地。

农村土地“三权分置”：是指所有权、承包权、经营权分置，所有权归集体，承包权归农户，经营权可流转。实施“三权分置”的重点是放活经营权、明晰赋予经营权应有的法律地位和权能。

“四到场”：指选址勘验到场、定位放线到场、砌基检查到场、竣工验收到场。

桐庐县第十六届人民代表大会常务委员会工作报告

——在桐庐县第十六届人民代表大会第二次会议上

桐庐县人大常委会主任　游　宏

（2018年1月21日）

桐庐县人大常委会主任　游宏

2017年主要工作

2017年，是县第十六届人大常委会履职的第一年。在中共桐庐县委的领导和上级人大的指导下，县人大常委会深入贯彻党的十八届历次全会、十九大和习近平总书记系列重要讲话精神，围绕全县工作大局，认真履行职责，全年共召开常委会会议9次，听取和审议“一府两院”专项工作报告7项、其他报告9项，开展专题询问2次，组织视察和执法检查9次，作出决议决定13项，提出审议意见25项，进行专题调研7个，委托主任会议听取工作报告8个，各项工作取得新进展，实现了本届工作的良好开局。

一、创新实干，人大工作有新亮点

常委会坚持在实践中担当，在创新中前行，不断探索行权履职的新途径、新方法，推动人大工作与时俱进。

政府民生实事项目票决制率先推进。坚持以人民为中心，在总结乡镇民生实事票决制实践经验的基础上，根据省市人大工作部署，探索开展县政府民生实事项目代表票决制试点工作。在县委领导下，建立了“县委决策部署，政府主责项目征集、筛选和票决项目实施，人大主责项目票决、监督和成效评价”三位一体工作机制，通过精心组织、周密部署，在县十六届人大一次会议上，全体代表差额票决产生了10项民生实事项目，实现了民生实事由政府“为民做主”到“让民做主”的转变。项目确定后，常委会十分重视项目的实施，与县政府一起建立了常委会专项监督、代表跟踪监督与政府自身督查相结合的联动工作机制，推动了项目的顺利实施。6月，人民日报、光明日报、《新闻联播》《焦点访谈》等11家中央新闻媒体对我县票决制工作进行了深度报道，取得良好社会反响。9月

26日，县委朱华书记在全市票决制工作部署会上作经验介绍，为省市推开票决制工作提供了桐庐经验。本次会议还将对民生实事项目完成情况进行满意度测评。为做好2018年度票决制工作，常委会更加注重代表的深度参与，广泛发动代表通过进联络站、走访选民等方式开展民生实事项目调研和征集，参与代表1243人次，提出项目建议292条，经梳理向政府提出105条，充分发挥代表听民声、知民情、汇民智的作用。

讨论决定重大事项走在前列。常委会进一步完善讨论决定重大事项年度清单制度，对事关发展的14项重大事项进行认真审议或作出决议决定，并建立跟踪监督机制，凝心聚力推动全县重大工作的落实。围绕2015年常委会作出的《关于加强“两江”自然生态环境保护和景观环境建设控制工作的决定》，听取和审议了“两江”流域控制性专项规划编制情况的报告，并开展了实地视察，推动政府接轨“拥江发展”战略，加快规划编制，强化规划管控。富春江县城段城市设计、分水江流域控制性专项规划基本完成，富春江柴埠至富阳界、渡济大桥至建德界正在编制中，计划2018年完成。常委会还密切关注“两江”沿江重点区段开发建设情况，委托主任会议听取和审议中大鳄鱼厂地块项目与周边环境融合开发建设方案，提出要强化城市天际线与透视度的管控、重视控制开发强度、合理规划利用地下空间、彰显沿江两岸景观效果等意见。在政府的重视下，设计单位优化了项目设计，对容积率、建筑形态和建筑高度等进行了调整，开创了单个建设项目与城市景观、城市建设和谐融合的先河。12月4日，在全国人大常委会举办的第四期县级人大常委会负责人学习班上，县人大常委会代表浙江省作了题为“依法行使重大事项决定权　致力助推地方经济社会可持续发展”的典型发言，介绍我县人大工作实践经验和成效。

公共财政审查监督深化提升。以深化政府投资重大建设项目审查监督为重点，对2013年以来97个政府投资重大实施项目进行了梳理，并对2017年度全县43个政府投资重大建设项目逐一进行检查，在查找问题、研究分析的基础上，进一步修订完善《政府投资重大建设项目监督办法》，把完成项目可行性研究作为前期审查必备要件，并将项目概算与竣工列入重点审查内容，加强项目事中、事后和项目绩效情况的监督。全年审查重大项目26个，其中13个5000万元以上项目实行票决，针对项目前期可研和要素保障不到位等情况，调整、暂缓实施项目5个，批准项目概算调整13个，实现了项目监督从程序性审查向实质性审查的进一步转变。深化审计查出问题跟踪监督，变以往跨年听取整改情况报告为当年听取，力促发现问题当年解决。为推动被审计单位切实抓好问题整改，常委会就审计发现的项目招标管理、编外用工等方面的突出问题，首次进行专题询问，促成政府及被审计单位制定完善了13个规范性制度，审计发现的118个问题，94个已整改到位，24个正在整改中，有效发挥了审计监督的作用。改进全口径预决算审查监督，听取财政决算、预算执行、地方政府债务限额等报告，审查批准了财政决算、预算调整和政府债务计划。常委会还对土地开发整理专项资金和公交惠民政策绩效情况进行了监督。

二、围绕中心，助推发展有新作为

常委会坚持问题导向，紧扣全县重点难点工作，依法履职、积极作为，努力推动县委“三大战略”部署的落实。

聚焦产业发展，推动经济转型升级。常委会十分重视《坚持创新驱动发展　推进产业强县建设》大会议案的办理，专题听取和审议了产业生态系统建设专项工作报告，委托主任会议听取科技创新工作报告，要求政府重视产业的优化布局，主动对接融入钱塘江产业带，加快研究制定产业规划；着力构建产业生态系统，重视产业的“建链、延链、补链、强链”，推进产业创新平台建设，实现产业的高质量发展；强化招才与引智，以提高R&D经费占比为切入点，加强政策激励与保障，激发企业主体创新活力，提升产业创新能力。常委会深入调研造田造地与耕地“占补平衡”和全县存量、闲置、低效建设用地情况，建议政府建立精准的土地信息数据库，加快修编县域土地垦造与利用总体规划，制定年度造田造地计划，建立健全引领和倒逼低效用地转型政策。调研报告得到县委主要领导的肯定与批示，为化解土地要素矛盾提供了重要参考。支持传统产业优化升级，跟踪督查企业降成本、减负担工作，推动政府及有关部门进一步深化供给侧结构性改革，制定出台了具体实施细则和办法，切实抓好降本减负政策的落实。开展“退二进三”工作调研，提出要加强综合谋划、强化规划管控、注重政策引导等建议，促进相关部门强化了项目监管，在产业规划完成前，暂停“退二进三”项目的审批，确保该项工作科学有序推进。听取和审议综合交通建设专项工作报告，要求政府高度关注高铁时代的到来，加快县域综合交通的谋划与布局，完善交通基础设施，打造便捷高效的综合交通网络。专题视察富春江科技城和富春山健康城建设，建议按照各自发展定位，科学制定产业规划，强化项目甄别审查，注重公共配套的统筹配置，推动优质高效发展。关注农业适度规模经营工作，支持政府优化扶持政策，破解农业设施用地瓶颈，加快农产品电商产业园建设，增强农技服务能力，提升农业产业化水平。常委会还视察调研了全域旅游示范区创建、体育产业发展等工作。

聚焦重点工作，积极助推创新创建。坚持把助推全国文明城市创建作为贯彻“全民兴县”战略的主要抓手，采取听取报告、视察检查等多种方式予以监督推进，全力支持破解“城市病”、小区环境卫生、市民文明素质提升等创建难题。精心组织开展“携手共创全国文明城市”代表主题活动，县乡两级人大联动6次组织人大代表开展文明劝导、植绿护绿、巡河护水、违法建筑巡查等系列活动，参与代表2128人次。常委会十分注重在监督中支持服务“最多跑一次”改革，及时主动地向省市人大汇报、沟通、联系，积极争取上级人大的重视和支持。省人大王辉忠副主任牵头省级有关部门多次来桐调研、指导和协调改革有关事宜，7月省人大常委会专门作出了《关于推进和保障桐庐县深化“最多跑一次”改革的决定》；市人大常委会就桐庐改革工作向市委市政府提出书面建议，得到了市委市政府的高度重视，为桐庐改革工作的有序推进提供了有力保障。围绕《决定》的落实，常委会积极协助政府及部门构建事中事后监管机制和诚信体系，认真开展与改革相关的法律法规梳理和规范性文件审查工作，梳理出不适应改革的法律法规规章和省市规范性文件132部（件），致力打通改革与法律法规衔接绿色通道。常委会还及时将我县改革工作中的好经验、好做法向省市人大提出立法建议。目前，我县“最多跑一次”改革工作全省领先，企业和群众获得感得到提升。

聚焦环境优化，力促美丽桐庐建设。常委会一以贯之地把生态环境保护作为监督重点，专题听取2017年环境状况和环境保护目标完成情况报告，审议批准桐庐县生态保护红线划定方案，督促政府坚决贯彻“生态立县”战略，严守生态红线，严格落实自然资源保护制度，致力打造美丽桐庐新优势。以办理《加快推进小城镇环境综合整治工作》大会议案为总抓手，开展集镇环境综合整治专项监督，强调要挖掘地域文化特质，优化规划编制，在宜居为中心的基础上，打造宜业宜游集镇，防止“镇镇一面”；高度重视“里子”工程，整治项目要融入工匠精神，加快完成；建设项目要科学有序推进，注重质量，彰显集镇活力。持续关注城乡截污纳管、农村生活污水治理等工作，全力推动治水长效机制的落实。围绕“新违建零发生、老违建逐年减”的目标，加强城乡违法建筑拆除工作监督，对全县第一批241处“典型违建”处置情况进行实地检查，切实推动无违创建工作。常委会还监督推动城中村和老城区改造、村庄规划执行等工作，对住建局工作评议意见落实情况进行督查，持续推动城乡建设上新水平。

三、维护公正，民主法治有新推进

常委会坚持以民主法治建设为己任，切实发挥职能作用，力促社会公平正义，增进人民福祉。

着力促进依法行政、公正司法。开展打击环境食品药品违法犯罪工作跟踪监督，县政府建立了打击环境犯罪联合执法工作机制，加大严惩严治力度，一年来共查处各类环食药刑事案件18起，采取刑事强制措施29人，对破坏生态环境和食品药品犯罪行为形成了强大震慑，有力维护了环食药安全秩序。与省市人大联动开展动物防疫“一法一条例”执法检查，就加强行业监管、落实属地管理责任、加大打击力度等方面提出意见，促进动物防疫工作落到实处。深化司法监督，在审议“两院”半年度工作报告基础上，重点听取和审议法院执行专项工作报告，提出要进一步规范执行流程、完善信用惩戒机制和社会联动配合机制、严厉打击惩处拒执行为、提升执行工作实效等意见。县法院认真落实常委会意见，修订完善执行工作制度，开展专项集中执行等行动，加大“僵尸”企业处置力度，为维护申请人合法权益、推动经济社会发展发挥了重要作用。专题调研“大城管”工作，建议理顺城市管理体制机制，明确部门权责，推进智慧化管理，构建责权清晰、运作高效、共管共治的“大城管”新格局。

推动解决民生热点问题。持续监督推动重大民生工作，开展《杭州市物业管理条例》执法检查，要求县政府配强县物管办工作力量，致力机制到位与政策落地，明确街道、社区责任，重视业委会建设，形成物管机构、业委会、物业企业良性互促机制，化解物管难题。加强村级集体经济增收化债工作监督，督促政府落实增收化债行动计划，有效盘活农村资源资产，建立严格的债务管控机制，努力实现农村可持续发展。开展《杭州市院前医疗急救管理条例》执行情况监督检查，推动政府合理配置医疗急救资源，提升院前医疗急救管理水平，筑牢人民群众生命健康的“安全防护带”。听取和审议校园文化建设专项工作报告，要求政府制定专项指导意见，以培养学生独立自主、积极向上、好学善思的精神品格为目标，有序推进校园文化建设，优化校园育人环境。

依法做好任免、规范性文件备案审查等工作。坚持党管干部与依法任免有机结合，认真落实干部任前法律知识考试、无记名票决、颁发任命书、任职表态、宪法宣誓制度，全年依法任免国家机关工作人员87人次，组织49名新任命干部向宪法宣誓，不断提高国家工作人员的宪法和法律意识，增强为民履职的责任意识，并积极探索干部任后监督。加强规范性文件备案审查工作，对政府报送的17件规范性文件进行合法性审查。加强人大信访工作，建立人大信访协调机制，全年办理群众各类信访件27件次。

四、强化基础，代表履职有新成效

常委会始终坚持代表主体地位，不断夯实基层基础，切实发挥人大代表和基层人大的职能作用。

加强履职服务保障。重视代表学习培训，组织新当选代表开展人大制度理论、履职业务培训，并结合全县重点工作，专题安排“五水共治”、美丽乡村建设等政策实务学习，着力提升代表履职能力。新建立“一府一委两院”领导联系代表制度，更好地支持保障代表依法履职。扩宽代表履职渠道，全年邀请代表参与常委会监督、调研工作90余人次。组织137名县人大代表向选民述职，接受选民监督。自觉做好省市人大代表履职服务，在桐省市代表向省、市政府提出意见建议30余件。常委会还专题调研了代表履职服务保障工作，努力提升代表履职服务保障水平。

精心组织代表活动。围绕拆违治乱、文明创建、治水剿劣等重点工作，认真组织代表开展主题活动，坚持代表“双月活动日”制度。县人大代表牢记使命、尽心履职，充分发挥主体作用，15个代表小组全年开展多形式的履职活动110余次。建立代表跟踪监督县政府民生实事项目制度，10个监督小组“一对一”跟踪项目实施情况，发现问题45个，提出意见建议62条，推动了民生实事项目的顺利完成。组织“代表问政”，在听取审议半年度政情报告的基础上，代表们围绕产业发展、重大项目推进、民生实事项目等重点问题进行“面对面”询问，县政府和有关部门负责人当场解答、表态，有效促进了全县重点工作。坚持代表小组定向视察制度，对13个政府部门和县法院开展定向视察。优化调整代表联络站（室）的布局，把全县850多名省市县乡人大代表编入联络站（室），积极改进接待方式，把进站接待与走访接待相结合，进一步密切了代表与群众的联系。一年来，765人次代表参加接待活动，接待选民909人次，收集和反映问题513个，320余个涉及群众切身利益的问题得到解决。

重视意见建议督办。按照“精准提、务实办、全程督”的工作机制，抓实抓细建议质量指导、建议办理目标评估、建议交办、督办、反馈、评价等工作，强化办理全过程协调服务与督促。坚持承办部门与代表面商、重点督办、代表小组跟踪督办、代表约见承办单位负责人等制度，切实推动办理工作落到实处。县政府及承办部门认真落实办理责任，采取切实措施破解办理难题，县十六届人大一次会议收到的196件建议，解决率达65.3%，创当年解决率新高。

基层人大持续前行。落实常委会领导联系乡镇（街道）人大工作制度，有序开展工作指导，加强上下联动，全力推动我县基层人大工作继续走在前列。各乡镇人大不断巩固提升规范化建设成果，认真履行职责，人代会程序进一步规范，主席团履职水平和实效明显提升，特别是随着乡镇民生实事项目票决制的深入推进，基层群众获得感明显增强，代表主体作用发挥更加显现。同时，结合自身实际，积极打造亮点特色，在本级财政预决算监督、政府投资重大项目审查监督、代表联络站建设等方面进行了大量有益的探索，取得较好成效。街道人大工作和建设得到新加强，县委出台了《关于加强和规范街道人大工作的意见》，人大常委会制定了《县人大常委会街道工作委员会工作办法》，为街道人大工作开展提供了制度保障。

五、顺应形势，自身建设有新提升

常委会主动顺应新形势新任务，以落实中发〔2015〕18号、中办〔2017〕10号和省市、县委相关文件精神为抓手，不断锤炼打造桐庐铁军人大团队。

加强思想作风建设。扎实推进“两学一做”学习教育常态化制度化，准确把握新时代赋予人大的新使命新要求，坚定理想信念，严守政治纪律和政治规矩，提升人大干部干事创业精气神。深入开展调查研究，不断提高分析研判能力，全年完成10余项课题调研，监督精准性得到提升。按照县委要求，常委会领导认真做好“河长”“路长”项目攻坚、联乡结村、信访包案等工作；人大机关干部主动围绕中心，在文明劝导、上街巡查、小区环境卫生整治等方面做了大量艰苦细致的工作，为全国文明城市创建发挥了积极作用。扎实开展“联村走企访户”、结对帮扶等活动，广泛听取基层意见，切实帮助基层群众解决实际困难，努力推动作风转变。

加强组织能力建设。设立人大财政经济和城建环保两个专门委员会，充实常委会组成人员力量。完善人大与“一府两院”联席会议制度，加强沟通协商，促进年度各项工作合心合力、有序开展。聘请24名专业技术人员担任各工委专家咨询组成员，提升人大工作专业化水平。推进智慧人大建设，建立人大代表信息库，充分运行代表监督治水APP，全县市县两级代表对县域内100条主要河流、河段实施常态化监督，切实发挥智慧平台的监督作用。重视人大制度和法律法规的学习培训，积极开展对外交流。注重发挥退休干部作用，组织退休干部调研美丽乡村、全域旅游等工作，提出了许多有针对性的意见建议。

加强人大理论研究和制度宣传。落实专人负责人大理论研究工作。重视人大制度宣传，将人大制度理论纳入“君山育风”党政人才培养工程等主体班课程，由省人大专家和4位常委会领导为党政干部讲授人民代表大会制度理论，促使党政领导干部进一步了解人大制度，增强制度自信。重视人大工作的宣传报道，认真办好《桐庐人大》杂志和桐庐人大网站，设立“桐庐人大”微信公众号，全年发布信息54条，全面展示人大履职成效和代表履职风采。

各位代表，常委会各项工作取得的成绩，是县委正确领导、常委会组成人员和全体人大代表共同努力的结果，是“一府一委两院”和基层人大密切配合、社会各界大力支持的结果。在此，我谨代表县人大常委会，向所有关心、支持人大工作的同志和社会各界人士表示衷心的感谢！

同时，我们也清醒地看到，面对党的十九大对健全人民当家做主制度体系，发展社会主义民主政治提出的新要求，我们在锐意改革积极进取、推动人大工作与时俱进上还需进一步提升能力；面对人民群众反映强烈的突出问题，我们在回应社会关切、推动相关问题解决上还需进一步努力；面对广大代表不断提升的履职需求，我们在代表履职服务与管理、更好发挥代表主体作用上还需进一步改进。在新的一年中，我们将认真改进自身工作的不足，更好履行宪法法律赋予的职权。

2018年主要任务

2018年是贯彻十九大精神的开局之年，是改革开放40周年，是决胜全面建成小康社会、实施“十三五”规划承上启下的关键之年。今年常委会工作的指导思想是：全面贯彻党的十九大精神，以习近平新时代中国特色社会主义思想为指导，坚持稳中求进工作总基调，坚持新发展理念，围绕“五位一体”总体布局和“四个全面”战略布局，在中共桐庐县委领导下，以推动“产业强县推进年、拥江发展落实年、乡村振兴启动年、改革开放深化年、文化文明提升年、全民兴县促进年”行动为中心，依法履行职责，发挥代表作用，做实主责主业，为建成高水平全面小康社会、建设美丽中国桐庐样本提供有力保障。

根据上述指导思想，2018年常委会的主要任务是：

一、以十九大精神为指导，与时俱进推进人大工作

十九大报告明确提出“人民代表大会制度是坚持党的领导、人民当家做主、依法治国有机统一的根本政治制度安排，必须长期坚持、不断完善”。我们要按照学懂弄通做实的要求，深刻领会十九大对坚持和发展人民代表大会制度的部署要求，准确把握新时代人大工作新使命，清晰人大是重要的“权力机关、工作机关、代表机关”职能定位，切实提高政治站位，增强“四个意识”，发挥人大常委会党组的核心作用，以更加务实创新、担当有为的精神状态，认真履行职责，推进人大制度在桐庐的生动实践。

深化重大事项决定权的行使，形成决定科学、执行坚决、监督有力的工作机制，更有效地推动党委重大决策落实。围绕县委《关于深入实施“产业强县”战略的决定》，适时作出决议决定。以完善工作机制为重点，深化民生实事项目票决制，不断提升人民群众获得感。探索街道合议会议会商制，2018年街道将在广泛协商的基础上，表决确定民生实事项目。以推进环境状况和环境保护目标的完成、“两江”流域控制性专项规划的编制为重点，继续抓好《关于严格自然资源保护 促进生态文明建设的决定》和《关于加强“两江”自然生态环境保护和景观环境建设控制工作的决定》的落实。开展《关于促进文明行为 建设文明城市的决定》落实情况跟踪督查，推进文明城市创建成果巩固深化。

二、以增强监督实效为导向，不断深化监督工作

立足人大工作“求实效、高质量”，不断改进履职方式，提升履职实效。助推转型发展。听取“十三五”规划纲要实施中期评估工作报告，继续紧盯产业生态系统建设，以推进供给侧结构性改革为主线，把监督支持的着力点放在实体经济上，推动经济高质量发展；持续助力“最多跑一次”改革，突出重点领域改革的监督推动，助推实现“三个100%”目标；跟踪督查综合交通建设情况，继续关注低效产业用地提升和造田造地工作，支持化解土地要素制约，为实现更高质量、更有效率、更可持续的发展创造良

好条件。强化依法治县。重点关注“七五”普法规划实施情况，开展固体废物污染环境防治和生活垃圾管理、治安管理处罚、非物质文化遗产等法律法规执法检查。听取检察院法律监督工作报告，继续跟踪法院执行工作，与市人大联动开展执行法官履职监督，切实推动“两院”全面落实司法责任，提升公正司法水平；组织人大选举和任命干部开展人大制度和法律法规培训，提升国家机关工作人员宪法意识。深化财政监督。探索部门参与式预算，开通财政在线实时监督端口，为开展全口径预算联网监督做好准备。密切关注国有企业体制改革情况，加大政府债务管理监督力度，深化审计查出问题跟踪监督机制，促进政府及部门科学编制预算，规范资金管理，提高资金使用绩效。按照《政府投资重大建设项目监督办法》，强化政府投资重大建设项目事中事后审查监督，推动项目安排更加科学合理。助力城镇精美。听取桐庐县域总体规划（多规融合）修编情况报告，加大对集镇环境综合整治、城中村改造、拆违治乱、治水剿劣、治气治废等工作的监督推进力度，开展街区工作调研，着力打造精美精致新城镇。力促乡村振兴。高度重视“三农”工作，专项评议县农林局工作，继续跟踪农业适度规模经营、村庄规划执行、村级集体经济增收化债等工作，关注农田水利基础设施建设，夯实农村基层基础，加快推进农业农村现代化。关注村规民约建设，推动建立融合有效的乡村治理体系。促进民生改善。坚持对重大民生问题一盯到底，督促政府办实办好民生实事，加强医疗机构布局、“厕所革命”等工作监督，关注低收入人群增收帮扶工作，跟踪督查物业管理、校园文化建设等工作，让人民群众的获得感和幸福感更加充实。

三、以激发履职活力为主线，更好发挥代表作用

充分发挥代表联系群众的优势，在激发代表履职活力、发挥代表主体作用上实现更大提升。继续抓好代表学习培训，强化法律法规和专业知识的学习，提高代表履职水平。落实常委会和“一府一委两院”领导联系代表制度，扩大代表对常委会工作的参与，拓宽代表议政督政渠道。探索建立代表履职评价制度，开展代表风采宣传、代表履职评比等活动，抓实代表意见建议办理工作，多途径多方式激励代表更好履职。加强代表联络站建设，不断畅通代表与选民互通互联渠道，完善选民反映问题的交办督办机制，提升代表联系群众工作实效。深化代表主题活动，丰富活动内容，改进活动方式，提高活动成效。同时，认真做好省市人大代表履职服务保障工作。

四、以提升履职能力为重点，持续抓好自身建设

坚持不懈抓好中央和省市、县委相关文件的落实，不断提高常委会履职本领，打造高素质的人大铁军团队。扎实开展“不忘初心、牢记使命”主题教育，进一步增强使命意识，坚定政治定力。健全人大组织制度，更好发挥专委会作用。深化人大与“一府两院”联席会议机制，进一步营造合心合力、共谋发展的工作氛围。继续抓好履职能力建设，组织人大常委会组成人员和县乡两级人大干部进高校开展履职专业知识学习培训，不断提高依法履职能力。加强制度建设，制定“代表问政”实施办法。扎实推进智慧人大建设，提升人大工作智慧化水平。坚持求真务实，大兴调查研究之风，全面了解情况，深入研究问题，注重发挥专家咨询组成员的作用，提高调研针对性、真实性和实效性。进一步加强对乡镇人大工作的指导和街道人大工作的领导，组织开展专题学习研讨，支持乡镇（街道）人大在探索和深化重大事项决定、财政预决算审查监督、民生实事项目票决（会商）制等重点工作上取得更大成效，不断提升全县人大工作整体水平。

各位代表，新时代赋予新使命，新征程当有新作为。让我们紧密团结在以习近平同志为核心的党中央周围，在中共桐庐县委的领导下，不忘初心、牢记使命，依法履职、开拓创新，为加快我县民主法治进程，建设美丽中国桐庐样本而努力奋斗！

中国人民政治协商会议 桐庐县第九届委员会常务委员会工作报告

——在政协桐庐县第九届委员会第二次会议上

桐庐县政协主席 王金才

（2018年1月19日）

2017年工作回顾

2017年是中共十九大召开之年，是我县实施“一个目标、三大战略”的起步之年，也是新一届政协的开局之年。一年来，县政协及常务委员会在中共桐庐县委的正确领导下，在省市政协以及县人大、县政府的大力支持和社会各界的热情参与下，深入学习贯彻中共十九大和习近平总书记系列重要讲话精神，紧紧围绕县第十四次党代会明确的各项目标任务，牢牢把握团结和民主两大主题，坚决贯彻中共桐庐县委的决策部署，自觉服从服务于全县中心大局，团结和带领政协各参加单位和全体政协委员，认真履行政治协商、民主监督、参政议政职能，为我县加快建设山清水秀民富县强的美丽中国桐庐样本贡献了智慧和力量。一年来，县政协共召开政协常委会议5次、主席会议10次，开展主席会议专题视察7次，向县委、县政府提交建议案、调研报告23篇，较好地完成了年初确定的各项目标任务，实现了本届政协的良好开局。

桐庐县政协主席 王金才

一年来，常委会牢牢把住思想政治这一主轴，切实加强理论学习，进一步夯实共同奋斗的思想基础。

坚持正确的思想政治方向，是政协事业长远发展的根本保证。一年来，常委会始终把加强理论学习作为凝聚思想政治共识、提升委员履职能力、助推政协事业发展的重要途径，不断增强思想自觉和行动自觉，为政协履职奠定更加坚实的基础。

1. 深入学习贯彻中共十九大精神。中共十九大是在我国全面建成小康社会决胜阶段、中国特色社会主义进入新时代的关键时期召开的一次十分重要的大会。县政协把学习贯彻中共十九大精神作为首要的政治任务来抓，积极创新学习形式，丰富学习内容，自觉把中共十九大精神融入履职实践。

邀请省委党校教授为全体政协委员专题解读十九大精神，政协党组会议、常委会议、主席会议多次组织专题学习，政协各专委会、活动小组和各党派、团体也结合自身实际，采用各种形式深入学习贯彻十九大精神，真正使十九大精神入脑入心，并转化为推动政协工作的具体举措。

2. 扎实推进“两学一做”常态化制度化。按照基础在学、关键在做的要求，深入推进“两学一做”。抓好“学”这个基础，制定政协机关推进“两学一做”学习教育常态化制度化方案，积极实施机关“学习力提升工程”，严格落实“123”基本规范，切实加强机关党组织规范化建设，进一步筑牢党员干部理想信念堤坝，不断提升党员干部履职服务能力。突出“做”这个根本，对照“四讲四有”标准，坚持把“做合格党员”落脚到提高觉悟、解决问题和岗位奉献上。深入开展“联村走企访户”深化基层走亲活动，指导做好村级换届选举工作，选派村第一书记和指导员，以蹲点调研、入户走访的形式，了解和帮助所联系村找准发展路子，开辟增收渠道。广泛开展岗位先锋行动，以“三提一争”为载体，每名县管领导干部认领1-2项任务作为领办项目亲自抓、亲自办，有效地推动了工作落实。

一年来，常委会紧紧抓住改革发展这一中心，积极主动服务大局，进一步提高协商议政水平。

围绕中心、服务大局，是人民政协履行职能必须遵循的准则。一年来，常委会紧紧围绕党政工作中心，充分发挥自身的优势和特色，坚持把推动桐庐科学发展作为履行职能的第一要务，注重实干担当，提升协商水平，为我县经济社会发展建睿智之言、献务实之策、展政协之为。

1. 紧盯党政中心积极履职担当。积极响应县委、县政府号召，全面贯彻落实全国文明城市创建系列工作会议精神，以饱满的热情、认真负责的态度全力参与创建工作。召开创建全国文明城市专项集体民主监督动员会，举行政协委员“文明出行”启动仪式，全面动员政协委员参与全国文明城市创建。全力以赴抓好包干路段、小区志愿服务工作，政协领导带头坚持上路、进社区开展志愿服务，及时协调解决发现的问题，促进了市容市貌改善，得到了群众认可。始终以良好的精神状态投身于全县中心工作，积极主动参与全县产业发展、“无违建县”创建、“最多跑一次”改革、“五水共治”等工作，县政协多位领导还亲自负责或参与杭黄铁路（桐庐段）项目征迁建设、富春江干堤加固二期、疏港公路和东连接线工程、杭燃气连接工程、江南古村落风景区等重点项目，在一线积极担当作为。

2. 紧扣发展中心深化协商议政。紧紧围绕县第十四次党代会提出的“一个目标、三大战略”要求，聚焦党政中心工作，深入开展协商议政，力求参政参到点子上、议政议到关键处，在会协商、善议政上取得了明显实效。高度重视县委、县政府主要领导交办课题的调研，成立专题调研小组，在外出学习考察、深入实地调研、广泛听取意见和建议的基础上，形成了《关于进一步优化完善我县重大平台运行管理机制的若干意见》《关于农村“一户多宅”清理工作的建议》《关于进一步深化村级留用地开发利用工作的对策和建议》等调研成果，其中《关于进一步优化完善我县重大平台运行管理机制的若干意见》《关于进一步深化村级留用地开发利用工作的对策和建议》提出的总共八个方面的意见和建议，经县委书记办公会议研究后，大部分意见和建议被党委、政府吸收采纳，转化为调整完善我县重大平台、推进村级留用地开发利用的重要举措。政协常委会议、主席会议紧紧围绕我县深化产业强县、接轨融入大杭州等课题，深入开展专题协商建言，最终形成了《坚持产业强县战略，培育壮大实体经济》《积极抢抓杭州城市国际化机遇，加快接轨融入大杭州》等建议案，得到了县委、县政府主要领导的批示肯定，并交由政府有关部门抓紧研究落实。深入推进对口协商，各专委会（活动小组）紧紧围绕我县改革发展中的重大问题、群众关心关注的热点问题，主动与县级机关、各部门（单位）开展对口协商，其中《关于我县建筑垃圾处置的几点建议》《关于“最多跑一次”改革工作的视察报告》《关于加快推动“互联网+” 提升智慧治理信息平台的建议》分别得到了县委、县政府主要领导和分管领导的批示肯定。

3. 紧抓基层协商不断探索创新。努力探索新形势下抓好基层协商民主的新途径、新方式，充分依托政协乡镇（街道）工委，积极鼓励基层创新协商形式，丰富协商内容，提升协商实效。为进一步推动我县基层协商民主建设，专门在桐君街道召开基层协商民主工作现场会，桐君街道迎春社区“天井圆桌会”、南门社区“餐厅议事吧”等基层协商方式得到了广泛关注，县委主要领导作出重要批示，其经验和做法在省政协《联谊报》采编刊发，作为典型推广。另外，分水镇“1+6+X”协商理事会、凤川街道“一网一群”信息收集平台、江南镇“爱莲议事”、钟山乡“村级重大事项决策机制”、百江镇“解铃工作站”等，都得到了社会各界的广泛关注，为当地经济社会发展、民生事业进步、社会和谐稳定提供了积极帮助。

一年来，常委会积极聚焦民生改善这一根本，倾心倾力履职为民，进一步提升群众幸福指数。

人民政协为人民，这是做好政协工作的出发点和落脚点。一年来，常委会始终把人民群众对美好生活的向往作为奋斗目标，聚焦民生诉求，关注民生改善，全力履职为民，较好地推动了我县民生事业的不断进步。

1. 精心组织民主监督。不断深化专项监督。根据省市政协统一部署，深入开展“三级政协联动、万名委员同行、助推‘五水共治’”专项集体民主监督，发动214名政协委员共同参与活动，建立治水工作联系点83个，实地查看江河42条，发现并向当地党委政府及有关部门反馈问题32个，提出意见建议42条，较好地推动了我县“五水共治”工作。着力强化派驻监督。向县水利水电局、公安局、国土资源局等3家单位派驻民主监督小组，共选派18名政协委员作为民主监督员，重点围绕河道、水库及岸线管护、交通管理与执法、土地集约利用与资源保障能力等内容进行重点监督，并以《民主监督建议书》的形式督促相关单位抓好整改落实。扎实做好民主评议。成立领导小组和评议小组，选派委员担任评议员，制定实施方案，认真组织县农林局的评议监督工作。通过发放调查问卷、座谈交流、实地走访、组织专题视察等多种方式，广泛收集各方面的意见和建议，真诚提出工作中的不足，最终形成综合评议意见，较好地助推了我县“美丽农林”工作。积极开展民主议政。在前期深入调研的基础上，重点围绕“城市建设中融入文化元素，弘扬桐庐本地特色文化”“深化小城镇环境综合整治”等群众关心关注的问题进行民主议政，进一步密切了与党政部门的沟通联系，促进了群众关心关注问题的解决。

2. 深入开展视察监督。始终把人民群众最关心、最直接、最现实的利益问题作为视察调研的重心，先后围绕莪山畲族乡“中国畲族第一乡”创建、杭黄铁路桐庐换乘中心建设、省教育现代化县建设、“无违建县”创建、“最多跑一次”改革、富春江5A级景区建设等开展主席会议专题视察，组织委员深入调研、积极建言，既监督推动了党政部门工作，又促进了民生问题解决，较好地发挥了视察调研在政协履职中的重要作用。

3. 不断强化提案监督。围绕提高提案质量以及办理质量两大重点，积极探索创新提案收集、办理、督办、反馈、评价等环节工作机制，提案工作水平得到进一步提高。深入开展“知情明政周”、重点提案督办、提案承办大户走访和常委会民主评议提案承办单位活动，促进提案所提问题真正有效解决。县政协九届一次会议以来，共收到委员以提案形式反映的意见建议261件，共审查立案202件，所有提案均在规定时间内办复，提案办理质量不断提高。全年还上报政协社情民意信息67篇，被采用15篇。

4. 尽心办好民生实事。根

据全县的统一安排，积极组织开展扶贫帮困、夏季送清凉、重阳节慰问90周岁以上老人等活动，真心关心民生疾苦，真情帮助困难群众改善生活。充分发挥委员主体作用，组织界别委员深入开展下基层服务活动，为当地群众送上政策咨询、送教下乡、爱心助学、免费义诊等活动，一年来共计为群众办实事做好事80件，受到了社会各界的好评。

一年来，常委会始终坚持大团结大联合这一方针，广泛开展团结联谊，进一步造浓团结干事氛围。

团结和民主，是政协工作的两大主题。常委会始终坚持大团结大联合的方针，不断增进各界别、各团体、各阶层的大团结、大融合、大和谐，寻求最大公约数，画出最大同心圆，着力凝聚起推动桐庐发展的强大合力。

1. 深化联谊交流合作。加强与各民主党派、工商联、无党派人士、人民团体和社会各界人士的沟通交流，主动邀请他们参与政协组织的各项活动，支持他们通过政协平台发声，共同为桐庐的改革发展献计出力。加强与省市政协的工作衔接，积极落实帮扶资金，全力助推莪山畲族乡“中国畲族第一乡”创建。开展政协委员、在外桐商大走访活动，积极助推“桐商回归”工作。顺利完成政协之友联谊会、企业家联谊会、摄影书画会（院）换届工作，加强社团管理，促进政协社团组织规范化发展。

2. 致力文化传承发展。为留存历史印记，繁荣桐庐文化，充分发挥政协人才荟萃优势，积极参与对富春江诗词文化的研究、开发和利用，编撰出版文史专辑《唐诗桐庐》，启动《桐庐古诗词大成》（暂名）编纂，大力助推“中国诗歌之乡”创建。举办“桐庐－青田”两县政协书画联展，进一步浓厚我县文化氛围。指导范仲淹纪念馆设计建设，于5月6日“百姓日”正式对市民开放。挖掘徐霞客文化，协助旅游部门开展“徐霞客游线”标志地认证，为徐霞客游线申遗作准备。参与富春江南岸滨江公园的“唐诗西路”文化走廊、叶浅予公园、五云山山体公园的景观设计和

百江、富春江、横村等镇村文化挖掘工作，助推了我县文化事业发展。

3. 强化政协履职宣传。切实加大政协工作对外宣传力度，全年在《人民日报》《人民政协报》《浙江日报》《联谊报》《杭州政协》等市级以上新闻媒介刊登各类稿件80篇，扩大了桐庐政协工作对外影响力。开通“桐庐政协”微信公众号，及时发布推送政协动态和委员履职信息，积极传递政协声音。

一年来，常委会更加注重自身建设这一基础，内提素质外树形象，进一步夯实政协事业发展基础。

加强自身建设，是政协事业发展的前提与基础。一年来，常委会紧紧围绕“懂政协、会协商、善议政”的总体要求，始终把加强自身建设作为政协履行职责、提高效能的重要工作来抓，不断提升政治把握、调查研究、联系群众、合作共事能力。

1. 不断提升科学履职水平。坚持把加强理论学习放在政协工作的重要位置，切实以理论武装头脑、指导实践、推动工作。进一步加强专委会、活动小组和界别建设，充分发挥专委会、活动小组以及界别的基础作用，强化对各界别、活动小组开展履职活动的指导和支持，切实发挥好委员资源优势和整体作用。进一步完善政协参政议政机制，提请县委出台《关于进一步加强和改进人民政协参政议政的意见》，为政协开展参政议政工作提供了制度保障。

2. 积极发挥委员主体作用。政协委员是政协工作的主体，建设一支高素质的委员队伍，是政协事业发展的重中之重。根据新一届政协面临的新形势、新任务、新要求，更加注重委员队伍建设，科学编组新一届政协委员，建立委员档案，选好小组负责人，先后举办新任委员专题培训3次，为委员提升履职能力创造了良好的环境。加强委员管理服务，建立政协乡镇（街道）工委联系辖区委员制度和委组与乡镇（街道）政协工委联动工作机制，细化考核办法，丰富履职平台，真正发挥好委员在政协工作中的主体作用、界别群众中的示范作用和本职工作中的带头作用。

3. 着力深化机关队伍建设。严格落实党要管党、从严治党责任，按照中央“八项规定”精神和县委有关作风建设的要求，完善政协机关内部管理制度，规范办文、办会、办事程序。深入开展“廉洁好家风”“无违建专项承诺”等作风建设专项行动，积极改进机关工作作风，全力营造风清气顺、干净干事的工作环境。坚持以“两学一做”为抓手，引导机关党员干部增强服务意识，不断提高工作能力，为政协履职提供有力保障。

各位委员，过去一年，政协工作所取得的成绩令人鼓舞，但得到的经验也更加弥足珍贵。一年来，我们深刻感受到做好政协工作，必须始终坚持中国共产党的领导，坚定地拥护核心不动摇，紧紧围绕党政工作中心，充分发挥政协的优势和特色，团结一切可以团结的力量，调动一切可以调动的积极因素，为我县实施“一个目标、三大战略”汇聚政协正能量，唱出政协好声音，展现政协新作为。同时，一年来，我们也深刻感受到县委、县政府对政协工作的重视与支持，县委、县政府主要领导亲自出席县政协全会开幕、闭幕会议，看望政协委员，参加小组讨论，对委员新一年的履职提出殷切的希望和要求。县委主要领导在过去一年多次亲自交办调研课题，亲自审核把关，亲自研究部署；县政府主要领导也多次主持召集部门研究政协履职成果，积极吸收采纳政协提出的意见和建议，切实将政协的意见和建议转化为推动政府工作的重大举措。

各位委员，过去一年政协工作所取得的成绩，是中共桐庐县委正确领导的结果，是省市政协和县人大、县政府大力支持的结果，是各乡镇（街道）、部门（单位）和社会各界积极关心的结果，是政协各参加单位、广大政协委员立足岗位、齐心协力、扎实履职的结果。在此，我代表常委会表示最衷心的感谢！

各位委员，在肯定成绩的同时，我们也清醒地认识到工作中还存在不少的问题和不足，主要表现在：政治协商主观能动性还需进一步提高，理论知识学习还需进一步加强，视察调研还需进一步深入，委员履职服务能力还需进一步提升，团结联谊的广度和深度还需进一步拓展等。以上问题，我们要引起高度重视，采取切实有效的措施，认真加以研究与解决。

2018 年工作任务

2018 年，是深入学习贯彻中共十九大精神的开局之年，是改革开放 40 周年，也是我县全面贯彻落实县第十四次党代会精神、加快“十三五”规划实施的关键之年。今年政协工作的总体要求是：全面贯彻落实中共十九大精神，以习近平新时代中国特色社会主义思想为指引，紧紧围绕县第十四次党代会和县委十四届三次全会提出的各项目标任务，在中共桐庐县委的坚强领导下，牢牢把握团结和民主两大主题，全面聚焦“产业强县推进年、拥江发展落实年、乡村振兴启动年、改革开放深化年、文化文明提升年、全民兴县促进年”等“六个年”行动，认真履行政治协商、民主监督、参政议政职能，进一步提升履职能力和水平，努力做到协商更有效，监督更有力，建言更精准，团结更广泛，以更加优异的成绩推动新时代人民政协事业再上新台阶、取得新突破，为我县建成高水平全面小康社会、建设美丽中国桐庐样本作出更多的贡献。

一、把握时代新特点，加强理论学习，保持政治定力，要努力在强化思想政治建设上有新提升。

中共十九大作出了中国特色社会主义进入新时代的重大政治论断。全体政协委员和政协工作者要有高度的政治责任感和历史使命感，把学习贯彻中共十九大精神作为当前和今后一个时期政协工作的首要政治任务，深入学习、深刻领会、准确把握中共十九大的精神实质，坚决维护以习近平同志为核心的党中央权威和集体统一领导，坚定“四个自信”，提高“四个意识”“四个能力”，切实用习近平新时代中国特色社会主义思想统领政协工作、谋划政协工作、指导政协工作、推动政协工作。要切实加强新时代人民政协理论知识学习，把十九大对人民政协工作提出的新思想、新要求、新任务，自觉融入到县政协各项履职实践中，主动把政协工作放到全县改革发展的大局大势中去思考去谋划，引导全体政协委员和政协工作者把思想和行动统一到十九大精神上来，把智慧和力量凝聚到县委十四届三次全会明确的各项目标任务上来，不断汇聚同心干事业、同力促发展的思想共识，推动人民政协事业不断向前发展。

二、聚焦发展新要求，围绕党政中心，深化协商议政，要努力在助推桐庐科学发展上有新业绩。

十九大报告提出，“人民政协工作要聚焦党和国家中心任务”。全体政协委员和政协工作者要深刻领会这一精神实质，主动担当起历史赋予我们的庄严使命，使政协工作始终紧跟发展大势、始终紧贴党政中心、始终紧盯民生改善，切实做到建言建在需要时、议政议到点子上、监督监在关键处。要围绕中心开展协商议政。扎实开展专题协商，常委会议、主席会议要围绕实施“乡村振兴”战略、发展大健康产业、醉美县城 4A 级景区建设、“文化名县”建设等开展专题协商，不断增强协商的前瞻性、针对性和可操作性，力争协商成果能更多地被党委、政府吸收采纳。深入开展对口协商，紧紧围绕县委提出的“六个年”行动的要求，精选协商课题，丰富协商形式，加强与党政部门交流合作，不断提升对口协商的成效。积极助推“桐商回归”工作，充分发挥人民政协联系广泛、人脉众多的优势，发动政协委员为我县经济社会发展建功立业，为招商引资、招才引智铺路搭桥，以实际行动推动全县经济社会发展。要提升质量深化协商议政。不断改进专题性常委会议、主席会议，使专题协商更加充分深入，努力做到协商议题与协商形式相匹配，视察调研与协商议政相衔接，协商成果与党委、政府要求相吻合。不断改进调查研究，坚持问题导向，有针对性地组织视察、考察、调研等活动，把更多的时间和功夫用在分析问题、研究对策上，努力提出科学合理的意见建议。不断提升协商议政实效，精心组织各类协商性会议，鼓励委员深入调研、踊跃发言、据实建言，并建立党政部门回应委员发言机制。要健全机制优化协商议政。进一步加强与党政工作的有效衔接，健全与党委的汇报沟通机制，完善与政府联席会议机制，切实做到重大问题、重要工作及时向县委请示汇报。进一步健全各项工作机制，加强对各专委会活动小组、政协乡镇（街道）工委的年度履职考核，不断增强委员履职意识和履职热情。进一步完善协商成果采纳、落实和反馈机制，党政部门对政协提案、建议案应作专题研究，并应及时向政协反馈成果办理、采纳、落实情况。

三、顺应民众新期盼，关注民生改善，倾力履职为民，要努力在持续增进民生福祉上有新作为。

要坚持以人民为中心的思想，始终把人民对美好生活的向往作为政协履职的根本出发点和落脚点，坚持协商于民、协商为民，使人民群众更多地享受到发展红利。要不断深化主席会议视察。针对党委、政府的工作重心和人民群众的关切，精心组织各类视察活动，重点围绕“最多跑一次”改革、控违拆违工作、杭黄铁路场站综合体建设、构建社会治理大联动体系等内容，深入开展主席会议视察，及时向党委、政府提出科学合理的意见和建议。要不断深化民主监督工作。围绕省市政协的统一部署与要求，精心组织专项集体民主监督，创新形式，丰富内容，提升监督实效。切实抓好派驻监督，重点就县经信局、司法局、文广新局派驻民主监督小组，围绕发展先进制造业、社会公共法律服务体系建设、文化产业发展等重点内容开展派驻监督。扎实推进民主评议，重点就县环保局开展民主评议，通过民意调查、座谈交流、专题视察等形式，广泛听取收集各方面的意见和建议，不断增强民主评议实效。要不断深化提案和反映社情民意工作。围绕提高解决率这一核心，进一步加大提案工作力度，创新提案收集方式，提高提案办理质量，切实发挥好提案在政协履职中的重要作用。认真抓好反映社情民意信息工作，逐步增加刊发频次，积极提升信息质量。要不断深化为民办实事活动。以“联村走企访户”深化基层走亲、“寻找特殊困难家庭 传递爱心火炬”等活动为载体，积极鼓励政协委员深入开展扶贫帮困、捐资助学、文化下乡、科普教育等社会公益活动，积极助推我县民生事业的不断进步。

四、紧盯协商新形势，立足基层基础，致力探索创新，要努力在继续深化基层协商上有新突破。

深化基层协商民主建设，是加强地方治理、完善治理体系的重要内容。要按照“有事好商量，众人的事情由众人商量”的总体要求，更加注重基层协商民主工作，更好地发挥基层协商民主在协调关系、理顺情绪、化解矛盾、增进和谐方面的重要作用，使基层协商民主从“盆景”变“风景”。要不断增强基层协商民主的针对性。紧紧围绕各级党委、政府的重大决策、重要工作以及人民群众关心关注的热点、难点问题，深入开展基层协商，通过协商来助推各项决策和工作的落地实施。要不断增强基层协商民主的广泛性。对于事关地方发展的重大决策、涉及群众切身利益的重要工作，建议乡镇（街道）党委、政府积极邀请政协委员以及统一战线各界人士、工青妇等群团组织代表参加，增加社会各界代表和普通群众在协商民主活动中的参与面。要不断增强基层协商民主的多样性。鼓励乡镇（街道）因地制宜、分类施策，在实践中不断丰富完善基层协商民主工作，积极采用议事会、理事会、恳谈会、听证会、民意调查等多种形式，推动基层协商民主多样化发展。要不断增强基层协商民主的规范性。积极探索制定更加具体可行的基层协商民主流程方案，明确协商内容，健全协商形式，完善协商程序，为基层协商民主提供制度保证。

五、凝聚发展新动能，深化团结合作，广泛联谊交友，要努力在深入广泛凝心聚力上

有新举措。

要牢牢把握团结和民主两大主题，紧紧围绕我县经济社会发展、民生事业进步、社会稳定和谐这三大重点，充分发挥人民政协的政治优势，不断发展壮大最广泛的爱国统一战线，努力适应新时代对人民政协工作提出的新要求。要进一步拓展合作交流。切实加强与各民主党派、工商联、无党派人士和人民团体的合作，鼓励各党派团体发挥自身的优势和特色，就我县经济社会发展全局性、战略性问题以及群众关注的焦点、难点问题，开展视察调研，客观反映情况，科学提出意见。深入贯彻党的民族宗教和港澳台侨方针政策，团结民族宗教界、港澳台侨人士，发挥他们在促进经济社会发展中的重要作用。积极争取省市政协的支持，继续全力助推莪山畲族乡“中国畲族第一乡”创建。重视发挥县政协之友联谊会、企业家联谊会、摄影书画会（院）的作用，切实加强社团组织建设，不断扩大社团组织的影响力。要进一步加强文史工作。发挥政协文史工作存史、资政、团结、育人作用，深入组织文化视察、考察以及联谊活动，积极开展“吟诵桐庐经典·一周一诗”活动，争取编纂完成《桐庐古诗词大成》（暂名），全力助推我县文化事业发展。

六、顺应履职新特点，坚持强基固本，推进科学履职，要努力在加强政协自身建设上有新气象。

加强政协自身建设，是政协组织永恒的话题，更是政协事业长远发展的基础所在、关键所在。要按照习近平总书记提出的“懂政协、会协商、善议政”的总体要求，始终把增强履职本领作为自身建设重中之重来抓，完善履职机制，强化履职保障，不断创造具有新时代特征、桐庐政协特色的履职成果。坚定不移地落实全面从严治党要求，坚持崇严尚实作风，着力提高“四个能力”，进一步发挥政协党组的领导核心作用、常委会的示范表率作用、专委会的基础纽带作用和政协委员的主体作用。不断优化政协界别和委员结构，更加重视委员的学习和培训工作，搭建和拓宽委员的履职平台，完善委员联系服务机制，不断提高委员的综合素质和履职能力。加强政协机关建设，切实增强机关干部做好新形势下人民政协工作的责任感和使命感，以“不忘初心、牢记使命”主题教育为抓手，始终保持昂扬饱满的政治热情、奋发有为的精神状态，以求真务实的工作作风推动政协工作再上新台阶。

各位委员，我们正站在新的历史起点上，人民政协肩负着更加光荣的责任和使命。让我们更加紧密地团结在以习近平同志为核心的中共中央周围，高举中国特色社会主义伟大旗帜，在中共桐庐县委的坚强领导下，同心同德、奋发有为，不忘初心、砥砺奋进，全力开创政协工作新局面，为开启中华民族伟大复兴中国梦的桐庐新篇章而努力奋斗！

大事记

Important Events

袁东明/摄

1月

6日　中共桐庐县委召开常委会议，审议县九届政协委员推荐提名人选名单，审议并圈选杭州市人大代表候选人初步人选建议名单。

10日　杭州市委常委、组织部长张仲灿率市委党建工作考核组来桐庐考核党建工作，县领导朱华、方毅、游宏、王金才、周扬、王优健、邵雪荣、张启成等出席会议。

12日　杭州市检查考核组来桐庐考核2016年度综合考评工作情况，县领导方毅、周扬、潘立铭、潘渭等陪同。

16日　2017年桐庐县社会各界人士新春茶话会举行，县四套班子领导，法检两长，人武部部长出席会议。

是日　中共桐庐县委召开常委会议，听取县“两会”筹备工作情况汇报，审议县人大常委会、县政府、县政协常委会工作报告、县政协2017年度协商计划及民主监督计划、《关于桐庐县2016年国民经济和社会发展计划执行情况与2017年国民经济和社会发展计划草案的报告》《2017年政府投资项目和重点建设项目计划》《2016年财政预算执行情况和2017年预算草案的报告》等报告，学习传达全省宣传思想工作会议精神，研究有关组织人事工作，书面通报新提拔满一年干部考察情况，书面审议专题民主生活会县委常委会班子对照检查材料。

17日　桐庐县2016年度县委常委会民主生活会召开，市委常委、市委秘书长许勤华，县委常委、县人大常委会、县政协党组书记出席会议。

20日　桐庐县2016年度乡镇（街道）、县级机关党（工）委书记抓基层党建工作述职评议会召开，县领导朱华、方毅、王优健、盛春霞、邵雪荣、张启成、华健、吴金富、周海静等出席会议。

是日　桐庐县深化监察体制改革试点工作小组会议召开，县领导朱华、周扬、邵雪荣、张启成、徐海初、夏涛等出席会议。

22日　中共桐庐县委召开书记专题会议，审议县监察委员会主任候选人建议人选名单、县第十六届人大常委会委员候选人建议人选名单、县第十六届人大财政经济委员会组成人员建议人选名单、县第十六届人大城乡建设和环境资源保护委员会组成人员建议人选名单、县第十六届人民代表大会第一次会议各项建议名单、县第九届政协秘书长、常委候选人建议人选名单，以及县监察委员会干部调配酝酿建议等事项。

是日　中共桐庐县委召开常委会议，听取关于推行县政府实事工程人大代表票决制的工作汇报，审议《桐庐县深化监察体制改革试点实施方案》《县纪委第十四届二次全体（扩大）会议暨全县深化作风建设大会方案》《县纪委工作报告》和县监察委员会干部调配建议，审议县监察委员会主任候选人建议人选名单、县第十六届人大常委会委员候选人建议人选名单、县第十六届人大财政经济委员会组成人员建议人选名单、县第十六届人大城乡建设和环境资源保护委员会组成人员建议人选名单、县第十六届人民代表大会第一次会议各项建议名单和第九届政协秘书长、常委候选人建议人选名单，书面学习传达中纪委十八届七次全会、省纪委十三届六次全会精神，书面审议《桐庐县人民法院工作报告》《桐庐县人民检察院工作报告》。

2月

4日　桐庐县第十四届纪律检查委员会第二次全体（扩大）会议暨全县作风建设大会和政府廉政工作会议召开，县四套班子领导出席会议。

6—9日　中国人民政治协商会议桐庐县第九届委员会召开，杭州市政协副主席张鸿建，县四套班子领导，法检两长，人武部政委、部长出席会议。

7—10日　桐庐县第十六届人民代表大会召开，杭州市人大常委会委员、市残联理事长钟文静，县四套班子领导，法检两长，人武部政委、部长出席会议。

9日　桐庐县人口与计划生育、国土资源和环境保护工作会议召开，县领导朱华、方毅、吴金富、周建英、潘立铭等出席会议。

10日　中共桐庐县委召开常委会议，讨论新一届县四套班子领导相关配套职务任免事宜。

14日　桐庐县监察委员会组建暨转隶工作会议召开，县领导朱华、方毅、游宏、王金才、周扬、邵雪荣、张启成、徐海初、夏涛等出席会议。

15日　桐庐县创建全国文明城市誓师动员大会召开，县领导朱华、方毅、游宏、王金才、周扬、王优键、吴金富、周海静、俞建华、周建英、荆慰、卢强、周媛玉等出席会议。

是日　桐庐县第十六届人民政府第一次全体（扩大）会议暨第一期“桐政论坛”召开，县领导方毅、张启成、吴金富、姜英杰、周建英、吕爱华、荆慰、潘渭、卢强、余荆棘等出席会议。

20日　中共桐庐县委意识形态工作责任制暨党建工作会议召开，县领导朱华、方毅、周扬、王优健、盛春霞、邵雪荣、张启成、周海静等出席会议。

21—22日　浙江省人大常委会党组书记、副主任王辉忠来桐庐调研人大工作和重点项目建设情况，杭州市人大常委会副主任郑荣胜、秘书长陈建华，县领导朱华、方毅、游宏、徐海初、潘晓萍、俞建华、徐志勇等陪同。

22日　浙江省人民政府副省长冯飞来桐庐调研信息经济工作，县领导朱华、方毅、华健、潘渭等陪同。

3月

1日　水利部党组成员、驻水利部纪检组组长田野来桐调研，浙江省水利厅党组成员、驻厅纪检组长赵向前，县领导朱华、余荆棘等陪同。

3日　中共桐庐县委武装工作会议召开，县领导朱华、王优健、邵雪荣、张启成、华健、周海静、任玉兵、侯超纪等出席会议。

6日　桐庐县与莱茵达体育发展有限公司战略合作协议签订仪式举行，浙江省体育局副局长吕林，县领导朱华、方毅、游宏、王金才、周海静、周建英，莱茵达体育发展有限公司董事长高继胜、总裁刘晓亮等出席仪式。

9日　桐庐县创建全国文明城市工作领导小组第一次会议召开，县领导朱华、方毅、周扬、王优健、吴金富、周海静、潘晓萍、荆慰、潘渭、周媛玉等出席会议。

10日　全民绿化义务植树活动暨创建国家森林城市启动仪式在分水镇举行，浙江省林业厅副厅长胡侠，杭州市林水局局长周定炎，桐庐县领导朱华、方毅、游宏、王金才、周扬等县四套班子领导参加活动。

15日　桐庐县村和社区组织换届工作暨“联村走企访户”深化基层走亲活动动员部署会召开，朱华、方毅、游宏、王金才、周扬等县四套班子领导出席会议。

20—21日　中国浦东干部学院中国驻外使节培训班来桐庐开展以“中国最美县的实践与探索”为主题的现场教学，县领导朱华、方毅等陪同。

21日　住建部副部长倪虹一行来桐庐调研农村垃圾分类和美丽城乡建设工作，浙江省建设厅厅长项永丹，杭州市政府党组成员缪承潮，县领导朱华、吴金富、姜英杰等陪同。

3月22日，重大项目“两集中”活动重点招商项目签约仪式

22日　桐庐县举行2017年重大项目“两集中”活动，县领导朱华、方毅、游宏、华健、吴金富、徐志勇、潘渭、郑为民等参加活动。

23日　第六届中国·桐庐休闲乡村旅游季在分水镇大路村开幕，浙江省建设厅党组成员、总规划师顾浩，县领导朱华、方毅、游宏、王金才、周扬、潘渭等出席开幕式。

是日　杭州市委副书记、代市长徐立毅带队来桐庐调研，县领导朱华、方毅、吴金富、姜英杰、周建英、吕爱华、荆慰、潘渭、卢强、余荆棘等陪同。

28日　“文明城市共创建党员人人当示范”活动暨创建全国文明城市网格化管理工作启动仪式在桐庐县城中心广场举行，朱华、方毅、游宏、王金才、周扬等县四套班子领导参加活动。

31日　浙江省建设平安浙江工作会议召开，中共桐庐县委书记朱华出席省主会场并领取“平安金鼎”，县领导游宏、王金才、周扬、荆慰和法检两长陆忠明、夏涛等出席县分会场。

4月

1日　桐庐县平安（法治）建设暨全县政法信访工作会议召开，县领导朱华、周扬、吴金富、徐海初、濮樟明、陆忠明、夏涛、任玉兵等出席会议。

17日　由浙江省审计厅副厅长康跃西、陈焕昌带队的省“五水共治、三改一拆、小城镇环境综合整治”工作专项督查组及省剿劣督导组来桐庐开展为期5天的督查督导工作，县领导方毅、吴金富、卢强等陪同。

20日　桐庐县“无违建县”创建暨小城镇环境综合整治推进大会召开，浙江省“五水共治、三改一拆、小城镇环境综合整治工作专项督查组”组长、省审计厅副厅长陈焕昌，县领导朱华、方毅、游宏、周扬等县四套班子领导出席会议。

21日　由浙江省审计厅副厅长陈焕昌带队的省“五水共治、三改一拆、小城镇环境综合整治”工作专项督查组及省剿劣督导组就桐庐县督查督导情况召开反馈会，县领导方毅、卢强参加会议。

25日　桐庐县村社组织换届选举工作推进会召开，县领导朱华、邵雪荣、徐海初、余荆棘、雷国兴等出席会议。

27日　杭黄铁路桐庐站站前广场工程开工仪式在城南街道蒋陆家举行，县领导朱华、方毅、游宏、王金才、周海静、潘立铭等出席仪式。

28日　桐庐县2016年度综合考评总结暨“五一”国际劳动节表彰大会召开，县领导朱华、方毅、游宏、王金才、周扬、邵雪荣、俞建华、潘渭、潘立铭等出席大会。

是日　杭州市委、市政府举行一季度经济形势分析暨扩大有效投资推进重点项目建设大会，县委书记朱华在市主会场作交流发言，方毅、游宏、王金才、周扬等县四套班子领导出席县分会场。

5月

5日　杭州萧山国际机场桐庐航站楼正式启用，县领导周扬、潘渭等参加启用仪式。

是日　桐庐县召开“最多跑一次”改革暨代办服务工作推进会，县领导方毅、吴金富、俞建华、潘渭、濮樟明等出席会议。

是日　桐庐县扩大有效投资促进固定资产投资工作会召开，县领导方毅、吴金富、潘渭等出席会议。

6日　桐庐县举办第六届桐庐百姓日活动，召开政民恳谈会、举办“创建全国文明城市”主题晚会暨第五季“欢乐大舞台 幸福桐庐人”群众文化活动颁奖晚会等系列活动，朱华、方毅、游宏、王金才、周扬等县四套班子领导参加活动。

是日　桐庐县举行范仲淹纪念馆开馆暨中国范仲淹研究会浙江分会授牌仪式和范仲淹铜像揭幕仪式，海军中将、全国政协委员范印华，中国范仲淹研究会会长、北京大学历史文化研究所所长范国强，中共桐庐县委书记朱华，县委副书记、县长方毅共同为范仲淹纪念馆揭馆。县领导游宏、王金

5月6日，桐庐县范仲淹纪念馆开馆

才、周扬、王优健、潘晓萍、周建英、周媛玉，中国范仲淹研究会嘉宾等参加仪式。

8—9日　美国NY国际主席兼CEO南茜（Nancy）带队来桐庐考察，县领导朱华、方毅、游宏、王金才、华健、吴金富、徐志勇、潘渭、王志炎等陪同。

10日　桐庐县农村工作会议召开，县领导朱华、方毅、游宏、王金才、周扬、邵雪荣、张启成、吴金富、徐海初、吕爱华、余荆棘、雷国兴等出席会议。

12日　浙江省人大农业与农村委员会主任委员陈川一行来桐庐调研视察芦茨溪水源保护、富春江垃圾打捞等工作情况，县人大常委会主任游宏、副主任徐海初等陪同。

17—19日　浙江省人大常委会党组书记、副主任王辉忠率督查组，来桐庐开展“最多跑一次”改革蹲点调研督查，杭州市委副书记、市长徐立毅，杭州市人大常委会主任于跃敏、副主任许勤华、秘书长张如勇，桐庐县领导朱华、方毅、游宏、吴金富、徐志勇等陪同。

18日　桐庐县召开“两学一做”学习教育常态化制度化工作暨县委党建工作领导小组第二次会议，县领导朱华、周扬、王优健、邵雪荣、张启成、周海静等出席会议。

22日　浙江大学管理学院EDP中心考察团来桐庐考察投资环境，县领导朱华、周扬、潘渭等陪同。

23日　杭州市委副书记、政法委书记马晓晖一行来桐庐县调研基层治理体系“四个平台”建设情况，县领导朱华、方毅、周扬等陪同。

27日　中共桐庐县委召开常委会议，传达学习浙江省委书记车俊在杭州调研时的讲话精神。

6月

1日　桐庐县召开文明委全体（扩大）会议暨创建全国文明城市迎检工作布置会，朱华、方毅、王金才、周扬等县四套班子领导出席会议。

6日　由全国人大新闻局副局长钟雪泉带队的《人民日报》、新华社、《光明日报》、中央电视台、《中国日报》、中央人民广播电台等10余家中央新闻媒体采访团来到桐庐，对桐庐县开展“民生实事项目代表票决制”工作进行采访。县委副书记、县长方毅就相关问题接受记者采访。浙江省人大常委会副秘书长宋建勋，县领导游宏、王优健、俞建华等陪同。

8日　桐庐县召开杭黄铁路（桐庐段）项目征迁建设工作领导小组会议，县领导方毅、邵雪荣、周海静、徐志勇、卢强、潘立铭等出席会议。

11日　深化平安桐庐创建、推进“四个平台”建设工作会议召开。县领导周扬、吴金富、荆慰、余荆棘，法检两长陆忠明、夏涛等出席会议。

14日　2017年全国山地救援交流赛在桐庐县开幕，国家体育总局登山管理中心主任、中国登山协会主席李致新，浙江省体育局副局长李华，桐庐县领导方毅、周建英、潘渭等出席开幕式。

17日　由浙江省海外高层次人才联谊会生物医药分会，杭州欧美同学会和桐庐县委、县政府共同主办的生物医药和医疗器械产业发展论坛在桐庐县举行。浙江省委组织部副部长、省委人才办主任姚志文，杭州市政协副主席、杭州欧美同学会会长叶鉴铭，浙江省食品药品监管局副局长邵元昌，浙江省委组织部人才办副主任黄勤乐，浙江省海外高层次人才联谊会生物医药分会专家团的“国千”专家、“省千”专家及投资和知识产权领域专家，桐庐县四套班子领导朱华、方毅、游宏、王金才、周扬等出席论坛。

19日　中共桐庐县委常委（扩大）会议召开，传达学习省第十四次党代会精神，研究部署桐庐县贯彻落实工作。

24日　桐庐县召开防汛工作视频会议，县领导朱华、卢强、余荆棘等出席会议。

29日　桐庐城市规划展示中心开馆仪式举行，县领导朱华、方毅、王优健、周一明、郑为民等出席仪式。

7月

3日　浙江省政协党组副书记、副主席王建满一行来桐庐调研“最多跑一次”改革工作，杭州市领导潘家玮、戴建平、翁卫军，县领导朱华、方毅、王金才、吴金富等陪同。

7日　桐庐县“无违建县”创建工作推进会召开，县领导朱华、方毅、王金才、王优健、邵雪荣、张启成、周海静、周一明、卢强等出席会议。

是日　桐庐县中央环境保护督查迎检工作领导小组会议召开，县领导朱华、方毅、吴金富、卢强等出席会议。

7月11日，桐庐县产业发展大会召开

11日　桐庐县产业发展大会召开，朱华、方毅、游宏、王金才等县四套班子领导出席会议。

15日　桐庐县首届全民运动节开幕，杭州市副市长陈红英，浙江省体育基金会副理事长黄圣方，县领导朱华、方毅、游宏、王优健、吴金富、潘晓萍、周建英、潘渭、周媛玉等出席开幕式。

25日　浙江省委常委、公安厅长徐加爱来桐庐调研智慧安防小镇建设、社会综合治理和公安工作，县领导朱华、方毅、周扬、荆慰、潘渭等陪同。

27日　中共桐庐县委召开书记专题会议，听取第二轮巡察情况汇报，研究有关案件处理事宜，审议2017年度综合考评办法。

是日　中共桐庐县委召开常委会议，审议2017年度综合考评办法，听取新的社会阶层人士统战工作汇报、小城镇环境综合整治项目情况汇报，研究开发区行政区划调整相关事宜。

28日　桐庐县房地产问题楼盘盘活处置工作会议召开，县领导朱华、周扬、吴金富等出席会议。

8月

2日　浙江省委常委、政法委书记、公安厅长徐加爱来桐庐调研智慧安防小镇建设、社会综合治理和公安工作情况，杭州市委副书记、政法委书记马晓晖，桐庐县领导方毅、周扬、荆慰等陪同。

10日　桐庐县“无违建县”创建工作现场会召开，县领导朱华、方毅、游宏、邵雪荣、吴金富、周海静、潘晓萍、卢强、郑为民等出席会议。

11日　中央第二环境保护督察组督察浙江省工作动员会召开，朱华、方毅等县四套班子领导出席县分会场。

14日　中共桐庐县委常

委会召开会议，传达学习杭州市委十二届二次全会精神，听取关于迎接中央环境保护督查准备工作情况汇报，审议县委十二届二次全体（扩大）会议工作报告，审议《桐庐县美丽乡村发展基金实施方案》《桐庐县发展村级集体经济化解村级债务专项行动方案》和《桐庐县政府购买村级服务实施意见（试行）》，研究有关案件处理、干部人事工作等事宜。

8月10日，桐庐县“无违建县”创建工作现场会召开

15日　第二届中国国际民宿发展论坛暨国际乡村（民宿）设计大会筹备会召开，县领导周扬、吴金富、荆慰、余荆棘等出席会议。

15—16日　杭州市社会事业分管区、县（市）长座谈会暨现场经验交流会在桐庐县召开，杭州市副市长陈红英，县领导方毅、周建英等出席会议。

16日　浙江省人大常委会党组书记、副主任王辉忠一行来桐庐视察富春江、芦茨溪水源保护、农村生活污水处理工作和“最多跑一次”改革工作推进情况，杭州市领导于跃敏、徐苏宾、张如勇，县领导游宏、徐志勇等陪同。

16—17日　国家食药总局医疗器械监管司司长孔繁圃来桐庐调研医疗器械产业发展情况，浙江省食品药品监管局局长朱志泉，县领导朱华、方毅、俞建华、潘渭等陪同。

17日　阿尔法人工智能产业田园小镇项目合作协议签约和启动仪式在桐庐举行，阿尔法机器人（杭州）有限公司董事长李柱根、总经理戴俊、首席运营官郭向阳，县领导朱华、方毅、游宏、邵雪荣、吴金富、潘渭、潘立铭等出席签约仪式。

22日　浙江省委常委、宣传部长葛慧君到桐庐接待信访群众，县领导朱华、方毅、周扬、王优健、荆慰等陪同。

24日　桐庐县召开创建全国文明城市工作领导小组会议，朱华、游宏、王金才、周扬等县四套班子领导出席会议。

25日　桐庐县举行三季度重大项目“两集中”活动，县领导朱华、方毅、游宏、王金才、华健、吴金富、周建英、潘渭、王志炎、潘立铭等参加活动。

27日　县召开2017年上半年老干部政情通报会，县领导方毅、吴金富等出席会议。

29日　桐庐县“喜迎十九大、全力保平安”动员大会暨创建“平安桐庐”领导小组扩大会议召开，县领导方毅、游宏、王金才、周扬等县四套班子领导出席会议。

9月

7日　桐庐县推进“最多跑一次”改革服务网建设现场会召开，县领导方毅、吴金富等出席会议。

8日　桐庐县拆违控违工作推进会召开，朱华、游宏、王金才、周扬等县四套班子领导出席会议。

13日　“桐庐香江健康山谷”项目合作框架协议签约仪式举行，第十届全国工商联副主席、香江集团董事局主席刘志强，香江控股集团总裁修山城，县领导朱华、方毅、游宏、王金才、周海静、潘渭等出席仪式。

18日　国务院法制办党组成员、副主任钱锋来桐庐调研，浙江省法制办主任俞世裕，县领导方毅、吕爱华等陪同。

19—20日　浙江省委常委、纪委书记、监委主任刘建超来桐庐调研，并召开杭州市各区县（市）纪委、监委主要负责人座谈会，杭州市委常委、纪委书记、监委主任陈擎苍，杭州市检察院检察长顾雪飞，桐庐县领导朱华、张启成、荆慰、夏涛等陪同。

21日　浙江省委常委、市委书记赵一德来桐庐调研“最多跑一次”改革工作，杭州市领导陈擎苍、许明、戴建平、许勤华，桐庐县四套班子领导朱华、方毅、游宏、王金才、周扬等陪同。

是日　杭州区县（市）协作第一协作组联席会议在桐庐县召开，杭州市领导陈擎苍、许明、戴建平、许勤华，县四套班子领导朱华、方毅、游宏、王金才、周扬等出席会议。

25日　中共十九大代表、浙江省委原副书记、省政协原主席李金明来桐庐调研基层党建工作和村级集体经济发展情况，杭州市领导于跃敏、潘家玮、翁卫军，桐庐县领导朱华、游宏、王金才、邵雪荣等陪同。

26日　杭州市民生实事项目人大代表票决制工作部署会召开，朱华、方毅、游宏、周扬等县四套班子领导出席会议。

26—27日　美国旧金山湾区委员会生物科技代表团来桐庐考察对接项目，县领导朱华、方毅、邵雪荣、华健、吴金富、周海静、潘渭等出席项目对接会。

27日　桐庐县“华鹊3”手术机器人项目合作签约仪式召开，县领导朱华、方毅、游宏、王金才、邵雪荣、潘渭等出席仪式。

省委常委、市委书记赵一德来桐庐调研“最多跑一次”改革工作

29日　“喜迎十九大　同心话发展”桐庐社会各界人士中秋茶话会召开，县领导朱华、方毅、游宏、王金才、周扬、盛春霞、潘小萍、周建英、王志炎等出席会议。

10月

11日　全国政协副主席董建华率香港特别行政区全国政协委员考察团来桐庐县考察，浙江省领导乔传秀、吴晶，杭州市领导潘家玮、王立华，桐庐县领导朱华、方毅、王金才、盛春霞等陪同。

17日　以“设计，让乡村更美好；民宿，让市民更向往”为主题的第二届中国国际民宿发展论坛暨国际乡村（民宿）设计大会在桐庐县召开，国务院参事、住建部原副部长、中国城市科学研究会理事长仇保兴，浙江省政协副主席王建满，杭州市人大常委会副主任张建庭，杭州市副市长王宏，中国乡村文化研究院院长郭招金，中国新闻社党委常委、副总编辑、浙江分社社长王旻，桐庐县朱华、方毅、游宏、王金才、周扬等四套班子领导出席活动。

是日　桐庐县“喜迎十九大　全力保平安”安全生产大检查推进会召开，县领导方毅、潘渭等出席会议。

16—17日　中国浦东干部学院“运用现代金融、促进经济发展”专题培训来桐庐开展现场教学，县领导方毅、贺笑容等陪同。

18—20日　浙江省人大财经工作暨基层人大预算审查监督工作座谈会在桐庐县召开，浙江省人大常委会副主任冯明，杭州市人大常委会副主任许勤华，桐庐县领导朱华、游宏、徐志勇等出席会议。

20日　中国农工党桐庐基层组织举行成立30周年纪念大会，杭州市政协副主席、农工党浙江省委会副主委、杭州市委会主委周智林，杭州市委统战部常务副部长金志强，桐庐县领导周扬、盛春霞、周媛玉等出席纪念活动。

25日　浙江省食品药品监管局与桐庐签订打造“中国外科器械小镇”合作协议，省食品药品监管局局长朱志泉，桐庐县领导朱华、方毅、华健、吴金富、俞建华等出席签约仪式。

26日　桐庐县全面深化改革领导小组会议召开，县领导朱华、周扬、王优健、盛春霞、邵雪荣、吴金富、周海静、俞建华、吕爱华、荆慰、郑为民等出席会议。

27日　桐庐县第三季度经济形势分析会召开，县领导方毅、吴金富、潘渭等出席会议。

11月

1日　杭州市委副书记、市长徐立毅带队到桐庐专题调研“最多跑一次”改革工作，县领导朱华、方毅、华健、吴金富、周海静、潘渭等陪同。

10日　浙江省委宣讲团来杭州宣讲中共十九大精神，中共十九大代表、浙江省委宣讲团成员、省妇联党组书记、主席王文娟作宣讲报告，朱华、方毅、游宏、王金才、周扬等县四套班子领导出席县分会场。

11日　纪念叶浅予110周年诞辰活动暨“潇洒桐庐”全国中国画作品展开幕，中国美术家协会党组书记、驻会副主

11月24日，第二届中国（杭州）国际快递业大会在桐庐召开

席兼秘书长徐里，浙江省文联副主席柳国平，中国美协理事、浙江省美术家协会副主席兼秘书长骆献跃，中国美协理事、中国美协民族美术艺委会副主任谢麟，中国美协理事、山西省美术家协会主席王学辉，桐庐县领导朱华、方毅、游宏、王金才、周扬、潘晓萍、周建英、周媛玉等出席开幕式。

13日　“杭州4P国际健康医院”项目合作框架协议签约仪式及国际院士工作站揭牌仪式在桐举行，国际健康促进基金会理事长、北京4P健康研究院名誉院长白书忠，全国政协社会与法制委员会副主任、中国健康管理协会专家指导委员会副主任张世平，美国系统生物学研究所所长Leroy Hood，中科院百人计划专家、卓益慢病防治科技创新研究院院长胡志远，桐庐县领导朱华、方毅、游宏、王金才、邵雪荣、吴金富、周海静等出席仪式。

是日　杭州市委常委、秘书长许明来桐庐宣讲中共十九大精神，桐庐县领导朱华、方毅、周扬等陪同。

16日　桐庐县四套班子“军事日”活动召开，朱华、方毅、游宏、王金才、周扬等县四套班子领导参加活动。

17日　全国精神文明建设表彰大会在北京举行，中共中央总书记、国家主席、中央军委主席习近平会见新一届全国文明城市、文明村镇、文明单位、文明校园、未成年人思想道德建设工作先进代表和全国道德模范代表，桐庐县委书记朱华参加会见大会并领取“全国文明城市”奖项。

是日　首届桐庐县创业创新大会暨第四届桐庐县电子商务发展大会开幕，浙江省人力资源和社会保障厅党组成员、副厅长金林贵，杭州市科学技术协会党组副书记、副主席、巡视员汤建新，桐庐县领导方毅、王金才、周扬、华健、周海静、方科、潘晓萍、潘立铭等出席会议。

18日　桐庐县第二届古树节开幕式暨桐庐云湖省级森林公园授牌仪式在分水镇举行，浙江省林业厅副巡视员卢苗海，县领导方毅、吕爱华等出席开幕式。

20日　首届“桐庐工匠”表彰暨“工匠论坛”活动举行，县领导朱华、方毅、周扬、邵雪荣、俞建华、潘渭、潘立铭等出席活动。

24日　第二届中国（杭州）国际快递业大会在桐庐召开，国家邮政局局长马军胜，浙江省副省长高兴夫，省政府副秘书长徐纪平，中国快递协会会长高宏峰，国家邮政局副局长刘君，杭州市副市长陈新华，朱华、方毅等桐庐县四套班子领导出席会议。

28日　桐庐县召开以“乡村振兴战略”为主题的中共十九大精神专题学习研讨会，县领导朱华、周扬、徐海初、余荆棘、雷国兴等出席会议。

是日　桐庐抽水蓄能电站项目合作协议签约仪式举行，县领导朱华、方毅、游宏、王金才、吴金富，国网新源控股有限公司发展策划部主任余贤华等出席签约仪式。

12月

4日　杭州市“最多跑一次”改革四季度现场会在桐庐县召开，杭州市领导徐立毅、戴建平，桐庐县领导方毅、方科、周建英、吕爱华、潘渭、卢强、余荆棘、贺笑容等出席会议。

7日　桐庐县与浙江省林业厅签订合作协议，共同将桐庐打造成林业现代化示范县和森林休闲养生标杆县，浙江省林业厅党组书记、厅长林云举，县领导朱华、方毅、周扬、徐海初、吕爱华、雷国兴等出席签约仪式。

12月8日，桐庐县巩固创建成果深化文明城市建设工作会议召开

8日　桐庐县巩固创建成果深化文明城市建设工作会议召开。县委副书记、县长方毅主持。游宏、王金才等县四套班子领导参加。县委副书记周扬总结全国文明城市创建工作并部署下一阶段工作。县委常委、宣传部长、县创建办主任王优健宣读表彰决定。县委常委、纪委书记张启成通报全国文明城市创建工作相关问责情况。交警、城管队员、出租车司机、网格党员志愿者、社区居民志愿者、社区工作者代表分别作典型发言

17日　县人大召开工作务虚会，回顾总结2017年县乡两级人大工作经验，研究谋划2018年人大工作思路。县人大常委会领导游宏、徐海初、潘晓萍、俞建华、吴爱群、徐志勇、周一明参加会议。

20日　桐庐县小城镇环境综合整治工作推进会召开，县领导方毅、吴金富等出席会议。

23日　2017中国滑板俱乐部联赛·杭州桐庐站开赛，亚奥理事会副主席、中国奥委会秘书长宋鲁增，浙江省体育局副局长吕林，杭州市政府副秘书长、亚组委办公室主任毛根洪，县领导方毅、周建英等出席活动。

24日　中央第二环境保护督察组督察浙江省情况反馈会召开，朱华、方毅、游宏、王金才、周扬等县四套班子领导出席县分会场。

26日　中共桐庐县委召开常委会，传达学习中宣部近期关于意识形态领域工作相关文件精神，听取关于“扫黄打非”工作、关于深化国家监察体制改革试点工作、县委常委会组成人员履行“一岗双责”情况汇报，研究关于县城医疗机构布局调整、干部人事等事宜。

29日　桐庐县召开经济社会发展务虚研讨会，朱华、方毅、游宏、王金才、周扬等县四套班子领导出席会议。

总 述

General Survey

总　述

·地理气候·

【地理位置】　桐庐县位于浙江省西北部，钱塘江中游，介于北纬29º35′—30º05′和东经119º10′—119º58′之间；东接诸暨，南连浦江、建德，西邻淳安，东北界富阳，西北依临安。全境东西长约77公里，南北宽约55公里。总面积1829平方公里。以县城城南街道、桐君街道为中心，东20公里（径距，下同）至牛峰岭界富阳，南19公里至羊峤顶界建德，西39公里至太阳山界淳安，北13公里至陈家山界富阳；东南27公里至火烧湾顶界浦江，西南12公里至大岩山界建德，东北16公里至横山埠界富阳，西北41公里至高塘界临安。

【地貌】　桐庐县以丘陵山区为主，平原稀少，属浙西中低山丘陵区。四周群山耸峙，中部为狭小河谷平原，山地与平原间则丘陵错落。富春江由南而北纵贯县境东部，分水江自西北向东南汇入富春江。龙门山主峰牛背脊之观音尖，海拔1246.5米，为境内最高峰。在全县土地面积中，山地丘陵占86.3%，平原、水域占13.7%。

【气象特征】　桐庐气候属亚热带季风气候，四季分明，日照充足，降水充沛。一年四季光、温、水基本同步增减，配合良好，气候资源丰富。年平均气温16.5℃；极端最高气温42.2℃，极端最高气温≥35℃的高温天气年平均29天；极端最低气温-9.5℃，极端最低气温≤0℃的冰冻天气年平均31天。年平均雨日161天。年平均降水量为1525毫米，年际间差异较大，1—6月逐月递增，7—8月起逐月递减，3—9月雨量均在130毫米以上，最多的6月为梅雨期，降水集中，月平均雨量248毫米。年平均相对湿度79%，年际间变化较小，在76%—81%之间。无霜期258天。桐庐每年都会出现灾害性天气，影响比较严重的有涝、旱、风、雷、雹、雪、冰冻等。

2017年桐庐县主要气候特点：夏季高温强度大，持续时间长，日最高气温42.2℃，创历史纪录；入出梅均偏早，梅雨期长，梅雨量偏多，梅雨期出现三次暴雨局部大暴雨天气，灾害影响较严重；冬春季无灾害性天气，雪日少，未出现积雪；台风影响弱，无灾情；秋季出现阶段性连阴雨，但总体温高光足，气候条件适宜。

·建制沿革·

【概况】　桐庐县始建于三国吴黄武四年（225），治所在今桐庐县西12.5公里，曾于隋开皇九年（589）废桐庐入钱塘县，至仁寿二年（602）复置，移治所今桐庐县西4公里旧县乡。唐武德四年（621）析桐庐西北7乡置分水县，治所在今桐庐县西北分水镇，同时于桐庐置严州。3年后废严州及分水县。如意元年（692）复置分水，更县名为“武盛”。神龙元年（705）复名分水县。开元二十六年（738）移桐庐县于今县治。宝应元年（762）析分水西部地置昭德县，治所在今桐庐县西北；大历六年（771）废昭德，还属分水。天祐三年（906）划分水东北5乡入临安。1949年4—5月，桐庐、分水两县解放，1958年11月废新登、分水两县入桐庐。1960年8月又废富阳入桐庐，并隶属于杭州市。1961年12月复置富阳县，并将原新登县辖地及原分水县贤德公社划归富阳。今桐庐县

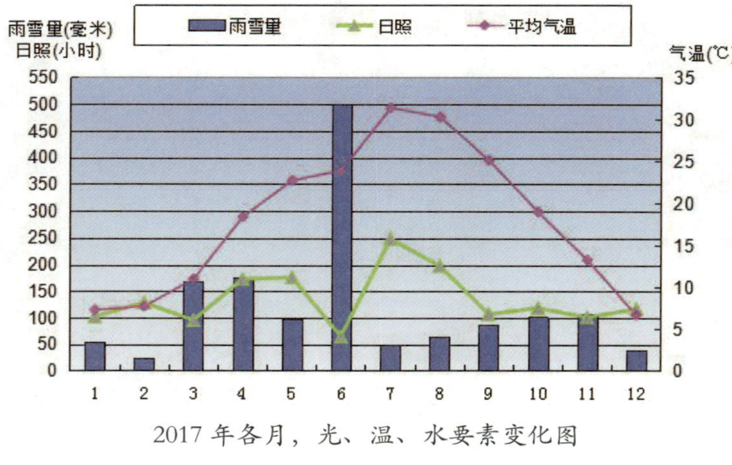

2017年各月，光、温、水要素变化图

政区，基本上为原桐庐、分水两县辖地。

·行政区划·

【概况】 2017年底，桐庐县下辖4个街道、6个镇、4个乡；182个行政村；1个居委会；18个社区。（见表1）

·经济发展·

【经济总量】 经核算，2017年，桐庐县实现生产总值（GDP）383.13亿元，按可比价格计算（下同），比2016年增长7.5%。其中第一产业增加值25.16亿元，同比增长2.0%；第二产业增加值198.60亿元，同比增长4.1%，其中工业增加值180.25亿元，同比增长4.4%；第三产业增加值159.37亿元，同比增长13.6%。三次产业结构由2016年的6.88∶55.15∶37.97调整为6.57∶51.84∶41.60。按户籍人口计算的人均GDP为93731元（折合13735美元），同比增长7.8%，比2016年增加1749元。

【财政收支】 2017年，桐庐县完成财政总收入46.59亿元，比2016年增长8.2%，其中地方财政一般预算收入27.83亿元，同比增长8.1%。完成税收收入24.79亿元，同比增长11.8%，其中国内增值税（50%）7.08亿元，同比增长4.3%；改征增值税4.78亿元，同比增长19.7%；企业所得税3.14亿元，同比增长18.7%；个人所得税1.45亿元，同比下降10.9%。

全年财政支出41.67亿元，比2016年增长1.8%，其中民生保障和社会事业支出34.30亿元，占财政支出比重为82.3%。教育事业投入10.46亿元，同比增长6.5%，占一般公共预算支出的25.1%。卫生事业投入4.71亿元，同比增长11.7%。城乡居民医疗保险人均筹资标准、城乡居民基本养老保险基础养老金标准分别提高至1200元和150元／人／月。

【农业经济】 2017年，桐庐县实现农林牧渔业总产值35.06

2017年桐庐县乡镇（街道）情况

表1

乡镇（街道）	地域面积（平方公里）	行政村数（个）	居委会（个）	社　区（个）
城南街道	97.50	18	—	4
桐君街道	61.86	6	1	7
富春江镇	195.08	15	—	2
凤川街道	153.27	8	—	—
江南镇	81.66	20	—	1
新合乡	73.67	5	—	—
横村镇	120.70	24	—	2
旧县街道	33.29	5	—	—
莪山畲族乡	28.51	7	—	—
钟山乡	111.71	11	—	—
分水镇	299.91	26	—	2
瑶琳镇	217.00	16	—	—
百江镇	233.48	15	—	—
合村乡	121.66	6	—	—
合　计	1829.3	182	1	18

亿元，比2016年增长1.6%。其中，农业总产值21.83亿元，同比增长7.3%；林业总产值5.39亿元，同比增长0.7%；畜牧业总产值4.83亿元，同比下降13.9%；渔业总产值2.19亿元，同比下降6.4%；农林牧渔服务业总产值0.91亿元，同比增长6.9%。实现粮食总产量4.33万吨、禽蛋0.27万吨、肉类1.15万吨、水产品0.89万吨、水果9.39万吨。

2017年，新建粮食功能区1.56万亩；建设黄金峡谷中药材养生园、大洲畈心动农场等农旅结合型精品园区4个；建成市级美丽农业乡镇1个、美丽田园体验区2个、美丽农牧渔场2个。新认证无公害农产品企业22家、无公害农产品32个，新建无公害建设基地3326亩；申报绿色食品单位3家，新增绿色食品认证面积1860亩。天尊贡芽茶获“中华文化名茶”称号，蜂之语牌蜂胶软胶囊、万事吉牌蜂王浆含片获2017全省蜂产品十大名品。设立5亿元的美丽乡村发展基金，保障美丽经济快速发展。成功创建2家省级农业龙头企业；新增20家合作社、2家联合社、3家省级示范社。成功举办第二届国际民宿发展论坛，荣获“民宿经济发展活力县”称号。

【工业】 2017年，桐庐县深入实施“产业强县”战略，加大财政扶持力度，鼓励企业做大做强，推进工业经济提质增效。通过政策扶持、技术升级、资源综合利用、创新驱动、提高附加值等措施积极补齐发展短板，工业经济运行总体呈现稳中有进、稳中向好态势，全年实现工业增加值180.25亿元，同比增长4.4%。大力推动产业结构转型升级，加快构建新型工业化体系，培育发展战略性新兴产业，推动信息化和工业化深度融合。战略性新兴产业、高新技术产业、装备制造业增加值增速，新产品产值率均保持两位数增长，分别为13.10%、15.00%、17.10%、43.3%。

【建筑业】 2017年，桐庐县有承包和专业承包资格建筑企业54家，全年签订合同额132.95亿元，比2016年增长7.8%；完成施工产值74.6亿元，同比增长3.8%；房屋建筑施工面积668.15万平方米，同比下降3.1%，其中新开工面积308.69万平方米，同比下降6.4%。年末建筑业从业人员为28578人，同比增长4.3%。

【固定资产投资】 2017年，桐庐县完成固定资产投资213.31亿元，与2016年相比下降10.5%。按三次产业分，第一产业投资10.06亿元，占总投资比重为4.7%；第二产业投资59.49亿元，占比27.9%，其中工业投资59.12亿元，占比27.7%；第三产业投资143.76亿元，占比67.4%，较上年提高3.4个百分点，其中房地产开发投资29.2亿元。

【房地产业】 2017年，桐庐县完成房地产开发投资29.20亿元，比2016年下降14.1%。房屋新开工面积50.35万平方米，同比增长15.4%；房屋竣工面积63.25万平方米，比2016年增长50.3%。全年商品房销售面积81.80万平方米，比2016年增长28.1%，其中住房销售72.41万平方米，同比增长21.7%。实现商品房销售额60.57亿元，比2016年增长25.2%，其中住宅销售额52.10亿元，同比增长17.8%。

【国内贸易】 2017年，桐庐县新增限额以上商贸单位42家，实现社会消费品零售总额164.86亿元，比2016年增长11.5%。按行业分，批发业零售总额11.11亿元，同比增长8.8%；零售业零售总额130.62亿元，同比增长12.2%；住宿业零售总额11.12亿元，同比增长5.5%；餐饮业零售总额22.02亿元，同比增长9.0%。

【电子商务】 2017年，桐庐县连续第四年被评为“中国电子商务发展百佳县”。全年兑现2016年度电子商务补助奖励资金972万元。成立中国（杭州）跨境电商综合试验区桐庐园区，实现跨境出口16614万美元，跨境进口2116万美元。做优做实“农村淘宝”项目，探索推行“互联网+乡村旅游+农产品上行”桐庐模式3.0版。农产品电商产业园仓储物流中心建成并投入使用，15家涉农企业入驻。海陆电商产业园扩容提质，更名“迎春智谷”，入驻企业142家，其中新入驻项目28家。建成“春江渡口·虚

迎春商务区

拟现实应用中心”，打造AR、VR、MR技术服务企业的专业化众创平台。创建“旧大叔”微商服务平台。成功召开桐庐县首届创业创新大会暨第四届电子商务发展大会，成功举办第二届中国（杭州）国际快递业大会。富春江镇横山村成功升级成为全国第一家天猫优选体验店。全县全年实现电商销售75.60亿元，其中网络零售45.72亿元。

【信息经济】 2017年，桐庐县实现信息经济（智慧经济）增加值25.29亿元（剔重），同比增长23.5%。完善智慧安防产业链，推进阿尔法机器人小镇建设，智慧安防小镇海康二期项目结顶，英飞特二期项目开工建设，引进智来科技、金益科技等配套企业。壮大电子信息产业规模，艾罗电源产品获省首台（套）认定，艾罗电源和新湖电子被评为国家高新技术企业。全年实施“机器换人”项目80个。县智慧治理中心获中国美丽城乡教育培训基地现场教学点、杭州市最具品质体验点40强、杭州市青年文明号等荣誉称号。建成i-tonglu免费无线Wi-Fi点位641个。

【对外经济】 2017年，桐庐县完成外贸（海关）进出口总额74.78亿元，与2016年相比下降18.4%。其中进口总额4.31亿元，同比下降7.73%；出口总额70.47亿元，同比下降19.1%。

【交通运输】 2017年，桐庐县完成交通建设投资5.42亿元。23省道梅蓉至杭新景高速凤川互通公路工程（柴埠大桥）、柴雅线新合段改建工程全面完工；南方码头改造工程、疏港公路综合码头至深澳段工程（320国道复线）、吴兴至建德桐庐坞善岭至龙头山段改建工程（新龙线）、杭黄铁路桐庐换乘中心、分水客运中心等重点项目完成年度建设任务；全年新建农村联网公路33公里，完成农村公路提升改造88.2公里，病危桥改造11座，成功创建“四好农村路”省级示范县。至2017年末，境内公路通车里程达1849.29公里。

年末，全县拥有城区公交线路29条，新增新能源纯电动公交车22辆，至年底共有营运公交车139辆，全年完成城区旅客运输2130万人次；优化、延伸36路、10路、14路、21路、27路等五条公交线路；完成城区一期智能公交站亭试点建设，县迎春南路和大奇山路共建29套智能化公交站牌，市民出行全智能候车体验；开通横村深畈至浮桥埠，瑶琳高翔村至沙潭，洋塘至沈冠，新合至毗邻县浦江唐公岭、诸暨龙门脚4条城乡公交线路；至年底拥有出租车181辆，更新26辆；桐庐港区年吞吐量首破千万大关，达1056万吨。

【邮电通信】 2017年，桐庐县完成邮政业务收入0.52亿元，比上年增长1.0%；完成邮政储蓄收入0.26亿元，同比增长12.0%；全年发送特快专递407万件，是上年的2.22倍；完成电信业务收入4.10亿元，比上年增长7.6%。年末全县电话用户合计64.44万户，比上年增长10.2%。其中移动电话用户为57.84万户，同比增长12.2%，拥有量为155部/百人。上网用户26.90万户，同比增长2.9%。互联网宽带接入用户数16.23万户，同比增长15.4%。

【旅游产业】 2017年，桐庐县共接待游客1529万人次，比2016年增长15.8%；旅游总收入160.88亿元，比2016年增长18.9%，其中乡村旅游收入6.28亿元，比2016年增长32.2%。全年新建、改建旅游标识系统107处；萧山机场桐庐航站楼建成，开通运营以来，共服务游客5782人，输送游客3087人。打造水上、康养、文体、会展、乡村、城镇和产业七大旅游产品体系，编制完成《桐庐县村落景区发展总体规划（2017—2021）》。构建智慧旅游管理、智慧旅游服务、智慧旅游营销和智慧旅游企业等“四位一体”的智慧旅游体系。出台关于农林、文体、中医药、商贸、工业等与旅游融合发展相关文件。“省级全域旅游示范区”创建工作受到省政府表彰并通过市级验收。桐庐旅游微信服务平台34次进入浙江旅游微信影响力排行榜。富春江镇、瑶琳镇列入浙江省旅游风情小镇创建名单。荻浦、环溪等10个村庄获评浙江省AAA级景区村庄。

【金融】 2017年末，桐庐县金融机构本外币各项存款余额430.96亿元，比年初增加23.27元，较上年增长5.7%。其中住户存款余额为231.98亿元，比年初增加8.04亿元；本币存款余额为417.60亿元，比年初增加19.61亿元；本外币储蓄存款余额197.94亿元，比年初增加3.39亿元，较上年增长1.7%；本币储蓄余额195.73亿元，比年初增加2.67亿元，较上年增长1.4%；人均储蓄余额4.79万元，比年初减少0.05万元，较上年下降1.2%。

2017年末，桐庐县金融机构本外币各项贷款余额403.61亿元，比年初增加71.38亿元，较上年增长21.48%。本币贷款余额为403.54亿元，比年初增加71.46亿元，较上年增长21.5%，其中住户短期贷款余额为48.62亿元，较年初增加7.16亿元，增长17.3%；住户中长期贷款余额为142.80亿元，较年初增加26.25亿元，增长22.5%。非金融企业及机关团体本币贷款增长较快，当年新增38.12亿元，同比增加26.19亿元。

【市场价格】 2017年，桐庐县居民消费价格总指数（CPI）为101.4，价格水平上涨1.4%，涨幅较上年回落0.2个百分点。分类别看，衣着类上涨9.1%，教育文化和娱乐类价格上涨7.9%，其他用品和服务类价格上涨3.3%，生活用品及服务类价格上涨2.5%，居住价格上涨1.3%，交通和通信类价格上涨1.0%，医疗保健类价格上涨1.0%，食品烟酒类价格稳中有降，同比下降2.4%。全年居民消费价格基本稳定，CPI运行继续处于温和上涨区间。

【平台建设】 2017年，富春江科技城（经济开发区）全面推进“智慧·风情·生态城”建设。集聚以海康威视为龙头的电子信息产业配套企业11家，招引落户浙江省先进材料研究院、普望生物、华财会计小镇等项目。签约落地张泽院士工作站和林标扬博士后科研工作站，成功申报“省千”人才1名。海康威视二期、英飞特二期、国际箱包智慧产业园、电子器械基地等重大项目有序推进。科技孵化园通过市级认定，入孵创业企业80家。新增市级以上高新技术企业17家、

2017年末金融机构本外币存贷款余额及其新增额

表2

指　标	年末余额（亿元）	比年初新增额（亿元）
金融机构（本外币）存款余额	430.96	23.27
其中：本币存款余额	417.60	19.61
城乡居民本外币储蓄余额	197.94	3.39
金融机构（本外币）贷款余额	403.61	71.38
其中：本币贷款余额	403.54	71.46
其中：非金融企业及机关团体贷款	212.19	38.12

研发中心9家。全年实现财政收入11亿元，规模工业增加值增速16.5%，新产品产值率53.3%，高新企业产值占规模工业比重为55.6%。

2017年，迎春商务区积极推进“四个转变”，进一步做强双创平台。全年新注册企业117家，累计入驻企业1213家，入驻率73.38%；注册资金5000万元以上企业61家，1亿元以上23家。新增电商企业196家，实现电商销售额28.03亿元，同比增长48.7%。春江渡口品牌系列众创平台成为桐庐创业创新的主阵地，已拥有众创空间、海智基地、设计创客、虚拟现实应用中心等系列的综合性、专业化、市场化的四个众创平台，共有在孵化项目100余个，其中设计创客被评为市级众创空间，众创空间被评为县级众创空间。

2017年，富春山健康城着力打造全县健康产业发展主平台、产城融合新高地、“双招双引”新蓝海。新注册公司130家，其中招引10亿元以上项目2个，20亿元以上项目1个。莱IN体育生活之城、中通云谷、中科纳泰“4P”健康产业园等特色产业项目取得实质性的进展。创成国家AAA级旅游景区并启动桐庐生命健康产业先行先试区创建申报。健康城入选省级健康产业示范基地，健康小镇被评为第二批长三角健康产业集聚区和中国十大特色小镇之一。全年完成固定资产投资18.39亿元，招商引资6.91亿元，市外内资4.57亿元，浙商创业创新资金6.94亿元。

2017年，富春江（芦茨）乡村慢生活体验区着力将慢生活小镇打造成为安放乡愁、传承乡忆的诗意栖居地。全年新引进企业23家，其中特色创业企业21家，完成固定资产投资5.47亿元，旅游接待135.97万人次，旅游经营收入1.44亿元。完成白云深处、忆松树岭、清雅楼等精品民宿改造。完成智慧旅游服务平台建设，增设语音导览讲解、星级民宿查询等系统。对接法国卢瓦尔河地区谢尔省尚皮尼村，以“互利双赢、共兴乡艺”为主题，促成双方定期交流访问，将慢生活小镇推向国际。参加2017第十三届杭州·浙西旅游合作峰会，静庐澜栅荣获年度“二十佳”民宿，天空之城付小燕获年度新锐人物。

·社会事业·

【劳动就业】 2017年，桐庐县实现城镇新增就业人员5860人，城镇登记失业人员实现再就业2084人，发放就业援助卡1312张，安置就业困难人员1304人。职业技能鉴定发证4890人，其中职业指导人数12294人次，介绍成功7576人次，年末实有登记失业人员1319人，城镇登记失业率1.81%。全年开展各类就业技能培训163期，共10551人次参加培训。高技能人才培养1436人（其中技师190人）。开展技能大赛8场。全年发放51笔创业担保贷款，共计1155万元。全年新创办市场主体8462家，带动就业23000余人。

【教育】 2017年，桐庐县共有全日制小学28所，在校学生24107人，全年新招生4163人，毕业3997人。普通中学17所（初中12所、高中5所），在校学生15459人，全年新招生5481人，毕业学生4955人；中等职业技术学校2所，在校学生2801人，全年新招生871人，毕业学生849人；幼儿园47所，在园幼儿13747人。全年小学入学率100%，初中巩固率100%，高中入学率99.69%。全县14个乡镇、街道，建有14所乡镇成校和社区学校，乡镇成校、社区学校覆盖率100%。14所成校均为省标准化成校，标准化乡镇成校达标率为100%。2017年成校和社区教育学校培训学员82216人次。

全年免除课本费、作业本费1600万元，助学奖学11337人次，奖励金额944.03万元。实施名师名校长和名师区域流动工程，加大农村学校资金、师资扶持力度。深化杭州名校结对工程，成绩喜人。桐庐中学一人获全国数学竞赛三等奖，两人获省一等奖；一人获第34届全国中学生物理奥林匹克竞赛复赛二等奖；三人获第31届中国化学奥林匹克（初赛）二等奖，四人获三等奖。杭州技师学院蒋应成获世界技能大赛汽车喷漆项目冠军，实现中国在该项目上的冠军蝉联。2017年末，全县拥有杭州市现代化标志性教育强镇3个，浙江省教育强镇、街道14个。全国义务教育发展基本均衡县创建通过国家验收，特色学校、标准化学校建设成效明显。

【科技】 2017年，桐庐县全年征集企业技术难题35项，发布高校科研院所科技成果62项。开展技术合同登记55项（含产学研用合作）。集聚科技中介15家。培育省科技进步三等奖1项，市科技进步三等奖1项，列入省重大专项1项，市重大计划2项。新认定省级新产品15项，科技成果登记12项。认定国家高新技术企业52家，市高新技术企业166家，省科技型中小企业256家，市科技型初创企业28家，省级重点企业研究院1家，企业研究院1家，省级高新技术企业研发中心34家，市级高新技术企业研发中心34家，县级企业研发中心223家。成功培育省级众创空间1家，市级众创空间1家，县级众创空间5家，储备空间3家，入驻企业130家。是年，全县专利申请量2161件，其中发明专利申请212件；专利授权量1404件，其中发明专利授权98件，均创历史性新高。

建成“桐庐科普馆”，累计接纳未成年人进馆体验1万人次以上。指导县中医院成功创建杭州市级专家工作站，邀请孙光荣国医大师团队来桐庐开展相关领域内的合作。助推企业创新驱动发展，开展“院士专家桐庐行”活动4次，邀请王陇德、郎景和、谭建荣、葛昌纯院士来桐庐开展产学研对接服务。全年组织主题科普活动22场次，配送科普挂图4200余幅，开展科普培训10余场次，受众1000余人次。科普微信平台推送科普信息680条，发送农业实用技术图书4.8万余册。农函大开班30个，举办培训122期，培训学员6050余人次。

【文化】 2017年，桐庐县成功举办新年晚会、元宵民俗文化活动、百姓日系列文体活动、喜迎十九大文艺展演活动等大型文艺活动；组织越剧、书法、剪纸等地方特色文艺节目赴法国、瑞士等地开展“欢乐春节”文化交流活动；完成第五季“欢乐大舞台”群众文化活动，1000余个节目上台表演，10万余名群众参与活动；开展送书画摄影、送戏、送综艺演出等文化下乡活动200场，送电影下乡2282场，开展越剧大戏演出84场（含剧院惠民演出20场），举办各类展览展示100场；开展健身球、排舞、少儿合唱、少儿硬笔书法等培训200场次；开设剪纸、书法、石雕等免费培训166课时。“唱响桐庐”原创音乐作品创作累计创作地方特色歌曲60余首，承办2017年杭州市“三江歌手”大赛活动。成功举办叶浅予110周年诞辰系列纪念活动，范仲淹纪念馆建成开放。

全年投入417万元实施全县文化场馆提升改造、镇村级文化基础设施建设，投入125万元完成叶浅予艺术馆第四展厅提升改造工程。投入200万元开展越剧、剪纸、故事、书法、诗词等地方特色文化的传承。文艺作品获国家级奖项107个、省级204个、市级69个。各类图书馆年末藏书61万册。

【体育】 2017年，桐庐籍运动员参加全国、省、市比赛获金牌473枚、银牌220枚、铜牌154枚。其中邱烨晗在全国第十三届运动会女子10米气步枪团体获得金牌；陈雨菲夺得全国第十三届运动会羽毛球女子单打冠军、女子团体第三名，2017年羽毛球世锦赛女单第三名；季钰露获得全国第十三届运动会射箭混合团体第二名；史红梅在2017年全国帆船帆板

富春江公开水域游泳挑战赛

锦标赛比赛中夺得女子Rs：X级的场地赛、障碍赛、长距离赛冠军；俞诗梦在2017年亚洲青年皮划艇锦标赛女子单人皮艇200米、女子单人皮艇500米、女子双人皮艇500米三枚金牌，2017年世界青年皮艇锦标赛女子单人皮艇200米冠军、女子单人皮艇500米第六名。

2017年，全县共举办县级群众性体育健身和竞赛活动60项次，参加人数15万余人次；引进并承办中国足球协会女子足球甲级联赛，中国足球协会女子足球甲级联赛浙江主场首次落户桐庐。全县新建健身点10个、篮球场5个、乒乓球室5个。

【广播电视】 2017年，桐庐县全年共播发广播电视新闻6473条，专题2367期。播发外宣报道513条次，其中27条在中央电视台和中央人民广播电台播出。全年28件广播电视作品在省市新闻评比中获奖。广播对农栏目获2017年度全省对农节目服务工程建设考核优秀。新媒体主平台微信公众号“同乐汇”两次进入全国县级电视台微信排行榜十强，粉丝数249766，全年一万以上阅读量的微信190条，单条最高阅读量3418583次。年末全县有线电视终端18.2万余个，电视综合覆盖率100%，广播综合覆盖率100%。

【卫生】 2017年，桐庐县医改先行先试县试点实施；大力发展智慧医疗健康服务，积极推广智慧医疗诊间结算、“医信付”“支付宝”快捷支付等创新工作；完成薪酬制度改革配套文件出台、服务价格调整测算、分级诊疗工作方案制定、民营医院扶持政策制定等工作；“健康树”综合签约服务纳入全县2017年民生实事项目，全县签约12.82万人，签约率因素31.33%；完成县第二人民医院和县中医院的信息化整体建设及县域影像中心建设；完善县卫计局数据中心平台建设（双向转诊和全科医生签约服务系统），并与市级平台顺利对接。

全年新增3家民营医院，新增（变更）10家门诊部（诊所）。至年底，全县有各类医疗卫生机构330家，其中公立医疗卫生机构210家、私营各类医疗机构120家。各类医疗病床1998张。卫生技术人员3753人，其中执业医师1022人、助理执业医师234人、注册护士1340人。2017年全县无偿献血5547人次，献血量1109.46升，占临床用血量的100.39%。传染病总发病率963.21人/十万人。

·人口、人民生活和社会保障·

【人口】 2017年年末，桐庐县家庭总户数14.86万户，户籍总人口为41.49万人，比上年末增加0.34万人，增长8.26‰，人口自然增长率

2017年末户籍人口数及其构成

表3

指标　比重（%）	年末数（人）	比重（%）
全县总人口	414883	100.00
其中：城镇	180942	43.61
乡村	233941	56.39
其中：男性	206516	49.78
女性	208367	50.22
其中：0—17岁	62509	15.07
18—34岁	90729	21.87
35—59岁	164966	39.76
60周岁及以上	96679	23.30

为5.91‰。在总人口中，城镇人口为18.09万人，乡村人口23.39万人；男性20.65万人，女性20.84万人，人口性别比（女性=100）为99.11。全年全县出生人口4898人（计生部门统计口径，下同），与上年相比增加172人，增长3.64%。人口出生率11.8‰，计划生育率98.88%，较上年同期上升0.4个百分点。

2017年，桐庐县人口和计划生育工作指标执行情况良好，计划生育工作形势呈现以下特点：全面两孩政策影响持续；二孩出生人数首次超过一孩，二孩比一孩出生人数多223人；与上年相比，一孩出生减少397人，二孩出生增加544人；计划外生育人数减少，计划生育率有所上升。

【人民生活】 2017年，桐庐县城镇常住居民人均可支配收入46108元，比上年增长8.5%，其中人均工资性收入28566元，同比增长8.5%；人均生活消费性支出25192元，同比增长8.2%。全县农村常住居民人均可支配收入26785元，比上年增长8.8%，其中工资性收入14716元，同比增长7.2%；人均生活消费性支出16280元，同比增长7.3%。

【社会保障】 2017年年末，桐庐县参加养老保险的机关企事业单位6439个，参保人数183954人，比上年增长9%，共支付养老金196010万元，同比增长13.2%。参加基本医疗保险的人数403496人，共支付医疗保险金80684万元，同比增长11.4%。被征地农民基本生活保障参保人数8527人，共支付生活保障金22725万元。工伤保险参保人数124061人，共支付工伤金2644万元，同比增长22.9%。生育保险参保人数93393人，共支付生育金3224万元，同比增长45.1%。失业保险参保人数71635人，支付失业金857万元，同比减少26.1%。

·城市建设·

【市政建设】 2017年，桐庐县完成县城乔林路（320国道—城南路）道路改造、乔林支路改造等道路工程建设，启动舞象山道路、城南路（梅林路至宝兴路）等工程建设。全年新建道路1.12千余米，面积1.79万余平方米。提升改造道路0.67千余米，改造道路面积1.60万余平方米，人均公园绿地面积为134.7公顷。城市化水平66.4%，比上年提高1.7个百分点。

【城市绿化】 2017年，桐庐县城绿地面积811万平方米，建成区绿地率41.1%，绿化覆盖率为43.2% ，人均公园绿地面积为13.41平方米。

【公用事业】 2017年，桐庐县城全年供水量2542万吨。

·生态和环境·

【空气质量】 2017年，桐庐县全年空气质量优良天数336天，优良率92.1%，相比2016年，优良天数增加4天，优良率提升1.1个百分比。大气PM2.5平均浓度为38微克/立方米，总体水平为新标准（AQI）实施以来最好，在杭州地区空气质量状况排名第三，实现“努力增加优良空气天数、降低PM2.5年平均浓度”的既定目标。

【水域治理】 2017年，桐庐县83条主要河流均达到Ⅲ类以上水质，其中Ⅰ—Ⅱ类水质河道72条，占全县主要河流的86.7%。富春江出境水质连续11年优于入境水质，窄溪断面出境水质达到Ⅱ类标准，功能区水质达标率100%，饮用水源地水质达标率100%。

说明：

①该分目中数据由桐庐县统计局提供，为初步统计数，最终结果以《桐庐统计年鉴2018》为准。

②该分目中增加值为现价，增加值增长速度按可比价格计算。

③同口径比是指纳入当年规模统计的企业本期数与这些企业2016年同期数之比。

中共桐庐县委员会

Tong'lu Municipal Committee of the CPC

中共桐庐县委员会

·县委办公室工作·

【中国共产党桐庐县第十四次代表大会】 2016年12月27—30日，中国共产党桐庐县第十四次代表大会在县城召开。大会主要任务是回顾总结桐庐县第十三次党代会以来的工作，研究部署今后五年的奋斗目标和主要任务，选举产生中共桐庐县第十四届委员会和纪律检查委员会，动员全县各级党组织、广大党员和干部群众，立足新起点，担起新使命，推动新跨越，努力建设山清水秀民富县强的美丽中国桐庐样本。

【县委十四届一次会议】 2016年12月30日，中共桐庐县第十四届委员会举行第一次会议。全会选举产生新一届县委书记、副书记和常委。朱华当选为县委书记，方毅、周扬当选为县委副书记，朱华、方毅、周扬、王优健、盛春霞、邵雪荣、张启成、华健、吴金富、周海静当选为县委常委。新当选的县委书记朱华在会上发表讲话，与全体委员共勉，并向全社会庄严承诺，接受群众监督。

【县委十四届二次会议】 2017年8月16日，县委十四届二次全体（扩大）会议召开。会议学习贯彻习近平总书记系列重要讲话精神和治国理政新理念新思想新战略，贯彻落实浙江省第十四次党代会、杭州市第十二次党代会和市委十二届二次全会精神，总结上半年主要工作，部署下一阶段的重点任务，动员全县广大干部群众鼓足干劲、奋力攻坚，全力以赴完成全年目标任务，以实际行动迎接中共十九大召开。会议要求，要以生态建设为基础，进一步加快绿色崛起。厚植底色，强化生态环境保护，统筹城乡，完善基础设施建设；要以创新驱动为根本，进一步推进“产业强县”。提升平台承载能力，培育创新核心动能，加速产业优化升级，进一步夯实民富县强的产业基础；要以改革开放为抓手，进一步激发内生动力。以“最多跑一次”改革为突破口，深化政府自身改革，统筹推进经济和社会各领域改革。要以锻造铁军为主线，进一步强化党建保障。建设清廉桐庐，营造良好的政治生态。

县委十四届二次全体（扩大）会议召开

【县委常委会议】 2017年1月6日，县委常委会审议桐庐县九届政协委员推荐提名人选名单，审议并圈选杭州市人大代表候选人初步人选建议名单，听取2017年因公出国计划汇报，交流月度工作。

1月16日，县委常委会听取县“两会”筹备工作情况汇报，审议县人大常委会、县政府、县政协常委会工作报告、县政协2017年度协商计划及民主监督计划、《关于桐庐县2016年国民经济和社会发展计划执行情况与2017年国民经济和社会发展计划草案的报告》《2017年政府投资项目和重点建设项目计划》《2016年财政预算执行情况和2017年预算草案的报告》等报告，学习传达全省宣传思想工作会议精神，研究有关组织人事工作，书面通报新提拔满一年干部考察情况，书面审议专题民主生活会县委常委会班子对照检查材料。

1月17日，2016年度县委

常委会民主生活会召开。

1月22日，县委常委会听取关于推行县政府实事工程人大代表票决制的工作汇报，审议《桐庐县深化监察体制改革试点实施方案》《县纪委第十四届二次全体（扩大）会议暨全县深化作风建设大会方案》《县纪委工作报告》和县监察委员会干部调配建议，审议县监察委员会主任候选人建议人选名单、县第十六届人大常委会委员候选人建议人选名单、县第十六届人大财政经济委员会组成人员建议人选名单、县第十六届人大城乡建设和环境资源保护委员会组成人员建议人选名单、县第十六届人民代表大会第一次会议各项建议名单和第九届政协秘书长、常委候选人建议人选名单，书面学习传达中纪委十八届七次全会、省纪委十三届六次全会精神，书面审议《桐庐县人民法院工作报告》《桐庐县人民检察院工作报告》。

2月10日，县委常委会讨论新一届县四套班子领导相关配套职务任免事宜。

3月6日，县委常委会传达学习杭州市第十二次党代会精神，研究有关组织人事工作和有关人员问责事宜，审议《关于进一步加强和改进人民政协参政议政的意见》《关于在县管领导班子和领导干部“四比一争”考评中深入开展“三提一争”活动的实施意见》《关于深入开展联乡结村 深化“基层走亲”活动的通知》，书面审议《2017年度桐庐组织工作要点》和《2017年县委理论学习中心组学习计划》。

3月14日，县委常委会听取企业“两链”风险防化处领导小组及其办公室设置方案、2016年度综合考评工作和乡镇（街道）党建工作目标考核、村和社区组织换届等相关情况汇报。

3月30日，县委常委会听取关于省委巡视反馈意见整改落实情况、履行党风廉政建设主体责任意见书情况、2016年度综合考评奖金方案情况汇报，审议县人大常委会2017年工作要点和监督工作计划、《关于开展突出信访问题县领导蹲点化解包案清仓工作的通知》，传达学习省市政法工作会议精神，研究干部人事工作，书面传达学习全省组织部长会议精神，书面交流月度工作。

4月25日，县委常委会审议《2017年党风廉政建设和反腐败工作组织领导和责任分工》《杭州市桐庐县对口帮扶贵州省黔东南州榕江县实施方案（2016—2020年）》、“十三五”桐庐县结对帮扶榕江县框架协议和《桐庐县“无违建县”创建攻坚行动实施意见》等事项，听取第六届“桐庐百姓日”暨“政府开放日”活动情况汇报，书面审议《2017年全县宣传思想文化工作要点》，书面传达学习2017年杭州市宣传思想工作暨高校思想政治工作会议精神。

5月8日，县委常委会研究有关违建问责事宜和干部人事工作，审议《桐庐县打造美丽村落建设美丽乡村行动计划（草案）（2017—2021年）》和《关于促进现代农业和民宿经济加快发展的若干意见》等事项，书面交流月度工作。

5月22日，县委常委会研究有关案件处理工作、干部人事工作，审议《关于将商务区与商务局、健康城与城南街道职能机构人员整合的建议》。

6月6日，县委常委会审议全县产业发展政策、中层及以下干部跨单位竞岗交流工作方案，研究干部人事工作，书面交流月度工作。

6月19日，县委常委召开（扩大）会议，传达学习省第十四次党代会精神，研究部署桐庐县贯彻落实工作。

7月4日，县委常委会审议县人大常委会2017年度讨论决定重大事项初步清单、全县产业发展大会方案，专题听取全县安全生产工作汇报。

7月27日，县委常委会审议2017年度综合考评办法，听取新的社会阶层人士统战工作汇报、小城镇环境综合整治项目情况汇报，研究开发区行政区划调整相关事宜。

8月14日，县委常委会传达学习杭州市委十二届二次全会精神，听取关于迎接中央环境保护督查准备工作情况汇报，审议县委十二届二次全体（扩大）会议工作报告，审议《桐庐县美丽乡村发展基金实施方案》《桐庐县发展村级集体经济化解村级债务专项行动方案》

和《桐庐县政府购买村级服务实施意见（试行）》，研究有关案件处理、干部人事工作等事宜。

8月22日，县委常委会学习贯彻《浙江省贯彻〈中国共产党问责条例〉实施办法》《中国共产党巡视工作条例》文件精神，审议《关于当前桐庐县意识形态领域情况的通报》，书面传达学习《关于当前杭州市意识形态领域情况的通报》文件精神，听取莱IN体育生活之城项目建设方案和招商情况汇报，研究干部人事工作，书面审议《关于成立桐庐县行政区划调整领导小组的通知》等事宜。

9月27日，县委常委会传达学习全省信访工作会议和全市政法委扩大会议精神，听取关于实施“学习力提升工程”加强干部干事创业能力建设的工作汇报，研究干部人事工作，审议《2017年度乡镇（街道）、县级机关（部门）、企（事）业单位党建工作目标考核评价实施办法》《关于外派干部双招双引挂职方案》《关于调整县委人才工作领导小组和联席会议制度的通知》《关于设置县招才局的方案》等事项。

10月19日，县委常委会研究有关案件处理事宜，审议《十三届省人民代表大会代表候选人初步人选推荐建议名单》，研究干部人事工作，书面审议《桐庐县群团改革总体方案》《县总工会、团县委、县妇联改革实施方案》《桐庐县群团改革工作领导小组名单》等事项。

11月13日，县委常委召开（扩大）会议，传达学习《车俊同志在省委常委扩大会议学习贯彻习近平总书记南湖重要讲话精神时的讲话摘要》和省委十四届二次全会精神，贯彻落实市委常委（扩大）会议精神，研究部署当前和今后一个时期各项工作。

11月21日，县委常委会研究桐庐县深化公车改革和相关县领导配套职务任免方案等事项。

11月27日，县委常委会听取县委宣传部关于全国文明城市创建、县纪委关于巡察发现问题处理等情况的汇报，研究关于《今日桐庐》改版的相关事项、有关人员问责等事宜。

12月12日，县委常委会研究关于加强和规范街道人大工作、义务教育学校学生午餐补助、特优人群免费乘车、湖杭铁路杭黄连接线工程及杭义温铁路桐庐段工程方案、县城自来水厂取水口调整方案以及有关案件处理和干部人事工作等事宜，审议《关于加快推进“产业强县”战略实施意见》，听取统计工作汇报，书面交流月度工作。

12月26日，县委常委会研究关于县城医疗机构布局调整、干部人事工作等事宜，传达学习中宣部近期关于意识形态领域工作相关文件精神，听取关于“扫黄打非”工作、深化国家监察体制改革试点工作、县委常委会组成人员履行“一岗双责”情况的汇报。

【政法工作会议】 2017年4月1日，全县平安（法治）桐庐建设暨全县政法信访工作会议召开。会议主要任务是：通报2016年度全县政法综治信访工作情况，部署2017年工作任务。会议指出，政法工作要围绕中心大局谋划工作，找准切

杭黄铁路桐庐站前广场及配套项目工程开工仪式

入点和结合点；要围绕重点领域落实工作，针对互联网金融、房地产风险、交通安全、消防安全等领域依然存在的不稳定因素，切实加大整治力度；要突出服务保障民生，依法维护广大群众特别是困难群众、特殊群体等合法权益。要提高警觉，聚焦重点群体、重大项目、重大事件等，加强源头管控，确保社会和谐稳定。在深化社会治理上要构建联动体系，进一步落实“工作协调推进一盘棋”机制，夯实治理基础，坚持管用实用原则，着力深化“网格化管理”；要发挥党建引领作用，进一步推动基层党建网与社会综治网“两网合一”，共建共享平安和谐家园。会上签订工作目标责任书。

【农村工作会议】 2017年5月10日，桐庐县农村工作会议召开。会议主要任务是：回顾总结2016年全县“三农”工作，动员全县上下推进“三农”工作，为建设山清水秀民富县强的美丽中国桐庐样本作出新的贡献。会议指出，要消灭Ⅳ类及以下水体，打好拆违治危攻坚战，深化农村土地综合整治，推进农村生活垃圾分类工、美丽乡村示范区和村落景区建设、文化挖掘利用等工作，提升乡村美丽指数。要大力发展绿色农业，实施品牌战略，推进产业融合，打造农业全产业链、深化“互联网+农业”、发展休闲农业和乡村旅游，培育提升新型经营主体，引导鼓励农业基地和园区“两栖经营”、多元发展，推进农业供给侧结构性改革。要拓宽增收路径，加快强村富民步伐，促进集体经济持续壮大。要打造基层铁军，以更加实干的队伍保障“三农”工作。

【县纪委全会】 2017年2月4日，中共桐庐县第十四届纪律检查委员会第二次全体（扩大）会议暨全县作风建设大会和政府廉政工作会议召开，会议主要任务是：深入学习贯彻中央、省市相关会议精神，回顾总结2016年工作成绩，部署2017年工作任务。会议要求，要把党风廉政建设和反腐败斗争引向深入。坚持以上率下，严肃党内政治生活，牢固树立“四个意识”，坚持“疏堵结合”，保持正风肃纪强劲势头，通过“正面激励和反向倒逼”，着力破解“三不”（不担当、不作为、不落实）顽疾，坚决推动中央八项规定精神风化俗成。坚持无禁区、全覆盖、零容忍，持续保持高压态势，严厉整治群众身边的不正之风和腐败问题。发挥巡察监督作用，不断强化党内监督，管出铁的干部队伍。要用好问责利器，压实主体责任，切实履行好“一岗双责”，做到工作职责和掌握的权力到哪里，党风廉政建设的职责就延伸到哪里。各级纪检监察组织要加强自身队伍建设，着力解决好肩负重大责任和队伍能力素质不相应的问题，努力打造忠诚、干净、担当的执纪铁军，在把握大局、服务中心工作上有新举措新作为。

【县委意识形态工作责任制暨党建工作会议】 2017年2月21日，县委意识形态工作责任制暨党建工作会议召开，会议主要任务是：回顾2016年全县党建工作，全面部署2017年工作任务。会议要求，各部门要认真履行工作职能，突出重点、精准发力，以更高标准抓好党建工作。宣传部门要进一步提升思想凝聚力，加强舆论引导力，拓展文明辐射力，增强文化软实力，为加快发展营造良好的干事氛围。组织部门要着力建设与事业发展相匹配的“桐庐铁军”，打造全市基层党建工作的桐庐样本，构筑人才驱动创新发展的桐庐优势，为加快发展提供坚强的组织保障。统战部门要努力在服务中心工作上贡献更大力量，在维护社会和谐上发挥更大作用，在凝聚社会共识上取得更大突破，为加快发展汇聚强大的社会合力。

【县委理论学习中心组学习会】 2017年1月22日，县委理论中心组召开学习会，传达学习中纪委十八届七次全会、省纪委十二届六次全会精神。

1月25日，市纪委十一届六次全会召开，学习贯彻习近平总书记重要讲话精神，学习领会省委常委、市委书记赵一德的讲话精神，县委理论中心组成员在县分会场参加会议。

2月4日，县委理论中心组成员出席县第十四届纪律检查委员会第二次全体（扩大）

会议暨全县作风建设大会和政府廉政工作会议，深入学习贯彻中央、省市相关会议精神。

2月21日，县委理论中心组成员出席县委意识形态工作责任制暨党建工作会议，专题研究党委意识形态工作责任制。

3月6日，县委理论中心组召开学习会，传达学习杭州市第十二次党代会精神。

3月30日，县委理论中心组召开学习会，传达学习省市政法工作会议精神。

4月17日，县委理论中心组召开学习会，传达学习省委书记夏宝龙在省委第十六次全省县（市、区）委书记工作交流会上的讲话精神，同时传达学习杭州市“两会”精神。

4月29日，县委理论中心组成员参加全县2016年度综合考评总结暨“五一”国际劳动节表彰大会，深入学习贯彻习近平总书记系列重要讲话精神，弘扬新时代劳模精神。

5月4日，县委理论中心组成员赴余杭、滨江学习考察两地新兴产业发展规划。

5月26日，县委理论中心组成员赴拱墅、江干学习考察两地智慧治理与创意产业发展规划。

5月27日，县委理论中心组召开学习会，传达学习省委书记车俊在杭州调研的讲话精神。

6月19日，县委理论中心组成员出席县委常委（扩大）会议，传达学习省第十四次党代会精神。

6月26日，全省党政领导干部依法执政专题研讨班开班式在杭州举行，县委理论中心组成员在县分会场参加会议。

6月29日，县委理论中心组召开学习会，学习、深刻领会省党代会精神和省委书记车俊在全省党政领导干部依法执政专题研讨班开班式上的讲话精神，分组开展依法执政专题研讨。

6月30日，县委理论中心组成员赴西湖区、萧山区学习考察当地信息经济和传统产业智能化经验。

7月6日，县委理论中心组成员参加外出学习考察心得体会交流会，消化吸收前期外出学习考察的好经验好做法。

7月7日，全省党政领导干部依法执政专题研讨班结班式视频会议召开，县委理论中心组成员在县分会场参加结班式。

7月24日，十四届省委召开第一次县（市、区）委书记工作交流会，学习领会省委书记车俊的讲话精神，观看《嘉善县域科学发展启示录》专题报道，县委理论中心组成员在县分会场参加会议。

8月14日，县委理论中心组召开学习会，传达学习杭州市委十二届二次全会精神。

8月21日，县委理论中心组召开学习会，传达学习省委常委、市委书记赵一德在全市“喜迎十九大、全力保平安”动员大会上的讲话精神。

9月21日，县委理论中心组召开学习会，学习领会省委常委、市委书记赵一德来桐调研“最多跑一次”改革时的讲话要求。

9月30日，桐庐县举行革命烈士公祭仪式，县委理论中心组成员在凤凰山革命烈士纪念碑前参加纪念活动。

10月13日，县委理论中心组成员参加“杭州论坛”报告会，听取省人大常委会委员、教科文卫委员会副主任委员胡坚作题为《文化的力量》的专题报告。

10月18日，中国共产党第十九次全国代表大会开幕，县委理论中心组成员集体观看开幕会，听取习近平代表第十八届中央委员会向大会作题为《决胜全面建成小康社会夺取新时代中国特色社会主义伟大胜利》的报告。

10月28日，县委理论中心组成员出席全县领导干部会议，传达贯彻中共十九大精神。

11月10日，县委理论中心组成员参加省委宣讲团中共十九大精神报告会，听取中共十九大代表，省委宣讲团成员，省妇联党组书记、主席王文娟作的专题报告。

11月13日，县委理论中心组成员参加县委常委（扩大）会议，传达学习《车俊同志在省委常委扩大会议学习贯彻习近平总书记南湖重要讲话精神时的讲话摘要》、省委十四届二次全体（扩大）会议精神。

11月16日，县委理论中心组成员参加“军事日”活动，接受国防教育。

11月21日，举办县第十四届学习节“中共十九大精神”专题讲座，听取市委宣讲团成员、市社科联副主席张旭东作中共十九大精神报告。

12月12日，县委理论中心组成员分批参加市管领导干部学习贯彻中共十九大精神集中轮训班。

12月25日，县委理论中心组召开学习会，学习习近平总书记重要批示精神。

12月27日，县委理论中心组召开学习会，以自学形式学习习近平总书记“红船精神”重要论述。

【综合协调工作】 2017年，县委办公室充分发挥牵头抓总、协调各方的作用，完善“四办”联席会议制度，规范和健全接待、财务、值班、后勤等管理机制，为县委各项工作高效有序运转提供有力保障。严格履行公文流程，切实做好办文发文工作，强化党内规范性文件备案审查，全年共审核把关出台各类文件334份、下发各类通知480余则。精简和规范各类会议，严格执行会议审批、规模核定、时间控制等机制，做到提前介入、全程跟踪、及时总结，全年高质量组织协调县委全会、县委常委会等重要会议活动120余次，接待上级领导和全国各地党政代表团210余批次。

【调查研究工作】 2017年，县委办公室（政研室）本着“围绕中心搞调研、服务决策谋大事”思路，围绕产业强县、乡村振兴、拆违治乱等主题，组织全办同志开展专题调研活动，形成《全县拆违专题调研报告》《关于加快推进桐庐大健康产业发展的思考与建议》等高质量调研报告，编发《新常态下桐庐县就业形势分析思考和对策建议》等《领导参阅》10余篇，为县委领导提供决策参考。结合桐庐实际，撰写省市有关提案，为上级决策提供参谋咨询，其中《关于设立健康医疗产业先行先试区加快发展我省健康医疗产业的建议》获省领导王辉忠批示。做好课题上报和投稿，其中《桐庐立足“五个坚持”建设美丽中国桐庐样本》《建设全域美丽“大花园”打造美丽乡村新标杆》等文章在省级刊物上发表，《践行“五大理念”实施“三大战略”全力打造美丽中国的桐庐样本》被《治国理政在郡县——市县委书记谈新发展理念》收录。

县委书记朱华调研迎春商务区

【督促检查工作】 2017年，县委办公室（考评办）着力发挥党委督查的主导作用，创新督查方法，全力督大事、督实事、督难事，构建大督查格局，促进县委决策部署的贯彻落实。是年，共落实交办并跟踪督查领导批示件961件，“重大决策监察平台”“智慧督查”两个平台共督办工作任务1700余项，对县十四次党代会明确的目标任务、县“两会”收集的提案议案进行任务分解，编发督查通报、专报23期。特别是围绕重点项目建设、民生实事工程等加大督查力度，采取项目建设现场督查、工作一线暗访抽查、薄弱环节跟踪督办等形式，促进各项重点工作、各个重大项目有效推动。

（王　云）

·对台事务·

【概况】 2017年，桐庐县全年接待6批次120余位台湾友人到桐庐考察交流。7月，南投县仁爱中学40名师生应邀访问，县台办与团县委、毕浦中学共同组织开展两地青少年文化艺术交流活动。交流活动中，毕浦中学、仁爱中学两校青少年参加杭州两岸青少年音乐节，共游横店影视城，仁爱中学学生参观访问县实验初中和毕浦中学，学习竹珀制作。12月底，副县长卢强率基层交流团赴台湾，拜会仁爱乡公所、农会，参观访问仁爱中学，学习考察台湾发展民宿经济、建设美丽乡村、垃圾分类工作等方面经验。是年，桐庐新恒基旅游开发有限公司、杭州米勒旅游开发有限公司两家同一投资人的台资企业向县人民法院申请破产，为做好公司的破产维稳工作，县委县政府专门成立工作专班，专题讨论破产进展情况，研究部署维稳风险隐患化解工作。

（王　云）

·纪检监察工作·

【监察体制改革】 2016年12月，桐庐县成立深化监察体制改革试点工作小组，出台《桐庐县深化监察体制改革试点实施方案》。2017年1月，完成14名县检察院转隶人员的审核及发文划转；2月10日，选举产生县监察委员会主任，同日由县监察委员会主任提请县人大常委会任命县监察委员会副主任、委员，举行宪法宣誓仪式并挂牌，与县纪委合署办公。县纪委、监委通过谈心谈话、交叉讲学、集中培训、实战练兵等形式，推进深度融合。根据监督执纪工作规则，印发实务手册，出台谈话函询办法，探索五项措施加强对未采取留置措施调查对象管控。规范运作程序，打通13条查询通道，查询各类信息650余条。建立行政机关问题线索流转机制，传递问题线索126件。与公安部门建立信息共享、联动办案、应急处置3项工作机制。制定精细化初核初查操作指引，查处并移送涉嫌犯罪案件7件，其中由县监委立案3件。

【全面从严治党主体责任】 2017年，县纪委、监委协助县委制定《2017年党风廉政建设和反腐败工作组织领导和责任分工》《深化落实党风廉政建设责任整改工作方案》，将党风廉政建设责任制年度重点任务细化落实到32个部门和19位县领导；针对市纪委反馈落实主体责任4个方面的意见，细化整改举措47条，并逐一督促整改到位。创新落实主体责任"三点一评议"汇报形式，点名12家单位主要领导和分管领导进行专题汇报，推动问题整改304条。分层分类梳理党员干部易犯的负面清单，组织万名党员干部签订廉洁自律和"两个责任"承诺书。统一印发履行两个责任记实本800册，由县四套班子领导带头记录。开展主体责任落实情况专项督查，下发《整改意见书》34份，反馈问题101个。严格执行责任追究办法，问责县管干部42人，通报曝光8期。

【作风建设】 2017年，县纪委、监委开展正风肃纪检查915次，发现问题392个，下发通报82期，问责处理250人。督促相关部门出台《关于规范有关费用开支标准的通知》，明确20项费用的支出标准和渠道。开展"吃空饷""小金库"等5个方面问题专项整治，发现问

县纪委十四届二次全会暨全县深化作风建设和政府廉政工作会议

题125个，查处案件3件，其中“吃空饷”专项整治追回资金192万元，辞退解聘10人，收回编制13个。落实《杭州市整治“三不”问题的实施意见》，围绕县委、县政府中心工作，加强“监督、问责、通报、整改、评议、考核”组合出拳，开展专项督查178次，整改问题155个，提出意见建议20条，问责处理136人。

【廉政教育】2017年，县纪委、监委加大廉政教育基地建设力度，范仲淹纪念馆、荻浦村、霍普曼公司分别创建成廉政教育基地和廉政文化示范点。在县委党校开设警示教育课程，组织廉政党课下基层141场次。编发典型案例、忏悔录2000册，组织全县182名农村报账员旁听案件庭审。继续开展新任县管干部“考廉、诺廉、谈廉”活动。对五年来395名受处分党员进行回访，收集建议21条，解决问题5个。发挥“微平台”日常宣传教育作用，推送“纪检人手记”“以案说纪”等宣传教育内容320条，微信公众号关注人数从3000人增至12487人。

【纪律审查工作】 2017年，县纪委、监委受理群众信访举报307件次，其中重复信访45件，实现数量、占比同比双下降。把握“四种形态”，开展教育谈话8227人次，处置问题线索884件，同比上升67.1%，了结822件，其中第一、第二种形态占比93%。立案197件，自办突破件69件，其中县管干部

全县纪检监察干部赴淳安北上抗日先遣队纪念馆开展红色教育

6人。通过线索处置和案件查办，挽回直接经济损失683.5万元。出台安全保密纪律规定，启用案件材料流转专用保密箱，完善“一册一图一清单”安全制度，强化对乡镇（街道）、派驻纪检监察组执纪审查安全和保密工作管理，自查自纠问题5个。

【强化日常监督】 2017年，县纪委、监委按照“三个三分之一”原则统筹派驻纪检组力量，即参与党风线监督、专项巡察、派驻监督力量各占三分之一。梳理派驻监督个性化目录59份，加强对“三重一大”事项的全程监督，发现并纠正问题135个。组建“二线干部”党风政风监督组，开展扶贫等领域专项检查，即整即改问题33个，移交问题线索8件，追回资金81万元。出台廉洁诚信积分办法和县管干部“八小时外”监督办法，加强廉政档案建设，覆盖至体制内所有中层以上干部。

【农村基层党风廉政建设】 2017年，县纪委、监委开展村（社区）组织换届专项纪律督查13次，纠正不规范问题31个，查处案件1件。建立村两委主要干部廉情档案并实现全覆盖。继续加强村级小微权力规范运行和村监会“四清单”制度落实，对28个村（社）开展专项检查，督促整改问题10个。开展农村基层中央八项规定精神执行情况专项调研督查，将村级债务化解纳入对乡镇（街道）综合考评和主体责任汇报内容。围绕村级“三资”管理、工程建设等领域开展专项整治，排查问题线索67件，查处案件11件。督促职能部门出台《桐庐县政府投资应急工程项目承包商名录库建设管理办法》，总结推广乡镇小额应急工程监管、规范挖机使用等微举措15个。

【打造执纪铁军】 2017年，县纪委、监委启动“三个年”（素质提升年、制度建设年、

关心关爱年）专项行动。以“授课+互动+点评+打分”形式开展执纪审查“大练兵”活动12期，累计培训1600余人次。为78名45周岁以下非县管干部量身定制“墩苗”计划，建立运行“常委+科室+派驻+乡镇”四合一机制，实行办信质量交叉检查、案件办理片区协审机制并编发常见问题汇编。以规范化建设为载体，健全两委议事规则，编印《纪检监察制度汇编》。建立“周一室务会、班子碰头会，月度大例会、季度现场会”工作倒逼机制，出台乡镇（街道）纪（工）委规范化建设实施方案，完善乡镇（街道）纪（工）委、派驻（出）机构履职积分考核办法。制定打听案情和说情干预登记备案制度，规范开具纪检监察文书、查阅案卷材料等审批流程，强化留痕管理。开展“双月之星”“业务能手”等评选和家庭助廉系列活动，建立常态化谈心谈话和家访制度，形成正向激励，加强关心关爱。

（余鑫忠）

·巡察工作·

【概况】 2016年12月，桐庐县委印发《关于开展县委巡察工作的实施意见》，建立县委巡察机构，成立县委巡察工作领导小组，组长由县委常委、县纪委书记担任，副组长由县委常委、县委组织部部长担任。领导小组下设巡察工作领导小组办公室为巡察工作领导小组日常办事机构；组建4个县委巡察组，承担具体巡察任务。县编委、县纪委、县委组织部就巡察机构设置、人员选调等给予明确。2017年1月23日，“中共桐庐县委巡察工作领导小组办公室”挂牌，巡察机构“一办四组”24名人员集中办公，进行实体化运作。3月，成立巡察机构机关党支部，按照县直机关工委工作要求开展党员教育，落实支部组织活动。全年，县委巡察办建立健全14项规章制度，完善巡察工作体制机制。

中共桐庐县委巡察工作领导小组办公室揭牌成立

【队伍建设】 2017年，县委巡察机构加强巡察力量，抽调县纪委、财政局、审计局、招管办等部门业务骨干，建立70人的巡察组长人才库及100人的巡察组员人才库。8月，增加2名退居领导岗位干部选派到巡察机构工作。全年累计抽

县委巡察工作领导小组听取第三轮巡察情况汇报

调派驻纪检监察干部57人次以及审计、财政、招投标等人员23人次参与县级综合巡察；抽调乡镇（街道）人员共计103人组建13个巡察组，开展农村交叉巡察。邀请县纪委相关科室及县审计局、财政局、招管办等部门业务骨干开展授课4次，讲解相关巡察业务知识。主动融入纪检监察系统执纪审查业务“大练兵”活动，学习监督执纪一线实务知识。

【县级综合巡察】 2017年，县委巡察机构把握政治巡察定位，以“发现问题、形成震慑”为主要任务，聚焦“从严治党”核心，紧扣“六项纪律”标尺，紧盯党的领导弱化、党的建设缺失、全面从严治党不力“三大问题”开展县级综合巡察。全年完成五轮共20家单位及83家下属单位的巡察，发现问题343个，移交问题线索59条，提出意见建议97条，退缴资金408.9万元，完善制度243个。针对发现的县管干部体检、退休返聘、临聘人员工资待遇等9个问题，县巡察办发函至县委组织部、县委宣传部、编委办、财政局、人社局、国土局等6家单位进行牵头整改，并予以规范明确。

【农村巡察】 2017年，县委巡察办组织协调农村巡察工作，围绕党的领导、党的建设、全面从严治党方面问题，围绕涉农惠农扶贫政策的落实，“三资”管理、“四风”问题、村级工程项目建设等方面问题开展巡察，重点排查中共十八大以来侵害群众利益的不正之风和腐败问题。为破除人情干扰，农村巡察采取异地交叉巡察的方式进行，全年完成60个行政村巡察，发现问题414个，移交问题线索77条，追责问责110人次，立案查处6人，完善制度76项，挽回损失34.38万元。

（高尚涛）

·组织工作·

【“两学一做”学习教育常态化制度化】 2017年5月，桐庐县制定下发《关于推进全县“两学一做”学习教育常态化制度化工作安排方案》。中共十九大召开后，县委常委会带头开展十九大精神宣传宣讲活动，县委组织部牵头，面向720余名县管干部举办3期十九大精神专题研讨班，分层分级组织2200余名基层干部集中轮训。全县1800余个基层党组织3万余名党员开展专题学习讨论4500余次，宣讲党课1万余场次，举办主题培训600余场次。继续深化“五事争先”先锋指数考评、全面推行“123”支部基本规范，巩固提升固定主题党日，创新实施党员政治生日、“党日三亮”等制度。

【“联村走企访户”深化基层走亲活动】 2017年3月，县委组织部结合市委“百千万”蹲点调研活动，牵头部署开展“联村走企访户”深化基层走亲活动，明确“十个一”目标任务，建立健全责任包干、月访月报、办事问效、共建共商等6项机制。举办基层走亲工作交流暨“用脚步丈量民情、用实干赢得民心”论坛，开展以比奉献、比担当、比作为、比实干、比贡献“五个比”为主要内容的“基层走亲大比武”活动。期间，县级领导带领全县1100多名干部走访村（居）民10.4万户、企业1500余家次，召开民情恳谈会3200余场，开展各项志愿服务5960余次，收

省市县乡四级组织调研桐庐籍民营快递企业“三通一达”党建工作

集各类问题建议7150余件，办结6710件，形成调研文章90篇。

【选优配强县管领导班子】 2017年，县委组织部以优化班子结构，增强整体功能为着力点，统筹选好配强班子“一把手”和重点岗位干部，并注重选配年轻干部、女干部和党外干部。全年调配干部13批次287人，其中新提拔领导干部51名，县管正职15名、县管副职36名，转任重要岗位10名，平级交流（含内部转岗）213名，退出领导岗位7名，退休5名，免职1名。

【“君山育凤”党政人才培养工程】 2017年，县委组织部围绕建设高素质专业化干部队伍，实施“君山育凤”党政人才培养工程。举办5期专业化能力提升专题班，由分管副县长领衔，包干办班、分线教学，就经济金融、国土城建、农业农村、商贸旅游、科教文卫等专业能力提升授课讲学、解析政策。确定经济金融、国土城建、生态旅游等5个专题，选拔194名年轻干部实行周末集中学习、培养教育，为分级建立优秀后备干部库提供资料。深化中青年干部基层实训机制，通过“理论+实践、课堂+岗位”，选派60名中青年干部到无违建创建、治水剿劣、双招双引等一线岗位历练。

【“三提一争”主题活动】 2017年，县委组织部实施“学习力提升工程”，研究设计并抓好“五个深化”“五个载体”，举办各类培训班35期，其中主体班次15期，培训各级干部、各类人才共计2000余人次，梳理形成“学习力提升工程”典型案例80余个，头脑风暴、谈判复盘、微讲堂、读书会等一批微载体得到推广。深化“四比一争”干部考核评价制度，对2016年度评为“C”的9名县管干部进行约谈，评为“D”的4名县管干部给予诫勉谈话问责。落实重点工作专项考核，对全国文明城市创建、“无违建县”创建、五水共治、双招双引等县委、县政府中心工作完成情况开展专项考核，实行季度通报，共通报完成情况较好的干部65人次，完成较差的干部27人次。

桐庐县年轻干部周末选学班学员赴四明山开展党性锻炼

【退出领导岗位干部作用发挥机制】 2017年7月，县委组织部制定下发《关于进一步发挥退离县管领导岗位干部作用的实施办法（试行）》，牵头成立专项工作领导小组，对全县退离领导岗位干部集中管理、统一调配。按照“单位需求留用一批、专项工作调配一批、身体不适病休一批”原则，合理分配、分类使用。搭建“二次”创业平台，对照全县重点工作推进所需组建11个专项工作组，以干部个人意愿和组织调配相结合的方式将98名退出领导岗位干部因人设岗定职，并由专项工作组牵头单位负责日常管理。

【中层及以下干部跨部门交流】 2017年6月，县委组织部牵头开展全县中层及以下干部跨部门交流，共推出乡镇妇联主席、团委书记等中层岗位70个，一般岗位84个。择优录用的89人中，硕士研究生以上学历11人，主动从机关（部门）交流至乡镇（街道）有19人，有效盘活干部资源，持续优化队伍结构。

【干部监督管理】 2017年，县委组织部开展县管领导干部报告个人有关事项填报、核查，

桐庐县县管领导干部学习贯彻党的十九大精神集中轮训

组织全县723名县管领导干部报告个人事项，随机抽取72人进行查核比对，对存在漏报、瞒报行为的49名干部给予批评教育，其中7名给予诫勉处理。完成县管领导干部个人档案复审，复审干部人事档案723本，查补资料2102份，对10名“三龄”不一致的干部进行认定。加强领导干部出国（境）审批和证件管理，对80名县管领导干部出国（境）手续进行严格审批。

【村社组织集中换届】 2017年，桐庐县完成全县182个行政村、19个社区（居委会）换届工作，选举产生村社两委班子成员1417名，列出新班子创业服务承诺清单2934条，调整村社党组织书记74名、村（居）委会主任106名，分别占36.8%和52.7%，村社党组织书记平均年龄比换届前下降3岁，村社两委班子平均年龄下降3.2岁。换届结束后，在新一届村社干部中开展“三树一创”主题活动，完成全县村社主要干部上岗培训、村（居）民代表集中轮训；开展超标办公用房排查，共整治村社干部办公用房209间3000余平方米。推进村主要干部报酬绩效改革，实行挂图作战、按表推进、月考定薪。举办2期“君山赛凤”镇村书记论坛，以视频交流、公开赛绩的形式，引领村社干部干事创业。

【“整乡推进、整县提升”】 2017年，县委组织部持续深化“大党建”格局构建、党建责任分级落实、经常性工作督查、日常考核评价等机制。狠抓行业系统党建，率先推进民政、公安、市场监管等11个领域党建工作，指导制定各行业系统加强和改进党建工作指导方案。夯实重点领域、重点企业、特色小镇、块状经济等“两新”党建基础，以快递行业为重点探索异地党建新模式。全年，全县建成示范性党支部494个、规范性党支部1213个，14个乡镇（街道）全部达到“基本达标型”及以上标准。

【网格治理体系建设】 2017年，县委组织部树立“一切工作到支部”理念，发挥基层网格地缘、人缘优势，建立健全“全科网格”考核、专职网格员“评星定级”“五过硬”最强支部建设等制度，在杭州市率先建立加强基层党建做实网格治理“十统一”制度体系。建立665个网格党支部，落实“一长三员”网格力量6000余人，实现“支部建在网格、服务落在网格、考评放在网格”。

【桐庐县招才局成立】 2017年10月，桐庐县创新成立杭州市首个招才局，以“虚拟设置、实体运作”方式运转，对现有工作职能、人才政策、专项资金实行统一组织、统一实施、统一调度。制定实施“1+X”人才政策细则，以高层次人才分类认定办法为核心，对人才安居保障、生活服务、引进激励等内容进行细化完善。制定招才引智绩效考核办法，落实人才工作“一岗双责”，实行乡镇（街道）、产业主平台人才工作述职评议制度，选派干部赴人才集聚区开展招才引智。

【“君山引凤”科技人才周】 2017年11月14至21日，桐庐县举办第六届“君山引凤”科技人才周系列活动，县委组织部联动有关单位开展“凤栖君山”专家人才桐庐行、“君山引凤·智力风暴”研讨、“展

招才驿站授牌仪式

翅君山”创业创新、“智汇画城”服务基层等4个板块20余项子活动，吸引美国4院院士莱诺伊·胡德博士、法国蓬图瓦兹医院毒理科主任萨德博士、以色列总理府顾问谢嘉博等3000余名海内外人才前来考察对接，签约25个项目，总投资28.5亿元。

【招才引智平台建设】 2017年，县委组织部紧扣大智造、大健康、大旅游等主导产业，组织实施2轮人才项目评审，补助20个落户项目资金3650万元。面向全球聘请13位招才大使、14位产业顾问，设立招才驿站4个、国际院士工作站1个，建立硅谷美国桐庐创新中心、中以科技创新合作中心。协调对接富春江科技城、富春山健康城、迎春商务区等产业平台，统筹推进科技孵化园、春江渡口众创空间、大学生创业园及各类创新创业平台建设，先后引进浙江省先进材料研究院、浙江大学高温合金研究所、郎景和院士健康管理中心等高端人才项目10余个。

【提升人才引育力度】 2017年，县委组织部创新人才招引模式，新柔性引进“国千”人才5人、达成合作项目5个，新达成“省千”人才合作项目2个，其中“国千”杨光华博士纳米枪项目在桐庐县举办全球发布会。启动梯次衔接的人才培养计划，自主培育“省千”人才1人、高技能人才1238人，评选首批“桐庐工匠”10人、技能大师工作室4家、首席技师3人，其中杭州技师学院杨金龙入选首批浙江省杰出创新人才，蒋应成荣获第44届世界技能大赛汽车喷漆项目冠军。

（陈　超）

·宣传思想工作·

【学习宣传贯彻中共十九大精神】 2017年，县委宣传部开展喜迎中共十九大主题报道，十九大期间，央视媒体报道桐庐县特色养老工作、健康产业发展、“鸡毛换糖”垃圾分类模式等工作内容13篇。策划“同心向党　喜迎十九大”网络宣传主题活动，举办“龙腾盛世·喜迎十九大”农村文化礼堂展演、“喜迎十九大”群众文化优秀成果摄影展等文化惠民活动。制定《党的十九大桐庐县网络安全网络舆情管控工作方案》，做好网络安全监测工作。下发《关于学习贯彻党的十九大精神的通知》和《关于组织开展党的十九大精神宣讲的通知》，组建县委党的十九大精神宣讲团，组织全县党员干部学习领会中共十九大提出的重大战略思想、重大理论观点、重大工作部署。同时，以“学习十九大，提升学习力”为主题开展第十四届学习节，设置专题讲座、知识竞赛、云阅读学习、征文活动、微信PK等5项子活动，开展十九大理论读物征订工作，全县征订学习资料6778册。

【系列重要讲话精神学习宣传教育】 2017年，县委宣传部推进“两学一做”学习教育常态化制度化，在全县开展党中央治国理政新理念新思想新战略和系列重要讲话精神的宣讲学习。制定下发《中共桐庐县委理论学习中心组2017年学习计划》，组织县委理论中心组学习38次，编发乡镇（街道）、部门中心组学习通报4期。整合县内宣讲资源，推出“桐庐大讲堂”平台，邀请知名专家开展“台湾问题”“依法行政”等10场专题讲座，受众5000

余人次。开展“周四夜学”集中学习活动36次，收到各单位“学习力提升”夜学案例70件。开展“两学一做”学习教育、中国特色社会主义理论学习等主题宣传134余场，受众15000余人次。开展“我最喜爱的习近平总书记的一句话”微视频、微宣讲活动，其中微宣讲《心中有信仰，脚下有力量》获杭州市第七届学习节宣讲比赛优秀奖。

【书香桐庐建设】 2017年，县委宣传部开展机关干部领学、学习节品牌延伸、公共阅读设施体系、学习共同体培育、青少年品读经典、乡土文化挖掘传承等活动。开展“桐江人文讲堂”10场，受众2000人次。优化读书驿站布局，累计建设纸质书站点53个，全年补书4970册。完成云阅读设备定点投放20台，定制“书香桐庐”APP，上架正版电子资源3000册。升级“你阅读我买单”活动，围绕“4·23世界读书日”举办系列读书会。

【理论调研工作】 2017年，县委宣传部开展乡镇（街道）、部门理论中心组课题调研，收到调研课题98个，汇编调研成果集《思想的光芒（2017）》。开展2017年政工师评审，评审通过助理政工师1名，政工师2名，推荐高级政工师7名。继续办好《今日桐庐》“学与思”理论专栏，联动开展“2017社科普及周”活动，推进“社科普及示范基地”“基层理论宣讲点”建设。

“桐庐大讲堂”中共十九大精神专题讲座

【重大主题宣传】 2017年，县委宣传部开展全国文明城市创建主题宣传，在《今日桐庐》《桐庐新闻》、桐庐新闻网、桐庐发布、同乐汇等平台设置“创建全国文明城市”专题（专栏）。围绕“剿灭劣V类水”“三改一拆”“小城镇环境综合整治”等工作开展舆论监督，桐庐电视台《新闻聚焦》栏目播出节目89期，《今日桐庐》“曝光台”栏目刊发报道65篇。稳妥处置江南镇横山埠油库项目、瑶琳温室甲鱼养殖业整治等突发热点事件舆论引导。

【城市品牌宣传】 2017年，县委宣传部对接中央和省市媒体，围绕喜迎中共十九大、全国文明城市创建、“最多跑一次”改革、“五水共治”“无违建县”创建、小城镇环境综合整治等主题，邀请或联系70余批次县外媒体记者来桐庐采访报道，刊发（播）各类新闻报道1000余篇（条）。其中，中央电视台《新闻联播》播出新闻6条，《人民日报》4篇，浙江卫视《浙江新闻联播》60余条，《浙江日报》头版和要闻版24篇，《杭州日报》头版26篇（其中头条4篇），杭州电视台《杭州新闻联播》100余条（其中头条6条）。中国国际电视台拍摄专题片《绿色中国—美丽发展》，报道桐庐县“五水共治”、垃圾分类、生态富民内容。刊播“最多跑一次”改革宣传报道《实行涉企证照告知承诺制：杭州桐庐让企业能“零时差营业”》《杭州桐庐：工商登记自助化》等30余篇。《桐庐县“三团”合力精准报道“最多跑一次”》得到省委宣传部副部长据朝晖的批示。

【全国文明城市成功创建】 2017年11月14日，第五届全国文明城市名单公布，桐庐县通过四轮省级考核和中央文明

“文明城市共创建 党员人人当示范”活动启动仪式

办组织的集中测评，获“全国文明城市”称号。是年，县委宣传部制定《桐庐县创建全国文明城市网格化管理制度》，创设“县领导—重点职能部门—共建单位—社区志愿者”四级“网格长”体系，建立并完善一把手负责制、创建办牵头制、指标性考评制、全方位督查制，依托基层社会治理大联动平台，形成“统一受理、一站分流、分类处置、集中反馈”的文明创建问题处理机制，共分解并解决各类问题6400余个。开展公职人员“违法停车”“不礼让斑马线”常态化通报机制，通报公职人员15期3144人次。评选出首批桐庐文明车71辆，最美楼道28个。开展“文明城市共创建 党员人人当示范”活动，相继组织开展“城管进商家 携手创文明”“创文明交通 治秩序乱象”“我是文明使者—快递小哥助力文明创建”等近百项主题活动。

【社会主义核心价值观普及】 2017年，县委宣传部加大公益广告宣传力度，在县城主次干道、重要节点增设公益广告，在全县窗口单位、公共场所设置载体多样的“图说价值观”“讲文明树新风”公益广告和道德模范先进事迹图片展等公益展陈，各乡镇设立公益广告一条街。下发《桐庐县2017年“好家风”建设工作实施方案》，推进“树家训”“扬家风”“助创建”三项活动，确立桐君街道君山村等14个“好家风”建设试点村。开展“廉洁好家风”主题教育活动，通过“好家风家庭”评选、“好家风故事”宣讲、“好家风”美文朗读等系列活动，营造以好家风带民风促社风的良好环境。开展第

社会主义核心价值观宣传

四届“最美桐庐人”道德模范评选，全年评选“桐庐好人”33位，童有希入选8月“浙江好人”，史玉英等4人入选“杭州好人”，殷卫冬、程水明获第十三届杭州市道德模范提名奖，蒋应成、童有希分别获第五届“最美杭州人”“最美杭州人”提名奖。

【群众性精神文明创建】 2017年，县委宣传部结合全国文明城市创建，深化文明村镇、文明单位、文明校园、文明家庭等创建。合村乡成功创建全国文明乡镇，分水镇后岩村成功创建全国文明村，莪山畲族乡被评为省级文明乡镇，分水镇新龙村、富春江镇石舍村等4个村被评为省级文明村，桐庐县行政服务中心等5家单位被评为市级文明单位。组织开展文明校园创建，确定桐庐中学等9所县首批文明校园。启动“最美家庭”“十佳好邻居”等最美系列寻找活动，评选出上杭社区张浩等10户“最美家庭”、迎春社区顾立民等10位“十佳好邻居”，桥北社区王一敏等3人获杭州市第十四届邻居节“好邻居”荣誉称号，凤川街道洪德金、桐君街道田肃容、钟山乡季建群等3户家庭入选浙江省“最美家庭”。围绕“垃圾不落地、出行讲秩序、办酒不铺张、邻里讲和睦”，在全县乡镇（街道）集镇分层次开展小城镇文明行动建设。深入实施“清洁桐庐”提质扩面工作，江南镇环溪村、分水镇新龙村列入2017年杭州市打造“中国最清洁城市”示范点表彰名单。

【公共文化服务体系建设】 2017年，县委宣传部完善文化基础设施建设，完成叶浅予艺术馆一期改造，城市规划展示馆、范仲淹纪念馆开馆。开展“乡村创造力—县美丽乡村非遗保护行动计划”，推进合村乡等非遗特色街区建设，完成农村历史建筑维修工程9幢，改造全县房屋类文保单位电线套管39处。完成16家市级文化礼堂建设，开展文化礼堂文化“走亲”133场。实行农村文化礼堂星级评定，评出一星级文化礼堂9家、二星级文化礼堂16家、三星级文化礼堂26家，瑶琳镇潘联村等3家文化礼堂荣获全省优秀文化新地标称号，桐君街道麻蓬村新兵入伍壮行礼获杭州市文化礼堂“十佳礼仪”项目，富春江镇俞赵村获“十佳星期日活动”单位。

【文化惠民活动】 2017年，县委宣传部举办“唱响桐庐”新年晚会、三月三畲族文化节、富春山水古诗词吟诵大赛、创建全国文明城市主题晚会暨第五季“欢乐大舞台·幸福桐庐人”颁奖晚会等大型群众文化活动10余场，举办“剿灭劣V类水 创全国文明城市”采风作品展览展示6场，开展纪念叶浅予110周年诞辰及“中国精神、中国梦”美丽乡村行桐庐写生采风创作等系列活动。全年累计组织开展文化下乡活动200场，开展越剧大戏演出84场，举办各类展览展示100场，送电影下乡2282场。

【文艺精品创作】 2017年，县委宣传部开展剪纸、布鞋、打草鞋、传统小吃等非遗项目的展示展演，将民间文化、传统手工技艺等融入美丽乡村。

中央电视台《厉害了我的国》摄制组在深澳古村拍摄

推出电影《花落梦深处》《初一》等一批优秀作品，莪山微电影《承酿》获第二季“美丽浙江·微力无穷”微电影大赛“最佳故事奖”并入选2017年杭州市文化精品工程项目。《鸡毛飞上天》剧组在桐庐取景拍摄，登上美国时代广场巨屏并在浙江卫视、江苏卫视首播。完成《知桐庐 爱家乡》《桐庐县传统建筑维修保护成果集萃》《桐庐石刻碑志精粹》等书稿编写。

【网络舆情管理】 2017年，县委宣传部健全网评考评机制，提升二级网评管理职能，核心、骨干队伍实行“动态更换机制”。实行网情简报日报制，截至年底，共监测涉桐网络舆情580条，上报网情简报253期，完成舆情引导180余次。制定1160名网评员全年培训计划，运用“核心培训骨干 骨干带动基层”模式，开展实战演练抢占热门评论，多频次与周边区县（市）开展攻防演练，培养本地有影响力的微博达人。是年，完成市级网评指令72次，累计完成4200余条。发布县级网评指令68次，累计完成30000余条。抓好“楼下书记”“下杭物语”基层舆情工作室建设，报送社会舆情675条。

【网络宣传管理】 2017年，微信公众号“桐庐发布”荣获浙江第二届大数据舆情高峰论坛“金舆奖·政务发布十强”，“同乐汇”两次挺进全国广电系统微信公众号阅读量排行前十。“桐庐发布”微信粉丝突破15万，“同乐汇”微信粉丝超过24万。组织开展各类网宣活动26起，提升67家政务发布平台集群力，县财税局等20个单位单条微信阅读量超过1万人次，个别达10万余次。建立以“桐庐发布”“同乐汇”为龙头，“桐庐公安”“桐庐城管”等10余家单位为骨干，联合全县67家政务微信平台为主阵地的三级发布梯队，用“微传播”助力全国文明城市创建，累计推送文明创建微信3230余条，阅读量286万人次。完善《“桐庐发布”网络平台成员单位“双微”工作考核办法》，实行每月通报制度，督促指导各单位“双微”工作规范化建设。出台《关于规范政务发布平台信息发布及转载的通知》，确保政务发布平台信息安全、技术安全和管理安全。

【文创平台建设】 2017年，县委宣传部推进“三镇、三区”重点文创平台建设，打造分水镇东溪文创园，建立制笔双创中心。江南镇引进阿尔法人工智能产业田园小镇、杭州木龙文化创意有限公司等文创项目，启动窄溪老街重建工程，确定深澳片“古风民俗风情带”、窄溪片“春江休闲产业带”、石阜片“生态农业观光带”三大区块定位。推进众创空间繁荣发展，培育省级众创空间1家，市级众创空间1家，县级众创空间5家，储备空间1家。春江渡口众创空间、大学生创业园、设计创客等众创平台完成项目入驻120个。参与打造莪山畲族文化创意小镇项目，完成民俗文化园项目规划、山哈风情步行街区建设，推进西金坞名人村建设，入驻名人3名。参与建设旧县富春慧岭·智创工场项目，截至年底入驻企业11家，研发骨传导头盔、无极触控灯等智能产品13件，完成销售额1000万余元。

【文创特色活动】 2017年，县委宣传部举办第十三届中国国际动漫节“国际动漫·美丽桐庐”漫画展活动，展出80个国家的100多幅作品。开展“美丽桐庐·文明家园”主题漫画青少年作品征集活动，征集作品74幅。参加第十一届（2017）杭州文化创意产业博览会、第九届浙江·中国非物质文化遗产博览会“履步升花”—全国绣花鞋制作竞技赛暨精品展示研讨系列活动，推介桐庐特色文创项目。推进设计师驻厂计划活动相关成果产业化，促成11款产品试生产，4款产品投入市场，实现销售360万余元。

【文创项目培育】 2017年，县委宣传部参与制定《桐庐县高层次人才分类认定办法》《桐庐县高层次人才引进激励办法》等一系列政策细则，吸引人才落户桐庐。培育县级文创项目13个，补助文创资金167万元。培育市级转移支付项目24个，拨付资金350万元。推选第五届“品质杭商”及第二届“杭商品牌案例”，杭州友创文化传媒有限公司、杭州严陵坞旅游开发业有限公司入选第二批杭州市初创型文创企业（展翅企业），杭州安厨电子商务有限公司入选第二批杭州市成长型文创企业（登高计划）。

（胡　丹）

·统战工作·

【概况】 2017 年，桐庐县成立新的社会阶层人士统战工作联席会议制度，全面开展底数排摸，初步建立数据库。在“双创”人才集聚的迎春商务区建立桐庐县新的社会阶层人士工作实践创新示范点，打造“同心荟”平台。8 月，成立桐庐县新的社会阶层人士联谊会，推动聚才交友、创业服务、教育实践、议政建言、社会服务五大功能建设。把 16 个同心服务基地打造成党外人士社会实践基地，开展“阳光驿站”“民进助学”“文明城市共创建、民营企业齐奉献”等社会服务活动 43 次。创立“花厅议事”“农家议事会”“爱莲议事堂”“春江会商”等民主协商品牌。完成农工党桐庐基层委员会和县知联会的换届工作。推荐优秀党外人才，是年，新增 2 名县管党外正职干部和 1 名县管党外副职干部。

【加强思想政治建设】 2017 年，县委统战部把喜迎中共十九大、学习宣传贯彻中共十九大精神作为贯穿全年工作的主线，组织各统战领域人士收看十九大开幕式、举办各统战团体十九大精神交流座谈会、全县党外代表人士培训班等。全年推出 20 项统战教育培训，组织学习培训 37 次。推出“同心悦读”读书会，每月推荐共读、交流分享，举办 4 期党外县管干部学习分享会、知联会员《国学鉴赏》品读会、民进支部“书香民进”读书会等。组织新生代、非公经济代表人士参加杭商大讲堂等培训和遵义红色革命教育活动。通过“同心大讲堂”、宗教团体负责人季度学习会、民主党派学习会等载体，宣传贯彻中共十九大及各级统战相关工作精神等。

【统战成员主动参政议政】 2017 年，县委统战部开展“凝心聚力建名城”全县统一战线成员大调研活动，围绕全县“三大战略”和“最多跑一次”改革工作参政议政，组织各民主党派、工商联、无党派和民族宗教界人士调研海康威视、江南养生文化村等。民进桐庐支部的《民进建言》获县委县政府主要领导批示；农工党桐庐

杭州市委常委、统战部长佟桂莉参加桐庐迎春同心荟揭牌仪式

桐庐县统一战线成员调研县重点产业

基层委重点调研课题《关于加大对民办养生养老机构扶持的建议》被列为2017年度政协重点提案；《加强临时牌照管理减少电子眼盲区的建议》被农工党中央录用。县知联会参与城镇居民餐厨垃圾分类处理调研，新生代企业家联谊会参与城北老城区改造项目调研。推动各民主党派与政府相关部门的对口联系工作，探索民主党派参与基层治理新途径，与社区开展结对共建。

【发挥商会组织作用】 2017年，县委统战部加强商会组织建设，在助创全国文明城市创建、"四好"商会建设、促进以商引商、参与社会公益、发展商会经济等方面发挥作用，相继开展"我为文明城市出份力""第二届关爱留守儿童"等公益活动。引导基层商会通过设立信用担保基金、商会与金融机构签订授信合作等方式，缓解会员企业融资难题。

【多形式开展港澳交流】 2017年3月4日，香港桐庐同乡会周年庆典在香港举行。桐庐县代表团赴港参加庆典及杭州市旅港同乡会年会活动，走访海格林亚太公司和同乡会会员。5月，组织杭州旅港同乡会青年会的青年、会员40人到桐庐参观。6月10—13日，县委常委、统战部长盛春霞赴港与老乡共庆香港回归20周年，赴澳门大学看望旧县籍老乡张庆文副教授，走访澳门大学校区、图书馆，考察中药质量研究国家重点实验室（澳门大学伙伴实验室）。11月13—15日，举办"港澳星创"人才交流活动，19名来自香港高校代表、青年企业家代表组团来桐庐，通过举办桐港人才交流及创新金融论坛、实地考察等形式，与县人才办、县新生代企业家达成合作意向。在"君山引凤"科技人才周，香港桐庐同乡会被聘为招才驿站，会长喻涛被聘为招才大使。

（王　斌）

·信访工作·

【概况】 2017年，桐庐县共受理群众各类信访网电28410件，与上年同期相比上升30.4%。其中，来信326件，同比上升30.8%；网上信访2758件（其中部门网上信访990件），同比下降11.2%；接待群众来访512批次1119人次，同比上升13%和9.2%。其中集体访47批次439人次，同比上升88%、20.9%。办理信访复查26件，同比上升160%；来电24814件，同比上升40.2%，当场回复9079件，交办15735件。赴省集体访2批11人次；到市集体访3批30人次；未发生进京非访登记情况。是年，桐庐县在杭州市对各区县（市）年度信访考核中获13个县（市、区）第一名。

【落实信访工作责任】 2017年，县信访局制定《2017年度桐庐县信访和"12345"工作目标管理综合考评办法》，继续推进县委、县政府与各乡镇（街道）、重点部门签订《信访工作目标管理责任书》，形成一级对一级负责，层层抓落实的责任体系。将信访工作纳入平安桐庐、法制桐庐考核。全年，县主要领导和县信访工作分管领导共听取信访工作专题汇报10余次；县委常委会、县政府常务会议定期听取汇报，研究部署信访工作；县领导牵头协调处理信访重点难点

省委常委、宣传部长葛慧君到桐庐接待群众来访

问题50余件次。各重要节点时期，均安排县领导到信访接待场所值班接访。34名县领导包案54件信访突出问题，县乡两级领导干部下访、接访到访群众445次。结合桐庐实际制定出台《桐庐县信访工作实施细则》，明确各乡镇（街道）党（工）委、政府（办事处）和相关部门化解处理信访事项主体责任。对因决策不当、不作为、乱作为，引发信访问题或造成矛盾激化的，严格按规定进行责任倒查，形成责任落实闭环。建立问题通报机制，对因信息上报不及时、稳控措施不到位导致群体性越级上访和进京访等情况及时进行通报。对一些重点信息、信访形势分析及时以短信方式通知相关单位主要领导和分管领导，强化预警和应急处理，确保问题妥善处置。全年下发通报10期，编发短信72期。

【着力化解信访突出问题】 2017年，县信访局建立信访件办理跟踪回访制度，跟踪回访1981件，回访率 96.99%；核实253件，核实率98.65%。结合“百千万”蹲点调研，开展信访突出问题化解活动，明确“到9月底前，县级化解类信访积案，化解平息率力争达85%以上。是年，共处理化解群体性问题12批89人次，协调稳定集体访7批101人次，信访积案突出问题化解率93.6%。对违法上访行为，协调公安机关重点对部分群体性非正常上访挑头人员进行训诫，对闹访人员依法传唤12人次，行政拘留3人次。

【重点时期保障信访稳定】 2017年，桐庐县完成中共十九大、全国省市“两会”、省市县党代会、村级组织换届等重要时间节点的信访工作，全年未发生影响较大的信访突发事件。重大活动期间，安排县领导带队一线指挥，选派责任心强、工作经验丰富人员组成应急小组，加强驻京、驻杭劝返力量。信访、公安、政法等重点部门和各乡镇（街道）坚持信息联通、工作联动、力量联合，遇突发情况及时协商应对。强化属地管控责任，对重点人员，因人施策，全面掌握动态情况。完善敏感性信息通报机制，实行信访信息“零报告”制度，加强信访舆情监测，及时有效应对敏感舆情。

【信访件办理质量综合评价】 2017年，县信访局对群众评价不满意信访件，开展信访件办理质量综合评价，查找问题，督查整改。是年，共有2件被评价为处理意见未完全落实到位件，并督促事权单位整改落实到位。同时，运用网站、微博、微信等载体，开设“条例宣传、以案说法、我在基层做信访”等栏目，宣传正面典型，警示负面言行，引导信访群众依法合理表达信访诉求，指导各级领导和信访干部依法依规解决信访问题，坚决杜绝信访人以闹求决、以访谋利的错误思想。

（王生清）

·县长公开电话·

【概况】 2017年，桐庐县县长公开电话受理中心受理群众诉求24814件，与上年相比增加7117件，同比上升40.2%。其中“64212345”县长公开电话受理15139件，与上年相比增加6515件，同比上升75.5%；县长信箱1335件，与上年相比减少1524件，同比下降53.3%；杭州市市长公开电话交办8340件，与上年相比增加2126件，同比上升34.2%。县长公开电话受理件按时反馈率99.8%，按时办结率100%，群众满意率97.7%。是年，编发《县长公开电话简报》12期，在县广播电视台播出《连线“12345”》栏目46期，在《今日桐庐》刊登报道47篇。

【信访件办理跟踪督查】 2017年，县长公开电话受理中心做好初件审核，对办理不到位反映件予以退办，全年通过审核退回350件。做好后续跟踪，定期梳理承诺件情况，对久拖不决、决而不行的办理件通过党政网公开滚动发布，督促承办单位履行到位，全年发布滚动提醒15期。做好协调督办，对重复投诉件、市预通报件、市通报件、市交办函等典型问题进行现场走访，开展专项督查，全年召开协调会、现场督办17次，完成17件国务院第四次大督查热线电话涉桐庐来电办理的督导工作。

【统一政务咨询投诉举报平台建设】 2017年，县长公开电话受理中心完成桐庐县基层治理综合信息平台信访流转模块操作界面优化，县本级县长公开电话受理件使用桐庐县基层治理综合信息平台交办流转。开发与杭州市“12345”系统数据接口。8月底，完成公安110报警服务台与“12345”统一政务平台并轨运行试点，确立“区分诉求类别性质、区分诉求紧急程度、主动担当无缝对接”的并轨运行工作原则，建立健全协作流转、跟踪反馈、会商研判、业务培训四项机制，梳理各自运行中涉及的警务与非警务、应急与非应急事项，确定“110”向“12345”分流14大项，“12345”向“110”流转10大项内容。当“12345”接到警务报警和紧急求助时，通过平台流转至“110”处置，实现信息互通，至年底，办理60余起平台流转的非紧急、非警务类事件。

【信访业务培训】 2017年6月27—28日，县信访局集中开展信访办理统一政务平台操作实务专题培训班，以集中讲解、现场操作等形式，全面梳理不规范问题，补齐日常操作短板，提高信访工作规范化、业务精准化。对部分单位后期人员调整情况，主动上门实地走访指导，小范围集中辅导，及时补课。

（柯　斌）

·智慧治理信息中心·

【概况】 2017年，桐庐县智慧治理信息中心接待国内外考察团500余批40000余人次，涉及20多个省（市、自治区）400多个城市，其中含10余个国外团队。4月，依托海康威视的萤石互联网监控平台，在各固定投票点安装萤石摄像头500余个，为村级组织换届选举中的证据固定、实时指挥、动态管理发挥重要作用。智慧治理信息中心获中国美丽城乡教育培训基地现场教学点、杭州市最具品质体验点40强、杭州市青年文明号、杭州市三八红旗手（集体）、杭州商学院学生实践基地等称号。负责实施的“互联网＋社会治理的小县‘大’思路”案例被国家行政学院、人民日报社人民网评选为2017年全国创新社会治理优秀案例，并在全国雪亮工程建设推进会上作为先进典型进行交流发言。

【“王”字形运行机制】 2017年，桐庐县依托智慧治理信息平台在县级层面实现功能整合、热线整合、人员整合、视频整合及系统完善，同时推进“县‘110’社会（应急）联动指挥中心与‘12345’统一政务咨询投诉举报平台并轨运行”杭州市改革试点工作；乡镇（街道）层面实现综合信息指挥室建设到位、机构派驻和力量下沉基本到位，执法力量下沉共计206人；村社区（网格）层面按“一长三员”模式，配齐877名网格长、903名专职网格员，网格指导员665人，共计7000余名网格工作力量；建成县大联动平台，依托乡镇(街道)“四个平台”，深化村社区网格化管理，形成县、乡镇(街道)和村社区（网格）三级联动的“王”字形运行机制。

【热线整合】 2017年，县智慧治理信息中心继续进行热线整合，整合环保、发改、农林、文化、广电、妇联、残联等44条部门热线。实现“资源整合、统一入口、一门受理、一站分流”；全年话务总量为87262次，与上年同比增长4.3%；推进知识库扩容，全年更新各类

杭州市委副书记马晓晖考察智慧治理信息中心

信息 1.9 万余条，现知识库共有信息 4.2 万余条；注重数据的分析研判，全年编发信息受理分析月报 12 期，重大事件信息分析简报 4 期，对大数据在基层社会治理和民生服务上的应用及价值进行挖掘，为县委、县政府决策提供参考和依据。

【信息化项目建设】 2017 年，县智慧治理信息中心完成建设视频监控联网一期、桐庐县政务云系统扩容、967000 云呼叫服务平台整合改造、大联动信息系统、网格员终端设备定制、全域旅游智慧出行管控系统、滨江风光带（洋洲段）弱电工程、防欠薪平台、互联网 + 监督平台、公共数据交换平台、行政服务中心智能化弱电工程等 18 个项目，累计投入资金 7876 万元。中心被批准成为浙江省和杭州市“国产密码技术保障信息数据安全建设”改革试点单位。

【安评工作】 2017 年 4 月，县智慧治理信息中心成立桐庐县政府投资项目安防建设工作领导小组，下设安评工作办公室（安评办），牵头负责安评工作。按照“同步规划、同步设计、同步建设、同步验收”的原则，安评办对政府投资项目安全防范体系进行评估。是年，完成包含杭黄铁路综合体在内的 55 个县级政府投资项目的安评工作，出具安评报告 40 份，规划新增视频监控 721 个，智能卡口 7 个，红绿灯 13 处，出入口道闸 13 个，人像识别 40 个。

“967000”百姓热线服务中心

【雪亮工程应用】 2017 年，县智慧治理信息中心整合视频监控资源，打造“雪亮工程”，截至年底，整合公安、交通、城管、环保等 20 多个领域 8270 余个视频监控，实现跨部门、跨区域协同共享。开发实施公安大情报系统，自 6 月该系统上线，微信举报平台接收市民举报线索 151 条，发现赌博窝点 10 余处，捣毁涉黄场所 2 处，掌握违法线索 20 余条。将 200 余家二手店（包括金器、数码、电瓶车等）纳入阵控平台管理，采集 1361 条二手交易数据，发现可疑线索 20 余条。人力情报系统中，纳入管理的信息员共计 6014 人，累计报送线索 1301 条。中心实施的人脸识别系统协助城南派出所抓获 1 名上海市省级逃犯，协助法院截获监控人员 2 名。

【服务保障中心工作】 2017 年，县智慧治理信息中心护航全国文明城市创建，结合智慧出行管控系统推进，完成 50 套违法停车自动抓拍系统、6 套不礼让行人自动抓拍系统，对城市道路上的机动车违法停车、不礼让行人等行为进行取证。8 至 12 月，抓拍不礼让行人行为 22819 次，完成抓拍违章停车行为 18843 次。负责实施公共数据交换平台项目，实现部门数据互联互通、共建共享，在数据多跑路前提下的并联审批使群众少跑路甚至不跑路，助力“最多跑一次”改革。助力“三改一拆”工作，执行无人机扫描发现违建线索任务 4 次，对 4 个乡镇（街道）约 70 平方公里进行空中排查，共采集疑似违章建筑 147 起。

（姚军强）

·史志工作·

【全面启动党史三卷编写】 2017 年 1 月，县委党史研究室启动《〈中国共产党桐庐历史〉第三卷（1978—2002）》整体纲目设计工作，3 月完成初稿，经过两轮修改，于 4 月底形成征求意见稿，向所有县级离退休老领导征求意见。6 月形成审议稿，报杭州市委党史研究室审核把关并通过。7月，按照杭州市委党史研究室审稿意见修改后，送县四套班子领导、县级机关各部门、各乡镇（街道）主要负责人征求意见。8月，结合征求到的意见建议修改后，全面开展党史三卷正文写作，在编写过程中，采取资源共享、材料共用、章节互审等方式，提高编写效率和质量。至年底，完成4章的初稿编写任务。

举办“丰碑—中国共产党代表大会巡礼展”

【持续做好党史资料征编】 2017年，县委党史研究室继续开展改革开放以来桐庐县党史专题（1979—2012）资料收集征编工作，经筛选、整理、修改，选取其中30个专题共26万余字修编为专题集。7月，《春江潮涌——改革开放以来桐庐党史专题集（五）》正式编印发行。同时，与县委老干部局合作，继续开展解放战争时期老干部口述史征集工作，完成10名老干部革命战争年代和社会主义建设时期工作生活情况的口述采访任务。开展年度执政纪事编写，编辑《桐庐纪事2017》，及时跟进和记载县委、县政府新时代工作的新实践、新探索、新发展，为党委、政府科学决策提供历史依据。

【《桐庐年鉴（2017）》出版发行】 2017年11月，县委党史研究室（地方志办公室）牵头主编的《桐庐年鉴（2017）》由方志出版社正式出版发行，全书103万字。该书采用分类编辑法，保持卷首、百科、卷尾3个基本组成部分和类目、分目、条目3个层次的框架结构，卷首设特载、大事记、总述；百科设农业经济、工业经济等21个类目；卷尾设文献、名录、专刊、统计资料等。同时，完成《杭州年鉴（2017）》桐庐部分编纂任务。

县委党史研究室开展“史志六进”活动

【深化桐庐“微村志”修编】 2017年，县委党史研究室继续深化“微村志”修编，全年共完成30个村编写任务。开展《桐庐微村志》第二辑的编印工作，至年底30个村的微村志稿件修改完毕，进入排版设计阶段。是年，《桐庐微村志》第一辑荣获杭州市社科联第十二届社科优秀成果三等奖。

【革命遗址遗迹保护利用】 2017年，县委党史研究室结合红色旅游、农村文化礼堂建设等，继续做好革命遗址遗迹保护利用工作。主动配合新合乡、合村乡、分水镇着力将红色文化融入绿水青山之中，发展红色旅游，助推当地经济发展。为新合乡争取到市级党史胜迹保护项目资金20万元，省级党史资料征集经费3万元。参与党史资政研究工作，撰写《2016年县委县政府科学决策、推进发展纪事》《中共桐庐县第一个党组织的建立》等报告。

【多形式开展史志宣教】 2017年，县委党史研究室编辑、出版《桐庐史志》4期，向全县县级机关、乡镇街道、村社区、重点企业等赠阅，发挥“存史、资政、育人”作用；利用桐庐党史微信，发布“党史小故事”“党史上的今天”等内容，扩大宣传领域，提高宣教效果；继续开展党史“六进”活动，选取近年来编辑出版的桐庐史志书籍免费赠送给市民，全年共给新合乡新四村、桐君街道鑫鑫社区、县实验初中、县第一人民医院等赠送《桐庐党史专题集》《南下桐庐》《桐庐史志》等2000余册；开展党史重大纪念活动，举办“重温桐庐解放记忆”图片展、“丰碑—中国共产党代表大会巡礼展”；联合县教育局在全县中小学开展第二届“写家训·书家史·研村志”主题教育实践活动；与县新四军研究会、县委老干部局、县教育局等共同举办“传承铁军精神，争做革命接班人”主题报告会，邀请6位参加过抗日战争、解放战争、抗美援朝战争的革命前辈给富春高级中学、富春江初中500余名学生作报告，传承和弘扬“铁军精神”，加强学生的爱国主义教育。

（张　红）

·党校教育·

【概况】 2017年，县委党校有在编教职员工51人，专任教师40人，其中研究生学历18人；专任教师中有高级职称17人，中级职称14人。学校设综合办公室、干部教育培训部、社区教育培训部、县情研究与教科研室、学历教育部、后勤服务中心、网络信息中心。全年共举办各类培训班373期，培训各级各类人才23849人次，其中主体班16期培训2901人，部门班16期培训2135人次，对外培训班199期培训11200人次，社区培训69期2526人次，教师培训73期5087人次。全年申报各类课题10批次，获得14项课题立项。

【主体班培训】 2017年，县委党校举办主体班16期27个班次，培训、轮训人数2901人次。2017年度主体班培训注重党员干部党性教育，围绕学习贯彻中共十九大精神，安排党史党章、习近平总书记系列重要讲话精神和治国理政新理念新思想新战略等内容学习，不断加大党性教育的比重和力度，党性教育课程占比30%以上，同时，每个主体班次安排一个党性教育模块，采取“现场教学+课堂受训”方式，提高党性教育效果。

【理论宣讲】 2017年，县委党校全年对外宣讲250场，受众26750人次，其中党员固定主题党日宣讲89场，红色讲坛送课37场，一般性宣讲124场。包括中共十九大精神宣讲65场，“两学一做”常态化制度化宣讲70场，全国文明城市创建主题宣讲47场。内容包括以习近平总书记系列重要讲话

桐庐县领导干部农业农村专题培训班开班典礼

精神和治国理政新理念新思想新战略为主线，开展贯穿全年的理论宣讲；以十九大召开为契机，推出“十九大精神学习专题”系列讲座。

【成人高等学历教育】 2017年，县委党校（浙江电大桐庐学院）开放学历教育招生426人，共有在校生1599人，其中电大开放教育626人，中国人民大学继续教育341人，东北师范大学继续教育220人，大连理工大学继续教育168人，中国医科大学继续教育244人。是年，获2017年东北师范大学现代远程教育招生推广工作“优秀学习中心”、浙江奥鹏2017年春季招生组织工作先进单位、2016年度全省电大财务工作先进单位等称号。

【学术科研】 2017年，县委党校申报各类课题10批项，获14项课题立项。其中，理论文章《立足小县城，兴办大党校》被中共中央党校办公厅录用为工作通讯；省第十三次党代会以来浙江发展的重大实践经验研究的重点课题形成成果，并发表于专著《勇立潮头——走在前列的浙江样本》；获全省党校（行政学院）系统理论研讨会一等奖成果1项；“全市党校系统深入学习贯彻十九大精神理论研究”市委党校校级课题成果1项；2017年度“习总书记‘四个人’要求”相关研究成果1项。

【智库咨政】 2017年，县委党校刊发县情信息四期，获县委办录用舆情23篇、工作交流1篇、外埠信息7篇。加大联动合作撰写课题的力度，探索“部门、镇街合作”的科研机制，其中与县委组织部、县民政局的联合课题《桐庐社区调整优

2017年主体班培训一览表

表4

序 号	时　间	名　称	人 数
1	3月22—24日	离退休党支部书记培训班	99
2	3月21—22日 4月27—28日	县第十六届人大代表培训班	205
3	4—11月	“君山育凤”一年轻干部周末选学班	193
4	5月3—5日	县第九届政协委员培训班	100
5	5月10—-14日 5月21—24日	换届后新任村（社区）党组织书记培训班	230
6	5月10—14日 5月21—24日	换届后新任村（社区）主任培训班	230
7	5月22—24日	全县纪检干部业务培训班	116
8	5月30—6月14日	“君山育凤”—中青年干部基层实训班	64
9	6月19—23日	2017年产业强县专题研讨	100
10	6月20日	全县新任村（居）监会主任培训班	240
11	7月26—27日	全县党建工作业务培训班	200
12	10—12月	“君山育凤”—专业化能力提升系列专题班	278
13	11月22—24日	桐庐县新录用公务员暨“三访”集训培训班	68
14	11月29日	桐庐县党外代表人士培训班	57
15	2018年1月	县管正职领导干部进修班	721
16	2018年1月	县管副职领导干部轮训班	

化调研报告》获县委书记朱华批示。

【教师培训】 2017年，县委党校（县教师进修学校）围绕桐庐县基础教育改革和发展需要，进一步落实《浙江省中小学教师队伍建设"十三五"规划》《中小学教师专业发展培训学分制管理办法（试行）》精神，结合桐庐县"十三五"教师专业发展培训规划工作安排，培训项目设计从补缺转向发展，培训目标定位从全面转向精准，培训模式从粗放走向精细，培训方式从集中统一培训转向更加多元化的培训路径和项目形式，以"立德树人 示范引领"为主题，整合运用优质教师教育资源，统筹规划，分层分类推进教师专业发展培训工作。全年共开展教师培训班73期，培训总人数5087人；按要求完成省师训平台计划内自主选课培训项目59期。

【社区教育】 2017年，县委党校以"学习型社团培育、终身学习品牌项目评选、百姓学习之星遴选、全民学习活动周"为抓手，推进30分钟市民学习圈建设。开展县第六届示范社区学习共同体评选活动，横村摄影学习共同体、分水"龙凤呈祥"盘鼓队、桐庐县红叶舞蹈艺术团3个项目获评一等奖，黄坡岭社区子陵乐队、深澳威风锣鼓队、桐庐县夕阳红合唱团3个项目获评二等奖，百江镇稻草龙协会、铿锵玫瑰舞蹈队、阆苑炫丽广场舞团队、分水镇乒乓球协会4个项目获评三等奖。红叶舞蹈艺术团、分水龙凤呈祥盘鼓队、横村摄影学习共同体、春江书画院、获浦孝义读书会5个学习型社团被评为杭州市示范学习型社团，桐庐县"爱莲书社""桐君"老人第二学堂被评为杭州市终身学习品牌项目，百江镇翰坂村徐让太被评为杭州市百姓学习之星。

"弘扬红色文化 传承红色基因"微型党课比赛

【"君山育凤"党政人才培养工程】 2017年，县委党校推出"君山育凤"党政人才培养工程，包括专业化能力提升系列专题班、干部周末选学班、基层一线实训班3个系列，实施专题分班培训。工程立足桐庐发展实际，围绕"生态立县、产业强县、全民兴县"三大战略，进行层次化办班、立体式教学。在师资配备方面，选聘理论水平高、实践经验丰富的高校学者、科研机构专家、优秀企业家、基层干部担任客座教师，实行现场式授课，推动专业化培训覆盖到各层次干部领域。

（姜　浩）

·机关党建工作·

【概况】 2017年，县直机关党工委转进党员171人，转出党员137人，经过预审，公示、发展党员20名，转正党员20名。全年按程序完成46个支部换届、调整，新成立党支部1个（县委巡察机构机关党支部）、党总支1个（县机关事务管理局机关党总支）。至年底直属党组织88个（其中党委3个，党总支10个，直属在职党支部57个，直属退休支部18个），所属党支部157个（其中离退休党支部28个），党员共计2231人。按计划组织开展入党积极分子、党务干部等培训，共计600人次参加。全面落实党风廉政建设责任制，全年处理党员7人。制定《2017年机关党建理论研究课题调研实施方案》，实行课题申报制，开展分组调研活动，全年收到调研文章70篇，评出优秀文章17篇。

【中国共产党成立96周年系列活动】 2017年7月1日，县直机关党工委开展“我为七一献热血”活动，组织 100名机关党员参加无偿献血活动，共计献血 28升。对当年新增的50周年（60周年）以上党龄的10位老党员，颁发“光荣在党50年（60年）”荣誉证书，走访慰问中华人民共和国成立前入党的老党员6人。组织机关部门600余名党员干部参加“七一送清凉”活动，上门走访城乡困难家庭2029户次，以“送温馨、送关怀、送服务”为主题帮助困难群众解决生产生活问题。

【公职人员齐奉献活动】 2017年“桐庐百姓日”期间，县直机关党工委组织开展公职人员齐奉献活动。37家机关部门380名公职人员在广场集中开展志愿服务活动，主要从技能提升、扶弱济贫、便民利民、政策咨询、文化教育、治安维护、环境保护、公益事业等方面开展，共服务群众29000余人次，开展健康义诊760人次，赠送花卉苗木10000株、书画摄影作品600幅、剪纸作品400幅，免费送水6300人次。33支志愿服务队自行到农村、社区围绕全国文明城市创建，开展“文明出行”引导、“文明旅游”教育、“文明餐桌”宣传、“垃圾分类”宣传、环境整治等活动。

【综合考评社会评价】 2016年，杭州市对桐庐县综合考评社会评价中，征集到各类意见建议488条次，县对乡镇（街道）和机关部门社会评价中，征集到各类意见建议385条次。经梳理整合，确定2017年重点整改类意见124条，其中市级86条，县级38条。根据市考评工作要求，每条整改目标落实整改单位，整改情况列入机关单位综合考评，全年预定整改目标全部完成。12月，开展县直机关（直属单位）民主评议、最佳最差服务型机关评选、乡镇（街道）、重大平台民主评议。县直机关（直属单位）民主评议活动评议对象为51个机关部门，分4组进行评议，同时对14个非综合考评单位进行征求意见，评议方式主要有邮政寄送、微信投票、专项评议等，其中邮政寄送有9个层面3663名代表参与、微信投票有14945名网民参与、专项评议有288名代表参与，评选得分按15分计入年度综合考评得分。根据县直机关部门综合考评社会评价得分和综合考评领导评价分，2017年度最佳服务型机关：县公安局、县财政（地税）局、县委组织部、县文广新局。2017年度最差服务型机关：分水江工程管理局、县邮政管理局。各乡镇（街道）、重大平台民主评议，选取5371名代表从经济建设、社会管理、公共服务及自身建设等方面对14个乡镇（街道）和开发区、商务区、富春山健康城共17个单位进行社会评议，评价得分按3—5分计入年度综合考评得分。根据测评结果，钟山乡群众满意度最高。

【第十四届“学习节”】 2017年，县直机关党工委以“学习十九大，提升学习力”为主题，开展专题讲座、知识竞赛、云阅读学习、征文比赛、微讲堂微信PK等“学习节”活动。11月21日，举办学习节启动

“桐庐百姓日”公职人员齐奉献活动

仪式暨大课讲座，邀请杭州市委宣讲团成员、市社科联副主席张旭东作十九大精神专题讲座。微信 PK 大赛共收到微信作品 38 个，评出一等奖 3 名，二等奖 6 名，三等奖 10 名，最佳组织奖 6 名，其中县教育局、总工会、卫计局三家单位为一等奖；征文比赛收到征文作品 250 篇，评出一等奖 3 名，二等奖 5 名，三等奖 7 名，优秀奖 15 名。

【机关文化建设】 2017 年，县直机关党工委推进机关文化建设，落实“一季一赛”活动制度，组织开展文体活动 4 次。3 月，组队参加杭州市机关气排球比赛获二等奖；7 月，举办首届全民运动节“机关毅行”活动，400 名机关党员干部参加；12 月，举办机关趣味运动会，组队参加市直机关象棋、围棋比赛，获优胜奖。

（张陈君）

·老干部工作·

【概况】 2017 年底，桐庐县有离休干部 75 人，其中易地安置在桐庐 5 人，桐庐安置在易地 6 人。副局级以上退休干部 454 人，其中副县级以上退休干部 41 人。

【老干部政治待遇】 2017 年，县委老干部局举办离退休干部政治理论学习讲座、夕阳红大讲堂、红色电影周 23 次，县委、县政府向老干部通报情况 6 次；组织离退休干部参加县两会、领导干部大会、政府工作报告征求意见会等 15 次；向 651 名子和机关干部全年对离休干部和县级退休干部实行每季度走访慰问，共走访离退休干部 785 人次，解决老干部实际困难 29 个，发送温馨服务短信 4266 条；6 月，组织 519 名离退休干部参加体检，在桐庐、分水两地分别邀请专家医师对体检结果进行“一对一”反馈解读。是年，继续实行离休干部居家养老制度，根据离休干部“双高期”（高龄期、高发病期）实际，将离休干部分成三类，按照分类管理服务制度进行管理服务。

老干部参加交通劝导志愿服务

【离退休干部党支部建设】 2017 年，桐庐县 87 个离退休干部党支部定期过组织生活。3 月，全县离退休干部党支部书记培训班在县委党校开班，13 名老干部临时党组织负责人也纳入培训对象。是年，全县离退休干部党支部利用各自优势开展“百名乡贤助百村”行动，县供销社、财政局、农林局等 29 个单位组织离退休干部党员局、残联、桐君街道、分水镇、富春江镇、横村镇等 32 个离退休支部的 712 名党员参与“银龄助学”行动，筹集“银龄助学金”7.86 万元，67 名困难学子受到资助。

【老干部作用发挥】 2017 年，县委老干部局组织离退休干部开展系列“银发齐奉献”志愿活动。3 月，在新区老干部活动中心组织开展“喜迎十九大 共创文明城”老干部志愿行动启动仪式。10 支“银亮桐庐”志愿服务队利用各自特长和优势开展系列活动 125 场，参与老同志 5120 人次。“印象画城”服务队用手中的相机曝光不文明行为，对文明行为进行点赞；“网络正能量”服务队协助相关职能单位开展巡查未成年人上网和车辆违章停车等公益行动；“文艺宣传”服务队将自编自导自演的《文明礼仪伴我行》《亮点》等节目送到学校、机关、社区（村）；“国粹传

“银亮桐庐”老干部志愿服务队参加全国文明城市创建活动

承”服务队免费组织市民、学生、外国友人开展剪纸、书画技巧展示和教学培训；“交通劝导”服务队在县城开展文明出行劝导服务等。是年，“银亮桐庐”老干部志愿服务队被团县委评选为“桐庐志愿服务优秀团队”。

【文体活动】 2017 年，桐庐县城、分水镇 3 所老干部活动中心接待老干部 6.3 万人次，16 个老干部协会开展“喜迎十九大 共创文明城”系列活动 114 次。4 月，全县老干部“税收杯”文体活动在新区老干部活动中心举行，活动设知识竞赛、体育竞技、作品展赛等内容，共有 1050 余名离退休干部参加；6 月，老干部“庆七一·共建文明城”文艺会演在老干部活动中心举行，300 多名观众观看表演，180 余名老干部参与演出；9 月，老干部书画协会在松鹤楼老干部活动中心举办“共创文明城”书画展，350 余名市民观看；10 月，组织剪纸协会会员到江南镇深澳村开展剪纸非遗传承活动，向 78 名村民赠送剪纸作品；11 月，老干部诗词协会举行中共十九大专题演讲会，16 名会员朗诵 32 首原创诗词。

【老年教育】 2017 年，桐庐老年大学在校学员 741 人，其中分水分校 78 人；开设课程 14 门、18 个班级。组织 2400 余人次学员参加政治理论学习、情况通报会 16 次。是年，摄影班、剪纸班、书画班通过作品展向广大市民、学生宣传乡村振兴、全国文明城市创建和五水共治工作取得的成效；唱歌班积极开展送文艺进学校、机关和村（社区）活动；军乐队为县党代会、县两会、政府开放日义务迎宾奏乐服务。

（庞 建）

桐庐县人民代表大会

People's Municipal Congress of Tong'lu

刘森月／摄

桐庐县人民代表大会

· 桐庐县人民代表大会 ·

【十六届人民代表大会第一次会议】 2017年2月6—10日，桐庐县第十六届人民代表大会第一次会议在县城召开。会议应出席代表225名，实到223名。会议听取和审查县政府、县人大常委会、县法院、县检察院工作报告，财政预算、国民经济和社会发展计划报告，通过相应决议。听取议案审查委员会关于该次会议议案审查的报告，财政预决算审查委员会关于财政预决算审查的报告。依法选出县第十六届人大常委会主任游宏，副主任徐海初、潘晓萍（女）、俞建华、吴爱群、徐志勇（5名）；县人民政府县长方毅，副县长吴金富、周建英（女）、荆慰、潘渭、卢强、余荆棘（6名）；县监察委员会主任张启成；县人民法院院长陆忠明；县人民检察院检察长夏涛；县第十六届人大常委会委员（27名）、县出席杭州市第十三届人民代表大会代表（27名）。会议共收到代表建议196件，解决128件，解决率65.3%。

【十五届和十六届人大常委会会议】 2017年1月19日，县人大常委会召开十五届第三十六次会议，听取和审议县人大、政府、财政、计划、法院、检察院等工作报告稿和关于第十五届人民代表大会第五次会议代表意见、建议办理情况的报告；审议通过关于县第十六届人民代表大会第一次会议代表资格变动情况的报告等。

1月25日，县人大常委会召开十五届第三十七次会议，讨论通过桐庐县第十六届人民代表大会第一次会议各项建议名单，审议和表决县政府关于低收入农户增收和保障专项工作报告审议意见落实情况的报告等。

2月10日，县人大常委会召开十六届第一次会议，表决任命县监察委员会副主任和委员。

4月6日，县人大常委会召开十六届第二次会议，讨论通过县人大常委会2017年工作要点，关于办理县十六届人大一次会议《坚持创新驱动发展 推动产业强县建设》议案的决定（草案）、《加快推进小城镇环境综合整治工作》议案的决定（草案）。

5月31日，县人大常委会召开十六届第三次会议，听取和审议县政府《关于综合交通建设情况的专项工作报告》《关于城乡违法建筑拆除情况的专项工作报告》；审议和表决县政府《关于企业降成本、减负担专项工作报告审议意见落实情况的报告》；讨论并通过《桐庐县第十六届人大常委会代表资格审查委员会组成人员的决定（草案）》《桐庐县第十六届人大常委会各工作委员会组成人员的决定（草案）》。

8月1日，县人大常委会召开十六届第四次会议，听取和审议县政府关于农业适度规模经营工作的专项工作报告，2016年财政决算的报告、2017年上半年预算执行情况的报告；听取县人大常委会执法检查组关于《杭州市物业管理条例》贯彻实施情况的执法检查报告和有关人事任免等。

9月11日，县人大常委会召开十六届第五次会议，听取和审议县政府关于2017年县本级政府投资重大建设项目实

桐庐县第十六届人民代表大会第一次会议选举投票

施情况和调整计划的报告，对2017年政府重大投资项目计划调整方案中新增的单个投资规模5000万元以上的项目进行逐个表决。听取和审议县政府关于2016年财政预算执行和其他财政收支情况的审计工作报告，并就审计发现的重点问题进行专题询问等。

9月30日，县人大常委会召开十六届第六次会议，听取和审议县政府关于校园文化建设的专项工作报告和关于“两江”自然生态环境保护和景观环境建设控制工作审议意见落实情况以及“两江”流域性自然生态环境保护和景观环境建设控制专项规划制定情况的报告，县法院关于执行工作的专项工作报告。

11月16日，县人大常委会召开十六届第七次会议，表决有关人事任免事项。

12月6日，县人大常委会召开十六届第八次会议，听取和审议县政府关于小城镇环境综合整治专项工作、产业生态系统建设专项工作、2016年本级财政预算执行和其他财政收支审计查出问题整改情况等报告；听取和审议县政府关于提请审议2017年财政收支预算调整方案（草案）和提请审议2017年桐庐县新增政府重大投资项目计划（草案）的议案。

【工作监督】 2017年，县人大常委会组织召开县十六届人民代表大会第一次会议，召开常委会会议10次，听取和审议“一府两院”关于综合交通建设情况、城乡违法建筑拆除情况农业适度规模经营、校园文化建设情况、产业生态系统建设、小城镇环境综合整治等专项工作报告7项，其他报告9项，开展专题询问2次，组织针对农村生活污水治理、文明城市创建、县政府民生实事项目推进、国家全域旅游示范区创建、《杭州市物业管理条例》贯彻执行等情况的视察和执法检查9次，作出决议决定13项，提出审议意见25项，围绕土地要素保障工作、城乡截污纳管工作，全县存量、闲置和低效建设用地情况，“大城管”工作、体育产业发展情况、代表履职服务保障工作、村庄建设规划执行情况等工作开展专题调研7个，委托主任会议听取工作报告8个。

杭州市人大常委会党组副书记、副主任许勤华到桐调研民生实事项目人大代表票决制工作

【执法监督】 2017年，县人大常委会开展打击环境食品药品违法犯罪工作跟踪监督，并与县政府建立打击环境犯罪联合执法工作机制，全年查处各类环食药刑事案件18起，采取刑事强制措施29人；与省市人大联动开展动物防疫“一法一条例”执法检查，就加强行业监管、落实属地管理责任、加大打击力度等方面提出意见；在审议“两院”半年度工作报告基础上，重点听取和审议法院执行专项工作报告，提出要进一步规范执行流程、完善信用惩戒机制和社会联动配合机制、严厉打击惩处拒执行为、提升执行工作实效等意见；专题调研“大城管”工作，建议理顺城市管理体制机制，明确部门权责；监督推动重大民生工作，开展《杭州市物业管理条例》执法检查，要求县政府配强县物管办工作力量，致力机制到位与政策落地，明确街道、社区责任，重视业委会建设，形成物管机构、业委会、物业企业良性互促机制，化解物管难题；加强村级集体经济增收化债工作监督，督促政府落实增收化债行动计划，有效盘活农村资源资产，建立严格的债务管控机制；开展《杭州市院

前医疗急救管理条例》执行情况监督检查，推动政府合理配置医疗急救资源，提升院前医疗急救管理水平；听取和审议校园文化建设专项工作报告，要求政府制定专项指导意见；落实干部任前法律知识考试、无记名票决、颁发任命书、任职表态、宪法宣誓制度，全年依法任免国家机关工作人员87人次，组织49名新任命干部向宪法宣誓；加强规范性文件备案审查工作，对政府报送的17件规范性文件进行合法性审查；加强人大信访工作，建立人大信访协调机制，全年办理群众各类信访件27件次。

【政府民生实事项目票决制】 2017年，县人大常委会探索开展县政府民生实事项目代表票决制试点工作。建立“县委决策部署，政府主责项目征集、筛选和票决项目实施，人大主责项目票决、监督和成效评价”“三位一体”工作机制，在县十六届人大一次会议上，全体代表差额票决产生10项民生实事项目，实现民生实事由政府“为民做主”到“让民做主”的转变。项目确定后，县人大常委会与县政府一起建立常委会专项监督、代表跟踪监督与政府自身督查相结合的联动工作机制。6月，《人民日报》《光明日报》《新闻联播》《焦点访谈》等11家中央新闻媒体对桐庐县票决制工作进行深度报道。9月26日，县委书记朱华在全市票决制工作部署会上作经验介绍。为做好2018年度票决制工作，县人大常委会发动代表通过进联络站、走访选民等方式开展民生实事项目调研和征集，参与代表1243人次，提出项目建议292条，经梳理向政府提出105条。

【重大事项讨论决定】 2017年，县人大常委会完善讨论决定重大事项年度清单制度，对事关发展的14项重大事项进行审议或作出决议决定，建立跟踪监督机制。围绕2015年常委会作出的《关于加强“两江”自然生态环境保护和景观环境建设控制工作的决定》，听取和审议“两江”流域控制性专项规划编制情况的报告，并开展实地视察，推动政府接轨“拥江发展”战略。县人大常委会关注“两江”沿江重点区段开发建设情况，委托主任会议听取和审议中大鳄鱼厂地块项目与周边环境融合开发建设方案，提出要强化城市天际线与透视度的管控、重视控制开发强度、合理规划利用地下空间、彰显沿江两岸景观效果等意见。12月4日，在全国人大常委会举办的第四期县级人大常委会负责人学习班上，县人大常委会主任游宏代表浙江省作题为“依法行使重大事项决定权 致力助推地方经济社会可持续发展”的典型发言，介绍桐庐县人大工作实践经验和成效。

【公共财政审查监督】 2017年，县人大常委会以深化政府投资重大建设项目审查监督为重点，对2013年以来97个政府投资重大实施项目进行梳理，对2017年度全县43个政府投资重大建设项目逐一进行检查，在查找问题、研究分析的基础上，修订完善《政府投资重大建设项目监督办法》，把完成项目可行性研究作为前期审查必备要件，并将项目概算与竣工列入重点审查内容，全年共审查重大项目26个，其中13个5000万元以上项目实行票决，针对项目前期可研和要素保障不到位等情况，调整、暂缓实施项目5个，批准项目概算调整13个；将跨年听取整改情况报告改为当年听取。常委会就审计发现的项目招标管理、编外用工等方面的突出问题，首次进行专题询问，促成政府及被审计单位制定完善13个规范性制度；改进全口径预决算审查监督，听取财政决算、预算执行、地方政府债务限额等报告，审查批准财政决算、预算调整和政府债务计划。还对土地开发整理专项资金和公交惠民政策绩效情况进行监督。

【代表履职】 2017年，县人大常委会重视代表学习培训，组织新当选代表开展人大制度理论、履职业务培训，结合全县重点工作，专题安排“五水共治”、美丽乡村建设等政策实务学习；新建立“一府一委两院”领导联系代表制度，保障代表依法履职；全年邀请代表参与常委会监督、调研工作90余人次，组织137名县人大代表向选民述职，接受选民监督；坚持代表“双月活动日”制度，组织代表开展拆违治乱、

县人大常委会视察“两江”自然生态环境保护和景观环境建设控制工作

文明创建、治水剿劣等主题活动，15个代表小组全年开展履职活动110余次；建立代表跟踪监督县政府民生实事项目制度，10个监督小组跟踪项目实施情况，发现问题45个，提出意见建议62条；坚持代表小组定向视察制度，对13个政府部门和县法院开展定向视察；优化调整代表联络站（室）的布局，把全县850多名省市县乡人大代表编入联络站（室）。全年，代表参加接待活动765人次，接待选民909人次，收集和反映问题513个，解决320余个问题。

【自身建设】 2017年，县人大常委会推进“两学一做”学习教育常态化制度化，全年完成10余项课题调研。县人大常委会领导做好“河长”“路长”、项目攻坚、联乡结村、信访包案等工作，人大机关干部参与文明劝导、上街巡查、小区环境卫生整治等工作。开展“联村走企访户”、结对帮扶等活动，帮助基层群众解决实际困难；设立人大财政经济和城建环保两个专门委员会，聘请24名专业技术人员担任各工委专家咨询组成员；推进智慧人大建设，建立人大代表信息库，运行代表监督治水APP，全县市县两级代表对县域内100条主要河流、河段实施监督；办好《桐庐人大》杂志和桐庐人大网站，设立“桐庐人大”微信公众号，全年发布信息54条。

【人事任免】 经2017年1月19日桐庐县第十五届人大常委会第三十六次会议表决通过，决定任命楼柯柯、汤德宫、王泽静、林星、叶明锋、杨萍、陈旎、郑霞为桐庐县人民法院审判员。

经2017年2月10日桐庐县第十六届人大常委会第一次会议表决通过，决定任命姚民、金伟为桐庐县监察委员会副主任；陈忠民、胡轶群、宋南为桐庐县监察委员会委员。

经2017年4月6日桐庐县第十六届人大常委会第二次会议表决通过，决定任命：宋健民为桐庐县人大常委会办公室主任；吴生明为桐庐县人大常委会城建环保工作委员会主任；董利荣为桐庐县人大常委会教科文卫工作委员会主任。

免去潘胜华的桐庐县人大常委会办公室主任职务；虞星华的桐庐县人大常委会城建环保工作委员会主任职务；王利平的桐庐县人大常委会教科文卫工作委员会主任职务；吴生明的桐庐县人大常委会办公室副主任职务。

经2017年4月6日桐庐县第十六届人大常委会第二次会议表决通过，决定任命钱潮力为桐庐县人民政府办公室主任；王先勇为桐庐县发展和改革局局长；潘胜华为桐庐县经济和信息化局局长；季建平为桐庐县教育局局长；周华新为桐庐县科学技术局局长；俞放为桐庐县民族宗教事务局局长；荆慰为桐庐县公安局局长；丁有理为桐庐县民政局局长；陈伟琴为桐庐县司法局局长；孙叶华为桐庐县财政局局长；方新东为桐庐县旅游委员会主任；周政洪为桐庐县人力资源和社会保障局局长；倪天震为桐庐县住房和城乡建设局局长；邵卫华为桐庐县交通运输局局长；金焕梁为桐庐县农业和林业局局长；江小鹏为桐庐县水利水电局局长；王红春为桐庐县商务局局长；方劲松为桐庐县文化广电新闻出版局（县体育局）局长；蔡忠明为桐庐县卫生和计划生育局局长；潘爱琴为桐庐县审计局局长；钟关贤为桐庐县统计局局长；申屠增标为桐庐县环境保护局局长；陈彬为桐庐县市场监督管理局局长；陈柏其为桐庐县城市管理局（综合行政执法局）局长；郑宝成为桐庐县安全生产监督管理局局长。

经2017年4月6日桐庐县第十六届人大常委会第二次会议表决通过，决定任命：杨萍为桐庐县人民法院行政审判庭庭长；郑琼为桐庐县人民法院分水人民法庭副庭长兼民事审判第三庭副庭长；叶明锋为桐庐县人民法院横村人民法庭副庭长；楼柯柯为桐庐县人民法院民事审判第一庭副庭长；林星为桐庐县人民法院民事审判第一庭副庭长；王泽静为桐庐县人民法院民事审判第三庭副庭长。

免去张文瑞的桐庐县人民法院审判委员会委员职务；郑琼的桐庐县人民法院横村人民法庭副庭长兼民事审判第一庭副庭长职务；严智平的桐庐县人民法院江南人民法庭副庭长兼审判监督庭副庭长职务；王强强、卢书珊的桐庐县人民法院人民陪审员职务；

经2017年5月31日桐庐县第十六届人大常委会第三次会议表决通过，决定任命：裘建新为桐庐县人大常委会农业农村工作委员会副主任。

经2017年5月31日桐庐县第十六届人大常委会第三次会议表决通过，决定任命：姜英杰为桐庐县人民政府副县长（省下派挂职干部）；吕爱华为桐庐县人民政府副县长（省下派挂职干部）；贾安琪为桐庐县审计局局长。

免去潘爱琴的桐庐县审计局局长职务。

经2017年5月31日桐庐县第十六届人大常委会第三次会议表决通过，决定任命：贺笑容为桐庐县人民政府副县长（中央三部委挂职干部）。

经2017年5月31日桐庐县第十六届人大常委会第三次会议表决通过，决定免去陈秋亮的桐庐县人民法院审判员职务；金辉、郭明辉的桐庐县人民法院人民陪审员职务。

经2017年8月1日桐庐县第十六届人大常委会第四次会议表决通过，决定任命：方科为桐庐县人民政府副县长（省下派挂职干部）。

免去姜英杰的桐庐县人民政府副县长（省下派挂职干部）职务。

经2017年8月1日桐庐县第十六届人大常委会第四次会议表决通过，决定任命：汪文清为桐庐县人大常委会法制和内务司法工作委员会副主任。

免去詹水德的桐庐县人大常委会城南街道工作委员会副主任职务。

经2017年8月1日桐庐县第十六届人大常委会第四次会议表决通过，决定接受朱晓东辞去桐庐县第十六届人民代表大会代表职务，朱晓东的县第十六届人大常委会委员职务相应终止。

经2017年9月11日桐庐县第十六届人大常委会第五次会议表决通过，决定任命李建平为桐庐县人大常委会城南街道工作委员会副主任。

经2017年11月16日桐庐县第十六届人大常委会第七次会议表决通过，决定接受潘方敏辞去杭州市第十三届人民代表大会代表职务。

经2017年12月6日桐庐县第十六届人大常委会第八次会议表决通过，决定任命：方静根为桐庐县监察委员会副主任。

免去金伟的桐庐县监察委员会副主任职务。

经2017年12月6日桐庐县第十六届人大常委会第八次会议表决通过，决定任命袁来红为桐庐县人民法院副院长、审判委员会委员；王杰、周昊、倪莎、吴樟平、童杭烟、叶学超为桐庐县人民法院审判员。

免去邵樟庆的桐庐县人民法院副院长、审判委员会委员职务。

经2017年12月6日桐庐县第十六届人大常委会第八次会议表决通过，决定任命柴凌燕、黄平炎为桐庐县人民检察院检察员。

免去方静根的桐庐县人民检察院副检察长、检察委员会委员、检察员职务。

（柯欣栋）

刘森月 / 摄

桐庐县人民政府

·县政府办公室工作·

【县政府常务会议】 2017年，十五届桐庐县政府召开2次常务会议，十六届桐庐县政府召开15次常务会议。

1月12日，十五届县政府召开第95次常务会议，研究2016年财政预算执行情况和2017年财政预算草案的报告，2016年国民经济和社会发展计划执行情况与2017年国民经济和社会发展计划草案的报告、2017年政府投资项目计划和重点项目建设计划，县十六届二次人代会政府工作报告等事宜。

1月24日，召开第96次常务会议，研究中国计量大学现代科技学院项目方案、杭黄铁路站前广场规划建设方案，桐庐县2017年县政府民生实事候选项目，关于加快推进残疾人全面小康进程的实施意见、关于进一步健全残疾人康复和托养服务体系的实施意见， 2016年县政府质量奖评审报告，2017年度水利项目建设计划等事宜。

3月1日，十六届县政府召开第1次常务会议，研究县政府与莱茵达战略合作协议，县妇幼保健院迁建工程设计方案，2016年度工业经济和开放型经济、商贸服务业政策兑现方案，2016年度服务业优强企业评选、扩大有效投资和“双推进”百日攻坚先进单位和个人表彰名单等事宜。

3月21日，召开第2次常务会议，研究桐庐县小城镇环境综合整治资金补助办法，桐庐县“千亩水田 万亩耕地”垦造工程实施方案，县城餐厨垃圾项目建设方案，给予县市场监管局集体及相关人员行政奖励方案，桐庐县温室甲鱼养殖专项整治方案等事宜。

4月19日，召开第3次常务会议，研究桐庐县“无违建县”创建攻坚行动实施意见，杭州桐庐县对口帮扶贵州省黔东南州榕江县实施方案（2016—2020年），桐庐县政府投资项目安评工作暂行办法，桐庐县安全生产委员会组织结构设置及工作规则，浙江明基伟业投资管理有限公司直接配置县小客车号牌指标方案等事宜。

5月11日，召开第4次常务会议，研究2016年桐庐县教育事业发展情况和2017年重点工作情况，桐庐县学前教育第二轮三年行动计划（2017—2019年），桐庐县特殊教育提升计划（2017—2020年），桐庐县乡村教师支持计划（2017—2020年）实施办法，关于中小学代课教师有关问题，县教育局2017年政府投资项目推进情况等事宜。

6月1日，召开第5次常务会议，研究全县产业发展政策整合情况，桐庐县2017年国有建设用地供应和储备计划，房地产市场政策情况，县发改局及相关人员行政奖励方案等事宜。

6月29日，召开第6次常务会议，研究县政府与华夏幸福基业股份有限公司合作方案，被征地农民衔接转入企业职工基本养老保险政策等事宜。

7月13日，召开第7次常务会议，研究桐庐县首届全民运动节总体活动方案及桐庐县（中通）体育基金会筹备情况，桐庐县村落景区发展规划（2017—2021），关于深化工业企业综合评价和分类服务的实施意见等事宜。

8月3日，召开第8次常务会议，研究桐庐县美丽乡村发展基金实施方案、桐庐县发展村级集体经济化解村级债务专项行动方案、桐庐县人民政府关于购买村级服务的指导意见，2017年度政府投资项目、重点项目计划半年度调整情况，桐庐县推进综合医改先行先试工作实施方案，2017年桐庐县6.25洪水防御情况等事宜。

8月17日，召开第9次常务会议，研究桐庐县综合交通运输发展“十三五”规划，疏港公路综合码头至深澳段工程（320国道复线）设计方案优化调整情况，桐庐高铁站站前广场综合客运枢纽设计方案，2017年度县政府民生实事项目进度情况，中央环保督察迎检工作准备情况等事宜；书面审查《关于深化县管企业负责人薪酬制度改革的实施意见》《桐庐县养老服务业综合改革试点方案》。

9月6日，召开第10次常

务会议，研究行政规范性文件清理情况，桐庐县实行“一个部门化争议”推动“最多跑一次”改革争议化解实施方案，房地产企业“两链”风险防范化解等事宜。

9月26日，召开第11次常务会议，研究桐庐县生态保护红线划定方案，桐庐城市景观提升（雕塑）设计方案等事宜；书面审查《桐庐县政府民生实事建议项目征集办法》。

10月19日，召开第12次常务会议，研究桐庐县户口迁移管理办法，关于加快体育事业发展的实施意见，2017年土地例行督察发现问题整改方案，浙江省林业厅、桐庐县人民政府共建林业现代化示范县合作协议，全县消防安全工作情况等事宜。

11月7日，召开第13次常务会议，研究桐庐县农村建房管理办法（草案），关于要求解决桐庐县农村社会养老保险遗留问题的工作实施方案，机关事业单位养老保险制度改革后过渡期退休人员待遇核定方案等事宜；书面审查《关于在市场体系建设中建立公平竞争审查制度的实施意见》《桐庐县应对极端天气停课安排和误工处理实施办法》。

11月28日，召开第14次常务会议，研究桐庐县征收县城规划区集体所有土地房屋补偿安置实施意见，桐庐县餐厨垃圾管理暂行办法，关于加快推进“产业强县”战略的实施意见，桐庐县特优人群免费乘车改革方案，调整桐庐县义务教育学校学生免费午餐基本补助工程情况等事宜。

12月22日，召开第15次常务会议，研究桐庐县最低工资标准和失业保险金计发标准调整方案，柴埠—梅蓉大桥命名情况等事宜。

【县第十六届人民政府第一次全体（扩大）会议暨第一期“桐政论坛”】 2017年2月15日，县第十六届人民政府第一次全体（扩大）会议暨第一期“桐政论坛”召开。会上，通报县政府领导班子的分工情况；第一期“桐政论坛”开课，以“党纪国法”为主题，邀请杭州市委党校哲学与法学教研部主任、教授朱晓明作宪法知识，县委常委、纪委书记张启成作《中国共产党廉洁自律准则》《中国共产党纪律处分条例》的学习辅导和互动交流。会议强调，要切实按照建设法治型政府、创新型政府、服务型政府、廉洁型政府的目标，全面加强自身建设，做到讲学习、提升能力，讲创新、开拓进取，讲法治、依法行政，讲效能、务实高效，讲廉洁、干净干事，用优良政风树立新一届政府的良好形象。要围绕“开门红”，突出抓项目，重点抓开工、抓推进；突出抓招商，重点抓引进、抓落地；突出抓产业，重点抓政策、抓服务；突出抓平台，重点抓集聚、抓特色；突出抓保障，重点抓用地、抓资金，以强有力的执行和落实，奋力夺取五年新征程的良好开局。

【县第十六届人民政府第二次全体（扩大）会议】 2017年8月25日，县第十六届人民政府第二次全体（扩大）会议召开。会议贯彻落实中央和省市重要会议精神，全面贯彻落实县委十四届二次全体（扩大）会议精神。会议强调，要着力深化供给侧结构性改革，在构建现代产业体系、优化产业布局、

县第十六届人民政府第一次全体（扩大）会议暨第一期“桐政论坛”

县长方毅带队督查全国文明城市创建工作

建设产业平台、完善创业创新生态等方面加快步伐，坚定不移推进大产业发展。纵深推进“最多跑一次”改革，切实抓好“361”重点工作。建立完善项目推进机制，深化重大项目前期谋划，强化重大项目协同招引，落实重大项目推进清单制度，坚定不移推进大项目建设。要争创生态文明新优势，在抓治水、抓城中村改造和小城镇环境综合整治、抓治违和提升绿化水平上打好“组合拳”，努力打造“五水共治”成果“先行先享”示范区、最美城乡样板区和全省“无违建县”、全国森林休闲养生标杆县，坚定不移推进“大花园”打造。要构建现代综合交通体系，以“两轴两心、四网四通道”为统领，加强整体谋划、项目推进、要素保障，打造畅通、便捷、安全、高效、绿色的现代综合交通运输体系，推进大通道构建。要坚持以人民为中心的发展思想，全力创建全国文明城市，大力发展民生事业，深入推进社会治理，推进大民生普惠。要提升能力，强化担当，进一步加强政府自身建设，推动改革发展各项举措落地见效。

【全县重大项目推进工作会议】 2017 年 4 月 26 日，全县重大项目推进工作会议召开。会议强调，要切实提高认识、坚定目标、克难攻坚，全力以赴抓项目。要抓招引，分清责任、列好清单，强化对接，深化招商引资、招才引智与招企引税；要抓进度，坚持“一个项目、一套人马、一抓到底”，推动重大项目早开工、早建成、早投产；要抓培育，依托特色小镇、众创空间、“三中心一基地”等平台，抓好科技创新“双十”培育计划，提升“双创”项目孵化成功率；要抓重点，进一步强化重点平台、重点乡镇、重点企业的责任担当；要抓入库，要加强对乡镇（街道）统计工作的指导服务，做到应统尽统。要上下同欲、强化保障，统筹合力抓项目。要强化责任再加压力，制定和落实“投资任务、招商任务、开工项目、问题协调”四张清单；要破解要素再添活力，进一步盘活土地和资金存量、做好增量，提高要素使用绩效；要优化服务再增动力，深化“最多跑一次”改革，提高办事效率和服务质量，减轻企业负担，加快项目推进；要严格考核再提战力，完善项目督查、重大项目联系、“互看互学”大比武活动等工作机制，压实经济工作责任；要浓厚氛围再添助力，加大宣传力度，营造合力抓经济促发展的良好氛围。

【全县深化“最多跑一次”改革工作座谈会】 2017 年 8 月 10 日，全县深化“最多跑一次”改革工作座谈会召开，就贯彻落实省人大常委会《关于推进和保障桐庐县深化“最多跑一次”改革的决定》和下阶段“最多跑一次”改革工作做出部署，明确“外部流程内部化、内部绩效外部化”的改革理念和“361”改革重点任务。会议要求，全面增强改革紧迫感，不断推动“最多跑一次”改革向纵深发展。坚持“外部流程内部化、内部绩效外部化”的理念，提速一张数据网、做优一张服务网、织密一张监管网，梳理“一件事”标准清单、部门审批职能调整清单、改革与法律法规衔接上的问题清单，加快提升行政服务中心软硬件设施，不断增加群众和企业办事的获得感。要做到人员快速集结、理念先行一步、素质全面过硬，全面强化改革保障力。

【“最多跑一次”改革“一办五组”推进工作机制】 2017年7月28日，县“最多跑一次”改革工作领导小组建立深化“最多跑一次”改革“一办五组”推进工作机制，以“一办五组”例会的形式推进各项改革任务的落实。

8月18日，部署全面推进《省人大常委会关于推进和保障桐庐县深化“最多跑一次”改革的决定》和下一阶段全县“最多跑一次”改革工作任务。会议研究论证省人大常委会来桐调研“最多跑一次”改革要求、审批事项权限下发梳理对接工作、县行政服务中心软硬件提升工作。

9月3日，总结前阶段工作成效，部署推进下一阶段全县“最多跑一次”改革工作。

9月12日，研究审议《桐庐县关于加快企业投资项目“最多跑一次”改革实施方案》《桐庐县加快商事领域市场主体退出“联办联退”实施方案》，研究论证“最多跑一次”改革“一单位一品牌”工作。

9月25日，传达省委常委、市委书记赵一德来桐庐调研“最多跑一次”改革工作重要讲话精神，谋划部署推进下一阶段全县“最多跑一次”改革工作。

10月21日，总结回顾前阶段工作成效，部署推进下一阶段全县“最多跑一次”改革工作，研究审议《企业投资项目“标准地”+“承诺制”实施方案》。

11月3日，部署推进下一阶段全县最多跑一次改革工作和杭州市“最多跑一次”改革现场会工作筹备工作。会议传达杭州市人民政府市长徐立毅来桐庐调研“最多跑一次”改革工作精神。

11月21日，全面总结回顾前阶段“最多跑一次”改革工作成效，研究部署下一阶段深化改革工作重点和任务。

12月23日，研究谋划2018年“最多跑一次”改革工作思路。

【优化“最多跑一次”改革服务网建设现场会】 2017年9月7日，全县优化“最多跑一次”改革服务网建设现场会召开。会议强调，加强服务网建设是全面推进“最多跑一次”改革、切实提升群众和企业获得感、撬动经济社会发展的重要支撑。要突出重点，创新举措，打造“四最”（上级授权最充分、体制运行最顺畅、事项下沉最到位、服务体验最优质）服务网。要优化一个平台就近办，按照“十五分钟服务圈”要求，加快乡镇（街道）便民服务中心改造提升，推行集成服务，配齐人员力量，抓好制度落实，确保群众和企业办事更加便捷。要下放一批事项方便办，以落实一批、梳理一批、创新一批为抓手，进一步加大服务下沉力度。要当好一个“跑长”引领办，落实“跑长制”，把问题收上来、办法想出来、矛盾解开来，实现“服务事项都进中心、问题解决不出中心”。要建好一套标准简化办，把乡镇（街道）便民服务事项指南落实好、宣传好、优化好，让群众和企业清楚办、让窗口人员和代办人员清楚干。要打造一支队伍帮忙办，在清晰责任、落实制度、提升素质、创新载

全市“最多跑一次”改革四季度现场会在桐庐召开

体等方面狠下功夫，加强代办员队伍建设，为服务网建设提供有力保障。要完善一张网络高效办，用好微信平台等现有载体，进一步推进浙江政务服务网的全面应用，推动便民服务事项随身办，减少企业和群众办事的往返成本。

【杭州市“最多跑一次”改革四季度现场会在桐庐召开】 2017年12月4日，杭州市“最多跑一次”改革四季度现场会在桐庐县召开。会前，与会人员在县行政服务中心现场观摩桐庐县推进“最多跑一次”改革的经验做法。会上，杭州市审管办和市数据资源管理局分别通报2017年以来杭州市改革任务推进落实和数据归集共享工作情况。桐庐县、西湖区、江干区、建德市、市人力社保局和市交运局先后作交流发言。会议强调，要坚持问题导向，创新方式方法，持续发力攻难点，突破瓶颈强支撑，着眼长效定标准，全力以赴将改革进行到底。要进一步优化完善“最多跑一次”改革推进机制，全面增强改革的系统性、整体性和协同性，纵深推进“最多跑一次”改革。

【全县发展村级集体经济化解村级债务工作现场会】 2017年11月13日，全县发展村级集体经济化解村级债务工作现场会召开，回顾总结2017年村级集体经济增收化债工作，交流经验、查摆问题、深化举措，对下一阶段村级集体经济增收化债工作作出全面部署。会议要求，要提升机遇意识，乘势而上抓好村级集体经济增收化债工作；要提升资产意识，不断拓宽资源转化为资产的通道；要提升效益意识，围绕核心项目、大项目，挖掘项目延伸端的经济效益；要提升风险意识，慎选项目、慎做经营，降低风险、提高收益；要提升统筹意识，找准自身定位，严格项目把关，实现差异化发展。要写好“绿”的文章，因地制宜、找准优势、把准特色、打响卖点；要写好“农”的文章，在推进适度规模经营、培育新型经营主体、促进一、二、三产融合发展、加强包装策划和营销等方面下功夫；要写好“旅”的文章，找准资源比较优势、消费细分市场和项目经营主体，不断增强村集体经济的持久竞争力。要推进农村集体产权制度改革，探索农村土地制度和村主要干部报酬绩效改革，创新金融改革，深化村级购买服务，全面落实责任，以更强合力开创村级集体经济发展新局面。会上，县美丽乡村基金与桐庐农商银行签订战略合作协议。

【首届全民运动节】 2017年7月15日，桐庐县首届全民运动节开幕。开幕式上举行桐庐县（中通）体育基金会成立揭牌仪式。运动节以“运动引领健康活力绽放画城”为主题，开展游泳挑战赛、特色体育表演、健身项目体验、普及健身惠民、竞技体育比赛5个板块活动。特色体育表演共21项，包括腰鼓、太极扇、动感单车、武术等，在县城中心广场进行集中展示。健身项目体验共5类，包括人体成分检测、滚筒自行车体验等，主要向群众普及新型体育和小众体育项目。普及健身惠民2类，包括各健身机构、体育用品经营单位以优惠价格促销体育产品。竞技体育比赛共7项，包括“谁是球王”羽毛球比赛、三人制篮球赛、少儿棋类比赛、幼儿骑行比赛等。14个乡镇（街道）也开展各具特色的体育活动，首届全民运动节吸引1万余名运动员参加，超11万人次观众参与，实现全民参与、全民共享。

【全县创建五水共治成果“先行先享”示范区推进会】 2017年7月27日，全县创建五水共治成果“先行先享”示范区推进会召开，回顾总结2017年五水共治成果“先行先享”工作，全面部署下阶段工作。会议指出，创建五水共治成果“先行先享”示范区既是生态优势的巩固和环境效益的体现，也是桐庐县“五水共治”工作从治水先行向秀水先享的转变、从政府视角向百姓与游客视角的转变、从数字评价向获得感评价的转变，势在必行，意义重大。要正视短板，进一步提升工作责任感和紧迫感，精准发力，打好“治、转、享”组合拳。要统筹协作，强化依法行政，密切协作配合，加大要素保障，浓厚舆论宣传，以更强合力推动工作取得更大实效。

【全县债务管理工作领导小组会议】 2017年9月7日，全县债务管理工作领导小组会议召开。会议强调，要迅速行动、从严管理，以更加扎实的举措做好债务管理各项工作。要摸清债务家底，规范举债决策程序，做到分类处置、精准发力。要拓宽合规融资渠道，发挥PPP模式作用，加快推进“实体类”融资平台公司转型，为缓解融资难和加强债务管理提供强大合力。要提升政府偿债能力，做好产业带动、要素管理、资产运营“三篇文章”，培育壮大财源税源，做大做优收入，为加强债务管理工作奠定扎实基础。要拓展监管领域，抓好村级债务管控化解工作。要加强县债务领导小组工作职能，树立“始终跑在风险前面”的理念，加强审核把关，明确责任风险，强化工作合力，健全工作机制，统筹债务管理。

【县府院联席会议暨法治政府建设工作会议】 2017年11月8日，县府院联席会议暨法治政府建设工作会议召开。会议强调，要把握形势，贯彻落实中共十九大及省第十四次党代会、省委十四届二次全会等相关会议对法治政府建设的要求，进一步增强责任感和紧迫感，从讲政治的高度来抓好法治政府建设。要正视问题、提高认识，补齐短板、拉高标杆，坚持把“依法”作为处理事项第一原则，切实让“依法”成为自觉、原则与方法。要精准发力，强化法治意识和能力的提升，坚持法治和改革并举，在法治政府建设、政府职能转变、政府自身改革上取得更大成效，创建全省乃至全国法治政府建设示范区。要健全优化依法决策机制，严格规范公正文明执法，深入推进行政争议预防化解，确保行政复议体制改革试点工作取得更大实效。要在深化“最多跑一次”改革等重点领域，强化府院沟通，共同探索创新，进一步扩大府院联席成效。

【首届桐庐县创业创新大会】 2017年11月17日，以“新时代、创时代、梦时代”为主题的首届桐庐县创业创新大会暨第四届桐庐县电子商务发展大会开幕。县委副书记、县长方毅代表桐庐作题为《桐庐，梦开始的地方》主旨演讲。会上，举行桐庐县创业联盟成立仪式、中国（杭州）跨境电子商务综合试验区桐庐园区揭牌仪式、市级科技企业孵化器授牌仪式；举行桐庐县创业创新项目签约仪式，部分项目通过网络注册现场颁发证照；颁发桐庐县科技创新特别贡献奖、第四届桐庐县十佳科技创新人才奖与桐庐县科技进步奖和2017年桐庐县十佳电子商务企业奖。浙江工商大学杭州商学院分水笔业创新中心、人工智能多通道人居系统等创业创新项目签约仪式在会上举行。

首届桐庐县创业创新大会

【全县小城镇环境综合整治工作推进会】 2017年12月20日，全县小城镇环境综合整治工作推进会召开。会议强调，要咬定目标，排定时间，建管同步，扎实推进，以斗志昂扬的精神面貌与干劲全力冲刺，进一步展示成果、形象与作风，力争高分通过省级考核验收。要匠心巧施，注重整体质量，挖掘融合文化特色与地域特色，解决好百姓反映最强烈、最普遍的问题，将整治工作与产业转型、业态提升相结合，进一步彰显特色、优化细节、促进民生、提升产业，确保小城镇有品质、有活力、有风景，持续提高群众获得感。要紧密协作，聚焦资金、土地、规划、程序、工程监管、各方协调等难点，发挥部门职能，解放思想、加强创新，形成推动工作的强大合力。要整合力量，健全长效机制，加强“四个平台”建设，全面落实工作机制，加大督查考核力度，确保小城镇环境综合整治工作取得长效。

【县政府十件实事】 2017年，桐庐县政府为民办实事工程及完成情况：见表5。（邵慧燕）

2017年桐庐县政府为民办实事工程及完成情况

表5

序号	实事名称	实事内容	完成情况
1	健康惠民项目	开展“健康树”综合签约服务，加强慢性病、老年人、康复对象等人群就地健康服务，签约服务覆盖率30%以上。实施长期护理保险制度，加强长期失能人员生活和医疗护理保障	“健康树”综合签约12.68万人，签约覆盖率30.8%。出台长期护理保险实施细则、长期护理保险联席会议制度等相关配套文件，符合重度失能条件人员开始享受长期护理保险待遇
2	食品安全项目	完成江南综合市场、分水农贸市场提升改造。完成农村饮水安全提升改造工程53个，受益人口4.7万人。建成50家“阳光食品生产加工小作坊”。完成智城大厦检验检测中心大楼建设。加强食品安全质量追溯，食品抽检目标达5.5批次/千人，总检测量达2255批次以上	江南综合市场提升改造二期项目投入使用，分水农贸市场完成主体建设，完成农村饮水安全提升改造工程53个，建成56家“阳光小作坊”。智城大厦整体及裙房（档案馆、检测中心）结顶，市、县两级食品定量检测2533批次，完成全年任务113.3%，定量检测合格率98.6%
3	养老服务项目	新建综合性照料中心5家、居家养老服务照料中心24家、微型养老机构4家。培训新增职业资格养老护理员200人以上	建成运营分水塘源、百江联盟、旧县上峰、桐君南门、莪山龙峰等综合性照料中心5家；新建村级居家养老服务照料中心24家；新建百江东辉、百江后河、旧县上峰、桐庐益康养护院等微型养老机构4家；培训养老护理员职业340人，其中209人获职业资格
4	交通改善项目	建设城区公共停车场2个，实施学圣路、瑶琳路等路段两侧人行道停车位改造工程，新增机动车停车位1000个以上。新建公共自行车点位30个。开通运行杭州萧山机场桐庐航站楼。建设城南街道石珠村至下轮村320国道通道。新建及改造提升农村公路140公里	完成滨水风光带地下停车场建设和学圣路、瑶琳路等路段两侧人行道停车位改造工程，共计新增停车位1169个；新增公共自行车站点20个，投放公共自行车500辆。杭州萧山机场桐庐航站楼正式运营，日发班次6个。完成农村公路路面大中修56.42公里，农村公路提升改造86.1公里，新建农村联网公路32.1公里，实施农村公路安保工程26.35公里，合计200.97公里
5	天然气扩面项目	新增天然气户数4000户，其中城北区块1000户。完成金湖小区、金都花园及小岭路等区块天然气管网改造。推进天然气管网设施向分水、横村、富春江、瑶琳等乡镇延伸覆盖	新增天然气户5634户，其中城北区块1700户；完成金湖小区、金都花园及小岭路等区块天然气管网改造；富春江镇、瑶琳镇、分水镇实现通气

续表 5

序号	实事名称	实事内容	完成情况
6	公交优化项目	完善开发区、青山、城西等区块公交网络。建设迎春南路智能公交站。新增城区纯电动公交车 10 辆。实行服务质量考核，提升城乡公交服务水平	优化公交线路 5 条，新开通城乡公交线路 4 条；完成迎春南路 13 个、大奇山路 16 个智能公交站建设；新增纯电动公交车 22 辆；加强服务质量考核，提升城乡公交服务水平
7	校舍建设项目	石阜小学迁建项目、分水镇东溪幼儿园建成使用。启动经济开发区学校、城西小学、桐君街道中心幼儿园、方埠初中、富春江小学、富春江幼儿园建设	石阜小学、分水镇东溪幼儿园投入使用；城西小学、富春江小学、桐君街道中心幼儿园、富春江幼儿园完成基础建设；经济开发区学校完成主体工程 50% 工程量；方埠初中完成主体结构工程
8	老旧小区改造项目	以停车位改造、雨污分流改造为重点，改造提升老旧小区 2 个。出台老旧小区多层建筑增设电梯办法并进行试点	完成江南小区、桐江花园小区提升改造；拟定《桐庐县既有住宅增设电梯工作实施意见》，完成家景新城 7 幢 3 单元和桐江花园 7 幢 1 单元、2 单元增设电梯设计方案
9	生态治理项目	完成餐饮及厨余垃圾处理工程建设。实施城区雨污分流和管网改造 5 公里。整治提升废气污染企业 10 家	完成城区截污纳管和管网改造 5 公里；完成 2 家针织企业、2 家镍铁铸造企业、4 家喷涂企业、2 家塑料拉丝企业废气治理工作；餐厨垃圾处理项目投入试运行
10	扶残惠残项目	全面实施残疾人生活、护理、康复、社会保险四项福利补贴制度。实行残疾人康复和托养服务补助政策。完成贫困残疾人家庭无障碍改造 180 户	全面实施残疾人生活、护理、康复、社会保险四项福利补贴制度；出台《关于进一步健全残疾人康复和托养服务体系的实施意见》；完成贫困残疾人家庭无障碍改造 180 户

·行政服务·

【概况】 2017 年，桐庐县行政服务中心受理各类办件 664701 件，办结 654322 件，办结率 98.43%。其中，行政许可 16636 件，办结 16625 件；其他类事项 94761 件，办结 94393 件；服务事项 553304 件，办结 543304 件。联审联办项目 38 个，其中工业项目 10 个，建筑设计方案 28 个。全县公共资源交易办理各类交易 736 项，成交金额 605793.84 万元，其中建设工程（包括交通、水利）485 项，成交金额 349101.87 万元，节约资金 53216.98 万元，节资率为 13.23%；政府采购 144 项，成交金额 10795.52 万元，节约资金 926.03 万元，节资率为 7.9%；土地交易 50 项，出让土地面积 682042.3 平方米，成交金额 220968.8 万元，增值 58880 万元，增值率 36.33%；产权交易 57 项，成交金额 24927.65 万元，增值 5879.04 万元，增值率 30.86%。

县行政服务中心

【“最多跑一次”改革】2017年，县行政服务中心召集全县31个职能部门、乡镇（街道、开发区）开展4次集中梳理工作，实现“最多跑一次”事项数781项，占比94.6%；组织论证“一件事”标准化1469件，材料由原8990项缩减至5739项，工作时限由原16790个缩减至8618个工作日，“单件事”平均缩减材料2.21项、时限5.56个工作日；设立投资项目服务区、社会事务服务区、商事登记服务区和不动产交易登记联办区等四个区域，并设置相应综合进件窗口。全年接待县外来访考察学习157次。12月4日，杭州市四季度“最多跑一次”改革现场会在县行政服务中心召开。

【推行“跑长制”工作机制】2017年，桐庐县在全省首推“跑长制”工作机制。建立县、乡镇两级跑长体系，县级层面设立1号跑长，由吴金富、方科、徐志勇、潘渭4位县领导每周安排相对固定的半天时间为1号跑长工作日。各乡镇在自己的管辖区域内设立二级跑长，由乡镇“最多跑一次”改革工作领导小组正、副组长中的行政领导担任。是年，召开“1号跑长”会议13次，交办单28份。

【“双休日”开放办理事项】2017年8月26日，县行政服务中心根据杭州市跑改办《关于落实便民服务事项双休日开放方便市民就近办事的通知》，实行双休日开放办事窗口，提供不动产交易登记、公积金服务、交通违法、城管违停处理、市民卡服务、医保社保服务、出入境服务7大类服务近90个事项开放窗口办理。自双休日业务办理开放以来，接待办事群众14449人次，办理各类事项12594件。

【24小时自助服务厅启用】2017年11月8日，县行政服务中心启用全省首个24小时自助服务厅，分为自然人区、法人区和无人受理区，可提供常办事项100余项，为群众和企

11月8日，县行政服务中心24小时自助服务厅启用仪式举行

业提供24小时办事通道，推动传统人工审批模式实现服务转型升级，按照银行ATM“无人受理”模式，实现“机器换人”，有效解决非工作时间不能办事的现状，同时压缩需提交材料10%，办事效率提升20%。

【企业投资项目审批改革】 2017年，桐庐县推出“标准地+准承诺”制，通过政府优质服务，打造“净地+数据包+技术包”的桐庐版“高标准地”，实行信任管理，“企业承诺即发证、外部流程内部化”的方式，完成全县“区域能评+能耗标准”、开发区“区域环评+环境标准”，制定全县的区域水保，安评、交评等负面清单，阿尔法人工智能产业田园小镇等5个项目开展改革试点工作。

【商事登记制度改革】 2017年，县行政服务中心通过“整合、承诺、联办”等方式，将涉企营业行政许可与商事主体登记无缝联动，实现90%以上涉企营业行政许可和营业执照“一窗受理、一次上门、一天营业”“准入又准营”，建立企业“联办联退”负面清单制度，打造“就近办理、一窗受理、并联办退、集成服务”的市场主体退出新机制，全面提升审批效率。

【杭州市公共资源交易中心桐庐分中心挂牌】 2017年，县行政服务中心（招投标服务中心）配合省市整合建立统一的公共资源交易平台工作，5月完成平台更名、挂牌工作，实现中心交易平台的转型升级；推进公共资源交易领域“最多跑一次”改革，梳理招投标各环节服务事项12项，其中“一趟办理”10项，“零趟办理”2项，实现企业投标“最多跑一次”；推进“政采云”平台试点上线工作，组织召开代理机构、供应商、采购单位等培训会，8月上线运行，给供货商和采购人带来优质便捷的线上服务；聘请专业的档案整理公司对所有未整理归档的招投标项目档案进行数字化扫描整理归档，实现招投标档案电子化。

【招投标工作】 2017年，县行政服务中心（招管办）对原有的小额公共资源交易管理文件进行整合，出台《桐庐县小额公共资源交易管理办法》，规范小额项目交易程序；制订出台《桐庐县政府投资应急工程项目承包商名录库建设管理办法》，规范政府项目应急工程发包机制；会同各行业主管部门通过公开招标择优选取中介服务机构组建中介名录库，制定《招标代理机构名录库考核管理细则》，对库内企业进行考核评价，实现动态管理；组织召开部门联席会议，协调解决项目交易过程中出现的各种突发事件；建立以规范信访案件的受理、查处为重点的信访投诉查办机制，规范招投标信访投诉处理；建立标后检查常态化工作机制，每季度会同各行业主管部门开展标后联合检查工作，做到“一季度一检查、一检查一通报”，促进标后市场诚信履约。

（卢飞燕）

2017年桐庐县行政服务中心各窗口办理主要事项一览

表6

窗口部门	事项名称	办件量
城管窗口	城市大型户外广告设置及建筑物、设施上张挂、张贴宣传品等审批	1068
	城市建筑垃圾处置核准	78
	临时占用城市道路审批	518
	工程渣土准运证核准	50
	利用广场等公共场所举办文化、商业等活动许可	60
住建窗口	建设项目选址意见书	13
	建设用地规划许可证	27
	建设工程规划许可证	32

续表 6

窗口部门	事项名称	办件量
住建窗口	建筑工程施工许可	28
	商品房预售	35
	挖掘道路许可	40
	临时占用绿地	4
	临时排水	12
	修建砍伐城市树木	3
	节能审查	56
	建设方案审批	16
	工业总平审查	5
	商品房转移	7263
	存量房转移	6048
	商品房预转现	2273
	楼盘表确认	227
	一般抵押权	2609
	商品房抵押预告	2384
不动产登记窗口	国有建设用地使用权登记	98
	国有建设用地使用权／房屋所有权登记	13217
	宅基地使用权，宅基地所有权及房屋所有权登记	42
	集体建设用地使用权，集体建设用地所有权及房屋所有权登记	38
	抵押权登记	16495
	预告登记	2444
	查解封登记	1948
	预转现	2259
	不动产查档	15033
	补换证登记	107
交运窗口	超限运输车辆行驶公路许可	1
	公路用地范围内架设、埋设管线等设施许可	1
	道路普通货物运输经营许可	39
	机动车维修经营许可	16
	营运车辆年审（客运车辆、货运车辆、危险货物运输车辆年审）	2837
	车辆道路运输证配发（含道路运输证换发、补发）	3984

续表 6

窗口部门	事项名称	办件量
交运窗口	05、16 省道统缴证办理	59
	320 国道桐庐收费所统缴证办理	36
	从业资格证报名 （杭州事项桐庐审核转报）	168
	小客车增量指标配置	8732
	小客车更新指标设置	2511
	离婚类小客车其他指标配置	5
	继承类小客车其他指标配置	25
	司法拍卖类小客车其他指标配置	10
	资产重组、资产整体买卖或者改制、国有资产无偿划转类小客车其他配置指标	7
	调拨、调回类小客车其他指标配置	5
	出租客运小客车其他指标配置	2
	教练车其他指标配置	3
	新能源车类小客车其他指标配置	535
	公务用车小客车其他指标配置	9
商务窗口	对外贸易经营者备案登记	246
	外商投资企业设立、变更备案	39
	加工贸易企业经营状况及生产能力证明服务	41
	再生资源回收经营者备案	6
	粮食收购许可	2
水利窗口	取水许可	17
	水土保持	24
	涉河涉堤	7
	施工企业及项目经理备案	1110
农林窗口	林木种子生产经营许可	7
	陆生野生动物人工繁育许可	5
	陆生野生动物及其制品出售、购买、利用许可	109
	一般林木采伐许可	443
	木材运输许可	2545
	占用林地许可	15
	临时占用林地许可	4
	林业生产占用林地许可	109

续表 6

窗口部门	事项名称	办件量
农林窗口	森林植物检疫证核发	2269
	动物防疫条件合格证核发	10
	乡村兽医登记许可	1
	动物诊疗许可（设立）	2
	动物及动物产品检疫证明核发	5520
	兽药经营许可（设立）	3
	兽药经营许可（变更）	1
	拖拉机、联合收割机操作人员操作证件核发（申领）	32
	拖拉机、联合收割机操作人员操作证件核发（换领）	107
	拖拉机、联合收割机操作人员操作证件核发（补领）	6
	拖拉机、联合收割机操作人员操作证件核发（增驾）	32
	拖拉机、联合收割机证书和牌照核发（注册）	1
	拖拉机、联合收割机证书和牌照核发（变更）	45
	拖拉机、联合收割机证书和牌照核发（转移）	68
	拖拉机、联合收割机证书和牌照核发（抵押）	34
	拖拉机、联合收割机证书和牌照核发（注销）	108
	拖拉机、联合收割机证书和牌照核发（换、补领）	19
	上道路行驶拖拉机年检	725
	农田拖拉机、联合收割机年检	830
	农药经营许可（设立，适用于经营除限制使用农药以外其他农药）	2
卫计窗口	公共场所卫生行政许可	415
	放射诊疗许可	11
	集中式供水单位卫生许可	2
	放射诊疗建设项目卫生审查	13
	医护人员执业许可	851
	母婴保健专项技术服务许可	5
	医疗卫生机构设置执业许可	41
	乡村医生执业注册	1
文广新窗口	设立内资娱乐场所审批	30
	互联网上网服务营业场所设立审批	15
	企业从事包装装潢和其他印刷品印刷经营活动审批	23

续表 6

窗口部门	事项名称	办件量
文广新窗口	设立出版物零售单位或从事出版物零售业务审批	12
	经营高危险性体育项目许可	8
	设立广播电视节目制作经营单位批准	5
人防窗口	人防工程易地建设核实及人防工程易地建设费征收	43
	人防工程或者兼顾人防需要的地下工程竣工验收备案	7
	应建防空地下室的民用建筑项目报建审批	9
	人防工程平时使用登记手续办理	9
	人防工程质量监督手续办理	2
烟草窗口	烟草专卖零售许可证新办	332
	烟草专卖零售许可证延续	284
	烟草专卖零售许可证变更	6
	烟草专卖零售许可证补办	0
	烟草专卖零售许可证停业	24
	烟草专卖零售许可证歇业	184
	烟草专卖零售许可证恢复营业	7
公安窗口	旅馆业特种行业许可证核发	30
	公章刻制业特种行业许可证核发	1
	剧毒化学品购买许可证核发	62
	民用爆炸物品购买许可证核发	1833
	烟花爆竹道路运输许可证核发	14
	民用爆炸物品运输许可证核发	1833
	放射性物品道路运输审批	1
	公章刻制备案	17605
	边境管理区通行证申领	38
	第二类、第三类易制毒化学品购买备案	2062
	姓名变更	221
	收养登记落户	19
	市内户口迁移	2530
	市外户口迁移	2300
	居民身份证申领、换领、补领	29697
	临时居民身份证的申领	7455

续表 6

窗口部门	事项名称	办件量
公安窗口	人口信息查询	3532
	金融机构营业场所、金库安全防范设施建设方案审批	19
	金融机构营业场所、金库安全防范设施建设工程验收	22
	互联网上网服务营业场所信息网络安全审核	8
	大型群众性活动安全许可	5
安监窗口	烟花爆竹经营许可证（零售）核发	60
	生产、储存危险化学品的建设项目安全设施设计审查	5
	危险化学品经营许可	10
	非煤矿山建设项目安全设施设计审查	1
财政（地税）窗口	耕地占用税纳税、减免申报征收	75
	房地产交易纳税、减免申报征收（计税价格无争议）	14625
档案窗口	查档案	120
发改窗口	企业投资项目备案	170
	外商投资项目备案	8
	企业投资项目核准（固定资产投资）	3
	府投资项目项目建议书审批	2
	可行性研究报告审批	160
	政府投资项目初步设计审批	18
公积金窗口	单位住房公积金缴存登记	263
	单位住房公积金注销登记	2
	个人住房公积金账户设立	10752
	个人住房公积金账户封存	8016
	购买自住住房提取住房公积金	393
	建造、翻建、大修自住住房提取住房公积金	86
	离休、退休提取住房公积金	652
	偿还购房贷款本息提取住房公积金	4889
	租赁自住住房提取住房公积金	1946
	与所在单位终止劳动关系未重新业满五年提取住房公积金	85
	非本市户口与所在单位终止劳动关系提取住房公积金	1922
	购买住房申请住房公积金贷款	1837
	住房公积金提前还贷	699

续表 6

窗口部门	事项名称	办件量
国税窗口	车辆购置税（大项）	12067
	税务登记设立（大项）	10047
	税务登记注销（大项）	323
	税务登记变更	3147
环保窗口	建设项目环境影响评价文件审批	250
	排污许可	280
	建筑施工夜间作业许可	30
	环境影响登记表备案	350
教育窗口	民办学校正式设立审批	15
经信窗口	固定资产投资项目节能审查	8
	国家鼓励发展的内外资项目确认	2
	新型墙体材料产品的推广、应用和认定	6
	企业技术改造项目备案	236
民政窗口	社会组织成立登记	183
	社会组织变更登记	82
	社会组织注销登记	19
	内地子女收养登记	49
	老年优待证办理	5600
民宗窗口	举办非通常宗教活动许可［不跨县（市、区）］	20
气象窗口	气象证明	40
	升放无人驾驶自由气球或者系留气球活动审批	21
	防雷装置竣工验收	1
	防雷装置设计审核	4
人社窗口	特殊工时	85
市民卡窗口	市民卡业务	420627
消防窗口	建设工程消防设计审核	82
	建设工程消防验收	88
	建设工程消防设计备案	220
	建设工程竣工验收消防备案	253
	公众聚集场所投入使用、营业前消防安全检查	158
养老窗口	社会保险单位参保登记	916

续表 6

窗口部门	事项名称	办件量
养老窗口	社会保险职工参保登记	2321
	个体劳动者（灵活就业人员）参保登记	12177
	城乡居民基本养老保险参保登记	805
	被征地农民社会保障参保登记	2597
	社会保险单位参保信息变更登记	314
	社会保险职工参保信息变更登记	3498
	基本养老保险关系转移	2214
	基本养老保险关系接续	2083
	基本医疗保险关系转移	2172
	基本医疗保险关系接续	1893
	新增退休人员养老保险待遇核准支付	5603
	离退休人员死亡待遇核准支付	612
	城乡居民基本养老保险待遇核准支付	1192
	参保人员死亡遗属生活困难补助费核准支付	68
	参保人员在职终止核准支付	2858
医保窗口	城乡居民医保报销	5673
	职工医保报销	4469
	工伤报销	987
	生育报销	2701
	规定病种证历本办理	1096
	证历本办理	41380
	长住外地的登记备案	1231
市场监管窗口	企业名称预先核准	2953
	企业名称变更核准	28
	分支机构名称预先核准	199
	分支机构名称变更核	1
	公司设立登记	2405
	公司变更登记	780
	公司注销登记	375
	分公司设立登记	154
	分公司变更登记	50

续表 6

窗口部门	事项名称	办件量
市场监管窗口	分公司注销登记	76
	非公司企业法人开业登记	30
	非公司企业法人变更登记	1
	非公司企业法人注销登记	4
	企业集团组建登记	1
	外商投资的公司登记（设立）	9
	外商投资企业登记（变更）	3
	外商投资的公司登记（注销）	3
	外商投资的公司分公司登记（设立）	3
	外商投资企业分支机构登记（变更）	1
	外商投资的公司分公司登记（注销）	3
	个人独资企业设立	243
	个人独资企业变更	58
	个人独资企业注销	95
	个人独资企业分支机构设立	1
	个人独资企业分支机构注销	1
	合伙企业设立	42
	合伙企业变更	18
	合伙企业注销	10
	个体工商户名称预先核准	6243
	个体工商户名称变更核准	9
	个体工商户开业登记	5354
	个体工商户变更登记	944
	个体工商户注销登记	2076
	农民专业合作社名称预先核准	17
	农民专业合作社设立	17
	农民专业合作社变更	2
	农民专业合作社注销	13
	农民专业合作社分支机构设立	1
	公司股权质押登记（设立）	18
	公司股权质押登记（注销）	20

续表 6

窗口部门	事项名称	办件量
市场监管窗口	对公司章程修改备案	30
	公司董事、监事、经理备案	16
	公司解散清算组成成员以及负责人名单备案	21
	特种设备作业人员考核	214
	药品经营（零售）企业（连锁门店、单体药店）筹建	5
	药品经营（零售）企业（连锁门店、单体药店）验收	5
	药品经营许可证（零售）变更	58
	药品零售企业经营质量管理规范（GSP）认证（单体药店）（检查）	1
	食品生产许可证首次申请	4
	食品生产许可证延续换证（许可 -00490-008）	5
	食品生产许可证变更	1
	食品经营许可新办	3428
	食品经营许可变更	402
	医疗器械经营许可证开办	77
	医疗器械经营许可证变更（需现场检查）	27
	医疗器械经营许可证延续	7

·侨务工作·

【概况】2017 年，桐庐县侨联、侨办主动对接县委主要领导赴美国、加拿大开展创新人才洽谈等活动，组织县海外顾问团成员、在美教授龚晓华、俞枋等专程赴加拿大参加洽谈会，与桐庐籍在美华人、华商开展交流，招引高层次人才。县留联会助力公益事业，归国留学生企业家开展献爱心、庆“六一”活动，赴百江小学与留守儿童一起制作蛋糕，为他们送上书包、书籍等，并开展义诊。分水镇文化站江吉颖代表县侨联参加市侨联最美侨界人士演讲大赛，获优秀奖。积极维护侨界权益，受理华侨、侨眷来信来访 8 件，均得到妥善处理。

（王柳宁）

·机关事务管理·

【概况】 2017 年，县机关事务管理局有人员编制 22 人，内设办公室、基建科、接待科、保卫科、节能科 5 个科室，下设机关事业后勤服务有限公司（国有企业）。是年，获全国文明城市创建工作先进集体称号。

【公务接待】 2017 年，县机关事务管理局先后接待全国政协副主席董建华，中央政法委副秘书长、中央综治办主任陈训秋，国家住建部副部长倪虹、人社部副部长游钧、环保部副部长黄瑞秋，省委常委、市委书记赵一德，杭州市长徐立毅等领导到桐庐调研考察；完成第二届中国（杭州）国际快递业大会、第二届中国（桐庐）国际民宿发展论坛暨国际乡村（民宿）设计大会、第二届国际 4P 健康高峰论坛暨 2017 年杭州·桐庐“君山引凤”科技人才周、县第十四次党代会、县第六届百姓日、县“两会”等重要会务保障；接待全国各省、地市、区县美丽乡村和城市建设考察团 1549 批次、35173 人次。会议中心共保障各类会议 870 场次，服务 65000 余人次。

【基建维修】 2017年，县机关事务管理局做好县重点应急工程（行政服务中心提升改造工程），完成一标段、二标段、24小时自助服务大厅改造提升任务；完成县商务局、24间公租房、后勤服务公司等单位办公用房大型维修项目；完成县人大、县政府办、国家统计局桐庐调查队、县发改局等单位办公室改造27间，县府大院合理规划停车位，新建车棚180平方米，新增车位121个。

【房产管理】 2017年，县机关事务管理局会同县纪委多次开展全县机关事业单位（包括村、站、所）办公用房检查，其中乡镇街道、县直机关80家，办公室1798间，超标面积3797平方米，下属事业单位19家超标面积3.1平方米，村（社区）29家超标面积221.6平方米；完成县商务局、迎春商务区管委会、县巡察办、县监察委、县气象局、县市场监督局、中杭社区等单位办公用房调剂工作；对50处双证齐全的办公用房落实确权工作，县农林局办公用房移交房产11处，县国投公司、国资委移交经营性房产139处（其中4处统一规划拆除，实际房产135处），对租赁到期的经营性房产进行2次公开招投标，拍租52处房产，14处房产流拍。

【卫生绿化】 2017年，县机关事务管理局落实卫生保洁制度，加强检查力度，实行全天候保洁，创建清洁型机关大院；定期做好除“四害”（鼠、蟑、蚊、蝇）工作，特别是食堂、卫生死角和绿化带、下水道、窨井等地。加强日常绿化管理，与市政园林处签订绿化服务外包合同，按照园林绿化养护操作规程及园林绿化养护质量标准，合理组织，精心养护，保质保量做好养护管理，同时做好会议室、交流干部宿舍及公共场所等地的卫生绿化工作。

【安全保卫】 2017年，县机关事务管理局加强县府大院出入管理，做好中共十九大期间维稳保障工作，做好出入登记；通过现场劝导，与信访、公安等联合保卫处置等方式，共协调上访172批次（群访70起，个访102起）；落实消防责任，建立微型消防站，开展多次消防安全实战演练；加强“物防”建设，升级改造智能监控，配备防冲撞装置、钢盔钢叉等装备；加强停车管理，做好县府大院车辆转向指挥，缓解迎春南路上下班高峰期交通拥堵情况。

县机关事务局开展节能宣传周活动

【食堂管理】 2017年，县机关事务管理局保障好县府大院和国资大厦2000余人日常用餐。2月，食堂管理模式由承包经营转为机关事务局自主经营模式，面向社会公开招投标聘请专业服务团队（杭州七乐餐饮管理有限公司）；制定《食堂采购定点方案》，开展新一轮食堂原材料定点工作，采取每月报价、市场信息价等方式管控供货价格；成立局食堂小组管理委员会，对食堂食品安全、菜品口味、卫生环境、价格等情况及时监控。

【节能工作】 2017年，县机关事务管理局开展公共机构节能示范单位创建，成立由常务副县长任组长、各相关单位领导任副组长、成员的创建工作领导小组；推进节能技改项目，完成新能源公务用车租赁、县府大院智能充电桩配套安装、雨水回收利用项目建设并投入使用，机关大院、国资大厦内各单位和城南街道、公安局、党校等40家单位置换LED灯具38875盏，占灯具总数的98.67%；创建节水型公共机构14家（其中机关单位7家，学校5家，医院2家）；节能宣传周期间，在中心广场集中设点宣传，组织全局干部职工开展“节能有我 绿色共享 助推文明城市创建”主题低碳出行活动。

【后勤公司管理】 2017年1月，县机关事务管理局组建县机关事业后勤服务公司（人员86人、车辆107辆），下设三个分平台：应急调研用车保障平台、机关应急公务用车服务平台、综合行政执法用车平台。全县公务用车实行统一调度、统一公务用车标识、统一安装GPS，完善公司日常管理、薪资管理、量化考核等制度，严抓队伍建设，全年安全行车170多万公里，用车9970批次，未发生重大安全事故。

（姚　瑾）

·机构编制·

【概况】 2017年，桐庐县完成296家单位中文域名注册。新设立事业单位2家、办理事业单位法人变更登记126家；全县应参加年度报告书公开的事业单位224家，完成事业单位审核224家，合格率100%。全年完成车贴审核37524人次，累计核发车贴2412.96万元。

【“最多跑一次”改革】 2017年7月28日，省人大常委会作出《关于推进和保障桐庐县深化“最多跑一次”改革的决定》。

杭州市委副书记、市长徐立毅调研桐庐“最多跑一次改革”工作

县委、县政府成立以书记、县长为双组长的“最多跑一次”改革领导小组，下设“跑改办”、主体改革组、法制保障组、政策保障组、技术保障组和综合监管组等“一办五组”工作专班，建立县领导联系、实体化运作、全方位督查等工作机制，推出“一周一亮点”“一月一清单”“一单位一品牌”和“跑长制”等，纵深推进“最多跑一次”改革。在省工商局组织的“最多跑一次”改革电话暗访和杭州市统计局组织的“最多跑一次”改革测评中，桐庐县满意率均获第一。在省跑改办2017年度三次第三方评估加权平均后，桐庐“最多跑一次”改革满意度全省综合排名第3位。“最多跑一次”改革年度考核总分位列杭州地区各区县市第1名、全省第6名。杭州市第四季度“最多跑一次”改革现场会在桐庐召开，并受浙江人民广播电台、杭州市人民政府新闻办公室邀请向社会公开发布桐庐县纵深推进“最多跑一次”改革进展情况。

【体制改革调整】 2017年，根据杭州市编委《关于同意桐庐县城市管理综合行政执法局更名等事项的批复》文件精神，经研究，同意将原在桐庐县城市管理局挂牌的桐庐县城市管理综合行政执法局更名为桐庐县综合行政执法局，为县政府工作部门，与桐庐县城市管理局合署办公；原在桐庐县城市管理局挂牌的桐庐县城市管理综合行政执法大队更名为桐庐县综合行政执法大队，在桐庐县综合行政执法局挂牌。桐庐县出台《关于在乡镇（街道）设立综合信息指挥室的通知》《关于县级部门派驻基层“四个平台”工作机构人财物管理意见》《关于明确乡镇（街道）“四个平台”建设中名称规范和办公场所配置标准的通知》《2017年度乡镇（街道）“四个平台”建设工作考核办法》等文件，推进乡镇（街道）“四个平台”建设。经县委、县政府同意，调整迎春商务区、富春山健康城管理体制，重新印发《桐庐县商务局主要职责、内设机构和人员编制规定》《桐庐县城南街道主要职责、内设机构和人员编制规定》。根据县委《桐庐县深化供销合作社综合改革构建“三位一体”农民合作经济组织体系实施方案》文件精神，在供销社明确农合联执委工作职责；根据省委意识形态工作统一要求，设立桐庐县社会科学界联合会机构；协助县科技局设立中国（杭州•文创）知识产权保护中心。开展纪检监察体制改革，设立监察委员会。在经济开发区（富春江科技城）管委会、富春山健康城管委会设立规划分局，为县住建局派出机构。

【机构编制管理】 2017年，县编委办对部门新增机构编制事项进行严控，除满足教育、卫生事业发展刚性需求，对教育系统所属学校通过后勤、教学辅助岗位置换编制的形式解决事业编制136名，对卫生系统所需乡镇卫生院采取参照县级医院员额制标准测算增加编制（员额）86名，民办事业报备员额45名外，其余事项采取系统内调剂、“撤一建一”、合署挂牌或暂缓方式解决。会同县纪委、县委组织部、县人社局、县财政局和县审计局六家单位联合开展财政供养人员“吃空饷”专项清理“回头看”工作，收集、梳理问题线索12个，确定涉及6个单位14人，并按照规定建议相关部门作出相应处理。同时，向县编委会建议上收涉及“吃空饷”单位人员编制10名（其中财政补助8名，自收自支2名）。出台《桐庐县关于开展民办公益服务机构纳入事业单位统一登记管理试点工作的实施方案》及5个配套政策和教育、卫生2个行业细则，建立“1+5+2”政策配套体系。为桐庐新城医院、桐庐杭州传媒高级中学两家民办公益服务机构颁发“事业单位法人证书”，分别核定桐庐县新城医院、杭州高级传媒学校非财政供养民办事业单位报备员额15名和30名。

（蒋燕珺）

·档案事业·

【概况】 2017年，桐庐县档案局打造“数字档案共享平台”——“数字档案馆（室）”的做法得到浙江省档案局肯定，在全省“最多跑一次”推进民生档案服务现场会议上作典型经验交流。11月22日，全市民生档案资源共享建设现场会在桐庐召开。是年，县档案局被县委、县政府评为“2016年度桐庐县节约型单位”、全国文明城市创建工作先进集体。完成县委巡察整改工作，针对巡察反馈指出的问题，同步制定整改落实工作责任分解表，明确问题清单、整改举措、责任领导、责任单位以及完成时限。

【档案收集整理】 2017年，县档案局接收文书档案6901件，实物档案14件以及印章40枚。继续做好“三重一特”（重要人物、重大活动、重点建设项目及地方特色）档案征集工作，开展中国共产党桐庐县第十四次代表大会、县十六届人大一次会议、县政协九届一次会议等重大活动的档案征集及

国际档案日宣传活动

“千村档案”建设工作会议

历届县四套班子主要领导的照片征集工作。做好创建全国文明城市档案收集工作，出台《关于做好创建全国文明城市档案收集工作的通知》，将创建活动中形成的档案资料进行收集整理归档。征集桐庐县获得国家、部级荣誉的奖牌、证书照片47项。完成“千村档案”16个村落的数据库建立目标任务。

【档案培训指导】 2017年，县档案局组织开展全县乡镇（街道）档案工作会议、全县档案员业务培训暨全国文明城市创建推进会、“千村档案”建设工作会议、“最多跑一次”电子化归档培训会议、“最多跑一次”档案电子化在线归档模块配置工作会议、民生档案共享就地查阅利用实务操作辅导会议等业务培训，参训人员计400余人，发放培训资料1000余册。开展档案业务指导工作，根据单位性质，提出各单位特色档案的归档要求，相继指导县文广新局、招投标中心、公积金中心、总工会、住建局、国投公司等单位的民生档案规范整理工作。

【档案文化宣传】 2017年，县档案局完成《天官姚夔》《富春江游览志》简体字版的编印出版工作，参与“中国诗歌之乡”创建工作。“桐庐百姓日”期间，在县城中心广场设展位，开展民生档案现场咨询，发放家庭档案盒、民生档案查询指南等宣传资料1000余册。联合梅林社区开展“创建全国文明城市暨‘6·9’国际档案日宣传活动”，邀请市民参与档案法律法规知识有奖竞赛。编印《民生档案查询指南》《档案政策学习读本》《桐庐县档案政策文件汇编》等，在开展活动和培训期间免费发放。及时做好档案馆微信、微博以及“桐庐档案局（馆）”网站的数据更新发布。在桐庐广播电台《交通之声》上开通“家庭档案”栏目；会同县信息传媒中心在《今日桐庐》上刊载“解密尘封的档案”等。

【档案安全建设】 2017年，县档案局按照“九防”（防火、防光、防潮、防尘、防鼠、防盗、防虫、防高温、防污染）的要求，强化安全防范意识和责任意识，完善档案管理规章制度，加强对规章制度执行情况的监督检查，落实安全配套措施，对档案馆库的温湿度进行记录，并每月组织人员对档案库房进行安全检查。对数字档案馆（室）系统和网络设备进行信息安全技术整改，通过信息安全等级保护二级认证，确保档案实体和信息安全。推进县综合档案馆（智慧档案中心）建设，配合建设单位（城投集团）做好档案馆主体施工、二次装修项目衔接工作。

【档案服务利用】 2017年，县档案局增加便民设施和编制全县民生档案分布及查阅指南，档案查询窗口实行接待利用“一窗受理、首问负责”机制，推行“五个一”（一律免费查档、一个电话预约、一次咨询说清、一人全程服务、一趟完成查档）工作准则。与县民政局、县行政服务中心等涉民生办事部门合作，推出婚姻档案等涉民数据实时互通服务，在县行政服务中心综合窗口设立档案查阅服务端口。建立档案资源共享平台，以县档案馆为中心，辐射到各乡镇（街道）档案室。开辟信函查档、电话查档、跨馆查档、微信公众号查档等多种特色查档方式，针对有急需查档事项或特殊要求的，安排午间值班和周末接待查档服务及法定节假日查档预约服务。全年，县档案馆接待查档群众5153人次，提供利用档案资料4381卷次，开具证明材料5826份。

（汪水新）

·住房公积金管理·

公积金中心进企业开展扩面建制工作宣传

【概况】 2017年，杭州住房公积金管理中心桐庐分中心（以下简称县公积金中心）强化服务窗口规范化建设，实施延时服务、预约服务、午间值班岗、容缺受理等制度，创新设立政策咨询岗，推行微笑服务，定期评比“服务之星”，全年6次荣获县行政服务中心月度流动红旗，被评为工人先锋号窗口。是年，县委、县政府授予杭州住房公积金管理中心桐庐分中心“全国文明城市创建工作先进集体”称号。

【公积金归集】 2017年，县公积金中心归集住房公积金63156.17万元（含结转利息1610.11万元），同比增长11.29%，累计归集412872.87万元。是年，新增住房公积金缴存人数10752人，净增实缴2736人。至年底，全县住房公积金建账单位1844个53189人，其中正常缴存1216个单位36189人、注销628个单位17000人。

杭州住房公积金中心区、县（市）分中心主任会议在桐庐召开

【公积金支取】 2017年，桐庐县住房公积金支取85844人次53828.72万元，其中购（建）房、大修房及还贷支取81070人次45258.06万元；租房支取1886人次1324.16万元；退休人员支取652人次5314.87万元；职工调离、出国、出境支取1931人次1275.38万元；其他原因支取305人次656.25万元。至年底，公积金累计余额121525.29万元。

【公积金增值收益】 2017年，县公积金中心业务收入4683.65万元，其中住房公积金存款利息收入20.06万元、增值收益存款利息收入88.3万元、委托贷款利息收入4575.24万元、其他业务收入0.05万元。业务支出3152.27万元，其中公积金利息支出

1750.47万元、委托贷款手续费支出228.76万元、内部占用资金利息支出572.8万元、其他支出600.24万元（其中公积金转商业贴息贷款利息支出591.10万元）。年增值收益总额 1531.38万元，年增值收益率1.31%。增值收益分配：按年末个人贷款余额5%、年末贴息贷款余额2%差额提取贷款风险准备金，提取金额1531.38万元。至年底，累计提取贷款风险准备金7222.41万元；历年累计提取上缴城市廉租住房建设补充资金6241.73万元。

【公积金贷款】 2017年，桐庐县发放住房公积金贷款1837户，金额77033.5万元、户均41.93万元，累计发放贷款12709户，金额292569.72万元、户均23.02万元。年末公积金贷款余额占公积金余额136.45%。当年结清629户，累计结清6993户。至年底公积金贷款余额165818.78万元5716户，年回收率100%。是年，新增7个楼盘开通公积金贷款业务。

【公积金转商业贴息贷款】 2017年，县公积金中心停止受理贴息贷款，累计受理“公转商”贴息贷款1982户62259.2万元，发放1875户59863.2万元。是年，结清96户，收回本金4824.69万元；累计结清693户（含置换409户），收回本金22963.76万元。年末累计余额1182户36899.44万元。

【“最多跑一次”改革】 2017年，县公积金中心对为民服务事项进行梳理并向社会公布“最多跑一次”服务清单，包括4大类32小项。新设农业银行分水支行为公积金贷款窗口。6月26日，接入全国异地转移接续平台，实现公积金全国范围内转移“账随人走、钱随账走”，方便异地调动的职工办事。建立中心网络办事大厅、浙江政务网、微信公众号、支付宝、浙江政务APP等平台，查询或办理公积金基数调整、变更、提前还款等业务。实现与民政、社保数据联网，精简资料，优化流程。推出邮寄送达服务，加速推进“一件事”标准化建设，职工离（退）休、丧失劳动能力提取公积金等6项业务仅需一张身份证即可办理。

（尹　丽）

政协桐庐县委员会

Tong'lu Municipal Committee of the CPPCC

政协桐庐县委员会

·政协桐庐县委员会·

【九届政协组织概况】 桐庐县九届政协委员名额220名，县政协九届一次会议时安排214名（2017年1月8日政协桐庐县第八届委员会常务委员会第34次会议通过），会前因一名委员自然离世、另一名委员因故辞去委员，实际安排212名，设21个界别。其中中共党员78名，占委员总数36.79%；非中共人士134名，占委员总数63.21%。九届政协设立6个专门委员会：分别是提案委员会，委员工作委员会，经济科技委员会（下设农业科技组、工业经济组），城建和人口资源环境委员会（下设财金旅贸组、城建环资组），社会法制和港澳台侨委员会（下设社会法制组、民宗台侨组），文史和教文卫体委员会（下设文化教育组、医药卫生组）。延续设县政协14个乡镇（街道）工委作为派出机构。机关内另设文史工作委员会1个虚设机构。设县政协摄影书画会（院）、县政协之友联谊会、县政协企业家联谊会3个社团组织。

【县政协九届一次会议】 2017年2月5—9日，县政协九届一次会议在县城举行。会议应出席委员212名，实到206名，列席人员122名。大会协商产生主席团成员38名，主席团会议主持人王金才。市政协副主席张鸿建莅会指导并在开幕式上致辞。县委书记朱华和县委副书记周扬分别在闭幕式和预备会上讲话。县领导朱华、方毅、周扬看望全体委员，参加小组讨论并讲话。预备会议上，表彰2016年度政协工作各项先进，组织观看警示教育片。会议听取《关于中国人民政治协商会议桐庐县第九届委员会人事安排工作情况的报告》，听取和审议县八届政协常委会工作报告和县八届政协关于五年来提案工作情况的报告。与会委员列席县十六届人大一次会议，听取和讨论县政府工作报告及其他重要报告。会议选举王金才为县九届政协主席，周媛玉、王志炎、郑为民、雷国兴、濮樟明、潘立铭为副主席，俞谷为秘书长，马志群等30人为常务委员。会议期间，206名委员以提案形式提出意见建议254件，经初审拟立案219件（其中并案19件），拟转社情民意10件，不予立案3件；另收到社情民意反映件18件。

【常委会议】 2017年，政协桐庐县委员会举行常委会议6次。

1月8日，县八届政协第三十四次常委（扩大）会议在县政府会议中心第七会议室举行。32名常务委员会组成人员出席会议（因事请假5人），县政协主席王金才主持会议。县委常委、统战部长盛春霞出席会议。会议传达学习中共桐庐县第十四次代表大会精神；审议《县八届政协常委会工作报告（征求意见稿）》《县八届政协常委会关于五年以来提案工作情况的报告（征求意见稿）》。会议审定县政协第九届委员会界别设置、委员名额和委员人选。王金才就做好离任委员思想工作、组织好新委员集训提出要求。

1月18日，县八届政协第三十五次常委（扩大）会议在

政协桐庐县第九届委员会常务委员会第二次会议

县政府会议中心第一会议室举行。28名常务委员会组成人员出席会议（因事请假9人），县政协主席王金才主持会议。县委常委、常务副县长吴金富应邀参加会议。会议协商讨论《政府工作报告(提交审议稿)》，以书面形式通报县政府关于县政协八届五次会议以来提案办理情况。会议审议通过《县八届政协常委会工作报告（送审稿）》《县八届政协常委会关于五年来提案工作情况的报告（送审稿）》以及两个报告的报告人。会议审定2016年度政协“双好”委员名单；审议通过委员调整事项。会议作出召开政协桐庐县第九届委员会第一次会议的决定；同意将县政协九届一次会议议程（草案）、日程（草案）提交县九届一次会议预备会议审议。会议审议通过县九届政协一次会议主席团成员、主席团主持人、秘书长建议名单和提案审查委员会建议名单，同意将两个建议名单提交九届一次会议委员酝酿讨论后，提请大会预备会议审议。会议协商提出县政协九届一次会议副秘书长建议名单，同意提交县政协九届一次会议主席团会议审定。会议审定列席人员名单、分组召集人和委员编组名单、上主席台就座人员名单。

县政协专题视察“最多跑一次”改革工作

2月8日，县九届政协第一次常委（扩大）会议在开元名都大酒店B座四楼名都厅举行。33名常务委员会组成人员出席会议（因事请假5人），县政协主席王金才主持会议。会议审议县政协九届一次会议提案收集和初审情况的报告（草案），同意将草案提交九届一次全体会议审议。会议确定县政协副主席王志炎为县政协九届一次会议提案收集和初审报告（草案）报告人。会议审议关于县政协九届一次会议决议（草案），同意提交县政协九届一次会议全体会议审议。王金才就加强常委会自身建设提出要求。

4月1日，县九届政协第二次常委（扩大）会议在县政府会议中心第一会议室举行。26名常务委员会组成人员出席会议（因事请假12人）。县政协主席王金才主持会议。会议传达学习全国政协十二届五次全会精神；听取提案分办情况汇报，通报年度重点提案督办分工。会议研究决定县九届政协专门委员会设置；协商通过委员调整和有关人事事项。会议通报《关于“五水共治”专项集体民主监督的实施方案》。与会人员听取关于“创建全国文明城市”辅导讲座。王金才就助推桐庐县“五水共治”和“创建全国文明城市”工作提出要求。

7月28日，县九届政协第三次常委（扩大）会议在县政府会议中心第七会议室举行。27名常务委员会组成人员出席会议（因事请假11人）。县政协副主席潘立铭主持会议。副县长潘渭应邀参加会议。会议协商“坚持产业强县战略，培育壮大实体经济”问题；协商决定委员调整事项；协商通过有关人事任免事项。县政协主席王金才就助推产业发展、企业家委员坚守实业提出要求。

10月31日，县九届政协第四次常委（扩大）会议在县政府会议中心第一会议室举行。26位常务委员会组成人员出席会议（因事请假12人）。县政协主席王金才主持会议。县政府副县长卢强应邀参加会议。会议围绕“积极抢抓杭州国际化机遇，加快融入大杭州”问题开展专题协商议政；民主评议提案承办单位工作；传达学习中共十九大精神。会议协商通过委员调整和有关人事事项。王金才就完成全年政协工作任务提出要求。

【主席会议】 2017年，政协桐庐县委员会举行主席会议9次。

1月13日，召开县八届政协第四十次主席会议。会议协商提出《常委会工作报告（草案）》《提案工作报告（草案）》两个报告报告人建议名单，并同意提交常委会议审定。会议审议2016年度“双好”政协委员推荐名单，审定2016年度各类先进名单。政协工作先进集体12个、积极分子28名、优秀提案10件、承办提案先进单位7个、承办提案积极分子13名、先进民主监督小组1个、优秀社情民意4件、优秀调研报告7件。会议听取关于九届政协委员辞去1名委员情况说明；听取县九届政协主席团、主席团会议主持人及秘书长建议名单说明，经酝酿协商，同意将名单提交常委会议审议。会议协商讨论县政协九届一次会议有关事项，同意将县政协九届一次会议大会正副秘书长建议名单、各小组召集人建议名单、委员编组建议名单、列席人员建议名单等提交常委会议审定。会议听取县政协九届一次会议会务、宣传准备工作情况汇报；协商讨论县八届政协常委会第35次会议的议题和召开日期。会议协商讨论《桐庐县政协2017年度协商计划》《桐庐县政协2017年度民主监督计划》。

2月8日，召开县九届政协第一次主席会议。会议听取《九届一次会议提案收集和初审情况的报告（草案）》起草情况说明，同意将报告（草案）提交常委会议审议。会议提议县政协副主席王志炎为《九届一次会议提案收集和初审情况的报告（草案）》报告人建议人选，同意报常委会议审定。会议认真审议县政协九届一次会议决议（草案），同意将决议（草案）提交常委会议审议。

2月15日，召开县九届政协第二次主席会议。会议讨论确定县九届政协主席会议成员分工。会议研究县九届政协专门委员会工作机构设置方案，提出县九届政协专门委员会机构设置。会议协商委员编组事项，同意提交常委会审定。会议研究确定县九届政协文史工作委员会(虚设)组成人员名单。

3月17日，召开县九届政协第三次主席会议。县政协主席会议成员实地视察莪山畲族乡民宿工程。会议听取“中国畲族第一乡”创建工作情况汇报；传达学习全国政协十二届五次会议精神。会议协商讨论《关于开展全国文明城市创建专项集体民主监督的实施方案（草案）》。会议审定《2017年县政协专委会活动小组考核细则（草案）》《2017年乡镇（街道）政协工委考核细则（草案）》；确定年度重点提案。会议协商讨论《开展“联村走企访户”深化基层走亲活动工作方案（草案）》；听取农村“一户多宅”调研方案情况汇报。

3月31日，召开县九届政协第四次主席会议。会议协商讨论委员调整和有关人事事项；提出各专门委员会活动小组正副组长建议名单，同意提交常委会议审定。会议研究部署县政协摄影书画会（院）、县政协之友联谊会、县政协企业家联谊会换届工作。

5月10日，召开县九届政协第五次主席会议。副县长潘渭应邀参加会议。与会人员观看桐庐古道视频资料；围绕“完善古道基础设施，推动户外运动发展”主题协商建言，协商通过《关于“完善古道基础设施，推进全域旅游”的建议（草案）》。会议听取桐庐县“一户多宅”清理工作情况介绍，协商讨论《关于农村“一户多宅”清理工作的建议（草案）》。

8月23日，召开县九届政协第六次主席会议。副县长潘渭应邀参加会议。会议围绕“深入推进村落景区创建工作”主题协商建言；通过《关于桐庐县推进村落景区建设的几点建议（草案）》。

10月20日，召开县九届政协第七次主席会议。县委常委、常务副县长吴金富应邀参加会议。会议协商讨论“深化投融资体制改革”“以‘产业

+’为导向，深入做好特色小镇培育工作”问题。会议听取县发改局关于“深化投融资体制改革”“以‘产业+’为导向，深入做好特色小镇培育工作”有关情况通报，协商提出上述两个课题的有关意见建议。会议协商讨论有关人事事项，同意提交常委会审议。会议听取关于提案办理查访情况通报，商定县农办、住建局、民政局、市场监管局作为常委会民主评议提案承办单位。

11月16日，召开县九届政协第八次主席会议。会议讨论决定《县政协九届二次会议筹备工作分工方案（草案）》；讨论决定有关人事事项。会议传达学习《中共中央印发〈中共中央政治局关于加强和维护党中央集中统一领导的若干规定〉的通知》《中共中央办公厅、国务院办公厅关于印发〈中共中央政治局贯彻落实中央八项规定实施细则〉的通知》精神；组织学习《中国共产党章程》新修部分。

12月26日，召开县九届政协第九次主席会议。会议传达学习县四套班子主要领导工作交流会议精神；传达省委、省政府关于《贯彻落实中央八项规定实施细则的办法》精神。会议协商提出关于召开县政协九届二次会议决定，同意提交常委会议审定。会议协商讨论九届二次会议议程、日程（草案），同意提交常委会议审议。会议协商讨论《常委会工作报告（征求意见稿）》《提案工作报告（征求意见稿）》；协商提出两个报告人建议人选。会议协商提出县政协九届二次会议各组召集人建议名单，同意提交常委会议审定。

【专题议政】 2017年，县政协围绕县委、县政府工作中心、人民关心的热点难点问题，选择“坚持产业强县战略，培育壮大实体经济”“积极抢抓杭州城市国际化机遇，加快接轨融入大杭州”“深化投融资体制改革”“深入推进村落景区创建工作”“以‘产业+’为导向，深入做好特色小镇培育工作”等分别作为常委会议、主席会议调研课题。县政协各专委会（组）、乡镇（街道）工委撰写调研报告7篇。经常委会、主席会议协商，向县委、县政府提交《关于积极抢抓杭州城市国际化机遇加快接轨融入大杭州的建议案》《关于“坚持产业强县战略，培育壮大实体经济”的建议案》《关于推进桐庐县投融资体制改革的建议》《关于深入推进桐庐县村落景区建设的几点建议》《关于加大桐庐县培育特色小镇工作力度的几点建议》。围绕“桐庐城市建设融入本地特色文化元素”和“小城镇环境综合整治”两大方面，召开民主议政会，听取各方意见，就有关问题与相关部门开展议政交流。

【视察调研】 2017年，县政协各委（组）委员结合自身特点和优势，就深化村级留用地开发利用、莪山畲族乡创建“中国畲族第一乡”工作、杭黄铁路桐庐换乘中心建设、基层协商民主工作、建筑垃圾处置、以“互联网+”提升智慧治理信息平台建设、完善古道设施推进全域旅游、“浙江省教育现代化县”创建、“最多跑一次”改革、农商银行开展普惠金融工作、农村“一户多宅”清理、

县政协专题视察杭黄铁路（桐庐段）建设情况

富春江AAAAA级景区创建等，开展调研，协商论证，向县委、县政府提交视察报告10篇。开展政府民生实事项目、推进“双创”平台建设等经常性视察10余次。

【民主监督】 2017年，县政协组织18名委员分3个民主监督小组，分别派驻县水利水电局、县公安局、县国土资源局。3个民主监督小组，在调研基础上开展民主监督活动，形成《民主监督建议书》，将需努力方向和推进工作的意见建议反馈派驻单位。成立民主评议县农林局工作领导小组、工作小组，制定评议工作实施方案，经半年走访、座谈、视察、调研，围绕履行职能、队伍建设、工作成效，从完善监管确保安全和促进林业产业发展两大方面，撰写2篇调研报告，形成《县政协关于民主评议县农林局工作的意见建议》。制定《关于“五水共治”专项集体民主监督的实施方案》，成立7个督导小组，聘请12人为县九届政协“五水共治”专项集体民主监督社会监督员，以消灭Ⅳ类及以下水体、小微水体污染为目的，开展民主监督。

【提案工作】 县九届政协一次会议以来，委员以提案形式提出意见建议261件，立案202件，立案率77.4%，交59个相关职能部门、人民团体、乡镇（街道）承办。202件提案中，其中有关经济建设方面的提案87件，占提案总数的43.1%；有关城建环保方面的提案56件，占提案总数的27.7%；有关科教文卫体方面的提案38件，占提案总数的18.8%；有关政协统战政法社保等综合类提案21件，占提案总数的10.4%。《关于整合“双创”平台资源，打造科技“双创”桐庐样本的建议》等12件提案被评为年度优秀提案。县住建局等6家单位被评为年度提案办理先进单位；18人被评为提案办理先进个人。是年，县政协常委会开展民主评议县农办、县民政局、县住建局、县市场监管局4家单位提案承办工作。

【文史和社情民意】 2017年，县政协编纂出版文史资料第十七辑《唐诗桐庐》，启动《桐庐古诗词大成》（暂名）编纂。是年，收到信息67件，编报《社情民意》15件。机关编发《桐庐政协》刊物6期，《情况反映专号》11期，《每月要情》12期。

【联谊交流和社团组织】 2017年4月，上海市兰亭书法院“海上兰亭全国书法展”在桐庐举行。9月，与青田县政协在叶浅予艺术馆联合举办书画联展；与县委统战部联合举办“喜迎十九大 同心话发展”桐庐社会各界人士中秋茶话会。是年，完成政协之友联谊会、企业家联谊会、摄影书画会（院）换届工作。

【自身建设】 2017年，根据《中共杭州市委关于进一步加强和改进人民政协参政议政的意见》的精神要求，提请县委出台《关于进一步加强和改进人民政协参政议政的意见》。举办3次新任委员专题培训活动。制定“知情明政周”活动安排方案，围绕桐庐“三大战略”实施、提案办理沟通和成果转化，每季度开展一次活动，对口协商、互通信息，推进工作。组织开展“吟诵桐庐经典·一周一诗”活动，助力“中国诗歌之乡”创建。制定《桐庐县政协社团管理若干规定》，规范活动程序和内容。机关组织开展“廉洁好家风”主题教育活动，组织实施学习力提升工程，提高廉洁从政意识，加强干部创业干事能力建设。3—10月，组织政协机关干部参加县城邮电路值勤、文明劝导服务260余人次；每周2次到梅林社区梅溪公寓、水岸华庭开展环境整治、服务群众300余人次。是年，在《人民日报》《人民政协报》《浙江日报》《联谊报》《杭州政协》等市级以上新闻媒体刊登各类稿件80篇。是年，开通“桐庐政协”微信公众号，推送各类信息83条。

（洪芳良）

民主党派·社会团体

Democratic Parties · Social Organizations

刘森月 / 摄

民主党派·社会团体

·中国民主促进会桐庐县支部委员会·

【组织建设】 2017年，中国民主促进会桐庐县支部委员会（以下简称民进桐庐县支部）有支部会员19名，其中市十一届政协委员1名，县九届政协委员7名（含常委3名）。编印《2017年度民进建言》呈县委、县政府领导参阅，得到县委副书记、县长方毅的批示肯定。是年，会员们获得各类荣誉、奖项11项，其中国家级1项、省级6项、市级1项、县级3项。民进桐庐县支部被民进浙江省委会评为“2017年度先进基层组织”。

【思想建设】 2017年6月30日，民进杭州市委员会举行宣传工作培训会，民进桐庐县支部会员应萍君、李振国参加。7月10—14日，2017年第一期民进新任省市委员培训班开班，民进桐庐县支部主委陈伟琴参加培训。11月21—22日，杭州民进第33期新会员学习班开班，民进桐庐县支部6名会员（濮伟华、吴淑丹、姚勇、饶佩玉、吴洪慧、姜莉）参加，系统学习党派知识和统战理论。

【参政议政】 2017年，民进桐庐县支部围绕桐庐县改革发展的难点热点问题，积极建言献策。在2月5—9日召开的县政协九届一次会议上，7名政协委员身份的会员围绕县委、县政府中心工作，提交集体提案2件，其中“关于统筹规划注重特色充分发挥全县各类创业平台（空间）作用的建议”获2017年度县政协优秀提案；个人提案9件，社情民意1件。支部选取《关于桐庐县“最多跑一次”改革的建议》《深化全域旅游改革，打造“两山”转化桐庐样本》和《支持农民工等人员返乡创业，促进农村一二三产融合发展》3个调研课题，展开调查，形成三篇调研报告。其中《关于桐庐县“最多跑一次”改革的建议》被列为民进省委会参政议政课题。积极向民进省、市委会和各级新闻媒体报送社情民意及参政议政信息，其中1篇被《团结报》录用，1篇被省政协《联谊报》录用，1篇被杭州市《统一战线》录用，10篇信息被杭州市民进网站及杭州民进微信公众号录用，14篇信息分别被《桐庐政协》《今日桐庐》等录用。

【社会服务】 2017年5月31日，民进桐庐县支部2名会员赴百江小学开展“庆六一送教”活动。11月8日，民进桐庐支部7人到毕浦中学送教，分别举办《自媒体时代背景下的素材积累和运用》讲座和“预防和制止校园欺凌”为主题的法治讲座，并对困难学生进行结对资助。深入开展支教和结对活动，全年开展支教、送教、送服务活动5次，为本地困难学生送上价值3000余元的书籍和慰问品。深化基层民主协商，在县委统战部牵头下，与城南街道下杭社区开展结对互助共建。

【交流联谊】 2017年，按照民进杭州市委会“学会章、交会费、做民进人”的要求，开展一季度一次的“书香民进”读书会，读书会内容涉及会史教育、家庭教育、中共党史学习、法治文化和法治政府建设等。6

民进桐庐支部调研健康产业发展情况

月22—23日，民进上海市宝山区委到桐庐县考察美丽乡村建设；7月25日，民进杭州市委会医工委组织部分市级医院的医疗专家到桐庐送医下乡，并与瑶琳镇卫生院结成医疗帮扶对子；12月9日，民进嘉兴市委会到桐庐考察学习民主党派组织建设等工作。

（陈伟琴　李振国）

·中国农工民主党杭州市桐庐县基层委员会·

【概况】 2017年，中国农工民主党桐庐县基层委员会（以下简称农工党桐庐县基层委）共有党员70人，其中转正5人，2名同志进入培养教育期，由杭州转入党员1名。12月，基层委换届选举产生农工党桐庐县第二届基层委员会，原基层委所属3个支部调整为4个支支部，分别为医卫一支部、医卫二支部、文化教育支部、经济科技支部，选举产生新的支部班子成员，二级班子成员共21名。是年，基层委被浙江省委会授予“2017年度先进基层组织”称号，被杭州市委会授予“先进集体”称号，同时3个支部均被农工党市委会授予2016—2017年度“四星级支部”和“先进集体”称号。

【加强思想建设】 2017年，农工党桐庐县基层委坚持以班子扩大会议形式为主组织学习，全年召开扩大会议7次，全体党员大会4次，以创建学习型支部为载体，组织学习中共十九大报告、中共中央总书记习近平系列重要讲话精神、农工党十六大报告，以及全国、省、市、县“两会”精神。组织党员参加农工党杭州市委会、县委统战部举办的各类培训活动、报告会，与会党员180余人次。积极响应市委会开展的“不忘合作初心·我与农工共成长”主题征文活动，选送征文16篇。2月，基层委主委、3个支部主委和专职干部赴杭参加农工党杭州市十届二次全体（扩大）会议。

【积极参政议政】 2017年，农工党桐庐县基层委围绕桐庐县委“一个目标、三大战略”发展思路，以提案、议案形式积极建言献策。市、县两级人大代表和政协委员共提交提案21件、建议案3件、社情民意信息7件、集体提案4件。其中《关于加大对民办养生养老机构扶持的建议》被列为2017年度政协重点提案，党员姚建良撰写的《加强临时牌照管理减少电子眼盲区的建议》被农工党中央录用。

【发挥民主监督作用】 2017年，农工党桐庐县基层委分别跟市场监管局、公安局交警大队开展对口联系和开展民主监督工作。成立5个课题组，重点围绕县委、县政府中心工作和群众关注的热点难点问题，完成6个调研课题——《关于完善农村孤寡老人医养护政策的几点建议》《关于加强桐庐县河道堤防管理及岸线保护的建议》《关于推进桐庐县家庭医生签约服务的建议》《再创桐庐垃圾分类处置新亮点的建议》《关于不影响消防通行的条件下将消防通道改造为小区停车泊位的建议》。是年，向农工党浙江省委会、农工党杭州市委会、桐庐县政协报送社情民意信息65条。

【农工党桐庐县基层委员会换届大会】 2017年12月，农工党桐庐县基层委员会召开换届大会，大会选举产生新的委员会班子，基层委员会主任委员方中，副主任委员王剑波、叶承锋、皇甫秋强，委员王丹凤、姚建良、廖猛；医卫一支部主任委员王亮英，副主任委员申屠雄芽，委员江岚；医卫二支部主任委员张霞，副主任委员俞年塘，委员戚行芳、童雪芳；文化教育支部主任委员卢爱华，副主任委员张晓伟，委员王璟、吕芳华；经济科技支部主任委员扶俊，副主任委员雷欢，委员俞金宝。

【成立30周年纪念活动】 为纪念农工党桐庐基层组织成立30周年，2017年10月20日上午在桐庐县江南养生文化村举办主题为“喜迎十九大　砥砺建名城　潇洒桐庐行　健康江南村”系列庆典活动。本次活动由农工党浙江省委会、杭州市委会、桐庐县基层委、江南养生文化村有限公司联合举办。活动内容有中国农工民主党党员知名书画家书画展览（书画册首发式）、农工党杭州市委会医养结合健康管理实践基地挂牌仪式、农工党桐庐县基层组织成立30周年图片成果展览、农工党桐庐基层组织成立30周年座谈会和知名老中医义诊活动。农工党省委会、市委会、杭州市委统战部、桐庐县委、县委统战部等单位共150余人参加该活动。

【主动参与社会服务】 2017年1月，农工党桐庐县基层委组织党员在旧县街道文化广场、钟山乡字胥村开展了“三下乡”活动，为村民书写春联300余幅，为200余位村民进行血压测量和健康咨询。综合支部开展“统战同心服务进培智学校”活动，与困难学生家庭结对，张晓伟党员出资送去慰问品和慰问金。4月，基层委全体党员赴新合乡开展“助推文明城市创建 社会服务我先行”活动。5月，基层委党员参加县委统战部组织的“助力文明城市创建 同心志愿服务进学校”活动。7月，医卫一支部开展“情系职工 夏送清凉”活动，慰问县第一人民医院奋战在一线的创建文明城市主力军，为他们送去防暑降温物资。10月，举办主题为“喜迎十九大 砥砺建名城 潇洒桐庐行 健康江南村”系列庆典活动。是年，农工党桐庐县基层委与桐君街道南门社区签订“友好共建、携手发展”的合作协议文本。

【开展交流联谊活动】 2017年1月，农工党桐庐县基层委党员代表5人参加桐庐县社会各界人士新春茶话会。6月，综合支部与开化县基层委开展联谊交流活动并与开化县综合一支部缔结为友好支部；基层委主委陪同杭州市政协副主席、农工党市委会主委周智林走访县委统战部，调研考察桐庐医养结合工作；与县委统战部一起调研桐庐县智慧产业和健康产业发展情况。9月，基层委主委带领医卫一、二支部赴兰溪市进行联谊交流，医卫二支部与兰溪市中医院支部缔结为友好支部。是年，农工党青岛市委会、大连市委会、上海市崇贤区基层委、杭州市滨江区总支来桐庐考察交流。

（申屠莉芸）

·县工商业联合会·

【概况】 2017年，桐庐县工商业联合会有下属基层商会91个，其中乡镇（街道）商会13个、行业商会6个、异地商会8个（在外异地商会5个）、村级商会62个、新生代企业家联谊会1个、开发区商会1个，共有商会会员3102个。县工商联荣获2017年全省工商联系统先进单位、杭州市工商联系统综合先进单位。

【助创全国文明城市】 2017年，县工商联在会员企业中开展“文明城市共创建 民营企业齐奉献”活动，召开非公经济人士助创全国文明城市推进会3次，发放全国文明城市创建宣传手册2000份。明确15个基层商会助创文明城市主题活动，城南街道商会开展“我为文明城市创建出份力”活动，组织会员开展清洁青山工业园区、赠送环保垃圾袋等；县新生代企业家联谊会举办第二届“关爱留守儿童”公益活动，向新合乡留守儿童捐赠爱心用品，并陪同留守儿童共进爱心午餐、观看爱心电影；台州桐庐商会回桐庐开展走访慰问全县散居孤儿活动；桐庐县平阳商会、迎春社区商会等基层商会开展认领社区居民微心愿活动。

【会员教育引导】 2017年，县工商联组织开展非公经济代

县工商联组织召开非公经济人士学习贯彻十九大精神座谈会

县工商联与桐庐农商银行银商战略合作协议签订仪式

表人士集中收看中共十九大开幕会、非公经济代表人士学习贯彻十九大精神交流座谈会活动，联合市工商联举办贯彻落实十九大精神遵义革命传统教育培训班，在非公经济人士中掀起学习贯彻十九大热潮。举办非公经济代表人士学习贯彻中发〔2017〕25号文件精神专题讲座，引导企业家弘扬桐商精神，坚守实体经济，注重创新发展。组织非公经济人士集中学习桐庐县党代会精神，开展“亲”“清”政商关系、“清廉浙江”建设大讨论活动。实施非公经济人士“学习力提升工程”，推荐9名新生代企业家参加“杭商学堂”规模型企业高管研修班、成长型行业龙头企业高管研修班、初创企业高管研修班、跨境电子商务人才研修班和金融管理人才研修班；推荐3名新生代企业家参加杭州市新生代企业家研修班。是年，累计组织非公经济代表人士参与各类教育培训班13次，受训612人次。

【服务会员企业】 2017年，县工商联推进融资服务进企业活动，9月，与桐庐农商银行共同举办银商战略合作协议签订仪式，桐君街道商会、桐庐萧山商会与县农商银行签订授信合作协议，桐庐新拓电子有限公司、桐庐正华文化用品有限公司与县农商银行签订授信意向。推进法律服务进企业活动，依托省市工商联法律咨询服务库资源，邀请省市知名法律专家来桐庐为非公企业家作法律知识专题讲座。是年，共举办法律知识讲座2期，参与企业216家。

【会员参政议政】 2017年，县工商联开展年销售额5亿元以上民营企业网上调研工作，完成12家规上民营企业信息的系统录入。围绕企业外向型发展情况、科技创新投入情况、企业负担情况3项课题，配合市工商联开展调研，全年完成调查问卷160份。实行县工商联班子成员分片走访联系基层商会和会员企业制度，对全县所有乡镇(街道)商会进行走访。开展非公经济人士政治荣誉安排推荐工作，协助市工商联完成赵丹、钟建银2位市政协委员推荐人员的考察，开展政协桐庐县第九届工商联界别委员

县工商联组织非公经济人士开展“联乡结村”帮扶活动

推荐、综合评价和考察工作。新增补县总商会常务理事6人。工商联界别政协委员全年共提交政协提案28件，县工商联牵头承办政协委员提案2件。《桐庐县工商联“联村走企访户”基层走亲调研报告》荣获全市工商联系统调研文章二等奖。

【基层商会建设】 2017年，县工商联开展深圳、南京、武汉、成都四地桐商和桐庐籍知名人士排查摸底工作，了解掌握四地桐庐籍人士基础信息，为筹建四地桐庐商会夯实基础。推进深圳市浙江桐庐商会筹建工作，配合县委组织部开展快递行业党建工作。在全县基层商会开展“四好”商会创建工作，将乡镇（街道）推进“四好”商会建设纳入全年大党建考核内容，制定“四好”商会建设实施方案和考评标准，推动基层商会规范化建设。是年，桐君街道商会被评选为全省“四好”商会。

【信息宣传工作】 2017年，县工商联推广“杭商之家”APP在商会会员中的安装使用，完成“杭商之家”APP安装数1445个，安装率63%。利用省市工商联网站和“桐商之家”微信公众号宣传会员企业创业创新、品牌建设、科技投入等动态信息。建立工商联执常委微信群、基层商会秘书长微信群、新生代企业家微信群，运用手机网络社交平台促进全县商会会员的交流联系，为会员企业反映情况提供平台。

【社会公益活动】 2017年，县工商联继续开展非公经济人士理想信念教育基层行惠民生活动，支持钟山乡夏塘村村级集体经济项目——山茶油基地建设资金10万元。开展新生代企业家结对帮扶贵州榕江县困难学生公益活动，向榕江县水尾乡困难学子募捐价值7万元的爱心物资。桐君街道商会举办“真心关爱环卫、真情回馈社会”环卫职工爱心晚宴活动，与400多位“城市美容师”欢聚一堂，欢庆新年。横村镇杜预村商会组建治安巡防队，保障村民夜间出行安全。其他各基层商会也开展形式多样的志愿服务活动，参与全县慈善事业，助力社会治理创新。是年，全县基层商会累计捐助爱心款350万元。

（刘为民）

·县总工会·

【概况】 2017年，隶属于桐庐县总工会的乡镇（街道）总工会14个、开发区总工会1个、工会工作委员会7个、教育工会1个。全县基层工会组织数1855个，其中乡镇（街道）有1446个、经济开发区有132个、迎春商务区有7个，县直机关有88个、县教育局有50个、县文广新局有9个、县建设局有67个、县卫生局有20个、县旅游股份有限公司有6个、县直属基层工会有30个，涵盖单位7271个，工会会员179215人；基层工会中建立女职工组织的有1829家，覆盖率99.89%。基层以上工会专兼职工会干部78人，基层工会专兼职工作人员5068人。3月14日，桐庐县总工会十四届七次全委（扩大）会议召开，评选表彰杭州市先进职工之家、2016年度工会重点工作目标任务完成情况考核优秀单位和县职工维权维稳先进个人。11月14日，召开桐庐县总工会会员代表会议，选举产生杭州市工会第十五次代表大会代表10名，其中产业工人、一线工人和年轻人代表6名，俞建华、潘武伟、刘静当选为杭州市总工会第十五届委员会委员。

【劳动竞赛】 2017年，县总工会组织开展织整烫、医疗器械、工具钳工等技能大赛，并参加市级技能大赛，桐庐金帆达代表队在市安全生产应急处置技能竞赛中获有限空间单项第二名及团体三等奖。搭建职工技术创新成果展示平台，创建杭州市工人先锋号4个，创新工作室4个，授牌命名10家创业就业示范基地。开展“十万职工大行动、剿劣攻坚当先锋”集中专项行动，动员全县职工积极投身剿灭劣Ⅳ类水攻坚战，发放倡议书及相关资料59078份，开展治水志愿巡查223次，查找治水问题357个，征集治水建议156个，参与职工54048人次。

【智慧工会建设】 2017年，县总工会推进智慧工会建设，举办智慧工会管理平台使用培训班2期，培训基层工会干部400人。全县开通智慧工会平台基层工会数1019家，实名制

县领导高温慰问职工

录入会员115222名，全县工会会员下载使用“杭工e家”APP数13107个，初步形成网上入会、网上帮扶、网上维权、网上教育等功能于一体的智慧工会。改版县总工会微信公众号，将职工疗休养服务评价系统等整合到县总工会微信号，通过“桐庐县总工会”微信公众号和“桐庐工会”微博，实时发布全县工会工作动态，全年共发布信息380篇。

【职工培训】2017年，县总工会举办基层工会干部培训班、学习中共十九大读书会等各类培训班20余场，培训工会干部2000余人次。制定完善基层工会内部管理制度，完成14家基层工会工会干部离任审计和任期内经济责任审计。开展高技能人才免费培训，全年培养维修电工、装配钳工、工具钳工和焊工高级工117名。选聘袁鑫等43名桐庐县职业技能带头人，做好传帮带。实施“农民工上大学”工程，资助54名优秀一线职工免费上大学，截至年底，共资助职工457人，毕业220人。

【“四季温情”行动】2017年，县总工会在春节前慰问公交司机、环卫工人、企业职工等一线职工，共慰问特困职工64人，发放慰问金13万元；慰问建档困难职工276人，发放慰问金27.6万元；慰问困难劳模68人，发放慰问金18.5万元；向8位劳模和8位享受劳模待遇人员报销2016年度医疗费7.09万元。“三八”国际妇女节期间，结合企业工会指导员和企业工会“第一主席”工作，组织工会干部慰问女企业家。“六一”国际儿童节前夕，组织慰问70名困难职工家庭儿童，送去慰问品和慰问金共计3.3万元。7月，举办6个“小候鸟”班，为178名“小候鸟”送去4.7万元文具用品和补助金。8月，高温慰问14556名一线职工，发放慰问物资66.01万元。9月，开展金秋助学活动，共补助困难家庭学生61名，补助金额14.9万元。是年，完成在职职工医疗互助参保54627人次，参保金额206万元，截至年底共补助675人，补助金额110.40万元；全年为22名临时困难职工发放急难救助金2.2万元，为6名意外致困及火灾损失的职工发放慰问金7.1万元。

【构建和谐劳动关系】2017年，县总工会开展工资集体协商集中要约行动，全年发出要约988份，覆盖企业3826家；签订综合集体合同1441份，覆盖企业5659家，覆盖职工141318人；签订工资专项集体合同1599份，覆盖企业6676家，覆盖职工138127人。改善职工劳动安全卫生条件，有效维护职工安全和健康权益；加强工会法律援助、劳动争议调解工作，维护职工权益，全年共调处劳动争议58件，涉及职工87人，涉及金额76.21万元；处置群体事件3件，涉及职工114人，涉及金额316万元。

【职工文化】2017年，县总工会举办“创全国文明城市，做文明有礼职工”庆“五一”文艺晚会，完成194场文化下基层活动，开展送书画活动11场，免费送书画作品3150幅。县工人文化宫举办各类公益培训58场，受益职工5889人。举办“中国梦、劳动美”浙江省职工摄影大赛等职工摄影、书法、征文比赛，参加杭州市

首届“桐庐工匠”表彰暨“工匠论坛”

总工会“绿水青山、醉美杭州”主题征文大赛，获得三等奖、优秀奖各一篇。培育扶持职工文化自治组织，创建桐庐县企业职工文化家园示范单位1家，省职工书屋2家。截至年底，全县共有文化家园示范单位25家、省职工书屋23家。

【工会系统改革】 2017年，县总工会根据中央群团工作会议以及省市总工会文件精神，结合桐庐县工会实际，制定《桐庐县总工会改革实施方案》，从总体要求、优化组织设置、改革运行机制、创新方式方法、改进干部管理、强化综合保障等6个方面，明确桐庐工会改革工作任务。召开县总工会第十四届第八次、第九次全委会，选举产生县总工会主席、常务副主席、挂、兼职副主席，县人大常委会副主任俞建华当选县总工会主席，潘武伟当选县总工会常务副主席。同时，推进工会规范化建设，共创建全国、省市模范（先进）职工之家41家，全县“五有”（有独立健全的组织机构、有服务职工的活动载体、有健全完善的制度机制、有自主管理的工会经费、有会员满意的工作绩效）职工之家创建率85%以上。

【首届“桐庐工匠”评选】 2017年7月，县总工会开展桐庐县首届“桐庐工匠”评选活动。在全县各类所有制经济、社会组织的一线岗位直接从事技能工作的优秀技能人才中评选“桐庐工匠”，通过组织推荐、个人自荐和协会推荐等方式，共收到候选人材料46份。经过评选，产生“桐庐工匠”10名和“桐庐工匠入围奖”10名。11月20日，首届“桐庐工匠”表彰暨“工匠论坛”活动举行，为首批“桐庐工匠”和“桐庐工匠”入围奖获得者颁发荣誉证书。

（丁天劲）

·共青团桐庐县委员会·

【概况】 2017年，共青团桐庐县委员会（以下简称团县委）共有团员12279人，团干部659人，直属团组织57个，其中乡镇（街道）14个、学校团组织5个。“帮困助学”活动发放帮扶资金24万元，资助困难学生123人次；新合乡老区助学金、合村乡“合”爱心助学、“亲青筹”平台等资助困难学生150人，发放助学金40万余元。

【志愿服务】 2017年，团县

第二届中国（杭州）国际快递业大会桐庐志愿者风采

委不断充实志愿服务力量，机关、企事业单位志愿服务组织实行全覆盖，截至年底，全县注册志愿服务队伍378支，志愿者50998人，占全县常住人口的12.5%。开展各类文明创建志愿活动2000余次，全县党员志愿者社区网格包干、马路劝导、平安巡防等志愿活动，均实现“志愿汇”APP电子签到，记录志愿服务时数超过122万小时。组织开展“‘3·15’学雷锋活动暨‘凝聚志愿力量 共建文明城市’专项志愿服务行动”“‘喜迎十九大 共创文明城’主题志愿服务暨首届桐庐志愿服务周”“河小儿助剿V类水”“百团志愿文明行”等志愿活动。通过浙江省青基会，为彩虹公益青少年安全“五防”系列活动争取青少年发展类奖金2万元。

【农村淘宝】 2017年，团县委坚持做优做实“农村淘宝”项目，开展“2017年农村淘宝桐庐年货节”“‘农村淘宝’618”等活动，健全“互联网+乡村旅游+农产品上行”农村淘宝桐庐模式3.0版。截至年底，已建立村级服务点155个，其中一级服务站67个，二级服务站（淘帮手）88个；全年农村淘宝实现销售额4164.63万元，订单29.72万笔。10月，富春江镇横山村农村淘宝服务站成功升级为全国第一家天猫优选体验店。

【中学共青团改革】 2017年，团县委坚持从严治团，严格控制中学生的团学比例，全县初三班级团学比例均在30%以内。完善“三会两制一课”（三会：即团支部大会、团支部委员会、团小组会，两制：即团员教育评议制度、团员年度团籍注册制度，一课：即团课）机制，制定团员积分管理机制，积分高的团员优先评优评奖，积分低的团员进入“少年团校”重新开展8课时团课学习。鼓励中学生加入志愿者队伍，推进中学生100%注册志愿者，开展各类志愿服务活动。加强改革保障，中学团组织书记享受中层正职待遇；建设团队活动室，设立“少年团校”，保障工作经费，实现“有人有钱有地”开展团员活动。桐庐县中学共青团改革工作经验得到团省委书记朱林森批示肯定。

在桐高校大学生留桐融桐·助推全国文明城市创建活动

【农村区域化团建】 2017年，团县委探索农村区域化团建，在江南古村落景区开展区域化团建试点工作。打破行政村制管理模式，统筹企业、学校和社会组织资源，实行5个古村落联合建团，成立江南古村落团工委。重点建设环溪村爱莲讲坛青年创业交流驿站、荻浦村乡村图书馆等青年阵地。探索项目化运行机制，建立青年助“跑”、河小二剿劣、返乡青年创业、古建筑保护、垃圾分类、公益帮扶等6个项目组，每组由“古村落团干部+青年志愿者+创业青年”组成，助力乡村振兴。

【助力平安桐庐创建】 2017年，团县委为构筑青少年健康成长安全网，制定出台《关于落实<进一步预防青少年违法犯罪实施意见>2017年工作要点》和《关于印发<2017年预防青少年违法犯罪工作和平安志愿者队伍建设考评细则>的通知》，对重点青少年群体实行动态服务，全年新增重点青少年群体（含留守儿童）23人，取消关注103人。通过建设“社工+团干部+平安志愿者”帮扶队伍，重点青少年结对帮扶比例100%，留守儿童209名，结对 195 对，结对比例 93.3%。通过桐庐青年微博、微信等发布青少年法治宣传教育 15 篇，开展 6 月 26 日国际禁毒日主题活动、五防教育等“三禁三自”活动，发挥 12355 青少年维权平台作用，符合条件的未成年人法律援助覆盖率 100%。

【首届青年创客城市定向赛】 2017 年 5 月 5 日，团县委开展“弘扬五四精神·创建文明城市”——桐庐县首届青年创客城市定向赛活动。本次定向赛在叶浅予艺术馆、县图书馆、利时广场、迎春智谷广场、县青少年宫、桐君广场 6 个地点设置关卡，每个任务点有 3 个任务，选手随机抽选一个完成，选手 5 人一队，分别在 6 个地点完成任务回到中心广场即挑战完成。比赛通过完成活动中各项文明任务，彰显桐庐创客青年的活力，同时在比赛过程中进一步宣传创建全国文明城市的意义与目的，引导更多的市民加入到这个行列中来。

【“不忘初心跟党走、青春喜迎十九大”系列活动】 2017 年，团县委在全县范围内开展“不忘初心跟党走、青春喜迎十九大”系列活动，活动包括“喜迎十九大绘习言习语·描改革成果”青年漫画大赛、“我最喜爱习近平总书记的一句话”读书分享会、青春誓言征文比赛等。中共十九大开幕式当天，组织动员全县团员青年收看十九大直播；中共十九大闭幕后，在全县团员青年中开展专题报告会、学习座谈会、青年论坛等，学习宣传贯彻中共十九大精神。

【快递业青工技能比武】 2017 年 11 月 23 日，由共青团杭州市委、杭州市邮政管理局主办，共青团桐庐县委、桐庐县邮政管理局承办，杭州技师学院协办的 2017 年杭州市快递行业青工技能比武暨桐庐首届“最美快递小哥”颁奖典礼在桐庐中心广场举行，来自杭州市的 10 家快递公司共 30 名青年职工参与技能比武。经过激烈比拼，浙江申通快递、桐庐 EMS 并列团体一等奖，宅急送获团体三等奖。速尔快递王瑶获“杰出青年岗位能手”称号，李庆恒（浙江申通快递）、何海军（宅急送）、陈国华（桐庐 EMS）、曾玲（速尔快递）、姜晗（杭州德邦货运代理有限公司）获“优秀青年岗位能手”称号。

【第七届“童玩节”】 2017 年 5 月 30 日，桐庐青少年宫举办桐庐县第七届“童玩节”，“童玩节”以“争做文明人 共创文明城”为主题，包括科技之旅、梦想舞台、美劳创意等众多项目，全县 2000 余名少年儿童参加活动。是年，桐庐青少年宫共服务青少年 93.14 万人次，其中，乐园游艺活动服务 89.2 万人次；组织开展校外主题活动 157 场，服务青少年 29413 人次；开设科技才艺兴趣培训 27 项，服务 9970 人次。

（叶勇新）

·县妇女联合会·

【概况】 2017 年，桐庐县有妇委会 23 个，妇工委 2 个，机关妇联 1 个；乡镇（街道）妇联 14 个；村妇联 182 个，社区、居委会妇联 19 个；新增县城投集团、县市场监管局妇委会 2 个，县文广新局妇联 1 个。完成村妇代会改设妇联，乡镇（街道）妇联组织区域化建设，推进妇女参与基层民主管理。新增 3 家省级巾帼文明岗、4 家市级巾帼文明岗、18 家县级巾帼文明岗，陈美英被评为杭州

分水镇盛村村妇联第一次妇女代表大会

市“十佳”最美女村干部，沈阿平、阮如芬被评为杭州市最美女村干部。桐君街道妇联、旧县街道妇联、江南镇深澳村妇代会被评为杭州市基层妇女工作先进集体。城南街道妇联邓慧萍、钟山乡妇联王倩、横村镇妇联徐筝被评为杭州市基层优秀妇女干部。县环保局自然生态科葛丹、县行政服务中心综合科卢飞燕被评为杭州市巾帼建功标兵；县妇联连续八年被全国妇联评为全国妇女宣传舆论阵地建设先进单位。

桐庐县基层妇联主席培训班

【妇联改革】 2017年，县妇联根据《桐庐县妇联改革实施方案》，围绕群团组织“增三性、去四化”原则，先后出台《妇联基层组织改革方案》《关于做好全县村（社）妇联换届选举工作的指导意见》，制定改革实施方案，明确全县妇联组织改革目标和具体任务。全县村妇代会改设妇联，设置执委会，设主席1名、副主席2—4名、执委7—9名；乡镇（街道）妇联开展区域化建设，设兼职副主席2—4名，增加执委数量，执委不低于15人，其中分水镇、横村镇、富春江镇、江南镇设立常委会。县妇联领导班子实行专职干部不超过50%的专挂兼配备制度。5月11日，在分水镇盛村村举行全县村妇代会改设妇联试点工作，各乡镇（街道）妇联主席观摩盛村村第一届村妇联执委过程，试点后该项工作全面铺开，6月中旬全面完成。改设后，全县选举产生村妇联主席182名，副主席394名，执委1440名，妇女代表4515名，建立功能型妇女小组300多个。19个社区（居委会）妇联完成换届工作，产生执委162名，其中主席19名，副主席43名，建立功能型妇女小组27个，村（社）妇联普遍建立班子成员分工、联系群众、群众议事三项制度。8月11日，联合县委组织部在富春江镇召开全县乡镇（街道）妇联区域化建设工作动员布置会，各乡镇（街道）妇联工作分管领导、主席参加会议。9月，14个乡镇（街道）完成执委增补工作，产生专职副主席13名、兼职副主席36名、执委226名，新吸纳团体会员31个。是年底，王凌艳任县妇联挂职副主席（挂职二年），陆群英、江芬儿任县妇联兼职副主席。

【妇女参与基层民主管理】 2017年，县妇联鼓励妇女主动参与村（社）两委换届工作，村民委员会女委员实行专职专选，确保村民委员会中至少有一名女委员。全县182个行政村19个社区共选举产生女村（居）民代表3135人，占全体村（居）民代表的33.4%；产生女村（居）民委员260人，比上届增加27人，占比38.8%；产生村（社）党组织中女委员196人，比上届增加32人，占比22.6%；产生村（社）党组织女正职32名，比上届增加8人；村（社区居）委女正职23名，比上届增加2人；村（社）妇联主席全部进村（社）两委班子。

【妇女干部队伍管理】 2017年6月，县妇联联合县委组织部开展乡镇（街道）妇联主席竞岗交流工作，首次设立乡镇（街道）妇联专职副主席岗位。面向全县在编公务员和事业人员，公开竞岗7个乡镇（街道）妇联主席和14个专职副主席，经过集中报名、面试、考察、公示等环节，最终选拔出7名妇联主席，13名乡镇（街道）妇联副主席。9月8日，在县委党校举办全县基层妇联干部培训班，乡镇（街道）妇联主席和村（社）妇联主席220余人参加，副县长吕爱华作开班动员。推荐15名妇联干部参加省、市基层妇联干部培训。发动巾帼志愿者、巾帼文明岗广泛参与全国文明城市创建、“五水共治”、垃圾分类、道路巡查、楼道整治等志愿服务。

【妇联执委会会议】 2017年4月26日，县妇联第十四届四次执委（扩大）会议召开，会议总结回顾2016年度工作，部署2017年度任务，表彰2016年度县级巾帼文明岗。6月30日，召开县十四届五次执委会议，替补十四届执委、常委，方飞燕当选为县妇联主席，章惠君当选为县妇联副主席，柴文英、何彩珍、许丽芬当选为第十四届执委。

【网上妇联建设】 2017年，县妇联强化“桐庐妇联”微信公众号平台建设，在平台上先后推出“最美”系列展示评选、“美丽说”家风好声音征集、“巾帼投身大花园”“粉红马甲在行动”等专题，全年推送微信460篇，阅读量31万余次。建立县、乡、村三级网宣队伍和网络工作群、联系群、服务群280余个。

【女性创业创新】 2017年，县妇联为269名来料加工低收入农户和经纪人发放来料加工财政扶持资金267.15万元。联合县人社局举办女性就业专场招聘会，为女性提供就业服务，成功介绍妇女就业2340余人次。发放巾帼创业贷款832万元，惠及40位创业女性。给予7名创业妇女提供创业贷款贴息金额6.4万元。

【美丽庭院建设】 2017年10月，县妇联在分水镇举办全县美丽庭院“互比互学”现场推进会。12月，副县长吕爱华带领各乡镇（街道）分管领导、妇联主席到富阳、临安两地，实地考察美丽庭院创建工作。开展“寻找最美庭院”“庭院美化比一比”微信展示PK赛，开展美丽庭院示范村、示范户创建和表彰活动，发动广大妇女和家庭参与废物扮靓庭院活动，美丽庭院建设成效初显。

【家庭文明建设】 2017年，县妇联推出“美丽说”家规家训好声音征集展示活动，吸引广大市民踊跃参与。9月，联合县纪委开展全县县管干部家属“廉内助”培训班；“国际家庭日”组织100户家庭开展“家庭公益一小时”活动。开展“最美家庭”“十佳好邻居”“五好文明家庭”“最美媳妇”示范户评选，线上线下开展最美家庭故事展播，洪德金、田肃荣、季建群家庭被评为浙江“最美家庭”，郭朝明、吴梅玉、夏柏松家庭被评为浙江省“绿色家庭”。联合县有关部门、爱心企业举办“最美媳妇”评选，命名表彰“最美媳妇”15名，提名奖15名。举办家庭教育讲座、沙龙，开展家庭教育进村、进社区、进学校活动82场。

【平安家庭建设】 2017年，县妇联举办“保障妇女权益•建设平安桐庐”为主题的维权咨询服务，制作“远离毒品危害•建设平安家庭”专题微视频在全县播放。乡镇（街道）及村、社区悬挂反家暴和平安家庭内容的横幅，印制并入户发放平安家庭及反家暴法宣传资料，依法保护妇联儿童合法权益。2017年5月，“家和工作室”

桐庐县最美媳妇表彰大会

进驻县妇女儿童活动中心，开展婚姻家庭咨询调解、亲子教育及心理健康服务140余次。

【关爱妇女儿童】 2017年，县妇联继续推进“两癌”免费筛查，完成21598名参保适龄妇女“两癌”筛查；为“两癌”困难妇女争取全国妇联“贫困母亲两癌救助”基金和杭州市美丽基金“两癌”妇女关爱资金，先后为8名困难女大学生、18名生活困难的老年妇女提供资助11.74万元。

（张 敏）

残疾人就业专场招聘会

·县残疾人联合会·

【概况】 2017年，桐庐县共有持证残疾人13307名，占全县总人口数的3.24%，其中肢体残疾6567人、视力残疾2163人、言语听力残疾1543人、智力残疾869人、精神残疾1573人、多重残疾592人。乡镇（街道）残疾人联合会14个，县级专门残疾人协会4个，社区、村级残疾人协会204个。

【残疾人社会保障】 2017年，桐庐县有6745名残疾人享受困难残疾人生活补贴，4869名残疾人享受重度残疾人护理补贴，合计发放补贴3382.8万元；3436名残疾人纳入基本生活保障，2164名残疾人纳入最低生活保障；对5户因病、因灾以及其他意外伤害等原因造成临时性、特殊困难的残疾人发放救助金2.5万元；对30名重度残疾人发放高温慰问金2.1万元；对184户精神残疾人家庭发放慰问金55.2万元；对116辆残疾轮椅车发放燃油补贴3万元；对108户困难残疾人危旧房进行改造。12450名残疾人纳入残疾人大病医疗住院补偿保险范围，全年理赔总额81.28万元。

【残疾人教育就业】 2017年，桐庐县安置残疾人就业1747人，其中按比例就业980人。全县13家辅助性就业（庇护照料）机构安置残疾人就业340人。在桐庐海陆世贸电商产业园创建残疾人电商创业就业孵化基地1家。依法征收残疾人就业保障金1912.66万元。首次开展用人单位按比例安置残疾人就业公示工作，加强残疾人就业服务，举办残疾人专场招聘会1场，开展残疾人职业技能培训班3期。落实促进残疾人就业相关政策，对34家超比例安置残疾人就业的企业发

中国盲文图书馆桐庐县支馆开馆启动仪式

桐庐县残疾人联合会第六次代表大会

放奖励金25.09万元，对29名自主创业和从事种养殖业的残疾人提供资金扶持59.1万元，对24名残疾人创业提供贷款贴息19.34万元，对年销售产值达1000万元以上的4家残疾人先进企业发放奖励金9万元。保障残疾人受教育的权利，全县适龄残疾儿童少年义务教育入学率达99.6%以上。落实残疾人就学补助政策，对5名学前儿童发放助学补助金1.5万元，对13名考取大学的困难残疾人家庭子女和残疾学生发放助学补助金3.88万元，对21名残疾人大学生发放学费和住宿费补助金19.64万元。

【残疾人精准康复】 2017年，桐庐县实施残疾人精准康复服务行动，为5461名残疾人提供基本康复服务，其中：验配助听器60个、助视器10个、安置假肢16个，开展盲人定向行走训练10人，831名精神残疾人享受免费服用基本抗精神药物政策，31名残疾儿童享受康复补贴服务，提供轮椅、拐杖等各类辅助用具1541件，残疾人基本康复服务率达到97.5%。3036名残疾人纳入基层责任医生签约服务范围。新建3家残疾人工疗站，截至年底，全县有残疾人工疗站7家。

【残疾人宣传文化体育活动】 2017年，桐庐县开展第27个“全国助残日”活动，举办残疾预防宣传、残疾人职业技能培训、“随手拍美丽，传递正能量”摄影大赛、“牵手蜗牛看桐庐”、无障碍文化娱乐活动等系列活动。开展第三届“善行桐庐 公益行动”，向14名贫困家庭残疾人每人赠送1台电冰箱；组织开展“全国爱眼日”“世界唐氏综合征日”“残疾预防日”“全国特奥日”“国际残疾人日”等主题宣传活动。开展文化助残“五个一”工程系列活动20次，特殊艺术下乡巡演4次，受益残疾人150人以上。中国盲文图书馆桐庐县支馆落户桐庐县康复中心，成为浙江省首家县级馆。选送优秀残疾人参加杭州市第八届残疾人艺术会演，其中，华燕获个人独唱三等奖，潘奇被选送参加浙江省第八届残疾人文艺会演，其参演的“快乐的手驾车”获声乐类金奖和创作奖。桐庐县聋人太极扇表演队亮相桐庐首届“全民运动节”。

【残疾人权益保障】 2017年，桐庐县残联受理各类残疾人网上信访103件，接待来访来信1196件，未发生重大集体访、越级访案件。开展残疾人普法培训班2期。城南街道梅林社区开展浙江省无障碍社区创建。对181户困难残疾人家庭进行无障碍改造。加强桐庐县助残志愿者队规范化建设，已有注册志愿者210人，全年开展各类助残志愿活动180次。

【残联换届】 2017年，桐庐县按照《中国残疾人联合会章程》和省市残联有关文件要求，乡、县二级残联逐级进行换届。11月底前，完成全县14个乡镇（街道）残联和四大残疾人专门协会换届工作，选举产生新一届乡镇（街道）残联主席团委员和专门协会委员，推举产生新一届乡镇（街道）残联主席、副主席、残联理事长和四大专门协会主席、副主席和秘书长。

（程晓峰）

·县文学艺术界联合会·

【概况】 2017年，桐庐县文学艺术界联合会下设作家、书法家、美术家、摄影家、民间文艺家、戏剧家、音乐舞蹈家、电影电视家8个协会和诗词楹联学会，会员1084人，其中国家级会员46人，省级会员187

人，市级会员356人。各协会（学会）举办、承办、组织开展各类晚会、演出及辅导等活动2681场次，在县级以上刊物发表作品506件，获得国家级奖项107项，省市级奖项273项。

【桐庐范仲淹纪念馆开馆】 2017年5月6日，桐庐范仲淹纪念馆开馆暨中国范仲淹研究会浙江分会授牌仪式、范仲淹铜像揭幕仪式举行。范仲淹纪念馆位于县城平阳山，为庭院式仿古建筑，从个人事迹、与桐庐的渊源两个视角展示范仲淹一生。展陈面积300平方米，分为序厅、一代名臣范仲淹、范仲淹与桐庐、“潇洒桐庐”4个区块。纪念馆免费向公众开放，是中国范仲淹研究会浙江分会地址，同时也是桐庐县爱国主义教育和廉政教育基地。截至年底，共接待参观人员10682人次，县外参观团31批。范仲淹纪念馆被评为杭州文化工作十大亮点之一。

【桐庐首个乡镇文联在分水镇成立】 2017年7月29日，桐庐县首个乡镇文联——分水镇文学艺术界联合会成立大会在分水镇举行。分水镇在历史上有数百年的县制经历，形成丰厚的历史积淀和独特的区域文化，是桐庐县的副中心城镇和浙江省首批小城市培育试点镇。近年来，分水镇党委政府以建设“文化强镇”为目标，狠抓文化基础设施和文化队伍建设，广泛开展群众文化活动，具备丰富的文艺活动经验，有稳定的文艺工作者队伍。分水镇文联的成立将进一步促进分水文艺事业的发展与繁荣。

5月6日，桐庐范仲淹纪念馆举行开馆仪式

潇洒桐庐走进大美玉树书法美术摄影剪纸作品展

【文艺交流活动】 2017年，县文联先后接待中国诗歌学会、中国范仲淹研究会、缙云文联及书协会员、宁波市镇海区文联、慈溪市文联、青海作家代表团等来桐庐考察交流。组织桐庐县文联前往淳安、临安等地交流，赴长兴参加嵊州、长兴、桐庐三地画展，赴湖北宜昌五峰土家自治县书法交流、贵州榕江书法美术交流等。在青海省玉树州职工之家举办“中国画城 潇洒桐庐”走进玉树书法美术摄影剪纸作品展，100件参展作品全部赠送给玉树州文联。

【作品展览活动】 2017年，县文联先后举办12场艺术作品展览，分别是：“真味·初心”桐庐、嵊州、长兴美术作品交流展，“饮水思源”桐庐县首届美术书法手卷邀请展，浦江爱登堡杯——首届海上兰亭奖全国书法作品展（桐庐站），全民动员剿灭劣Ⅴ类水“五水共治 美丽桐庐”剪纸艺术展，叶浅予艺术研究会成立暨协会成员书画作品展，荣宝斋画院名家工作室桐庐采风作品展，“两江一湖”富阳、桐庐、建德、淳安四县市中国画作品交流展，中国书法之乡——浙江省书法作品联展，“薪火相传”姜宝林师生行路团桐庐写生采风作品展，“诗意桐庐 富春墨韵”王卫军书法作品展，纪念叶浅予110周年诞辰活动暨“潇洒桐庐”全国中国画作品展，王凡粉画作品展等，参观人次27000余人次。

【会员晋升】 2017年，桐庐县书法家协会柳树忠，美术家协会王路山，摄影家协会黄强、王彤、王俐健、赵雄军、程忠，诗词楹联学会周保尔、李龙、童超贵等10人成为国家级会员；作家协会蓝银坤，摄影家协会虞茂玉、袁志祥、方文杰、宋红星等5人晋升为浙江省会员；摄影家协会李兰琴、王文平、方国富等3人晋升为杭州市会员。

【协会主要文艺活动成果】 2017年，县作协会员程艳《善食佛缘》获第三届“中华情”全国散文诗歌大赛金奖；在杭州市文联、杭州市作家协会“浙水千秋·最美杭州”系列比赛中8人次获奖；在杭州市文物故事征文比赛中，吴燕萍《凤翙高岗 水墨江南》获一等奖，《新合引坑钟氏大屋》获三等奖。孟红娟《一叶归来非“浅予”》等5篇文章在《浙江散文》《联谊报》《杭州》等发表；章理申《神医》等8篇小小说在《浙江小小说》《今日文艺报》《民间故事选刊》等发表；杨东增《老屋》等30余首诗发表于《诗中国》《郴州日报·文学》等刊物。

县书协继续举办乔宇博士行草书培训班面授；承办多次书法展和杭州市书协作品点评会等；4人参加浙江电视台“小强热线”到桐庐开展的现场书画创作慈善拍卖活动。坚持“书法进万家送福写春联”“创建全国文明城市——书法家在行动”等活动，送出春联和“福”字近万幅。李生祥、童雁琴、章关良等3人入展全国第四届隶书展；李生祥、叶里青、舒玉春、尹祥兵、潘良等5人入展浙江省中国书协会员200家展，李生祥、叶里青2人入展浙江书坛精英50家精品展；章关良入中国书协培训中心成果展前50强。

县美协举办2次画展，会员10件作品由上海书画出版社出版。黄伯君2件作品入国展并获奖；在“纪念叶浅予110周年诞辰全国中国画展”中柳伟获奖，何璟、袁伟、吴根才、李慧入展；李春雷作品入选首届全国美术教师作品展；何璟等4人入省第八届花鸟展；袁伟、袁东明等9人入“剿灭劣Ⅴ类水”省美术作品展；李慧作品入选第十七届省女花鸟画家展；方明恩作品入选省第十五届水彩粉画展；屠金勋等5人入杭州市喜迎十九大美丽杭州作品展；蓝银坤作品入“浙江省民主党派”喜迎“十九大”作品展。

县摄影家协会开展“到人民中去”摄影进山村免费拍全家福活动，承办“山水桐庐·醉美商务区”等4次摄影大赛。方文杰的《过客》获26届特伯纶奥地利超级摄影巡回展金牌及中国专题组亚军；程忠的《环抱》等7件入展意大利国际巡回展；刘森月的《牧羊曲》入展首届“秘境阿拉善”国际摄影大赛。王文平作品获“圣泉杯”摄影大赛二等奖。黄强、宋红星、王彤、程杰、王俐健、方文杰、刘森月、赵雄军等人17件作品入选国家级影展。另有27件作品获各类省市级奖或入展。

县民间文艺家协会出版故事集《走在故事路上——潘晓炜故事选》、承办2次省级少儿类故事比赛，举办全国故事表演师资培训班等，辅导学员3000人次。桐庐故事获国家级金奖等3人次，省级其余奖项20人次，市级奖项40多个；全年共举办各类故事沙龙9次。剪纸艺委会会员获省市级奖项30余个，开展剪纸交流等活动10余次。民间工艺类全年开展各类大小活动40多场次。

县戏剧家协会在上海、温州、台州和桐庐各乡镇等演出越剧100余场；开展送戏下乡活动，演出文化惠民30余场；排演新戏《何文秀》《血手印》；会员辅导戏曲进校园，指导春江小学“春江社团”开展活动；张玲伶、柳兰拜师毕派艺术家杨文蔚，成为毕派第三代传人；在杭州市委宣传部、杭州市文广新局主办的杭州市新剧节目会演中王健、张玲伶获优秀表演奖金奖，喻咪获优秀青年演员奖。

县音乐舞蹈家协会开展“第五季欢乐大舞台”品牌文化活动，参加首届全民运动节开幕式、2017新年晚会等多次大型活动；召开杭州市2017年音乐作品加工会暨“美丽桐庐”歌曲创作笔会，创作歌词作品40余首。编排优秀文艺节目，4件作品入选2017浙江省农村文化礼堂优秀群众文艺作品大赛；会员周剑镔参加“浙江省群众声乐大赛”获得金奖；5人次获杭州市歌手大赛总决赛金奖。“富春堂”艺术学校等音乐舞蹈作品获国家级15金17银15铜，省级8金6银。

县电影电视家协会向中央省市主流媒体报送选题，播出反映桐庐县特色亮点工作新闻390条；其中：28件（次）作品获得省市政府奖（新闻奖），5件作品获省二等奖，广播对农栏目获浙江省对农服务工程考核优秀，动漫配音作品获第十三届中国国际动漫节声优大赛个人赛优秀奖。举办桐庐县第八届少儿主持人大赛、“我是小主播”暑期实践活动、健康达人秀活动、《桐广大讲堂》、桐庐县富春江山水诗吟诵比赛（第1季）等活动；农村电影放映工程电影下乡活动，放映数字电影2435场，观众197630人次。

县诗词楹联学会会员皇甫汉昌编著出版《隐逸桐庐》，杨东增出版个人诗词专著《家的方向》，童超贵出版《诗影集》，范敏《蝶恋花·芦茨湾晨捕》、周保尔《行香子·黄金峡谷》《有莲盛开的环溪》入选“浙水千秋 最美杭州”征文；刘叶屏诗作《石舍香樟》等刊发在《星河诗刊》《浙江诗联》，获建德市作协举办的七夕诗词比赛三等奖；周秋萍《又见桂花开》等4首作品刊发在《长江诗歌》等刊物。

（李 龙）

·县科学技术协会·

【《全民科学素质行动计划纲要》实施】 2017年，县科协面向农村开展各类农民素质培训163期9065人次，完成全年计划任务的113.31%，其中：农村实用人才培训52期2570人次、农民转移就业技能培训17期630人次、农业适用技术培训43期2105人次、文明素质培训51期3760人次、新入库农村实用人才1172人、入库总数15174人。面向城镇劳动者开展职业技能培训149期6505人次，其中：自费培训项目23期725人次、“双证制”项目32期1425人次、技能鉴定5917人次、高技能人才培养705人次（含技师175人次），举行职业技能大赛3场，直接参加人数74人次，带动岗位练兵7650余人。面向未成年人，组织开展全县中小学生“校园科技节”和青少年科技创新大赛等活动，包括航模飞行、科普征文、科幻画、科学实验与科学考察等，参与者30000余人；在春江小学举行全县科技（科普）周启动仪式并开展“流动少年宫”进校园活动，让该校900多名小学生体验科技乐趣；邀请中国科学院老科学家科普演讲团2位科学家分别走进三合初中、学府小学为两校1000余名中小学生作科普报告，建成合村中心幼儿园“科学发现室”并投入使用。面向领导干部和公务员，组织参加“杭州市第七届领导干部和公务员科普知识网络竞赛”活动，参与率和合格率均为100%。面向社区居民，组织开展“食品药品安全知识进社区”“急救知识进社区”“防灾减灾”等活动，邀请相关专家举办“保健食品安全科普”“老年人妇科疾病的预防和治疗”等健康科普知识讲座，累计向社区居民发送《公民科学素质知识问答》《食品与健康》《老年病预防知识》《四季科普2017》等科普宣传资料6000余册，展出科普宣传图板90余块。

【“院士专家桐庐行”活动】 2017年，县科协组织开展第六次“院士专家桐庐行”活动，邀请中国工程院院士、机械工程专家谭建荣及其团队到桐庐县杭州中水科技股份有限公司调研指导、对接交流，与该企业建立长期科技合作关系，发挥专家团队在机械制造与自动化应用等方面的优势，促进企业向智能制造转型升级；邀请中国科学院院士、核材料领域顶级专家葛昌纯到桐庐县浙江润祁节能科技有限公司，开展先进核反应堆材料研发及核电汽水分离再热器（MSR）换热元件推广与改进的合作，使该企业在推进产学研合作、引进聚集高层次人才、提升自主创新能力等方面迈出了新的步伐；配合杭州康基医疗器械有限公司科协举办院士专家工作站第四次工作会议暨学术研讨会，邀请中国工程院院士、北京协和医院妇产科主任郎景和及全国各大三甲医院妇产科100余名学科带头人来桐庐参加会议和学术活动，7位知名专家作学术报告，对该公司“宫腔适形屏障装置”“一次性球囊穿刺器”等新产品开展研讨和推介。是年，县科协指导县中医院创建“孙光荣国医大师专家工作站”，被认定为杭州市级专家工作站。

【科普宣传活动】 2017年，县科协借助第六届“桐庐百姓日”平台，组织开展科普宣传活动，向公众发送科普读物和农业实用技术书籍5000余册、印有“普及科技知识 提高科学素养”等宣传标语的环保袋500余只；联合县科技局举办2017年科技（科普）周活动，组织所属学（协）会开展科普宣传、义诊服务和科技咨询活动；在县城中心广场举办“2017年全国科普日暨防范邪教宣传月科普文艺晚会”，围绕“创新驱动发展、科学破除迷信”主题，演出《喜迎十九大》等20多个文艺节目，期间穿插“有奖科普知识竞答”，吸引2000余名干部群众参与；指导配合各乡镇（街道）科协、所属县级学（协）会，以及村（社区）开展各类科普宣传活动60余场次，举办科普讲座22场，累计发送科普读物和农业实用技术丛书单行本4.8万余册、科普图片8460余幅，展出科普图板280余块次，受众10万人次。同时，推进“科普文化进万家”活动，依托“桐庐科普”微博、微信公众平台开展科普宣传，全年累计发布各类科技科普信息720条，吸引2.6万余名公众“关注”；在《今日桐庐》开辟《科普天地》栏目，全年刊发6期；开展“科普进公交、进楼宇”等活动，扩大受众覆盖面；试点建成桐庐科普馆、分水镇、桐君街道东门社区、莪山民族小学“科普E站”，推动科普信息化建设。是年，县城中心广场科普宣传橱窗获得“杭州市科普画廊优胜奖”，县科协被杭州市科协评为“2017年度市级优秀单位”。

【农函大科技培训】 2017年，县农函大依托全县各乡镇（街道）农函大辅导站点，开办一年制班30个，招收学员1056人，举办短期培训122期，培训学员6050余人次。根据“三农”需求，开设粮油、水产、水果、山核桃、香榧、竹笋、蚕桑、中药材、茶叶、养蜂等专业。是年，县农村科技示范户（科普带头人）翁立军、洪国根、姚红玉、蒋元昌获评“农民高级技师”职称。

【学（协）会工作】 2017年9月15日，县科协会同杭州市食品营养学会举办以“推进蜂产品科技创新，促进养蜂业健康可持续发展”为主题的“蜂产品与产业高峰论坛”，邀请中国养蜂学会、浙江大学、中国农业科学院、中国质量万里行生态蜂业专业委员会、浙江省蜂业协会的蜂学及蜂产品行业专家作学术报告。县农技协联合会组织竹笋专业合作社负责人和部分种植大户10余人到临安市相关企业、基地考察取经。县蜂业协会组织全县109名养蜂专业大户开展养蜂技术集中培训。县农学会、林学会服务“三农”，组织开展送科技下乡、送服务上门等活动，指导救治“百年马尾松”。县教育学会学前教育分会组织举办“语言领域核心经验”报告会，全县180余名会员参加。县医学会联合县第一人民医院实施杭州市级继教项目“急性肾损伤诊治新进展”，邀请上海交通大学医学院附属瑞金医院肾脏病科副主任张文、杭州市第一人民医院肾内科主任王鸣等专家出席开班仪式并作专题讲座。县反邪教协会在县城中心广场科普宣传橱窗内举办以“抵制邪教、共建和谐”为主题的反邪教宣传图板展览。县老科技工作者协会会长陆文虎获中国老科技工作者协会奖，协会联合县有关部门对全县蜂产业进行调研撰写的调研报告得到县委书记朱华批示肯定。开展优秀学术论文的评审，评出县级优秀学术论文78篇。

【首个“科技工作者日”活动】 2017年5月30日是中国首个“全国科技工作者日”，节日前夕，县科协组织部分优秀科技工作者（科普工作者）赴杭州参观首届中国国际茶叶博览会和G20杭州峰会主会址，会同县老科协等学（协）会和分水、百江、合村等乡镇（街道）科协开展“健康科普下乡”等活动16场，表彰2016年度科协工作先进集体19个、先进个人25名。

（方向明　施武民）

·红十字会·

【概况】 2017年，桐庐县红十字会下属团体会员单位22个，其中乡镇（街道）14个、医疗卫生单位6个、行业红十字会2个，中小学校红十字会42个，村、社区红十字会组织机构11个。

【五届二次理事会】 2017年9月14日，召开桐庐县红十字会五届二次理事（扩大）会议，副县长、县红十字会会长周建英参加会议并作讲话。会议听取并审议通过县红十字会五届理事会工作报告及2016年度捐赠收支情况报告，表决通过《关于调整县红十字会五届理事会部分理事、常务理事及副会长的议案》，进一步调整、充实理事队伍。

【博爱帮困】 2017年，桐庐县红十字会开展“博爱送温暖”活动，杭州烟草公司桐庐分公司捐赠救助款38.1万元，对全县8个乡镇（街道）11个村的381户困难户进行慰问。杭州市红十字会“情暖杭州、红十字博爱送万家”慰问活动，为桐庐县42户困难户送来1000元慰问金及食用油等慰问物资，慰问款物共计48300元。是年，继续实施博爱助学金、教师爱心互助金等专项救助项目，共救助困难群众1000余人次，发放救助款物92.31万元。

【募捐筹资】 2017年，浙江百谷医疗科技有限公司通过县红十字会向窄溪小学捐赠图书1000余册，价值1.5万元，该公司六年来已累计捐赠图书9254册，合计19万余元。10月，滨和环境建设集团有限公司通过县红十字会向合村乡岭源村捐助爱心款7万元，用于乡村基础设施建设。浙江乐创投资管理有限公司等12家企业通过县红十字会向合村乡捐助爱心款4.4万元，用于救助合村乡困难群众和困难老人。是年，县红十字会共募集爱心款物69.26万元。

【救护培训】 2017年，县红十字会继续做好桐庐县初中学校应急救护培训进课堂常规化工作，同时启动桐庐县高中阶段应急救护培训复训工作。是年，在县职业技术学校举行救护培训两场，共培训教师、学生450人次，320人取得救护员证。11月，到富春高中为600余名学生开展救护培训，460人取得救护员证。全年，共培训救护员1000余名。每月安排2—3场初学驾驶员救护培训班，初级驾驶员培训率100%。结合全国文明城市创建活动，先后在杭州商学院、海康威视公司、浙江金帆达生化股份有限公司、桐庐职业技术学校、县妇幼保健院、县实

县红十字会组织机关干部和志愿者慰问90岁以上老年人

验幼儿园等地开展大型急救培训。针对夏季溺水高发情况，联合县政协医卫组到富春江镇芦茨村开展应急救护培训。同时，联合瑶琳镇政府在后浦村文化礼堂举行“户外拓展＋救护培训基地”挂牌仪式，成立公益救援服务培训基地，定期开展培训。

【应急救援能力建设】 2017年初，富春公益救援中心成立。县红十字阳光救援队和富春公益救援中心积极参与110社会联动，协助相关部门开展失踪人员搜救等工作。是年，两支救援队共参与失踪人员搜救20余起。6月25日，兰溪发生洪灾后，县红十字阳光救援队紧急奔赴现场开展救援工作。夏季溺水高峰期间，县红十字会联合富春公益救援中心、县海事局在富春江流域开展水上劝导活动。

【造血干细胞及人体器官捐献工作】 2017年，县红十字会开展造血干细胞、器官捐献宣传动员工作，利用“5·8”红十字纪念日在公共场所设摊咨询，传播造血干细胞、器官捐献相关知识。是年，桐庐县共有52例造血干细胞血样入库，3人进入高配，1人进入体检，7人进入初配。器官、遗体捐献登记8人，成功捐献器官2例。对器官捐献家庭子女慰问2人次，安排造血干细胞成功捐献志愿者全身体检一次。

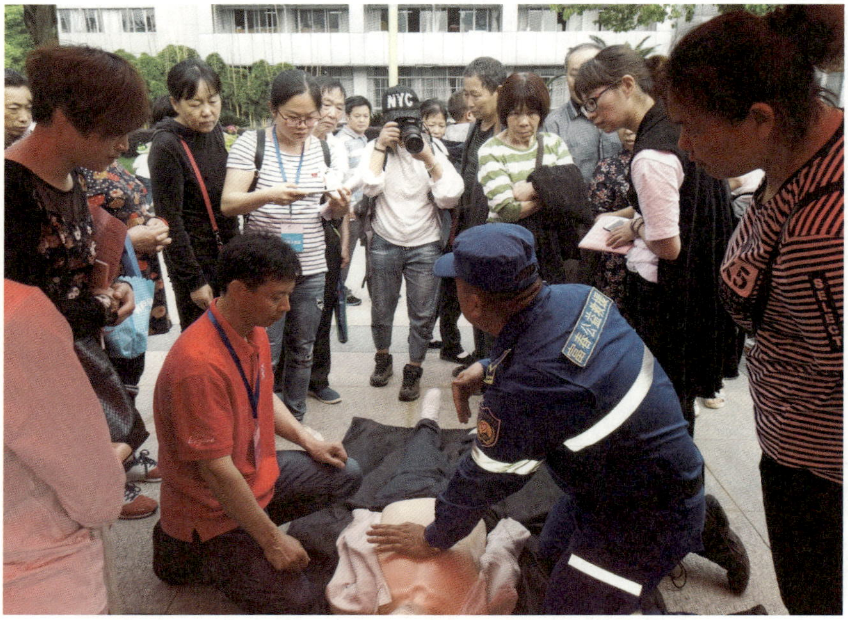

县红十字会在中心广场开展心肺复苏技能操作演示

【志愿服务】 2017年，县红十字会组织志愿者参与全国文明城市创建志愿服务活动60余次，参与人数达140余人次。每周组织党员干部到县城迎春街开展文明劝导活动，到桥北社区开展文明共建，清除楼道垃圾，做好“楼道管家”。结合“3·5”学雷锋日、世界红十字日等，组织志愿者到新合小学开展心愿认领送学习用品，到荻浦、瑶琳等敬老院慰问老年人，送去180箱牛奶等慰问物资。

（汪丽群）

农业农村

Agriculture and Rural Affairs

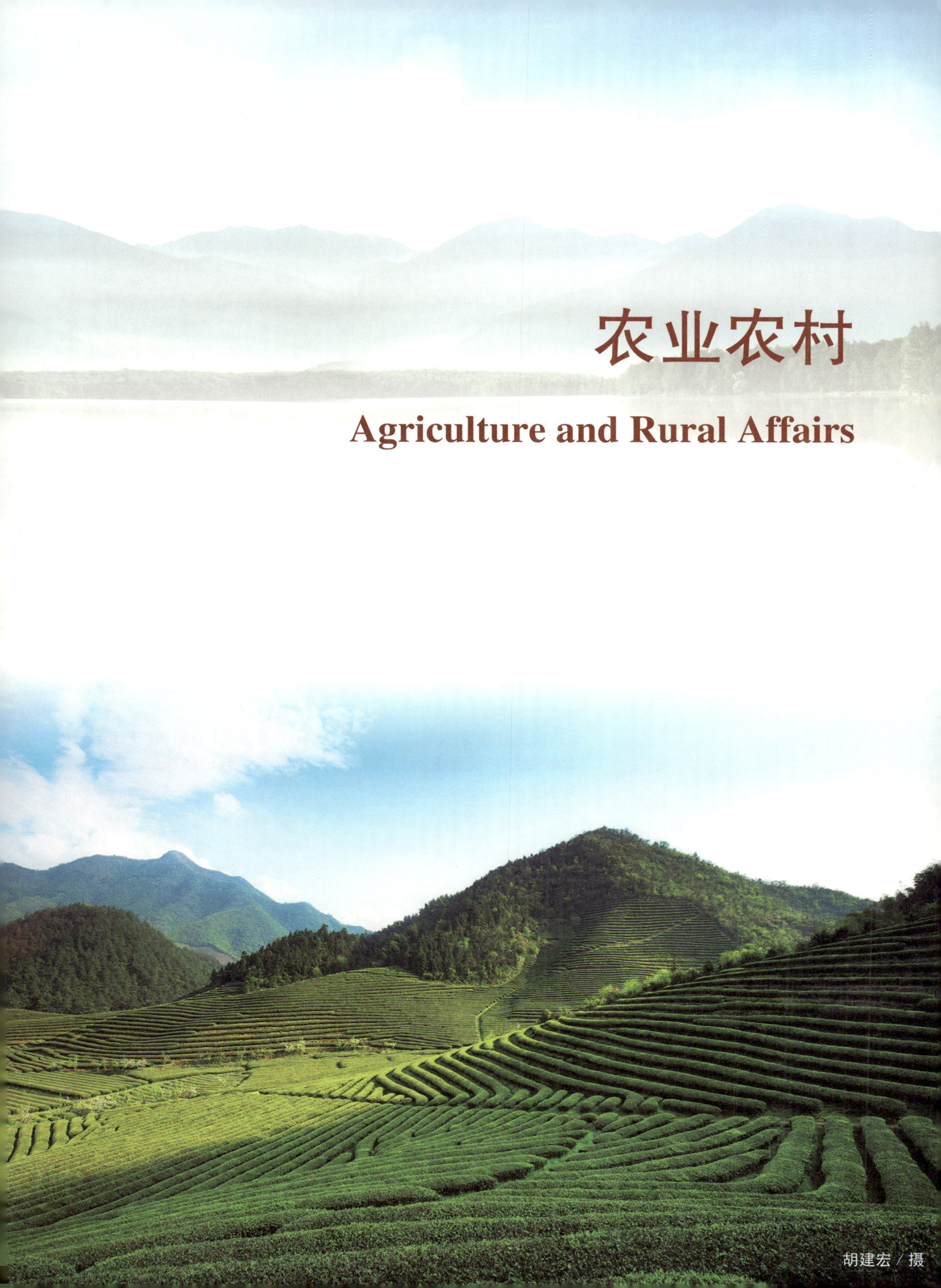

胡建宏／摄

农业农村

·综述·

【概况】 2017年，桐庐县农业农村工作深入学习贯彻中共十九大精神，突出“农业增效、农民增收、农村增活”这一主线，涉农各项工作取得较好成效。第二届中国（桐庐）国际民宿发展论坛精彩举办，村级集体经济快速增长，民宿经济（农家乐）发展迅猛，全国土地经营权入股试点改革先行先试。是年，实现农林牧渔业增加值25.48亿元，同比增长2%，农村居民人均可支配收入26785元，同比增长8.8%。

【政府购买村级服务】 2017年，桐庐县出台《关于购买村级服务的指导意见（试行）》，投入财政资金7311万元，首次以政府购买村级服务的形式开展乡村运维管理工作。由乡镇（街道）人民政府按照一定的方式和程序，向具备条件的村级集体经济组织购买村级运维等服务事项，签订购买村级服务合同，按照“合同管理、绩效评价、信息公开”的原则，村级集体经济组织按照合同约定负责做好职责范围内的村级服务事项，乡镇（街道）人民政府（办事处）根据合同约定向其支付费用，最终实现政府出钱、村出力，村集体获得经营性收入、村民得到劳务工资、村庄环境和基础设施得到有效维护管理目标。

【区县协作】 2017年，桐庐县与拱墅、滨江、富阳三区共落实协作资金1亿元，完成美丽乡村、民宿产业、教育共建、镇街结对和协作共赢5大类56个共建项目年度任务。开发区学校项目教学楼二层竣工，海康威视安防产业生产制造基地项目完成投资3.8亿元，施强制药复方玄驹胶囊中成药研发生产三期项目完成投资1.2亿元，阿尔法人工智能产业田园小镇项目正式签约。旅游市场客源互送，举办拱墅—桐庐汽车大联展、桐庐县优质农产品迎新春展销会，邀请协作城区市民代表参加“桐庐百姓日”等活动。杭二中桐庐创新实验班、长河高中分水励志班正式招生。县内各级医院与主城区省市名院合作更加深入，市第一人民医院携手县第二人民医院提升医疗服务水平。

【美丽乡村建设】 2017年，桐庐县启动第二批70个村的生态修复工程，以农村道路、村内桥梁、沟渠、线杆、公共厕所、拆后景观修复等为重点，全面提升农村整体环境。完成9个县级精品村建设任务，建成2条市级精品示范线（瑶琳仙境外婆家精品线路和分水镇霞客古道精品线），共实施项目16个。新启动风情小镇建设1个（合村生仙里），实施项目7个。完成第三批历史文化村落保护利用重点村1个（茆坪村）、一般村4个建设任务。推进建设第四批历史文化村落保护利用重点村2个（梅蓉村和徐畈村），实施项目14个；启动第五批历史文化村落保护利用工作，并成功申报第六批历史文化村落保护利用重点村2个和一般村4个。完成6个富春民居示范村建设，2个杭派民居示范村有序推进。

【“联乡结村”帮扶工作】 2017年，莪山畲族乡、百江镇、

芦茨村

瑶琳镇、合村乡、新合乡等5个市级帮扶乡镇与市帮扶集团积极开展帮扶活动，落实帮扶项目24个，到位资金800万元。全县实施经济薄弱村“双包双引”帮扶项目55个，安排资金750万元，落实扶贫重点村帮扶项目12个，安排资金225万元，超额完成年度500万元考核任务。实现低收入农户可支配收入12718元，同比增长13.6%。实施异地搬迁项目7个、农户301户、人口1173人，其中城镇安置268户、1113人，零星安置33户、60人，发放补助资金351.9万元。

【惠农金融】 2017年，桐庐农信担保公司和供销农信担保桐庐分公司共完成117笔1.63亿元的涉农担保业务。勤优农产品专业合作社联合社资金互助会投放互助金110笔1295.5万元，收回互助金69笔905万元，吸收互助金305万元，缓解社员发展农业融资难的问题。加强与桐庐农商银行合作，解决种粮大户、龙头企业、合作社以及电子商务企业融资难题，累计发放种粮大户贴息贷款25万元、林权抵押贷款1400万元，对县域内“安厨”等农业电子商务企业发放贷款2925万元。

【第二届中国（桐庐）国际民宿发展论坛】 2017年10月16—17日，桐庐县成功举办主题为“设计，让乡村更美好；民宿，让市民更向往”的第二届中国（桐庐）国际民宿发展论坛暨2017国际乡村（民宿）设计大会。国内外知名专家、学者、设计师参加并作分享交流；论坛宣布国际民宿发展论坛永久落户桐庐，发布桐庐美丽乡村发展基金；国内民宿行业最大综合服务平台“借宿”与县农办签订战略合作协议；总投资3.65亿元的5个精品民宿项目签约落地；20余家国内外主流媒体参加并对论坛进行全面报道。

国际民宿发展论坛永久落户桐庐仪式

【农业保险】 2017年，桐庐县共办理农业保险169户，保险总额282.42万元，赔付296件203.4万元，有力维护参保农户的利益，降低农业生产风险，减少农民经济损失。

【农村集体产权交易】 2017年，桐庐县新发布农村集体产权交易信息132笔、成交92笔、成交金额3154.46万元。其中农村集体产权成交35笔，成交金额2511.92万元，农村闲置房成交57笔，成交金额642.54万元。

【村级集体经济发展】 2017年，桐庐县实现集体经济总收入15749.16万元，比2016年增加5574.33万元，同比增长54.8%，村级债务34335.16万元，比2016年减少24600.9万元，同比减少41.7%，消除集体经济年收入不足30万元的薄弱村84个（共124个），完成67.7%，消除经营性收入不足5万元的薄弱村72个（共83个），完成86.7%。

【农村土地承包经营权确权颁证】 2017年，桐庐县农村土地承包经营权确权颁证完成土地测绘外业工作，完成承包方调查数75607户，确权农户70935户，完成实测承包地面积12358.2公顷；第一轮签字基本完成，签字率98.14%；通过省测绘站对桐庐县的测绘专项验收；全面进入二轮签字和承包合同签字，签字率18.5%。

【全国土地经营权入股试点改革工作】 2017年，县农办牵头编制《桐庐县农村土地承包经营权入股设立公司登记和管理暂行办法》《桐庐专业合作

桐庐县美丽乡村发展基金成立仪式

社章程》示范章程，编印《桐庐县土地经营权入股合作合同书》《桐庐县林地流转合同书》《桐庐县土地经营股份合作组织成员股权证》等标准文本，起草财务管理、社员（股东）管理、“三会”（社员或股东大会、理事会、监事会）工作、生产经营、项目投资、盈余分配、档案管理、事务公开等系列制度和部门岗位职责，规范组织运行。是年，指导凤川街道三鑫村农民之家创业服务社土地经营权入股凤鑫玫瑰科技开发有限公司；百江农发、钟村畈粮油专业合作社社员开展土地经营权入股；完成2家粮油专业合作社土地经营权入股博润农业企业试点。7月，在全国土地经营权入股产业经营试点总结工作汇报会议上，桐庐县试点工作得到农业部充分肯定。

【“农民之家”创业服务社】 2017年，桐庐县新增“农民之家”创业服务社33个、示范社12个，指导8个“星创天地”“农创客服务中心”创业服务平台建设，共组织19场培训，参与人数950人次，孵化创客23人、企业5家，为50人提供就业岗位。完成“农民之家”创业服务社产业扶持项目13个，投资资金1148.77万元，建成旧县街道母岭村的桂花酿酒生产基地、合村乡后溪村的农业休闲体验区、百江镇养老服务中心等项目。莪山畲族乡中门民族村“农民之家”创业服务社建成标准化生产基地，具有地方特色的“黄金粽”上市以来订单不断，全年销售额300万元。

【农村集体“三资”管理工作】 2017年，桐庐县继续推行“村账民管”制度，扩大“村账民管”村的试行范围，新增“村账民管”村42个。针对用现金支付时，存在代领、冒领各种补偿款、误工工资、零星工程款等隐患，各乡镇（街道）与桐庐农商银行合作，开通网银支付渠道，由村报账员列出支付明细，通过网银提交乡镇（街道）

2017年桐庐县新组建农民专业合作社

表7

合作社名称	工商注册时间	合作社名称	工商注册时间
桐庐桐官农产品专业合作社	2017-01-18	桐庐春成蕃薯专业合作社	2017-06-16
桐庐楠芳苗木专业合作社	2017-03-22	桐庐深山果覆盆子专业合作社	2017-06-29
桐庐依好农产品专业合作社	2017-03-30	桐庐亿发农产品专业合作社	2017-08-11
桐庐凡人蜂业专业合作社	2017-04-11	桐庐县菜园子农业专业合作社	2017-08-18
桐庐旭发蔬菜专业合作社	2017-04-21	桐庐郡之地农业专业合作社	2017-08-28
桐庐利锦苗木专业合作社	2017-04-28	桐庐县裕胜石蛙专业合作社	2017-09-13
桐庐陈佐水稻专业合作社	2017-05-09	桐庐依家农产品专业合作社	2017-11-14
桐庐映红苗木专业合作社	2017-05-18	桐庐后溪水果专业合作社	2017-11-20

“三资”管理中心审核确认后，直接将支付款项划拨到农户的银行存折上，实现现金零支付，确保支付款项的真实性，网银支付零现金工作在全县行政村实现全覆盖。

【农业新型经营主体培育】 2017年，桐庐县新增合作社16家、联合社1家，清理注销合作社13家（历年累计注销73家）。开展合作社规范运营座谈式精准培训2期50人次，组织参观学习县外优秀合作社发展经验1期。全县共有503家合作社、12家联合社，实现产值8.7亿元。推广“互联网+”发展思路，引导40余家农业龙头企业、合作社“触网”，尝试电商发展新模式。挖掘特有的农业文化，组织申报1个省级茶叶全产业链示范点，2个中国农业文化遗产项目（江南耕阜文化、钟山御茶园）。组织申报国家级粮油加工企业1家；成功创建省级农业龙头企业2家（富新食品、安厨电子）、市级农业龙头企业1家（畲洪禽业）。完成6家省级农业龙头企业、17家市级农业龙头企业考核复评，全县农业龙头企业年销售产值30亿元。

桐庐县民宿行业协会成立暨第一次会员大会

【质量品牌提升工程】 2017年，桐庐县新增浙江名牌产品1个，杭州市名牌产品3个。农产品有中国驰名商标4只、浙江名牌13只、浙江名牌农产品2个、省著名商标15只、杭州名牌29只、市著名商标26只、区域品牌1只、农产品地理标志2个。

【桐庐县民宿行业协会成立】 2017年6月8日，桐庐县民宿行业协会成立暨第一次会员大会召开。会议听取桐庐县民宿行业协会筹备工作情况汇报，选举产生第一届理事会、监事会成员，发布《桐庐县民宿文明经营倡议书》，叶洪波当选理事长。协会吸纳会员100余人，并聘请浙江外婆家餐饮有限公司创始人吴国平为桐庐县民宿经济发展顾问、民宿行业名誉会长。

【农家乐（民宿）】 2017年，桐庐县新增民宿经营户67户、床位845张，全县总量达到550户、床位10105张；精品民宿90个，其中营业64个、在建22个、签约4个。全县农家乐、民宿接待游客412.6万人次，营业收入26300万元，分别同比增长24.6%、24.2%。其中，云夕戴家山被评定为浙江省首批金宿级民宿，大山初里民宿、

2017年桐庐县被认定的名牌产品

表8

序 号	认定类别	生产企业名称	产品名称
1	浙江名牌产品	桐庐盛林苗木专业合作社	富农牌苗木
2	杭州名牌产品	桐庐禄源食用菌专业合作社	商健牌食用菌
3	杭州名牌产品	桐庐畲洪禽业有限公司	畲洪牌土鸡
4	杭州名牌产品	桐庐翡留香农业开发有限公司	榧留香牌香榧

2017 年成功创建的民宿示范点（村）

表 9

项目名称	创建单位	文件号
金宿级民宿	云夕戴家山	浙旅产业〔2017〕142 号
杭州市农村现代民宿示范点	大山初里民宿	市农办〔2017〕96 号、杭财农会〔2017〕209 号
	云夕深澳里	
	瞬间	
	溪山行旅	
	天方夜潭	
	梧桐小筑	
	柴·舍	
	语逅恬情	
	优宿百水居	
	独幽处	
	戴家山 8 号	
	乐之野民宿	
杭州市农村现代民宿示范村	分水镇新龙村	
	新合乡新民村	

云夕深澳里、瞬间等 12 个民宿成功创建杭州市农村现代民宿示范点，分水镇新龙村、新合乡新民村创成杭州市农村现代民宿示范村。深化民宿办证“最多跑一次”改革，建立完善部门联审机制，实行“一站式”办理程序，全年联合验收 67 家，办理营业执照 46 家，累计发证 529 家。召开民宿安全生产经营大整治工作会议，下发《关于做好民宿、农家乐安全生产经营工作的通知》。按照“民宿开到哪里，培训跟到哪里”的原则，对全县民宿从业人员开展消防安全、治安管理、食品安全、标准服务等技能培训。

【农民素质培训工程】 2017 年，桐庐县举办各类培训班 163 期，培训农民 9065 人，完成年度计划的 113.31%。其中，举办农村实用人才培训班 52 期，培训 2570 人；农民转移就业技能培训班 17 期，培训 630 人；农业适用技术培训班 43 期，培训 2105 人；文明素质培训班 51 期，培训 3760 人。

桐庐县第九批优秀农村工作指导员名单

表 10

类 别	姓 名	派出单位	派驻村
市派指导员	何 彦	市委组织部	合村乡高凉亭村
	宋云蔚	市农办	百江镇苧坑村
	张延恒	市农科院	瑶琳镇永安村
县派指导员	王金法	县交运局	新合乡新四村
	刘金水	县国土局	江南镇彰坞村
乡镇（街道）派指导员	桂向政	城南街道办事处	中杭经联社
	吴秀萍	城南街道办事处	大丰村

续表 10

类 别	姓 名	派出单位	派驻村
乡镇（街道）派指导员	许晓翔	桐君街道办事处	阆苑村
	王 芬	旧县街道办事处	西武山村
	乔胜华	凤川街道办事处	柴埠村
	方 新	江南镇政府	窄溪村
	陈新毅	江南镇政府	深澳村
	徐利群	富春江镇政府	上泗村
	章立明	横村镇政府	横村村
	龚汉群	横村镇政府	九岭村
	石亚明	瑶琳镇政府	皇甫村
	毕 欢	分水镇政府	塘源村
	蒋伟军	百江镇政府	罗山村
	邱林峰	钟山乡政府	高峰村
	蓝 清	新合乡政府	新民村
	俞杭琴	莪山畲族乡政府	新丰村
	江炜鹏	合村乡政府	三源村

2017年市、县选派村第一书记和第十批农村工作指导员名单

表 11

类 别	姓 名	派出单位	派驻村
市派指导员	何兴桃	市文广新局	合村乡瑶溪村
	李 翔	市民宗局	莪山乡中门村
	童诚礼	拱墅区	新合乡新民村
	陈竹青	下城区城管局	百江镇乐明村
	王伟科	市农科院	瑶琳镇何宋村
县派指导员	毛伟勇	县市监局	旧县街道鸿儒村
	王文霞	开发区管委会	凤川街道外源村
	孔 建	县人大办	富春江镇里董村
	邵樟庆	县法院	新合乡新合村
	易 辉	县国土局	江南镇金茂村
	洪芳良	县政协办	江南镇石泉村
	姚春贤	县经信局	横村镇东南村
	汪学文	县人社局	横村镇双溪村
	孙宽明	县民政局	莪山乡尧山村
	童海鹏	县财政局	钟山乡陇西村
	申屠铭	县科技局	钟山乡城下村
	龚建政	县机关事务局	瑶琳镇舒家村
	戴桂琴	县纪委	瑶琳镇高翔村

续表 11

类 别	姓 名	派出单位	派驻村
县派指导员	钱华嫣	县总工会	分水镇砖山村
	陈 刚	县国投公司	分水镇儒桥村
	吴根仙	分水江工程局	分水镇盛村村
	李 磊	县农林局	百江镇郭村村
	顾正中	县水利局	合村乡三源村

【农村工作指导员】 2017年，第九批农村指导员任期结束，侯志高、毛伟勇、王振、王森强和蓝俊杰5人被评为省优秀农村工作指导员，何彦等22名同志被评为桐庐县第九批优秀农村工作指导员。县级选派的第一书记和第十批农村工作指导员合二为一，共18人，到12个乡镇(街道)开展驻村工作，派驻时间从2017年10月开始至2019年9月底，为期二年。杭州市选派到桐庐的第一书记和第十批农村工作指导员5名，分别到新合乡、莪山畲族乡、百江镇、合村乡、瑶琳镇开展驻村工作。

（叶生月）

·农林业·

【概况】 2017年，县农业和林业局（以下简称县农林局）坚定不移抓好调结构、强产业、抓改革、补短板、促增收等各项工作，全县农林经济发展实现稳中有进、稳中提质、稳中增效、稳中向好的良好态势。是年，桐庐县被浙江省防控农林植物重大疫情指挥部综合评为2016年度全省重大农业植物疫情防控工作考核优秀单位；被省林业厅命名为“浙江省林业现代化试验示范县”。

【粮油作物】 2017年，桐庐县粮食作物播种面积12300公顷，总产量77516吨，每公顷产量6302公斤，与2016年相比，总面积下降2613公顷，总产量下降14384吨，每公顷产量增140公斤。推广生产机械化技术（机收、机插）6520公顷、单季稻“五改”（将生育期相对较短品种改为生育期相对较长品种；将迟播迟栽改为适时早播早栽，缩短移栽秧龄；将适当密植改为单本稀植；将以化肥为主重前期施用改为增施有机肥重视穗肥的施用；将水层深灌改为浅湿灌溉）技术4750公顷、水稻强化栽培技术3250公顷。

【蔬菜】 2017年，桐庐县蔬菜播种（复种）面积6455公顷，同比减少112公顷，其中常年性蔬菜播种面积4777公顷，同比减少66公顷；山地蔬菜播种面积1678公顷，同比减少46公顷。总产量19.9万吨，同比减少0.4万吨，总产值4.49亿元，同比增长0.71亿元。全年蔬菜设施栽培应用面积357公顷，其中钢架大棚243公顷，中小棚114公顷；应用遮阳网183公顷、防虫网3.4公顷、杀虫灯400盏；滴灌等节水技术应用382公顷。是年，新建市级“菜篮子”基地3个，引进茄子、番茄等优新品种4个，栽培食用菌50万袋。引进珍稀食用菌羊肚菌、秀珍菇、桑黄等新品种，新建示范基地3.33公顷。

【蚕桑】 2017年，桐庐县桑园面积885.3公顷，同比减少354.6公顷，主要分布在分水、合村、瑶琳3个乡镇，全年饲养蚕种15810张，同比增长14.7%；总产茧787.8吨，同比下降16.5%；平均单产49.8公斤，同比增长7%；蚕茧总产值3061.4万元，同比下降2.5%；平均单价每50公斤1973元，同比增长18.5%。是年，新发展果桑面积5.33公顷，种植大果10号、台湾长果等果桑苗5万株。

【茶叶】 2017年，桐庐县茶叶面积4287公顷，茶叶总产量3850吨，同比增长24.19%；总产值33540万元，同比增长9.61%；其中名优茶产量475吨，同比增长9.2%，产值26210万元，同比增长10.13%；名茶雪水云绿产量215吨，产值16200万元。

是年，新发展无性系良种

桐庐县 2016—2017 年粮油作物生产情况

表 12

类 别	小 类	2017 年	2016 年
1. 春粮	面积（公顷）	1440	2113
	总产量（万吨）	0.52	0.48
2. 水稻	单季稻面积（公顷）	5000	5667
	其中：1. 杂交水稻面积（公顷）	4150	4709
	2. 常规粳糯稻面积（公顷）	850	958
	单季稻总产量（万吨）	4.39	4.64
	水稻每公顷产量（公斤）	8780	8190
3. 夏秋旱粮	夏秋旱粮总播种面积（公顷）	5830	7040
	其中：1. 玉米面积（公顷）	1967	2067
	2. 大豆面积（公顷）	1320	2134
	3. 甘薯面积（公顷）	1685	2200
	4. 其他谷物面积（公顷）	733	174
	夏秋旱粮总产量（万吨）	2.85	3.77
	其中：1. 玉米总产量（万吨）	1.07	1.12
	2. 大豆总产量（万吨）	0.41	0.86
	3. 甘薯总产量（万吨）	0.85	1.57
	4. 其他谷物总产量（万吨）	0.39	0.08
4. 油菜	油菜种植面积（公顷）	5667	6000
	其中：双低油菜面积（公顷）	5486	5760
	油菜总产量（万吨）	1.34	0.92
	其中：双低油菜每公顷产量（公斤）	2370	1530

说明：春粮面积包含马铃薯

茶园 30 公顷，改造中低产茶园 230 公顷，引进名茶连续化生产线 1 条，新建县级标准化茶厂 2 家。引进推广“鸠坑早”“白叶一号”“郁金香”等茶叶良种 3 个。在新合乡新四村、瑶琳镇姚村村、百江镇联盟村等 6 个点实施茶叶政策性保险工作，参保面积 140 公顷。3 至 4 月，举办桐庐县第七届“全民饮茶日”活动：举办桐庐钟山天尊贡芽开茶节、桐庐瑶琳“瑶池白茶”文化节、桐庐新合“雪水云绿”开茶节等茶事活动。是年，在上海国际茶业博览会上雪水云绿茶再获金奖；参加在杭州举办的首届中国国际茶叶博览会，“雪水云绿”茶被选为大会指定品鉴用茶；参加湖北五峰举办的“中国茶叶大会”，天尊贡芽茶获中华文化名茶称号。

【水果】 2017 年，桐庐县水果生产总面积 5076.18 公顷（其中西甜瓜 1105.6 公顷），同比减少 0.82%，总产量 8.14 万吨，同比减少 3.52%，总产值 4.72 亿元，同比增长 9.61%，其中梨总面积 1379.67 公顷，总产量 2.2 万吨，总产值 1.22 亿

茶 园

元，分别同比减少2.59%、减少1.85%和增长1.58%；桃总面积874.07公顷、总产量1.04万吨、总产值0.97亿元，分别比2016年增长3.08%、11.10%和18.32%。

是年，引进推广水果新品种20余个，新发展水果面积123.67公顷，主要为桃、杨梅和蓝莓。完成实施中央财政支持农民合作社创新试点项目；完成“2017—2018年省果品产业技术创新与推广服务团队项目”中期验收；培育桐庐县精品水果示范园2个；实施其他各类项目30余个。新建梨桃网室、杨梅避雨等设施栽培技术示范园7个，沼液滴灌应用10个。举办“第九届山花节”等各类水果采摘节庆活动12期。组织参加省、市各类水果展销和评比活动，获奖12项，其中“桐江”牌钟山蜜梨获“浙江省农业之最擂台赛”一等奖和“浙江省精品果蔬展销会”金奖，并获“杭州市民最喜爱水果”称号。

【中药材】 2017年，桐庐县草本中药材种植面积595.3公顷，比2016年增加13公顷。主要品种有黄精、白及、石斛、浙贝母、栝楼、灵芝、元胡、柴胡、前胡等。是年，中药材产值16778万元，比2016年增加3007万元。

【食用菌】 2017年，桐庐县食用菌栽培面积520万袋（亩、平方尺），较2016年略有上升，总产量2522吨，总产值2199万元，分别同比增长6.63%和9.73%。

【水产】 2017年，桐庐县淡水养殖面积1420公顷，产量8923吨，比2016年增加0.01%；其中淡水养殖产量为8583吨，同比下降0.44%；淡水捕捞产量为340吨，同比增长12.96%。淡水渔业总产值为20119万元，同比下降4.99%；其中养殖水产品为18534万元，水产苗种生产为200万元，捕捞为1385万元。是年，全年推广落实池塘循环流水养鱼、底部增氧技术，混养、轮养、种养结合生态养殖模式和技术，推广面积980公顷。组织实施示范项目3个，推广面积15公顷，扶持科技示范户20户。开展渔技110电话、下乡辅导和技术咨询服务800余人次。

【蜂业】 2017年，桐庐县拥有蜂群数6.76万群，生产蜂蜜5500吨、王浆265吨、蜂蜡70吨、花粉70吨，蜂产品产量5905吨，全年养蜂产值10160万元，同比增长16.0%。全年蜂产品经营企业经营蜂蜜710吨、蜂王浆115吨、蜂花粉55吨、蜂胶2.2吨，销售额4600万元，同比增长8.0%；全县主要蜂产品加工企业加工销售蜂蜜5200吨、蜂王浆1210吨、蜂花粉400吨、蜂蜡310吨、蜂胶60吨，销售产值6.3亿元，全年产业链产值7.77亿元。是年，杭州和蜂园保健品有限公司（品种：蜜蜂）成功创建浙江省美丽牧场。“蜂之语”牌蜂胶软胶囊、“万事吉”牌蜂王浆含片获2017浙江省蜂产品十大名品称号。

【畜禽生产】 2017年，桐庐县保留规模畜禽养殖场93家，关停拆除畜禽养殖场6家；年底存栏生猪8.1万头，同比减少4.67%，出栏生猪14.76万头，同比减少14.19%；存栏家禽70.67万羽，同比减少5.46%，出栏家禽97.58万羽，同比减少5.47%；存栏羊1.52万只，同比减少9.52%；存栏牛2440头，同比减少0.81%。肉类总产量14238吨，同比减少

9.23%；禽蛋产量4529吨，同比减少4.15%。是年，创建省级美丽生态牧场7家，其中2家被评为杭州市标杆美丽生态牧场。强化养殖污染治理线上线下监管，完成57家存栏50头以上生猪养殖场（户）在线视频监控建设，并接入县环保监管平台，建立健全县、乡镇（街道）、村三级线下网格化巡查机制。

【良种推广】 2017年，桐庐县引进、试验、示范、推广粮油新品种44个。开展新品种试验，筛选确定“中浙优1号”“中浙优8号”“甬优15号”“甬优538号”“甬优1540号”等6个杂交水稻主导品种；确定“秀水134”“嘉58”为常规晚粳稻主导品种；油菜主导品种为“浙油50”“浙油51”“中双11”和“浙大619”，推广双低油菜5666.7公顷，普及率96.8%。全年推广省定水稻主导品种4666.7公顷，其中常规早稻“中早39”推广66.7公顷、杂交籼稻“中浙优1号”233.3公顷、“中浙优8号”1866.7公顷、“甬优15号”1333.3公顷、“春优84号”100公顷、“甬优538号”200公顷、“甬优1540号”326.7公顷；常规优质晚粳糯稻“秀水134”推广40公顷、“嘉58”推广66.7公顷。全县主要农作物良种覆盖率95.3%。

【土肥与耕地保护】 2017年，桐庐县推广使用测土配方施肥30133公顷，应用配方肥12400公顷7450吨；实施垦造耕地后续管护市级示范项目5个32公顷；开展全县土地整理项目新增耕地后续管理总面积448公顷，其中2015年度移交地整理项目80个、新增耕地后续管理面积273公顷，2016年度移交土地整理项目37个、新增耕地后续管理面积175公顷；实施2013—2015年标准农田质量提升土壤培肥项目建设面积1137公顷，其中完成2013年标准农田质量提升项目449公顷，实现农田质量从二等田提升到一等田项目建设目标；实施2个土地整理标准农田补建项目，建设面积75.8公顷；开展农业“两区”土壤污染治理试点，在瑶琳镇大洲畈建立农田土壤重金属污染修复治理试验示范区6.67公顷；完善土壤环境预警体系建设，继续实施4个省定耕地长期地力监测点和市定8个农业生态环境、4个蔬菜、5个茶叶监测点12个省定农田土壤污染常规监测点和5个综合监测点建设；推广商品有机肥18200吨，使用面积4667公顷。

【生态能源】 2017年，桐庐县农户新安装使用太阳能热水器550台，新增集热面积1100平方米，农村清洁能源利用率82.41%；推广农作物秸秆肥料化、饲料化、能源化、基料化、原料化利用，全县农作物秸秆综合利用达9.96万吨，综合利用率95.22%；新建沼液资源化综合利用示范点项目1个，农村能源综合利用示范工程项目1个，秸秆全量利用示范方1个。新建设贮液池10个共计500立方米，建设畜禽粪便处理中心1个，完成沼肥综合利用15.2万吨。

【植物保护】 2017年，桐庐县粮油作物（水稻、小麦、油菜）病虫草鼠发生面积78327公顷次，其中病害发生12607公顷次，虫害发生47727公顷次，草害发生11320公顷次，农田鼠害发生6673公顷次。全年开展防治105487公顷次，其

采集耕地土样

中水稻防治73693公顷次、小麦防治4667公顷次、油菜防治27127公顷次，防治病害25247公顷次，防治虫害55607公顷次，防除草害16060公顷次，农田灭鼠10507公顷次。挽回粮油损失11000吨，其中水稻损失9000吨。是年，全县实施水稻、小麦等病虫综合防治集成技术105487公顷，农药减量控害增效技术实施10333公顷，水稻病虫统防统治实施3000公顷、果树病虫统防统治实施1667公顷、茶树病虫统防统治实施1333公顷。示范推广竹筒毒饵站灭鼠新技术100公顷，推广应用溴敌隆等农田统一灭鼠技术10507公顷，农户统一灭鼠70000户，推广应用新型水稻种子处理剂4400公顷。

【粮食功能区建设】 2017年，桐庐县新建（提升）粮食生产功能区50个1169.6公顷，其中：建设提升市级粮食生产功能区4个142.8公顷（分水镇润田畈、分水镇后岩畈、分水镇百联畈和百江镇中村畈）；建设提升县级粮食功能区11个303公顷；建设乡镇级粮食功能区35个723.8公顷。

【高效农林示范工程】 2017年，桐庐县完善农林示范基地基础设施建设，运用新品种、新技术、新设施、新模式“四新”技术，建设连片5.56公顷以上高效农林示范基地20个，完成项目示范建设试点工作，实施面积255公顷，各示范点亩产值收益超万元。

【“美丽农业”建设】 2017年，县农林局推动农业绿色发展、循环发展、融合发展，开展“美丽农业”建设，完成美丽田园体验区、美丽农牧渔场各22个建设项目，其中市级美丽田园体验区、美丽农牧渔场各2个。全面整治田园环境，抓好农药废弃包装物回收处置，推进农业生产设施化、过程清洁化、生态循环化、布局区域化，实现农业面貌景区化。推广生态循环和清洁化生产技术模式，大力推广商品有机肥，深入开展病虫害整建制统防统治，实现化肥农药使用量零增长。开展农业“两区”土壤污染防治工作，完成瑶琳镇土壤重金属污染治理试点试验。统筹抓好畜牧业转型升级，提标改造规模畜禽养殖10家，建设省级美丽生态牧场6家，发展农牧结合示范园区1个。

【农产品质量安全监管】 2017年，桐庐县开展国家农产品质量安全县创建，制定完成《桐庐县创建国家农产品质量安全县工作实施方案》。全年开展蔬菜、水果、粮油、茶叶、畜产品、水产品、林产品7大类农产品监督抽检884批次，检测合格率99.7%，开展基地农产品快速定性检测14567批次，合格率99.97%。新申报无公害产品认证企业20家，完成复查换证23家。实施市级农产品质量安全标准化示范项目2个；实施农产品质量安全追溯体系建设单位6家，高标准建设5家生产主体快速检测室并安装使用农产品质量安全追溯二维码推介系统。开展农产品质量安全进基地、进社区等活动5期，举办各类业务技术培训班5期，培训农资经营人员、农产品生产者及农技干部350余人次，发放农业法律法规、农产品质量安全知识等资料4000余份，接受咨询300余人次。开展“两禁一超”、农资打假专项治理等专项整治行动，出动执法人员456人次，检查生产、经营单位682家次。开展农产品质量安全智慧监管APP建设工作，完成规模农产品生产主体信息数据库建设，全县规模农产品生产单位376家。

【中低产田改造】 2017年，桐庐县完成凤川街道翙岗村石桥自然村新亭子畈、莪山畲族乡尧山村畈、瑶琳镇文源村七河畈、百江镇奇源村奇坑口畈、百江镇翰坂村撞头畈、百江镇东辉村东辉畈，以及分水镇新龙村高学、臧家畈等7个2016年度杭州市中低产田改造项目，面积193.67公顷，补助市财政扶持资金259万元，项目实际总投资405.11万元，完成计划102.79%，项目沟、渠、路等所有基础设施建设完成量均超计划工程量，为历年首次；新申报2017年度杭州市农田提升市级示范项目立项7个，计划提升改造面积197.53公顷，市级财政补助240万元。

【农林科技进村入户】 2017年，桐庐县开展新职农民培训，培训新职农民511人次。3月，组织“为农服务月”科技进村入户宣传活动，参与服务的农技人员121人，科技下乡443余次，咨询2145人次，发放资料6854份；开展实用技术培训16期，培训1347人次；组织现场指导会23次，受益712人次；召开座谈会12次，201人次参与；结合“绿剑”春季执法行动、“爱鸟周”活动，发放“啄木鸟”森防服务队咨询服务联系卡300余张；开展农产品质量安全执法检查，出动45人次，检查农资经营店14家，种植基地11家，畜禽养殖基地44家，抽检样本188批次；开展农资执法检查，出动22人次，检查农资经营店20家，抽检农业投入品27批次、农产品30批次；开展木检执法检查，出动80人次，检查木材350立方米；开展渔政执法检查，出动执法人员65人次。制作和播出《农民之友》节目8期。

【农技推广体系建设】 2017年，桐庐县作为浙江省农技推广体系改革与建设项目县，上级补助资金60万元。围绕水稻、生猪、茶叶、水果、蜂业及蔬菜六大产业，开展农技人员知识更新培训60人，培育科技示范户60人，建设科技试验示范基地6个。

【农业科技项目建设】 2017年，桐庐县完成单季稻农药减施增绿关键技术示范推广、万亩有机茶园提质增效集成技术的示范与推广等2个杭州市农业丰收项目。横村镇启动杭州市创新农作制度示范乡镇创建，并在杜预村、龙伏村、香山村、元村村完成4个创新农作制度项目，分别是哈密瓜连作障碍综合防治技术研究、生猪废弃物综合利用养殖模式示范项目、高密度池塘循环养殖技术示范和推广和“山地茄子与水稻轮作”种植模式示范推广。

【农业技术推广基金】 2017年，桐庐县获各级农业技术推广基金会资助资金130万余元，其中省农业技术推广基金会5万元、市农业技术推广基金会42万元、桐庐县执行部90万元。是年，完成浙江省农业技术推广基金会项目1个、杭州市农业技术推广基金会项目6个、桐庐县执行部项目15个，其中稳粮增效、稻田轮作模式4个，林园经济作物高效套种2个，生态循环种养模式5个，新品种新技术示范推广12个。项目涉及粮油、茶叶、水果、水产、畜牧、食用菌、干果、青笋等产业，实施规模种养殖134公顷，蜜蜂7万群，养禽2.76万羽，养猪7000头；示范推广新品种8个、新技术13项，实现农业总产值3073万元，创造经济效益1446万元。

农林科技进村入户“五送”活动启动仪式

【农业机械】 2017年，桐庐县农机总动力15.56万千瓦，拥有农用运输型拖拉机1254台、农田作业拖拉机953台、联合收割机82台、插秧机77台、粮食烘干机78台、动力植保机械766台、排灌机械11670台、农副产品加工机械1756台。是年，完成机耕作业面积12022公顷，主要农作物机械化收获面积7539公顷，机械化插秧面积1800公顷，机械化植保面积6038公顷，机械化灌溉面积7482公顷，完成农机运输作业13679万吨/公里，农业生产中耕作、排灌、植保、收获等环节基本实现机械化。

【农机管理】 2017年，桐庐县264户农民和农业生产经营者购买符合购机补助的农业机械353台（套），其中耕整地机械133台，种植施肥机械17台，田间管理机械36台，收获机械9台，收获后处理机械27台，农产品初加工机械70台，养殖及其他机具61台，购机总额617.659万元，财政补助306.595万元。全年开展果园自走式风送喷雾机、多用途履带自走式耕作机、番薯收获机、小型联合收割机等新型机械适应性试验，引进车载式高射程风送喷雾机、树枝高位修剪锯等林业机械，并进行试验和推广。全年完成4个“机器换人”示范基地创建项目、1个农机农艺融合基地创建项目，有4个基地通过农业领域“机器换人”示范基地的省级认定，1家农机专业合作社通过省级示范社认定。开展杭州市“智慧农业”项目，在拖拉机、收割机及插秧机中安装100台套“北斗导航”系统，依托现代科技“北斗导航系统及管理平台”，促进农机信息的智能化管理。

多功能新型施肥机

【农机监理】 2017年，县农林局开展“平安农机”示范创建，瑶琳镇创建为浙江省省级“平安农机”示范乡镇；桐庐兴隆农机专业合作社和桐庐农兴农机专业合作社创建为杭州市“平安农机”示范合作社。全年免费检验农业机械736台，其中农田拖拉机515台、烘干机55台、联合收割机72台、插秧机40台。参加保险机具267台，保额6386万元，保险费85350元。开展上道路拖拉机年度年检713台，检验率91%。全县共报废农业机械115台，申请中央报废更新补贴7.3万元；申请报废补贴39.54万元，其中省补贴10.92万元，市补贴12.24万元，县补贴16.38万元。开展春运安全生产、“为农服务月”活动、“绿剑”集中执法行动、“安全生产月”活动、拖拉机专项整治工作等多项农机安全隐患排查整治行动，实现农机事故起数、死亡人数、直接经济损失三项指标“零增长”。

【动物防疫检疫】 2017年，桐庐县免疫注射猪口蹄疫疫苗69.59万毫升、牛羊口蹄疫疫苗4.47万毫升、高致病性猪蓝耳病活疫苗26.77万毫升、高致病性禽流感疫苗92.91万毫升、狂犬病疫苗5.225万头份；免疫生猪17.37万头、牛0.16万头、羊1.75万头、家禽159.55万羽、犬7.6182万只。全年检测猪O型口蹄疫抗体613份，免疫抗体合格率82.54%；检测猪瘟抗体731份，免疫抗体合格率95.21%；检测猪高致病性蓝耳病样本497份，免疫抗体合格率98.39%；检测羊O型口蹄疫样本185份，免疫抗体合格率77.30%；检测亚洲I型口蹄疫样本215份，免疫抗体合格率78.6%；检测猪、羊布鲁氏菌病样本381份，监测结果为阴性。检测H5N1禽流感抗体3282份，合格率98.39%。其中Re-6抗体1005份，合格率98.81%；Re-7抗体909份，合格率97.91%；Re-8抗体1368份，合格率98.39%。检测鸡新城疫样本1115份，免疫抗体合格率99.1%。

是年，桐庐县开展生猪屠宰检疫13.46万头、生猪产地检疫8.39万头、家禽屠宰检疫0.88万羽、家禽产地检疫3.83万羽，未发生区域性重大动物疫情；开展养殖环节“瘦肉精”排查专项行动，排查生猪养殖场57家；抽样检测动物产品39批次、饲料9批次，“瘦肉精”等违禁药物残留快速检测10710批次。全年未发生重大畜产品安全责任事件。

是年，桐庐县按照“保险

联动+集中处理”的方式，建立健全死亡动物无害化集中收集处理体系，在全县14个乡镇（街道）保留生猪规模养殖场，以及生猪定点屠宰场建设用于病死猪暂存的低温冷库44座，总体积1052立方米。养殖环节无害化处理病死猪13798头、禽2774羽、羊38只，富春江大坝库区打捞并无害化处理漂浮死猪1头、犬3只。

【定点屠宰管理】 2017年，桐庐县定点屠宰生猪13.5万头，生猪毛猪最高收购价16.4元/公斤，最低收购价15.4元/公斤；白肉最高批发价23元/公斤，最低批发价20.6元/公斤。全年出动执法检查人员1057人次，日常和专项执法检查263次，检查经营户（屠宰场）10002家，没收并销毁未经检疫检验非法生猪产品81.08公斤。清算2016年度病害猪及其产品无害化处理财政补助政策，发放补助款6.43万元，预拨2017年度补助资金35.75万元。全年检出并无害化处理病害生猪511.41头。企业开展违禁药物自检1706批次，检验生猪13119头，未发现有违禁药物残留样本。

【植物检疫】 2017年，桐庐县植物检疫站设立各类监测点14个，设立防控示范区6个。普查加拿大一枝黄花面积1333.33公顷，发生面积8.153公顷，防控率100%。普查梨树疫病面积926.05公顷，普查率100%，发现梨树疫病10.733公顷，针对发生病害的梨园及时采取相应措施进行防控。普查黄瓜绿斑驳花叶病毒病面积213.9公顷，未发现黄瓜绿斑驳花叶病毒病。普查甘薯茎腐病面积1059.95公顷，发生面积为0.67公顷，防除率100%。普查扶桑绵粉蚧面积211.94公顷，未发现扶桑绵粉蚧。普查红火蚁面积139.83公顷，未发现红火蚁疫情。开展春季种子苗木检疫专项执法检查，出动植物检疫人员33人次，检查单位51家，检查种子50.528吨，检查水果和苗木花卉2.6万余株（盆）。

2017年农资经营人员培训暨农资信用体系建设表彰会

【农业行政执法】 2017年，桐庐县农业行政执法大队通过报刊、网络、电视等媒体宣传农业执法信息35篇；举办业务培训10次，1144人次参加；发放各类农业执法宣传资料6250份，现场咨询2260余人次。开展“绿剑”系列农资打假集中执法行动4次，出动执法检查人员317人次，检查各类农资监管对象266家次。农业投入品质量送检140批次，农产品质量送检255批次。立案查处9起，涉案假劣农资产品17.185吨，案值7.31万元，罚没款37.88万元。受理群众投诉5起（农药4起、肥料1起），结案率100%，为群众挽回直接经济损失10万余元。

【农药废弃包装物回收处置】 2017年，桐庐县制定《2017年桐庐县农药废弃包装物回收处置实施方案》，确定农业生产资料有限公司为农药废弃包装物回收处置的牵头实施单位（运贮单位）。转运处置2016年农药废弃包装物35.42吨（回收但因专业处置公司尚未处置）。回收农药废弃包装物47.2吨，总数占产生量（54.1吨）的87.2%，占市下达回收任务43.3吨的109%；处置农药废弃包装物43.18吨，占回收总量的91.5%，占市下达处置任务的110.7%。

【渔政管理】 2017年，桐庐

农业联合执法

县组织渔政执法检查188次，参检人员830人次，检查渔船1463艘次，没收电瓶、网具等40余套。6月起，对全县捕捞渔船进行船检，登船检验率100%。加强渔业安全生产监管，全年安全生产事故为零。150名渔民参加安全生产知识培训，与持证渔船签订安全生产承诺书98份；巡查渔船109次，参加检查人员468人次，消除各类安全隐患26个。审核捕捞渔船98艘，发放2016年度捕捞渔船油价补助款45.4万元。

【林业三大产业发展】 2017年，桐庐县共完成产业造林面积335.6公顷，其中香榧25.6公顷、山核桃22.7公顷、油茶30.6公顷、菜竹2.7公顷、珍贵彩叶树种33.3公顷、其他220.7公顷。完成珍贵彩色森林（包括低产林补植珍贵树种面积）566.66公顷、其他一般造林（包括迹地更新面积）1145.34公顷。完成幼林抚育1766公顷。

【平原绿化和森林抚育工程】 2017年，桐庐县完成平原绿化152.2公顷，其中新建86.5公顷、改造提升65.7公顷。完成省、市计划107.2公顷的142%。完成城镇（市）绿化37.1公顷、村庄绿化59.7公顷、公路绿化7.8公顷、江河湖堤绿化10公顷、农田林网绿化6.7公顷、经济林片林绿化30.8公顷。组织验收符合中央和省级森林抚育补贴试点要求的项目，合格面积666.67公顷，定株补植59.27公顷，疏伐607.4公顷。

【森林养生休闲】 2017年，县农林局实施完成莪山畲族乡新丰民族村森林人家项目。百江镇双坞村、莪山畲族乡龙峰民族村、钟山乡魏丰村被命名为省级森林村庄。新建云湖省级森林公园和紫锦山市级森林公园。是年，分水镇朝阳村入选“中国最美银杏村落”，莪山畲族乡新丰民族村被命名为“浙江省生态文化基地”，大奇山国家森林公园、瑶琳国家森林公园、白云源省级森林公园入选“杭州市十大最美森林公园”；富春江镇森林休闲小镇被命名为第三批省级森林特色小镇，莪山畲族乡新丰民族村、分水镇新龙村、富春江镇石舍村、旧县街道合岭村被命名为第三批省级森林人家。

【公益林管理】 2017年，桐庐县开展公益林矢量数据完善。调取衔接新一轮森林资源调查成果，更新公益林属性数据。用栅格影像对照检查公益林保护情况，通过实地调查验证，确保公益林各项保护措施落实到位。开展公益林监测，新增PM2.5和负氧离子森林大气环境监测系统。规范公益林损失性补偿资金使用，全年各级财政资金投入3455.67万元，用于非国有损失性补偿资金2806.98万元、国有护林补助143.19万元、护林经费376.87万元、公共管护105.49万元、管理费23.14万元。

【野生动物保护】 2017年4月，县农林局开展以“依法保护鸟类，守护绿色家园”为主题的野生动植物保护宣传月暨“爱鸟周”活动，发放宣传资料3500余份；运用各类媒体、LED电子宣传屏、现场咨询等形式宣传爱鸟护鸟理念。全年对县城农贸市场、宾馆、饭店及野生动物养殖场进行多次执法检查，没收了一批非法经营的野生动物，其中画眉鸟15只，花面狸1只、雉鸡3只；配合森林警察大队出警28次，86人次。救助国家二级保护动物凤头鹰2只、斑头鸺鹠1只、雕鸮1只、白鹇1只、领角鸮5只；救护放生白鹭、池鹭、夜鹭、牛背鹭等各类一般保护动物50余头（只）。完成浙江省陆生野生动物经营利用和驯养繁殖双随机监管工作、浙江省陆生野生动物狩猎证年度验审工作。

【浙江省桐庐萝卜洲省级湿地公园获批】 2017年12月，浙江省林业厅发文通过《关于同意桐庐县等建立省级湿地公园的函》，桐庐县第二个省级湿地公园——萝卜洲省级湿地公园获批。该湿地公园以分水江沿线高滩及周边森林植被为主体，上游至瑶琳公路大桥，下游至潘联桥。湿地公园东西宽3915米，南北长2280米，区域总面积426公顷。此外，该湿地公园具有丰富的历史文化遗产，包括郑家厅、上沈石坊、沈村殿，濮振声起义旧址、杨家洞（垂云洞）5处县级文化保护单位以及方家洲遗址、朱元璋事迹遗址、姚村民俗文化遗址等重要文化资源。

【森林资源管理】 2017年，县农林局办理各类林地审批项目41个，其中长期占用林地项目11个，临时占用林地项目4个，林业生产设施项目20个，涉及占用林地面积84.06公顷，收缴森林植被恢复费330.7万元。5—7月，组织开展“无违建县创建暨非法占用林地等违法犯罪专项行动”，共查出各类违法占用林地案件9起，面积4641平方米，均已处罚到位。是年，采伐林木2.26万立方米。开展古树名木“一树一策”保护，保护古树132株，投入资金170.9万元。完成森林增长指标年度考核自评，实现森林覆盖率、林木绿化率“双增”目标。10年一次的森林资源规划设计调查成果通过省级论证。

【集体林权制度配套改革】 2017年，县农林局在全县范围内开展组建农村村级担保组织调研工作，积极推动建立“惠农担保合作社”，分水镇桥东村完成前期准备工作，进入担保合作社准入、登记环节。全年完成林权抵押贷款1850万元；拨付2016年度全县林权抵押贷款省财政贴息资金30.43万元，其中贷款30万元以上的林权抵押贷款贴息资金为25.33万元，贷款30万元以下的林权抵押贷款贴息资金为5.1万元。

【科技兴林】 2017年，浙江省林业厅和桐庐县人民政府签署“浙江省林业厅——桐庐县人民政府（厅县）共建林业现代化合作协议”，授予桐庐县全省唯一“林业现代化试验示范县”。仪式上，省林科院分别与桐庐县农林局、莪山畲族乡、杭州富新食品有限公司签订《桐庐县林业现代化评价指标体系与实现途径》《畲乡森林特色小镇建设》《香味笋增香提质关键技术及新产品研发》3项科技合作协议。是年，县林业和农业技术推广中心主持完成的“毛竹林有机笋培育技术示范”项目获浙江省第十七届“科技兴林奖”三等奖；参与制订的浙江省地方标准《四季竹笋用林栽培技术规程》DB33/T2074—2017由浙江省质量技术监督局于2017年12月18日发布实施。县林业和农业技术推广中心江志标获“浙江省林业科技标兵”称号，桐庐县农民周金弟、廖营忠、周荣鑫被命名为浙江省林技乡土专家。

【森林消防】 2017年，桐庐县发生森林火情27起，未发生森林火灾，实现“无人员伤亡、不发生重特大森林火灾和森林火灾受害率控制在0.8‰以内”目标。全年在景区、墓区等重要林区安装50块森林消防宣传警示牌、37台森林消防太阳能自动语音警示器，在114辆农用中巴车后窗粘贴森林消防宣传标语，在农用中巴车候车亭设立宣传牌48块。签订村与户责任书12万余份，清明和夏季高温干旱期间分别发布《森林消防禁火令》，发放宣传资料5万余份。开展“一高五小”山地抗旱和森林消防基础设施建设，共购置森林消防高压水泵40台，建造“引水上山”示范工程1个、森林消防蓄水池36座，安装森林消防集雨水桶115只，完成墓区清理63公顷、防火林带建设9公顷。是年，县森林消防指挥部办公室获杭州市森林消防工作考核优秀单位。

【林业有害生物防治】 2017年，桐庐县林业有害生物成灾面积231.1公顷，其中松毛虫

森林消防演练

成灾面积 33.3 公顷，松材线虫病成灾面积 197.8 公顷，成灾率 1.62‰，无公害防治率 100%，测报准确率 97.6%，种苗产地检疫率 98.3%，“四率指标”均符合上级相关要求。注射免疫剂 2 万瓶；清理枯死松树及枝丫 4896 吨，清理面积 1269.5 公顷；在重点监测松林安装诱捕器 150 套；开展噻虫啉粉剂预防松林面积 266.7 公顷；重点除治区落实林分改造 200 公顷。对全县小木加工企业和松木制品使用企业检查常态化，不定期进行执法检查、节假日突击检查。组织执法行动 24 次，其中跨部门联合检疫执法 3 次，共出动执法人员 56 人次，发放宣传资料 110 份，查处违法案件 9 起，没收销毁松木 45 吨。是年，开展 140 次防治指导服务，举办 5 次山场体验式技术培训会，培训林农 300 余人，发布虫情通报 6 期。

【林业行政执法】 2017 年，县森林公安局先后组织开展“利剑行动”“利剑 3 号”“禁种铲毒”等系列专项行动，查处乱砍滥伐林木、乱占滥用林地、乱捕滥猎野生动物等案件。县森林公安局共接处警 212 起，查处案件 64 起（其中刑事案件 6 起，林政案件 58 起），追究刑事责任 7 人，收缴罚款 55 万余元。是年，县森林公安局获集体三等功、集体嘉奖各 1 次。

【全民义务植树】 2017 年，桐庐县结合国家森林城市创建，组织开展全民义务植树活动，在每个乡镇（街道）安排 1—2 处植树点，鼓励市民就近植树。全县共建立义务植树点 23 个，参与活动市民 18.3 万人次，建立全民义务植树基地 48.2 公顷，在全县营造“建绿、爱绿、护绿”的良好氛围。

【林业执法宣传】 2017 年，全年共检查运输木材车辆 2672 辆，检查木材 41019 立方米，查处违章运输木材案件 1 起，巡查投入 344 人次，行程 19000 余公里。开展林业法律宣传下乡，到重点林区设立公益林生态保护宣传牌 40 余块，发放林业宣传资料和宣传品 200 余份。积极做好林业宣传报道，其中《国土绿化》杂志刊登 2 篇，《中国绿化网》刊登 3 篇、《浙江林业网》刊登 1 篇。

（钟　玲）

·水利水电·

【概况】 2017 年，桐庐县水利水电局完成水利工程建设项目 307 项，累计完成投资 2.5 亿元。完成 18 座万方以上山塘、28 座万方以下面上山塘综合整治；实施 48 个行政村饮水安全提升工程，完成 3 处生态堤防工程建设、小流域治理项目 18 项；完成投入 1450 万元的富春南渠海康威视以下段及肖岭中干渠提升改造工程（二期）；完成水毁修复工程 57 个，村落景区水环境改造工程 16 处、河、库、塘清淤 23 万立方米；启动省重点工程富春江干堤加固工程（三期）。是年，成功创建水利工程标准化管理示范县。

【农村安全饮用水】 2017 年，县水利水电局完成 14 个乡镇（街道）48 个行政村 47259 人口农村饮水安全提升改造工程，总投资 2352.4 万元。分别是旧县街道旧县村；莪山畲族乡沈冠村、塘联村、中门民族村、莪山民族村；横村镇白云村、横村村、宅里村；富春江镇里董村、大庄村、芦茨村、石舍村；百江镇双坞村、百江村、奇源村、郭村村、苎坑村；合村乡合村村、高凉亭村、后溪村；桐君街道梅蓉村、濮家庄村；新合乡新民村、引坑村、新四村；钟山乡钟山村、城下村、子胥村、夏塘村；分水镇太平村、徐桥村、城西村、天英村、大路村、东溪村、保安村、塘源村、新龙村；城南街道金溪村、仁智村、金东村；凤川街道外源村、三鑫村；江南镇窄溪村、莲塘村、彰坞村；瑶琳镇百岁村、文源村等。是年，完成四个季度农村饮水安全长效管理考核工作。

【山塘整治】 2017年，县水利水电局完成18座万方以上山塘整治，分别是牛坞山塘、大坞山塘、鸡头岭脚山塘、石壁头山塘、陈塘坞山塘、徐桐坞山塘、下百担山塘、大塘湾山塘、桃花岭山塘、茭白塘山塘、岭上山塘、火路口山塘、龙梅岭山塘、深坞弄山塘、东施龙山塘、黄蛇形山塘、井山塘、荷花塘山塘工程，总投资3140万元，完成的主要工程量土石方开挖8.4万立方米，土石方回填5.2万立方米，砼浇筑1.03万立方米，帷幕灌浆4223米，套井11423米，钢筋制安181吨，非开挖定向钻330米，新增供水能力5.69万方。

完成总投资561.3万元的28座万方以下山塘整治，分别是童家坞山塘、溪旁水库、罗带形山塘、狮子口山塘、合岭水库、上水库山塘、余家边山塘、梅肖坞山塘、昌坞山塘、后头山山塘、茅坞山塘、何村山塘、殿对面山塘、猛虎形山塘、上百担山塘、荷花塘山塘、承山山塘、西山塘、海家坞山塘、塘田岗连环山塘、岭上山塘、宋凸坞山塘、浪家岭山塘、六亩塘山塘、小岩山山塘、蒋坞新塘、仙坞山塘、小山塘，新增、改善灌溉面积92公顷。

【灌排渠道及高效节水项目】 2017年，县水利水电局开展更新改造灌排渠道建设项目25处，完成投资508万元，新建、改造灌渠21公里，新增、改善灌溉面积187.33公顷，新增高效节水设施112.67公顷；投资406万元，其中新增水稻区低压管道灌溉40.67公顷，坡耕地雨水集蓄旱粮喷灌工程72公顷。

【小型农田水利项目县建设】 2017年，县水利水电局继续实施小型农田水利项目县建设，完成分水镇西坞、塘坞山塘，概算投资203万元，完成的主要工程量土石方开挖3808立方米，土方回填1883立方米，干砌石护坡198立方米，砼浇筑408立方米，帷幕灌浆320米，套井回填826米，钢筋制安11墩，非开挖定向钻31米，启闭机、管理房40平方米。

【防汛工作】 2017年，县水利水电局及时对县防指成员单位进行更新调整，完成全县202个村（社区）的防汛形势图编制工作。县防汛防旱指挥部全年发出预警通知单69份、内部明电16份、分水江调度令14份、预警短信15余万条，启动防汛Ⅳ级应急响应2次，防汛Ⅲ级应急响应1次，防汛Ⅱ级应急响应1次；与多家单位签订水泵、桩木、砂石料等物资委托储备合同，储备编织袋10万只、麻袋10500只、砂石料1.5万立方米、救生衣800件、挖掘机5台，便携式工作灯、强光探照灯、电缆等防汛抢险物资；完成对370余名山塘水库巡查员和230名山洪预警员技术培训。落实1支县级防汛应急队伍，14个乡镇（街道）分别组建防汛抢险救灾队伍，还同3支民间救援队伍合作，保障重大汛情中的救灾救援工作。6月25日，富春江水库泄洪流量达到15000立方米/秒，是1995年以来最大下泄流量，县水利水电局通过科学调度，成功经受住考验，安全度洪，得到省市县各级领导充分肯定。是年，实现“不死人、少伤人、少损失”防汛总目标。

【水毁修复工程】 2017年，县水利水电局投资205.6万元，完成水毁水利工程应急项目31个，涉及百江镇、合村乡、分水镇、莪山畲族乡、钟山乡、富春江镇、旧县街道、江南镇等乡镇（街道）。全年修复水毁水利工程57个，完成投资919.55万元，涉及百江镇、合村乡、分水镇、瑶琳镇、横村镇、莪山畲族乡、钟山乡、富春江镇、旧县街道、桐君街道、凤川街道、江南镇等乡镇（街道）。

【小流域治理工程】 2017年，县水利水电局完成董村小庄六亩头段堤防工程等项目18个，涉及富春江镇、百江镇、合村乡、桐君街道、钟山乡、城南街道、莪山畲族乡、分水镇、凤川街道、横村镇、江南镇和瑶琳镇

13个乡镇（街道），共计新建及加固堤防11.2公里，新建及修复堰坝10座，累计完成投资2379万元。

【生态堤防工程】 2017年，县水利水电局完成瑶琳镇红灯笼至桃源溪出口段生态堤防工程，新建生态河道堤防1833米，完成本年度投资950万元，累计完成投资1900万元；完成分水江瑶琳镇永安村堤防工程，新建及加固堤防1776.48米，完成投资1184万元；完成分水镇前溪天英段、武盛段、里湖段堤防加固工程，新建及加固堤防1665米，其中天英段1237米、武盛段220米、里湖段208米，总投资1459万元。

【农村小水电管理】 2017年，桐庐有水电站67座，总装机80295千瓦，全年发电量1.5亿度。完成14座水电站增效扩容改造项目及机组启动，分别是龙门电站、南坞口电站、关里三级电站、关里四级电站、关里五级电站、钟山乡骆家电站等增效扩容改造项目，雅坊电站、外范电站、坞口二级电站、坞口三级电站报废重建项目，洞桥一二级电站增效扩容、长丘田电站增效扩容、何宋电站增效扩容项目，工程总投资6003.07万元，改造后总装机12185千瓦。完成“十二五”期间4座电站增效扩容项目竣工验收，分别是钟山乡双溪电站、钟山乡濮家电站、钟山乡老虎头电站、瑶琳镇白塔岭一级电站。

是年，完成小型机电排灌项目投资197.2万元，分别为横山村定塘垅2号泵站、俞赵村黄泥口头泵站、七里泷村沙湾泵站、旧县村五里亭泵站、联盟村桐山畈机埠、合村村琅玕泵站、徐桥村前山机埠、徐桥村羊角塘机埠、朝阳村牧岭脚口、珠山村珠山王家机埠、金茂村金茂枝茂机埠、金茂村小马浦排涝闸房、大山村白洋平泵站、方埠村塘盘州机埠、梅蓉村罗家、小农场、徐家、前江、孙家、回龙泵站等20座机埠的机电设备、引水系统和泵房等老化及破损的设备设施更新改造。

【农村河道综合整治】 2017年，县水利水电局投资1396万元，完成27个（55公里）农村河道（池塘）综合整治项目，涉及百江镇罗佛溪、小京坞溪、道坞溪，江南镇石阜东方沃溪、金茂村新塘、石合沟塘、锦江村里公塘，钟山乡芹溪，分水镇前溪、朝阳村河道、三溪村河道、小源村河道、定源溪、义林溪，合村乡茆坞溪、麻溪，富春江镇石舍长洲溪，瑶琳镇琴溪、夏塘溪、文源溪、后浦村池塘，合村乡左坞溪、琅玕池塘，横村镇里柴溪、孙家村官塘、大坑溪、桃园溪塘等。通过河道修复、护岸加固等措施，打造百江镇罗佛溪段、分水镇前溪大路村段等一批生态河道。

【河、库、塘清淤】 2017年，县水利水电局结合富春南渠整治、山塘水库除险加固和农村河道整治、小流域综合治理、重点河道清理以及池塘生态化改造等开展淤泥清理。全年投资800万元，完成河、库、塘清淤27.23万立方米。

【水资源管理】 2017年，县水利水电局完成5家取水许可审批，县江南灌区工程管理处取得杭州市首本农业取水许可证；开展水资源管理专项整治活动，宣传水资源相关法律法规，规范部分企业取水行为；规范水资源有偿使用和计

百江镇奇源水库除险加固工程

划用水管理，自备水计划用水覆盖率100%，征收水资源费超1000万元。完成全县水功能区、用水总量、取水监控、公报年报等水资源调查评价工作，10个考核水功能区水质达标率100%，取水大户监控覆盖率100%，以及公报年报用水总量达标；落实最严格水资源管理制度，三条红线考核通过，2016年度获市级实行最严格水资源管理制度考核优秀等次。完成全县环保审批的企业排污口核查审查，9个入河排污口通过审核登记。

执法人员没收非法采挖河道砂石料

【节水型社会建设】 2017年，县水利水电局出台《桐庐县级节水型载体建设标准（试行）》《桐庐县节水型社会建设资金补助方案》《桐庐县水电气价格差别化管理办法》等文件；在企业、机关事业单位、学校、医院、居民小区、灌区、服务业单位等各行各业，开展节水型载体创建工作，共完成各类节水型载体30余家；推进农业节水、工业节水和城镇居民节水，完成高效节水246.67公顷、雨水收集10套、节水器具改造400套。城镇管网漏损率、中水回用率、水平衡测试率等均达到考核要求。

【水利建设工程质量安全监督】 2017年，县水利水电局收到水利建设工程质量监督申请20个，续监2016年新建瑶琳石门坎和合村水坞山塘等水利建设工程6个。组织落实全县水利安全生产保障工作，开展水利安全生产大检查，共组织安全检查30余次，整治一般安全隐患20余处。全年累计开展各类质量监督检查活动58次，形成工程质量抽查监督意见书58份。开展水利水电工程各项验收工作，核定单位工程质量等级27个，核备分部工程质量意见129个，编制18座水库除险加固工程、中央财政小型农田水利重点县建设项目（2012—2016年）、水电站增效扩容等22个项目竣工验收工程质量监督报告。委托浙江省水利水电工程质量监督检验站对15个山塘综合整治工程项目开展质量抽检，共检测溢洪道砼39组、大坝套井回填压实度与渗透系数各30组、帷幕灌浆透水率10孔，其中砼10组、压实度12组未达到设计质量要求，工程质量一次检测合格率79.8%。重点抓好千岛湖配水配套引水工程（鸿儒—渡济穿山隧洞及埋管段）安全监督工作，9月下旬全线3.8千米隧洞顺利贯通。

【水政执法】 2017年，县水政监察大队利用24小时值班举报热线、“110”社会联动平台、“12345”政府信访平台等渠道接收群众举报。与乡镇、派出所建立联动机制，对河道管理范围内的水事违法行为做到及时发现、及时制止，对重点水工程、重要水域和非法采砂易发段加大巡查频次，累计出动巡查460余次，共接收各类举报183起。立案查处水事违法案件16起，收缴罚没款5万元。

【“无涉水违建”创建工作】 2017年，根据“无违建县”验收年度工作要求，结合省水利厅“无涉水违建”创建工作，县水政监察大队推进涉水违建排查工作，共发现涉水违建9处，涉水建筑面积3510余平方米，均按规定依法处置到位。是年，基本实现85公里省级河道“零违建”。

【水土保持监督管理】 2017年，县水利水电局开展水土保持综合治理工作，有效减少水土流失面积8平方公里，营造经果林20.78平方公里。全年完成水土保持方案审批21件，征收水土保持补偿费208.1735万元（其中追缴历年拖欠水土保持补偿费用186.5374万元）。12月7日，通过水利部评查，桐庐县成为杭州市首个创评国家水土保持生态文明工程的县（区、市）。

【“最多跑一次”改革工作】2017年，县水利水电局在全面完成水利办事事项“最多跑一次”改革基础上，继续推动改革向纵深发展。按照全省“八统一”标准，对外公布“最多跑一次”事项19项。对于改革中无法精简并且会造成企业和群众跑多次的部分环节，采取政府部门主动服务的模式。水保方案编制审批采取区域水保审批和单个项目备案登记的形式替代原来“一项目一方案一审批”的传统模式，将该事项审批耗时由原来的30余天精简到1天。全年受理行政许可40件，办结率100%；办理企业及项目经理备案746件次；参与县行政服务中心、发改局、城建局等部门组织的并联审批113次，出具审查意见113份；在县级平台监管招投标项目14个。实行企业投资项目审批承诺制，试点4个乡镇（街道）的区域水保审批制等改革措施，在原有审批改革的基础上再度压缩审批步骤、简化审批程序。是年，县行政服务中心水利窗口获“红旗窗口”称号4次。

【水利工程标准化管理创建】2017年，县水利水电局推进水利工程标准化管理创建工作。全年投入资金2530万元，其中标准化创建经费1300万元，日常长效管护经费1230万元。完成新创建标准化管理工程项目共计61个，中型灌区江南灌区1处；小（一）型水库6座，分别为麻溪水库、天子凹水库、马鞍水库、白云源水库、龙门水库、奇源水库；小（二）型水库9座，分别为双义塘水库、上堰水库、王洋坞水库、六坑水库、下坞源水库、小水顶水库、双坑水库、天井潭水库、关里水库；山塘24座，分别为孙家坞山塘、朱门山塘、由坞山塘、小东辉山塘、钱家山塘、马岭山塘、王坞坑山塘、三塘坞山塘、苗坞山塘、官山脚山塘、小塘坞下山塘、新沙岭山塘、裤裆丘山塘、钓台山山塘、和尚坞山塘、新塘山塘、皂坞山塘、塘里山塘、盆塘坞山塘、东岗坞山塘、万重岭山塘、榨坞垅山塘、岩上山塘、阴洞坑山塘；水文测站6座，分别为小茆坞雨量站、百江雨量站、大市雨量站、甘竹雨量站、高峰雨量站、桐庐水文站；农村供水站15处，分别为旧县供水站、鸿儒供水站、合岭供水站、上联供水站、阆苑供水站、凤联供水站、后岭供水站、仁智石墙里供水站、百江供水站、合强供水站、翙岗供水站、深澳供水站、珠山供水站、莪山集镇供水站、沈冠佗下山供水站。推进水利工程长效管护工作落实，出台《桐庐县水利工程标准化长效运行管护办法（试行）》《桐庐县水利工程标准化长效管理绩效考核与资金补助办法（试行）》，为水利工程标准化管护提供政策保障。推进水利工程标准化管理“2+5”智慧化模式（“2”指的是两个平台，即水利工程标准化管理监督和服务平台和水利工程标准化运行管理平台，为水利工程的日常管理提供便

大奇山郡涉水违建现场执法排查

捷、高效的工作方式；“5”指的是数据汇聚系统、水利地图工作管理系统、统一用户管理系统、工程视频图像监控系统和工程巡查管理系统等五个支撑体系），初步形成“人管+技管”相结合的管理模式。推行“管养分离”模式，出台《桐庐县小型水利工程维修养护项目管理暂行办法》，逐步建立小型水利工程维修养护工作市场化运作机制。通过探索“管养结合”模式，整合资源，整合事项，提升标准，制定考核细则，充分调动管理单位与管理人员积极性，完善监管体系，确保水利工程标准化管理长效运行。

【江南灌区工程管理】 2017年，江南灌区工程管理处完成投资1450万元的富春南渠海康威视以下段和肖岭中干渠提升改造工程（二期），完成土石方开挖、回填68400立方米，清淤20960立方米，砼9446立方米，钢筋12吨；编制并上报《肖岭水库2016年度安全检查报告》和《2017年度肖岭水库控制运行计划》；肖岭电站累计安全运行148天、售电量为651万度。是年，江南灌区通过水利标准化市级验收。

【党建工作】 2017年，县水利水电局党委健全完善内部管理制度，修改《桐庐县水利水电局党委工作规则》《桐庐县水利水电局作风效能建设规定》《桐庐县水利水电局内部审计制度》《桐庐县水利水电局财务管理制度》《桐庐县水利水电局政务公开制度》《桐庐县水利水电局信访投诉办理制度》《桐庐县水利水电局水行政执法工作制度 》《县外水利施工企业进桐施工备案管理办法》《桐庐县小微型水利工程项目建设管理办法（试行）》《桐庐县小型水利工程维修养护项目管理暂行办法》《桐庐县水利建设与发展专项资金管理办法（试行）》《桐庐县水利水电局项目招标代理机构及小额以下项目承包方选定暂行办法》等18项制度并汇编成册。认真做好县委巡察反馈问题整改，针对反馈问题共制定及修订规章制度13项，落实整改措施43项，约谈2人次，开展提醒谈话3人次、开展提示谈话10人次，挽回经济损失19.15万元。

（林晓箐）

·分水江水利枢纽工程管理局·

【概况】 2017年，分水江水利枢纽工程管理局投入90万元完成大坝安全监测系统的升级改造，通过水库大坝安全鉴定；修订《桐庐县分水江水库标准化管理手册》，完成水库限权划界和标识标牌设置工作，通过省水库管理总站标准化管理验收；组织分水江水库防汛安全大检查，其中汛前1次，特别检查1次，日常巡查110次，发现和解决隐患8处；全年汛期期间，分水江水库共开闸泄洪3次，总泄洪27935.9立方米，共收到调度令21张，其中浙江省防汛防台抗旱指挥部调度令7张，桐庐县防汛防台抗旱指挥部调度令14张；发送《洪水调度建议单》15份。国土山林资源管理方面未发生非法占用、破坏林地等案件；完成涉农补偿发放，共计311.6万元。

【水域环境治理和国土山林资源管理】 2017年，分水江水利枢纽工程管理局共打捞漂浮物320船，动物尸体30余头，合计约1599余吨；渔政巡查缴获大电瓶5个，非法毒鱼药剂20余盒，渔具1套，渔网25片，警告驱逐违法人员5名；发放相关法律法规宣传单100余份，库区动态监控新增高清摄像头19个；开展增殖放流鱼苗活动，投放鱼苗近千万余尾。对库区现有1762.33公顷国有山林和10.35公顷国有土地实施严格管理，全年内未发生一起森林火灾和重大案件。

【国有资产保值增值】 2017年，分水江水利枢纽工程管理局完成分水江电站、毕浦电站生产发电任务，其中分水江电站完成发电量5470万千瓦时，完成任务的104%；销售收入2872万元，完成任务的104%；毕浦电站完成发电量3403万千瓦时，完成任务的123%；销售收入1836万元，完成任务的136%。

【大坝安全鉴定】 2017年10月11日至13日，浙江省水利厅组织专家组对《桐庐县分水江水利枢纽大坝安全鉴定报告》进行技术审查。通过查看现场、听取汇报，讨论并通过分水江水利枢纽大坝安全鉴定报告。是年，浙江省水利厅下发文件公布《桐庐县分水江水利枢纽大坝安全鉴定报告》，同意分水江水利枢纽水库大坝为“一类坝”的鉴定结论。

【水库标准化管理通过省级验收】 2017年11月22日，分水江水利枢纽工程通过浙江省水利厅水库标准化管理验收。修订《桐庐县分水江水利枢纽工程标准化管理手册》；完成水库限权划界，确定管理范围面积0.161平方公里，水库库区范围11.44平方公里；完成坝区和库区标识标牌设置400余块。

【涉农补偿发放】 2017年，分水江水利枢纽工程管理局发放库区周边桑园渍没补偿费用，其中临安境内补偿金额242.8万元，桐庐境内补偿金额68.8万元，共计311.6万元。

（余丽娟）

·气象·

【概况】 2017年，桐庐县气温偏高，为有气象记录以来的历史第一位；降水量接近历年略偏少，时空分布不均匀；日照偏少，气候条件属偏好年景。主要气候特点：冬春季无灾害性天气，气温高，雪日少，未出现积雪。入出梅均偏早，梅雨期长，梅雨量偏多，梅雨期出现3次暴雨局部大暴雨天气，灾害影响较严重。夏季高温强度大，持续时间长，日最高气温42.2℃，创历史纪录。台风影响弱，无灾情。秋季出现阶段性连阴雨，但总体温高光足，气候条件适宜。

【日照】 2017年，桐庐县总日照1631.3小时，较历年偏少3%，但较2016年偏多16%。除1—2月、4—5月及7月较历年同期偏多外，其余各月偏少。其中1月偏多为历史同期第五位，6月偏少创历史同期纪录。

【气温】 2017年，桐庐县年平均气温18.1℃，较历年偏高1.3℃，与2016年持平，气温偏高为1959年有气象记录以来之最（与2007年、2016年并列）。全年除6月较历年略偏低外，其余各月均偏高。全年正积温6563.4℃，较历年偏多400.3℃，但较2016年偏少64.0℃；全年除6月、11月较历年偏少外，其余各月均偏多。＞10℃的有效积温3262.4℃，较历年偏多291.7℃，但较2016年偏少68.5℃。年极端最低气温-3.3℃，出现在1月21日，较历年和2016年的极端最低气温分别偏高6.7℃。全年极端最低气温≤0℃的冰冻天气19天，较历年偏少9天，但较2016年偏多1天。年极端最高气温42.2℃，出现在7月24日，创历史最高纪录。全年极端最高气温≥35℃的高温天气52天，较历年和2016年分别偏多19天和11天。≥37℃的炎热天气34天，较历年和2016年分别偏多19天和12天。

【雨量】 2017年，桐庐县总降水量1471.2毫米，较历年和2016年分别偏少2%和21%。全年除3月、4月、6月、10月和11月较历年偏多外，其余各月均较历年偏少，其中6月偏多为历史同期第四位。全年出现3个暴雨日，与历年持平，较2016年偏少4天。暴雨分别出现在6月12日、6月13日和6月23日。年最大日降雨量为134.2毫米，出现在6月13日。年降水日144天，较历年和2016年分别偏少12天和33天。全年除3月、6月以及11月较历年偏多外，其余各月均

分水江水利枢纽工程泄洪

全县气象灾害防御工作会议

较历年偏少或接近历年。其中年雪日仅1天，较历年和2016年分别偏少10天和7天，全年无积雪。

【主要界限日期及天气现象】 入春：3月18日起连续5天日平均气温≥10℃，进入气候意义上的春季，较历年偏早5天，较2016年偏迟16天。

入夏：5月9日起连续5天日平均气温≥22℃，进入气候意义上的夏季，较历年和2016年分别偏早17天和16天。

入秋：10月11日起连续5天日平均气温<22℃，进入气候意义上的秋季，较历年和2016年分别偏迟17和4天。

入冬：12月5日起连续5天日平均气温<10℃，进入气候意义上的冬季，较历年和2016年分别偏迟6天和12天。

霜：终霜日出现在2月14日，较历年和2016年分别偏早31天和7天；初霜日出现在12月15日，较历年和2016年偏迟19天；全年无霜期294天，较历年偏多31天，较2016年偏少3天。

回暖日：日平均气温稳定通过10℃的回暖初日出现在3月18日，较历年提早6天，较2016年偏迟16天。终日出现在12月5日，较历年和2016年分别偏迟14天和12天。

秋季低温：23℃的秋季低温初日出现在9月20日，较历年偏迟7天，较2016年偏早13天；20℃的秋季低温出现在10月12日，较历年偏迟13天，较2016年提早15天。

雷暴：全年雷暴日26天，较历年和2016年分别偏少12天和13天。

大雾：全年出现大雾31天，较历年和2016年分别偏少10和42天。

霾：全年出现霾日11天，接近历年，较2016年偏多4天。

风：年平均风速1.9米/秒。年极大风速为17.9米/秒，风向西北偏北，出现在8月9日。

·主要天气事件及其影响·

2017年，桐庐县出现梅汛期暴雨洪涝、夏季强对流、高温等灾害性天气，除梅汛期暴雨洪涝影响较大，其他灾害影响相对较小。

【梅汛期暴雨及其影响】 2017年，桐庐县于6月9日入梅，7月5日出梅，入、出梅时间均较常年偏早（常年入梅6月13日，出梅7月6日）。全县平均梅雨量431.8毫米，县城区梅雨量502.1毫米，比常年（288.4毫米）偏多74%。全县最大梅雨量为城南街道天井坞550.4毫米，桐君街道、城南街道、钟山乡、莪山畲族乡、旧县街道梅雨量均超过500毫米。梅雨期间总日照仅62.8小时，较常年偏少59%。

梅汛期暴雨：6月9—13日，受梅雨带影响，桐庐县出现入梅后的强降雨天气。6月9—10日局部出现暴雨，全县平均面雨量44.2毫米，桐庐城区39.7毫米，最大为分水镇沈家82.9毫米。6月12—13日全县出现区域性的连续暴雨到大暴雨天气，其中12日暴雨，全县平均面雨量67.6毫米，桐庐城区76.4毫米，最大为横村镇后岭109.8毫米；13日大暴雨，全县平均面雨量103.2毫米，县城区134.2毫米，城南街道、旧县街道、钟山乡、莪山畲族乡、百江镇、横村镇等乡镇（街道）普遍在100毫米以上，最大为钟山乡歌舞达157.1毫米。由于降雨集中，强度大，全县各地出现不同程度的洪涝灾害。据统计，此次暴雨过程11个乡镇（街道）受灾，转移296人。

7间房屋受损，15户农房进水；农田受淹433.8公顷；不同程度的塌方107处；受损水渠11处；受损堤防41处及堰坝5座；横村上堰水库背水坡发生滑坡。

6月23日，桐庐县出现入梅后的第三场大范围暴雨，全县平均面雨量42.0毫米，城区雨量62.5毫米，最大雨量出现在江南镇窄溪75.6毫米。由于上游普遍出现暴雨天气，富春江水位暴涨。25日，富春江桐庐水文站水位11.90米，超警戒水位1.2米，县防汛防旱指挥部于25日8时30分启动防汛二级响应。11时45分起，富春江水库总出库流量达15000立方米／秒，创历史纪录。县城沿江社区江水倒灌，住宅地下室进水，部分堤防进水，沿线农田受淹严重。据统计，此次暴雨过程全县13个乡镇（街道）23060人受灾，转移1287人，直接经济损失4900.3万元。其中：农林牧渔业直接经济损失2341.8万元，农作物受灾面积1902公顷（粮食作物1132公顷）；农作物成灾面积1229.33公顷（粮食作物649.33公顷）；粮食作物绝收面积312公顷；因灾减产粮食0.0803万吨；经济作物损失1416万元。工业交通运输业直接经济损失1367万元。水利设施直接经济损失946.2万元，损坏堤防90处1.8千米，损坏护岸69处，损坏灌溉设施75处，损坏机电泵站12座。

【强对流天气】 受副热带高压边缘影响，2017年8月25日16时起出现强对流天气，部分乡镇出现大到暴雨，最大雨量出现在瑶琳镇大山73.1毫米。8月29日晚，部分乡镇出现大到暴雨，全县面雨量15.0毫米，最大雨量出现在瑶琳镇金竹坞口82.8毫米，分水镇大路出现极大风速7级（15.7米／秒）。受对流云团影响，10月2日14—20时，部分乡镇出现短时强降水天气，全县面雨量13.5毫米，县城区46.4毫米为全县最大，富春江镇芦茨村出现极大风速7级（13.9米／秒）。

【高温】 2017年7月、8月出现阶段性的高温天气，主要有以下两个特点：高温持续时间长。受副热带高压控制，7月、8月以晴热高温天气为主，日最高气温≥35℃高温天气分别有22天和23天，其中7月12—29日和8月3—19日、22—25日，以及27—29日出现连续高温天气；高温强度强。7月、8月最高气温≥37℃高温天气分别有18天和14天，特别是7月21至25日连续5天最高气温在40℃以上，7月24日最高气温达42.2℃，创历史最高纪录。

·气象工作·

【气象基础业务工作】 2017年，桐庐县气象预报综合得分89.2分，区域自动气象站资料传输及时率由上年的99.03%提高到99.74%，均为杭州市第一。

【气象科研工作】 2017年，县气象局申报的《桐庐县乡村民宿旅游气象灾害预警信息发布、接收、处置规范》作为国内首个该类标准被列为浙江省气象局青年科研项目，并通过专家组评审。承担省气象局为民办实事项目子任务，编制完成《AAA及以上旅游景区防雷安全管理规范》。是年，1篇论文在《自然科学》发表、1篇论文在《浙江气象》2017年第四期发表，1人被评为县“十佳科技创新人才”、1人作为主要参与者获得1项国家发明实用专利，1项科研项目列入市气象局科研项目。

【新媒体气象服务】 2017年，县气象局升级改版气象微信公众号，新增天气实况、预报预警、气象服务三大板块，其中气象服务中特别开设旅游气象板块，方便用户及时查询实时天气和了解气象服务，改版后微信订阅用户数量比2016年增长近800%。同时，加大“桐庐气象”微信微博、“智慧气象”APP推广力度，联合县委宣传部、旅游、农业、乡镇、社区等平台资源开展互动合作推广，与桐庐发布、同乐汇等主流新媒体合作，推进桐庐气象新媒体服务宣传。

【生态旅游气象服务】 2017年，县气象局实现所有乡镇空气质量监测数据共享及发布。与县旅委签订合作备忘录，成立“全域旅游气象台”，共同推进旅游气象服务能力建设。依托浙江省气候中心，开展富春江气候适宜度评估，为桐庐创建富春江AAAAA景区提供气象科技支撑。《中国气象报》

副总编实地调研桐庐生态旅游气象服务工作，《中国气象报》两次宣传桐庐旅游气象服务工作成效。《桐庐县“3个+”全面推进旅游生态气象服务尽心守护“绿富美”》一文被刊登在杭州政务情况专报。

【农业气象服务】 2017年，县气象局联合农业部门、农业合作社，完成“钟山蜜梨”气候品质论证，提升桐庐特色农产品品牌效益。与农业部门联合组建由全县21家主要农业园区和农业合作社为代表的气象农情员队伍。联合县供销社为全县77个涉农企业、463个专业合作社、765个农业专业大户和42家农家乐等开展“直通式”为农服务，实现“互联网+气象+农业”有效融合，促进农业生产趋利避害能力提升。是年，通过“农民之友”栏目以及华数数字兴农预警平台发布气象稿55篇。通过农民信箱、气象网站等向农业大户、合作社、社会发布105期农业气象服务资料。通过桐庐电台“田园气象站”天气连线直播每周五一次。

【灾害性天气监测预报预警】 2017年，县气象局实时发布气象灾害性天气预警信息，重大灾害性天气实现全网发布。全年发布气象灾害预警信号65次，其中蓝色预警7次，黄色预警28次，橙色预警23次，红色预警6次。气象预警服务短信241条106万人次，其中全网发布高温红色预警短信1次40万人次。发布气象专题服务材料126期，其中重要天气专报7期、气象呈阅件4期。

【气象防灾减灾工作】 2017年，桐庐县出台《关于公布2017年新增气象灾害防御重点单位的通知》《关于进一步加强防雷减灾工作的通知》《桐庐县暴雨灾害预警应急预案》《关于印发〈桐庐县应对极端天气停课安排和误工处理实施办法（试行）〉的通知》等文件，召开5次部门联合会商，新增港航、行政服务中心等部门灾害天气防御联动合作。气象工作继续纳入县委、县政府对乡镇的综合考核，基层气象灾害防御能力提升培训纳入干部培训序列，组织全县200多名气象协理员、信息员开展气象灾害防御能力提升培训，气象协理员、信息员报送各类信息3657条，同比增长40%。组织开展气象灾害防御重点单位工作培训会议，网上工作平台互动率达到100%。

【气象科普宣传】 2017年，县气象局报送各类气象工作信息240余篇，其中《中国气象报》宣传5篇、中国气象网站3篇、浙江省气象局内网68篇、杭州市气象局内网141篇，浙江在线3篇，浙江媒体聚焦2篇，《杭州日报》1篇，《今日桐庐》20篇。在“世界气象日”“安全生产月”“防雷宣传日”“桐庐百姓日”“科普宣传周”“防灾减灾日”等节点，气象科普进校园、进社区、进企业、进广场以及中小学生进台站，气象科普受众达3万多人次。

【桐庐气象志愿者服务队成立】 3月21日，县气象局举办“争创全国文明城市 争做文明有礼桐庐人”纪念“3·23”世界气象日暨桐庐气象志愿者服务队成立仪式，桐庐气象志愿者服务队是县气象局联合团县委、科技局、科协、杭州商学院等单位和桐庐民间救援组织成立的首支由社会力量参

县气象局开展人工增雨作业消减雾霾

桐庐县综合探测基地全貌

与，也是杭州地区第一支专门为气象科普宣传服务的志愿队，提升全县广大人民群众和社会各界防御气象灾害的意识和能力。

【“最多跑一次”改革】 2017年，县气象局率先在全市实现气象审批服务方式转变。3月，向县政府上报《关于落实防雷改革精神进一步理顺办事程序的请示》，得到县政府批复同意，自2017年4月起县行政服务中心不再单设气象窗口，保留的行政许可事项统一纳入综合窗口，审批职能100%授权综合窗口。推出网上申报、流程瘦身、预约上门、全程代办、快递送达，变“等待上门”为“上门服务”，气象审批服务事项100%实现“最多跑一次”，服务事项实现“零趟办理”。

【防雷安全监管】 2017年，县气象局制定《桐庐县气象局防雷安全监管“双随机”抽查实施方案》，建立“三库一单”，制定防雷安全监管工作规程，采取软件摇号、抽签等方式随机抽取检查对象和选派执法检查人员，并全程留痕，实现责任可追溯。是年，主持召开建设工程防雷管理部门联席会议，分解落实防雷安全监管职责，各行业主管部门共建防雷安全负责人和安全责任人信息数据库，签订《加强气象灾害安全生产管理联动工作备忘录》，制定《桐庐县建设工程防雷管理协调会议方案》，建立长效合作机制。县气象局联合旅游、安监、教育等12个行业主管部门，对旅游景区、易燃易爆危化场所、中小学校等33家重点单位开展防雷安全专项执法大检查。与住建、水利、交运等部门对接，对县重点建设项目实地走访，提供服务，确保建设工程防雷许可调整移交后的防雷审批手续和质量安全全部到位。

【“十三五”期间重点项目建设】 2017年，县气象局综合探测基地项目完成室内装修、设备采购安装调试和新建观测场仪器安装调试以及室外景观工程建设。人影基地项目列入县政府建设项目，落实项目经费939万元。完成箱函工程建设招投标、主体项目方案完善和4个作业站施工图及预算编制工作。气象综合业务平台搬迁改造项目列为县政府投资项目，总概算360万元，完成总体方案设计、立项和省气象局报备，并开展项目招投标。是年，完成国家气象站业务楼外立面改造提升，项目总投资51万元。

（章莹菁）

工业

Industry

工　业

·综述·

【概况】 2017年，桐庐县深入实施产业强县战略，以创新驱动为根本，全力推进双招双引，提升平台承载能力，加速产业优化升级，工业经济持续稳健发展。是年，全县实现规模以上工业销售产值同比增长6.1%；规模以上工业增加值同比增长6.3%。信息经济增加值25.3亿元，同比增长23.5%；省重点技术改造项目31个，完成投资10.7亿元；培育小升规企业30家；单位GDP能耗同比下降7.13%以上。战略性新兴产业规上销售产值同比增长13.1%，高于全县规上销售产值增幅7.9个百分点，占比提高0.9百分点，拉动规上销售增幅4.3百分点；高新技术产业规上销售产值同比增长13.8%，高于全县规上工业销售产值增幅9.2个百分点。资源综合利用等高能耗行业同比下降23.3%，占全县规模工业销售产值比重下降1.8个百分点。

【工业园区提升改造】 2017年，县经信局制定《桐庐县工业园区提升改造三年行动计划》，推进开发区和江南镇工业园区试点改造。全县“一区七园”盘活存量闲置低效项目44个，盘活工业用地80.13公顷。其中，开发区通过“土地收储、司法拍卖”收回浙江丹艺、南一堂地块，用于建设占地10公顷、计划投资3.5亿元的电子器械产业基地。法国威立雅集团全面入驻松下大地，立升塑胶收购辰德科技、千芝雅收购冠雁汽车零部件、富利登塑胶收购鼎玻公司并新上工业自动化4.0项目；江南镇规划建设智能制造产业园，招引阿尔法机器人小镇等项目。盛宏服饰2公顷闲置土地收回，百岁坊公司3.33公顷土地资产将通过司法拍卖途径收回利用。金色生命企业建造5万平方米标准厂房，打造小微企业(双创)园。推进医疗器械产业园建设，集聚医疗器械企业27家。杭万汽配公司利用1.1万平方米厂房引进杭州福瑞特环保设施生产项目，弘承实业公司新建2万平方米标准厂房，招引先进装备产业项目入驻。

【企业科技创新】 2017年，桐庐县规模工业企业累计完成新产品产值170亿元，同比增长15%，新产品产值率同比提高3.5个百分点。全县新增市级以上技术中心3家，研发中心15家；新增发明专利67项、实用新型专利304项、外观专利760项。杭州中水、艾罗电源2个产品获省首台(套)认定。康基医疗被评为省“隐形冠军”，天松医疗、优视医疗、时空候医疗被列入省“隐形冠军”培育企业。泛亚卫浴列入上市培育库，拓卡斯机械列入新三板挂牌培育库。英飞特、新湖电子等企业在研发新技术新产品上实现突破。

【智慧产业化和产业智慧化】 2017年，县经信局积极推进智慧产业化和产业智慧化，加速信息技术与产业发展深度融合。建立全县工厂物联网项目培育库，实施工厂物联网项目10个，其中7个被评为杭州市工厂物联网和工业互联网试点项目，正华文化公司被推荐为杭州市传统产业“两化深度融合”典型。整合运营商优势资源，推动工业、服务业等900多家企业上“云”。全县规模工业企业基本实现钉钉应用全覆盖。成立桐庐县智能制造专家咨询委员会，开展传统产业物联网应用专项调研和技术培训。是年，艾罗电源和新湖电子被评为省大数据应用示范企业，彦德科技基于超宽带射频技术的室内定位系统获得浙江好项目杭州赛区总决赛三等奖。

【机器换人】 2017年，县经信局把“机器换人”作为加快推进企业改造提升、实现提质增效、增强发展后劲，促进工业转型升级的重要抓手，建立“机器换人”项目库，动态跟踪服务。全年实施“机器换人”项目80多个，其中龙生科技和千芝雅2家企业被评为杭州市“机器换人”示范应用企业。千芝雅公司生产线技改项目列入浙江省“机器换人”百项示范项目计划。龙生科技投资2.9亿元，建设“年产240万套汽车座椅滑轨及900万件调角器生产项目”，采用新型智能化自动传递冲压连续模技术、一次成型和自动化焊接技术、边

2017 年突出贡献企业

角料自动化收集技术，实现整个生产链物流自动化，仓储立体分拣。围绕针织、制笔等传统产业，推广实施“机器换人”，对自动化设备给予 10% 补助。召开全县针织行业工厂物联网暨机器换人现场会，针织行业实现自动化设备全覆盖。

【政策精准减负】 2017 年，县经信局整合完善“6+1”产业政策体系，重点关注科技创新、人才引进、技术改造、两化融合和企业做大做强等方面。牵头组织县财政局、商务局、人才办、金融办等就新修订产业政策举办宣讲培训 6 场，500 余家企业参加。贯彻落实中央清费减负政策，取消、停征涉企 41 项行政事业性收费（其中取消 12 项、停征 23 项），全年累计减免企业税费 2 亿余元。

【“最多跑一次”改革】 2017 年，县经信局梳理行政许可类、行政确认事项类及其他权力事项共 11 项，全部进驻县行政服务中心办理。梳理融资担保和信用服务、信息化人才实训、政策宣传等 10 项公共服务事项纳入权力事项库，变“自选动作”为“规定动作”。零地技改审批环节由 6 个精简为 4 个，实现多部门统一审查联办，办理时限由 7 天缩短至 5 天。企业技改备案和新型墙材推广认定实现办事“零次跑”，网上办理企业技改备案 170 项，新墙材推广认定 4 项。

【区域能评改革】 2017 年，县经信局编制完成《桐庐县区域能评方案》，在杭州各区、县（市）中率先完成节能领域行政审批制度改革工作，以区域能评取代项目能评，对一般非高耗能工业项目实行节能承诺备案制，节能审查效率全面提升，新落户的阿尔法人工智能小镇项目成为首个改革受益项目。对 55 家 1000 吨标煤以上的重点用能企业和用电大户实行用能预算化管理。深化电力供给侧结构性改革，开展电力直接交易试点。

【淘汰落后产能】 2017 年，县经信局淘汰杭州长富金属制品有限公司年产 40 万吨钢铁产能，彻底拆除钢铁冶炼中频炉及配套设施，稳妥安置职工 210 名，顺利通过国家、省和市联合验收组现场验收。推进落后生产工艺（设备）淘汰，全年完成淘汰落后产能项目 17 个，腾出用能空间 4 万余吨标准煤。开展治理四大专项行动，通过对“三合一”“四无”以及高污染、高能耗、低产出等小企业(作坊)的整治优化一批，对有一定产业优势、发展潜力的小企业，通过“机器换人”“腾笼换鸟”“兼并重组”等手段有效改造提升一批。全县完成低效闲置用地盘活 91.33 公顷，“低小散”“四无”企业整治及“三改一拆”项目 97 项，新改扩建标准厂房 14.07 万平方米；完成分水石材园和申通快递产业园建设，推动 15 家中小微企业入园集聚。

【新型墙材发展】 2017 年，县经信局推广新型墙材应用，永东建材建成桐庐县首条建筑废弃物转换成新型墙体材料并采用蒸汽养护的全自动生产线，废弃资源利用率 95% 以上。汉德邦建材获 2017 年省级新墙材龙头企业荣誉。梳理 2009 年 12 月 31 日前预缴墙改基金项目和 2014、2015 年征收未退散装水泥基金项目，落实专项基金清退工作。推进混凝土砖企业“空间换地”，采取混凝土砖打包出厂措施，提高企业机械化程度。

【行业协会建设】 2017 年，县经信局配合民政部门开展协会脱钩试点工作。完成针纺服装、制笔、五金机械、箱包玩具、医药化工、建材等6家协会脱钩工作。完成行业党建考核，对桐君堂医药、金贝能源等信息化企业开展行业党建工作进行指导。县企业联合会组织55家企业赴深圳培训学习，县内50强企业参加县第十八次春风行动，募集爱心款132万元。

【“亲、清”型政企关系】 2017年，县经信局完善县领导联系企业机制，按重点企业、科技成长型企业、上市培育企业三大类，遴选出首批67家工信企业，明确联系县领导、责任部门和服务专员。建立企业问题四级协调机制和企业服务专员制度，每名干部联系3至4家企业，在走访服务企业过程中发放“亲、清”提醒卡。全年对全县重点工业企业、“一对一”结对企业、“双包双引”帮扶村、共建社区、结对村及农户进行全面走访调研，累计走访农户130余户，企业300余家次，收集问题困难120余个，协调解决80余个。强化转贷服务，全年完成转贷资金368笔、资金额12.1亿元。

·主要工业行业概况·

针纺服装业 2017年，全县有针纺服装企业2551家，从业人员3.19万人，主要集中在横村镇、城南街道、桐君街道、开发区。主要产品有针织服装、电脑花边刺绣、梭织服装、绢丝衫、帽子、围巾、纱巾、手套等。主要企业有中艺花边集团有限公司、杭州煜凯服饰有限公司、桐庐富春江织造集团有限公司、杭州华盛围巾有限公司、浙江春风米兰鸥服饰有限公司、杭州绫绣针织有限公司等。

制笔业 2017年，全县有制笔企业1212家，从业人员1.54万余人，主要集中在分水镇，主要生产圆珠笔、中性笔、水笔等，年产量87亿余支，其中分水镇年产83亿余支。主要企业有杭州赛欧笔业有限公司、桐庐千红笔业有限责任公司、杭州新富文具制造有限公司、桐庐光华文化用品有限公司、桐庐正华文化用品有限公司等。

机械制造及五金业 2017年，全县有机械制造及五金企业955家，从业人员1.84万余人，主要集中在旧县街道、开发区、江南镇、富春江镇、瑶琳镇。主要产品有中小型水轮机、水轮机部件、汽车配件、健身器械、阀门、电线电缆、电梯部件、拉丝机、五金工具等。主要企业有浙江龙生汽车部件股份有限公司、浙江富春江水电设备有限公司、杭州泛亚卫浴股份有限公司、桐庐中汽商用汽车零部件有限公司等。

建材业 2017年，全县有建材企业495家，从业人员8000余人，主要集中在桐君街道、开发区、江南镇、横村镇、富春江镇和钟山乡。主要产品有水泥熟料、水泥电杆、管桩、耐火材料、新型墙体材料、建筑五金、大理石板材、花岗石板材等。主要企业有桐庐南方水泥有限公司、桐庐红狮水泥有限公司、浙江汉德邦建材有限公司、桐庐宏基源混凝土有限公司、桐庐奔腾建材制品有限公司、浙江恒基建材有限公司等。钟山乡是石材产品主要生产基地。

皮革制品业 2017年，全县有皮革制品企业311家，从业人员8000余人，主要集中在城南街道、凤川街道、开发区、旧县街道。主要产品有箱包、皮革服装、皮革家私。主要企业有杭州桦桐家俬集团有限公司、杭州立山皮件有限公司、杭州敦煌革裘制衣有限公司、杭州力高旅游用品有限公司等。

化工业 2017年，全县有化工企业68家，从业人员2158人，主要集中在开发区、桐君街道、江南镇、横村镇。主要产品有草甘膦、井冈霉素、化学试剂、合成洗涤剂、食品添加剂、涂料制品等。主要企业有浙江金帆达生化股份有限公司、桐庐贝斯特化工有限公司、桐庐汇丰生物科技有限公司、杭州华大海天科技有限公司、杭州妙洁日化科技有限公司等。

医疗器械及食品保健品业 2017年，全县有医疗器械及食品保健品企业364家，从业人员6554人，主要集中在开发区、城南街道、江南镇、横村镇、分水镇。主要产品有蜂胶囊、冻干粉、抗病毒口服液、中成药、医疗器械、饮料等。主要企业有浙江施强制药有限公司、桐庐三星玉米产业科技有限公司、浙江凯胜畜产品有限公司、浙江桐君堂中药饮片有限公司、杭州康基医疗器械有限公司、杭州博阳食品有限公司等。

金属压延加工业 2017年，全县金属压延加工业主要集中在江南镇、开发区，利用铜、镍、钴等金属进行加工、电镀、金属压延等为主，重点企业有浙江环益资源利用有限公司、浙江金鸿源金属集团有限公司、杭州润品金属制品有限公司等。

信息经济产业 2017年，海康威视一期满产，二期项目结顶，并引进里德通信、苏和盛印务、智来科技、金益科技等20家配套企业，智慧安防产业链进一步完善。象限动力、美德磁业、科德磁业等企业集聚发展，青山磁性材料产业集聚区初步形成。电子信息产业规模不断壮大，英飞特LED电源驱动器生产项目（一期）投产，二期开工建设。金贝能源、艾罗电源、新湖电子、天峰电子等企业加快发展，艾罗电源产品获省首台（套）认定，艾罗电源和新湖电子被评为国家高新技术企业。

·重点企业选介·

杭州煜凯服饰有限公司

杭州煜凯服饰有限公司系一家专业生产针织品的自营出口企业，地处横村镇工业开发区，占地面积3.87公顷，拥有固定资产800万元，员工780人，主要产品为各类晴棉、摇粒绒针织手套、帽子、围巾，各种绢丝、绢麻、氨纶交织的针织毛衫，年生产能力为手套系列20万打，毛衫系列60万件，产品主要出口欧美市场。公司自1993年成立以来，已发展为初具规模的针织服装企业，是桐庐县重点工业企业、浙江省重点私营企业。

浙江艾罗电源有限公司

浙江艾罗电源有限公司是桑尼能源下属子公司，是全球专业的户用新能源解决方案供应商，是集研发、生产及销售储能逆变器、并网逆变器为一体的高科技企业，也是国内并网逆变器主要生产厂商。公司生产基地位于桐庐经济开发区。公司自2010年起借助浙江大学的科技实力，秉承“自主研发、科技创新”精神，已成功研制出3—5千瓦光伏储能并网逆变器、1—5千瓦单相光伏并网逆变器、10—20千瓦三相光伏并网逆变器等。公司产品取得10余项国家专利，获得澳大利亚、德国、英国、丹麦等40多项国际权威 认证。产品远销47个国家，积累100多个行业客户，并在澳大利亚、英国、荷兰设有仓库及售后服务中心。

杭州科德磁业有限公司

杭州科德磁业有限公司成立于2004年，是一家高新技术企业，主要从事磁性材料的研发、生产和销售。产品主要有烧结铝镍钴，烧结钕铁硼、黏结钕铁硼、钐钴永磁、铁铬钴永磁和各种软磁类永磁器件等，广泛应用于传感器、汽车、仪器仪表、电讯电声等高科技领域和国防军工、航空航天领域，产品远销美国、德国、韩国、日本等国家区。公司拥有先进的生产设备、完善的检测仪器、多项发明专利和完善的管理体系，通过TS16949等多家体系认证。

杭州时空候医疗器械有限公司 杭州时空候医疗器械有限公司是一家集科研、开发、生产和销售于一体，专业生产内窥镜、手术器械及有各种医用辅助设备的企业。拥有“诺贝医科”“时空候”二个制造基地，一个研发中心。产品涉及普外科、胸外科、妇科、耳鼻喉科、泌外科、骨科、脑神经外科等领域。公司不断研制开发新产品，并为用户定制特殊用途的医疗器械及维修国外企业生产的内窥镜和手术器械。公司全面实施ISO 9001、ISO 13485质量管理体系，通过国家医疗器械行业认证中心论证和欧共体CE认证。

桐庐正华文化用品有限公司 桐庐正华文化用品有限公司成立于1995年，是一家集生产、研发、贸易为一体的综合性现代化文具生产企业。主要生产中性笔、中性笔芯、圆珠笔、文具套装、油画棒等，产品远销亚洲、欧洲、美洲及大洋洲等国家。注册资金100万元，员工200余人，拥有ISO 9001质量体系认证，并通过美国沃尔玛验厂认证。公司多次评为省级先进单位，并于2005年被授予杭州市制笔协会成员单位。

（周慧娟）

2017年度桐庐县重点工业企业

表13

位次	所在乡镇（街道）	企业名称	位次	所在乡镇（街道）	企业名称
1	开发区	杭州海康威视电子有限公司	26	开发区	杭州伊贝实业有限公司
2	开发区	杭州康基医疗器械有限公司	27	开发区	浙江金贝能源科技有限公司
3	开发区	浙江施强制药有限公司	28	开发区	浙江汉德邦建材有限公司
4	桐君街道	桐庐南方水泥有限公司	29	开发区	杭州光典医疗器械有限公司
5	开发区	桐庐红狮水泥有限公司	30	分水镇	杭州冠华王食品有限公司
6	凤川街道	杭州桦桐家私集团有限公司	31	富春江镇	杭州金慧达集团有限公司
7	富春江镇	东芝水电设备（杭州）有限公司	32	开发区	桐庐三星玉米产业科技有限公司
8	富春江镇	浙江龙生汽车部件股份有限公司	33	开发区	浙江瑞能通信科技股份有限公司
9	开发区	杭州泛亚润升控股集团有限公司	34	桐君街道	杭州春江阀门有限公司
10	富春江镇	浙富控股集团股份有限公司	35	开发区	今麦郎饮品（杭州）有限公司
11	开发区	杭州千芝雅卫生用品有限公司	36	开发区	杭州和韵科技有限公司
12	开发区	桐庐富春江织造有限公司	37	开发区	杭州老桐君制药有限公司
13	城南街道	杭州象限科技有限公司	38	江南镇	杭州升惠机械有限公司
14	开发区	浙江英飞特光电有限公司	39	富春江镇	杭州中水科技股份有限公司
15	开发区	通用电气生物科技（杭州）有限公司	40	分水镇	浙江五云山文化用品有限公司
16	开发区	力高控股有限公司	41	瑶琳镇	杭州富春印务有限公司
17	城南街道	浙江天松医疗器械股份有限公司	42	开发区	杭州富利登塑胶制品有限公司
18	开发区	浙江艾罗电源有限公司	43	富春江镇	浙江迅和机械制造有限公司
19	开发区	浙江环益资源利用有限公司	44	横村镇	杭州绫绣针织有限公司
20	开发区	中艺花边集团有限公司	45	富春江镇	浙江三源织造有限公司
21	凤川街道	杭州励升科技有限公司	46	横村镇	桐庐鑫利针织有限公司
22	商务区	浙江奥鑫控股集团有限公司	47	桐君街道	桐庐奔腾建材制品有限公司
23	开发区	密尔沃基（桐庐）阀门有限公司	48	城南街道	桐庐优视医疗器械有限公司
24	瑶琳镇	杭州霍普曼电梯有限公司	49	城南街道	杭州桐庐医达器械设备有限公司
25	桐君街道	桐庐汇丰生物科技有限公司	50	分水镇	桐庐友人塑料制品有限公司

商业贸易

Commercial trade

商业贸易

· 商贸综述 ·

【概况】 2017年，桐庐县商贸工作紧紧围绕“生态立县、产业强县、全民兴县”三大战略，以“实力提升、环境优化、消费强劲”为发展目标，加大城乡特色街区和商贸项目建设力度，搭建商贸平台，政策扶持电子商务发展，探索“互联网+乡村旅游+农产品上行”桐庐模式，实体商业与电子商务同步持续、平稳发展。全年完成社会消费品零售总额164.86亿元，同比增长11.5%。至年末，全县有重点商贸企业（超市）18家，农村连锁超市279家，新增“单一窗口上线企业95家，跨境电商实绩企业174家。

【特色街区培育】 2017年，县商务局继续加大特色街区建设培育力度，深化县城中杭路服装时尚特色街区国际化建设，通过统一设置多语种标识等方式，提升整体消费品质。加快推进乡镇特色街区建设，至年末，分水镇武盛古街基础设施建设基本完成，城隍庙牌楼等历史文化资料挖掘工作有序推进，地方特色餐饮、农特产、休闲特色业态店等投入运营；江南镇深澳古街——“国际化烘焙美食古街”项目，投入改造资金300万元，引入SH江南、南宋抹茶、澳里探蜜、民国记忆咖啡吧等业态入驻。

莱IN体育生活之城项目效果图

【商贸平台搭建】 2017年，县商务局以“实力提升、消费强劲”为目标，积极开展商贸节庆（促销）活动。举办以“消费总动员”为主题的杭州市第十三届汽车消费节暨桐庐—拱墅汽车大联展，实现销售额5000余万元。以创建“浙江养生美食之乡”为契机，引导、鼓励餐饮企业“走出去”，把桐庐餐饮品牌推向省内外。是年，久缘餐饮有限公司代表桐庐参加“杭帮菜·走进宁夏”推介活动、七里人家餐饮公司“十六回切”代表桐庐参加浙江厨师节活动。高质量完成“健康孝老·千人足浴”“桐庐家政·服务你我”、家电展销等活动，为老百姓带来实惠。

【农村流通网络建设】2017年，县商务局按照“市场主导、企业主体、政府推进”总体思路，巩固提升农村连锁经营网络，引导龙头企业—桐庐久友贸易有限公司继续开拓电商业务，鼓励桐庐云道信息科技有限公

申通快递产业园

司（云蚂蚁）开设直营店（加盟店）。是年，全县发展新型连锁便利店19家；至年末，全县有村级便利店279家，农村连锁经营覆盖全县183个行政村，覆盖面100%。

【商贸特种行业管理】 2017年，桐庐县有成品油批发企业1家，加油站（点）56家（其中加油点17家），全年成品油销售量15.4万吨，与上年同期持平。全县有二手车市场1家（桐庐世纪车城有限公司），是年，实现二手车交易7720辆，同比增长5.75%；二手车交易额2.6亿元，与上年基本持平。全县有汽车回收拆解企业1家，全年拆解报废汽车800辆。

阿里巴巴跨境电商（桐庐）服务中心开业

【创建“浙江养生美食之乡”】 2017年，桐庐县围绕打造生命健康与旅游产业融合发展新高地的发展思路，启动“浙江养生美食之乡”创建工作。在挖掘和传承餐饮历史文化的基础上，倡导“诚信餐饮”理念，由餐饮经营者对消费者公开发出承诺，优化餐饮业发展环境。发起“阳光厨房”活动，让消费者能直接看到菜品制作过程，使每个消费者在享受美味的同时，吃得放心。以完善校企合作的“订单式”人员培养模式，提高餐饮理论和技能教学水平；开展厨艺交流和技术比武等活动，提升烹饪人员和服务人员的业务技能；组织餐饮企业和人员“走出去”，开阔眼界、学习取经、引进特色菜品，丰富“桐庐菜”内容。是年，经浙江省餐饮行业协会专家考察验收，桐庐县被授予“浙江养生美食之乡”荣誉称号。

（雷吕品）

桐庐县创建省养生美食之乡验收会

【电子商务】 2017年，桐庐县继续把电子商务作为发展智慧经济和信息经济重要战略支撑，以“产业融合、资源整合、服务结合”为核心目标，开展电子商务“跨界计划”。出台《关于实施产业强县战略促进产业转型升级的若干意见》，明确对促进跨境电子商务和融合国内电商发展的扶持奖励政策，在政策引导和扶持下，跨境电商进一步拓展，至年末，全县新增“单一窗口”上线企业95家、累计注册154家，新招引跨境电商企业19家，新增跨境电商实绩企业39家，累计跨境电商实绩企业174家。中国（杭州）跨境电子商务综合试验区桐庐园区正式开园。

进一步完善电商产业平台建设，对海陆电商产业园进行

桐庐县商务局（区）2017 年度安全生产工作暨消防安全培训会议

扩容提质改造，将原先单一的电商产业园转型为创业创新平台。是年，海陆电商产业园新招引电商企业 30 家，盘活存量用房 8000 余平方米；桐庐农产品电商产业园仓储物流中心建成并投入使用，15 家涉农企业入驻产业园仓储物流中心；桐君街道电子商务众创孵化园专业电商平台管理企业开始为园区入驻企业提供业务指导、培训等配套服务，31 家企业入驻该园区；旧县街道智创工场和“旧大叔”微商服务平台建成，服务面涵盖农户 315 户，农产品 45 种。探索“互联网 + 乡村旅游 + 农产品上行”桐庐模式。是年，莪山乡、钟山乡、合村乡、新合乡、百江镇等乡镇试行对接安厨、丰收购、邮乐购等平台，依托专业团队打造特色农产品品牌；城南街道、江南镇、富春江镇、合村乡、瑶琳镇等乡镇（街道）试行利用携程网、去哪儿网、途牛等平台推出本地的民宿及特色，实现旅游（民宿）产品线上交易。富春江镇横山村成功升级成为全国第一家天猫优选体验店。

制定实施《2017 年桐庐县电子商务培训计划》，开展电商人才教育培训。至年末，共举办电商人才培训 97 场 4951 人次，其中电商创业培训 630 人次，专技培训 780 人次，基础培训 781 人次，精英培训 527 人次，大学生创业园电商培训 330 人次。是年，全县共实现电商销售 75.64 亿元，其中网络零售 45.72 亿元；实现跨境出口 19443 万美元，跨境进口 2113 万美元。桐庐县连续四年被评为“中国电子商务发展百佳县”。

（徐　燕）

2017 年桐庐县重点商贸企业（超市）基本情况一览

表 14

序号	名　称	地　　址	从业人员（人）	营业面积（平方米）	经营类别
1	桐庐大润发商业有限公司	城南街道迎春南路 359 号	556	30000	综合型超市
2	桐庐景文百货有限公司	城南街道迎春南路 555 号	470	17000	综合型百货
3	杭州联华华商集团桐庐世纪联华超市有限公司富春路店	桐君街道富春路 455 号	230	15000	综合型超市
4	杭州联华华商集团桐庐世纪联华超市有限公司国贸店	城南街道春江路 719 号	58	2500	综合型超市
5	杭州联华华商集团桐庐世纪联华超市有限公司分水店	分水镇东门新区	105	4000	综合型超市
6	杭州联华华商集团桐庐世纪联华超市有限公司横村店	横村镇陈家畈	16	750	综合型超市

续表 14

序号	名称	地址	从业人员（人）	营业面积（平方米）	经营类别
7	桐庐海陆世贸中心开发有限公司	城南街道迎春南路 229 号	252	12000	装饰材料
8	桐庐富鑫装饰城有限公司	城南街道乔林路 837 号	482	26000	建材、装饰材料
9	桐庐商贸城有限公司	城南街道乔林路 808 号	125	40000	装饰材料、电器、家具
10	桐庐易居家居用品有限公司	城南街道 598 号光典大厦	120	15000	装饰材料、电器
11	桐庐久友贸易有限公司	城南街道桦桐大厦 10 楼	85	2600	农村连锁经营
12	桐庐世纪车城有限公司	城南街道白云源路 1555 号	105	17000	新车、二手车交易
13	桐庐海昌汽车有限公司	凤川大道兴宁西路 168 号	58	4535	新车、二手车交易
14	桐庐元通汽车有限公司	凤川大道兴宁西路 188 号	32	3500	新车交易
15	桐庐金茂汽车销售服务有限公司	凤川大道兴宁西路 158 号	43	6000	新车交易
16	桐庐怡生堂大药房连锁有限公司	城南街道城南路 418 号	120	3079	药品零售
17	桐庐医药药材有限公司	城南街道立山国际 22 楼	400	3000	药品零售
18	桐庐好邻居大药房连锁有限公司	凤川街道松林头	80	1350	药品零售

·对外经贸与招商·

【概况】 2017 年，桐庐县有外贸生产企业 1062 家，比上年减少 25 家；其中自营出口企业 386 家，比上年增加 7 家。完成外贸出口交货额 167 亿元，同比下降 14.46%；外贸进出口总额 74.78 亿元，同比下降 18.4%，其中出口 70.47 亿元，同比下降 19.1%；计入一达通出口 1.1 亿元，累计出口 71.57 亿元，同比下降 18.7%。是年，商品主要出口地有美国、欧盟、东盟、非洲、拉美、日本等。出口商品仍以针纺织品、化工产品、机械电子、皮革制品、制笔、箱包、食品保健品、医疗健身器材、家具、工艺品等为主。其中，机械电子行业、针纺织行业累计出口分别为 18.59 亿元、15.15 亿元，占全县出口的 26.38%、21.5%，在全县出口各行业中占比最高。从分行业出口增降趋势看，增长的有 7 个，分别为化工、工艺品、食品保健品、箱包、制笔、机械电子、家具，出口下降的有 3 个，分别为针纺织、医疗健身器材、皮革制品。全年完成进口总额 4.31 亿元，同比下降 3.6%。进口商品主要有牛皮革及马皮革、纺织纱线织物及制品、铜矿砂及其精矿、纸浆、未锻造的铜及铜材、初级形状的塑料、钢材、金属冶炼铸造设备及零件等。

【项目招引】 2017 年，桐庐县新引进项目 83 个，协议引资 38.89 亿元；新建和续建招商引资项目 201 个，实际到位资金 70.97 亿元，完成年度目标的 104.37%，同比增长 4.29%，其中工业招商投入 28.48 亿元。通过深化大项目招引机制，组织部门联动招商，全年共招引 20 亿元以上项目 7 个，莱茵达体育股份公司投资的莱 in 体育生活小镇，神汇航空实业集团有限公司投资的富春马都项目，国网新源公司投资的抽水蓄能电站项目，中通云谷一、二期等项目签约落户；成功引进中科院国家纳米科学中心“百人计划”研究员胡志远领衔的中科纳泰 4P 健康项目，国家“千人计划”专家杨光华博士领衔打造的光华国际精准医疗中心项目，国家“千人计划”人才林标扬博士领衔的肝病试剂和设备研发制造项目，国家“万人计划”专家任天挺领衔的自动化设备研发生产项目等科技前沿项目 12 个。

【外资利用】 2017 年，桐庐县新批外资项目 7 个，协议引资8895万美元；实到外资1.65亿美元，完成年度目标的100%。其中中通快递回归项目浙江中吉物流有限公司实际到资2000万美元，主要从事快递相关的道路货物运输、供应链管理、企业管理、仓储。是年，共有存续并正常经营的外商投资企业126家，比上年同期增加3家。

【服务贸易】2017年，桐庐县有服务外包入库企业8家，新增省服务贸易系统入库企业4家。全年实现服务贸易交易额7.5亿元，其中，服务外包离岸执行额5.5亿元，省服务贸易直报系统服务贸易出口额2亿元。

【完善招商机制】 2017年，桐庐县以实现招商“一盘棋”为重点，全面完善招商机制，促进招商工作稳步提升。完善招商项目三级管理机制，建立招商线索库、启动在谈项目库、书记县长重点关注项目库，通过三级联动，掌握招商信息，全面统筹招商工作。完善招商引资考核机制，坚持招商引资“一把手”工程，加强部门、乡镇在信息报送、前期服务、项目推进、源头项目招引上的考核，实现全县招商一盘棋。完善驻点招商机制，在上海浦东、余杭、滨江等地设立招商驻点，借助张江医谷、未来科技城、滨江高新区等平台，做好信息收集、客商邀请、项目跟踪等工作。同时，在北京、上海等设立双招双引驿站，收集符合桐庐产业发展规划的招商信息，为桐庐开展双招双引提供落脚点和支撑点。完善招商信息共享机制，定期梳理汇总乡镇（街道、平台）收集的招商信息，根据项目产业、投资等情况统筹安排落户区域；建立桐庐县招商引资信息共享群，第一时间发布招商信息，实现招商资源、信息共建共享。

【浙商回归】 2017年，桐庐县继续以快递企业为重点，加强桐商回归招引工作。通过领导带队走访、政策扶持、活动推介等方式，是年，中通云谷一、二期项目，韵达集团桐庐（国际）中医药健康智谷，圆通桐庐创客园等桐商回归投资项目相继签约；浙商回归引进到位资金19.01亿元，完成年度目标的111.88%，同比增长7.67%；快递物流企业回归全年缴纳税收2.5亿元。

【外贸服务】 2017年，桐庐县兑现国家和省、市、县四级外经贸扶持政策资金800万元，为全县200家小微出口企业提供统缴统保、资信调查、授信评估以及收汇风险保障服务，全年共为企业提供资信调查及

2017年桐庐县出口前十位企业排序

表15

序号	企业名称	累计（万元）	同比增长（%）
1	杭州桦桐家私集团有限公司	68345.40	2.11
2	浙江金帆达生化股份有限公司	38424.44	10.35
3	浙江艾罗网络能源技术有限公司	31598.50	173.93
4	桐庐富春江织造集团有限公司	28559.53	9.54
5	杭州泛亚卫浴股份有限公司	21978.52	5.17
6	浙富控股集团股份有限公司	27969.07	-30.41
7	通用电气生物科技（杭州）有限公司	17115.02	65.72
8	密尔沃基（桐庐）阀门有限公司	16240.91	7.92
9	桐庐丰泽进出口有限公司	15317.64	-1.27
10	杭州朵朗进出口有限公司	10806.82	-0.17
	合计	276355.85	9.59

授信评估服务65件次，提供出口收汇风险保障累计2.6亿美元。组织全县100多家企业参加广交会、波兰展等境内外重点展会和“一带一路”沿线国家展会，拓展外贸销售渠道。是年，桐庐商务运行调查监测点被评为市级优秀监测点，桐庐笔业对外贸易预警示范点被评为市级良好预警点。

【外贸出口十强企业】2017年，桐庐县十强出口企业全年出口27.64亿元，同比增长9.59%，10家企业出口额占全县出口总额的38.62%。其中，浙江艾罗网络能源技术有限公司、通用电气生物科技（杭州）有限公司出口增幅较大，浙富控股集团股份有限公司出口降幅较大。

（陈 峰 朱泓宇）

·粮食管理·

【储粮轮换】 2017年，桐庐县储备粮规模2.71万吨，全面完成省政府下达的粮食储备任务。全年轮出储备原粮12660吨，临时储备原粮2768吨（其中稻谷2024吨、小麦744吨）；轮入储备原粮12660吨、临时储备原粮2704吨（其中稻谷1960吨、小麦744吨），其中县内收购原粮6524吨，占轮入原粮的42.5%；另成品粮轮换4个批次，共计1200吨。

【粮食安全】 2017年，县政府牵头对各乡镇（街道）就粮食播种面积等工作进行督查，稳定全县粮食播种面积与粮食产量。是年，全县粮食播种面积9560公顷，同比增长4.52%，粮食总产量5.93万吨，同比增长8.81%。是年，桐庐县在市政府组织的粮食安全责任制考核中获得优秀等次。

【基建维修】2017年，桐庐县投资282万元，实施粮食仓储设施维修改造项目10个。其中，中心粮库信息化项目和管理房项目均已完工并投入使用；投资48万元的窄溪、旧县、方埠粮库屋顶及围墙翻新工程建设完工，全县粮食仓储设施条件进一步改善。

（赵 慧）

·供销合作·

【概况】 2017年，桐庐县供销合作总社（以下简称县供销总社）全面深化供销社综合改革和“三位一体”农合联改革，积极开展“争当文明创建带头人、争做服务三农贴心人”活动，努力提升为农服务能力和供销社经济实力，圆满完成年度各项工作计划。是年，全县供销系统实现经营总收入7.3亿元，同比增长17.17%；实现利润820万元。至年底，全县供销系统有全资企业7家、参股企业8家、基层供销社14家、农民专业合作社60家、专业合作社联合社2家、农村（社区）综合服务社50家、农产品经纪人协会1个、庄稼医院15家。

【“三位一体”改革】2017年，县供销总社将供销社综合改革和“三位一体”农合联改革结合起来，以供销社与农合联融合，推动农合联健康发展。4月，在横村镇举行春耕支农惠农活动，向各乡镇农合联赠送农资30万元，向8家县农合联会员赠送肥料40吨。6月，在安厨电商产业园举办农产品新零售培训会，同时举办县农合联首个产品阳山畈蜜桃上线发布仪式。7月，经桐庐县编委办批复，县供销总社新增农合联执委会工作职责，下设县合作经济服务中心。8月，召开农合联一届三次理（监）事会，选举产生新的理（监）事会。尔后，注册成立县农合联资产经营公司，逐步落实农民合作基金；并制定实施《桐庐县农民合作组织联合会资产经营有限公司管理暂行办法》《逐步落实农民合作基金管理暂行办法》等规章制度。是年，县供销总社荣获浙江省供销社农合联执委会服务体系建设先进单位；杭州市供销社系统综合业绩考核特等奖、杭州市农合联工作综合业绩考核特等奖。

【积极参与安厨电商产业园建设】 2017年，县供销总社会同杭州市供销社、杭州安厨电子商务有限公司共同投资1.5亿元，建设安厨桐庐农业电商产业园，并以产业园为平台，设立农合联电商公共服务中心、农创客服务中心、冷链仓储配送中心、农产品检验检测中心、农业电商培训中心、农产品展示展销中心6个产业中心，为全县农业增效、农民增收、农村发展提供支撑和服务。至年底，整个产业园工程建设基本完工。9月，浙江省供销社党委书记、理事会主任邵峰，

供销系统领导考察安厨电子商务有限公司

杭州市供销社党委书记、理事会主任方月仙等到桐庐调研安厨农村电商模式，并给予充分肯定。

【全面构建三大服务体系】 2017年，县供销总社以安厨桐庐农业电商产业园平台建设为依托，整合县级综合庄稼医院的农技服务和农担保公司、银行的信用服务，建立县级农合联为农服务中心；按照“有人员、有场所、有载体、有服务”的标准，在莪山畲族乡开展乡镇农合联为农服务中心试点。县级农合联为农服务中心的建立和莪山畲族乡农合联为农服务中心的试点，为全县建立集生产、供销、信用三大服务于一体的“1+14”（1家县级综合服务平台和14家乡镇供销综合服务站）农合联综合服务体系积累经验，打下基础。同时，进一步完善“1+14”（1家县级综合庄稼医院和14家乡镇庄稼医院）现代农技服务体系，打造涵盖农技服务、统防统治和农飞客飞防服务、测土配方服务、农药废弃包装物回收处置、线上农资商品供应等功能的新型综合庄稼医院。是年，开展统防统治和飞防服务面积333.33公顷，举办用肥用药培训班3期139人次，回收处置农药废弃包装物300余万只。健全网点建设，构建“1+118”（1家县级农资配送中心和118家农资便利店）的现代农资供应服务体系，全年供应农资商品18197吨，实现销售额5031万元。

【基层供销社和农民专业合作社】 2017年，县供销总社继续加强对基层供销社、农民专业合作社参与农业产业化、生产优质产品的组织和指导，加大为农服务投入，促进基层社和农民专业合作社的健康发展。是年，全县基层供销社实现销售3.08亿元，农民专业合作社实现销售2.98亿元。县内农民专业合作企业桐庐农发粮油专业合作社被杭州市农业局、市信用办评为“农产品生产A级信用单位”，其产品“红亩墩”牌“稻鳖共生米”被浙江省农业厅推选为“2017浙江好稻米”金奖产品；杭州桐庐大自然茶业发展有限公司达然牌“芦茨红茶”在2017“浙茶杯”优质红茶推选活动中荣获金奖。

【“争当文明创建带头人 争做服务‘三农’贴心人”活动】 2017年，县供销总社在全系统

植保无人机飞防服务

开展“争当文明创建带头人、争做服务‘三农’贴心人”和党员志愿者服务活动。活动中，严格执行文明创建网格化管理制度，组织各包干单位开展文明劝导、楼道巡查120余次。同时，把文明创建工作落实到服务“三农”中，4月，在横村镇开展“争当文明创建带头人、争做服务‘三农’贴心人”活动暨2017年春耕支农惠农活动，为农民提供现场服务。

（申屠钧铭）

·烟草专卖·

【概况】 2017年，桐庐县烟草专卖局（分公司）经济运行质量向好，主要经济指标企稳回升。全年销售卷烟1.99万箱（250条为一箱，下同），同比增长2.73%，其中浙江省产卷烟销售1.1万箱，同比增长8.73%，占全部销量的55.16%；实现销售额9.64亿元，同比增长8.83%；实现税利2.71亿元，同比增长10.16%。全年共查办涉烟案件243起，同比上升101.2%，查获涉案卷烟1.6万余条。全年共受理新办烟草专卖（零售）许可证申请323份，其中准予许可289份，不予许可34份，办理许可证延续213户。至年末，全县共有持证卷烟零售户2806户。是年，桐庐县烟草专卖局（分公司）获浙江省卷烟打假工作成绩突出集体，QC课题“缩短一般案件办理时间”获浙江省烟草专卖、商业系统三等奖，浙江省质量协会一等奖，“行政执法工具盒”获国家实用新型专利、外观专利各一项。

【卷烟销售结构】 2017年，桐庐县烟草专卖局（分公司）销售结构持续提升，单箱销售额达到4.84万元，比2016年提升5.78%。市场上中高档烟需求持续上上升，低档烟需求继续下降，全年一、二类烟（不含税调拨价70元/条以上）销量1.28万箱，同比增长10.93%，占全部销量的64.15%；三、四、五类烟（不含税调拨价70元/条以下）销量0.71万箱，同比下降9.29%；高价位卷烟（零售价800元/条以上）销售343.08箱，同比增长8.94%。品牌卷烟销售以沪产烟、省产烟占主导，其中中华、利群两品种年销售1.162万箱，占销售总量的58.30%，同比上升3.18个百分点。

【新型卷烟培育】 2017年，桐庐县烟草专卖局（分公司）大力开展重点品牌、定制品牌卷烟的营销培育，根据市场特点，开展驻店营销、陈列竞赛、评吸体验、客我交流等活动36次，参与消费者近2000人。定制品牌卷烟“土楼（1575）”继上年“玉溪（创客）”和“云烟（乌镇之恋）”两个定制品牌卷烟之后，在桐庐市场上市。是年，销售国产8毫克及以下低焦卷烟2279.11箱，同比下降0.56%；销售短支烟14.93箱，同比增长470.13%，销售细支烟193.32箱，同比增长209.77%、雪茄烟销售额29.25万元，同比增长54.27%。

【现代终端建设】 2017年，桐庐县烟草专卖局（分公司）在全县卷烟零售户中推进现代终端建设，从宣传策划、门店管理、数据督导、规范经营等方面引导和培育现代终端示范能力。至年末，全县共有卷烟零售现代终端575家，占卷烟零售户数的20.49%。其中示范终端38家，占卷烟零售户数的1.35%，标准现代终端318家，占卷烟零售户数的11.33%，普

县烟草专卖局开展“走进终端、互助互学”活动

县烟草专卖局开展2017年案卷自查活动

通现代终端219家，占卷烟零售户数的7.8%。

【支付宝应用】 2017年，桐庐县烟草专卖局（分公司）开展“互联网+”在品牌营销、卷烟消费上的应用，以零售终端应用支付宝为载体，推进腾云支付宝项目。至年末，发展开通烟草支付宝结算零售户536家，占卷烟零售户数的19.1%；注册消费者会员5400余个，全年完成支付宝结算笔数18.26万笔，支付宝结算活跃度达到95%。

【市场监管重点转移】 2017年，桐庐县烟草专卖局（分公司）卷烟市场监管从卷烟门店转到以“查物流、查假烟、查省外烟”为重点，组织开展“天网行动”“净网清流”等专项行动，运用自主研发的“货运单锁定技术”，通过信息共享、大数据分析，紧盯物流运输环节，精准锁定寄递收发的时间点，加强物流、寄递环节涉烟案件查办。全年共查办物流、寄递案件171起，占全部案件的70.4%；查获假烟8300余条，同比增长56.27倍，占全部查获涉案卷烟的51.88%。是年，成功破获“2·17”本地微信国标网络案，抓获涉案人员3名；实物案值超过90万元的“8·24”物流售假案件，已被公安机关立案侦查。

【许可证审批改革】 2017年，桐庐县烟草专卖局（分公司）根据国务院“放管服”和省委、省政府“最多跑一次”行政审批改革工作要求，推出一系列行政许可便民惠民措施。9月，烟草专卖（零售）许可证审批进驻县行政服务中心，实现“一窗受理、证照联办”；选取中心城镇开展“一天办结”试点，与“百姓服务热线”合作推出午间值班、预约服务，实现办证申请“可预约、无等待”；开通网上办证业务，试行委托送达、邮寄送达、送证上门等多种方式，使申请人足不出户即可取得烟草专卖（零售）许可证。8—12月，共完成网上办件57件，占同期总办件量的18%。

【降本增效】 2017年，桐庐县烟草专卖局（分公司）对可控费用实行计划、预算管理，以问题为导向，多措并举，对水电费、通信费、修理费、办公费、公务接待费等重点费用进行管控。是年，可控费用列支316万元，比2016年下降25.71%，其中，水电费同比下降39.98%，通信费同比下降9.26%，修理费同比下降65.15%，办公费同比下降33.83%，公务接待费同比下降53.62%。

【特色党建】 2017年，桐庐县烟草专卖局（分公司）机关党总支围绕中心工作，组织各党支部开展“一支部一特色”创建活动。是年，局（分公司）机关党总支所属第一（业务线）党支部通过“培育定制品牌，争做先锋标兵”创建活动，提升定制品牌上柜面，终端维护得到加强；第二（专卖线）党支部通过“阳光型”党支部建设，进一步树立专卖管理“阳光、高效、服务、便民”新形象；第三（后勤线）党支部通过“节约型党支部创建”，营造“勤俭节约反对铺张浪费”浓厚氛围，助力精益管理和降本增效。“一支部一特色”创建活动的开展，促进了党建工作与经营业务同步发展，党支部战斗堡垒作用进一步提高。

（李双虎）

旅 游

Tourism

旅 游

·综述·

【概况】 2017年，桐庐县有旅游（村落）景区（点）36个，其中AAAA级景区6个，AAA级景区6个，AA级景区12个，浙江省旅游经济强镇5个，浙江省休闲旅游示范村3个。全县旅游接待人数1529.3万人次，同比增长15.77%；旅游业总收入160.88亿元，同比增长18.92%；旅游企业直接收入9.62亿元，同比增长20.19%。乡村休闲游接待游客972.8万人次，同比增长21.73%；乡村旅游总收入6.28亿元，同比增长32.18%，乡村旅游人均消费64.6元/人次。是年，桐庐县荣膺“浙江省全域旅游十佳发展县”称号。

【全域旅游发展】 2017年，桐庐县坚持以“生态立县、产业强县、全民兴县”为导向，全力探索将绿水青山转化为金山银山的途径，提出“旅游全域化、全域景区化、景区生态化”，建设“山清水秀民富县强的美丽中国桐庐样本”的全域旅游发展目标；发展“旅游+”项目，以产业支撑全域旅游，做精康复疗养、中医药养生为重点的康养生态游，做强以户外休闲和体育赛事为重点的休闲体验游，做好以山水游憩和民俗风情为重点的山水风情游，促进村落景区建设、生态环境保护、统筹城乡发展。9—10月，《浙江日报》和《人民日报》分别刊登题为《“四个不准”厚植乡村底色 桐庐打造村落大花园》和《桐庐打造全域旅游大景区》的报道，介绍桐庐县坚持生态为本、规划引领，提升产业高度，全力打造全域旅游大景区的做法。是年，《中国青年报》《中国旅游报》《杭州日报》和《浙江新闻客户端》《中新社》《新华网》等分别登载和刊发《桐庐：“美丽中国”的实践探索》《发展全域旅游打造现代“富春山居图”》《桐庐县委书记朱华：以产业支撑全域旅游发展》《从小县城到“大景区”：浙江桐庐打造全域旅游名片》等文章，报道桐庐全域旅游改革和发展情况。

【旅游规划编制】 2017年，《富春江—新安江风景名胜区瑶琳景区详细规划》《富春江—新安江风景名胜区钓台景区详细规划》《富春江—新安江风景名胜区桐君山景区详细规划》经县政府评审后，报省建设厅审查；《富春江—新安江风景名胜区深澳景区详细规划》完成评审稿；《桐庐县村落景区发展规划》完成编制工作。县旅委牵头组织相关职能部门完成《垂云通天河景区玻璃吊桥项目可行性研究报告》《桐庐县分水镇高联村山湾湾乡村运动公园总体规划》《奇源水库旅游综合体建筑设计方案》《健康城创建国家4A级景区提升规划》《钟山乡旅游业发展总体规划》《户外猩球山地运动休闲度假乐活综合体规划设计方案》等规划评审。

【旅游休闲养生项目】 2017年，桐庐县14个乡镇（街道）新（续）建旅游休闲养生类项目113个（包括江南养生文化村等续建项目13个，江南镇历史古镇保护与改造工程等新建项目100个），完成旅游休闲养生类固定资产投资36.2亿元。其中，芦坑村落景区建设项目、百岁村生态绿

2017年回乡下过大年活动

道工程、生仙里风景区逸道建设项目已完工；江南镇历史古镇保护与改造工程进入立面改造施工阶段。

【高等级景区创建】 2017年，桐庐县提出醉美县城创建国家AAAA级旅游景区目标，根据《旅游景区质量等级的划分与评定》国家标准，建立桐庐县醉美县城景区创建国家AAAA级旅游景区景观质量台账资料。11月，省旅游局组织召开全省AAAA景区景观质量专家评审会，桐庐醉美县城景观获AAAA景区创建资格。

【徐霞客游线标志地论证】 2017年，桐庐县根据《浙江省政协文史和学习委员会助推徐霞客游线标志地认证及申遗工作实施方案（试行稿）》的相关要求，启动徐霞客游线标志地论证工作。是年，完成《徐霞客游线标志地论证书》初稿编制工作。

2017年四季自驾桐庐行发车仪式

【村落景区创建】 2017年，桐庐县继续以乡村旅游新型业态培育为重点，加快乡村旅游发展。制定出台《关于深入推进村落景区提升发展的实施意见》，完成《桐庐县村落景区发展总体规划（2017—2021）》的编制工作。“富春大岭图”、健康小镇成功创建为国家AAA级景区；江南镇获浦村、合村乡合村村、分水镇新龙村、莪山畲族乡新丰民族村等10个行政村成功创成浙江省AAA级景区村庄；芦茨、深澳、新龙3个村成功创成浙江省休闲旅游示范村；富春江镇、瑶琳镇列入浙江省旅游风情小镇创建名单；青源村、茆坪村、保安村等12个村成功创成浙江省AA级景区村庄。是年，村落景区年接待游客972万人次，占全县游客接待总量的63.6%。经过三年努力，至是年末，全县累计创成AAAA级村落景区1家、AAA级村落景区5家、AA级村落景区12家，创建范围包括全县41个行政村，村庄覆盖面达22.4%。

桐庐第九届山花节开幕式

【旅游厕所革命】 2017年，桐庐县以旅游景区（点）、乡村旅游点为重点，全面推进旅游厕所整治。全年，新建旅游厕所10座；至年底，列入计划的厕所全部新建改造完毕，有效改善景区旅游整体形象。国

山水古韵茆坪

家旅游局官网、《中国旅游报》分别专题刊发《浙江桐庐：乡村厕所革命有声有色》文章，宣传报道桐庐县开展厕所革命，提升旅游形象的做法。

【旅游项目扶持】 2017年，桐庐县现代服务业获杭州市（市旅委）专项旅游产业规划建设补助资金492.38万元。项目包括杭州静庐澜栅酒店、百岁村溪畔绿道、深澳村业态街一期项目、桐庐阆苑阆仙谷温泉度假区、“富春山居图”水上实景游项目、合村生仙里慢生活休闲旅游示范区创建、桐庐县奇源水库综合体项目、珊瑚岭乡村旅游度假区、莪山畲族乡旅游基础设施提升项目、富春大岭图AAA级村落景区建设提升项目、新合乡AAA级红色经典旅游区建设项目、渔文化休闲产业园、蜂之语·蜜蜂王国、绿庐旅游生态园、景区越剧艺术演艺、富春山健康城健康旅游风情小镇创建国家AAAA级旅游景区提升规划、钟山乡旅游业发展总体规划、浙江阆仙谷旅游总体规划暨重要区块控制性详细规划等。

【旅游统计改革】 2017年，县旅委全面开展全域旅游统计体系改革，建立覆盖县级部门、14个乡镇（街道）、183个行政村的全域旅游统计队伍，健全全域旅游统计体系工作机制，建成全域旅游产业名录库。全县2361家全域旅游法人单位、产业活动单位，11146家全域旅游个体工商户和无证无照经营户列入全域旅游产业名录库。是年，经改革后的全域旅游统计体系对全县全域旅游产业增加值测算，2016年桐庐县旅游产业增加值为33.68亿元，旅游产业增加值占GDP比重为9.02%，全县旅游产业从业人员3.85万人，占全县全社会从业人员比重为13.75%。

【城市航站楼建设】 2017年，桐庐县与杭州萧山国际机场合作，在桐庐建设省内首个异地城市（县级城市）航站楼，为旅客提供航班咨询、车票购买、换登机牌、行李安检、行李托运等服务。5月5日，萧山国际机场桐庐航站楼正式启用。是年，桐庐航站楼共输送航空旅客2197人次，接受现场咨询4582人次，电话咨询28203人次，办理行李托运1159件。

杭州萧山国际机场桐庐航站楼

环最美桐庐骑游

【旅游数据实验室建设】 2017年，县旅委与杭州旅游经济实验室合作，开发建设桐庐旅游大数据二期平台。完善以游客、旅游企业、旅游行政管理部门为主体的旅游产业数据采集、整合和分析体系，为政府、企业和游客提供决策和咨询服务。10月，以旅游经济监测与预警系统和桐庐全域游客综合动态监测系统的开发应用为重点的二期平台建设项目完成。

【旅游服务中心运营】 2017年，桐庐旅游服务中心共接待散客3.1万人次，接待旅游咨询6.2万人次，发放资料8万余册；接待各类考察团队473批次8000余人，其中，省级党政及旅游行业代表团3批，市、县级党政代表团64批次。“96123”与桐庐旅游服务中心旅游热线并网运营正常，全年共接听回复旅游咨询电话4万余个，全年办理桐庐旅游市民卡1.6万余张。

【文明旅游】 2017年，桐庐县旅游系统根据全国文明城市创建工作部署，进一步深化文明旅游工作，开展“比文明、赛服务”我为创建加分活动。活动自3月下旬至12月底，整个活动期间，开展文明旅游宣传，在景区、宾馆饭店内增设图说价值观、文明旅游等公益广告牌600余块；在旅行社张贴宣传海报80余张，共印发文明旅游宣传资料15000份。利用“小区短信业务平台”，通过设在桐庐县内4个高速入口的移动基站，发送“文明旅游”为主要内容的小区短信30万条。以企业经理、一线员工、导游为对象开展服务质量提升培训，根据不同岗位开展服务礼仪系列培训，是年，共举办培训班5期，接受培训人员500余人次。开展专项整治，重点检查景区内经营户规范经营、明码标价，旅行社服务承诺公示、行业规范展示、行前文明旅游宣传，宾馆饭店文明经营、文明餐桌等情况。

【旅游人才培养】 2017年5月，县旅委对县内全体导游分两批进行全域旅游地接导游培训，提高导游带团讲解质量和服务品质。同时，开展乡村旅游、民宿类培训，接受培训300余人次；以一线员二为对

雨中芦茨

桐庐县旅委荣获全国旅游系统先进集体

象开展服务质量提升培训6期，接受培训500余人次。是年，组织4名导游参加杭州市第五届金牌导游大赛，1人获得“优秀导游员”称号。

【旅游市场规范】 2017年，县旅委会同有关部门开展联合旅游质量检查7次；全域旅游综合执法办公室开展例行检查 189次，检查旅游景区（景点）、旅行社、宾馆酒店、农家乐、民宿、寺庙、在建项目等405家次。8月，配合杭州市旅游执法支队对全县旅游企业的服务质量进行暗访检查，约谈1家旅行社，对5家旅游企业下发责令整改通知书。是年，桐庐县旅游质监所共接到旅游诉求1339件，包括旅游咨询1219件、工作建议类15件、投诉118件，全部查结，投诉结案率100%。

【旅游安全管理】 2017年，县旅委进一步强化旅游安全管理，消除旅游安全隐患。全年县旅委单独组织安全检查10次，联合相关部门开展旅游安全生产检查6次。开展旅游安全“隐患排查整治”专项行动，共检查景区21家、旅行社23家、旅游饭店9家，排查出安全隐患21项，整改率100%。强化员工培训教育，针对星级宾馆、旅行社和旅游景区等旅游单位不同的特点，会同有关职能部门，深入企业开展消防安全培训、气象防雷安全培训、企业救生救员培训、管理人员持证培训等安全教育活动。是年，共开展安全培训8期，接受培训400余人次。加强应急演练，开展酒店电梯突发事件应急演练、钓台水上救生演练、瑶琳仙境洞内突发病情应急演练、天子地景区索道缆车突发事件救援演练等各类应急预案演练8次。 （滕雪飞）

综合管理与监督

Integrated Administration and Supervision

综合管理与监督

· 发展改革 ·

【概况】 2017 年，县发展和改革局（以下简称县发改局）围绕产业发展编制《桐庐县关于深入实施“产业强县”战略的决定》，明确大智造、大健康、大旅游，以及平台经济、创意经济、乡村经济“三强三育”产业发展战略，聚力优化“两带五区多点”产业空间布局，科学谋划桐庐加快实施“拥江发展”总体布局。深化全县经济体制改革工作，牵头推进企业投资项目“最多跑一次”改革，制定《重点改革任务清单》和《改革成果清单》“两张清单”改革总体方案。出台“标准地＋承诺制”改革实施办法，创设全省首家投资项目“一站式”服务中心。2017 年桐庐县固定资产投资完成 213.31 亿元，推进 151 个政府投资项目和 115 个重点项目建设。县发改审批窗口共办结审批、备案等事项 734 件，总投资 205.73 亿元，同比增长 47.34%，其中立项 337 件，包括 159 个审批、3 个核准、175 个备案。

· 发展计划 ·

【“三强三育”发展战略】 2017 年，县发改局牵头制订《桐庐县关于深入实施“产业强县”战略的决定》，明确桐庐“三强三育”产业发展战略：做强以智慧安防、先进装备为重点的大智造产业；做强以健康服务、药械制造为重点的大健康产业；做强以生态康养、休闲体验为重点的大旅游产业；重点培育以研发设计、文化传媒、时尚消费为重点的文化创意产业；培育以电子商务、现代物流、金融服务为重点的生产性服务业；培育以高效农业、都市农业为重点的现代农业。力争通过 5 年努力，打好政府引导搭台、企业主体运作、全球精准合作、外引内育并举、政策资源保障等产业发展“组合拳”，将桐庐打造成全国智造业特色区、国家级生命健康产业先行先试区、国家全域旅游示范区。

【“两带五区多点”布局】 2017 年，县发改局聚力优化“两带五区多点”产业空间布局。打造两大产业发展带：串联主城区、江南、富春江等产业板块，打造沿富春江产业发展带；串联分水、瑶琳、横村等产业板块，打造沿分水江产业发展带。建设五大产业平台：以工业园区、现代服务业集聚区和特色小镇建设为重点，积极引导大项目、大企业、大产业集聚，促进产业融合和产城融合，重点推进富春江科技城、富春山健康城、迎春商务区、富春江（芦茨）乡村慢生活体验区、高铁新城“五区”平台建设。培育多个特色产业板块：依托富春江和分水江发展带，统筹推进各乡镇因地制宜、特色发展，加快推进小微企业集聚片区建设，紧抓特色小镇建设，打造功能完备、产业独特、生态优美的新型城镇。

【固定资产投资】 2017 年，桐庐县完成固定资产投资 213.31 亿元。年初制定“投资任务清单、新增入库清单、开工项目清单和问题协调清单”四张清

桐庐县产业发展顾问聘任仪式

桐庐县2017年三季度重点项目集中开工活动

单，每月开展投资排名竞赛，全年开展两次重大项目“集中开工、集中签约”活动，共开工项目56个、签约项目47个。每月开展项目现场督查全覆盖，了解固定资产投资和重点项目建设工作情况，加大项目协调力度，63个重点项目落实县领导联系制度，实行“周协调、月督查”。开展项目开工入库竞赛，抓好小城镇环境综合整治等项目包装设计、投资入库和项目管理工作，小城镇环境综合整治项目入库总投资80亿元。出台重大项目前期攻坚计划，谋划推进白云源抽水蓄能电站、湖州至杭州西站与杭黄铁路连接线、富春江干堤加固三期工程、二类通用机场、钟山—百江风电站等15个“十三五”重大前期项目。

【要素保障】 2017年，桐庐县列入省、市重点建设项目28个，累计争取国家专项建设基金项目13个，基金额度8.22亿元，落实银行配套低息贷款投放额度约15亿元，争取中央预算内资金3600万元。推进政府和社会资本合作模式应用（以下简称PPP模式应用），建立PPP项目库，11个项目列入市PPP项目储备库，5个项目列入省PPP示范项目名单。PPP模式应用获国务院办公厅通报表扬。提供土地要素保障，星耀花炮烟花生产基地、百源湖生态旅游度假中心列入2017年省重大产业项目，富春江干堤加固三期工程取得项目受理通知书。

【产业项目】 2017年，桐庐大地循环经济产业园国家“城市矿产”示范基地项目成功通过国家验收组验收，争取项目资金1亿元。预申报国家增强制造业核心竞争力专项项目1个，省级餐厨垃圾试点1个，省市循环经济项目共5个，市高技术产业化项目8个，省市海洋经济项目4个。

【金融服务】 2017年，县发改局组织开展资本市场培训4次，参加人数1200余人。全年新增2家新三板培育企业，1家主板上市培育企业，挖掘拟上市、挂牌企业7家。对全县500多家投资类企业开展风险排查，关注企业两链风险，处置风险企业12家。做好私募股权投资基金等机构引进设立工作，超过40家股权基金或管理企业注册落户，总规模60亿元。做好小贷公司、民间资本管理公司监管工作，中通网络小贷公司经省金融办同意设立试点。深化民间融资管理创新，拟订《设立民间融资服务中心若干意见和监督管理办法》。

【现代服务业】 2017年，桐庐县完成服务业增加值182.92亿元，同比增长15.9%。制定《2017年桐庐县服务业工作要点及责任分工》，根据考核目标任务，分解2017年度各乡镇（街道）、平台、各相关部门任务数。修订出台《2017年度桐庐县服务业工作考核实施细则》，强化了年度新增服务业规（限）上企业家数指标，增加营利性服务业企业家数指标，全年新增营利性服务业企业8家。制定《桐庐县服务业规（限）上企业培育实施方案》，提出培育目标和具体举措。积极申报创建生命健康产业先行先试区，编制《桐庐生命健康产业先行先试区创建方案》。

【市民卡应用】 2017年，县发改局全面推进市民卡“简化办、就近办”服务，形成“在线咨询，网上办理，证照快递送达、一窗受理、高拍仪留存证件照、窗口入驻乡镇服务中心”等多项便民服务运行机制。拓展市民卡应用，实施建设桐庐乡镇卫生院市民卡账户智慧医疗应用、市民卡旅游年卡应用和市民卡商盟支付应用。

【结对帮扶】 2017年，桐庐县结对帮扶贵州榕江县发展，县发改局牵头制定《杭州市桐庐县对口帮扶贵州省黔东南州榕江县实施方案（2016—2020年）》，确定《“十三五”期间结对帮扶框架协议》，在领导互访、就业帮扶、技能培训、人才交流、项目建设等领域广泛开展帮扶工作。

·经济体制改革·

【“两张清单”改革】 2017年，县发改局制定以经济、政治、文化、社会、生态文明和农业农村六大领域改革为架构的“两张清单”改革总体方案，明确全年《重点改革任务清单》75项、《改革成果清单》44项。以工作项目化、项目节点化、节点责任化助推改革落地，将改革创新专项纳入年度考核，进行评奖评优和专项奖励，有效加大改革推进力。

【“标准地+承诺制”改革】 2017年，县发改局全力推进企业投资项目“最多跑一次”改革，研究制订《企业投资项目“最多跑一次”改革实施方案》，出台《桐庐县企业投资项目“标准地+承诺制”改革实施办法》。“标准地+承诺制”就是“政府定标准、企业作承诺、过程强监管、信用有奖惩”，是桐庐县探索实践出的新型企业投资项目管理模式。“标准地+承诺制”按照“关、停、并、转”的思路，对企业投资项目流程进行再造，实现房地产项目从立项至不动产登记全流程由原先的42个环节减少到7个，用时由原来的163天减少到84天；工业项目实现立项至不动产登记全流程由原先的33个环节减少到6个，用时由131天减少到53天。

【信用体系建设】 2017年，县发改局制定《2017年度信用桐庐建设工作要点》，落实各项工作任务。推进信用红黑名单制度建设，在企业欠薪领域建立信用黑名单制度，加大对企业欠薪行为的信用惩戒力度。是年，开展政务失信问题专项治理工作，全县13起政府失信案件全部执行完毕，解决近20年未解决的基层自治组织失信问题。将信用工作融入县委县政府文明城市、信息经济、智慧经济、小微企业、法制建设等各项中心工作，形成各部门推进的合力。

【事中事后监管】 2017年，县发改局创新开展事中事后监管工作，制定《桐庐县推进“最多跑一次”改革事中事后监管工作绩效考评办法》《桐庐县推进“最多跑一次”改革落实商事主体责任联合奖惩办法》等事中事后监管配套制度，建设事中事后监管平台，于9月底上线试运行，对市场主体和监管部门职能履行情况进行实时监管。

·物价管理·

【价格调控】 2017年，县发改局深化重点价格改革，完成医疗服务价格改革，全县县级公立医院药品费用支出降低879.73万元。其中，对县第一人民医院、第二人民医院、中医院、妇幼保健院4家县级公立医院的住院诊查费、等级护理费、常规心电图检查、静脉输液（门诊/含输液器）、静脉输液（门诊/不含输液器）、静脉输液（住院/含输液器）、静脉输液（住院/不含输液器）价格进行调整。对儿童医疗服务价格进行调整，县级公立医院儿科诊查费门诊加收10元/次、住院加收10元/日；综合医疗服务类中的“一般检查治疗项目”，临床诊疗类中的“有创活检和探查项目”“临床手术类项目”“部分中医及民族医诊疗类项目”，6周岁及以下儿童在原价格上加收30%。出台差别化水价电价政策，对工业企业综合评价列入D类的企业水价每吨提高0.2元；对综合评价列入D类的规上企业，对综合评价列入D类且年用电量高于8万千瓦时的规下企业，电价每千瓦时提高0.1元。对属于电解铝、铁合金、电石、烧碱、黄磷、锌冶炼、水泥、钢铁等八个高耗能行业限制类和淘汰类的企业，电价每千瓦时分别提高0.10元和0.30元等。调整公办幼儿园保教费标准，日托班特级幼儿园每人每月350元，甲级幼儿园每人每月280元，乙级幼儿园每人每月200元，丙级幼儿园每人每月160元。制定桐庐杭州传媒高中学费等标准，普通班收费标准为12000元/生/学期，艺术班16000元/生/学期，代收费400元/生/学期，住宿费2000元/生/学期。调整严子陵钓台游览参观点门票价格，全价票为125元（含往返船费）；半价票为每人次62元（含往返船费）。核定公共体育设施服务收费标准，乒乓球场地收费标准为15元/片/小时；网球场地收费标准为40元/片/小时；羽毛球场地收费标准，18：00前为15元/片/小时，18：00后为25元/片/小时。对老年人、残疾人、在校中小学生及1.4米以下（含）儿童实行半价优惠。实行全县商品房销售备案制度，全年累计完成备案90批次，房源6118套，最大限度防止全县房产价格过快过大增长。

【价格检查】 2017年，县发改局开展旅游市场及相关行业、商贸领域节日市场等价格监管活动，开展涉农涉企收费、养老机构服务价格、医疗卫生领域收费等专项检查，全年共查处价格违法案件9件，罚款金额8180元，上缴财政金额8180元。制定《关于在市场体系建设中建立公平竞争审查制度的实施意见》。全年受理咨询投诉举报220件，办结率为100%，同比增长21.8%。

【价格认证】 2017年，县发改局规范价格认定办案程序，确保案件办理的合法、合理性；完善价格认定工作机制，确保案件办理的公平、公正性。全年共计完成涉案财物价格认定220件，涉及金额117.6万元。

（申屠一飞）

·市场监督与管理·

【概况】 2017年，县市场监督管理局（以下简称县市场监管局）作为商事领域“最多跑一次”改革攻坚组组长单位、创建全国文明城市重点单位，在商事登记制度改革、全国文明城市创建、食品安全重点领域整规等方面工作成效明显，被评为杭州市市场监管系统优秀单位、县综合考评优秀单位，“打造全国商事登记综合试验田”获全县改革创新一等奖，国务院办公厅通报表彰桐庐为“推动工商注册制度便利化工作及时到位、落实事中事后监管等相关政策措施社会反映好的县”。全年顺利完成“四个平台”建设，全县7个市场监管所64名干部全部融入“市场监管”平台建设。是年，县市场监管局负责牵头食品安全综合考评、推进小微企业三年成长计划两项市对县考核工作，桐庐县被评为省级小微工作先进县、市级小微工作优秀县。

【商事登记制度改革】 2017年，县市场监管局按照“最多跑一次”改革要求，清理汽车4S店销售需进4S店聚集区、开办再生资源收购点需商务部门出具证明等前置审批事项，试行个体工商户住所申报承诺制、告知承诺制，实施个体工商户简易自助改革、商事领域市场主体“准入即准营”改革、企业退出“联办联退”等改革措施，实现90%以上涉企事项“准入准营同步”；发布《“最多跑一次”行政审批告知承诺制工作规范》《“最多跑一次”政务办事24小时自助大厅服

深化“最多跑一次”改革 破解市场主体“准入、准营”不同步难题现场发布会举行

务规范》《“最多跑一次”个体工商户简易自助登记服务规范》三个县级地方标准规范。全省政务环境综合指数测评显示，桐庐县“营业执照”办理效率全市第一；省工商局组织电话暗访，桐庐县满意率居全省第一。2017年全县新增各类市场主体9479户，创历史新高，新增市场主体较去年同比增长26.7%；全县在册市场主体的一、二、三产业分布为4:21:75，其中信息软件、电子商务、教育培训、健康养生等新兴产业发展迅猛，成为经济转型升级的重要推动力。截至2017年底，全县实有市场主体4.48万户，注册资本总额累计1068.18亿元，其中个体户27422户。

【“三强一制造”建设】 2017年，县市场监管局实施“标准化+”“质量+”“技术+”行动，首次将浙江制造、中小学质量教育社会实践基地创建等纳入产业政策奖励范畴，成功培育驰名商标1件、省名牌2个、市名牌9个、浙江制造品牌企业1家、市级质量教育实践基地1个，指导发布浙江制造标准2个，制定市级服务业标准和农业标准规范各1个、市级农业标准化典型示范项目3个，主导、参与制定国家、行业、“浙江制造”团体标准共计7个。其中桐庐汇丰公司主导制订国家标准3个，通用电气生物科技（杭州）有限公司主导制订国家标准1个，浙江金帆达生物股份有限公司参与制订国家标准1个；蜂之语蜂业公司、医疗光学仪器公司、冠华王食品公司、汇丰生物科技公司4家企业申报成为“浙江制造”标准培育企业，蜂之语蜂业公司申报的“蜂胶制品”标准入选2017第二批“浙江制造”标准制修订计划目标，成为浙江省首批获得“浙江制造”标准制修订权的保健食品生产企业；杭州吾尚生物科技有限公司、杭州安厨电子商务有限公司、浙江施强制药有限公司获2017年县政府质量奖。加油站计量检定检查全覆盖，市场在用计量器具受检率和公平秤设置达到100%，累计检定出租车计价器143辆。对涉及贸易结算、医疗卫生、环境保护和安全防护等210家企业、9583台强检计量器具实施免费检定。

【小微企业成长】 2017年是桐庐小微企业三年成长计划（2015—2017）圆满收官年。县市场监管局把“个转企”、小微企业服务券、小微企业贷款等扶持政策全部列入桐庐县“6+1产业政策”，推出小微企业服务平台，共有20家中介机构入驻平台，上线中介服务产品117个，涵盖市场监管及财税、法律维权、知识产权、管理培训、电子商务、安评环评及其他服务七大类功能模块。推出小微企业服务券，出台《桐庐县小微企业服务券管理办法（试行）》，滚动三年每年提供100万元小微企业服务券申领资金；组织开展“百名市场监管干部访千家企业”活动，走访企业1014家，收集整理意见建议329条，帮助协调解决问题285个。

【农贸市场规范提升】 2017年，县市场监管局牵头负责江南综合市场外部环境专项整治工作，会同城管、国土、公安、街道、交警连续开展早市批发户集中整治、外围流动经营户清理、东门头早市清理等行动，新建金东路和城南街道2个自产自销市场。商业广场、益多农贸市场、凤川农贸市场成功创建省级放心市场，分水南门综合市场和凤川农贸市场创建二星级市场，洋洲菜场和大丰菜场经营户无证照经营问题基本解决，城区农贸市场环境卫生面貌均有较大提升。

【事中事后监管】 2017年，县市场监管局坚持宽进与严管结合，实施《桐庐县人民政府关于全面落实商事领域改革强化事中事后监管的实施意见》《桐庐县市场监管局事中事后监管制度》《桐庐县推进“最多跑一次”改革落实商事登记主体责任日常监管办法》等制度，首次试行“最多查一次”、跨部门双随机抽检、APP移动智能检查，持续完善企业经营异常名录制度，提升日常监管效能，事中事后监管与审批衔接更加到位。全年共推送后置信息2718家，移入异常名录企业2357户2360条，移出异常名录企业336户458条，配合各级法院查封企业股权冻结70家。

【食品药品安全监管】 2017年，县市场监管局全面开展浙江省食品安全县创建、乡镇食安办规范化建设，试点农村聚餐责任保险和食品生产企业责任保险，所有食品经营单位信用情况纳入金融信用体系建设，农村聚餐责任保险覆盖8个街镇约20万人口，8家食品生产经营企业投保责任保险，校园食品安全责任险实现全覆盖。实施学生饮食放心工程、放心消费示范餐饮提升工程、化妆品美丽消费示范工程、诚信示范药店等示范工程，实现基层食安办规范化建成率、中小学校大宗食材统一配送率、学校食堂“阳光厨房”覆盖率100%。餐桌安全治理行动顺利收官，关停无照餐饮店20家，完成287家小作坊现场整改和申报登记，累计建成阳光厨房102家、阳光小作坊53家，城南街道、分水镇、新合乡等镇街小作坊综合整治成效明显。食品安全排雷百日攻坚、网络食品销售整治、禁限用农药专项整治、生猪屠宰“扫雷”行动等专项行动扎实开展，共整改问题6730个，行政立案140多起。经过全国文明城市创建连续拉网式排查，小作坊、小餐饮、小食品店、小药店规范提升成效明显。追溯抽检体系持续健全，其中城区农贸市场质量追溯体系和快速检测体系建设率达100%，食品生产领域电子追溯体系建成率、农产品质量安全追溯率达80%，食用农产品规模生产主体全面实施合格证管理，3家集中消毒餐饮具服务单位实现在线联网监督。是年，全县共完成食品定量抽检2746批次、农产品快速定性检测14567批次，不合格处置率达100%。桐庐县中小学生食品安全知晓率达98%，食品安全群众满意度75%，较2016年提升5个百分点。

【特种设备安全监管】 2017年，县市场监管局会同县住建局探索县城既有住宅增设电梯试点，推动电梯安全责任保险和电梯维保智慧监管，全县有300余台公共场所电梯投保，1843台在用电梯实现维保行为智慧监管。根据劣Ⅴ类水治理要求，强化甲鱼养殖场锅炉淘汰提升工作，下达特种设备安全检查指令数13份，对6家甲鱼养殖场违法行为开展调查处理，对1台非法锅炉采取强制拆除措施，对4台锅炉依法实施查封。全年共治理完成锅炉超期未检、检验不合格等重大安全隐患300余台次。

【质量安全监管】 2017年，县市场监管局加强儿童用品、消防器材、节日消费品、油品、电动车等重点产品质量监管，全年共完成省市县三级产品质量监督抽查120家企业151批次，合格147批次，批次合格率97.4%，连续三年保持较高水平。组织县级流通领域监督抽查20批次，合格18批次，4家不合格企业后处理工作100%闭环。

【医疗器械产业发展】 2017年，桐庐县政府与浙江省食品药品监管局签订共同打造中国微创外科器械小镇合作协议，省医疗器械检验院在富春山健康城设置创新医疗器械服务点，中国工程物理研究院工学院与杭州九兴医疗器械有限公司签约校企合作协议。顺利召开生物医药和医疗器械产业论坛，聘请4名国家“千人计划”专家为“桐庐县医疗器械产业顾问”，推动企业与海高会、欧美同学会、中国医疗器械行业协会等高端资源深度合作；桐庐县职业技术学校开设医疗器械方向班。至年末，全县有

10月25日，桐庐县打造中国外科器械小镇签约仪式举行

医疗器械企业380家，其中生产企业47家，取得二类产品注册266个，三类产品注册证45个；行业总产值13.7亿元，税收1.22亿元，同比增长28%。

【稽查执法】 2017年，县市场监管局组织开展食品安全排雷百日攻坚、“红盾网剑”、旅游目的地环境秩序整治、非法金融活动整治等专项执法行动，共查获无照768户，查办各类案件314件，大要案72件，移送公安4起。其中查办医疗器械案件7件，食品案件110件，制售假冒伪劣商品案件38件，广告案件59件，网络违法案件28 件，无照案件35件。浙江嵘壮电子商务发布虚假广告案，杭州五星洁具非法集资案，杭州广德医疗器械生产未取得医疗器械注册证的第二、第三类医疗器械案，杭州顺吉装饰设计利用国家机关名义发布广告案等一系列案件的查办在相关行业引起较大反响。

【消费维权】 2017年，县市场监管局执行全时段轮岗值班制，创建“放心消费在浙江”示范单位63家。全年“12315”举报投诉指挥中心共接收举报投诉咨询总计2733件，比上年同期增长46.69%，为消费者挽回经济损失46.7万元。其中消费投诉2000件，比上年同期增长105%，群众举报705件，比上年同期增长24.77%。

【党建队伍】 2017年，县市场监管局推进党建工作规范化、项目化、品牌化建设，每周召开党委班子会议，每月工作例会，严格执行“三重一大”事项集体决策制度，党建工作述职交流经常性开展。对标“学习红船精神 打造市监铁军”，深入学习贯彻中共十九大精神，全面实施队伍能力提升行动，实行“积分管理”“对标看齐”“岗位锻炼”三大计划，成立六大学习行动小组，扩大干部交叉轮岗范围，加强内部交流和合作，提升队伍整体素质。

（应　慧）

·审计工作·

【概况】 2017年，县审计局完成审计（调查）项目39个，查出管理不规范资金218142万元，移送案件线索5件，提出审计建议56条。审结政府投资建设项目158个，审计核减14524.34万元，核减率9.14%；审结预算（标底）项目113个，审计核减造价1054.53万元，核减率0.64%。刊发《桐庐审计》信息21期，撰写审计信息被省市审计机关采用7篇，报送县委、县政府审计（调查）报告10个、审计专报（信息）8篇，均获县领导批示。是年，县审计局被县委、县政府授予“全国文明城市创建工作先进单位”称号，实施的“桐庐县2015年度财政预算执行和其他财政收支情况审计”项目被评为2017年杭州市优秀审计项目，“桐庐县社会保险基金专项审计大数据审计案例”入选浙江省审计厅2017年大数据审计项目案例。

【财政预算审计】 2017年，县审计局对财政部门管理的公共预算收支情况、政府性基金预算收支情况、社会保险基金预算收支情况及国有资本经营预算收支情况进行梳理，重点关注财政资金信息化管理情况、财政专户清理规范情况、地方政府债券置换存量债务、行政事业性收费等内容，充分应用计算机辅助审计手段，锁定疑点，揭示财政资金管理过

县审计局会同相关部门召开同级审计进点会

程中存在的问题，提出切实有效的建议，促使县财政局规范财政资金管理，维护财政资金安全，提高财政资金使用绩效。

【领导干部经济责任审计】 2017年，县审计局对10个部门、乡镇（街道）14位党政主要领导进行经济责任审计。起草《桐庐县领导干部经济责任审计结果运用实施办法》《桐庐县党风廉政巡查与审计监督协调配合工作暂行办法》《桐庐县领导干部经济责任审计约谈办法》，围绕县党政部门、乡镇（街道）主要领导干部经济责任审计评价指标体系，以重大经济决策机制建设、政策制度执行、部门预算管理、公共资产、项目建设管理和内部管理规范执行情况等为重点开展审计工作，提高领导干部自觉依法行政、遵纪守法的意识，提高行政效能，促进政府运行机制自我完善。

【民生审计】 2017年，县审计局开展基本公共文化服务资金、社会保险基金及公交惠民政策绩效情况等专项审计调查项目7个，发现问题3个。其中，在社会保险基金专项审计中发现一民营医院存在骗取医保基金违法行为，及时与县纪检监察部门联系，并移送县公安部门查处；在公共文化设施专项审计调查过程中，查实分水镇文体中心建设项目肢解工程、未按规定招投标等问题，并向县纪委移送案件线索；在对公交惠民政策绩效情况审计调查中，发现公交惠民政策管理办法不健全、公交市场化票价调整机制不完善等问题，向县交运局提出制定公交惠民政策管理办法、完善公交票价调整机制等建议。

【政府投资建设项目审计】 2017年，县审计局以依法审计、突出重点、风险防控为目标，以转变投资审计理念、转变投资审计内容、转变投资审计监管方式、转变投资审计方法为抓手，修订完善《桐庐县政府投资项目审计监督办法》和《桐庐县政府投资项目审计分类管理办法》，全面推进投资审计工作转型，加强建设项目的立项审批、资金使用、资格管理以及工程变更等环节审计，揭露资金管理不善、决策失误造成的损失浪费和国有资产流失等问题，保障财政资金的使用绩效。

【审计整改部门联动机制】 2017年，县审计局实施审计整改联动机制，组织县人大、督查考评、纪检监察、组织等部门联合推进审计整改工作，增强审计整改推动力。由县人大对审计整改情况不定期开展督查回访，探索开展人大常委会对审计发现的问题，特别是整改不到位甚至屡审屡犯的问题开展首次专题询问。由县督查考评办对审计发现问题较多或是整改不力的审计项目，交办被审计单位，并把整改反馈情况与考评体系挂钩。深化与纪检监察部门的信息互通机制建设，审前互通情况信息共享，审中优势互补加大案件查处力度，审后突出问责合力提升监督实效。与县委组织部共同研究桐庐县领导干部经济责任审计结果运用实施办法，将审计结果作为干部奖惩、任用、免职、聘任的重要参考依据。

（郑坤华）

·统计工作·

【概况】 2017年，县统计局加强统计数据质量监管和执法检查，积极探索统计改革实践，创新开展统计监测和分析，立足提高统计能力、统计数据质量、政府统计公信力，全面提升统计工作科学化水平。是年，在全国文明城市创建工作中表现突出，被县委、县政府评为“全国文明城市创建工作先进集体”。

【专业统计】 2017年，县统计局推进和实施“强化组织实施、明确目标责任、落实规范标准、加强沟通协调、完善评估机制”5项措施，加强专业统计，完成综合、核算、农业、工业、固定资产投资、建筑业、能源、贸易和旅游业、服务业、劳动工资、科技、民情民意调查、统计教育、基本单位名录库管理等专业统计任务。

【民情民意调查】 2017年，县统计局完成社情民意调查项目11个，其中省、市调查项目5个，分别为：2016年度市对县的综合考评调查、杭州市食品安全状况调查、杭州“五水共治”民意调查、全省企业发展环境问卷调查和杭州市“最多跑一次”企业样本调查。自行开展调查6个，分别为：关于完善提升“桐庐百姓日”和“政府开放日”的调查，桐庐县创建全国文明城市满意度调查、桐庐县“最多跑一次”改革现状问卷调查，2017年“平安桐庐”半年度调查，桐庐县创建全国文明城市乡镇满意度调查，2017年桐庐县安全感调查。完成调查报告6篇，分别为：《办活做强节日活动 打响唱亮民生品牌——关于完善提升“百姓日”“政府开放日”的调查报告》《对标找差查补不足 凝心聚力力创文明——2017年桐庐县创建全国文明城市模拟测评调查报告》《平安三率均有提升 创建工作持续注力——2017年上半年“平安桐庐”电话调查情况简析》《便民服务“跑”出成效 简政放权尚待优化——桐庐县“最多跑一次”改革情况调查报告》《严管严控建立长效机制 全心全力确保舌尖安全——2017年桐庐县食品安全状况调查报告》《砥砺前行解民忧 平安建设从头越——2017年桐庐县安全感调查报告》。

【低收入住户调查】 2017年，县统计局继续全面开展低收入住户跟踪调查工作，对9个省级监测点进行调查。每季度对调查员开展一次业务培训，不定期深入低收入户家庭上门服务，通过规范管理、实地了解，调查员每月按时到点入户收取账本、审核账表，做好低收入住户的数据核实、审核、预测预警、上报等工作。同时继续积极落实“家庭人均年收入低于5500元”的调查户数据核实工作，对再次出现低于5500元的户进行及时反馈上报。

【粮食监测调查】 2017年，县统计局继续进行粮食监测调查，57个被抽中粮食监测调查小区分布在全县13个乡镇（街道）。组织乡镇（街道）统计人员和基层辅助调查人员开展业务培训，完成粮食生产统计监测台账规范、数据核实、地图更新等资料的进一步补充完善工作。继续落实好粮食生产形势分析联席会议制度，以抓好粮食生产信息交流、数据衔接和调研分析为重点，定期召开相关涉农部门会议，做好粮食监测调查工作。

【建立全域旅游统计监测体系】2017年，县统计局积极推进统计制度和统计方法创新，探索建立全域旅游统计监测体系。完成桐庐县全域旅游统计监测制度设计工作，实现年旅游接待人次、全域旅游产业增加值、全域旅游产业税收、农民人均可支配收入中旅游收入占比等9个全域旅游发展指标测算。同时，积极创新农民旅游收入调查方法，建立《桐庐县农民旅游收入调查方案》，弥补全省乃至全国在农民旅游收入调查方面的空白，调查方案得到省统计局和省旅游局的充分肯定。配合省级全域旅游示范县创建工作，建立桐庐县全域旅游产业名录，开展消费结构调查，完成2016年全县全域旅游增加值、总产出、从业人员数的测算。

【统计服务】 2017年，县统计局创新全县经济运行情况监测和预警工作，健全统计数据分析联络制度，开展“一事一分析”“一月一分析”、重点行业（企业）监测等预警工作，联合相关部门重点强化GDP、规模工业增加值、服务业增加值、固定资产投资等主要指标的统计监测工作，及时进行深度分析，提出合理化、有针对性的建议，全年共撰写统计分

统计法律知识竞赛

析调研文章25篇。围绕桐庐经济社会发展大局，确定包括基层统计队伍建设现状调查分析、影响桐庐县经济社会发展要素分析、创建全国文明城市现状及满意度情况调查分析等方面的6个调研课题。根据调研计划安排，局班子带队深入基层走访企业，全面了解经济运行发展现状，分析研判经济运行发展态势，为领导决策提供参考。完成《统计快报》改版，优化公报、月报、季度专报等各类统计产品，突出关键性、重要性和个性需求指标，满足不同层面对统计数据的需求。及时编印《近五年桐庐经济社会发展成就概述》统计画册和《桐庐概览2017》，为来桐庐参观考察人员进一步了解桐庐经济社会发展状况，提供翔实信息。同时，利用县政府门户网站、县统计局信息网站、微博、微信等宣传媒介及时更新发布经济社会发展信息和统计工作动态。

【统计普法执法】 2017年，县统计局继续强化统计普法教育工作，借助各类会议平台、走基层访企业的时机抓好日常统计普法宣传；举办大型统计法律知识竞赛、广场设摊咨询等，多措并举开展12月统计普法月活动；在桐庐广播电台“FM89.3”推出《走进统计》栏目，举办统计法治讲座，营造良好法治环境。是年，撰写宣传统计法治和统计基础建设政务信息30余篇，悬挂横幅20余条，发放各类宣传册3000余册，3700余人次接受统计法律法规知识培训。全年稽查单位52家，查处统计违法案件12起，当场警告10家，警告并罚款2家。

【统计基础建设】 2017年，浙江天松医疗器械股份有限公司被评选为“杭州市统计诚信单位”；浙江赛渤电力科技有限公司被评选为“桐庐县统计规范化企业”。是年末，全县有杭州市统计调查先进乡镇（街道）10个，县级统计规范化行政村126个、统计规范化企业72家。抓好基层统计队伍能力建设，加强统计业务培训，通过年报会议、季度例会、两新人员（新增企业、统计新人）培训、专项调查培训、企业走访等方式，进一步提高基层统计人员的业务素质，全年共举办工业、服务业、投资、能源等各类业务培训20余次、2700余人次参加。

· 桐庐调查 ·

【概况】 国家统计局桐庐调查队（以下简称桐庐调查队），2016年12月前与县统计局合署办公，2017年1月始，桐庐调查队实行独立办公，行政上由浙江调查总队垂直领导，党组织实行浙江调查总队党组和桐庐县委双重领导。

2017年，国家统计局桐庐调查队（以下简称桐庐调查队）加强基础工作，保证源头数据质量，坚持独立调查、独立上报，求真务实，认真做好居民收支调查、专项调查、小微企业跟踪调查、消费价格调查、工业品价格调查、耕地面积调查、粮食产量调查等，努力为地方经济社会发展服务。是年，桐庐调查队获“全省调查队系统综合考核良好单位”，其中：住户类专项调查、主要畜禽监测商投调查二个专业获得优秀。是年，在全国文明城市创建工作中表现突出，被桐庐县委、县政府评为“全国文明城市创建工作先进集体”。

【城乡一体化住户调查】 2017年，桐庐调查队继续开展城乡一体化住户调查和农民工监测调查（包括住户调查252宅、农民工监测调查112宅和农民工市民化动态监测调查45宅），并开展新一轮住户调查样本轮换工作。规范调查小区和调查户的日常管理，制定住户调查工作考核评比办法，规范和考评调查员工作质量。实行调查员每月3次访户制度和季度例会制度，全年开展辅助调查员业务培训和经验交流4次。强化访户辅导，坚持“白访夜谈”入户指导和座谈培训相结合，从源头提高记账户业务水平，全年走访调查小区25个。季度末开展数据质量大检查，做好数据核实、审核、预测预警、上报工作。

【居民消费价格调查】 2017年，桐庐调查队根据城镇居民家庭生活消费支出和农村居民家庭生活消费现金支出、社会消费品零售总额、县重点商场等调查资料，测算整理消费、零售价格2套权数，按时编算全年及分月价格指数。调整、充实部分调查网点，按照消费价格统计调查商品服务目录选定1200多个代表规格品，做好调查数据收集、审核、整理、录入，把好报表质量关，做到每月汇总后的居民消费价格指数真实反映桐庐县居民消费和服务价格情况。

·普查工作·

【第三次农业普查】 2017年1月，第三次全国农业普查进入现场登记阶段，普查采用全面登记、联网直报与手持电子终端设备（PDA）采集相结合的方法进行。普查内容包括农业从业者基本情况、农业土地利用与流转情况、农业生产与结构情况、新型农业经营主体与农业规模化产业化发展情况、新农村建设情况、农村人居环境与农民生活方式变化情况等；普查行业范围包括农作物种植业、林业、畜牧业、渔业和农林牧渔服务业。是年，完成普查登记、数据审核、数据处理、数据质量抽查等各项工作，全县共登记农户85983户，规模农业经营户446户，农业经营单位872家。桐庐县第三次农业普查代表杭州市顺利通过浙江省农业普查数据质量验收。

（姚健云）

·安全生产监督与管理·

【概况】 2017年，桐庐县发生各类事故23起，死亡23人，与上年同期相比，事故起数下降30.3%，死亡人数下降32.35%。其中，工矿商贸事故5起，死亡5人；道路运输事故17起，死亡18人；水上交通事故1起，无人员死亡。县安全生产委员会每季度召开安全生产工作会议，分析形势，部署工作，层层签订安全生产责任书。制定出台《桐庐县安全生产委员会组织结构设置及工作规则》，建立“1＋6”专业安委会的责任体系，县长与各分管副县长签订安全生产“一岗双责”责任书，进一步落实三个“必须管”（管行业必须管安全、管业务必须管安全、管生产必须管安全）的要求。县委常委会全年两次听取安全生产工作汇报，研究分析安全生产领域形势，县四套班子主要领导重点时段亲自带队，开展安全生产督查检查。2017年，县安全生产监督管理局（以下简称县安监局）督促企业完善标准化台账资料，对发生生产安全事故的标准化达标企业，取消达标资格；对不符合免审换证条件的企业一律不出具免审意见。到2017年底，共有440家企业通过安全生产标准化达标，其中一级达标1家，二级达标12家。

【安全生产检查专项行动】 2017年，县安监局开展安全生产除隐患保平安“扫雷一号”专项行动，对非煤矿山、危险化学品、烟花爆竹及三场所三企业等工矿企业全面开展安全生产大检查。由局班子成员带队成立三个检查组，按照每组每周检查不少于3天、每月不少于50家次的频次，对工矿企业开展监督检查。全县通过明察暗访、联合执法、突击检查等形式，深入排查整治重大事故隐患，共检查企业（单位）6937家，出租房8156户次，排查隐患14855处，整改隐患14523处，责令停产停业7家。对存在重点事故隐患的20家工矿企业挂牌督办要求整改，20家企业按要求全部整改到位。

【安全生产社会化服务】 2017年，县安监局推进安全生产社

县委书记朱华带队检查安全生产工作

会化服务工作，开展“安全生产专家进百企”活动，以政府购买服务的形式，聘请专家对重点监管企业以及三场所三企业安全生产隐患进行排查，覆盖企业 92 家，检查发现隐患和问题 907 项，完成整改 907 项。根据《桐庐县安全生产中介服务机构管理办法》，对安全生产社会化服务中介机构实行综合考评和末位警示约谈，全年共开展诫勉谈话 2 次。至 2017 年底，全县采取安全生产社会化服务模式企业 2100 余家，企业自主购买服务 300 余家。

桐庐县安全生产月广场咨询日活动

【防范遏制重特大事故】 2017 年，县安监局以全面遏制重特大事故为目标，构建风险分级管控、隐患排查治理双重预防工作机制。制定实施《桐庐县安全生产综合治理三年行动计划》《桐庐县构建双重预防机制防范遏制重特大事故工作实施意见》《桐庐县危险化学品安全综合治理实施方案》《桐庐县工矿商贸行业领域安全生产综合治理三年行动计划》，在危险化学品、矿山、涉爆粉尘和喷涂企业等行业领域开展防范遏制重特大事故试点工作。

【推广智慧式用电监管系统】 2017 年，县安监局下发《智慧式用电安全隐患监管服务系统建设工作方案》《智慧式用电实施补助的通知》，在全县范围内推广智慧式用电监管系统，应用智慧用电技术对用电线路和设备不间断的监测分析，消除电气设备设施安全隐患，有效防范生产安全事故和火灾事故。在智慧用电的基础上，培育雷霆电力和北辰电务两家本土企业，探索实施“智慧用电+服务”模式，引入体检、巡查、整改、教育等一系列手段，提升企业安全用电水平。至 2017 年底，全县已安装智慧式用电装置 863 套。

【推广安全生产责任保险】 2017 年，县安监局在重点行业领域探索推广安全生产责任保险。对危化企业、烟花爆竹、民用爆炸物品、金属冶炼等重点高危行业，要求安全生产责任保险工作全覆盖。邀请四家财产保险公司开展座谈，针对安全生产责任险内容进行研讨，部署推进工作。至年底有 2 家企业参加安全生产责任保险。

【安监执法检查】 2017 年，县安监局制定《2017 年度安全生产监管执法工作计划》，

桐庐县危化品重点使用企业安全生产管理人员业务培训

查处各类生产安全事故，共立案查处各类安全生产违法案件60起，罚款190万余元。坚持阳光审批，共依法办理各类事项176件，其中县级事项123件。优化完善工作流程和审批制度，制定《“最多跑一次”行政许可事项办事流程》，依申请办理事项子项18项，均实现“最多跑一次”，实现行政审批提速增效。

【职业卫生监管】 2017年，桐庐县完成用人单位职业卫生基本情况摸底调查562家，新增290家；完成用人单位职业病危害项目申报254家，新增65家。开展陶瓷生产、耐火材料制造、金属冶炼和船舶修造企业职业病危害专项整治，整治对象34家，培训体检劳动者1164名，检测接触职业病危害岗位246个，其中合格岗位198个，合格率81%。开展电焊烟尘和汽车维修行业职业病危害专项治理工作，制定专项治理三年行动方案，涉及企业16家，完成整改15家，还有1家正在整改中。开展防暑降温监督检查78次，组织多部门联合检查1次，出动人员192人次，检查用人单位398家，发现问题隐患75处，责令整改23家。开展职业危害监控处置，共收到《用人单位职业健康检查报告书》276份，开展体检6133人。其中上岗前体检1368人，检出职业禁忌135人；在岗体检4607人，检出职业禁忌29人，检出疑似职业病4人；离岗体检158人，未检出疑似职业病人。收到用人单位上报《职业病危害因素检测报告书》116份，检测职业病危害岗位704个，合格岗位509个，对存在检测不合格岗位的用人单位，已按规定责令限期整改。

【安全生产宣传教育】 2017年，县安监局组织开展生产、储存和使用危化品企业负责人、安管员培训班两期，组织开展乡镇（街道）安全生产分管领导和安监员业务培训班一期。组织企业主要负责人、安管员、特种作业人员培训班47期，培训三项岗位人员2154人。在“安全生产月”“职业病防治法宣传周”“新安法宣传周”期间，开展广场咨询、知识竞赛、职业健康检查义诊、安全培训、安全知识等“七进”活动，通过广播、电视、报纸等主流媒体和LED显示屏、微信微博等多途径进行全方位宣传。同时，组织企业、学校、建筑工地、旅游景区开展各类突发事故应急演练，进一步提升安全生产意识及应急处置能力。

（王诗远）

·桐庐县国有资产投资经营有限公司·

【概况】 2017年，桐庐县国有资产投资经营有限公司（以下简称县国投公司）有在编干部职工46人。公司内设五个部室，分别为综合办公室、投融资经营部、计划财务部、资产管理部、工程管理部。主要负责县政府授权范围内的国有资产经营及有关部门委托的资产经营；土地收储及开发；政府性投资项目、市政工程等基础设施项目和经营性投资项目的建设开发。全年，县国投公司实际融资到位资金64.99亿元，其中银行类融资到位42.13亿元，非银行融资到位22.86亿元。

【资金保障】 2017年，县国投公司向县级有关部门总计出借资金11.46亿元；还本付息45.67亿元（其中还本39.82亿元，付息5.85亿元）；配合县本级、乡镇街道、开发区平台提供资料进行担保，全年担保发生额78.21亿元，同比减少18.51%。

【创新投资】 2017年，县国投公司经县政府审批，新增总规模100亿元的投资基金，以此基金为契机，协议引进三家外贸公司，其中1家注册入驻富春山健康城，注册资本金5000万元；配合县财政局注册设立大健康产业基金，总规模30亿元；间接参与股权投资的春秋电子股份有限公司获中国证监会IPO申请发行。

【资产管理】 2017年，县国投公司经营性资产出租收益451.5万元，资产出让收益13364.33万元（其中春江花园闲置车库2间，成交总价17.6万元；滨江公司所属大联、上杭、中杭、龙潭四个小区拆迁剩余住宅142套，成交总价6488.3万元；滨江公司所属大联、上杭小区车位及储藏室26

石马小区 66 套住宅拍卖会

间，成交总价 221.93 万元）。通过政府划拨、补缴税金等方式将 69 处优质资产过户至公司，将原泰鑫化工厂地块、原杭州电力器材厂地块、原康基医疗公司地块 3 处产权过户至全域公司；将城南街道下轮路 188 号下轮公寓 58 套住宅、桐君街道邮电路 180 号金湖小区 3 套住宅产权过户至城乡公司；将桐君街道邮电路 61 号、63 号产权过户至市场服务中心；城南街道将王伯敏故居 2 处产权过户至国投公司。通过司法拍卖，竞得横村凌波服饰公司地 块（建筑面积 9240.4 平方米，土地面积 10953 平方米）、荣正大厦裙房（建筑面积 4801.2 平方米）。出台《县国投公司维修管理细则》《县国投公司资产巡查制度》，保障国有资产保值增值。

【项目建设】 2017 年，县国投公司实施城南街道滩头安置房项目，完成投资 7000 万元，主体结顶并通过竣工初验，完成丝绸博览中心内部道路延伸段工程及分水农贸市场改建项目一、二层顶板浇筑；完成桐庐滨江建设有限公司房地产二级资质年审工作，为公司房产开发提供有力资质保障。

（杨　莉）

·桐庐县城市建设投资集团有限公司·

【概况】 桐庐县城市建设投资集团有限公司（以下简称城投公司）于 2015 年 4 月实行实体化运作，公司设有 4 个机关部室（办公室、计划财务部、融资发展部和工程管理部）及其下属 6 家国有子公司：桐庐水务有限公司（环保公司）、桐庐城市基础建设有限公司、桐庐惠民建设有限公司、桐庐县原水经营有限公司、桐庐美丽城乡建设发展有限公司和桐庐分水水务有限公司。正式在编干部职工 172 人。2017 年，城投公司合并口径总资产 83.69 亿元，负债合计 60.1 亿元，支付建设资金 5.19 亿元，还本付息 11.4 亿元（其中债权置换 0.22 亿元、保证金抵 0.51 亿元）；融资总额 21.8 亿元，到位资金 15.5 亿元，洽谈意向融资 30 亿元。

【工程建设】 2017 年，由城投公司负责实施的政府投资项目 24 个，其中新建工程 11 个，续建工程 7 个，出资 1 个，半年度调整增加项目 5 个，计划总投资 34.97 亿元，其中 2017 年计划完成投资 7.45 亿元，实际完成投资 7.32 亿元。

【资产经营】 2017 年，城投公司对各类资产进行全面清理，完善各类权证手续，完成老粮食招待所（原值 193 万元）及党校等地产权证的办理（原值 4218 万元）；并通过公开拍租方式完成人民医院附属店面、大奇山花苑附属店面、迎春街、广场路、小岭路等房屋拍租工作，共收取租金收益 350 万元。加强与杭州海康威视数字技术股份有限公司 PPP 合作，完成萤石云监控平台搭建，应用于社区治理网格化管理；完成全域旅游智慧出行项目和云阅读项目，推进滨水风光带弱电项目建设，全年完成投资 3477 万元。代表县政府处置千岛湖配水工程杭州市原水公司施工工程中的石渣，完成石渣清运 59 万吨。建设新能源汽车充电基础设施（充电桩），完成桐庐中学、桐庐博物馆、富春江慢生活体验区等

富春江滨水风光带

6 个点位快充桩 22 个、慢充桩 31 个。

【安全生产】 2017 年，城投公司下属桐庐水务有限公司全年总供水量 2745 万吨，日最高供水量为 9.9 万吨，日平均供水量 7.5 万吨。出厂水四大指标综合合格率 99.9%，管网水四大指标合格率 99.95 %。完成 DN150 以上管网抢修 97 余次，零星修理 2712 余次。完成新建供水管网 4 公里，完成小区内给水支管 18000 米，新装及更换周期水表 6750 户，完成江南小区、桐君路、圆通路、洋塘小区、桐江花园室外供水立管及水表防冻改造 2300 户；消防栓加密改造 302 套。分水水务有限公司全年总供水量 372 万吨，日最高供水量为 1.37 万吨，日平均供水量 1.02 万吨。完成管网、零星抢修 417 次；完成新建供水管网 5.5 公里，新装、改造一户一表 799 户。加强维尔利公司运营监管，完成污水处理 1820 万吨，日平均处理污水 4.98 万吨，污水和污泥 100% 达标排放。完成垃圾处理 136157 吨，日平均处理垃圾 375 吨，处置垃圾渗漏 68660 吨，生活垃圾无害化处理率 100%。

（王　倩）

·桐庐县交通发展集团有限公司·

【概 况】 2017 年，桐庐县交通发展集团有限公司成立桐庐县交通发展集团有限公司工会委员会。培养杭州市“131”中青年人才 1 名，桐庐县“511”中青年人才 2 名。吴建辉、李炳华同志被评为创建全国文明城市先进个人，李炳华代表出租车行业在全县表彰大会上发言。

【融资贷款】 2017 年，县交通发展集团有限公司完成融资贷款 3.85 亿元，帮助解决县财政局、城南街道等平台应急资金 2.7 亿元。贷款综合利率 5.28%，期限均在 5 年以上。

【项目建设】 2017 年，县交通发展集团有限公司负责实施的柴埠大桥工程竣工通车；新龙线完成桥梁主体结构，路基工程完成投资额 6000 万元；钟洛线编制完成初步设计方案；疏港公路完成国家开发银行专项配套资金 6.5 亿元和省补资金 0.3 亿元的项目融资；配合相关部门加快 S305（23 省道）窄溪至麻蓬段改造工程、江南综合港区、通用机场和杭富桐轻轨等项目前期工作。

柴埠大桥

“富春山居图”水上实景游

【招商引资】 2017年，县交通发展集团有限公司开发综合码头闲置国有资产，引入社会资本招标，推动综合码头招商项目和柴埠区块PPP招商项目；对接省财政等部门，争取交通建设省补资金，全年到位资金16066万元。

【改革创新】 2017年，县交通发展集团有限公司对接海康威视及县智慧治理信息中心，在柴埠大桥建设期间利用信息化技术实现桥梁科学管养，采用全寿命数字化、信息化桥梁档案，实行全寿命周期的高质量监管养护，首创全县交通工程实时健康监测；出台出租车管理新办法，启动“大众出行”APP，不断提升出租车整体形象和服务水平；投资组建桐庐市民卡公司，推进桐庐市民卡“最多跑一次”改革，实现桐庐县市民共建共享杭州市域一体化公共服务目标。

（何玲娟）

·桐庐县旅游投资开发有限公司·

【概况】 2017年，桐庐县旅游投资开发有限公司（以下简称县旅投公司）企业党建工作持续加强，阆苑温泉项目签约落地，诗画富春江—富春山居图水上实景游实现首航。截至年底，公司总资产4.7亿元，比2015年增长近100%，负债率控制在36%以内。

【融资工作】 2017年，县旅投公司完成贷款授信2.5亿元，其中建设银行授信1亿元、杭州银行授信5000万元、浙商银行授信1亿元；实际放款共计12500万元，其中建设银行2000万元、杭州银行2000万元、浙商银行8500万元。

【项目推进】 2017年，县旅投公司完成固定资产投资

“桐庐—杭州”水上旅游航线首航仪式

“桐庐—杭州”水上旅游航线

4200万元。阆苑温泉项目在建基础工程完成，持续做好招商引资工作，启动第二口温泉地热井勘探工作。桐庐旅游码头主体工程完成，33客扬帆船投入使用。

【安全生产】 2017年，县旅投公司着力加强项目工程、水上旅游项目等安全隐患排查治理、安全教育培训等工作，坚持做到安全检查常态化制度化。完善规章制度、应急预案体系，每周开展实操演练，配合海事、港航等部门开展各类演习活动，确保水上交通安全。

【水上航线打造】 2017年，县旅投公司历时3年，将停航近30年之久的水上交通恢复运行，开通诗画富春江——“桐庐—杭州”水上旅游航线。该航线从桐庐东门码头出发到杭州滨江码头靠岸，上岸后参观G20杭州峰会主会场，整个航线时长4个小时，约90千米。2艘游轮投入运营，“富春江1号”游轮载客量94人；仿古扬帆船，载客量33人。2018年1月2日，在东门码头举行诗画富春江——“桐庐—杭州”水上旅游航线首航仪式。

（季培越）

基础设施建设

Infrastructure construction

胡建宏／摄

基础设施建设

·交通综述·

【概况】 2017年，《桐庐县综合交通运输发展“十三五”规划》获批，《桐庐综合客运枢纽概念性方案》设计完成,《桐庐县旅游码头规划》完成初稿审查。全年交通工程建设项目16个,完成年度投资5.42亿元。富春江船闸于2017年3月15日正式开始收费运营，桐庐县23省道梅蓉至杭新景高速凤川互通公路(柴埠大桥)通过验收,桐庐县X502林桃线瑶琳大桥改造工程于2017年9月完工，桐庐县Y782皇瑶线潘家桥重建工程于2017年1月17日竣工验收。全面完成安吉至永康桐庐凤川至新合段改建工程（柴雅线）、桐庐疏港公路综合码头至深澳段工程(320国道复线)、吴兴至建德公路桐庐坞善岭至龙头山段改建工程(新龙线)、分水客运中心等重点项目年度建设任务。23省道窄溪至麻蓬段改建工程、江南综合码头、安吉至洞头公路桐庐凤川至新合段改建工程、县道钟洛线城下至歌舞段改建工程等前期工作全面启动。完成国省道公路大中修工程27.63公里，农村公路大中修工程56.42公里。至是年底，全县公路里程1849.29公里，公路密度每百平方公里103.89公里。公路总里程按行政等级分：国家高速公路29.34公里，国道公路31.02公里，省道公路124.85公里，县道公路368.18公里，乡道公路380.73公里，村道公路912.67公里，专用公路2.5公里。公路总里程按技术等级分：高速公路29.34公里，一级公路102.45公里，二级公路94.45公里，三级公路105.11公里，四级公路1114.84公里，准四级公路319.83公里，等级外公路83.27公里。基本完成一期智能公交站建设，迎春南路、大奇山路等城区主要道路试点建设29套智能公交电子站牌。2017年，桐庐入选首批“四好农村路”省级示范县。

是年，县交通运输局办理县“两会”议案、提案54件，解决30件，解决率55%，见面率、满意率100%。受理群众来信来访29件、来电940件，效能投诉76件，县长信箱、网上信访80件，“12328”热线172件，信访办结率100%、反馈率100%。县交运局获“全国文明城市创建工作先进集体”称号。

柴埠大桥通过验收

·交通建设·

【重点工程建设】 桐庐县23省道梅蓉至杭新景高速凤川互通公路（柴埠大桥）工程于2017年10月29日建成完工，同年12月20日通过验收。

S210桐义线（桐庐段）为交通运输部公路安全生命防护工程示范项目，2016年10月17日开工建设，同年12月31日顺利完工，2017年3月29日通过浙江省公路安全生命防护工程示范省验收。

桐庐县道俞毕线提升改造工程自2016年4月20日开工，2016年6月20日完工，于2017年1月19日竣工验收。俞毕线(X417)桐庐段全长7.84千米，起点位于走马弄，终点位于毕浦隧道口与208省道相接。此次提升改造通过设置错车道、开挖视距平台、增设排水设施及交通安全设施等。

2017年，桐庐县疏港公路综合码头至深澳段工程完成两阶段初步设计（调整）报批工

美丽公路

作，项目总投资10.46亿元。该项目主线起点位于城南街道下洋洲滩头，终点与320国道平面相交，主线全长13.29公里。连接线起点位于江南镇姚家，与主线（K12+119.6处）平面相接，路线往北从姚家和横山埠西侧经过至富春江堤岸，与东舒线平交，长1.02公里。K0+000—K2+640段（起点至柴埠大桥）按公路结合城市道路标准建设；K2+640—K13+293段（柴埠大桥至终点）采用设计速度80千里/时的一级公路技术标准进行建设，路基宽28.5—33.5米。桥涵设计荷载为公路-Ⅰ级，路面设计标准轴载BZZ-100。连接线按设计速度60千里/时的双向两车道二级公路技术标准设计，路基宽12.0米。桥涵设计荷载为公路-Ⅱ级，路面设计标准轴载BZZ-100。

2017年底，桐庐县江南综合码头工程项目建议书完成报批，项目工程估算造价7.37亿元。该项目拟利用土地27.08公顷（未包含二期、三期和远期预留用地），占用水域面积2.65公顷。本项目规划岸线长度为800米，实际占用富春江岸线810米，顺岸式布置13个供500吨级船舶靠泊泊位（水工结构兼靠1000吨级），沿富春江上游至下游依次布置散货泊位3个、件杂货泊位7个、多用途泊位3个。3个散货泊位后方建设2个散货堆场，7个件杂货泊位后方建设1个件杂货临时堆场、2个件杂货堆场及2个多用途堆场，3个多用途泊位后方建设1个多用途临时堆场及2个多用途堆场。陆域建设相应的仓库和配套设施，满足散货、件杂货、集装箱货运需求。

吴兴至建德公路桐庐坞善岭至龙头山段改建工程（新龙线）项目被列入省重点建设工程，2017年1月正式开始局部点位施工即桥梁先行施工，该项目建设单位为桐庐县交通建设有限公司。2017年一个标段进场施工，施工单位为浙江奔腾交通工程有限公司，项目形象进度为路基施工，主要为土石方开挖、路基填筑、砌筑工程。

安吉至洞头公路桐庐凤川至新合段改建工程项目估算总投资9.93亿元，其中主线8.76亿元，支线1.16亿元，至2017年底，该项目处于工可报告编制阶段。项目主线起点位于凤川街道翙岗村，起于柴雅线与凤川互通连接线的T形交叉口，终点与檀公岭大桥相接，主线实际建设里程为31.01公里。支线起点在仁村与主线K31+462.5处平面相接，终点在雅坊与诸暨市县道小仁线（X314）相接，支线路线全长5.44公里。该项目实际建设里程为36.45 公里。项目主线按二级公路标准进行建设，设计速度为40公里/小时。

S305（23省道）桐庐窄溪至麻蓬段改建工程项目投资估算总金额175845.35万元，其中主线总造价157779.42万元，县城接线总造价为18065.93万元。该项目于2017年编制项建书，预计 2019 年开工建设，总工期 24 个月。项目主线起点位于桐君街道梅蓉村，终点位于桐君街道麻蓬村，与 23 省道麻蓬至渡济段一级公路相接，主线全长 14.711 公里，约有 1.86 公里利用建成通车的 S305（23 省道）梅蓉至杭新景高速凤川互通公路工程，其余为新建路段。

【公路建设】 2017 年，桐庐县联网公路建设计划项目 25 个，至年底完成 33 公里，投资 4120 万元；县农村公路提升改造计划项目 30 个，至年底完成 88.2 公里，完成投资 15530 万元。同时，完成农村公路安保工程 26.4 公里，完成乡村道公路危桥改造 11 座。

【“两路两侧”“四边三化”治理】 2017 年，桐庐县公路管理段重新设置“路长制”和“段长制”，优化“路长段长制 + 网格化管控巡查 + 事前事中事后核查”的管理机制。开展“四边三化”“双百”创建活动，集中治理“六乱”，共整治马路市场 233 处，清除横幅小广告 134 处，清理堆积物 38 处，清理非公路标牌 95 块。全面整改问题点位，省市平台汇总问题点位 63 处，至年底全部完成整治工作。2017 年，杭新景高速桐庐迎春南路入城口被评为浙江省省级精品示范入城口，320 国道江南镇至迎春南路段被评为浙江省省级精品道路，210 省道桐义线被评为浙江省首届最美自驾公路。

【桐郑线西武山段塌方应急抢修工程】 2017 年 6 月 13 日，县道桐郑线（X507）西武山大桥路段发生大规模山体塌方，塌方造成桐郑线交通中断。县交通运输局第一时间启动抢险预案，出动抢险人员进行应急抢险。此次抢险工程主要涉及边坡土石方卸载、截排水沟、浆砌挡土墙、TBS 防护、锚杆加固、锚喷混凝土防护、路面修复等项目，合同报价为 66.38 万元。本次维修主要施工队伍是土石方开挖班组，主要施工机械有大型镐头机 3 辆、挖掘机 3 辆、运输车 20 辆，主要施工人员及管理人员 38 人、机械手 26 人、边坡安全查看人员 2 人、封闭路段前后道路指挥人员 4 人、项目管理人员及技术员 6 人。经全力抢险，至年底，该路段基本恢复通行，从洋塘车站发往旧县、莪山、钟山区域的城乡公交路线恢复通行。

【公路精细化管养】 2017 年，县公路管理段开展全县国省道及主要县道整治，清除碎落土石 9655 立方米，清理路肩堆积物及土石方 1887 立方米；沥青路面坑洞修补 2.4 万平方米、水泥路面沥青灌缝 18 千米；清洗、清理隧道 42 座、涵洞 35 道、护栏 588 千米、桥梁伸缩缝 10 千米；护栏整修 4086 米；更换护栏板 902 块、立柱 440 根、托架 1082 只。

【场站建设】 2017 年，县交通运输局结合交通治堵工程，对县城区破损、布局不合理的公交站亭（牌）进行修复、归并及迁建，完成妇保医院、碧桂园、人民医院后门、金久花园 4 个公交站亭的迁建，并对锦江公寓、迎春小学、富鑫装饰城、聆江景园、长途汽车站、乔林新城等 35 块破损的公交站牌进行更换。

· 交通管理 ·

【公路路政管理】 2017 年，县公路管理段以“全国路政宣传月”“桐庐百姓日”活动为载体，大力开展各类宣传活动，营造广大人民群众爱路护路意识。积极开展“最多跑一次”改革，完成行政许可“一件事”标准化梳理，完成普通国省道 8 项行政许可事项下放工作。联合交警部门对重点运输单位企业法人代表进行约谈，每月开展联合治超行动。全年累计出动交警 800 人次、路政 1000 人次，共查处超限运输车辆 237 辆，卸载 11043.57 吨。完成 8 处 22 车道治超非现场执法点位招投标工作，于 2017 年

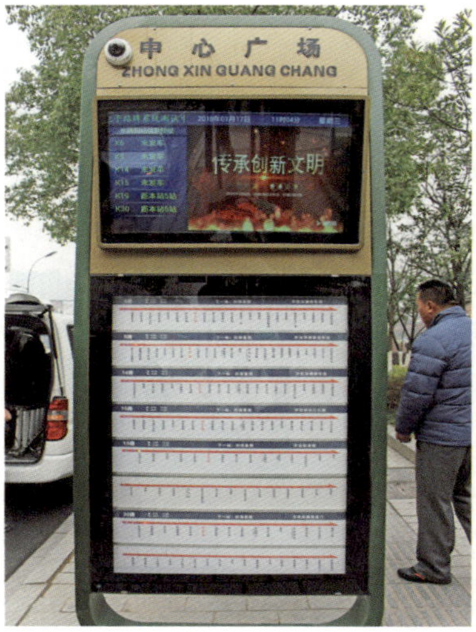

智能公交站点

2017年桐庐县公路养护管理项目

表16

序号	公路养护管理项目	总预算（万元）
1	S208桐千线桐庐方吴至七坑段（非收费）2017年公路养护大中修工程	822
2	S210桐义线桐庐金西至芦茨段2017年公路养护大中修工程	493
3	农村公路实施大中修56.42公里	5203
4	安保工程（钢质护栏）31.5公里	914
5	农村公路水毁修复	127
6	分老线许坞桥、坑横线郭村桥、百富线毛岭坞一桥维修改造	192.38

12月正式启用俞前线非现场执法系统，开启了桐庐公路非现场执法元年，进一步规范采集、审核、调查、处理等流程，一个月处罚非现治超案件26件，罚款10万元。

【公路养护管理】 2017年，县公路部门清理塌方27569立方米，疏通清理边沟、排水沟185213米，绿化管护1645千米，清运建筑垃圾等堆积物800立方米，清洗隧道336座次，清洗钢制护栏6121千米，稀浆封层17854平方米，沥青路面灌、贴缝80652米，沥青路面修补25658平方米，路面坑洞修补10210平方米，绿化补植乔木1385株、灌木998平方米，修复交通事故损毁路段98处。

【交通安全管理】 2017年，县交通运输局对县域道路、水路、企事业单位开展安全隐患排查治理工作，共排查出一般安全隐患1149项。其中，道路运输企业1083项、水上企业41项、公路方面25项，累计投入整改资金2650.7448万元，截至年底，完成整改1147项，整改率为99.8%。是年，全县交通工程建设领域发生安全责任事故1起，道路运输行业发生安全责任事故2起，共死亡2人。出租车行业和水上交通未发生安全责任事故，总体安全生产形势平稳。

深入推行联合执法机制，有效开展“打非治违”、公路治超等管理工作，出动路政、运政800余人次，联合交警700余人次，共查处超限运输车辆230辆，卸载10824.01吨；查处违法营运车辆160辆，罚款27万元。县运管部门开展道路货运行业数据清理，注销不符合资质的道路运输企业175家；充分利用危货电子监管平台，建立每周网上巡查工作机制，强化危险品运输企业的监督力度。县交通工程质量安全监督管理站以农村公路工程质量和安全生产监督为中心，严把质量和安全关，抓好“品质

新能源公交车

工程”建设，完成监督项目14个，总投资5亿元，做到200万元以上公路工程及50万元以上桥梁工程的监督覆盖率100%，确保全县农村公路工程质量总体受控，安全态势平稳。是年，县公路部门对3条国省道、11条县道、9条乡道、10条村道实施大中修工程，总计84公里。完成农村公路安全保障专项工程（边坡治理）23.11公里，投资192.38万元完成分老线许坞桥、坑横线郭村桥、百富线毛岭坞一桥维修改造。完成2017年市级道路交通事故多发点治理工作和县安全生产委员会办公室关于42处交通安全隐患的整改工作。完成农村公路指路体系二期工程建设，完成国省道及美丽公路标志标线增设与维护工程。同时，对群众反映的事故多发及隐患点等（上级交办单）进行整改。

【收费管理】 2017年，320国道桐庐收费所全年过境费收入1048.35万元，与2016年相比增加了50.27万元，增幅5.04%；过境车流量33.93万辆，同比增加15185辆，增幅0.05%。开展安全隐患大排查大整治工作，投入83.37万元，重新整修收费站管理站房、垃圾房、票证房、发电机房，同时拼宽收费广场，将安全隐患一排到底。是年，桐庐05省道、16省道全年过境费收入5774.26万元（其中县财政补贴1939.85万元），同比增加396.27万元，同比增长11.53%；过境车流量627.8万辆，同比增长6.48%。完成16省道5公里双幅路面大中修工程和焦山桥等桥梁维修加固工程。根据《05、16省道桐庐收费站对本县机动车辆统缴（免费）方案》，截至年底，共为全县8.2万辆本地车办理免费统缴证。航政、港政2项规费征收完成122.97万元，其中，收取港政规费99.12万元，征收航政规费16.11万元。

是年，4个节假日小客车免费通行车辆64.4万车次，免收通行费966.4万元。执行中央、省市有关绿色通道减免政策，全年共免费绿色通道车辆21余万辆，免费金额331万元。

【交通运输管理】 2017年，县道路运输管理处着力完善开发区、青山、城西等区块公交网络，实现城区10路公交延伸至碧桂园，36路公交延伸至柴埠新村，14路公交延伸至电力设备公司，21路和27路公交延伸至渡济大桥（河湾村），新开通客运中心至洋洲综合车站的29路公交车。结合“百千万”工程，开通横村深畈至浮桥埠，瑶琳镇高翔村至沙潭，洋塘至沈冠，新合至毗邻县浦江唐公岭、诸暨龙门脚4条城乡公交线路。

【车辆维修管理】 2017年，县道路运输管理处组织开展全县维修行业安全管理培训、消防演练等系列活动；开展“智能车管”建设，启用汽车电子健康档案系统，启动“先培训后付费、计时收费”“第三方支付”培训模式，完成人脸识别系统的安装工作；开展“优质服务月”“1号行动”“2号行动”，无证修理及超范围经营整治、驾培行业专项整治、“铁拳2号”夏季治废等一系列整治活动；全力推进绿色维修，开展废机油和废电池回收、烤漆房环保改造活动；开展“阳光维修进学校、进社区、进企业”为民服务便民活动等。组织人员参加维修工喷漆大赛和驾培行业第十二届技能运动大赛，获得

水上交通应急演习

大赛团体第一名的优异成绩。

【航政港政管理】 2017年，桐庐港区有持证货运码头8座，在建货运码头1座，客运码头1座，在建客运码头2座，使用港口岸线1802米，在用码头泊位19个。港口企业主要经营砂石料、煤炭、水泥原材料。港区完成货物吞吐量1055.65万吨，同比增长76.72%，进港270.19万吨，同比减少3.99%，出港785.46万吨，同比增加148.6%。其中煤炭150.39万吨，矿建材料853.53万吨，其他货物51.73万吨。共检查码头48座次，要求整改22次，处罚33起，罚款7900元，码头诚信扣分4次。加强航道、航标日常巡查和维护保养工作，全年巡查航道111次，计2607公里，巡查航标376座次，出动检查人员648人次，夜间巡查航标20次，航标发光率达95%。船舶日常性检查800余艘次。办结各类违章案件502起，罚款共计49.14万元。

·水陆运输·

【公路运输】 2017年，桐庐县客车拥有量360辆，客运总量995万人次，客运周转量总计45516万人次。春运期间，全县共投入客运车辆394辆，座位数共计11332个，发送73567个班次，安全运送旅客154.96万人次，客运周转量为3254.13万人公里。至年底，全县货车拥有量2542辆，货运总量970万吨，货运周转量66160万吨公里。

【水上运输】 2017年，桐庐辖区共有货运船舶39艘，计21609载重吨，客运20艘，计996客位。水上运输完成货运量1048.13万吨，同比上升75.95%，完成货物周转量180692.9万吨公里，同比增长61.25%。桐庐辖区内水上客运主要以旅游运输为主，全年客运量26.13万人，同比增长13%。

（包利姣）

富春江船闸过闸船只

·供电·

【概况】 2017年，国网桐庐县供电公司供电量18.21亿千瓦时，同比增长6.96%；售电量17.31亿千瓦时，同比增长7.09%；城市供电可靠率99.972%，农网供电可靠率99.96%，综合电压合格率99.998%；线损率4.95%；当年电费回收率100%。开展分布式光伏接入课题研究，完成分布式光伏用户并网2620户，容量86.64兆瓦。实施营配末端融合，实现“全能型”供电所全覆盖，分水供电所被评为省公司“五星级供电所”。深化科技群创项目，全年获得专利授权12项，软件著作权1项，2项成果荣获省公司科技成果奖，3项QC成果分获“海洋王”杯赛优胜奖和一等奖。实施“精品班组”培育工程，推进“班组减负”举措，江南供电所被评为国网公司优秀班组，乔林运维班被评为省公司五星级班组。开展文明路口认领、“网格化”共建等文明创建活动，公司被评为“市公司精神文明建设先进单位”“桐庐县全国文明城市创建先进集体”，县电力开发公司被评为“浙江省文明单位”。实施青春“领航行动”，深化“青字号”工程建设，公司团委被评为杭州市“五四红旗团委”，1个团队被评为省级青年文明号，3个青年工作室被评为杭州市“青年岗位能手工作室”。加强高端媒体品牌传播，中央权威媒体发稿21篇，其中中央电视台

国网桐庐县供电有限公司“党的十九大精神”主题学习会

《新闻联播》播发3条，公司网站被评为省公司“最佳网站”。

【安全生产】 2017年，国网桐庐县供电公司开展小水电、分布式光伏等小微电源防倒送排查治理，建立动态维护数据库。加强防倒杆、倒塔专业化管理，制作操作口袋书。制定“防人身事故十个严禁”，强化现场安全管控。开展“两排查一整治”“6·3”事故反思访谈、百日安全攻坚等系列活动。排查、治理11个公共场所网络安全隐患，建立物防“红线”。强化电网运行风险管控，完成乔林变、外董变等检修任务。应用大数据分析，日负荷预测准确率提升至95.6%。健全配网综合检修运作体系，10千伏架空线路综检覆盖率达到86%。加强配网设备基础管理，推进负面清单管控，编制“一线一册”“一站一册”“一台一册”595本。推动实施《带电作业五年规划》，建成带电作业专用库房，推广地电位作业模式。加强电缆专业管理，严肃电缆工艺质量管控，编制完成《电缆专业建设总体方案》。

【电网建设】 2017年，国网桐庐县供电公司出台电网建设政策处理标准性文件，完成3个核心区块网格化规划和2个特色小镇配电网规划编制，配电网专项规划荣获市公司技能竞赛金奖。落实精准投资，全年完成电网建设投入14259万元，同比增长104%。实施“232”主网工程，建成投运首座智能化110千伏枫塘变；高效推进110千伏天英变、下杭变建设进度有序开展220千伏乔林—万泉、龙隐—中埠Ⅱ回线，后浦35千伏送出工程、35千伏芦茨变等项目前期工作。提前完成“两网”工程改造任务，完成92项城农网项目和21个中心村电网建设，1项工程入选省公司十佳优质工程，2个台区被评为省级“精品台区”和“精品示范区”。开展小城镇“线乱拉”综合治理，落实“一镇一方案”编制，完成4个乡镇改造任务。深化自动化系统综合应用，完成新一代配电自动化主站建设，实现架空线路在线监测和配网接地研判装置全覆盖。

【营销服务】 2017年，国网桐庐县供电公司开展“降单提质”专项行动，对故障工单高发区域编制“一区一方案”，组建供电所监控平台，试点驻点抢修服务和“电力·物业”共建模式，建立投诉工单周调会说清楚制度，全年共发生电力服务热线“95598”工单4977件，同比下降30.3%。优

桐庐县供电公司营业厅

2017 年桐庐县用电结构对比表

表 17

名称	2016 年（万千瓦时）	2017 年（万千瓦时）	同比增长（%）
全社会用电总计	210247.95	210856.67	0.29
一、全行业用电合计	172750.18	170122.84	-1.52
第一产业	1529.57	1644.88	7.54
第二产业	137628.36	133027.40	-3.34
第三产业	33592.25	35450.56	5.53
二、城乡居民生活用电合计	37497.77	40733.83	8.63
城镇居民	18806.77	20025.64	6.48
乡村居民	18691.00	20708.20	10.79
全行业用电分类	172750.18	170122.84	-1.52
一、农、林、牧、渔业	1529.57	1644.88	7.54
二、工业	133024.83	129004.54	-3.02
轻工业	44346.45	48352.27	9.03
重工业	88678.38	80652.27	-9.05
三、建筑业	4603.53	4022.86	-12.61
四、交通运输、仓储和邮政业	739.73	857.73	15.95
五、信息传输、计算机服务和软件业	2849.43	2763.79	-3.01
六、商业、住宿和餐饮业	11583.99	11920.36	2.90
七、金融、房地产、商务及居民服务业	7269.61	8211.45	12.96
八、公共事业及管理组织	11149.49	11697.22	4.91

化供电服务机构，成立供电服务指挥中心，建成杭州地区首家“三型一化”B 级营业厅。落实“最多跑一次”改革，12 项简单业务实现“一次都不用跑”。多渠道推广掌上电力 APP、电 e 宝，快响业务渗透率 99.5%。抢占电动汽车充电桩市场，做好网络配套建设，全县建成 150 个充电桩，推广电动自行车自助充电设备 900 余个。

【企业管理】 2017 年，国网桐庐县供电公司开展“依法治企”专项行动，对发现的 466 个具体事项实行问题销号和星级管控，引入第三方会计事务所开展专项“回头看”，做好与营销专项审计、集体企业审计、依法合规评价工作相结合，促进各类问题闭环整改。落实监事会问题清单梳理全覆盖工作部署，形成问题清单 12 大类、问题 25 个，完成专项报告及整改决议。推进组织绩效和全员绩效管理，细化绩效指标评价体系，分级分类签订绩效合约。夯实资产管理基础，注重账卡物一致性精益管控，资产对应率 99.2%。落实“一市一行一户”清理，完善账户监控预警功能。依托课题调研和专项提升，开展“双十”管理提升活动，加强综合计划和重点工作精细化管控，建立月季年考评机制，促进规划、计划、预算的有效衔接。

【党工团工作】 2017年，国网桐庐县供电公司学习贯彻中共十九大精神，开展“读报告、悟精神、谈体会、促实践”主题活动。围绕“党建基础建设年”要求，推动基层党组织生活规范化，实施智能党建平台对标试点，基层党建工作进一步夯实。加强党员领导干部家风建设，举办“家德家风和以德治企”专题党课和“诵读经典家训，培育文明家风”系列道德讲堂活动。规范党员入口管理，完成59名集体自聘员工党员组织关系转接工作。丰富廉洁教育载体，分批开展法院庭审旁听活动，举办中层干部家属“廉内助”培训班，实现中层干部履责约谈全覆盖。注重人文关怀，慰问一线班组27次，帮扶困难员工88人次。推进员工“三能”建设，制定“体育运动年”计划，组织篮球赛、足球赛、花艺培训、厨艺展示等。加强示范引领，编制企业文化建设指导手册，打造“一所一站一品”。实施“劳模学院”青苗成长计划，选拔组建40名青苗人才团队，2个省公司级劳模工作室由B级升为A级。开展首届“桐电之星”评选，发挥先进典型示范引领作用。完善“以培促比、以比促培”教培机制，举办各类竞赛16次，在上级竞赛调考中，5名员工代表省市公司参赛并取得优异成绩，1名员工入选全国会计领军人才，员工整体素质不断提升。

（徐伟兰）

·邮政·

【概况】 2017年，桐庐邮政管理局设办公室、行业监管科2个科室，下设事业单位桐庐县邮政业发展服务中心。以“抓改革、促发展、惠民生”及护航十九大、添彩快递大会为主线，基本建成覆盖全县乡镇、村邮政普遍服务和快递服务网络。是年，地区邮政全行业业务收入（不包括邮政储蓄银行直接营业收入）2.08亿元，其中快递业务收入1.53亿元；快递业务总量2869.93万件，同比增长98.28%，居杭州地区第一。县人均使用快件量约为70件，领先全国人均使用快件量29件，高于欧盟人均使用快件量60件。邮政函件业务完成158.70万元，同比下降3.95%；报纸业务完成332.49万元，同比下降0.25%；金融业务收入3102.62万元，同比上升6.27%。

【邮政投递】 2017年，桐庐县邮政分公司设邮政支局6处，邮政所11处，设置信筒箱224个，邮政储蓄联网网点21处，村邮站193个，村邮乐购点350个（其中标准站点250个、推广站点100个）；邮运邮路7条，总长度308公里（单程）；投递邮路67条，其中汽车投递邮路18条，摩托车投递邮路27条，电动三轮车投递邮路22条，总长度4345公里。城市投递邮路21条，平均日行程64.85公里。

【寄递渠道安全监管】 2017年，桐庐县下辖17家快递企业，快递企业网点63个，其中许可企业12家、分支机构26家、末端网点25家，实现100%亮证经营。桐庐邮政管理局落实“安全第一、预防为主、综合治理”方针，企业法人与寄递协议客户签订安全生产责任书2000余份，与快递加盟网点签订安全生产责任书41份，与安

快递青工技能比武暨首届“最美快递小哥”颁奖仪式

全员、快递从业人员签订安全生产责任书500余份。组织寄递行业安全教育培训4次，培训企业负责人、安全员300余人。桐庐邮政管理局督促企业严格执行收寄验视、实名收寄、过机安检三项制度，出动检查842人次，检查企业及网点401家次，关停取缔网点4个，立案查处6家，约谈企业64家次，处罚金额6.5万元。

【“双十一”购物节】 2017年“双十一”期间（11月11—20日），桐庐县邮政快递行业完成收派件302.14万件，同比增长60.57%；快递业务量291.04万件，同比增长45.27%；其中投递量86.52万件，同比减少6.31%；揽收业务量204.52万件，同比增长52.84%。

【首届“最美快递小哥”评选】 2017年9月1日，为进一步提升快递行业服务质量和服务水平，扩大快递行业社会影响力，展示优秀快递业务员风采，为即将召开的第二届中国(杭州)国际快递业大会营造良好氛围，桐庐邮政管理局举办首届“最美快递小哥”评选活动，通过桐庐电视台、“同乐汇”微信公众号等载体，网络投票选举出袁超军、唐坚等6名“最美快递小哥”。

【快递行业青工技能比武】 2017年11月23日，由共青团杭州市委、杭州市邮政管理局主办，桐庐邮政管理局、共青团桐庐县委承办2017年杭州市快递行业青工技能比武在桐庐县城中心广场举行，市县多家快递企业派出9支队伍在现场切磋，比赛分多物品收寄包装、快递运单填写规范、快递派送、识别禁限物品并处理四个考题模块，裁判根据选手的动作规范、完成质量及所用时间等进行评分。决胜出杰出青年岗位能手一名、优秀青年岗位能手六名，团体一等奖并列两名、三等奖一名。

【第二届中国（杭州）国际快递业大会在桐庐召开】 2017年11月24日，第二届中国（杭州）国际快递业大会在桐庐举行，国家邮政局局长马军胜、浙江省副省长高兴夫出席并致辞。中国快递协会会长高宏峰，国家邮政局副局长刘君，杭州市副市长陈新华，国家有关部委负责人，各省、自治区、直辖市邮政管理部门和快递协会代表，中外快递企业代表、快递配套企业和中外知名企业代表等出席会议。会议围绕“新时代·新经济·新快递——打通上下游、拓展产业链、画大同心圆、构建生态圈”主题，开诚布公、畅所欲言，交流思想、共谋未来，凝聚起快递业发展的强大力量。

（蓝　天）

·电信·

【概况】 2017年，中国电信股份有限公司桐庐分公司（简称桐庐分公司）有员工278人，下设3部、1室、8个支局，辖13家自建自营营业厅（“天翼”卖场、专营店）、5家自建外包营业厅（“天翼”卖场、专营店）、18家他建他营“天翼”卖场（专营店）、1家大型连锁合作卖场。服务区域：东接壤于诸暨市，南毗连于浦江、建德，西邻淳安，东北临界富阳，西北毗邻临安。服务面积为1825平方千米。是年，桐庐分公司努力拓展综合信息业务，持续做好全业务经营工作，较好地完成杭州分公司下达年度预算指标。宽带用户累计净增6253户；净增天翼高清用户1.64万户；净增移动用户5887户；完成全业务收入1.43亿元。

【营业网点与渠道运营】 2017年，桐庐分公司强化社会渠道建设，在二级渠道实名制网点建设上，按实名制执行要求，重新梳理二级渠道，摒弃原销售能力较差网点，结合互联网应用，量质并举地推进公司多渠道业务拓展。是年，渠道完成实体门店建设59家，其中商圈全网通店8家，品牌店3家，包片网格厅35家，其他门店13家，实体门店累计103家，其中自建他营门店占比43%，他建他营门店占比57%。7个商圈有6个商圈达到1/3及以上门店占有率，商圈达标率86%。

【翼支付生态圈建设】 2017年，桐庐分公司翼支付生态链建设初具规模。完成77个行政村翼支付商户覆盖，发展翼支付商户1666家，每月交易约9万笔，择优45家商户拓展成泛渠道，泛渠转换率3%。

【推进区域市场化改革】 2017年，桐庐分公司纵深推进市场化改革，对各支局聚类、驻地网、中（小）门店、校园、开发区（园区）等市场实施二次承包，实现关键区域深度覆盖；鼓励基层员工自发寻找市场、渠道空白点和业务发展薄弱环节，通过承包、引入代理商、增加代理商人员等方式，扩大销售渠道，提升销售能力。在营业和专业领域承包中，各中心营业厅采用竞标承包方式，强化服务管理和现场指导；手机卖场以成立团队的方式进行专业承包，并与支局联动开展服务指导和协同支撑。在经营量收承包中，将装维纳入网格，以宽带业务保有与发展为核心，全面实行量、收经营承包。在职能部门市场化工作中，采用承包、绩效挂钩、降本增效、混合所有制 4 种模式，推进部门市场化运营，有效破除“大锅饭”，通过强化业绩导向，弱化岗级分配。

【移动业务发展与流量经营】 2017 年，桐庐分公司通过秋季校园营销成效良好，其中：浙江工商大学杭州商学院新生新增占比 92%，同比增长 6%。除推出以流量为主的 4G 套餐外，强化流量包销售；在支局、网格、门店多维度开展本地流量包专项劳动竞赛，发展 5 元、10 元、15 元本地流量包用户 9271 户；通过加强流量包、“天翼”视讯等业务发展项目考核，快速拉动流量收入增长，“天翼”视讯新入网用户渗透率保持 37% 以上，新入网智能机渗透率保持 50% 以上；是年，实现流量收入 2012 万元，同比增长 35.5%，户均流量从上年底 463 兆提升至 839 兆。

【聚焦 PK 赛】 2017 年，桐庐分公司根据不同时期不同侧重点，相继推出 100M 宽带进家门、电信电视节、翼支付 5 折购物节、不限流量 PK 赛等创新活动，重点聚焦融合套餐、新增宽带、新增 ITV，持续开展一线营销活动。三季度公司组织不限流量 PK 赛，支局联合属地代理，分为四个战斗组、22 个战斗小组，实行众筹制，公司再给予计件奖励，奖励红包做一单发一单，提高一线销售人员积极性。

【宽带网络建设】 2017 年，桐庐分公司重点实施宽带接入层网络建设与优化。在城域网建设上，对中兴通讯引进的 SDH 2.5 吉和华为技术引进的 SDH 2.5 吉环的光路资料汇总，对 C4 本地 SDH 环进行安全性评估和优化；检查 IPRAN 的 BB 缆对汇聚路由器中是否有同缆，对 47 套设备进行双光路由甄别，对 2.5 吉以上传输设备光端口进行优化，对 45 条弱功率光路进行整治，完成 IPRAN 网络优化工作；对朗讯传输环进行退网处理，完成 20 套数据设备的退网、47 套 OLT 设备的单链接入改造成双路由接入。加大光网建设力度，对 6 个点的汇聚交换机上联二平面扩容中继电路 12 条，容量 120 吉；对 35 套低功率城域网设备进行改造；对 41 套 PON 口就近接入，提升光功率，节约中继光纤 1000 纤芯公里；对 30 套 MDU 进行功率优化；建成 FTTB 点位 100 余个、FTTH 点位 120 个。

【网络质量提升】 2017 年，桐庐分公司全面实施网络提质六大计划，完成各专业退网任务。其中完成 ADSL 端口退网 27642 个；完成本地网内老旧低效 SDH 设备退网 4 个，同步推进 SDH 退网进度；完成 IPRAN 同缆优化 20 个，完成超

电信校园营销活动

长传输环优化13个，完成3个BB对［光接收模块（O/E）］及其下24个A设备替换成U设备；完成交换退网工作，其中FTTX改挂14192个；结合FTTH平移推进进度，加快对FTTN及FTTB设备退网工作，清理退网248套；持续开展数据网络质量提升整治工作，通过ONU网元就近割接收敛、双路由改造、板卡扩容等工作，完成16个两级汇聚点双路由改造、63个OLT双路由上联改造、20个PON上联口同板卡接入优化整治、梳理优化PON-onu网络架构割接FTTX主光路160条、PON上联带宽扩容（万兆板卡扩容）20套80条。结合小城镇整治项目，借架空管网上改下之机，对机房内光缆下改上，各专业协同做好机房整治，完成窄溪、凤川、石阜、至南、富春江等城域网及OLT局以上机房整治，对原有ODF综合架进行替换，完成分水、富春江等传输机房36个ODF架的替换，调整尾纤1180条，拆除空纤600余条，全网光占比从年初的81.65%提升至98.03%，光网用户占比为97%，新增FTTH覆盖能力50万线，累计FTTH覆盖能力454万线，实现全光网城市建设目标。

【4G基站与室分系统建设】 2017年，桐庐分公司在4G基站和网络建设上，将城域网汇聚点、OLT局等88个机房列入整治计划，完成机房整治34个；加大重点区域网络优化力度，对杭州商学院等三个高校无线网络增补扩容，完成8个室外基站24个扇区覆盖调整，完成5个室分RRU裂变，完成15个室分RRU新增；对城区重点区域完成超级小区网络优化5个；规范商务楼宇室分电源整体接入规范和整改，城南3个商务楼宇进行试点；基站站址维系，根据市政建设要求，对周家、坞枫糖两个室外H杆站点进行拆除，迁移至新的站点，拆除率0.31%。

【服务能力提升】 2017年，桐庐分公司加大网媒监测力度，杜绝重大网媒事件发生；及时处理反馈杭州市长热线（“12345”）、桐庐县县长公开电话、纪检效能投诉、智慧治理中心平台、“12315”消费热线及上级转派的越级投诉；处理杭州10000号转发业务工单及网厅工单3370件、咨询投诉工单4793件，其中主责处理281件；承接桐庐县人民政府数字化城市信息处置中心系统运行工作，处理数字城管案卷202件。开展“最美服务团队和个人”评选活动，用文字、图片等形式通过一家人和微信平台秀成绩、晒事迹，展示桐庐电信优质服务形象，营造浓厚的服务文化氛围。

【“一家人”团队文化建设】 2017年，桐庐分公司结合市场化、经营划小等转型工作，深化“一家人”理念，营造利益共同体，形成团队、目标（利益）、管理、渠道、文化5个融合，提升网格区域销售服务能力，实现企业、员工与合作伙伴共同发展。以完善“四小”建设为基础，进一步美化各支局的局容、局貌，员工办公条件和环境得到较好改善。

【关爱员工】 2017年，桐庐分公司实施“送温暖”工程，探望慰问困难员工、生病住院、员工生育、员工家中丧事等157人次，员工生日祝福及慰问284人次，慰问县级劳模2人次，为2名员工争取金秋助学金补助0.8万元，为2名员工申请医疗互助补助2.5万元，为8名员工争取省、市公司困难帮扶金1.9万元。开展“冬送温暖、夏送清凉”关爱活动，夏季赴基层慰问一线员工237人次，送去毛巾、清凉饮料和防暑药品；冬季为一线外勤员工发放防雾口罩、手套、保温杯、防寒衣、暖宝宝等96人次。组织3名员工子女参加“雏鹰展翅”第四期红色夏令营活动，组织员工及离退休人员体检296人次。

【党建工作】 2017年，桐庐分公司积极组织党员认真学习中共十九大精神及《中国共产党廉洁自律准则》《中国共产党纪律处分条例》《习近平谈治国理政》，下发相关学习书籍300余册。对40余名关键岗位人员进行谈心、谈话，各级管理人员、党员领导干部严格执行“廉政准则”各项规定，自觉履行第一责任人的职责。落实民主生活会制度，在客户层面、员工层面广泛进行走访调研，专门召开意见征集会，切实查摆问题，制定整改方案，形成整改清单；开展问卷调查，反馈情况经整理归结，形成20条具体意见，并敦促在日常管理中加以改进；围绕上级公司巡视整改任务，开展自查自纠，完善制度与流程，有效增强党组织的严谨性与规范性。

（江　于）

· 移动 ·

【概况】 2017年，中国移动通信集团桐庐分公司（以下简称桐庐移动公司）下设综合部、网络部、市场部、政企客户部4个职能部门，在城区、分水、横村分设3个区域营销部，拥有自营、合作营业厅22家，社会渠道153家，员工135人。是年，实现运营收入2.6亿元，是年荣获省“明星区县”优秀单位。

【4G网络服务能力提升】 2017年，桐庐移动公司通过资源整合，网络建设持续提升。率先完成4G+工程，实现站址零丢失、网络零事故、用户零投诉。4G用户通过“千乡万村”服务下乡、4G购机补贴、智能家居互联等系列便民服务措施，规模迅速壮大，客户量达到27.5万家。根据国家提速降费要求，对长途费、漫游费资费标准进行调整，推出4G用户飞悦系列不限量套餐，全面落实资费一体化工作。

【宽带应用服务】 2017年，桐庐移动公司在宽带覆盖率、装维服务能力上取得显著突破。在宽带覆盖上，新增64个小区2.8万信息点覆盖，累计交付市场小区新增覆盖信息点（含漏覆盖、扩容）1.7万。推进光宽带广覆盖工程，新建住宅小区100%跟进，城区和主要乡镇实现85%覆盖。在装维服务能力上，增强装维人员综合素质，通过“智慧家庭体验区”，提升用户服务体验感知，加快落实“智慧家庭社区服务站”建设。规划建设新合、莪山偏远乡镇合作厅，为客户提供更便捷的优质服务。

【数字化产品服务】 2017年，桐庐移动公司与桐庐县政府签订战略合作协议，以“一个目标—民富县强”“三大战略—生态立县、产业强县、全民兴县”为核心，加快推进智慧安防、特色小镇等互联网项目建设，为县政府相关部门开放大数据人流分析数据接口，信息化应用领域持续扩大。组织开展“企业上云”应用培训会，推进桐庐地区企业上云工作，利用大数据对桐庐重点行业、龙头企业各类数据进行深度运算和分析，给出资源最优利用方案组合，帮助企业根据自身实际选择合适的上云应用，助推企业创新转型。数字化应用产品领域不断丰富，推出视频应用软件咪咕爱看、家庭智能安全产品“和慧眼”、智能车载导航“和云镜”等。

（马　龑）

· 联通 ·

【概况】 2017年中国联合网络通信有限公司桐庐县分公司（以下简称桐庐联通公司）有员工50人，下设市场部、政企部、综合网络部3个职能部，拥有营业厅6家（迎春南路营业厅、桐君路营业厅、横村锦华路营业厅、分水营业厅、凤川营业厅、旧县营业厅），合作代理网点36家。是年，公司实现主营业务收入5510万元，其中移动业务收入4886万元，固网业务收

联通公司进企业促销

入 624 万元。

【聚焦 4G 提升渠道规模】 2017 年，桐庐联通公司以 4G 发展为引领，全面强化“沃 4G+”品牌宣传。完成新建终端型渠道 5 家，自营厅 8 家，有效渠道累计 24 家；探索 2I 电渠创新发展模式，与互联网企业合作共同推进市场发展。成功拓展滴滴王卡、腾讯王卡等业务；宽带业务规模发展，宽带用户 4000 户；提升存量价值，通过换机、换卡等营销政策，新增手机用户 1380 户，超值购机用户 300 余户。

【重大项目建设】 2017 年，桐庐联通公司与桐庐县政府签订“十三五”战略合作协议，助推“互联网 +”行动计划落地与实施，促进移动互联网时代下企业转型升级。通过“百万企业上云”，实现多个创新业务零突破；以产业互联网、物联网、大数据等新型领域发展为契机，加快新型业务发展，完成相关部门三化两拓展、机房搬迁等项目建设。

【实现全光纤覆盖】 2017 年，桐庐联通公司聚焦区域、用户两个重点，打造匠心网络极致用户体验。对乡镇、城区实现 4G 信号全覆盖。完成 100 余幢商务楼宇宽带全覆盖，推进住宅小区宽带建设，完成 10 余个小区覆盖，覆盖率达 60%。

（程　赟）

· 华数数字电视 ·

桐庐华数数字电视有限公司荣获“浙江省消费者信得过单位”

【概况】 2017 年，桐庐华数数字电视有限公司下设总经办、财务部、技术部、工程部、集客营销中心、大众营销中心、运维部、客服中心、信息中心 9 个部门和富春江、江南、横村、瑶琳、分水 5 个乡镇中心站，有员工 241 名。是年，客服热线 96371 受理电话 14.15 万起，平均接通率 90.9%。回访总量 15942 户，新装回访 10853 户，维修回访 5089 户。回访率、满意率 100%。短信平台发布信息 165 次 44.9 万条次。处理各类投诉 115 起（其中表扬 7 起），办结率、及时率和满意率 100%。减免有线数字电视最低生活保障家庭视听费 4632 户，初装费 11 户，减免低保用户费 117 万元。参与分水镇、百江镇、合村乡、莪山乡等小城镇线路整治工程，完成江南镇、钟山乡、县城广场路、城南路等上改下改造工程。是年，公司被授予浙江省消费者信得过单位。

【安全播出】 2017 年，桐庐华数数字电视有限公司开展全员安全播出培训，学习安全生产法及消防知识，提升全员安全意识和安全技能。制定年度考核办法，签订目标责任书和安全生产责任书。严格执行公司大楼安全管理制度，确保前端机房和员工安全。完善公司信息发布管理和审批流程，做好中共十九大、省党代会、中国杭州国际快递业大会及节假日等重要保障期安全播出工作。配合县政府会议中心保障视频会商系统应用，发布气象预警等公益信息。

【运维工作网格化管理】 2017 年，桐庐华数数字电视有限公司在全县实行网格化管理制度，重新划分主城区和各中心站网格片区，大众营销中心负责网格划分、统筹协调，以运维部和各中心站为单元划分大网格，以行政村为单元划分小网络，在签订大网格责任书基础上，明确每个小网格分工，配套定制月度绩效百分比考核和佣金分配政策，实行按劳分配、多劳多得分配方式，激发各网格活力，延伸网格化便民服务到村级网格单元，巩固农村市场阵地，实现华数业务及便民服务村级办理。

【多平台上线“最多跑一次”板块】 2017年，桐庐华数数字电视有限公司以智慧化新网络助力服务桐庐“最多跑一次”改革行动为契机，与县行政服务中心签订“最多跑一次”合作框架协议，打造“华数政务”基层服务平台，在电视端和“智慧农村”平台同步上线“最多跑一次”栏目，发布各部门公开行政权力清单、公共服务事项目录、办事流程等，百姓动动手指，点击互动电视“最多跑一次”专区，随时查询各类事项及办事指南，为农村百姓办事提供一站式服务。在行政审批中心开设华数窗口，方便百姓业务咨询，设立政务一体机，实现24小时自助服务。

【重点项目建设】 2017年，桐庐华数数字电视有限公司继续助推“智慧桐庐”建设，以“智慧农村”项目为载体，全面延伸拓展智慧项目。截至2017年底，完成i-tonglu无线WiFi项目642个AP点位建设，注册用户达170066个；完成环保生活污水智能化项目三期、水利工程标准化二期项目建设；完成浙江省农村信息化示范工程阶段性验收；完成公安监控业务、阳光厨房二期、阳光作坊点位建设，做好公安监控“一机一档”整理；“智慧非遗”平台上线，建立非遗基础库、非遗发布管理系统、非遗申报管理系统等诸多子系统相融合的云平台，同步定制个性化自助服务终端设备，为非遗管理和宣传工作提供信息化支撑和服务。

【基础网络建设】 2017年，桐庐华数数字电视有限公司不断优化基础网络建设和强化技术革新，实施机房无源化改造，建立安全保障的直播信源，更新和扩容机房设备，完成5个机房的双万兆上联，对本地频道实施加扰播出，确保AB网正常运行。加快推进城区网络升级改造工程，开展“光纤入户”部分试点接入工作，为百姓高带宽宽带服务和4K高清电视服务提供网络保障。

（杜　婉）

财政·税务

Fiscal Budget · Taxation

王彤／摄

财政　税务

·财政·

【概况】 2017年，桐庐县实现生产总值（GDP）383.13亿元，按可比价格计算（下同），比2016年增长7.5%。其中第一产业增加值25.16亿元，同比增长2.0%；第二产业增加值198.60亿元，同比增长4.1%，其中工业增加值180.25亿元，同比增长4.4%；第三产业增加值159.37亿元，同比增长13.6%。三次产业结构由2016年的6.88∶55.15∶37.97调整为6.57∶51.84∶41.60。按户籍人口计算的人均GDP为93731元（折合13735美元），同比增长7.8%，比2016年增加1749元。全年财政总收入46.59亿元，同比增长8.2%。一般公共预算收入27.83亿元，占财政总收入比重为59.7%，同比增长8.1%，其中，税收收入24.79亿元，占一般公共预算收入比重为89.1%。一般公共预算支出41.67亿元，同比增长1.8%。全年财政收支平衡。

【服务经济发展】 2017年，桐庐县整合形成科技人才扶持政策、农业产业政策、工信经济产业政策、现代服务业产业政策、开放型经济政策和对接资本市场政策等六大产业新政，统筹县域产业发展布局，兑现政策资金3.06亿元。出台工业用地亩均税收三年倍增计划，建立节约集约用地体制机制，加快工业用地提质增效步伐。支持重大产业、重点项目和重要平台，稳固税源存量，挖掘税源潜力，培育税源增量。推进省级扶持村级集体经济发展试点，开展化解村级债务专项行动，壮大村级集体经济实力，实施“31066”“3030”等农业综合开发新模式，助推现代农业发展。是年，全县村集体经济收入增加1.11亿元，同比增长109.0%，村级债务减少2.45亿元，化解41.6%。

【保障改善民生】 2017年，桐庐县民生保障和社会事业支出34.30亿元，占财政支出比重为82.3%。支持社会事业发展，安排教育支出10.46亿元，同比增长6.5%，占一般公共预算支出的25.1%。实行困难学生免住宿费，保障普通高中国家助学金、困难家庭生活补助等政策实施。安排医疗卫生事业支出4.71亿元，同比增长11.7%。支持社会保障事业发展，安排1000万元支持全省长期护理保险试点工作，减轻980名失能参保人员家庭负担；安排4505万元支持残疾人四项福利补贴制度，保障困难残疾人基本生活；城镇、农村居民最低生活保障标准分别从612元、490元提高至674元、607元。城乡居民医疗保险人均筹资标准、城乡居民基本养老保险基础养老金标准分别提高至1200元和150元/人/月。支持生态环境改善，落实4418万元支持生态文明建设，保障“五水共治”和“五气共治”。拨付1.27亿元推进“千亩水田 万亩耕地”垦造工程，惠及12个乡镇。落实1.06亿元保障“平安桐庐”建设。

【财政管理改革】 2017年，县财政局加大预算统筹力度，清理结余结转资金7700万元。推动国企国资改革，牵头制定深化国企改革实施意见，整合国企架构，完善监管体制。加强债务管理，成立县政府性债务管理领导小组，出台加强政府性债务管理实施意见，控制和防范政府债务风险。加强融资管理，协助融资65.70亿元。

桐庐县举行第七届税收知识竞赛活动

推进财政支农体制机制改革，基本建立现代财政支农管理体系。调整乡镇街道（平台）财政体制和土地出让金分配办法，增强乡镇街道财政的活力度和平台财政的贡献度，实行“保运转、差别化、促发展”的乡镇街道（平台）财政体制。

【财政监督改革】 2017年，县财政局开展省级农村综合改革示范试点，实行村级运维政府购买服务。出台部门购买服务实施细则，选取教育、卫计等8个部门为试点，规范部门购买服务行为。建立健全加快预算支出进度的约束机制，完成县本级和144家预算单位权责发生制政府综合财务报告编制工作。加强预算绩效管理，健全绩效评价结果与预算安排相结合的机制，实施重点评审、部门绩效自评共36个项目，涉及财政资金5.59亿元。出台机关事业单位差旅费新标准，完善综合性开支标准体系。全县“三公”经费支出同比下降9.0%。评审各类财政投资项目48个，审减金额15.77亿元，平均审减率达30.8%。

【“政采云”服务平台上线启用】 桐庐县作为杭州市首批政府采购信息化平台建设试点应用地区，于2017年上半年，积极引入“政采云”服务平台开始试点。8月1日，“政采云”服务平台应用正式上线运用。“政采云”平台是“互联网+政务服务”政府采购管理模式的升级，它的推广顺应政府采购改革要求和“电商化”采购趋势，推

桐庐县第26个税收宣传月启动仪式暨“文明创建 税我同行”主题毅行活动

动实现政府采购全过程信息化，提高政府采购工作效率和服务质量，形成开放、有序政府采购氛围。是年，组织政府采购项目249项，节约资金2490万元，节资率10.7%。

【“最多跑一次改革”工作】 2017年，县财政局梳理公布“最多跑一次”事项清单目录，纳税人网上（零上门）办件量占地税总办件量的94%以上，精简涉税资料500多项（类）。打造“综合进件”新模式，助力实现“一小时出证”的全国领先速度。在全省率先创建国税、地税、社保、市场监督四部门信息共享平台，加快税务登记注销办理，打造“就近办理、一窗受理、并联办退、集成服务”的市场主体退出新机制。

【桐庐县设立全省首个美丽乡村发展基金】 2017年10月17日，在第二届中国国际民宿发展论坛暨国际乡村（民宿）设计大会上，桐庐县率先在全省成立5亿元的美丽乡村发展基金。基金现有总规模5亿元，由县财政、金融机构及社会资本共同组成，主要投资、支持桐庐县美丽乡村发展项目，如乡村旅游、村落景区、农旅结合的现代农业等新业态产业，资产资源挖掘盘活、土地（山林）整片流转等项目。基金的成立和运作着力撬动社会资本投资，破解“三农”融资难、融资贵等问题，推动桐庐美丽经济发展。

【桐庐县设立大健康产业引导基金】 2017年7月11日，在全县产业发展大会上，桐庐县以政府产业引导基金子基金模式设立首期2亿元的大健康产业引导基金。基金总规模10亿元，主要投向县域内生命科学、生物医药、医疗器械、中医中药、运动休闲、文化体育、旅游康养等大健康领域成长型企业或

初创期项目。基金采取直接投资或与社会资本合作的方式开展投资，为桐庐打造生命健康产业先行先试区打下坚实基础。

·地方税务·

【概况】 2017年，桐庐县地税部门组织的各项收入累计入库379421.8万元，同比增长19.22%。其中入库税收收入158941.48万元，减收9201.11万元，同比下降5.47%，剔除营改增因素，同口径增长13.18%。入库非税收入220480.32万元，同比增长46.89%，其中社保收入204750.66万元，同比增长54.85%。企业所得税入库29706.58万元，同比增长17.2%。个人所得税入库29706.58万元，同比下降10.92%。资源税入库1205.93万元，同比增长11.69%。土地使用税入库10113.97万元，同比下降0.44%。城建税入库13031.24万元，同比增长14.49%。印花税入库3924.85万元，同比增长43.7%。土地增值税入库19388.36万元，同比增长41.04%。房产税入库9341.81万元，同比增长0.83%。契税入库23584.21万元，同比增长49.29%。耕地占用税入库81.48万元，同比下降98.17%。入库增值税9327.52万元，同比增长280.19%。

【征收管理】 2017年，县地税局制定下发《桐庐地税局"金三"运维操作指引》，提交运维问题323个，发布三批次税收数据质量清理，共清理信息39939条次。开展欠税管理，对21户欠税法定代表人进行上报边控，对18户欠税的法定代表人进行通报备案。推进个体管理，发布《双定操作指引》，全年对1206户纳税人进行定期定额的核定工作。完成"个转企"登记81户。组织落实"个人出租房税收管理"，全县个人出租房屋征收各项税费总计750.25万元，同比增长25.03%。使用社会化办税平台征税和委托代征，入库地方税费46964笔，税额5510.63万元。推进数据风险管理，完成19个批次的风险应对任务，风险纳税人142户，风险管理成果1693.21万元。实行纳税评估催办，完成116户，其中99户涉及有补缴税款708.86万元。落实资源税改革，调整计税价格，增收750万元。加强非税收入征管，完善公共支付平台功能，新增7个部门共12个收费项目，完成非税收入17.26亿元，同比增长89.8%，其中国有土地使用权出让金收入11.17亿元，同比增长148.2%。

【依法治税】 2017年，县地税部门梳理涉税文件共计千余件（份），报备县法制办予以清理、废止的文件140件（份），其中以县政府和政府办为名发文的文件40件。申请税费强制执行案件40件，入库683万元。申请社保费强制执行案件21件，裁定21件，金额234.60万元，执行结案21件，入库金额240.45万元。税款申请法院协作执行案件19件，金额448.53万元，协作执行结案10件，清理欠税入库138.47万元。破产企业7户，税收债权申报总额1615.78万元，其中本金1164.89万元（包括社保）。认真做好重大税务案件审理工作，共组织审结12件，涉及查补收入470万元，加收滞纳金101万元，罚款318万元。

县地税工作人员走访企业

2017年度地税收入分税种情况表

表18

单位：万元

项 目	累计实绩	上年同期	增长额（±）	增长率（±）%
一、税收收入	158941.48	168142.59	-9201.11	-5.47
1. 营业税	221.64	28495.42	-28273.78	-99.22
2. 企业所得税	29706.58	25346.44	4360.14	17.20
3. 个人所得税	36337.16	40791.66	-4454.5	-10.92
4. 资源税	1205.93	1079.70	126.23	11.69
5. 土地使用税	10113.97	10159.10	-45.13	-0.44
7. 城建税	13031.24	11382.16	1649.08	14.49
8. 印花税	3924.85	2731.28	1193.57	43.70
9. 土地增值税	19388.36	13747.09	5641.27	41.04
10. 房产税	9341.81	9264.97	76.84	0.83
11. 车船税	2676.73	2432.54	244.19	10.04
12. 契税	23584.21	15797.70	7786.51	49.29
13. 耕地占用税	81.48	4461.14	-4379.66	-98.17
14. 增值税	9327.52	2453.39	6874.13	280.19
二、社会保险费收入	204750.66	132222.99	72527.67	54.85
①基本养老保险费	103866.57	70773.67	33092.9	46.76
②失业保险费	3188.93	4308.09	-1119.16	-25.98
③基本医疗保险费	63351.71	49404.47	13947.24	28.23
④工伤保险费	2333.64	2099.37	234.27	11.16
⑤生育保险费	2757.7	2415.59	342.11	14.16
⑥其他社保费	29252.11	3221.81	26030.3	807.94
三、其他收入合计	15729.67	17878.50	-2148.83	127
1. 教育费附加	7805.92	6858.81	947.11	13.81
2. 文化事业建设费	0.03	18.88	-18.85	-99.86
3. 税务部门罚没收入	24.42	28.71	-4.29	-14.94
6. 地方水利建设基金	20.15	4465.75	-4445.60	-99.55
7. 地方教育附加	5204.27	4565.01	639.26	14
8. 残疾人就业保障金	1912.66	1326.04	586.62	44.24
9. 其他收入	762.22	615.30	146.92	23.88
四、总计	379421.81	318244.08	61177.73	19.22

2017年度桐庐县一般公共预算收支决算总表（一）

表19　　　　单位：万元

预算科目	预算数	调整预算数	决算数	预算科目	预算数	调整预算数	决算数
一、税收收入	238700	238700	247949	一、一般公共服务支出	30986	33690	32200
增值税	118050	118050	118597	二、外交支出	—	—	—
营业税	—	—	68	三、国防支出	365	367	327
企业所得税	28400	28400	31401	四、公共安全支出	—	—	—
—	—	—	—	五、教育支出	18329	27431	26337
企业所得税退税	—	—	—	—	86031	105276	104576
个人所得税	16800	16800	14535	六、科学技术支出	14569	19439	19163
资源税	950	950	1206	七、文化体育与传媒支出	8013	12770	11959
城市维护建设税	12400	12400	13031	八、社会保障和就业支出	37112	54788	54441
房产税	10600	10600	9342	九、医疗卫生与计划生育支出	31851	47711	47053
印花税	3000	3000	3925	十、节能环保支出	7740	17981	14706
城镇土地使用税	12000	12000	10114	十一、城乡社区支出	12088	17641	15311
土地增值税	15300	15300	19388	十二、农林水支出	41863	48373	37512
车船税	2700	2700	2677	十三、交通运输支出	9767	21424	19011
耕地占用税	2500	2500	81	十四、资源勘探信息等支出	9759	3313	2871
契税	16000	16000	23584	十五、商业服务业等支出	2379	5562	4171
烟叶税	—	—	—	十六、金融支出	30	196	196
其他税收收入	—	—	—	十七、援助其他地区支出	1221	1149	1149
二、非税收入	28100	28100	30343	十八、国土海洋气象等支出	3500	6301	5932
专项收入	16170	16170	19630	十九、住房保障支出	7232	11983	11983
行政事业性收费收入	1800	1800	2910	二十、粮油物资储备支出	2990	1538	1538
罚没收入	6030	6030	5512	二十一、预备费	2300	—	—
国有资本经营收入	—	—	—	二十二、其他支出	—	10706	75
国有资源（资产）有偿使用收入	4000	4000	2291	二十三、债务付息支出	1875	6169	6169

续表 19

单位：万元

预算科目	预算数	调整预算数	决算数	预算科目	预算数	调整预算数	决算数
其他收入	—	—	—	二十四、债务发行费用支出	—	37	37
2017 年收入合计	266800	266800	278292	2017 年支出合计	330000	453845	416717

2017 年度桐庐县一般公共预算收支决算总表（二）

表 20

单位：万元

预算科目	决算数	预算科目	决算数
2017 年收入合计	278292	2017 年支出合计	416717
上级补助收入	188616	上解上级支出	67560
返还性收入	32595	一般性转移支付	—
一般性转移支付收入	101890	专项转移支付	—
专项转移支付收入	54131	—	—
待偿债置换一般债券上年结余	—	—	—
上年结余	49106	—	—
调入资金	32300	调出资金	—
债务（转贷）收入	33283	债务还本支出	33283
—	—	增设预算周转金	—
国债转贷收入、上年结余及转补助数	—	国债转贷拨付数及年终结余	—
调入预算稳定调节基金	28063	安排预算稳定调节基金	54972
接受其他地区援助收入	—	援助其他地区支出	—
省补助计划单列市收入	—	计划单列市上解省支出	—
—	—	待偿债置换一般债券结余	—
—	—	年终结余	37128
—	—	减：结转下年的支出	37128
—	—	净结余	—
备注：市补助县（一般性转移支付）	—	备注：县上解市	—
市补助县（专项转移支付）	—	—	—
收入总计	609660	支出总计	609660

2017 年度桐庐县政府性基金收支决算总表

表 21　　单位：万元

预算科目	预算数	调整预算数	决算数	预算科目	预算数	调整预算数	决算数
政府性基金收入	60000	120000	142283	文化体育与传媒支出	—	57	—
	—	—	—	社会保障和就业支出	—	4409	—
	—	—	—	节能环保支出	—	—	—
	—	—	—	城乡社区支出	53600	119720	—
	—	—	—	农林水支出	—	149	—
	—	—	—	交通运输支出	—	—	—
	—	—	—	资源勘探信息等支出	200	304	—
	—	—	—	商业服务业等支出	—	14	—
	—	—	—	其他支出	6200	16602	—
	—	—	—	债务付息支出	—	10341	—
	—	—	—	债务发行费用支出	—	61	—
2017 年收入合计	60000	120000	142283	2017 年支出合计	60000	151657	105964
上级补助收入	—	—	8580	上解上级支出	—	—	21
待偿债置换专项债券上年结余	—	—	—	—	—	—	—
上年结余	—	—	18408	—	—	—	—
调入资金	—	—	10341	调出资金	—	—	27934
债务（转贷）收入	—	—	54531	债务还本支出	—	—	54531
省补助计划单列市收入	—	—	—	计划单列市上解省支出	—	—	—
	—	—	—	待偿债置换专项债券结余	—	—	—
	—	—	—	年终结余	—	—	45963
备注：市补助县	—	—	—	备注：县上解市	—	—	—
收入总计	—	—	234143	支出总计	—	—	234143

2017 年度桐庐县社会保险基金收支情况表

表 22

单位：万元

项　　目	合计	企业职工基本养老保险基金	城乡居民基本养老保险基金	机关事业单位基本养老保险基金	职工基本医疗保险基金	居民基本医疗保险基金	工伤保险基金	失业保险基金	生育保险基金
一、收入	300,796	158,224	11,499	21,634	67,682	33,088	2,340	3,522	2,807
其中：保险费收入	254,328	153,491	476	21,634	63,529	6,906	2,334	3,200	2,758
利息收入	2,431	1,668	156	—	207	88	3	262	47
财政补贴收入	39,892	—	10,865	—	2,933	26,094	—	—	—
委托投资收益	—	—	—	—	—	—	—	—	—
其他收入	917	54	—	—	855	—	3	3	2
转移收入	3,228	3,011	2	—	158	—	—	57	—
二、支出	295,290	156,443	14,633	33,303	49,474	31,379	2,644	4,190	3,224
其中：社会保险待遇支出	284,929	150,554	12,745	33,303	48,199	30,373	2,577	3,954	3,224
其他支出	3,487	—	1,887	—	854	746	—	—	—
转移支出	1,590	1,407	—	—	138	—	—	45	—
三、2017 年收支结余	5,506	1,781	-3,134	-11,669	18,208	1,709	-304	-668	-417
四、年末滚存结余	195,398	111,152	7,418	-11,627	50,117	13,967	3,423	18,331	2,617

2017 年度桐庐县国有资本经营收支决算总表

表 23　　单位：万元

预算科目	预算数	调整预算数	决算数	预算科目	预算数	调整预算数	决算数
利润收入	135	135	152	解决历史遗留问题及改革成本支出	—	—	—
股利、股息收入	—	—	—	国有企业资本金注入	—	—	—
产权转让收入	—	—	—	国有企业政策性补贴	—	—	—
清算收入	—	—	—	金融国有资本经营预算支出	—	—	—
其他国有资本经营预算收入	—	—	—	其他国有资本经营预算支出	906	906	906
2017 年收入合计	135	135	152	2017 年支出合计	906	906	906
上级补助收入	—	—	—	—	—	—	—
上年结余	—	—	771	—	—	—	—
省补助计划单列市收入	—	—	—	—	—	—	—
—	—	—	—	调出资金	—	—	—
—	—	—	—	年终结余	—	—	17
收入总计	—	—	923	支出总计	—	—	923

2017年度桐庐县乡镇财政基本情况表

表24　　　　单位：万元

项　　目	决算数	项　　目	决算数
一、一般公共预算收支决算	81755	政府性基金收入	—
收入总计	—	上级补助收入	—
一般公共预算收入	65228	待偿债置换专项债券上年结余	—
上级补助收入	13464	上年结余	—
待偿债置换一般债券上年结余	—	调入资金	—
上年结余	—	债务（转贷）收入	—
调入资金	—	支出总计	—
债务（转贷）收入	—	政府性基金支出	—
调入预算稳定调节基金	3063	上解上级支出	—
接受其他地区援助收入	—	调出资金	—
支出总计	81755	债务还本支出	—
一般公共预算支出	24043	待偿债置换专项债券结余	—
上解上级支出	52740	年终结余	—
调出资金	—	三、国有资本经营收支决算	—
债务还本支出	—	收入总计	—
增设预算周转金	—	国有资本经营收入	—
安排预算稳定调节基金	4972	上级补助收入	—
援助其他地区支出	—	上年结余	—
待偿债置换一般债券结余	—	支出总计	—
年终结余	—	国有资本经营支出	—
二、政府性基金收支决算	—	调出资金	—
收入总计	—	年终结余	—

【纳税服务】 2017年，县地税局开展2016年度纳税信用评价工作，共为5182户符合评级条件的企业评定2016年度纳税信用等级，其中A级882户，B级3855户，C级273户，D级172户。推进“银税互动”项目，实现银行贷款616笔，贷款金额32325.48万元。组织开展纳税人满意度调查迎检工作，通过上门、电话、召开税企座谈会等形式访问企业2600多户次，发送相关短消息4万多条，规范出具纳税证明3000多户次。

【税务稽查】 2017年，县地税局对79户纳税人组织实施检查。其中：责成自查46户；立案检查33户（其中责成自查转重点检查20户，其他重点检查13户）。自查已完成40户，重点检查已结案32户（包括上年结转案件）。查补入库各项收入合计2113.39万元（自查入库777.32万元，重点检查当年度结案案件入库1119.57万元，积案入库119.87万元，预缴入库96.63万元），完成全年查补目标数的135%。加强大要案管理，查结税款30万元以上大要案5件，查补税款、滞纳金、罚款合计725.66万元。成立打击发票违法犯罪活动工作领导机构，与县国税局联合印发《打击发票违法犯罪活动工作实施方案》，将纳税人发票使用情况的检查作为税收检查的必查步骤和必查项目，检查出发票有问题企业15户，查处非法发票46份，涉及金额412.09万元，追缴入库税款、滞纳金21.2万元，处以罚款23.25万元。持续开展积案清理，共对4户企业（杭州嘉威房地产开发有限公司等）执行入库119.87万元。

（黄　平）

·国家税务·

【概况】 2017年，县国税局完成税收收入302975万元，同比增长24.98%；完成财政总收入269992万元，同比增长8.41%；完成地方财政收入130356万元，同比增长7.99%。是年，享受小微企业增值税优惠政策的纳税人58969户次，免征增值税6559.41万元，促进残疾人就业企业退税6052.50万元，资源综合利用企业退税3808.42万元。办理出口退税7亿元，同比增长7.69%。破解小微企业融资难题，利用纳税信用等级为555户企业累计发放信用贷款29472.98万元。打击各类发票违法犯罪、骗取出口退税等涉税违法行为，共查补税款及滞纳金682.08万元，罚款155.94万元，自查税款224.55万元。

【国地税合作】 2017年，县国税局推进分水分局和江南分局国地税融合。7月，分水分局办税服务厅实现“一人一窗一机”，国地税业务一窗通办。同期，江南分局新址动建，拟推行国地税联合办公。首次举办国地税稽查业务联合培训，培训税务干部37名。推进征管协同与执法适度整合，共联合设立登记8294户，协同办理注销523户，认定非正常户326户，核定定期定额1206户，确定高风险纳税人2户。

【税收宣传】 2017年，县国税局围绕“深化税收改革助力企业发展”主题，首次举办“文

县国税局召开率先基本实现税收现代化推进会

明创建 税我同行”主题毅行活动及“创文明城 话诚信事”电视访谈；举办首届最美办税员评选活动，评选出10名最美办税员并给予表彰；举办第七届税收知识竞赛，共有29支企业代表队和18支税务代表队参赛。

桐庐县首届“最美办税员”表彰大会

【税收现代化】 2017年，县国税局成立率先基本实现税收现代化工作领导小组，对视野国际化、环境法治化、管理数字化、层级扁平化、治理社会化五类51项具体指标进行细化分解，按照“1+1+X”的模式分类别建立4个税收业务团队，内容涵盖政策法规、税源管理、纳税服务、稽查评估等方面。先后召开4次专题工作会议研究部署，并开展3次督查，规范税收现代化工作台账；举办绩效管理系统、数字人事系统和智慧党建系统操作、丁税宝推广、实名信息采集、电子税务局操作等专题培训，累计培训达上万人次。

【内控机制建设】 2017年，县国税局通过流程优化和管控，业务软件风险防控内生化，做好巡视、督察、审计等监督检查工作，逐步形成一整套内控制度体系。同时，率先开展全省人事教育管理内控试点，完成内控指引流程图13个篇幅，制作表单证书224份。

省人大调研组调研县国税局“最多跑一次”改革情况

【税收征管】 2017年，县国税局建立健全税源风险管理组织机制，健全税源风险管理工作领导小组工作机制，统筹税收风险事项扎口管理，形成风险管理“一体化”体系。深化税源专业化管理，分级分类管理新模式初步形成，实现由“分户到人”到“分事到人”征管模式的转变。通过大数据信息分析，甄别出110户较高风险纳税人评估入库税款747.69万元，较2016年增长145%。通过对纳税人申报、开票信息的综合分析，查补未及时申报销售收入的企业入库税款9144.09万元。与县国土、住建、工商等14个部门建立涉税信息传递机制，明确40项涉税信息的交换频率与交换方式，增加税收收入413.14万元，调减留抵金额10.46万元，弥补企业亏损63.53万元。

【“最多跑一次”改革工作】 2017年，县国税局制定《推进办税事项“最多跑一次”改革实施方案》，134项办税事项

县国税局分水分局与杭州霍普曼电梯党建结对共建签约仪式

实现“最多跑一次”，占全部服务事项的100%，其中一次不用跑102项，占比76.12%。以线上电子税务局、网上办税平台及线下分局、网格点平台为支撑，多层次、全方位推进数字化办税工程。网上代开专票13763份，发票网上领用10226户次，自助领购13953户次，邮政配送459户次。是年，报送的《税务部门筑好三条“便民办税路”深化“最多跑一次”改革》获县政府抄告表扬；报送的《杭州市桐庐县局推行“联办联退”新模式实现企业注销登记跨部门“最多跑一次”》获浙江省国税局领导肯定批示。

【党建文化】 2017年，县国税局围绕“坚定、实在、厚重、坦荡”的桐庐国税精神，拓展和完善“一支部一品牌”党建文化建设，制定品牌创建方案，挖掘各支部品牌文化内涵，汇编9个涵盖品牌内涵与释义、建设目标等内容的《桐庐国税党建》一书。8月，分水分局与杭州霍普曼电梯有限公司进行党建共建签约，开启税企双方党建结对共建活动。是年，县国税局党支部获县级“五星级党组织”“党建示范基地”“2017年度先进基层党组织”等称号。

（连亚娜）

金融

Finance

方国富／摄

金 融

·中国人民银行桐庐县支行·

【概况】 2017年末，桐庐县辖区内有县级银行机构20家（不含人民银行）；非银行类金融机构（组织）17家，其中小额贷款公司3家、保险分支机构11家，证券营业部3家。融资中介机构中有担保公司4家、典当行2家。县级银行机构本、外币存款余额430.96亿元，比年初增加23.27亿元，同比增长5.71%；本、外币贷款余额403.61亿元，比年初增加71.38亿元，同比增长21.48%。

【货币信贷政策】 2017年，中国人民银行桐庐县支行（以下简称人行桐庐县支行）按照双支柱调控的要求，引导全县金融机构贯彻执行稳健中性货币政策的同时，做好宏观审慎评估工作，确保各金融机构合理把握信贷投放规模和节奏，做到广义信贷增长符合经济发展要求。有效发挥“三农”事业部考核、支农再贷款、贷款风险补偿等多项政策工具作用，积极推动金融支持县域经济发展。在此基础上，引导各金融机构正确处理金融总量和质量的关系，是年，全县银行机构不良贷款余额和不良贷款率分别为3.51亿元和0.87%，比年初分别下降0.74亿元和0.41个百分点，其中不良贷款率为近年来首次落入1%以内的区间。对比全省和全市不良贷款情况，2017年桐庐银行机构不良贷款率分别低于全省和杭州市平均水平，金融生态持续向好。

【金融支持农业供给侧结构性改革】 2017年，人行桐庐县支行制定下发《关于桐庐县金融支持农业供给侧结构性改革的指导意见》。引导各金融机构立足县域实际，加大对现代农业发展的金融支持力度，有效培育农村经济增长新动能。引导各金融机构加大对民宿产业的支持力度，吸引更多农户发展休闲旅游业。是年，桐庐农商银行、恒丰村镇银行2家法人银行机构发放民宿专项贷款8920万元，惠及农户628户。积极支持农村电商发展，通过电商“小额贷”“村淘贷”“互助贷”“产业链贷”等多种贷款品种，加大对电商经营户的支持力度。是年，向317户经营户发放“电商助力贷”系列贷款1.31亿元。引导多家金融机构开办“阳光贷”“绿能按揭贷”等光伏贷款品种，帮助农户解决投资屋顶小型分布式光伏电站设备遇到的资金困难的同时，获得较为稳定的还贷资金来源和贷款还清后的固定收益，实现多方共赢。是年，引导银行机构发放光伏类贷款1058户，金额6018.52万元。

【金融支持小微企业】 2017年，人行桐庐县支行结合“产业强县”战略实施，积极做好小微企业金融服务工作。下发《关于进一步做好信贷支持实体经济工作的通知》，督促对县域小微企业贷款降幅较大的银行机构调整信贷投向，加大对小微企业的支持力度。在传统块状经济发达的横村镇和高新企业集聚的开发区举办小微企业融资对接活动，发放全县金融产品汇编手册2000余册，引导企业加强对金融产品的了解与运用。引导多家银行推出税银贷，根据企业税务缴纳情况给予评定授信额度发放信用贷款，是年，共发放该类贷款48笔、金额2571万元。引导邮储银行桐庐支行、恒丰村镇银行与县科技局签订专利权质押融资战略合作协议，推出专利权质押贷款，为科技型小微企业“以知换资”开辟渠道。是年，成功完成专利权质押贷款5笔，贷款金额2100万元。

【普惠金融】 2017年，人行桐庐县支行引导县内各银行机构着力提升普惠金融服务能力，加强助农服务点与“村淘点”“丰收购”等电商合作共建，拓展助农服务功能，是年，全县实现电商合作共建的服务点98个，共建比例达41.88%。同时，用足创业担保贷款，满足农民群体创业需求。是年，引导银行机构向741户农户发放失地农户创业贷款1.30亿元。引导农业银行桐庐支行通过开办惠农网贷，将传统农户的贷款直接通过网络发起，进一步便捷农户贷款。引导邮储银行桐庐支行对农户、农村个体经营户发放小额快捷贷款。

【金融稳定与管理】 2017年，人行桐庐县支行进一步加强执法检查工作，对县内1家银行机构进行综合业务执法检查，并依法依规对其违规行为作出罚款5000元的处罚。根据新修订的《在桐银行业金融机构综合评价办法》开展域内17家金融机构综合评价，评出A等行4家、B等行13家，并对综合评价中发现的问题，通报督促整改。对受理的4件金融消费投诉，严格按照相关制度要求进行处理，得到投诉人和被投诉人双方认可。是年，向公安机关移送县内银行机构报送的重点可疑线索2个，其中1个重点可疑报告被公安机关作为非法集资案件成功立案。进一步加强存款保险监测管理，掌握投保机构的运行和风险状况，并大力组织开展存款保险宣传活动，提升宣传覆盖面。

【货币管理】 2017年，人行桐庐县支行制定下发《桐庐县“全民行动，激活沉淀硬币”专项活动方案》，并将目标任务细化到各具体银行网点，推进硬币自循环工作有序开展。通过广泛宣传、增设硬币兑换机和存款机、开展定点回收等行动，加大硬币回笼力度。同时，实施建立自助服务平台、银企供需调剂机制等举措，有效增强县域硬币的自循环能力。是年，全县累计实现自循环硬币1578万枚，超额完成年度计划目标。

【外汇管理】 2017年，人行桐庐县支行进一步加强县域内外汇业务的管理和监督检查工作。根据国家外汇管理总局和省分局线索提示，对县内1家企业的贸易融资非法结汇行为作出217万元的处罚，对县内1家银行机构未对交易单证的真实性及其与外汇收支的一致性进行合理审查的行为，作出30万元的处罚。加强经常项目外汇业务核查，对县内1家公司出口少收汇情况进行现场检查，督促企业及时收汇914万美元。强化经常项目和资本项目外汇业务管理，防范异常跨境资金流动。是年，域内银行实现跨境收付总额10.36亿美元，同比下降21.90%，其中跨境收入和支出分别为9.24亿美元和1.12亿美元，跨境收支顺差达8.12亿美元。

反假货币宣传活动

【社会信用体系建设】2017年，人行桐庐县支行在取得征信服务示范点称号的基础上，继续做好征信查询服务工作和机构信用代码发放调整工作。继续加强与县市场监管局沟通联系，通过扩面、细分等措施进一步深化全县食品安全征信体系建设试点工作，扩大食品安全不良信息采集范围，进一步细化、规范食品安全不良信息分类和相对应的处置方法。是年，共上报食品安全不良信息86条。

【服务型国库建设】 2017年，人行桐庐县支行稳步推进国库支出电子化改革，作为省内国库支出电子化改革试点单位之一，与县财政部门协调配合，成功实现国库支出电子化改革。是年，通过支出电子化渠道完成实拨支出业务651笔，金额33.22亿元；完成国库集中支付业务427笔，金额14.75亿元。

【支付结算】 2017年，人行桐庐县支行着力推进银行卡助农服务点标准化建设、电子商业汇票推广应用、“智慧支付+”项目建设、电子支付业务增量扩面等工作。是年，共组织现

2017 年桐庐县金融知识普及月活动

场走访巡查银行卡助农服务点135个，走访比例为57.69%。通过走访巡查发现问题167个，当年整改到位105个；全县签发电子银行承兑汇票（承兑）7789笔，金额27.64亿元，占全部银行承兑汇票（承兑）的比例分别达到54%和71%。加强与县交运局的沟通联系，选择县内三家出租车公司进行银行卡二维码扫码支付改造，是年，全县共有50辆出租车布放了符合银行卡行业联网通用标准的二维码，布放比例为27%；在上年成功创建2个“电子支付应用示范村”的基础上，2017年又有2个行政村被命名为“电子支付应用示范村”。是年，全辖网银和手机支付用户数、有效用户比例、交易笔数和交易金额同比均有所增长，其中手机支付交易1089万笔、金额457亿元，同比分别增长179%和154%。

【风险监测】 2017年，人行桐庐县支行认真做好对县内出险企业、企业逃废债和法人金融机构的监测，重点关注产能过剩行业、地方各类交易场所、金融交叉性业务、银行业资产质量等领域的风险，会同相关部门对全县金融机构跨市场金融风险进行排查，开展互联网金融风险整治等工作。同时，密切关注县域企业破产重整工作，努力维护金融机构在破产重整中的正当权益。

【金融消费权益保护】 2017年，人行桐庐县支行以开展金融消费权益保护检查、进行金融消费权益保护工作状况评估、加强金融消费权益保护宣传等方式，进一步完善金融消费权益保护工作。是年，结合“3·15”国际消费者权益日、“金融知识普及月”等重要节点，在超市、学校、社区等地开展金融知识集中宣传活动6次，向金融消费者分发宣传资料5000余份，接受群众咨询300余人次；借助桐庐电视台《快乐生活》栏目，录播金融知识访谈节目3期；利用互联网平台，制作金融知识电子宣传资料4期。

【调查研究】 2017年，人行桐庐县支行着力深化“调研促履职”品牌建设，重点开展“深度调研”和“长期跟踪调研”。是年，围绕“金融支持实体经济”“地方政府融资行为”“金融风险防范”“县域金融机构发展”4个主题，深入开展调研。选定房地产市场运行、财政收支、金融风险、银行创新产品4个领域开展长期跟踪研究，形成专题调研报告17篇，为上级行和县委、县政府决策提供参考。

（许亦楠）

·浙江银监局桐庐办事处·

【概况】 2017年，浙江银监局桐庐办事处（以下简称桐庐银监办），围绕年度工作总框架，全面推进控风险、维秩序、优服务、促转升四大任务，辖内银行业稳健发展。年末，辖内银行业金融机构各项存款余额430.96亿元，比年初增加23.27亿元，同比增长5.71%；各类贷款余额403.61亿元，比年初增加71.38亿元，同比增长21.48%。贷款投放为近年来最高位，位于杭州地区第三名。

【服务体系建设】 2017年末，桐庐县共有各类银行业金融机构营业网点118家，比上年增加1家。其中县级银行机构20家，比上年末增加1家（2017

年12月，经浙江银监局批准新设立浙商银行杭州桐庐支行），包括5家国有银行（工行、农行、中行、建行、交行）、1家政策性银行（农发行）、1家邮储银行、2家农村金融机构（农商行、恒丰村镇银行）、5家股份制银行（中信银行、华夏银行、浦发银行、民生银行、浙商银行）、6家城市商业银行（杭州银行、上海银行、宁波银行、民泰银行、泰隆银行、台州银行）；二级支行、分理处和储蓄所98家，与上年末持平（2017年9月经浙江银监局批准设立桐庐恒丰村镇银行横村支行；2017年4月经浙江银监局批准撤销桐庐农商银行百江支行东辉储蓄所）。全域银行业机构从业人员1601人，自助服务机具（ATM）376台。辖内银行业金融服务在全县街道、乡、镇、村实现全覆盖。

【资产质量与实力】 2017年末，辖内银行业金融机构不良贷款余额3.51亿元，比上年同期减少0.74亿元；贷款不良率0.87%，同比下降0.41个百分点，比杭州市不良率平均水平低0.71个百分点，信贷资产质量位于杭州市辖内前列。是年，辖内20家银行机构除新设立的浙商银行外全部盈利，全年累计实现净利润10.11亿元，同比增长28.46%；实现利息净收入15.98亿元，同比增长10.90%。两小法人机构抵御风险能力增强，辖内农商行、恒丰村镇银行年末拨备覆盖率分别达769%、332%。

银行业金融机构风险防控会议

【监管与风险防控】 2017年，桐庐银监办加强对辖区内银行业金融机构的业务活动及其风险状况的非现场监管，防范银行业金融机构经营风险。开展年度监管评级、科技评级、“三方会谈”和审慎会谈等活动，结合日常走访指导小法人机构加强普惠金融服务，并及时督导年度监管意见落实。督促辖区内银行业金融机构加强内部管控，配合浙江银监局对农商行信用风险排查的督查、对恒丰村镇银行进行“两加强、两遏制”（加强内部管控、加强外部监督，遏制违规经营、遏制违法犯罪）回头看专项检查整改落实情况的后续检查。健全风险监测机制，从5月起，实行“每周一行”的例行走访制度，对辖区内银行机构进行走访调查，了解各单位在日常经营管理中存在的风险苗头和动态问题，及时掌握情况、提示风险、明确要求，使风险化解在苗头、问题处置在前头。是年，辖内银行业金融机构无重大案件和风险发生，年末不良贷款余额、贷款不良率实现双降。

【引导与服务】 2017年，桐庐银监办引导辖内银行强化主动服务意识，完善体制建设、优化办事流程，提升服务实体经济的质量和效率。稳步推进银行版“最多跑一次”改革，在辖内银行业机构开展“服务实体经济 提升服务质效”活动。督促银行法人机构进一步明晰“三会一层”的职责分工和议事规程，强化对董事长、监事长、行长履职评价，引导法人机构坚持支农支小市场定位和特色化发展战略。鼓励机构合理整合内部资源，设立“小企业金融服务分中心”，有效提升小企业服务能力。参与非法金融整治工作，全年累计排查投资类企业350余家，处置风险企业24家，帮助380余名投资人追回投资款3900余万元；协助政府部门参与风险事件协调，帮扶困难企业5家、涉及金额1.64亿元。

（陈 余）

·中国工商银行股份有限公司桐庐支行·

【概况】 2017年末，中国工商银行股份有限公司桐庐支行（以下简称工行桐庐支行）各项存款余额41.77亿元，比上年同期增加4.57亿元，同比增长12.28%。其中对公存款余额19.9亿元，比上年同期增加3.93亿元；对公日均存款余额18.2亿元，比上年同期增加3.97亿元。储蓄存款余额21.86亿元，比上年同期增加0.63亿元；储蓄日均存款余额20.89亿元，比上年同期增加0.97亿元。各项贷款余额42.96亿元，比上年同期增加11.57亿元，同比增长36.86%。其中，公司贷款30.07亿元，比上年同期增加11.59亿元，个人贷款12.89亿元，比上年同期减少151万元。年末不良贷款余额5859万元，不良率1.36%。

【信贷业务】 2017年，工行桐庐支行加大重点项目贷款的发放力度，全年新发放项目贷款4笔，合计13.7亿元，其中桐庐县原水经营有限公司2.9亿元，桐庐县富春江全域建设开发有限公司2亿元，桐庐县城乡住房改造开发有限公司7亿元，桐庐县富春科技建设投资有限公司1.8亿元。发挥小企业专营支行优势，积极营销县域内行业前景好的小企业，全年净增小企业客户8户，贷款余额净增249万元，储备小企业客户7户。在积极争取优质按揭项目的基础上，加大与优质二手房中介合作，优选客户投放二手房贷款，2017年累计发放个人贷款2.9亿元，比去年同期增加1.8亿元。

【客户拓展】 2017年，工行桐庐支行加强公私联动、全产品营销，有效客户稳步增加，高端化战略更趋突出。至年末，个人客户新增17357户，其中个人有效客户新增11379户，中高端客户新增484户，财富客户新增120户，私人银行客户新增7户。以代发工资、校园一卡通、手机银行、工银E支付等产品为抓手，职场批量营销浙江工商大学杭州商学院、杭州技师学院、杭黄铁路公司等优质客户群体，全年净增发卡量17291张，手机银行10886户，工银E支付12425户，融e联客户净增13964户，代发工资人数同比新增3913户。全年新增对公结算账户496户，新增企业网银证书动户157户，新增融e购活跃商户13户，新增有效现金管理客户数6户。

【风险管控】 2017年，工行桐庐支行进一步加强信用风险管理，认真落实潜在风险贷款、关注类贷款压降和化解工作。是年，主动退出潜在风险客户5户，合计金额2.13亿元；对信贷客户进行“四色”分类，减少红色贷款（环保缺失型）客户5户。采取清收、核销、法律诉讼等手段，加大不良处置力度，全年提起诉讼案件9例，共计1127万元。以开展内控合规“执行强化年”主题活动为契机，宣传总行16字合规文化和新时期的“十大禁令”，制定落实《桐庐支行2017年内控合规工作实施意见》，开展员工违规担保专项治理、员工教育和异常行为专项排查，进一步提升员工合规意识和制度执行能力。同时，加强安全保卫，严防严控外部风险，杜绝外抢、外盗既遂案件和重大治安案件、重大火灾等责任事故的发生。是年，支行荣获2017年度全市经济文化保卫工作先进集体称号。

【渠道建设】 2017年，工行桐庐支行为提升网点竞争力，促进经营转型，加大智能网点建设和规划内物理网点标准化建设力度。是年，完成三合支行、南门支行、富春江支行智能网点建设项目，新增和投入使用各类智能设备10台；完成迎南支行大堂式存取款一体机调整，完成迎春南路、迎春路、春江路、工商大学等离行式自助银行设备调整。同时组织开展“拓渠道、战旺季、码上赢”等渠道二维码营销推广工作，加强客户新渠道产品体验。

（张　宇）

·中国农业银行股份有限公司桐庐支行·

【概况】 2017年末，中国农业银行股份有限公司桐庐县支行（以下简称农业银行桐庐支行）本外币各项存款余额49.43亿元，比上年同期增加5.41亿元，同比增长12.29%。本外币各项贷款余额35.48亿元，比上年同期增加9.89亿元，同比增长36.65%。不良贷款余额1317万元，比上年同期减少1061万元。不良贷款率0.37%，比上年同期下降0.56个百分点。全年实现中间业务收入3656万元，比上年同期增加840万元，同比增长29.83%。实现利润9560万元，比上年同期增加810万元，同比增长9.26%。是年，该行被评为市行级先进单位、“四好”领导班子先进集体；所属网点桐庐东关支行被评为全省农行百佳网点；桐庐县支行营业中心被评为市行级先进单位，并成功创建中国银行业文明规范服务五星级营业网点。

中国农业银行金融服务新型农村集体经济座谈会

【市场拓展】 2017年，农业银行桐庐支行以市场为导向、以客户为中心、以效益为目标，创新业务发展。对接农村新型金融需求，支持桐庐县“五水共治”、美丽乡村建设、小城镇环境综合整治、小微企业实体经济。是年，推出“五水共治”专项贷款6.1亿元，支持富春江干堤加固工程和城乡供水一体化工程建设；发放“美丽乡村专项贷款”1.59亿元，支持江南、富春江、横村、分水、百江、莪山等乡镇旅游开发项目建设；发放贷款8亿元，支持分水镇、莪山畲族乡、合村乡等3个重点乡镇的111个小城镇环境综合整治项目；发放贷款2.05亿元，支持小微企业发展和经济开发区内科技孵化园、富春山健康城、迎春商务区等项目建设。

【服务三农】 2017年，农业银行桐庐支行连续第四年选派4名业务骨干到江南镇、富春江镇、横村镇和分水镇四个重点乡镇挂职，当好“金融参谋”、做服务“三农”普惠金融的推广员，助推乡村振兴。是年，该行下派挂职人员走访行政村75个，走访农户925户，走访企业122家，投身“三改一拆”16次，组织金融知识宣传90次。对接推动所驻乡镇“五水共治”“美丽乡村建设”类项目33个，项目总融资79.7亿元；协调落实项目42个，融资金额28.22亿元；参与招商引资招引企业1家，投资额2亿元。继续对全县美丽乡村建设提供金融支持。是年，向富春江、江南、分水、百江、横村、莪山等乡镇累计投放美丽乡村建设贷款1.59亿元。推进“互联网+农村金融服务”，形成以惠农商城为平台，惠农通、市场通、手机银行、微信公众号为渠道的线上服务网络，创新推出“惠农e贷”产品，简便农户贷款操作流程，实现村民足不出户就能便捷的办理贷款业务。是年，累计发放惠农e贷537户，金额18790万元。

【风险防控和化解】 2017年，农业银行桐庐支行多措并举，防控和化解信贷风险。采用压降用信，优化提升担保等方式，实施客户风险化解方案。建立前瞻性风险退出机制，优化信贷结构，防控信贷风险。是年，退出客户5户，授信2772万元。加大不良贷款处置力度，是年，以通过法律途径清收、核销等方式，处置不良贷款3720万元。

【推广实施“三线一网格”管理】 2017年，农业银行桐庐支行以IT系统平台为支撑，以打造关爱员工文化、确保“两个责任”落实和提升“双基”管理水平为目标，全面推广“三线一网格”管理模式（“三线”指党建线、纪检线、运营线；“一网格”指员工行为管理网格化责任体系）。稳步推进“三线一网格”管理系统的应用，各层级网格内人员调整到位，个人申报、签字背书、格员互评基本完成，日常记录、工作台账录入有序进行；按季开展“争先创优—

北斗七星定乾坤”明星评比活动和“岗位建功 青春筑梦”青年突击队竞赛活动，组织和引导广大青年员工围绕中心工作奋勇争先；依托按月走访、谈心谈话强化对重点岗位人员的日常督导，依托“一帮一”活动落实格员互帮结对，依托“五个兴趣小组”丰富员工业余文化生活，深化网格化团队文化建设。编发《致员工家属的提示函》，将“双四十严禁”“两个办法”“大起底”要求转达给员工家属，加强涉商信息及法院被执行信息的查询，逐一排查风险点。

（王钟明）

· 中国银行股份有限公司桐庐支行 ·

【概况】 2017年，中国银行股份有限公司桐庐支行（简称“中国银行桐庐支行”）围绕“党建引领、客户第一、效益为重、转创发展、合规经营”二十字工作思路，落实“降、提、减、稳、扩、优”六字工作要求，各项工作有序推进。至年末，支行本外币存款余额25.64亿元，比上年同期增加2.41亿。支行授信余额30.79亿元，较上年同期增加4.67亿元。支行不良资产余额510.38万元，不良率0.17%，较上年同期均有大幅下降。

【业务发展】 2017年，中国银行桐庐支行在银行业规模增长乏力的大背景下，围绕企业、农村、养老、跨境、年轻人五大客户群体，狠抓中高端客户存款的拓展与挖潜。是年，成功争揽企业存款400余万美元；拓展桦桐家私集团有限公司等单位1200名员工的代发薪业务；对接建筑工地，推广农民工工资代发业务；创新融资模式，支持地方金融建设，是年9月，成功促成远东国际租赁有限公司与桐庐国有投资公司融资租赁业务6.5亿元。抓大不放小，做好小指标业务的拓展和督导工作。是年，累计安装ETC业务2459户（按考核口径标准计）；销售建军90周年金银纪念章137套、熊猫金币151套，“我的小苹果”吊坠739套，储备贵金属销售收入20万元。

【不良资产处置】 2017年，中国银行桐庐支行在继续强化内控制度建设、防止贷款风险发生的同时，通过采用对不良贷款进行梳理，制订化解方案；配备专职人员，对存量不良贷款、潜在不良贷款、高风险预警客户，实行清单式管控；运用法律途径加大清收力度等多种措施，加大对不良贷款处置力度。是年，收回公司不良贷款4559万元，收回表内不良贷款2164万元，现金清收个人不良贷款255.92万，核销银行卡不良资产168.92万。

【智能化网点建设】 2017年，中国银行在已有自助设备的基础上，持续推动营业网点智能化改造，通过配置人脸识别和互联网核查设备，使客户能在开放式柜台，自助完成开卡、转账、理财等业务，方便客户并提升工作效能。是年，全县5家营业网点共有7台智能柜台投入运行。

【内控管理】 2017年，中国银行桐庐支行进一步完善内控组织和制度建设。通过成立内控委员会领导小组，配置内控监督员，建立支行部门、经营性机构、业务经理兼经营机构内控副职、员工四个层面内控考核机制，搭建完善内控组织和制度体系。同时，以主题教

党建共建签约授牌仪式

建筑工地激活工资卡

育为抓手，通过晨会、夕会、案防一分钟等方式，传达案件、案防合规的相关文件，将合规经营理念和风险防控意识渗透员工思想深处，培养员工养成合规经营的习惯。是年，支行的安全保卫被上级行评为A+。

（陈小琴）

·中国建设银行股份有限公司桐庐支行·

【概况】 2017年，中国建设银行股份有限公司桐庐支行（以下简称建设银行桐庐支行）设有综合管理部、业务管理部、公司客户部、个人金融部、资金结算业务部五个职能部门；营业部、江南支行、新区支行、江北支行、富春江支行、分水支行六个二级支行。截至年末，一般性存款余额26.57亿元，比上年减少3.41亿元，同比下降11.37%；贷款余额19.30亿元，比上年减少2.82亿元，同比下降12.75%；实现拨备前考核利润5379.14万元。

【业务拓展】 2017年，建设银行桐庐支行遵循“以市场为导向、以客户为中心”的经营理念，多措并举，拓展业务渠道。狠抓转型业务发展，资金托管业务实现零的突破，成功营销建信期货—渝泰系列资产托管业务，资金托管规模8亿元；与杭州千芝雅卫生用品有限公司签订首单家族信托产品；与安邦财险建立业务合作关系。扩大电子化业务支付业务，成功上线桐庐县财政国库集中支付电子化系统和国土网上交易系统；同时，为助力非税电子化业务，应用银联智能POS和支行MISPOS，新开辟财政非税电子化缴费渠道。继续抓好个人贷款业务，全年受理住房贷款713笔，贷款发放2.7亿元，公积金贷款发放1.5亿元。

【风险管控】 2017年，建设银行桐庐支行以强化管理和加强员工合规教育为重点，加强经营风险管控。对以前年度内外部审计和各项检查中反映出的问题分条线进行梳理，分析问题产生原因，制订实施防控措施。成立业务检查专家团队，以专项检查、突击检查和全面检查的方式，对各环节的业务流程进行监督。实施培优计划，把内控合规教育纳入员工培训内容，提高员工的专业技术素养和合规操作的自觉性。完善风险防范例会制度，掌握风险

开展志愿服务进社区活动

客户动态，预防经营风险发生。

【社会公益活动】 2017年，建设银行桐庐支行响应县委、县政府号召，积极参与各项社会公益活动。在全国文明城市创建活动中，坚持每周三组织党员志愿者，上街宣传文明城市创建工作，劝导不文明行为；到居民小区清理楼道垃圾、墙面牛皮癣。全年共组织参加文明城市创建活动46次，参与人数400多人次。扎实开展“联村走企访户”听民声、谈乡情、送温暖活动，组织参加江南镇梧村村、深澳村的组织生活会和网格评议工作，切实帮助村里解决一些实际困难。

（戚　冰）

·中国农业发展银行桐庐县支行·

【概况】 2017年，中国农业发展银行桐庐县支行（以下简称县农发行）有贷款客户8家，其中政策指令性贷款客户2家，政策指导性贷款客户5家，自营性贷款客户1家。年末，各项贷款余额15.18亿元，比上年同期增加6.7亿元，同比增长78.87%；各项存款余额5.52亿元，比上年同期增加2.59亿元，同比增长88.57%。是年，支行财务总收入6568.74万元，其中利息收入6564.97万元，比上年增加3083.97万元，同比增长88.59%，贷款利息综合收回率100%；财务总支出3944.37万元，账面盈利2624.37万元。

【业务发展】 2017年，县农发行围绕“以市场为依托，筹集支农资金，支持三农事业发展”工作任务，在抓好粮油政策性业务的基础上，加大对接营销力度，支持新农村建设。是年，滩头村安置房工程、杭黄铁路桐庐站综合体安置房B区块工程、大庄里区块城中村改造安置工程3个棚户区改造项目，计9.8亿元中长期贷款获批，至年底，实际投放5.84亿元；杭黄铁路桐庐站综合体安置房A区块工程，完成营业部初评。以PPP（公私合营模式）项目、土地复垦为突破口，探索公司自营模式创新。10月31日，邀请省农发行创新处等相关单位领导，召开桐庐县“千亩水田　万亩耕地”工程项目融资方案论证会，促进项目启动。至年底，桐庐县“千亩水田　万亩耕地”工程项目7亿元农村土地流转和规模经营中长期贷款，完成省分行评估送审工作。

（葛　瑾）

开展金融业务宣传活动

·交通银行股份有限公司杭州桐庐支行·

【概况】 2017年末，交通银行股份有限公司杭州桐庐支行（以下简称交通银行杭州桐庐支行）各项本外币存款余额23.60亿元（人行口径），比上年末增加5.08亿元（调整后口径），增长27.43％。人民币表外存款2.73亿元，比上年增加0.8亿元，增长41.45%。各项贷款余额19.52亿元，比上年增加0.88亿元，增长4.72%。实现经营利润3953万元、经济利润1717万元，同比分别下降5.23%、16.49%。

【资产业务】 2017年，交通银行杭州桐庐支行在分析地方政府债券置换因素的基础上，以早部署、早储备等方式，积极筹措信贷资源，助力桐庐县域经济建设。同时，采取设立小微专职客户经理，实行专岗专项考核等措施，发展小微授信业务，是年，向桐庐县铁路建设投资开发有限公司、桐庐县原水经营有限公司等投放政府重点项目、民生项目贷款 6.8 亿元；新增小微授信客户 11 户，授信余额净增 7063 万元。

【负债业务】 2017 年，交通银行杭州桐庐支行以营销新客户，巩固老客户等方式扩大基础客户群，促进负债业务发展。是年，新开对公结算账户 428 户（其中基本户 394 户）；新开离岸账户 6 户。账户的大批量开立，促进了表、内外存款大幅提升，为支行负债业务的提升夯实基础。

【业务创新】 2017 年，交通银行杭州桐庐支行首办业务多点开花。表外融资业务取得突破性发展，成功获批首笔全融资额度 3 亿元，当年投放 1.5 亿元；发放首单股票质押式回购业务 1.7 亿元。助力医疗部门改进支付结算方式，简化、缩短就医结算流程，向桐庐县中医院“智慧医疗”项目投入费用 150 万元。创新集团资金管理方式方法，借助桐庐“中国民营快递之乡”的区域优势，开办蕴通现金池业务 2 家。

【内控管理】 2017 年，交通银行杭州桐庐支行进一步强化制度建设，完善内部管理，做好风险防控。按照“治乱象 维秩序”的相关要求，组织开展账户风险排查、反洗钱高风险客户排查、非法集资和互联网金融风险排查等专项性经营风险排查和自查自纠。完善风险预警及操作管理机制，加强对已授信客户经营状况的动态监测，做到授信风险早发现、早预警、早化解。全面加强规章制度教育、合规经营教育和警示教育，落实风险防控职责，开展“平安创建”“安保服务提升”“突发应急能力提升”“消防安全能力提升”等活动，实现全年安全无事故目标。至年末，支行不良贷款余额共计 630.88 万元，比上年末下降 5.12 万元；不良率 0.32%，比上年下降 0.02 个百分点。个贷逾期率及不良率均为零。

（徐　斌）

· 桐庐农村商业银行股份有限公司 ·

【概况】 2017 年末，浙江桐庐农村商业银行股份有限公司（以下简称桐庐农商银行）各项存款余额 158.41 亿元，比上年同期增加 10.21 亿元，同比增长 6.89%；各项贷款余额 109.69 亿元，比上年同期增加 15.22 亿元，同比增长 16.11%，其中涉农贷款余额 100.78 亿元，当年新增 10.88 亿元，同比增长 12.10%；小微企业贷款余额 70.08 亿元，当年新增 9.74 亿元，同比增长 16.14%。五级不良贷款率 1.38%，同比下降 0.24 个百分点。当年入库各项税收 1.60 亿元，同比增加 0.62 亿元，增长 62.68%。9 月，经浙江银监局批复同意，百江支行东辉储蓄所终止营业。至年末，该行下辖网点机构 50 家，其中营业部 1 家、支行 16 家、分理处 23 家、储蓄所 10 家。是年，桐庐农商银行荣获 2017 年度浙江农信系统普惠金融标兵单位、2017 年度杭州农信系统统计工作一等奖、2017 年度桐庐纳税大户、2017 年度桐庐县金融支持先进单位、2017 年度桐庐县双包双引帮扶活动先进单位。所属科技城支行被评为浙江农信系统文明规范服务示范单位，莪山支行被评为杭州农信系统文明规范服务示范单位。

【补选第一届董事会董事】 2017 年 5 月 26 日，桐庐农商银行召开第三次（临时）股东大会，以投票方式选举朱晓龙为董事；同日，桐庐农商银行第一届董事会第六次会议，审议批准胡红群的辞职申请；选

普惠惠民基金慰问困难群众

举朱晓龙为第一届董事会董事长。经报请上级监管部门审查核准，9月12日，朱晓龙出任桐庐农商银行董事长。

【推行“5+5+7”战略】2017年，桐庐农商银行根据县内各区域经济产业特色，调整各家支行（含营业部）战略服务定位，将全行17家支行划分成5大城区支行、5大产业区支行、7大乡镇支行。5大城区支行以服务商贸业为重点定位，5大产业区支行按各地经济产业发展状况，分别以服务制笔、针织、镍铁、水电设备、制造业等为重点定位，7大乡镇支行以发展普惠金融为首要定位。并以专业化和特色化的营销理念和服务方式，向重点区域、重点行业和重点产业倾斜，服务地方特色产业和经济发展，扶持小微企业，助力农村经济发展。

【深化普惠深耕计划】 2017年，桐庐农商银行以市场为导向，进一步深化普惠金融工程三年深耕计划。8月，启动深耕普惠大走访，11月，开展小微企业专项服务行动，对全县农户和小微企业进行走访，实行一揽子营销，助推“最多跑一次”改革。至年末，普惠签约户数65273户，普惠签约率44.15%。以“智慧化”发展为引领开展“智慧医疗”自助挂号缴费、“智慧校园”支付、“智慧公交”出行一卡通等项目；以“功能化”站点建设为目标，实现在服务站点就能缴纳交警罚没款、法院案款、学费等；在富春江芦茨、石舍等普惠服务点试行代办员办贷，创新普惠金融服务方式。完善普惠产品，满足不同客户群体的金融需求。面向公务人员、医务人员、教师群体分别推出“信易贷”“天使贷”“园丁贷”，展开批量授信；推出自主研发的“牵手”系列人民币理财产品；上线国际业务ACS综合前置子系统和电子同城支付业务系统。至年末，共发放信易贷697户，金额2.12亿元；天使贷150户，金额3395万元；园丁贷317户，金额6837万元。累计发行牵手系列理财40期，金额12.44亿元。

【开展银商战略合作】 2017年9月26日，桐庐农商银行与县工商联举行签约仪式，签署银商战略合作协议，约定在合作期限内，桐庐农商银行每年对小微企业、个体工商户及辖内非公经济人士，新增意向授信金额不低于5亿元，助推桐庐“产业强县”发展。

【推出“美丽乡村生态贷”】 2017年，桐庐农商银行搭建政银村合作平台，以行政村为综合授信主体，以造田造地项目可预期收入为担保发放贷款，优先支持集体经营或参股项目，助力乡村振兴。至年末，向7个行政村发放“生态贷”16笔，累计贷款金额1914万元。

（汪晨琰）

·中国邮政储蓄银行桐庐县支行·

【概况】 2017年末，中国邮政储蓄银行股份有限公司桐庐县支行（以下简称邮储银行桐庐县支行）本外币存款余额26.74亿元，比上年同期增加3.5亿元，同比增长15.06%；其中储蓄存款余额25.28亿元，比上年同期增加2.91亿元，同比增长13.01%。各项贷款余额17.64亿元，比上年增加3.17亿元，同比增长21.91%；贷款不良率0.18%。是年，完成业务收入5180万元，比上年增加157万元，同比增长3.03%。其中：个人业务收入1119.47万元，同比增长57.45%；公司业务收入1065.93万元，同比下降39.99%；信贷业务收入2994.47万元，同比增长17.94%。实现营业利润2508.66万元，比上年同期增加251.16万元，同比增长11.13%。

【业务发展】 2017年，邮储银行桐庐县支行坚持以效益为中心的经营发展模式，以拓展消费贷款为重点，发展小额贷款，夯实农村市场基础。至年末，个人贷款余额15.6亿元，比上年同期增加2.8亿元；小企业贷款2.04亿元，比上年同期增加0.37亿元。是年，新增36个“整村授信村”，信用村建设面扩大至9个乡镇、街道，放款金额3702万元；光伏小额贷款、家庭农场贷款4项创新业务，共放款金额849.56万元。新拓展业务进展顺利，分别落实小水电贷款1000万元、小企业税贷通200万元、科技型企业融资贷款500万元。

【内控管理】 2017年，邮储银行桐庐县支行坚持经营发展与内控管理并重，完善全面风险管理体系。通过开展“三违反”“四不当”“十乱象”行为治理、“治乱象维秩序”自查回补和整改问责、“治顽疾、控风险”和“内控优化年”等专项整治活动，健全内控制度，规范员工行为，提高风险防控意识和能力。是年，累计清收各类不良贷款169.26万元。

【企业文化建设】 2017年，邮储银行桐庐县支行以“党员活动室”“党建宣传栏”“党员学习园地”“党务行务公开栏”为活动阵地，以党建引领企业发展，加强员工价值导向教育，提高员工的思想认识；组织员工进行行规行纪学习，健全企业制度，规范员工行为。组织开展助创全国文明城市、送金融知识下乡及文化体育各类活动，营造积极向上的企业氛围，增强员工的归属感。是年，支行被桐庐县委、县政府评为县级文明单位。

（卢　玲）

·浙江桐庐恒丰村镇银行股份有限公司·

【概况】 2017年，浙江桐庐恒丰村镇银行股份有限公司（以下简称桐庐恒丰村镇银行）秉承“立足桐庐、服务三农，与桐庐经济共发展”宗旨，以支农、支小、支新为重点，实行积极的信贷投放策略，各项业务健康发展。至年末，各项存款余额7.12亿元，各项货款余额9.63亿元，全年实现净利润1740.55万元。是年，公司信贷产品“绿能按揭贷”获桐庐县十大金点子奖，内部刊物《恒丰志》获全国村镇银行论坛优秀内部刊物二等奖。

【业务拓展】 2017年，桐庐恒丰村镇银行积极支持小微企业及农业经济发展，是年，新开辟“绿能按揭贷”业务，向全县90个村的农户发放绿能按揭贷款375笔，共2366.5万元；对县科技局推荐的5家科技企业进行深入考察分析，向其中2家企业发放“专利权质押贷款”；主动对接桐庐民宿经济发展，向乡村住宿餐饮业个人发放农户贷款1700余万元。至年末，该行对小微企业贷款7.3亿元，对农林牧渔行业贷款余额4870.49万元。

【首笔专利权质押贷款成功发放】 2017年5月，桐庐恒丰村镇银行出台《专利权质押贷款管理办法》，并与县科技局签订《桐庐县专利权质押融资合作框架协议》，向拥有有效发明专利但缺乏抵押物的科技型小微企业开通专利权质押贷款。8月17日，正式开展专利权质押贷款业务，以“阳极氧化方法”等6项专利权为质押，向杭州和韵科技有限公司发放专利权质押贷款500万元。

【桐庐恒丰村镇银行横村支行正式开业】 2017年9月23日，桐庐恒丰村镇银行横村支行正式开业，该支行是继2013年1月设立分水支行后，在桐庐县域范围内开设的第2家支行。根据中国银监会浙江监管局批复，支行业务经营范围为：吸收公众存款，发放短期、中期和长期贷款，办理国内结算，办理票据承兑与贴现，从事借记卡业务，代理收付款项及代理保险业务，经营上级机构在银行业监督管理机构批准业务范围内授权的其他业务。横村支行的开业对进一步优化桐庐金融环境，有效缓解横村片农民、农业和农村经济发展中的资金瓶颈将起到积极的作用。

（居　渊）

·杭州银行桐庐支行·

【概况】 2017年末，杭州银行桐庐支行有营业网点2个，在岗员工45人。各项存款余额14.47亿元，比上年同期增加1.15亿元，同比增长8.63%；各项贷款余额35.76亿元，比上年增加18.13亿元，同比增长102.84%。全年营业收入9414万元，比上年同期减少224万元，同比下降2.32%；实现利润3263万元，比上年同期增加180万元，同比增长5.84%。

【主营业务】 2017年，杭州银行桐庐支行积极为地方城市化建设提供金融服务。是年，新增城市基础设施建设城南路改造项目、国投基金委托贷款项目、桐庐铁投公司杭黄铁路棚户区改造项目等政府平台建设项目授信29.62亿元，资金投放到位13.72亿元。同时，通过调整结构发展小微业务；依托交易银行产品优势，开展财富账户B款、“添利宝”公司结构性存款、“幸福易贷”等产品营销；拓展票据池业务。

是年，新增抵押类贷款户144户，累计发放小微抵押贷款3.54亿元；新授信微贷客户163户，新增重点产品贷款客户56户，金额3147万元；办理按揭贷款1.89亿元；通过联动营销方式，新办发展“幸福易贷”客户289户，新增贷款902万元；提供票据质押融资1.88亿元。

【内部管理】2017年，杭州银行桐庐支行围绕落实主体责任，明确事权范围，进一步健全财务管理，内部控制，反洗钱以及员工违规问责等制度；加强员工职业操守、合规操作等教育；实施团队长培养等员工梯队建设计划，加强基层管理。按照标准化、规范化、程序化、专业化、精细化的要求，进一步规范核心业务流程，全面加强调查研究、放款审核、贷后管理、征信管理等基础管理工作。同时，加大清收降压工作力度。是年，以转化清收、法律手段清收等方式，现金清收3043万元。

（陈　丽）

·华夏银行股份有限公司杭州桐庐支行·

【概况】 2017年末，华夏银行股份有限公司杭州桐庐支行（以下简称华夏银行桐庐支行）各项存款余额9.75亿元，比上年同期增加0.18亿元，同比增长1.88%，其中基础性存款余额4.66亿元，基础性存款日均余额6.03亿元。各项贷款余额12.29亿元，比上年同期增加1.30亿元，同比增长11.83%，其中政府平台和重点企业贷款余额5.39亿元，小企业贷款余额5.13亿元，个人贷款余额1.77亿元。存贷款比例为1∶1.26。是年，实现营业收入8284万元，其中各项利息收入7900万元，中间业务收入371万元；实现人均拨备前利润107万元。

开展员工仪容礼仪培训

【小企业信贷业务】2017年，华夏银行桐庐支行为扶持中小企业成长，继续在桐庐县域范围内全面推广小企业年审制贷款和融信通金融服务平台等新型融资产品。至年末，共发放小企业贷款5.13亿元，其中发放“村民贷”119户，贷款余额10010万元。是年，华夏银行桐庐支行与中通快递达成合作，开发“中通快递贷”平台，授信111家客户，授信金额13763万元。

【政府平台和重点企业信贷业务】 2017年，华夏银行桐庐支行在继续做好桐庐县富春科技建设投资有限公司（桐庐县富春江科技城智慧安防产业园基础设施项目）、桐庐城市基础建设有限公司（桐庐城市规划展示馆项目）、桐庐县富春江全域建设开发有限公司等3个政府平台融资服务的基础上，进一步加大对重点企业的金融服务力度，助推地方经济发展。是年，向浙江富春山健康城投资开发有限公司授信2.8亿元，向浙江富春江旅游股份有限公司和浙江富泰建设有限公司分别投放流动资金贷款4000万元和1000万元。

【个人信贷业务】 2017年，华夏银行桐庐支行在做好已批准楼盘按揭的基础上，新辟个人购房按揭贷款项目—“高悦府”楼盘购房按揭贷款的申报、审批、发放等工作流程。同时，进一步加大“菁英贷”和“基金宝”等个贷产品的营销力度，个人消费贷款业务持续扩大，至年末，各项个人贷款余额1.76亿元。

【个人业务】 2017年，华夏银行桐庐支行坚持以客户为中心的经营理念，为客户提供电子汇兑、华夏卡异地存取款、转账、消费、咨询等众多个性化、一体化的金融服务。华夏理财、华夏IC卡、华夏至尊白金卡、华夏自助卡、华夏外汇卡、个人外汇买卖、黄金买卖、自助贷款等一系列特色产品，深受全县广大客户喜爱；以龙盈理财为主导的各系列理财产品营销业务持续扩大，产品理财年化收益在3.0%至5.5%之间。是年，华夏银行桐庐支行新增个人有效客户1141户，个人存款年末余额增加1亿元，金融资产总量7.68亿元，累计销售个人理财产品31.47亿元。

（汤　晶）

·中信银行杭州桐庐支行·

【概况】 2017年末，中信银行股份有限公司杭州桐庐支行（以下简称中信银行桐庐支行）各项存款余额7.65亿元，比上年同期减少7.27亿元，同比下降48.73%。各项贷款余额17.04亿元，比上年同期增加2.87亿元，同比增长20.25%。不良贷款余额78万元，比上年同期减少12万元，同比下降13.33%。不良贷款率为0.05%，比上年同期下降0.02个百分点。全年实现营业净收入4938万元，比上年同期减少1902万元，同比下降27.8%。

【业务发展】 2017年，中信银行桐庐支行在受大规模资产业务置换影响，存款大幅度下降的情况下，以“服务地方经济建设”为宗旨，克服各种不利因素，持续加大对桐庐经济建设的金融支持力度。在资产业务发展上继续采取“抓两头，带中间”，积极申报投放优质政府类项目贷款，是年，向政府投资项目贷款10.45亿元。把实体经济客户营销重点放在经营性物业贷和风险可控上市公司、优质的先进制造企业上，是年，向经营性物业投放贷款3.05亿元，向县内制造企业投放贷款1.9亿元。运用房抵贷、网络公积金贷款等产品优势做好零售贷款业务，是年，投放零售贷款586笔3.2亿元，比上年同期增加0.93亿元。负债业务发展上，以理财、信托产品等为抓手，抓对公存款和抓零售存款业务并重，发动全行干部员工积极营销零售存款，将零售存款业务落实到每天的常态拓展和管理当中，存款止滑效果初现。

【业务创新】 2017年，中信银行桐庐支行以“最多跑一次”改革为契机，制定出台《中信银行桐庐支行“最多跑一次”改革方案》，明确客户资料的收集、合同签订、核保环节、抵质押等环节授信业务流程，优化供应链金融产品—应收账款质押担保贷款，帮助中小企业解决融资困难；优化个人房产抵押综合授信产品—房抵贷，方便客户家庭消费及个人经营融资；推出网络信用授信产品—网络贷，方便公务员、事业单位个人及私人企业主融资。至年底，办理供应链金融业务0.4亿元、房抵贷业务1.44亿元、网络贷业务0.3亿元。

【风险管控】 2017年，中信银行桐庐支行以监管部门开展“三违反”“三套利”“四不当”专项治理，以及“反洗钱”等活动为契机，结合风险文化建设专项活动，把“存量客户分类管理，新客户严把准入关”作为风险管理主线，强化客户风险管控。同时，加大问题资产和不良贷款的处置力度，提高资产质量。是年，化解问题资产2065万元，处置不良贷款1678万元。

【安全保卫】 2017年，中信银行桐庐支行结合“平安中信”创建活动，进一步加强员工安全保卫教育，完善安全保卫制度，把安保工作落实到日常工作中。加大网点技防设施更新改造力度，新增网络摄像机4只，新增硬盘主机1台，更换旧摄像机5台。突出做好防范电信网络通信诈骗专项工作，以营业大厅内的视频机和宣传屏及各种宣传活动为载体，播放金融安全防范小常识，面对群众开展手把手防诈骗宣传，切实增强储户防范意识和能力。是年，在全省第五轮银行业金融机构安全评估中，以98分通过验收。

（陆文强）

·浦东发展银行股份有限公司杭州桐庐支行·

【概况】 2017年末，上海浦东发展银行股份有限公司杭州桐庐支行（以下简称浦发银行桐庐支行）一般性存款余额7.81亿元，比上年同期减少1.12

亿元，同比下降12.54%。全部贷款余额17.74亿元，比上年同期增加5.19亿元，增长41.35%。不良贷款余额310.28万元，不良贷款率0.17%。单位和个人客户营销实现双增，新增公司账户29户，E企付客户新增2户，公司授信新增6户、续增5户；新增个人有效客户4258户，有效客户总数11594户。全年实现营业净收入7353万元，比上年同期增加2597万元，同比增长54.60%。其中中间业务净收入1460万元，比上年同期增加667万元，同比增长84.11%。是年，浦发银行桐庐支行获2017年度中国银行业文明规范服务三星级营业网点、浦发银行杭州分行“2017年度安全保卫工作优胜机构”“2017年运营科技优胜机构”等称号。

【业务拓展】 2017年，浦发银行桐庐支行坚持加强营销，夯实客户基础，推进业务转型发展。强化与桐庐经济开发区、各乡镇（街道）及县水利局、县国投公司、县城投公司等部门的联系，支持政府类重点项目建设。是年，完成桐庐县住房改造、桐庐县城市基础建设、桐庐县分水江水利发电、桐庐县小城镇环境整治等多个贷款项目。推进客户结构调整，根据存量结构调整现金压退计划，确定“压、保、退”类目标客户，并通过“一户一策”有计划的实施，优化支行客户信用等级。全年结清退出中小企业客户21户，“压”类客户现金清收1004万元、“退”类客户现金清收3510万元。进一步推进网点转型，提升零售业务绩效。是年，支行个人存款和个人贷款新增额分别为0.49亿元和2.37亿元，在全县金融机构排名第4和第3。

【风险防控】 2017年，浦发银行桐庐支行进一步加强员工行为教育和风险合规管理，层层落实风险防控责任。严把信贷准入关，关注多行授信、多头担保、关联公司借款、纯担保贷款、大额贷款等，预防风险。组织开展风险客户的贷后检查、风险预判等摸底排查工作，推进关注贷款、次级贷款、可疑贷款、损失贷款清收处置工作。强化重点业务领域洗钱风险监控，按照分行反洗钱工作考核办法，加强日常检查监督工作。是年，完成4户风险客户，计680万元的诉讼保全；化解信贷风险5户，计2350万元。全年未发生安全事故和重大责任事故。

（王国华）

·上海银行股份有限公司杭州桐庐支行·

【概况】 2017年，上海银行股份有限公司杭州桐庐支行（以下简称上海银行杭州桐庐支行）按照“保全资产、转型发展、用人增效、严格管理、文化建设”工作要求，清收化解不良资产，加快推进网点转型，调整授信业务结构，各项业务稳定发展。年末，各项人民币存款余额4.41亿元，比上年同期减少0.19亿元，同比下降4.13%；各项贷款余额9.52亿元，比上年同期增加4.6亿元，同比增加93.49%。信用卡分期业务2070万元，完成全年指标的138%；全年实现营业收入3771.68万元，比上年同期增加1045.68万元，增长38.36%。实现账面利润2613.85万元，比上年增加1367.85万元，增长109.78%。是年，上海银行桐庐支行荣获2017年度零售业务“百日收官”专题营销活动团队一等奖、2017年度“阻击逾欠、全力扭亏”专项主题活动阻击逾欠优秀单位、2017年度支行团队贷后管理能效进阶活动优秀团队奖、2017年度分行操作风险知识竞赛团体二等奖。

【加快业务调整】 2017年，上海银行杭州桐庐支行在上年对存量客户授信情况梳理的基础上，对存量中小企业客户情况进行梳理，对不符合总、分行授信规定条件的客户通过沟通，采用主动退出的方式进行处置。同时，结合桐庐当地区域特色，实施以地方政府和国资背景项目贷款为重点，探索健康养生、休闲旅游、民宿经济等新项目的营销、授信、结算综合服务方案，资产业务逐步企稳回升。是年，以主动退出的方式处置不符合授信规定条件的中小企业客户 6 家；营销政府类项目 5个，放贷4.1亿元。

【零售业务转型】 2017年，上海银行杭州桐庐支行按照零

2017年度零售业务“百日收官”专题营销活动团体一等奖

售业务转型发展的要求，进一步加强零售客户经理专业化队伍建设，员工主动营销的意识和业务水平明显增强。是年，继续参与浙富桐城府、春江景苑、咏城府（一号公馆二期）等楼盘住房按揭贷款营销项目，个人消费贷款稳步增长。年末，支行零售贷款余额18695.74万元，比上年同期增加6600万元，同比增长54.55%；信用卡汽车分期业务实现分期额2070万元，比上年同期增长16 %，完成年度目标的138%。同时，通过公私联动积极拓展消费信贷和基础客户群，提升企业获客能力。

【强化风险管控】 2017年，上海银行杭州桐庐支行加强授信风险管理，落实贷前调查、贷时审查和贷后检查“三查”制度，合规放贷；开展存量评级、各类风险排查、数据整治等风险基础管理工作，落实支行年度退出计划；积极清收化解不良贷款，加快不良贷款抵押物处置工作，是年，处置不良贷款643万元，至年末，不良贷款率为0.25%。

（方　莹）

·中国民生银行杭州桐庐支行·

【概况】 2017年，中国民生银行股份有限公司杭州桐庐支行（以下简称民生银行桐庐支行）根据金融市场形势，积极推进转型发展。至年末，各项金融资产余额17.82亿元，其中各项存款余额5.55亿元，比上年同期减少3.16亿元，同比下降36.28%；各项理财等金融资产3.82亿元，比上年同期增加1.02亿元，同比增加26.70%；各项贷款余额8.47亿元，比上年同期减少1.21亿元，同比下降12.50%。全年实现营业收入4151万元，净利润3413万元。是年，民生银行桐庐支行被浙江省公安厅、中国银行业监督管理委员会浙江监管局评为第五轮安全评估工作成绩突出集体。

【业务发展】 2017年，民生银行桐庐支行以客户需求为导向，持续优化创新产品，加强产品推广运用，各项业务稳步发展。至年末，公司贷款余额6.73亿元，个人贷款余额1.75亿元，个人贷款户均余额55万元。是年，共开立个人账户1376个，理财（产品）累计销售额超10亿元，免费开通手机银行客户1000余个。

【服务创新】 2017年，民生银行桐庐支行以厅堂客户化改革为重点，全面推进银行业协会“四星网点”创建工作。通过整合开户资料及基本结算服务申请和协议，完善企业开户审核流程免等待；实现对公开户电子渠道预约免填单；推广小微开户利器“云账户”免出门等举措，优化营商环境，方便客户，提升服务层次。

【内部管理】 2017年，民生银行桐庐支行以开展“法治民生”建设和“三违反”（违法、违规、违章）、“三套利”（监管套利、空转套利、关联套利）、“四不当”（不当创新、不当交易、不当激励、不当收费）乱象专项治理活动为重点，组织全行员工学习《合规底线》《行内小法》等规章制度，加强职工业务技术培训，提高员工合规经营和风险防范能力。至年末，支行不良贷款率为零。

（奚琳咪）

·杭州市桐庐县富汇小额贷款股份有限公司·

【概况】 2017年，杭州市桐庐县富汇小额贷款股份有限公司（以下简称富汇小额贷款公司）有营业网点2家，在岗员工26人。全年实现营业收入4025.7万元，上缴税收491.8万元，年末净资产53694.8万元。至年底，贷款余额49669.85万元，比上年同期减少10407.47万元，同比下降17.32%。根据“小额、分散”的放贷原则，是年，富汇小额贷款公司共发放100万元（含）以下贷款195户406笔［其中50万元（含）以下贷款234笔］；年末贷款余额中，100万元（含）以下小额贷款及500万元以下涉农贷款余额36273.8万元，占总贷款余额的73.1%；单户最高余额为2000万元，控制在公司资本净额的5%以内；单户最低余额为0.3万元。

【分水镇服务网点】 2017年，富汇小额贷款公司分水镇服务网点着力解决“三农”和小微企业融资难问题，累计发放贷款186笔，发放金额15720万元。其中，发放100万元（含）以下贷款144笔，金额5660万元；发放100万元以上贷款42笔，金额10060万元。年末网点贷款余额4325万元。

（李信波）

·中国人民财产保险股份有限公司桐庐支公司·

【概况】 2017年，中国人民财产保险股份有限公司桐庐支公司（以下简称人保财险桐庐支公司）围绕“经营效益优于行业、保费增速高于行业、增量保费行业第一”三大目标，精细管理，强化考核，全年实现保费收入10837万元，比上年增加1365万元，同比增长14.41%；已决赔款支出6610万元，比上年增加782万元，同比增长13.42%；是年，未决赔案1054件，未决赔款金额3665万元。

【发挥优势平台抢占车险市场】 2017年，人保财险桐庐支公司以有效可持续经营为发展主基调，稳固并拓展车险业务，调整放弃鸿基源、部分出租车保险业务，严格控制大吨位货车的承保和单保交强险业务，稳定车险续保率。7月，全国商业车险费率二次改革实施后，做好面向消费者以及保险代理人的互联网保险交易平台——“人保V盟”的宣传推广，吸引各修理厂、洗车店、大型企业成为公司的代理，进一步拓展“线上+线下”互动模式，扩大车险业务；加强车险各销售渠道的走访、调研，每周走访县内各4S店及二级经销网点，了解市场行情，抢占新车保险市场；完善员工考核、奖励制度，开展业务竞赛和业务突击活动，调动员工积极性，提高人均产能。至年末，完成车险保费6886万元，比上年增加223万元，同比增长3.35%；车险赔款支出4303万元，比上年减少471万元，同比下降9.86%。

【加大非车险分散性险种业务】 2017年，人保财险桐庐支公司采取稳续保、挖新保策略，改善服务质量，稳定校园责任险、校车责任险、环境污染责任险、乘运人责任险、老年人意外险、旅游责任险、学校食堂食品安全责任险、诉讼保全责任险以及（三通一达）快递公司意外险、责任险等传统业务的基础上，开辟新险种业务。是年，成功中标学生平安险、校方责任险、环卫工意外险，实现非车险业务总保费3951万元，同比增长40.60%，其中财产险533万元，同比减少0.19%；货运险60万元，同比减少3.22%；责任信用险1312万元，同比增长65.24%；意外险1701万元，同比增长42.10%。支付非车险赔款2145万元，同比增长103.51%。

【“三农”保险稳步增长】 2017年，受环境保护和全县种养植（殖）业发展实际，人保财险桐庐支公司各类农副产品的承保比例略有变化。是年，公司承保水稻1418.15公顷，比上年减少32.58公顷，收取保险费106.36万元；承保小麦492.12公顷，比上年增加258.53公顷，收取保险费16.61万元；承保鸡40000只，比上年减少15000只，收取保险费8万元；承保能繁母猪2729头，比上年减少327头，收取保险费16.37万元；承保生猪70171头，比上年增加38844头，收取保险费262.20

万元；承保大棚蔬菜5.33公顷，比上年减少5.69公顷，收取保险费1.15万元；蔬菜（瓜果）大棚保险8.59公顷，比上年减少5.53公顷，收取保险费9.80万元；承保油菜71.80公顷，比上年增加10.68公顷，收取保险费1.62万元；承保林木综合险2165.60公顷，比上年增加975.49公顷，收取保险费7.23万元；林木火灾险74536.00公顷，比上年减少1086.47公顷，收取保险费50.31万元。在做好农业保险的同时，继续加强政策性农村住房保险的推广工作。是年，承保农户94085户，收取保费94.09万元；其中“五保户”和低保农户3606户（由财政补助投保）。至年末，该公司“三农”保险保费收入481万元，同比增长45.32%。农业保险赔款支出162万元，同比下降30%。其中，种植险赔款支出89万元，同比下降71.12%；养殖险赔款支出73万元，同比下降3.39%。

【理赔管理】 2017年，人保财险桐庐支公司进一步强化理赔管理，加强现场查勘，优化理赔流程，提高理赔效率，提升在线理赔和远程定损服务能力。继续加强投诉管控，完善客户服务部门和理赔部门投诉联席会议制度，梳理投诉处理流程，从源头防范投诉发生；提升投诉案件办理及时率，加大责任人处罚力度，丰富投诉传达渠道，将投诉问题化解于萌芽状态。建立人伤首跟制度，组织开展辖区内电动车伤人案件沟通协商处理，杜绝黄牛介入保险赔付案件，严防骗赔；慎重处理拒赔案件，避免不合理赔付。

（黄灿鹏）

·中国人寿保险股份有限公司桐庐县支公司·

【概况】 2017年，中国人寿保险股份有限公司桐庐县支公司（以下简称中国人寿桐庐县支公司）狠抓转型升级，实现扩量提质，保持业务平稳发展。至年末，实现总保费收入2.85亿元，比上年同期增加0.25亿元，同比增长9.62%。其中续期保费1.81亿元，比上年同期增加0.31亿元，同比增长20.67%；新单保费收入1.03亿元，比上年同期下降0.07亿元，同比下降6.36%。

【个人长期保险渠道】 2017年，中国人寿桐庐县支公司通过实施倡导健康晋升、强化主管履职、落实职场标建、加强出勤管理、扩编导师队伍等举措，打好“传奇2017开门红”“10年期转型消负”“五六联动”“三季度使命担当”“保障型业务收官之战”五场个险业务发展战役，个险渠道队伍建设和业务发展实现双增长。是年，公司在册人力680人，月均增员率13.16%，年度成长率81.82%；个险渠道达成首年期交保费6546万元，比上年同期增加1013.97万元，同比增长18.33%；十年期及以上保费3869万元，比上年同期增加1099.43万元，同比增长39.70%；短期险保费616万元，比上年同期增加53.99万元，同比增长9.61%；达成标准保费3159万元，保障型业务1016万元。

【团体短期、意外保险渠道】 2017年，中国人寿桐庐县支公司加大资源投入力度，全面落实“3S管理”制度，以客户为主线，对团险渠道销售人员、团队主管以及职场关键工作结点实行系统化、信息化、精细化管理，团险销售人员发展至33人。但受民生保险业务“老年人保险项目”业务调整影响，下半年公司团险渠道短险保费收入下降，赔款件数和金额却大幅上升。是年，团险渠道大短险保费达成1568.33万元，同比下降12%；完成短期险保费900.22元，同比下降22.99%。

【银行代理保险渠道】 2017年，中国人寿桐庐县支公司围绕“三高五自”队伍建设目标，以客户经营为重点，以自主新人育成体系为支撑，提升银保队伍素质，夯实银保渠道发展基础。至年末，公司有保险规划师（理财规划师）150人，客户经理12人。是年，银保渠道完成首年总保费2247万元，同比下降26.31%。其中，首年趸交保费1828万元，同比下降43.37%；首年期交保费422万元，同比下降15.54%；首年标准保费171.91万元；短险保费完成41.4万元，同比下降23.77%。

【风险管控】 2017年，中国人寿桐庐县支公司把依法合规经营，加强风险管控作为业务流程核心内容之一，常抓不懈。加大职工风险教育，公司出台《内控风险防范检查制度及明确问责办法》，并坚持自查、抽查制度，对重点渠道、重点险种的产品销售过程进行监控，预防和化解销售风险。加强理赔风险管理，严格控制30天理赔时效底线，梳理理赔流程，提高赔案处理速度，提升社会形象。防范满期给付风险，是年，公司应满期给付1921件，满期给付金额4026万元，给付过程整体平稳。

（虞群华）

·中国太平洋财产保险股份有限公司桐庐支公司·

【概况】 2017年，中国太平洋财产保险股份有限公司桐庐支公司（以下简称太平洋财险桐庐支公司）紧紧围绕“以新视角把握经济，以新思路拓展新局”这一主基调，深化改革，大力拓展保险市场，全年实现保费收入4895万元，比上年同期增加515万元，同比增长11.8%，全险种累计市场份额12.6%；简单赔付率65.79%，比上年同期下降5.47个百分点。是年，已决赔款支出3235.21万元，比去年增加348.47万元，同比增长12.07%。

【车险业务】 2017年，太平洋财险桐庐支公司把握本地汽车销售稳定增长的机遇，聚焦品质管控，以全险种费赔联动工作为抓手，促进车险业务品质改善。强化个代、银保、交叉等渠道管理，进一步加强与各车商的合作，扩大车险业务；增强车险盈利能力建设和分类管理工作，发展优质车险业务，调整高风险业务；依托公司品牌优势，继续强化电网销车险业务。全年完成车险保费4270万元，比上年增加874万元，车险市场份额13.85%，同比上升2.03%。

桐庐太平洋财产保险公司门店

【非车险业务】 2017年，太平洋财险桐庐支公司针对企财险、意外险业务大幅度下滑的实际，在坚持“抓续保、调结构”策略的同时，进军农村保险市场，尽最大努力稳定非车险业务。是年，实现非车险业务总保费625万元，比上年减少180万元，同比下降22%。其中，企财险97万元，同比下降16.12%；责任险10万元，同比增长2.44%；意外险236万元，同比下降36.6%。

【理赔管控】 2017年，太平洋财险桐庐支公司以“减损提效、优化理赔服务”为目标，对车险结案率实行常态化管理，力争缩短理赔周期，打造服务品牌。至年末，车险未决案件存量310件，结案率93.07%。非车险全年立案893件，已决赔款支出670万元，结案率76.26%。

【管理与服务】 2017年，太平洋财险桐庐支公司坚持“诚信天下、稳健一生、追求卓越”的经营理念，在风险管理上，通过加强内部管控，遏制违规经营，增强全员风险防控意识，完善防范机制和管理措施；在客户服务上，严格按照五星门店的服务要求，简化各项服务流程。是年，积极推进“总经理接待日”“节假日高速理赔服务”等一系列客户服务活动，全面提升保险公司的服务意识和服务能力，客户满意度明显提升。

（袁　跃）

城乡建设与管理

Urban - Rural Construction and Management

袁东明／摄

城乡建设与管理

·城乡建设·

【规划编制管理】 2017年，桐庐县住房和城乡建设局（以下简称县住建局）围绕“建设山清水秀民富县强的美丽中国桐庐样本”目标，全面启动县域总体规划修编；组织编制城市规划设计，完成杭黄铁路站前区块城市设计项目、江北山体公园项目、东兴路景观提升项目、富春绿道等重点区块规划；编制分水江、富春江“两江”流域生态保护和综合开发（城市设计）规划；完善基础设施配套专项规划，组织编制海绵城市、地下空间、综合管廊等规划；积极谋划老城区更新改造，完成开元街区提升改造、桐庐老旧小区提升改造等规划；完成17个项目规划选址红线，用地面积57.2万平方米，其中道路选址红线9个，用地面积27.9万平方米；其他项目规划选址红线8个，用地面积29.3万平方米。完成51个项目的规划红线（规划设计条件通知书），用地面积99.1万平方米，其中道路规划红线9个，用地面积10.5万平方米；商业、居住、办公类规划红线7个，用地面积25.1万平方米；公共管理与公共服务类规划红线（教育、体育、医疗卫生、文化活动设施等）15个，用地面积28.1万平方米；工业类规划红线18个，用地面积33.2万平方米，扩建建筑面积1.1万平方米；市场用地及其他类规划红线3个，用地面积2.6万平方米。

【城乡测绘管理】 2017年，桐庐县共有测绘资质单位10家，其中丙级测绘资质单位4家、丁级测绘资质单位6家，完成测绘项目备案283个。完成数字桐庐地理空间框架数据更新和天地图数据融合，深入推广应用2个。完成地理国情普查更新监测，为相关部门、企事业单位提供测绘与地理信息成果1300兆。开展县城城西区块和旧县区块基础测绘，完成1:500基础测绘13.5平方公里。完成桐庐县景观性测量标志建设，成为科普和展示宣传测绘与地理信息工作的重要窗口。

【村镇基础设施建设】 2017年，旧县街道投资3250万元开展村镇基础设施建设。其中，投资900万元完成合岭村合尹线、条向线的道路扩宽，母岭村上横线道路拓宽，上峰庙背后地质灾害滑坡治理。投资1150万元完成垃圾中转站的扩建、盛昌路雨污分流、美丽公路上峰段的建设。启动旅游基础设施建设，初步完成旧县街道游客接待中心建设，启动娘岭坞古驿道修复工作，预计投资1200万元。

凤川街道完成凤栖路、新桥路的外立面统一改造，按照老街特色统一上漆，完成整体项目改造，总投资2500万元。

富春江镇投资444万元，实施人民路管网及路面改造，完成雨污管网、三线下地管网、人行道及路面铺设，工人路管网及路面改造项目；投资132万元，实施电厂大坝至钓台码头道路改造提升工程，完成路面浇筑沥青2公里；投资143万元，实施学士南路改造工程项目，完成污水管网铺设和路面建设；投资103万元完成大洋坪社区商业公司宿舍楼危旧房改造工程；启动农贸市场综合休闲广场建设工程，完成铺设管网，停车场建成投入使用。

新合乡投资500万元，实施乡集镇立面改造（污水管网）建设工程，改造房屋22幢，面积10000余平方米。投资600万元，实施新四村雪水富春民居立面改造及庭院整治工程，改造房屋19幢，面积8000平方米。投资200万元，完成新合小学道路新建工程，新建路基160米。实施新合小学校门及美丽校园校内道路建设工程，新建校内道路80米，铺设停车场、绿化等。投资30万元，实施新合乡便民服务中心装修和篮球场及附属工程；投资8万元，开展金萧支队纪念馆卫生间改造及灯具维修改造。柴雅线新合乡雪水岭至旧庄段道路拓宽工程全面完工。

横村镇完成横村针织品市场一期工程，横村镇垃圾中转站建设项目，李家溪整治项目，徐家埠入城口景观工程。新建双湖、深畈老机埠停车场，完成徐家埠路口、徐家埠入城口、阳山畈路口、富乐路口交通信号灯安装，横政路线路整治项目。新建徐家埠公共厕所1座、方埠公厕1座，完成深畈庄头路、马浦路连接工程，横政路与白水路连接工程，徐家埠路入口提升改造，柴潘线道路整治，横村镇广场亮灯工程。完成城镇污水管网建设8.1公里，农村生活污水处理设施整改提升31处，山塘水库整治4座。

瑶琳镇完成潘桃线、白冷线（皇甫段）道路翻建工程；瑶琳大桥完成主体建设，各村污水处理工程，皇甫、姚村、桃源自来水管网建设工程全部竣工。

莪山畲族乡完成基础设施建设总投资5000万余元。其中，立面改造及集镇街巷肌理绿化投资1400万元；污水管网提升改造项目投资500万元；集镇三线入地项目投资1200万元；畲乡风情体验中心（老供销社）、农创客（老针织厂改造）共投资基础改造300万元；集镇停车场建设投资180万元；村庄自来水设施提升工程5个项目投资150万元；集镇道路及农村道路基础建设投资1000万元；其他零星项目包括渠道改造、老年食堂改造、围墙等基础设施建设投资300万元。

钟山乡加快推进道路建设，完成钟山村石城路道路工程，总投资1500万元；完成中一芹溪整治和绿化，总投资50万元；完成中一村旧钟线适洞领路段道路工程，总投资150万元。

分水镇完成道路桥梁建设工程4665万元；供水工程1127万元；排水工程3400万元，其中污水处理工程2580万元；园林绿化3768万元；立面改造投资资金1600万元。

合村乡完成合大线提升改造工程，总投资1000万元；合村村下山坞滑坡治理工程，总投资700万元；生仙里逸道二期工程，总投资300万元；合村村6个村的自来水提升改造工程，总投资600万元；合村村、岭源村、三源村、后溪村农村生活污水提升改造工程，总投资500万元。启动支金线提升改造工程，总投资200万元。

【美丽乡村建设】 2017年，县住建局坚持“以景区的理念规划整个桐庐，以景点的要求建设每个镇村”，重点以富春民居推广应用和传统村落保护为抓手，注重规划设计，彰显特色，因地制宜开展美丽乡村精品村建设。截至年底，全县共有乳泉村等13个村列入第一批省级传统村落名录，梅蓉村等8个村列入省级历史文化名村。全县累计启动实施省级美丽宜居示范村试点25个，环溪村、茆坪村、石舍村、新丰村、新龙村等5个村创建成为国家级美丽宜居示范村。分水镇、富春江镇获国家级宜居示范镇，并先后成功入选中国特色小镇。

【小城镇环境综合整治】 2017年，桐庐县正式启动实施小城镇环境综合整治三年行动计划。截至年底完成12个乡镇（街道）小城镇环境综合整治规划批复与备案，其中合村乡、分水镇、富春江镇的整治规划分别被评为全省第一、二、三批达标小城镇优秀规划方案，江南镇整治规划入选市优秀规划方案。强化整治项目监管，将项目从设计、施工、监理到招标代理全部纳入监管，制定考核明细表，实行开工至竣工一表式精细化管理。实施攻坚专项行动，“道乱占”整治“六乱”点位918处，完成率100%；

“无违建县”创建暨“小城镇环境综合整治”推进大会

“车乱开”治理专项行动建立道路交通管理队伍12支，共计道路交通管理人员353人次，建成道路视频监控点位948个，打通断头路9条，新增停车泊位1973个，查处各类交通违法行为56781起；“低小散”块状行业治理完成“四无”企业整治项目97个，淘汰落后产能17项，标准厂房建设12.24万平方米，小微企业入园15家；“线乱拉”专项治理完成“上改下”整治80.8千米，入户线整治1353户，杆路整治119.24千米；全县12个小城镇整治对象，已创建国家卫生乡镇3个，省级以上卫生乡镇7个，市级以上卫生乡镇12个；全面启动富春江镇国家卫生镇，莪山乡、新合乡、旧县街道省级卫生乡（街道）创建工作。是年，分水镇、百江镇、莪山乡、芦茨（集镇）通过省级小城镇环境综合整治工作验收，合村乡入选省级小城镇环境综合整治工作样板示范点。

【城市基础设施建设】 2017年，县住建局推进政府投资性城市基础设施建设项目7个，完成投资1.25亿元，主要涉及交通改善、天然气扩面、公交优化、老旧小区改造、生态治理和公园建设等。是年，新增天然气用户5634户（其中江北1700户），完成天然气设施向分水镇、横村镇、富春江镇、瑶琳镇等地延伸覆盖工程；完成3个老旧小区改造，主要涉及停车位改造、雨污分流、门禁系统改造等；加强公用设施维护，更换迎春南路入城口等公园草坪20万平方米；提标改造雨水管8千米，雨污分流管改造6千米。

【市政设施养护】 2017年，县住建局通过实施精细化管养，共修复破损道路1.20万平方米，修复人行道板1.25万平方米，修复无障碍点位137个，确保道路完好率98%以上。更换修复破损窨井盖129套，清理窨井8546座，清理道路明沟4000米，处理路面积水点22个。修复路灯及公园景观灯741盏，更换破损灯罩137套；对桐君路、白云源路、天目溪公园部分灯杆进行翻新刷漆。

【园林绿化养护】 2017年，桐庐县城新增公园绿地19.66万平方米，新增绿地23.17万平方米，建城区绿地面积811.33平方米，绿地覆盖面积852.60平方米，绿地率41.08%，绿地覆盖率43.17%，人均公园绿地13平方米（以建城区面积19.75平方公里、建城区人口19.42万人计算）。结合全国文明城市创建工作，城区更换、补种乔木700余株，灌木、地被8.33万平方米。对无物管区块进行绿化清理、覆绿，共整改40个区块、4.95万平方米。累计更换迎春南路、滨江路“高龄”草坪9万平方米。

【城市供水供气】 2017年，县住建局完成老旧小区燃气改造1700户，投运中低压管线138.06千米，调压器55台，全年新增居民开户数5996户，其中民用户点火5261户；公建用户点火42家，气量销售1735.39万立方米。完成水表一户一表改造645户，改造节水器具514套，普及率90%以上，建设屋顶集雨系统10处，成功创建“节水型居民小区”1个；新建、改造供水管网21.72千米和12.32千米，保证居民用水有效供给；建成雨水管网17.3千米，提标改造12.7千米，雨污分流16.7千米，改造易涝点24处，管网清淤119千米；建设城镇污水配套管网48.09千米。

【房地产业管理】 2017年，桐庐县在建房地产项目43个，基本属于续建项目，完成房地产投资29.2亿元。全年新开工房地产50.35万平方米，同比增长15.40%；竣工63.25万平方米，同比增长50.30%。商品房销售85.84万平方米，同比增长28.18%，其中住宅销售75.02平方米，销售套数5902套，非住宅10.82万平方米，1320间。商品房销售额66.92亿元，同比增长32.77%。办理商品房预售证35份，商品房预售面积39.18万平方米（其中住宅2167套，面积25.11万平方米）。继续推进房地产“去库存”，全年受理房票结算139件；做好刚需及县外人士购房补助工作，补助金额269万元。推进美凯西姆、中置御江山、巴比松、江南明月等楼盘项目进入司法破产程序处置。

【物业管理】 2017年，桐庐县有物业服务企业51家，其中一级物业资质企业12家、二级

桐庐县城市发展专家研讨会议

16家、三级32家、暂定（三级）12家。杭州市评为优秀示范小区1个。全面实施物业服务企业履约保证金、首次业主大会会议筹备经费、物业保修金和物业维修基金收缴等制度，截至年底商品房专项维修资金归集8701万元，保修金归集2908万元；新确认物业管理办公用房3928平方米，经营用房4193平方米。建立完善物业管理行业党建工作机制，组织社区、小区业主委员会及物业管理企业参加物业管理知识培训300余人次。

【住房保障】 2017年，桐庐县配租公共租赁住房17套，保障中低收入住房困难家庭、新就业大学毕业生、企业人才51户入住公共租赁住房。发放公共租赁住房租赁补贴2个批次，计22.8万元。

【建筑业管理】 2017年，桐庐县完成建筑业总产值74.50亿元，同比增长3.60%。新签订合同额84.44亿元，同比增长19.23%；新开工308.69万平方米，同比下降6.42%；上缴建筑业税收2.83亿元（其中国税2.01亿元，地税0.82亿元），同比下降16.27%。是年，桐庐县共有建筑业企业103家，其中一级企业7家，二级企业59家，三级企业31家，不分等级企业6家。办理施工许可证30项（其中3个市政），累计建筑面积61.3万平方米；建筑节能审查项目59个，共计建筑面积106.35万平方米；办理竣工验收备案100个，建筑面积158.29万平方米；办理合同备案122个；办理非国有发包74个，造价14.71亿；完成国有投资项目建筑工程招标151个，中标造价20.19亿元。

是年，受理质量安全监督项目96个，建筑面积170.1万平方米（其中市政工程13个，合同造价1.20亿元），全年创杭州市建设工程“西湖杯”6个，“桐江杯”10项，杭州市“结构优质奖”9个，杭州市“双标化”工地17个。组织召开安全生产季度例会4次，施工现场质量安全生产观摩会1次，累计参加人员580人次；受理起重机械设备、吊篮使用登记备案370台。开展日常巡查及验收1102次，组织开展各类专项（大）检查17次，签发书面整改通知书1002份，签发局部暂停施工通知书25份，约谈企业（项目部）32家次，下发检查通报15份，通报批评施工、监理企业33家次。

【城建档案管理】 2017年，县城建档案馆审核接收105个竣工项目，整理著录审核入库档案4787卷，工程竣工验收备案资料46卷。做好档案咨询服务工作，从工程办证源头介入工程档案指导，与建设单位签订《桐庐县建设工程档案移交承诺书》，发放竣工档案移交目录，全年共签订档案移交承诺书76份；截至年底，共接待咨询、查档人数1125人，调阅案卷2432卷；对重点建设工程，拍摄照片2271幅、录像235分钟；对新接收档案实施数字化扫描，总计扫描档案11666卷919533页，其中2017年度档案扫描4879卷382026页。

【桐庐城市规划展示中心开馆】 2017年6月29日，桐庐城市规划展示中心正式开馆。展示中心总建筑面积1.5万平方米，其中布展面积5300平方米。展馆内采用文字、图表、照片、实物、沙盘模型等形式，

桐庐城市规划展示中心

利用声、光、电、多媒体等科技手段，展示桐庐城乡建设的各个阶段。展陈区域主要划分为一楼序厅、二楼时光隧道、二楼东、西展厅和总规大模型五大区域。在大厅中央的地面，安装重力感应系统，可切换多种互动体验模式。一楼的圆弧通道幕墙上，展示桐庐中华人民共和国成立以来的发展大事记。二楼西展厅，展示的内容为桐庐的史前文明、城垣变迁、千秋史话、历史遗迹、多元文化、桐庐非遗、特色文化、传统村落、旧貌新颜等。东展厅以“规划先行·美丽城乡”为主题，围绕城市金名片、城乡规划、魅力城镇、美丽乡村、产业发展、特色小镇等内容展开。二楼西展厅设有4D人文影院、魔法树诗词问答等互动体验区。二楼东展厅依托信息技术，在互动体验中让参观者了解桐庐的产业发展、全域旅游、慢生活体验及特色产品。截至年底，共计接待参观人数17.55万人次，其中接待全国各地各类考察团677批次。

【城建“12319”热线】 2017年，县住建局共承办效能投诉146件、“12345”平台投诉996件（市长公开电话529件、县长公开电话467件），数字城管3691件、“110”社会联动188件，“12319”电话来访392件、民工工资问题反映47件（其中涉及1068人，金额2423.53万元）、智慧治理大平台408件、省级信访100件，信访件及时处理和反馈率100%，办结满意和基本满意率98%。

【助力全国文明城市创建】 2017年，县住建局围绕“三提升三行动”目标，开展全国文明城市创建工作。在建筑工地、楼宇商厦、公园广场、城市规划展示中心等场所开展创建宣传，悬挂横幅200条，设置大小图文公益宣传板、海报12510份，制作宣传橱窗200个；在高速出口、中心广场、滨江公园等专设“社会主义核心价值观”大型公益小品，园内垃圾箱、景观灯杆粘贴公益广告800个。开展物业管理大提升行动，对76家物业小区实行中层副职以上干部包干管理，以一对一形式重点对小区绿化破坏、楼道牛皮癣、消防安全等重点问题进行检查。处理罗兰公寓、世纪花城等多家物业小区僵尸车1000余辆，处置、更换消防灭火器5660瓶，实施绿化补种48500平方米。开展垃圾分类、门禁管理、楼道卫生大整改，发放分类垃圾桶200余组，对桐江花园、梅苑小区、金龙花园等9个小区共400个楼道进行墙面粉刷；开展楼道清理、入户宣传、满意度调查等社区文明共建活动28次，参与志愿服务人员500多人次。

（申屠晨怡）

·城市管理·

【概况】 2017年，桐庐县城市管理综合行政执法局更名为桐庐县综合行政执法局，作为县政府工作部门，与桐庐县城市管理局合署办公。全局下设办公室、法制科、综合科、监管科、数字城管监督指挥中心5个机关科室，直属一、二、三中队、机动中队、规划中队等5个城区中队，开发区中队、江南中队、横村中队、富春江中队、分水中队等5个区域性乡镇中队。10月，根据省、市、县三级关于“四个平台建设”的文件精神及工作部署要求，撤销原有直属一、二、三中队，成立并派驻各乡镇（街道）执法队伍。局下辖事业单位桐庐县环境卫生管理处，监管二家公司：桐庐停车服务有限公司、桐庐县户外公益设施有限公司。核定行政编制8个、参公编制117个，实有行政编制5人、参公编制98人，以及协管员55人。设基层党支部7个、机关党支部1个。

【依法行政】 2017年，县综合行政执法局共办结行政处罚案件4682件，罚款337.36万元。创新培训模式，开展“下沉式”培训，组织中层干部、法制员、一般执法队员、协管员分层分类培训活动10余次，全局队员执法业务集中培训一次；制定《出店经营管理指导意见》《责令立即（限期）改正违法行为通知书》和《强制拆除违法建设通知书》，起草《小区违建分类处置意见（讨论稿）》《桐庐县重点村（小区）拆违拔钉行动方案》等制度文件，进一步规范规划、管理、执法等工作。

【违停查处】 2017年，县综合行政执法局正式启用杭州市城管委违停系统，出台《关于推进人行道违法停车执法的工作意见》，同时上线“贴心城管”APP自助处理功能，实现人行道违停与车辆年审、过户等挂钩，是年共计发放违法停车告知单10660件，处理3694件，缴款结案3639件，罚款48.7万元。

【违建查控】 2017年，县综合行政执法局组织开展拆违拔钉、典型违建清零等专项行动，梳理处置历年已立案未处置到位的违建，全年制止小区违法搭建200余处，立案23起，拆除200处，计4789.89平方米。

拆除违章建筑

【信访处置】 2017年，县综合行政执法局受理浙江省网上信访平台103件，效能投诉153件，“12345”县长公开电话1027件、智慧治理大联动平台494件，“96310”城管便民服务热线2119件，“110”社会平台联动案件227件，全部予以查处并及时反馈。

【垃圾处置】 2017年，县综合行政执法局加强垃圾分类推进工作，一品江山、富春峰景、美伦美郡、上尚府四个小区被评为垃圾分类示范小区，全县共有垃圾分类示范小区5个，实行垃圾分类的生活小区73个，分类覆盖率60%，机关单位垃圾分类覆盖率达100%；全年共清运城区生活垃圾4.2万吨，农村生活垃圾7.5万吨，垃圾清运率100%，无害化处理率100%。

全国文明城市创建市容整治

县城管局全国文明城市创建迎检誓师大会暨新式制服换装仪式

【数字城管】 2017年，县综合行政执法局新增县交通发展集团有限公司为数字城管网络成员单位之一，制定发布《桐庐县2017年数字化城市信息处置考核评价办法》《桐庐县数字化城市信息处置部件和事件立案、结案规范（2017版）》，出台下发《关于规范桐庐县中心镇数字城管运行的指导意见》；8月，数字城管监督指挥中心搬至烟草大楼县智慧治理中心办公。全年共计上报案卷82545件，问题解决率100%，及时解决率99%以上，每月事部件覆盖125类以上。

【全国文明城市创建】 2017年，县综合行政执法局制定出台《县城管局全国文明城市创建工作方案》《县城管局争创全国文明城市集中攻坚整治方案》《县城管局全国文明城市创建实地考察迎检方案》等各类工作方案10个，围绕创建要求和测评任务制订分解表、下达任务书、签订责任状，并召开各类工作动员会、布置会20余次。创建期间，主动推行“城管＋特警”“城管＋交警”的联动模式，城管进商家、网格化包干路段、定点执勤和市容专项提升等活动，组织开展“马路市场”整治、人行道违停专项整治等各类集中整治160余次，城区市容环境得到明显提升。县城管局获桐庐县“全国文明城市创建工作先进集体”称号，孟小云、张浩、钱肖明三人记三等功，张堂堂等6人荣获嘉奖。

【基础设施建设】 2017年，县综合行政执法局在县城迎春南路、滨江路、瑶琳路等主要路段设置隔离石墩1200余个，在有条件的人行道上新施划机动车泊位1335个，非机动车停车泊位675个；在主次干道设置灯箱式果壳箱162个并专门用于公益广告宣传；开展瑶琳路、大奇山路沿街店面招牌“三统一”工作，完成122家商户门头提升改造。

【公共自行车三期项目】 2017年，县综合行政执法局实施公共自行车项目三期，完成20个公共自行车站点的基础设施建设和安装调试工作，并正式投入运营。截至年底，县城区公共自行车站点数128个，投放公共自行车3274辆；三期建设预留10个点位，待高铁新城及周边配套设施建设完

县城管局2017年行政执法业务培训

成后即跟进建设。

【餐厨垃圾无害化处置和资源化利用项目】 2017年，县综合行政执法局采用PPP模式，引入社会资本，建成桐庐县餐厨垃圾无害化处置和资源化利用项目并投入试运营。项目位于桐庐经济开发区桐庐污水处理厂内，项目主体总投资3200万元，占地面积6282平方米，建筑面积780.2平方米。项目设计规模为50吨/天，其中预处理系统规模按远期规模100吨/天一次实施到位。是年，桐庐县被确定为第二批省级餐厨垃圾资源化综合利用和无害化处置试点城市之一。

【“最多跑一次”改革】 2017年，县综合行政执法局对照权力事项库，梳理进驻县行政服务中心权利事项意向及公共服务事项，15项权力事项入驻县行政服务中心，大部分事项审批材料减少一半以上，15项办理事项实现全流程网上办理，其中9项实现当场办结。

【“四个平台”建设】 2017年，县综合行政执法局制定出台《乡镇（街道）综合执法平台建设推进方案》，撤销原有直属一、二、三中队，保留机动中队、规划中队及局机关科室，成立派驻各乡镇（街道）执法队伍，逐渐形成以局开展业务工作指导，乡镇（街道）日常管理为主的城市管理工作格局。截至年底，实现14个乡镇（街道）“综合执法平台”全覆盖。

（俞智鹏）

省“三改一拆”办公室督查桐庐县无违创建工作

·拆迁改造·

【概况】 2017年，桐庐县拆迁工作领导小组办公室牵头协调督查“无违建县”创建、“三改一拆”工作，完成旧住宅改造25.13万平方米、旧厂区改造25.40万平方米、城中村改造35.88万平方米、拆违面积173.62万平方米。参加杭黄铁路综合体、滨水风光带等重点工程项目拆迁工作，出台《桐庐县城规划区征收集体所有土地房屋补偿安置实施意见》；完成大奇山路和环城南路区块拆迁安置房的交房。

【“三改一拆”】 2017年，桐庐县共实施75个“三改”项目，其中旧住宅18个、旧厂区48个、城中村9个。共完成“三改”面积86.41万平方米。其中完成旧住宅改造25.13万平方米，完成市任务的279%；完成旧厂区改造25.4万平方米，完成市任务的115%；完成城中村改造35.88万平方米，完成市任务的808%。

【“无违建县”创建】 2017年，桐庐县拆违面积173.62万平方米，完成市任务的733%。完善三项机制（县乡两级防违控违信息化管理机制、县乡村三级网格化机制、部门联动处置机制），开展七大行动［“一户一档”排查行动、党员干部无违建承诺行动、控新拆新行动、非法“一户多宅”清理回头看行动、重点村（小区）拆违拔钉行动、典型违建处置清零行动、拆后土地有效利用行动］，下发《关于桐庐县“无违建县”创建攻坚行动实施意见》《关于开展全县既有建筑排查工作“回头看”的通知》《关于进一步加强农村住宅建设管理工作的通知》等相关文件，拆出用地面积114.5万平方米，

拆除小来大公司养鸭棚

利用面积97.3万平方米，利用率为85%，其中建设用地复垦13.8万平方米，复绿22.8万平方米，临时公共设施27.4万平方米，农民建房15.1万平方米，拆违还田5万平方米，其他按规划实施项目13.2万平方米。

【杭黄铁路综合体】 杭黄铁路桐庐站综合体二期征迁涉及城南街道东兴村蒋陆家、上高畈、潘家、七里山、赖家、蔡家坪6个村280户农户892人。截至年底完成全部签约，房屋腾空和拆除有序推进。桐庐站广场地下室土石方工程完成，西广场桩基施工中。12月份，工程总包单位进场施工，站前广场周边6条道路建设全面推进。综合体安置房A、B区块进展顺利，合计完成投资4.50亿元。

【滨水风光带建设】 富春江水利风景区滨水风光带（洋洲段）景观工程征地拆迁于2016年5月启动，分两个阶段实施。第一个阶段从2016年5月到2017年1月，该阶段以征地及拆除附房、废品回收站为主，共征用上洋洲村、下洋洲村集体土地9.58万平方米，签约拆除附房、小型加工点、废品回收站共18处，签约拆除企业1家；第二个阶段从2017年2月至3月，以农户住房以及大型企业征迁为主，经过摸排共需签约农户16户，企业3家；实际签约农户14户，企业3家，于2017年3月份启动征迁和整治，共征迁和整治农户193户，征迁和整治房屋总面积2.03万平方米。

（李 可）

国土资源·环境保护

National Land Resources · Environment Conservation

叶梅丹 / 摄

国土资源　环境保护

·国土资源·

【概况】 2017年，县国土资源局编制中心城区及乡镇（街道）年度规划调整方案，调整优化土地空间42.27公顷，征收土地64.53公顷，完成农转用报批85.87公顷，供应土地83宗149.33公顷，土地成交价款23.32亿元，同比增长213%。收储原浙江中大鳄鱼服饰有限公司、原浙江挚友科技有限公司地块，顺利推入市场拍卖，分别创下桐庐楼面地价新高、单宗地成交价新高。完成消化批而未供土地133.6公顷、督促供而未用土地开工建设91宗230.07公顷，完成城镇低效用地再开发项目61宗99.67公顷，盘活存量59.98公顷。推进地质灾害“除险安居”三年行动，完成115个地质灾害隐患点综合治理。实施“千亩水田 万亩耕地”垦造工程，全年立项84个，完成水田入库78.55公顷。建立国土公安联合执法机制，开展部、省级卫片执法检查，严厉打击违法用地行为。是年，涉及“最多跑一次”改革20个事项，全部实现“最多跑一次”，其中房屋权属证明网上申请，实现“零跑路”。全国人工构建优质耕作层创新驱动试点在钟山乡开展并取得成效，获国土资源部发函肯定。县国土资源局在杭州市国土系统年度考核中被评为优秀单位。

【土地规划调整】 2017年12月，桐庐县城南街道、桐君街道、旧县街道、凤川街道4个中心城区街道土地利用总体规划2017年度调整方案获浙江省人民政府批准；分水镇、江南镇、富春江镇、横村镇、瑶琳镇、钟山乡、新合乡、合村乡、百江镇、莪山畲族乡等10个乡镇土地利用总体规划2017年度调整方案获杭州市人民政府批准。经过调整，优化全县土地利用总体规划空间布局42.27公顷。

【耕地保护】 2017年，县国土资源局启动永久基本农田布局优化工作，按照“范围不变、面积不减、质量不降”的原则进行微调，将质量等级差、有污染、地力不高以及地类不符合划定要求的耕地调出，全县核减永久基本农田1480公顷，划定优质永久基本农田18800公顷。同时落实永久基本农田“落地块、明责任、设标识、建表册、入图库”工作要求，在全县新树立和更新永久基本农田界桩255个，基本农田保护牌352个。成立县土地整治开发利用有限公司，推进建设占用耕地耕作层剥离再利用，全年实施耕作层剥离利用23.33公顷。

【“千亩水田 万亩耕地”垦造工程】 2017年，桐庐县制定出台《关于“千亩水田 万亩耕地”垦造工程实施意见》，力争两年实现垦造耕地超万亩，其中垦造水田416.67公顷以上，垦造旱地173.33公顷以上，建设用地复垦77.33公顷以上。调整桐庐县土地整治工作领导小组，明确由县长担任组长，县人大、县政府、县政协分管领导担任副组长，县政府各部门主要负责人为成员，下设“一办四组”（即综合协调办公室、审核立项组、工程推进组、验收管护组、耕作层剥离与利用组），全面负责组织协调推进垦造工程的实施。大力提高补助标准，垦造旱地由60万元/公顷提高到150万元/公顷，旱改水由90万元/公顷提高到225万元/公顷，直接垦造水田由120万元/公顷提高到

桐庐县永久基本农田保护牌

分水镇马源村垦造水田

300万元/公顷。同时，联合县级相关部门，严把选址立项关、施工质量关和长效建设关，确保生态造田。是年，全县立项造田造地项目84个，完成水田入库78.55公顷。

【土地要素保障】 2017年，县国土资源局积极与乡镇（街道）、经济开发区、迎春商务区、富春山健康城、慢生活体验区、杭黄铁路（桐庐段）项目征迁建设指挥部对接，指导、协助做好项目报批服务。向省市争取追加68.13公顷新增建设用地指标，完成农转用报批10个批次，面积85.87公顷，征收土地68.4606公顷，办理失地农民养老保险3421人，保障杭黄铁路桐庐站地上广场、富春江水利风景区滨江风光带、开发区学校等一批重点民生项目建设。差别化出让工业用地21宗，其中出让年限30年的8宗、39年的1宗、40年的2宗、50年的10宗。桐庐万乐医院医养综合体项目顺利实施城镇用地“退二进三”。对符合产业导向的战略性先进制造业、工业用地项目，按不低于工业用地最低限价标准的70%确定土地出让。完成建设用地复核验收项目47个，土地52.89公顷，建筑面积108.76公顷。

【土地市场】 2017年，县国土资源局梳理出全县重点地块“一张图”，与好地网合作举办桐庐好地沟通会，吸引天阳地产、碧桂园地产、宋都地产等众多知名房企参加。强化土地供给侧改革，统筹土地供应的结构、布局和时序，有计划、有重点地推出最佳地块，实现土地最大效益。全年出让土地83宗149.33公顷，土地成交款23.32亿元，同比增长213%。其中，原浙江中大鳄鱼服饰有限公司地块，楼面地价12145元/平方米，创桐庐楼面地价新高；原浙江挚友科技有限公司地块以10.81亿元出让，创桐庐单宗地成交价新高。11月，桐庐县全面实施土地出让网上交易，全省范围内以拍卖、挂牌方式出让国有建设用地使用权的，均通过浙江省国土资源网上交易系统发布出让公告，进行网上交易，实现全县土地出让线下到线上的跨越。

【存量用地盘活】 2017年，县国土资源局制定下发《关于印发<“批而未供、供而未用、城镇低效”土地盘活利用工作方案>的通知》，在明确“三块地”盘活和利用方向的基础上，进行分类施策盘活。针对“批而未供”采取加快供应、盘活指标、依法补办以及核销备案等“四个一批”措施；针对“供而未用”采取消除障碍动工、帮扶解困开发、异地置换盘活、采取措施收回、落实收费处置、因地制宜处理等“六个一批”措施；针对“城镇低效”用地，结合工业园区提升改造提质提效。是年，消化批而未供用地115.87公顷；完成供而未用开工建设91宗230.07公顷，完成年度任务的115%；完成城镇低效用地再开发项目61宗99.67公顷，完成年度任务的106.79%；完成盘活存量57.77公顷，完成年度任务的108.31%。

【不动产登记】 2017年，县国土资源局以“最多跑一次”改革为抓手，采取设立“综合进件窗口”、再造办事流程、错位受理等服务举措，进一步优化办事流程，提高办事效率，办证时间从5个工作日缩减到1个工作日，存量房交易登记实现1小时办证。推出网上预约办证、不动产自助查询、周末值班、上门服务、预约服务、邮寄服务等便民措施，提升群众获得感。是年，受理各类业务67248件，其中颁发不动产登记证20265本、不动产证明16254本、查解封1946件、抵押权注销登记8018件，查档14894件、用地预审44项、单宗地转让86件、划拨转出让394件，通过房地挂接和档案查询，完成配置不动产单元号87466个。

【矿政管理】 2017年，县国土资源局编制《浙江省桐庐县矿产资源规划(2016—2020年)》和《桐庐县地质灾害防治与地质环境保护“十三五”规划》，通过杭州市政府和桐庐县政府审批。按照“以避让搬迁为主，搬治结合”原则，坚持“即查即治、不欠新账”，推进“除险安居”三年行动计划，大力实施地质灾害隐患点综合治理，对治理搬迁项目组织相关部门进行踏勘立项，对勘查设计方案组织专家论证，对在建项目进行监督检查，对完工项目开展工程验收等，全年争取到省市地质灾害防治资金491.49万元，完成115个地质灾害隐患点综合治理，全县626人摆脱地质灾害威胁。制定2017年度地质灾害防治方案，指导督促各乡镇（街道）做好地质灾害隐患点警示牌、责任牌更新，防灾避险明白卡及防治工作明白卡发放。会同县气象部门建立地质灾害风险预警联合发布平台，发送地质灾害预警信息20余次1万多条。推进绿色矿山建设和废弃矿山治理，高标准推进桐庐南方水泥有限公司阆苑石灰岩矿与桐庐红狮水泥有限公司高山石灰岩矿矿山的粉尘防治与矿山边开采边复绿工作，做好桐庐春江化工废弃矿山治理工作。

【国土资源执法监察】 2017年，县国土资源局多措并举推进卫片执法工作。2016年度，卫片遥感总下发图斑588个，总监测面积239.85公顷。经实地核查，初步变更建设用地118.62公顷，其中耕地76.35公顷，变更疑似违法用地图斑100个，面积14.11公顷，其中耕地10.79公顷。对此，采取立案查处、拆除复垦、补办手续等处置措施。对确需立案查处的79个图斑全部完成立案查处，耕占比为1.51%。开展省级卫片执法，立案查处13宗，耕占比为1.88%。

全面加快存量违建处置，助推“无违建县”创建，建立“一案一档”制度，下发《桐庐县“国土已裁定案件”清理整治工作方案》，要求各乡镇（街道）对法院已裁定案件再清理、再处置，会同县“三改一拆”办对经营性违法用地案件制定拆除方案，全年拆除经营性违法用地44宗。2月，在全县首次建立国土公安联合执法机制，出台《关于建立国土资源联合执法长效机制的通知》，加强国土资源执法力度。全年联合执法40起，出动执法人员242余人，扣押挖掘机、运输车辆等68台，行政处罚26起，实现非法采矿涉刑案件零突破，刑事移送9人。是年6月，国家土地督察上海局进驻县国土资源局开展对包括桐庐、富阳、建德、淳安在内的2014—2016

第48个“地球日”地质灾害防治知识宣传活动

年度土地例行督察，涉及桐庐县486个问题，基本完成整改。

【农村房地一体化登记】 2017年，县国土资源局按照试点先行、全面铺开的思路，将莪山畲族乡作为全县农村房地一体化登记试点。利用村庄数字地籍调查成果，完成莪山畲族乡范围内农村宅基地及房屋修补测工作，对1000多户已核发宅基地使用证及房屋所有权证的农户，进行权属核查。制定实施农村不动产权属调查工作方案，对宗地及房屋测绘疑难问题进行明确，推进莪山畲族乡宅基地及农房不动产登记试点工作稳步开展。全年完成7个行政村，2000余户宅基地及房屋外业测绘，对符合条件农户开展登记公告确权登记等工作。

【国土资源信访】 2017年，县国土资源局正式开设"12336"国土资源违法举报微信平台，群众可通过关注微信公众号进行违法线索举报。深化重要信访问题局领导包案工作机制，每件信访事项都及时派员调处。全年受理信访985件，其中来电726件、来访57件、来信202件，信访反馈率、办结率均为100%。

【国土资源宣传】 2017年4月，县国土资源局联合浙江省第七地质大队在桐君街道圆通小学举办纪念第48个世界"地球日"防灾科普教育活动，开展"地球日"及地质灾害防治知识专题讲座，举办"放飞梦想，爱护地球"绘画活动。在桐君街道桥北居委会，设立地质灾害防灾咨询台，发放地质灾害防治知识手册，向群众普及地质灾害知识。6月，浙江省暨杭州市纪念第27个全国"土地日"宣传活动在城南街道学圣广场举行，宣传主题为"土地与生态文明建设"，现场发放国土资源政策法规等宣传资料1000余份、悬挂宣传标语8条，展示展板20块，接待咨询群众200多人，吸引社会各界近1000名干部群众参加。

（尹 芳）

·环境保护·

【概况】 2017年，桐庐县紧紧围绕"生态立县"首位战略目标，稳步提升生态环境质量，生态环境质量综合指数（EI）列全市、全省前列。是年，桐庐县被浙江省人民政府命名为首批省级生态文明建设示范县，被国家发改委、环保部等命名为全国生态保护与建设典型示范区，桐庐县和富春江镇被省委、省政府美丽浙江建设领导小组办公室和浙江日报报业集团评为"两美浙江特色体验地"。

【中央环保督查迎检】 2017年8月，中央环保督察组进驻浙江，督察期间桐庐县共收到中央环保督察组交办的信访件21批45件，无省级重点件，无退办件。按照督察整改要求，全县关闭取缔企业37家，责令整改28家，限产1家，查封扣押3家，立案查处29起，罚款总额269.88万元，行政拘留1人，纪委约谈9人，交办信访件办理质量位列全市前列。

【环境质量】 2017年，桐庐县83条主要河流全部达到III类以上水质，其中I—II类水质河道占比为86.7%。富春江出境水质连续11年优于入境水质，窄溪断面出境水质达到II类标准，功能区水质达标率100%，饮用水源地水质达标率

桐庐县江南镇深澳大塘

江南镇环溪村生态池塘

100%。全年PM2.5年平均浓度为38微克/立方米，全县空气质量优良天数合计336天，优良率92.1%。与2016年相比，优良天数增加4天，优良率提升1.4%。区域环境噪声、功能区噪声和交通噪声均达到国家相关标准。

【深化“五水共治”】2017年，桐庐县完成治水项目111个，共投资19.17亿元，实现“全县域、全天候消灭Ⅳ类及以下水体”目标。按照“截、清、引、修”四字方针，严格按照剿劣标准，对全县2057个小微水体进行排查，对145个Ⅳ类及以下水体进行科学分析，量身定制个性化方案，科学有序推进整治工作。完成市治水办对县剿劣工作的验收，4个劣Ⅴ类小微水体实现销号。深入开展企业污染隐患排查、农村生活污水整改提升等工作，立案处罚企业涉水违法案件37件，罚款110.4万元。完成县域内68家温室甲鱼场关停、清场工作，完成全县57家50头以上生猪养殖场整改提升和在线监控安装工作，全面推行种养结合、生态消纳养殖模式，创建省级生态牧场12家。对359个农村生活污水处理工程进行整改提升，污水移交率和正常运行率100%，全县9个污水处理厂（站）“三率”稳定达标。推动治水先行向秀水共享转变，打造天然浴场、嬉水乐园等精品示范点115个。

【深化“五气共治”】2017年，县环保局对全县200余家煤改生物质、煤改气锅炉企业完成检查工作。对桐庐南方水泥有限公司等用煤企业实行煤

农村垃圾分类检查

炭消费总量控制，用煤量降幅15.75%。完成桐庐信雅达热电有限公司热电锅炉废气超低排放改造工作。完成落后产能淘汰项目17个，投资额4000万元，腾出用能空间4万余吨标准煤。推进禁燃区建设，完成县禁燃区重新划定工作，桐庐县已全部划定为Ⅱ类禁燃区。重点推进挥发性有机物（VOCs）治理，完成40家喷涂企业、13家拉丝企业的废气治理工作。3家企业完成市级清洁生产整合验收，完成杭州市对桐庐县下达的120吨VOC减排任务。

【农村环境整治】 2017年，县环保局进一步落实“联村领导—驻村干部—村干部—村级收集员、管理员、巡查员和统管员”网格化四级管理“四员”职责，采取“榜、帮、奖、罚”方式，成立垃圾分类基层专家团，实现点对点帮扶，全面提高宣传频率与形式，提升垃圾分类的参与率与知晓率。对垃圾资源化站点实施智能化管理，成立可堆肥垃圾、畜禽粪便有机肥生产中心，“世外桃源”牌农家土肥摆上了全省110家世纪联华超市、大润发超市及县内民宿、景点货架，走进寻常百姓家。全县形成“鸡毛换糖”、美丽基金等4种垃圾分类推广新模式，在全市农村垃圾分类培训会上推广。

河道水质采样

【划定生态红线】 2017年，根据《国家生态文明建设示范县指标》，县环保局牵头全面修编桐庐县生态文明建设规划，完成《桐庐县生态保护红线划定方案》，全县生态红线占比20.53%。是年，《桐庐县生态保护红线划定方案》提交县人大常委会审议通过，为全面实施“生态立县”战略提供指导方向。

【环境项目审批】 2017年，县环保局严把项目准入关，否决不符合环境功能区划项目18个。全面提升环保服务质量，环保行政许可事项全部实现“最多跑一次”，在杭州地区率先实施“区域环评＋环境标准”改革试点，环评登记表项目实行网上备案，取消前置申报材料，实现“零跑腿”。

【环境执法监管】 2017年，县环保局印发《桐庐县生态环境保护有关单位主要职责》，环境执法监督从分散式单纯化执法向“计划性”体检式执法转变，并依托“互联网+”技术，深化“智慧环保”建设。全年共开展日常环境执法监督监察9000余人次，检查企业3000余家，审查立案153件，处罚金额744.83万元，全年案件数及处罚金额比上年分别增加26.4%和83%。

【环境监测】 2017年，县环保局坚持环境监测为环境管理服务、为经济建设服务的宗旨，切实履行好环境监测技术支持、技术监督、技术服务的职能，全年共获有效监测数据8.6万余个，完成监测报告561份。全面完成中央环保督查监测工作，完成严陵坞自动站和实验室的改造工作，安装3台藻类自动监测设备，初步建成“水质自动监测远程质控系统”，并通过浙江省环境监测中心站的上岗证考核和浙江省质量技术监督局的计量认证复评审。

【辐射源和固废管理】 2017年，县环保局牵头制定《桐庐县土壤污染防治工作方案》，成立土壤污染详查工作协调小组，组织开展全县农用地土壤环境调查，公布第一批6家土壤环境重点监管企业名单。县政府与3家省级土壤环境重点监管企业签订土壤污染防治责任书，加快推进垃圾焚烧飞灰水泥窑协同处置项目建设。建立危险废物规范管理考核制度，推进危险废物全过程闭环管理，开展医疗废物、废矿物油、废铅酸电池、污泥专项检查，15家重点危废产生、经营单位安装“三点一线”视频监控，141家工业企业转移处置工业危险废物18996吨。开展放射源安全检查，宣传核安全文化，开展放射源单位检查与监测，补充全国核技术系统信息。

【环保宣传教育】2017年，县环保局充分利用“6·5”世界环境日等节点，组织开展“千名党员、千名团员、千名少先队员”携手扮靓母亲河、“铁军总动员、党员先锋行”“十万职工大行动、剿劣攻坚当先锋”等巡河保洁活动。在行政村和人口密集自然村设置207个“五水共治”意见收集箱，开展11个“无保洁员村”创建，国家级、省级主流媒体对桐庐生态环境保护工作进行61次正面报道。根据省市“五水共治”群众满意度调查结果显示，桐庐县群众满意率位列杭州地区各区、县（市）第二。

（任丹萍）

人力资源与社会保障

Human Resource and Social Security

人力资源与社会保障

·人社综述·

【概况】 2017年，桐庐县新增城镇就业岗位5860个，帮扶失业人员实现再就业2084人，其中就业困难人员1304人，城镇登记失业率1.81%。职业技能鉴定7768人，培养高技能人才1436人，举办创业培训16期，630人取得合格证书，电商培训5058人，就业技能培训625人，进城农民工培训1287人，参与举办8个职业（工种）职业技能竞赛。组织申报国外智力项目35项，其中立项21项，高档专家项目1项，柔性引进国外专家45名；事业单位引进紧缺专业高层次人才119人；企业引进本科及以上人才786人，引进硕士以上高层次紧缺人才90人。县人力资源和社会保障局（以下简称县人社局）主动为海康威视、英飞特、象限科技等企业开展就业专项行动，综合运用多渠道宣传、专场招聘等活动，帮助招工1500人。面向企业继续推出下沉式为企“体检”活动，完成企业“体检”84家。选取100家企业作为样本企业，开展企业薪酬调查，实际完成薪酬调查企业97家，为上级部门抽样了解地区工资水平提供参考依据。

是年，桐庐县企业职工基本养老、医疗、工伤、生育、失业保险分别净增参保14756人、8593人、176人、5851人、2796人；城乡居民养老保障参保率95.36%，城乡居民基本医疗保险参保率99.98%。继续执行按农村社会养老保险首次参保缴费时间折算基本养老保险缴费年限的老农保折算补缴政策，解决原农村社会养老保险参保人员养老保障问题。至年末，按政策办理折算补缴2351人，其中1126人办理退休手续。继续执行征地农转非人员养老保障转换职工基本养老保险折算补缴政策，允许参加被征地农转非人员基本养老保障按自愿原则转换为职工基本养老保险。至年末，3679名符合转换条件被征地农转非人员办理转换手续。继续做好各险种的减负调整工作，通过降低生育保险费率、失业保险费率、工伤保险费率、临时性减征医疗保险费等措施，有效减轻企业生产成本。至年末，全县共减征生育保险费671.7万元，工伤保险费534.83万元，失业保险费2916.03万元。继续执行失业保险援企稳岗政策，521家企业享受补贴政策155万元。

·社会保障·

【创业联盟成立】 2017年，县人社局进一步深化“结合新型城镇化支持农民工等人员返乡创业试点示范县”创建工作，11月17日，成立桐庐县创业联盟，首批成员由县人社局、人才办、商务局、开发区（富春江科技城）、科技局、农办、团县委等部门，大学生创业园、迎春智谷、科技孵化园等创业平台及所属创业者、创业导师，投融资机构人员组成。创业联盟大力支持农民工等人员返乡在农业产业化、民宿（乡村旅游）、电子商务等领域创业。是年，全县新创办市场主体8462家，带动就业23000余人。

【优化公共就业服务】2017年，县人社局联合县总工会、民政

2017年11月17日，桐庐县创业联盟成立

2月5日，桐庐县“春风行动”首场大型人力资源交流会暨大学生就业实习推荐会举行

局、妇联、残联等部门，先后开展“联村走企访户”“春风行动”“就业援助月”“人力资源品牌机构对接会”等专项活动，为各类群体就业、企业招工提供公共就业服务。全年共举办各种类型人力资源交流会43场，入场招聘企业1547家次，提供就业岗位信息33604个，入场应聘9128人，达成就业意向6738人。首次组织县内7家规模企业赴贵州省黔东南州榕江县举办对口帮扶现场招聘会，提供就业岗位2316个，达成就业意向373人。

【创业担保贷款管理办法】 2017年，县人社局制定出台《创业担保贷款管理办法》，对法定劳动年龄段内且未办理按月领取基本养老保险金手续、无不良信用纪录的劳动者，在桐庐创办企业、个体工商户（含经认定的网络创业）、民办非企业等经营实体（娱乐业、桑拿、按摩、网吧等国家限制行业除外）且登记注册5年以内的，可申请创业担保贷款。对在校大学生、毕业五年以内的高校毕业生、桐庐户籍的登记失业人员、就业困难人员（包括残疾人）、退役士兵以及在桐庐注册的小微企业，符合相应条件的可以享受贷款贴息。贷款额度一般不超过20万元，最高额度可提高为30万元。符合条件的小微企业，贷款最高额度按“企业吸纳重点人群（不含在校高校生）就业人数×10万元”来计算。通过政策解读、业务培训以及深入大学生创业园、分水电商孵化园和芦茨村开展“政策服务直通车”活动，强化政策的宣传与落实，进一步发挥政策促进就业创业的杠杆作用。是年，扶持创业担保贷款项目66个1615万元，其中个人63笔1335万元，小微企业3笔280万元。

【职业技能创业电商培训】 2017年，桐庐县参加职业技能鉴定7768人，取得职业资格证书4890人，取得专项职业能力证书944人，培养高技能人才1436人。是年，举办创业培训16期，630人取得合格证书（其中SYB培训60人、IYB培训60人、网络创业培训510人），就业技能培训625人，进城农民工培训1287人，参与举办8个职业（工种）职业技能竞赛。开展电子商务培训班99期，共5058人次参加培训。

【“灰领计划”】 2017年，根据《桐庐县“灰领计划”实施方案（试行）》，全年举办订单班2期，47家企业通过自主评价、技能大赛评价等模式参与评价，海康威视等26家单位列入县第二批县级公共实训基地创建单位。是年，有58名高技能人才获得高技能人才等级津贴，创建市级技能大师工作室2家，分别是麻根英绣花鞋技能大师工作室（合村乡文化体育工作站），王益春中式烹调师技能大师工作室（桐庐七里人家餐饮管理有限公司），创建县级技能大师工作室4家，认定县级首席技师3人。

【社会保险】 1.各项社会保险参保情况（见表24）。2.各项社会保险基金收支情况（见表25）。3.失业保险：2017年，桐庐县失业登记5416人，其中城镇新登记失业人数1703人，农民合同制职工新登记失业人数3713人，发放失业保险金8753人次。

2017年末桐庐县各项社会保险参保情况

表25　　单位：人

险　种	参保人数	退休人数	净增人数
企业养老	166319	56610	14756
机关事业养老	16359	5465	275
城乡居民养老	84712	50793	-6440
被征地保障	8527	820	-867
农村养老保险	17131	55	-57936
城镇职工医保	156814	31686	8593
城乡居民医疗	246682	—	—
工伤保险	124061	—	176
生育保险	93393	—	5851
失业保险	71635	—	2796

2017年末桐庐县各项社会保险基金收支情况

表26　　单位：万元

险　种	基金收入	基金支出	当年结余	累计结余	支付能力（月）
企业养老	158224	156443	1781	111152	8.53
机关事业养老	23523	39567	-16044	-40573	—
城乡居民养老	11499	14633	-3134	7419	—
被征地保障	10657	22725	-12068	36427	—
农村养老保险	41	1068	-1027	672	—
城镇职工医保	69748	49305	20442	64022	—
城乡居民医疗	33088	31379	1709	13967	—
工伤保险	2340	2644	-304	3423	—
生育保险	2806	3224	-418	2616	—
失业保险	3522	4346	-823	18176	—

【全民参保登记】 2017年，县人社局继续推动全民参保登记工作，建立及完善全民参保登记的动态管理机制。利用专网平台，实现省级登记库与社保业务系统实时对接和数据实时同步，对参保登记数据库信息进行及时准确的补充和更新。充分发挥全民参保登记工作成果作用，为社会保险扩面等工作服务。

【特殊人群社会保障】 2017年，桐庐县办理“221”类人员参保632人，累计办理18316人；办理“222”类人员待遇调整18人，累计办理2713人；办理“223”类人员审批2人，累计办理1370人；办理“511”类人员待遇调整4人，累计办理435人。

【社会保险缴费基数调整】 根据2016年浙江省在岗职工月平均工资公布的数据，桐庐县2017年社会保险缴费基数作相应调整：从2017年7月1日起，个体劳动者最低月缴费基数调整为3759元，对应养老保险缴费金额676.62元/月，职工基本医疗保险缴费金额356.41元/月。单位职工缴费工资根据2016年全省在岗职工月平均工资60%至300%由单位自行申报确定。

【老农保清理工作】 2017年，桐庐县开展老农保清理工作，截至12月31日，原老农保参保103384人全部完成清理，其中完成衔接转保人数14561人，退保77780人，联系不上和信息缺失的7889人已按规定转入城乡居民基本养老保险封存。

【机关事业养老保险改革】 2017年，县人社局稳步推进机关事业单位工作人员养老保险制度改革。截至年末，215家机关事业单位全部完成基础信息采集工作，完成过渡期内新退休人员养老待遇计发工作。同时，按规定做好2017年退休人员养老保险调待工作，及时将调整金额发放到位。

【企退人员待遇调整工作】 2017年，县人社局抽调业务骨干开展企退人员基本养老金调待工作，确保在7月31日前，将2017年1—7月的基本养老金调整数全部发放到退休人员手中。此次调整退休人员基本养老金涉及企业退休（职）人员5.07万人，人均月增养老金128.77元；机关事业退休人员0.47万人，人均月增养老金259.65元。

【跨省异地就医住院费用直接结算】 2017年，县人社局加快跨省异地就医本地程序升级改造，开展异地就医人员备案，实现备案人员跨省住院费用直接结算。至年末，已有8名参保人员成功实现跨省直接结算。

【个人账户历年资金家庭共济】 2017年，县人社局进一步调整完善基本医疗保险个人账户历年资金使用政策，全县基本医疗保险参保人员，其个人账户历年资金可以共济给参加县基本医疗保险，且医疗保障待遇正常的近亲属（配偶、子女、父母），进一步扩大个人账户历年资金使用范围。是年，实现个人账户历年资金划转503.34万元，有效发挥个人账户家庭共济作用，提高资金使用效率。

【长期护理保险试点】 桐庐作为全省长期护理保险3个试点县市之一，2016年开始启动长期护理保险探索工作，并在全省率先出台长期护理保险试点工作实施意见。从2017年5月下旬开始，正式受理失能等级评定申请，及时组织失能评定专家对申请人员进行上门评定。是年，共受理初评申请2056人，正式受理评定1141人，符合重度失能标准人员共974人，切实解决失能人员长期护理的难题，减轻失能人员的家庭负担。

【医保智能审核】 2017年，县人社局深入推行医保智能审核。在前期运行的30条大规则、42条小规则基础上，按照循序渐进、逐步规范的原则，继续上线6条小规则，发现问题单据89.3万条，共计扣款170.8万元。定点医院、定点零售药店的医疗服务行为逐年规范，减少医保基金的不合理支出。

【总额预付与单病种管理】 2017年，县人社局进一步深化医保费用总额预算机制，通过对55家医疗机构2016年总额预算的清算，减少医保基金不合理不合规支出129.82万元，其中28家单位合计扣款259.08万元，13家机构合计奖励129.26万元，14家不扣不奖。继续实施慢性肾功能不全透析治疗单病种考核，有效规范尿毒症透析的治疗，提高尿毒症病人的待遇，四家单病种透析定点医院共实施单病种透析人员287人，总费用1505.63万元。经清算，2家医院扣款9.4万元，2家医院奖励2.32万元。

【医保基金监管】 2017年，县人社局继续加大医保违规行为的稽核力度，采取视频监控系统、派驻医院专管员、日常巡查等措施加强对定点医药机构医疗行为的监管。继续推进政保合作，与中国太平洋人寿保险股份有限公司杭州中心支公司进行经办服务外包、重大疾病医疗补助保险和长期护理保险项目合作，解决人员、经费、内外监管等医保工作难题，全面提高社保经办服务和监管能力，提高重大疾病及社保基金整体的安全与使用效率。

【企退人员社会化管理】 2017年，桐庐县开展企业退休人员健康体检工作，本次体检惠及企业退休人员34000余人。开展2017年度社会保险待遇领取资格网上协助认证工作，核查异地居住领取待遇人员生存状况1523人。积极组织乡镇（街道）、社区（村委会）开展企业退休人员文体活动，举办开展“企退”人员助力“文明城”活动，联合县广播电视台共同举办桐庐首届企业退休人员文化艺术节系列活动，桐庐县选送的参赛队伍获得杭州企退歌唱比赛优胜奖。

【“最多跑一次”改革】 2017年，县人社局充分运用信息技术手段，依托浙江政务服务网、“互联网+人社”等平台，优化服务流程，加速推进“最多跑一次”改革。列入“最多跑一次”事项主项共35项，子项117项，全部在浙江政务服务网上公布，实现“最多跑一次”，实现率100%，其中有5项实现“跑零次”。改革优化后，办事申请材料由541份减少到442份，共计精简材料99份；办事表单由129份减少到96份，共计精简表单33份，修改13份表单；办理时限由2026工作日精简优化调整为1544工作日，平均提速23.79%。

【国企薪酬制度改革】 2017年3月，桐庐县成立深化国有企业负责人薪酬制度改革工作领导小组，启动桐庐县县管国有企业负责人薪酬制度改革工作。10月，出台《关于深化县管企业负责人薪酬制度改革的实施意见》；11月，制定下发《桐庐县县管企业负责人年度经营业绩考核实施细则》和《桐庐县县管企业负责人任期经营业绩考核实施细则》。此次国企薪酬制度改革涉及对象为县管企业中由县委管理以及县委授权国有资产监督管理机构党委管理的负责人，涉及的具体对象为国投、城投、交投和旅投4家国有公司负责人。企业负责人薪酬由基本年薪、绩效年薪、任期激励收入三部分构成。县管企业主要负责人基本年薪按在岗职工平均工资的2倍以内确定，副职负责人按主要负责人的0.6—0.9倍确定。绩效年薪为基本年薪×年度考评系数×调节系数，年度考核评价系数最高不超过2，绩效年薪调节系数最高不超过1.5。任期激励收入为负责人任期内年薪总水平的30%以内确定。基本年薪按月发放，绩效年薪于年度考核后一次性发放，任期激励收入在任期满后按6:2:2分三年发放。

【调整最低工资标准和失业保险金计发标准】 2017年12月1日起，桐庐县最低工资标准由1530元调整为1660元，非全日制工作的最低小时工资标准由13.8元调整为15元。失业保险金计发标准按照县最低工资标准的80%计发，桐庐县失业保险金发放月标准由原来1071元调整为1328元。

【防欠薪工作长效机制】 2017年，县人社局成立县防欠薪领导小组，健全治理拖欠农民工工资问题长效机制，健全工资支付保障制度，研究制定针对本县实际情况保障农民工工资支付工作考核办法，建立实施劳动保障违法行为黑名单认定和公布办法，联合住建、交通等部门出台《桐庐县关于工程建设领域全面推行实名制管理的通知》，全面施行建筑施工领域实名制管理和账户分离制度，积极推进智慧治理中心防欠薪平台建设，强化企业欠薪预防处置，努力保障农民工合法权益。

【劳动监察执法】 2017年，县劳动和社会保障监察大队检查用人单位700余家，涉及职工5600余人，开展专项检查8次，发出劳动监察限期整改指令书40份，受理一般投诉举报案件223件，应急处理“110”联动案件80件，涉及职工2800余人，处理群体性事件18件，涉及1357余人。督促企业签订和补签职工劳动合同500余份，追回拖欠职工工资5234万余元，3家企业列入欠薪“黑名单”，2起拒不支付劳动报酬案件移送公安机关处理。

【劳动人事仲裁】 2017年，县劳动人事争议仲裁委员会收到案件261件，其中受理206件，结案195件，结案率94.6%，调解结案163件，调解结案率83.5%，裁决结案32件，不予受理55件。案件涉及人员共331人，其中集体争议5件，申请标的2468.5万元，结案标的706.8万元。

【“12333”咨询服务中心】 2017年，县人社局“12333”咨询服务中心来电总量66061个。其中，自动服务量31426个，人工服务量27076个，处理留言384个，平均接听率89.14%。

·人才人事·

【人才引进】 2017年，县人社局组织实施高层次人才引进工程，深化“百名硕博进桐庐”专项引才活动，突出抓好海外高层次人才、钱江特聘专家、国外智力等高端人才培育和引进工作，推荐省“千人计划”人才申报对象3人，推荐市“521”申报对象2人，康基医疗新增钱江特聘专家1名，首次推荐入选省海外工程师1名。是年，全县事业单位引进高层次、紧缺专业人才119名（其中硕士研究生43人）：教育系统引进高层次、紧缺专业人才74名；卫生系统引进卫技紧缺专业人才40名；其他单位紧缺专业人才5名；为企业单位引进本科及以上人才786人，引进硕士以上高层次紧缺人才90人。是年，落实委培生入编审核工作，经考核、体检等程序，教育系统23名、卫生系统49名已取得毕业证书的委培生完成入编手续，教育系统免费师范生17人完成入编手续。

【实施“外国人来华工作许可”制度】 2017年4月1日起，“外国人入境就业许可”和“外国专家来华工作许可”整合为“外国人来华工作许可”，是年，县人社局共办理外国人来华工作许可相关审批48件，其中新系统用人单位信息审核24件，外国人来华工作许可新办证24件。

【大学生创业服务】 2017年，县人社局以省级大学生创业基地为圆心，常态化抓好大学生创业工作。组织开展2次创业园入园评审和1次大学创业无偿资助评审，新增入园大学生创业项目21个，为8个大学生创业项目拨付创业无偿资助资金6.7万元，续拨2016年大学生创业9个项目无偿资助5.1万元。

【优化人才服务机制】 2017年，县人社局积极推进桐庐人才体制改革工作，优化人才服务和激励机制。建立高校毕业生人才信息库，建立重点保障类企业负责人微信群，加强与企业负责人联络沟通，及时传递人才政策和人才活动信息，进一步为企业提供精准服务，提升人才服务效率。全面落实《杭州市新引进应届高学历毕业生生活补贴发放实施办法》，

2017年4月19日，桐庐县高层次人才创新创业经验分享会暨“511”中青年人才培养计划启动仪式

2人进行申报，完成补贴发放。

【人才培养工程】 2017年，县人社局组织开展高层次人才创业创新事迹分享会暨“511”中青年人才计划启动仪式，出台新一轮“511”中青年人才培养计划，选拔培养人选第一层次27人、第二层次44人、第三层次141人。新增入选市“131”中青年人才培养计划人选41人，其中第一层次2人、第二层次6人、第三层次33人（资助1人）。同时，在浙江龙生汽车部件科技有限公司、杭州桐君堂生物科技有限公司成功创建省级博士后科研工作站。

【人才激励与分类】 2017年，县人社局发放全日制硕士研究生生活补贴68万元，享受补贴34人，其中机关事业16人、企业18人；办理人才公寓租赁5人，组织企业高级人才健康体检187人。开展人才分类认定186人，其中B类人才2人、C类人才5人、D类人才20人、E类人才159人。是年，全县新增高级专业技术资格人员159人、中级专业技术资格人员638人、初级专业技术资格人员765人。

【人事招考录用】 2017年，桐庐县党政机关和参照公务员法管理事业单位招考录用公务68名，其中选调生8名；办理录用审批手续警察学员12名；办理录用审批手续人武学员1名。面向社会公开招聘事业人员239名，其中综合性招聘70名，教育系统招聘88名，卫生系统招聘81名。

【公务员培训】 2017年，桐庐县2483名公务员完成“干部学习新干线”规定学习科目和学时学分，通过率99.96%。组织全县公务员开展“学法用法三年轮训行动”活动，全年共计轮训公务员1496人，完成轮训计划目标。组织全县公务员参加杭州市第七届领导干部与公务员科普知识网络竞赛，参考率100%，通过率99.96%。组织全县公务员参加2017年公务员网上学法用法考试，参考率100%，通过率100%。举办新录用公务员初任培训暨“三访”集训活动，培训新录用公务员68名，组织28个单位参与“三访”集训活动，完成“暗访”“走访”“接访”三个阶段集训内容。

【军队转业军官安置】 2017年，桐庐县接收军队转业军官6名，其中副团职1名、正营职1名、副营职1名、技术8级1名、技术9级1名、技术10级1名。副团职1名由县委组织部负责安置；技术9级1名自主择业；其余正营职及以下4名军转干部实行“双考”（考试+考核）安置，行政机关安置2名、参公事业单位安置2名。

【职务职级并行】 2017年，根据中办发《关于县以下机关建立公务员职务与职级并行制度的意见》、浙委办发《关于县以下机关建立公务员职务与职级并行制度的实施意见》、杭人社发《杭州市县以下机关建立公务员职务与职级并行制度的实施意见》等文件精神，全县晋升正科级6人，晋升副科级30人。

【工资福利】 2017年，县人社局为全县75名机关工作人员办理职级晋升的工资变动，302名工作人员办理工资供给转移，154名工作人员办理退休，31名机关事业单位在职和退休人员遗属办理困难补助，新录用的557名机关事业人员确定连续工龄时间和审批工资，324名机关工作人员办理转正定级工资审批，1058名事业工作人员办理岗位设置晋升后的工资变动。完成2017年度机关在职人员五年晋级两年晋档，涉及人数981人；事业人员薪级岗位工资晋升，涉及人数6702人。完成61家机关单位1800余名工作人员和36家事业单位250余名工作人员每月工资统发。完成法院、检察院工资套改、晋级晋档及绩效奖金确定，法院员额制法官人数38人，检察院员额制检察官人数31人，其中检察院14名转隶人员调往纪委；完成法检53人晋档审核工作和116名司法辅助、行政人员的晋级晋档工作。完成工资信息库数据维护，共涉及2786名公务员和7862名事业人员。

（喻丽君）

法治·军事

Political and Legislative Affairs · Military

法治　军事

·政法委及综治·

桐庐县荣获全国平安建设先进县称号

【概况】 2017年，县委政法委以平安护航中共十九大为主线，总结固化G20杭州峰会经验做法，全力维护社会稳定。全年社会治安、公共安全、安全生产等各项主要指标同比均大幅下降，排查安全生产隐患14855处，整改隐患13914处，整改率93.67%，安全生产事故起数下降53.33%，死亡人数下降54.84%；全年接报有效接警数、刑事警情数、治安警情数分别同比下降10.44%、11.67%、43.37%，社会局面持续稳定。是年，桐庐县荣获全省首批“平安金鼎”，获评杭州市唯一“2013—2016年度全国平安建设先进县”。“雪亮工程”建设经验在全国会议上作交流，“四个平台”建设在全市大会上作经验交流。“桐庐县互联网+社会治理小县‘大’思路”特色工作被人民网评选为全国创新社会治理优秀案例。

【平安桐庐创建】 2017年，县委政法委制定《2017年度省平安考核评审条件相关部门责任分解表》，加强监管责任落实。县平安办逐月开展模拟测评，发布平安月报考核。制定《县领导分片督查平安建设工作方案》，从6月起，每月由县领导带队采取明查、暗访两种方式对实名制制度工作、反恐措施落实、重点人员管控等10项重点工作进行督查。除平安桐庐创建视频宣传片播放，每月向全县手机用户发送短信以及“平安桐庐”微信公众号推送等方式外，联合县交运局、县商务局等部门在汽车站、各商场超市、行政审批服务中心等人流密集场所摆放平安宣传展板。8月，制定《关于常态化开展平安宣传活动的通知》，对平安宣传活动进行任务分解，印制8万份平安建设宣传年画和“平安三率”宣传单，由各乡镇（街道）组织网格员按户进行分发，同时租用LED电子屏宣传车集中开展宣传15天。

桐庐县荣获全省首批“平安金鼎”

【维护社会稳定】 2017年，县委政法委开展重大事项社会稳定风险评估工作，围绕重点建设项目、重大涉稳问题等，下发《关于对桐庐县2017年重点实施建设项目进行社会稳定风险评估的通知》，完成38件一般程序风险评估项目，稳评项目均有效化解或稳控。完善苗头性涉稳问题预测预警机制，对排查发现的问题实行即时通报会商，严格落实责任单位领导包案、动态跟踪、结果报送，推动条块联动配合，实现涉稳问题的源头预防化解。全年预警13件，未发生群体性集访滋事情况。深化以维稳、信访、公安、网信、民政和14个乡镇街道及其他单位的“5+14+X”的信息渠道模式，专群结合广辟信息来源，及时获取内幕性、预警性的情报信息，全年共发预警信息情报信息50余条次，牵头组织各类处置协调会30余场次。制定《桐庐县群防群治等级响应工作方案》，并要求各个乡镇（街道）及相关涉及部门制定具体等级响应方案，全年共发动平安巡防队员三万余人次，排查处置各类问题380余个，出动警力3360余人次，检查特业场所、寄递业、网吧236家，检查涉及危险物品单位26家，发现整改安全隐患36处，查获违法犯罪嫌疑人3名。是年，完成中共十九大、第四届世界互联网大会、全国大学生运动会、“一带一路”国际峰会等维稳安保任务，确保桐庐县主办的第二届国际民宿发展论坛、第二届国际快递业大会等26场次大型活动稳定有序。

【社会治安综合治理】 2017年，桐庐县以打造县、乡镇（街道）和村社区（网格）三级联动的“王”字形运行架构为目标，做强智慧治理中心，打造县级“智慧治理大联动”平台，整合县长公开电话12345、百姓热线967000等44条部门热线，整合公安、交通、城管、环保等20个领域的8270个视频监控，实现跨部门、跨区域协同共享；开发完成桐庐大联动信息系统，实现事件统一流转、交办、处理、反馈，横向与各部门之间进行事件的联动处置，纵向与乡镇(街道)、村(社区)、网格进行事件的四级联动处置。该平台在网格化管理、组团式服务工作的基础上，通过理念和技术创新，建设县级和街镇级二级平台，预处理、事件处置、考核评估、统计分析、统一用户管理等子系统和专业版APP，加强社会治理基层团队的建设、管理，把社会治理的触角延伸至社会最末梢，畅通“服务群众最后一公里”。推进全县“110”与“12345”并轨运行，按照“区分诉求类别性质、区分诉求紧急程度、主动担当无缝对接”的并轨运行工作原则，建立“12345”和“110”两个平台之间业务协作流转处理机制。确定“110”向“12345”分流共14大项，“12345”向“110”流转共10大项，明确对一些性质不明、边界模糊、情况复杂的群众诉求，由“110”社会应急联动兜底，初步构建“政府主导、统一指挥、分工负责、规范运作、高效快捷”的并轨运行工作体系。

【邪教打击和教育转化工作】 2017年，县委政法委依托反邪教阵地和文化礼堂，开展反邪宣传活动近40场次，发放反邪读本、宣传册、反邪宣传品等

平安（法治）桐庐建设暨全县政法信访工作会议

近8万份。高度重视节假日、重要时期的防控安保工作，实施重点时段“零报告”。对全县邪教在册人员进行护照、签证等排摸，共排查出30名在册人员持有护、证照情况，并逐一登记，做好防范出国、出境活动。7月2日，在全省的统一指挥下，县委政法委组成12个行动组、2个机动组对“12·27”“QNS”邪教专案实施收网，成功抓获辖区“全能神”邪教人员18名，其中刑事拘留12人，取保候审1人，批评教育5人，摧毁非法聚会点35个，成功转化邪教人员9名，顺利完成市防范办下达的任务指标，成为全市完成转化任务的四个区县之一。

【基层社会治理“四个平台”建设】 2017年，县委政法委探索符合“小县域”特点的“大整合”道路，建立“四个平台”一办六组实体化运作制度，按照第一类不少于60平方米、第二类不少于40平方米；第三类不少于30平方米的分类处置标准全面建成乡镇（街道）综合信息指挥室。城管、市场监管、环保、司法、国土等部门206人员下沉到乡镇（街道）“四个平台”。省编办将桐庐列入省打造乡镇“四个平台”政策制定组成员单位，分水镇为全省打造乡镇“四个平台”工作重点示范乡镇，省委组织部将桐庐县确定为部门派驻乡镇（街道）“四个平台”机构干部管理考核试点县。

【基层全科网格建设】 2017年，县委政法委完成全县877个网格调整规范工作，按照网格长、专职网格员、兼职网格员、网格指导员“一长三员”模式，配齐877个网格长、946个专职网格员，共配备6240名网格工作力量。县、乡两级共组织网格员培训67场，培训7282人次。结合“四个平台”改革，把公安、城管、国土等基层站所力量编进网格，推动工作沉下去、服务提上来。建立网格长网格联系图、群众走访图、安全信息图“三张图”，专职网格员重点人员、事件、设施、平安“四类信息”，夯实基层社会治理根基。

【“两链”风险防范化解处置】 2017年，桐庐县下发《关于成立桐庐县企业“两链”风险防范和化解处置工作领导小组的通知》，建立“两链”风险防范化解领导小组，成立专班从4月起正式运行。“1+4+X”的房地产专班共处置涉房领域相关群访130余次、3160余人次，中欧城、滨江一号公馆B区块等4个项目恢复建设，6个项目进入司法破产程序，4个项目开展司法破产准备工作，确保房地产领域平稳有序。金融工作专班累计排查350多家投资管理类企业，处置风险企业24家，帮助380余名投资人追回投资款3900万余元。其中省市交办桐庐县的677名善心汇投资人、14名妙资投资人等重点人员全部稳控，无一人失控参加聚集。防欠薪专班清欠职工工资5000万余元，涉及职工人数1357人，保障职工合法权益。

【执法监督】 为推动民事案件执行难问题的基本解决，根据省、市政法委关于开展民事案件执行工作专项执法检查的统一部署，2017年4月，县委政法委专门抽调政法委、检察院、司法局等政法业务骨干，成立专项执法检查小组，并参加市政法委组织的专项执法检查工作的专门培训。培训结束后，民事案件执行专项执法检查小组集中三天时间，专门到县法院检查民事执行案件卷宗，检查小组共抽查案件104件，案件类别为：家庭纠纷类7件，人身损害类58件（包括35件交通事故），劳务纠纷劳动争议类35件，民间借贷5件。其中查出问题或瑕疵案件72件，占所有被抽查案件70%。5月，检查小组将检查情况及问题提交县法院执行局整改，同时积极与之沟通，听取法院对反馈问题的整改情况汇报。6月，民事案件执行专项执法检查和整改工作基本完成。

【“无讼无访”村（社区）创建试点】 2017年，桐庐县以全省基层社会治理创新试点为契机，探索村（社区）基层自治新模式、矛盾调解新渠道。8月起，在10个试点村（社区）开展“无讼无访村”创建工作，组建由联系民警、法官、律师、信访干部组成的48名工作力量，参与矛盾纠纷化解。建立“5+X”联动机制，联合公安、法院、司法、信访、法制5家单位和村（社区）内其他调解单位和组织做好村（社区）矛盾一线化解工作。

【见义勇为】 2017年，县见义勇为基金会共表彰奖励6人为“桐庐县见义勇为积极分子”，分别是余方泉、余成、徐正鹏、潘国初、李成梁、周建波。梳理1994—2016年期间见义勇为先进人物194人，先进集体1个。3—5月，县见义勇为基金会对排摸出的所有见义勇为先进人员开展走访，对106个历年见义勇为先进个人及1个先进集体送上慰问金500元/人，共发放慰问金68500元。同时，将见义勇为积极分子事迹，放入桐庐人民广场“桐庐好人榜”宣传窗进行宣传。联合县公安局制作《见义勇为先锋人物桐庐平民英雄事迹》电视专题片，在杭州电视台《警界41》栏目及桐庐电视台播放。印发各类宣传材料3000余份、悬挂横幅、张贴标语等方式在各乡镇（街道）宣传见义勇为活动。

（陈学勤）

·公安·

【概况】 2017年，桐庐县公安局聚焦中共十九大安保圆心，以机制创新为主线，创新治理为抓手，压茬推进各类主题专项行动，全面实行打防管控，确保全县社会政治治安大局持续平稳。是年，接报有效警情44845起，同比下降0.98%；受理刑事类案件1864起，同比下降14.9%；交通警情18693起，同比下降2.1%；火警687起，同比下降6.8%；发生火灾40起，同比下降77.5%；采取刑事强制措施1149人，同比上升20.95%；移诉各类犯罪嫌疑人1043名，同比上升20.1%；行政拘留1311人，同比上升14.8%。县公安局被评为浙江省执法质量优秀单位、中共十九大维稳安保工作先进集体、市公安机关跑改工作先进单位，连续荣获市“从严治理、从严治警”、扬旗1号专项行动优胜单位，交警城南中队获市优秀基层单位；2人荣获省级中共十九大维稳安保工作先进个人，1人荣立个人二等功，17人荣立个人三等功，49人受到嘉奖，1人荣获杭州市优秀人民警察。

【重大活动安保】 2017年，县公安局完成桐庐山花节、桐庐百姓日、第二届国际民宿发展论坛、第二届国际快递业大会等40余场次大型活动和11批次要人警卫工作。完成第十三届全国学生运动会、嘉兴南湖重大勤务安保增援任务。保障村级组织换届选举工作顺利进行。是年，累计投入安保警力2000余人次，直接参与安保选举428次，查处涉选案件8起，行政拘留15人。

【公安信访】 2017年，县公安局以案结事了为重点，控增量、减存量，强化资源手段运用，落实应急处置机制，成功化解傅某、郑某等一批重点信访“骨头案”，稳控16名公安归口重点信访人员，实现“桐庐人不惹事、桐庐人不出事”总体目标。全年接访群众45批次54人，通过督促协调化解12起，其中领导包案化解2起。开展积案化解攻坚战，纠正补正执法错误瑕疵3个，追究责任人5名，发放司法救助金9万元。对重点人开展风险评估，排查重点信访人162名，重点信访群体7个2230余人，均按属地管理原则落实等级管控。组织开展进京劝返稳控50场次，教育训诫40人，行政处罚5人。受理来信来访67件78人、网络平台转办1797件，已办结1788件；

开展见义勇为先进人员走访慰问活动

受理上级领导批示11件，已办结。对领导批办、上级交办和在办案件的信访投诉件及引起舆论炒作和群众反映强烈的涉警执法案事件开展核查处置工作，对核查属实及部分属实的4件，对相关责任人员落实约谈及问责，对侵害民警执法权益的依法予以保护。是年，受理核查涉警信访投诉190件，督促业务部门查处侵害民警执法权益案（事）件27件，处理侵害民警执法权益行为人32名。

【中共十九大安保工作】 2017年，县公安局始终把做好中共十九大安保工作作为压倒一切的重大政治任务来抓，以高标准、严要求、硬举措，压茬推进各项安保主题专项行动。组织“两从严”“扬旗”1号、2号主题专项行动，分阶段升温提速各项安保工作措施。按照“一周一主题”要求，先后5次开展集中清查整治行动。刑事警情、治安警情、交通事故警情同比分别下降28.57%、14.29%、7.14%。制定《重点人顶格管控机制实施方案》，先后完成社会面风险评估两次，形成会商研判材料54份，核查上级指令111条，研判重点人员情报信息1200条次，多次有效预警甲鱼养殖群体等群访事件，拦截赴京重点人员13人次，确保重要节点期间绝对平稳。开展涉恐隐患排查，会同县平安办开展专题督查8次，实地督导单位21家，整改问题19个。严格落实流入重点人“七见四日”核查工作机制，核查涉恐关注人员285人次，查获危安类新疆维族逃犯1名。妥善处置非正常死亡事件76起，组织开展反邪教“敲门行动”，侦破“QNS”“12·27”邪教专案，抓获重点骨干成员15人。排查类金融风险企业348家，分类管控145家，清理整顿和清退化解企业7家，查处涉众型经济案件3起，涉案资金1.13亿元，抓获犯罪嫌疑人19人。采取刑事强制措施1023人，同比上升43.48%；行政拘留1133人，同比上升18.76%。命案发2破2，五类案件发9破9。成功侦破“3·1”网络贩枪案、“6·29”特大网络诈骗案、“8·12”桐君街道黑马浴场故意杀人案。打掉黄赌团伙9个74人、通信网络诈骗团伙5个118人。破获环食药省督案件2起18人、省毒品目标案件2起41人。以“查违规、查隐患、查制度落实”为重点，对违法犯罪及违规整改不到位的单位和个人依法查处，共发放整改通知书385份、行政处罚51家次，收缴管制刀具23把、专案及狩猎枪支67支，清理狩猎队员52人，收缴非法烟花爆竹1575箱。成功侦破“9·22”跨省非法买卖、运输爆炸物案，刑事拘留2人。出台《桐庐县实名制场所分级管理办法（试行）》，创新实施旅馆（民宿）业A（优秀、绿色）、B（一般、黄色）、C（差、红色）三级分色管理机制。处罚网吧93家次、责令停业整顿16家次；处罚旅馆252家次，按照《中华人民共和国反恐怖主义法》处罚21家，吊销特种行业许可证1家；移送邮政处罚寄递业29家。查处各类交通违法36.4万起，同比上升31.5%；醉酒驾驶168起，酒后驾驶263起，货车超载326起，行政拘留185人，电动车违法27981起，同比上升419.8%，事故警情同比下降

省委常委、政法委书记、公安厅长徐加爱调研桐庐公安工作

2.45%。累计对各类消防违法行为行政处罚235起，同比上升35.5%，责令“三停”单位103家，临时查封87家，新建微型消防站点25处，设置电瓶车集中充电点691处，拆除涉消违法建筑65处1.7万平方米，行政拘留65人，同比上升170.8%。

【刑事侦查】 2017年，县公安局受理刑事类案件1864起，同比下降14.9%；采取刑事强制措施1149人，同比上升20.95%；移诉各类犯罪嫌疑人1043名，同比上升20.1%；五类案件立11起破11起，命案3起，破案3起，命案破案率连续18年保持100%，其中破获2014年杀人隐案受到《人民日报》、中央电视台、《法制日报》《人民公安报》等50余家主流媒体报道。相继侦破部督“3·1”网络贩枪案、部督“3·13”通信网络诈骗案、“6·29”特大网络诈骗案等重大案件。全年侵财采取强制措施460人，同比上升34.9%；移诉341人，同比上升15.6%。

【侦查经济犯罪】 2017年，县公安局建立侦查经济犯罪联席会议制度，开展“云端”“云剑”等系列行动，采取刑事强制措施64人，移诉44人，抓获逃犯15人。侦破五星洁具等重大非法集资案5起、23人，侦破虚开增值税专用发票案16起、28人，侦办职务犯罪案5起、8人。

【侦查涉林犯罪】 2017年，县公安局处置涉林警情205起，立案71起，其中刑事案件6起、

桐庐县“110”社会联动工作会议

林政案件65起，结案查处70起，其中刑事案件5起、林政案件65起，追究6人刑事责任，收缴罚款74万余元。相继开展“利剑行动”“禁种铲毒”“利剑3号”—侦查破坏森林和野生动植物资源违法犯罪活动等系列专项行动，期间出动警力463人次，车辆145台次，查结林政案件31起，收缴罚款26万余元；清理木材、野生动物非法交易场所6处，清理木材、野生动物加工经营场所23处，检查野生动物活动区域5处；制止违章用火行为7次，开展宣传教育活动5次；发现毒品原植物种植点8处，收缴毒品原植物715株；拆除捕鸟网4张，救助猫头鹰、凤头鹰、白鹭等野生动物14只。出台《桐庐县森林公安局“林区警长制”实施办法》，设立2个中队、4个警务区、8个责任区，完成41个乡镇（街道）和重点村挂牌工作，合力创建“警务共同体”；建立14支护林联防队伍，化解各类矛盾纠纷32起。

【助力全国文明城市创建】 2017年，县公安局全警参与，助推全国文明城市创建工作。循环开展城区主次干道、商业大街、校园周边黄赌等治安风气整治，以“常规巡查+专项打击”相结合，提高见警率和管事率。查处黄赌违法犯罪人员531人，同比上升42.7%。其中黄赌刑事打击87人，同比上升45%。处罚娱乐场所6家，停业整顿4家。出台早晚时段校园周边秩序管理和警力部署方案，对重点学校人防、物防、技防培训升级进行专业指导，确保校园安保规范到位。加强实名制登记场所管理，对全县30余家网吧进行联合检查，督促网吧业主安排人证合一系统，百分百落实实名登记，加大对网吧禁烟管理，对管理者和吸烟者连带责任一并进行处罚告诫。查处网吧业主不制止吸烟

全国文明城市创建礼让斑马线活动

行为案45起，查处旅馆不落实“四实登记”225家次，吊销特种行业许可证1家。开展文明劝导60余次，劝导违停等不文明行为400余起。完善交通设施，调整城区主干道斑马线10处，增设机动车道中央隔离、中央绿化带隔离和机非隔离设施1.4万米，新挖掘道路停车泊位1500余个，查处违法停车11.5万余起、不礼让交通违法3.2万余起、电动自行车违法3.5万余起。

【治安管理】 2017年，县公安局办理黄赌行政案件218起，行政拘留403人，行政罚款408人。刑事案件13起，捣毁黄赌团伙9个，采取强制措施98人，移诉97人，同比增长67.24%，捣毁黄赌团伙9个。相继侦破“3·24”游艺城涉赌团伙案、“9·19”特大有组织赌博案等大要案。组织协调全局警力开展重大项目保障性施工11次，保障拆违22次，拆除违章建筑140余处。推行实名制场所分级管理办法，全县341家旅馆分为A优秀、B一般、C差三级，开展联合执法6次，整治52家，取缔51家。查处旅馆（民宿）285家，开具反恐罚单22张，吊销特种行业许可证1家；寄递业处罚11家，移交邮政管理局38家；娱乐场所处罚25家，罚款6家，停业整顿4家。处罚危险物品单位51家次，累计罚款30200元，发放整改通知书385份。集中销毁烟花爆竹2800余箱。捣毁烟花爆竹制造窝点1处，扣押生产机器8台，危爆物质20余公斤，刑事拘留1人。

【禁毒管理】 2017年，县公安局加强对重特大毒品案件、团伙贩毒和跨地区贩毒案件的打击力度，严格落实分级分类管控措施和“逢嫌必检”工作，“逢嫌必检”率95%以上。组织协调宣传、劳动、工会、教育等禁毒委成员单位全面开展“禁毒流动课堂”“不让毒品进校园”“毒品知识进万家”等禁毒宣传活动。县青少年禁毒教育基地建成开放，接待中小学校师生6700余人次。是年，办理各类涉毒案件208起，查处吸毒人员311人，强制隔离戒毒58人，移诉45人，破获3人以上团伙7个，省目标案件2起，其中侦破刘艳芳、钟根旺等贩毒团伙案，抓获违法犯罪嫌疑人35名，缴获冰毒、麻果等毒品约1公斤、毒资13万余元，受到省委常委、市委书记赵一德批示肯定。

【“最多跑一次”改革工作】 2017年，县公安局通过“简化办、网上办、规范办、就近办”等举措，扎实推进“最多跑一次”改革，建立“一窗受理集成服务工作机制”，梳理“最多跑一次”群众和企业办事67个主项、95个子项，其中87项实现“最多跑一次”，占比91.58%。按照“4+X”模式，在窗口体现一句口号、一个LOGO（公安主题图板）、两张清单、一本指南。实现“一证办”（凭身份证办）事项33项，全流程“网上办”事项34项，现场即办事项55项。全年异地办证2285人。全面推进“12345”与“110”并轨运行全市试点工作，构建“12345”与“110”双号码、双热线、双平台对接并轨运行机制。推进户籍制度改革，制定出台《桐庐县户口迁移管理办法》。

【出入境及往来港澳台管理】 2017年，县公安局办理内地居民普通护照14967份，港澳通行证及签注13649份，台湾通

县公安局“最多跑一次”改革工作推进会

行证及签注4446份，办理台湾居民证件11份。阻止法定不准出境8人次，发现双重户籍双重国籍3人次。登记录入境外人员7031人，境外人员登记率和及时率100%，准确率99.93%。走访重点涉外单位32家，查处“三非”案件2起，其中非法入境案件1起，拘留审查1人；非法居留案件1起，警告1人。查处其他行政案件15起，其中查处骗取出入境证件案件1起，外国人吸毒案件1起，处罚不按规定登记境外人员住宿信息的旅馆13家。

【流动人口管理】 2017年，县公安局会同县综治办明确乡镇（街道）流动人口管理服务任务、责任清单，落实“1+1+X”（“1”即民警，“1”即流动人口专职协管员，X指网格员）排查整治工作机制，将流动人口登记率、准确率、出租房屋备案登记率、消防设施配备率纳入乡镇（街道）平安考核，实行一月一考。编织管控网，网下增设申报点，借助乡镇（街道）“四大平台”建设，设置警务站，提供流动人口管理服务。出台《桐庐县居住出租房屋“旅馆式”管理试点工作方案》，按照“五个一”标准，在城南街道桑园村开展居住出租房屋“旅馆式”试点工作，桑园村“旅馆式”登记管理工作已全面运行，11月中旬召开试点工作经验推广会。深化流动人口网上远程申报机制，落实申报单位450余家，制定出租房屋二维码实施方案，在城南街道桑园村开展试点。桐君街道试点在华数电视平台开发建设居住出租房屋“一键申报”智慧平台，破解“人来迟登记，人走不注销”这一顽症。是年，流动人口在册登记109401人，其中累计新登记132391人，登记数与上年同比上升3.38%，办理新型居住证3032张。办理流动人口、出租房屋管理类案件750余起，抓获流动人口逃犯20名（其中信息比中4名）。

【道路交通管理】 2017年，县政府出台《关于加强道路交通安全管理责任制工作的通知》，把降低交通死亡指标、隐患排查治理、重点乡镇挂牌整治和交通安全宣传长效机制建设等纳入对各乡镇（街道）及有关部门“平安桐庐”考核内容。

市公安局领导检查桐庐流动人口服务管理工作

会同农林部门成立变型拖拉机专项整治，排查各类变型拖拉机1587辆（其中外籍变型拖拉机278辆）、农机驾驶证1694本。移交处理涉假团伙2个，以诈骗罪刑拘3人，以买卖国家证件取保候审6人。联合执法查扣超载超限货车225辆。以隐患清零为重点，提升事故防控水平，排查隐患点段161处，列入市级隐患治理1处，县级层面160处。对16家重点运输企业安全主体责任落实情况开展全面检查。“两客一危”报废率100%，重型货车未报废11辆，完成率99.7%；“四类车”未检验145辆，完成率96.8%；四类车3次以上违法未处理212辆，完成率94.9%；A、B类驾驶证逾期换证152本，完成率99.1%；A、B类驾驶证逾期审验384本，完成率97.7%。以路面严管为抓手，宣教并举，全面整治交通秩序。将公职人员不礼让斑马线行人、违法停车等不文明交通违法行为在“桐庐发布”微信公众号进行公布，并由所在单位纪检组进行约谈。完善交通设施，调整城区主干道斑马线，增设机动车道中央隔离、中央绿化带隔离和机非隔离设施，严厉查处违法停车、不礼让交通违法、电动自行车违法等行为。大力推进智慧交管建设，紧盯“两客一危”、重型货车、电动车等重点车辆和“失驾”、毒驾、酒驾、超载等重点违法，查处各类交通违法45万余起，同比处罚量净增10万起，其中酒后驾驶301起、醉酒驾驶188起、超载632起。事故警情同比下降7.03%，事故死亡人数同比减少8人。

【消防管理】 2017年，县公安局开展临街商铺、厂房（仓库）、商（市）场、重点单位、高层建筑、出租房屋、易燃易爆场所、重大火灾隐患、电动车集中充电等系列专项行动。全面落实居住出租房屋及合用场所消防安全管理“七条规定”，高层建筑安全管理“七必须”，施工工地安全管理“七到位”和排查整治行动责任倒查追究“五个一律”等刚性举措。将十九大消防安保纳入年度消防安全目标管理责任书，与14个乡镇（街道）、8个县级部门签订责任状。排查社会单位4779家，督促整改火灾隐患4036处，下发行政处罚决定书283份，同比上升26.3%，临时查封100家，责令“三停”116家，拘留84人。累计检查出租房10440家，签订责任书10440份；排查高层建筑382幢，发现隐患285处，督促整改隐患201处；发现上报涉消违建66处，督促拆除64处；整治合用场所356处；新建微型消防站点50处，设置电瓶车集中充电点506处，增配独立式感烟报警探测器1880个，增配“四件套”1875套。累计拆除影响消防安全的违法建筑1.45万平方米。提请市县两级政府重大隐患挂牌督办单位7家。联合县文广新局电影放映队开展消防公益广告跟播1600余场次，在桐庐电视台开设隐患曝光台曝光火灾隐患79处，在《今日桐庐》报推出《消防安全保障360》系列报道，有效曝光火灾隐患。是年，接到火警687起，同比下降6.8 %，发生火灾40起，直接财产损失29.04万元，同比下降77.5%，直接财产损失下降4%，未发生人员死亡和较大以上火灾事故。

【水上管理】 2017年，县公安局水上派出所全方位地对涉水景区、码头、海事、渔政等单位开展大走访工作，有序推进船舶、船员信息登记采集工作，全面摸清该港籍船舶船民的基本情况，督促船主办理船舶船民信息备案登记，确保该港籍渔船渔民信息采集率100%，并全部录入浙江内河水域治安基础信息管理系统。与海事、水政、渔政等行政管理部门开展联合执法7次，集中清理两江流域“三无”船舶70余艘。是年，出警50起，同比下降12%，成功救起落水群众2人，打捞尸体7具。破获盗窃货船电瓶案1起。调处各类纠纷13起，发放隐患整改通知书5份。发放船舶新发户牌14块，年审161艘，新办船员证147人，年审358人，流动人员登记备案34人。

【执法规范化建设】 2017年，县公安局继续深化执法规范化建设，充分发挥法制服务保障、执法监督等职能。制定《桐庐县公安局执法视音频记录管理工作规定》《桐庐县公安局罚没款执行工作规定》《桐庐县公安局涉案和非涉案财物管理实施细则》等制度。开展执法安全隐患排查，梳理执法风险2大方面7小类，排查办案区监控盲区117处、新增数字摄像头66个、移位模拟摄像头51个。建立法律文书看守所代送达、部分案件全卷网上审核审批等工作机制，强化服务保障，提升执法效率。完成局机关执法管理中心、涉案财物管理中心、办案中心“三位一体”建设。落实“以考促学”，组织6批次400余名民警开展执法素质测试，在全市公安机关技能大比武中荣获团体第1名。

【党风廉政建设】 2017年，县公安局梯次趋紧开展监督执纪问责，确保公安队伍纯洁稳定。制定实施《桐庐县公安局落实党风廉政建设主体责任层级管理办法（试行）》，出台《关于开展岗位风险排查活动的实施意见》，梳理出岗位廉政风险40项，实施泄露公民个人信息排查整治，发现数字证书使用方面问题9个，对涉及12名民警、辅警进行约谈提醒并落实局规记分，建议劝退2名辅警。开展执法环节监督、违规经商办企业、小金库排查整治活动，落实办公用房超标整改、“八项规定”精神“回头看”、吃“空饷”专项清理、纪律处分决定执行工作专项检查、公务接待、项目资金监督等。是年，实施各类督察200场次，发放督察通报85期，通报整改各类问题494个，提出督察意见建议150条，对民警局规记分583人次645.5分、辅警记分223人次418分，约谈提醒88人，效能问责11人。

【警民公共关系】 2017年，县公安局制定实施《关于开展“联村走企访户”深化基层走亲活动的通知》和《问绩（计）于民大走访活动方案》，县管干部走访农户700余户，其他中层干部走访农户2000余户。分别组织开展“小候鸟”法治夏令营主题警营开放活动、留守儿童进警营活动；走进“夕阳红”大讲堂开学典礼，为全县离退休老干部作《老年人防诈骗》专题讲座；邀请各层面代表1000余人观看杭剧现代戏《真的好想你》。结合“千名好民警（协警）”评选活动，开设“最美警察”“先进风采”等栏目，每季开展“星级警察”评比活动，有25名民警和3名辅警被市级以上媒体宣传报道，其中11名党员民警先进事迹被《人民公安报》、浙江电视台、《浙江法制报》《平安时报》《杭州日报》、杭州电视台等主流媒体报道。推进“双微”平台建设，及时发布各类预警防范消息，发布微信1000余条、微博1500余条。人民日报官微、央视、新华网、中新社等全国级媒体报道148篇次，制作公安工作宣传片2期，制作播放《桐江警视》电视专题24期，市局《警界41专题》录用6期。编发《派出所微故事》12期。

【教育训练】 2017年，县公安局按照“学为用、练为战”原则，从化解工训矛盾为切入点，将培训课堂搬到基层实战单位。推选业务能力强、素质高的24位民警组建精品教官团队，按照“民警缺什么补什么”要求，精选课程、加强教学，开展刑侦、交管、法制等10个方面的警种培训30余期5000余人次。注重基层警力精专提升，开设警种大课堂，建立基层民警轮训中队，通过专班培训、跟班作业，强化基层民警实战练兵，提升打击破案能力，侦办专案9个，破案31起，抓获犯罪嫌疑人92名，捣毁团伙9个。

【江南油库事件成功处置】 诸暨—桐庐成品油管道配套油库工程系经省发改委核准的省重点工程，项目选址于江南镇横山埠村，用地面积约4.72公顷（其中横山埠村3.84公顷、金茂姚家自然村0.88公顷），总库容6.8万立方米，新建10座5000立方米和3座6000立方米储油罐，工程总投资1.36亿元。项目实施以来，因周边村民以环保安全、征地补偿等问题强烈反对，项目搁置多年未实质推进。在县、镇、村三级做了大量疏导化解工作的基础上，县委、县政府决定于2017年6月5日就此项目推进实施保障性施工。县公安局积极提前介入、科学周密组织，全力确保项目保障性施工顺利推进。县公安局把保障油库项目作为一项重大维稳安保任务来抓，成立由巡特警大队牵头，指挥中心、治安、网警、属地派出所组成的工作专班，开展实体化运作。抽调精干力量成立案件调查组、基础排查组、网络舆情组和人力情报组，有力推进各项工作。6月5日，县公安局调集400余名警力，克服阴雨天气，按照预定方案严密警戒、严格纪律、严实履职，有效确保施工顺利进行。保障性施工后，网络舆情持续发酵，县公安局与县网信部门联合做好舆情监测、落地核查、上门告诫等工作，落地查证告诫13人，责令删除各类帖子66条，成功在事发3天内将网络舆情数量下降一半，始终将舆情控制在较低水平，有效避免形成炒作热点，并成功瓦解了部分村民6月12日至武林广场集会的维权行动。积极配合县专项工作组深入村户，上门回应诉求、宣传政策、疏导情绪，取得群众支持与理解；另一方面，通过摸排调查，锁定幕后煽动滋事挑头骨干人员，适时进行打击。其间，共传唤告诫21人次。特别是6月9日，县公安局集中对煽动群众到县政府群访的骨干人员钱李伟等5人进行传唤审查，并依法行政拘留2人。

【侦破“8·12”故意杀人案】 2017年8月12日，犯罪嫌疑人王某怀疑女友李某与其他男子有联系，怀恨在心并预谋将李某杀害，后在桐君街道黑马休闲会所三楼306室，将李某掐晕后以为李某已死亡，将李某藏匿至317室，后打电话报警自首称自己杀了人。城北派出所接警后迅速在圆通社区门口控制住报警人王某，并带至城北派出所。又立即赶赴黑马休闲会所三楼案发现场，发现317房间内有一名女子趴在床上昏迷不醒，9月19日，被害人李某经抢救无效死亡。

【侦破“12·12”故意杀人案】 2017年12月12日18时30分许，被害人沈某因其家后山的菜被同村的犯罪嫌疑人沈某养的羊吃掉，赶到瑶琳镇文源村二组黄家97号犯罪嫌疑人沈某家责骂。犯罪嫌疑人沈某恼羞成怒，即用椅子砸向被害人沈某，被其妻沈某等人阻挡而未砸到，被害人沈某也拿起电视机柜上的POS机砸向犯罪嫌疑人沈某，犯罪嫌疑人沈某当即拔出拐杖中的剑朝被害人沈某腹部猛刺一剑，致使被害人沈某腹部遭锐器刺戳，致使腹腔内大血管破裂引起急性大失血而死亡。随后民警立即将涉嫌故意伤害的犯罪嫌疑人沈某传唤至瑶琳派出所开展调查。

【侦破“9·19”开设赌场案】 2017年，县公安局多次接到群众举报申屠某、王某、孙某等人开设赌场，非法获利上千万元，参赌人员涉及杭州、富阳、诸暨、建德、桐庐等地，该赌场涉及放高利贷和非法拘禁，社会影响极其恶劣。经侦查发现申屠某、王某、孙某等人开设赌场，每场参赌人员少则三四十人，多则达百余人，总计获利达到数百万元。该犯罪团伙分工明确，组织严密。刑侦、治安、技侦等部门合成作战，采用耳目贴靠、视频追踪、技术侦察等手段进行证据收集。9月19日凌晨，全局抽调100余名民警，开展统一收网行动，成功抓获犯罪嫌疑人25人，违法嫌疑人1人，查扣资金28万元，涉案金额上千万元。

【侦破省标“2017—120”跨省贩毒案】 2017年7月，县公安局发现申屠某、方某、李某等人在桐君街道、建德市乾潭镇等地多次贩卖冰毒，涉案数量500余克，涉案人员众多。经报请市局、省厅批复，该案符合省目标侦破案件标准，同意将该案列为省标案件，编号为2017—120。经侦查，嫌疑人长期住在临安市於潜镇，地理条件对侦查和抓捕工作困难较大。专案组通过定点蹲守、秘密跟踪，逐步摸清申屠某等人的基本情况和活动规律。10月初，获悉重要嫌疑人申屠某将从临安到桐庐城区“散货”，并与重要下家接头交易。10月10日，专案组兵分四路，分别在广西壮族自治区柳州市、临安市於潜镇、桐庐县城、富阳市区同时收网，经过24小时连续作战，抓获涉毒团伙成员27名，经审讯犯罪嫌疑人如实供述贩毒并从中牟利的犯罪事实。

【侦破“3·24”游艺场所开设赌场案】 2017年7月，县公安局抽调精干力量成立专案组，对全县游艺场所存在赌博行为进行彻底打击。专案组民警通过便衣侦查，调查赌场营业规律、赌场的进出口、管理人员、组织者等相关情况，全面掌握涉赌游艺厅人员组织架构。3月24日，采取异地调警查处的方式，调集300余名警力，在同一时刻对4家游艺厅实施冲击，现场传唤涉案人员150余名，查获赌博游戏机42台、赌资26.5万元。通过调查取证，4家游艺场所均以涉嫌开设赌场罪被立案侦查，18人被采取刑事强制措施，53人被治安处罚。

【侦破分水非法采矿案】 2017年4月，县公安局与国土局、分水镇政府联合执法，初步查明分水镇城西村梧桐自然村某地块存在长期非法开采砂石的犯罪行为。10日，分水派出所、治安大队、巡特警大队组织60余名警力对犯罪嫌疑人实施定点抓捕，先后抓获林某、刘某等犯罪嫌疑人9人，刑事拘留6人，取保候审3人。经查，2016年10—12月，分水镇城西村梧桐自然村林福祥、宋显荣、刘义清、刘忠平等人未经政府批准，擅自在该村原谢水土养猪场地块（属于矿场资源禁采区）非法开采沙石资源，并指派王某、姚某为现场管理、记账人员，王某负责开挖机挖砂，开采的砂石料以每吨18.75元的价格卖给刘某，非法获利21万元。而犯罪嫌疑人石某明知开采的砂石料系非法，仍要求刘某以每吨21元的价格收购，其中2.25元每吨的差价占为已有，非法获利11.86万元。犯罪嫌疑人刘某明知林某等人非法开采砂石料，仍以每吨18.75元的价格收购，并同意石某从中赚取2.25元每吨的差价。截至案发时，总计开采建筑用砂4638立方米，剥离表3934立方米，合计违法开采矿产品价值22万余元。

【侦破公安部督查“7•1”裘国灿等人污染环境案】 2017年7月1日，县公安局接到群众反映江南镇永昌铁镍合金有限公司发生人员中毒事件。通过调查发现，裘某通过潘某从劳务市场招用8名重庆籍临时劳工将废物装入编织袋中进行沥干，8名工人在处置过程中发生不同程度中毒，后被送往桐庐、富阳人民医院治疗，经医院初步诊断为苯中毒。县环保局对废料进行采样分析，认定涉案废料均为危险废物。案发后，先抓获涉案人员裘某、潘某等人。该案涉及2个省4个市，涉案人员多，涉及危险废物数量较大。侦查员从污染物源头、运输、处置等重点环节入手，围绕污染物来源、去向展开取证，历时3个多月，涉及温州市、山东淄博市、泰安市等地，从源头开始，以点串线，全环节打击环境污染犯罪各个产业链，逮捕犯罪嫌疑人3人，取保候审6人。

（叶　镇）

·检察·

【概况】 2017年，县检察院受理公安机关提请批准逮捕案件358件576人，涉案人数同比上升25.76%，审查后批准逮捕412人，批捕率71.2%，同比下降4.78%，不批准逮捕167人，不捕率28.8%，同比上升6.52%。受理审查起诉各类刑事案件615件978人，涉案人数同比上升6.65%，审查后提起公诉500件667人，移送他院管辖9件31人。严格证据标准，因不构成犯罪或证据不足作出不批捕、不起诉决定56人；坚持宽严相济刑事政策，因无逮捕必要、犯罪情节轻微作出不批捕、不起诉决定93人；审查逮捕邪教犯罪案件2件13人、

县检察院举行首批员额检察官宣誓仪式

“黄赌毒”犯罪案件58件126人、电信诈骗犯罪案件11件58人；审查起诉故意伤害、抢劫等严重暴力犯罪案件22件47人、“e租宝”等涉众型经济犯罪案件7件13人、“淘宝代运营”合同诈骗犯罪案件1件64人。全年共接待群众来访28件145人次，提供行贿犯罪档案2232份，受理接待律师阅卷162人次，发布案件程序性信息1054条，公开案件法律文书419份。是年，县检察院获平安桐庐建设集体嘉奖，公诉科获评2017年度浙江省巾帼文明岗。

【检察监督】 2017年，县检察院围绕纠正违法、抗诉和追诉、追捕、该立案未立案等重点环节开展法律监督，向侦查机关发出要求说明不立案理由通知书12份，监督侦查机关立案6人，其中4名犯罪嫌疑人被判处4年以上有期徒刑；追捕、追诉犯罪嫌疑人4人，全部被判处有期徒刑以上刑罚；提起刑事抗诉案件1件，已发回重审。加强对审判执行活动的监督，发出再审检察建议后，法院再审立案2件，办理审判人员违法行为监督案1件。开展社区矫正检察监督，办理捕后羁押必要性审查案件18件18人，审查监督人民法院暂予监外执行征求意见案件13件13人。受理民事行政案件5件，办结4件，移送涉嫌虚假诉讼犯罪线索2件，公安机关立案2件，已作出有罪判决1件1人。

【依法履行提起公益诉讼新职能】 2017年，县检察院推进检察机关提起公益诉讼（主要是指检察机关对损害国家和社会公共利益的违法行为，向人民法院提起诉讼，民事公益诉讼的案件范围为检察机关在履行职责中发现的污染环境、食品药品安全领域侵害众多消费者合法权益等损害社会公共利益的案件，行政公益诉讼的案件范围为生态环境和资源保护、国有资产保护、食品药品安全、国有土地使用权出让等领域负有监督管理职责的行政机关违法行使职权或不作为，造成国家和社会公共利益受到侵害的案件，重点是对生态环境和资源保护领域的案件提起行政公益诉讼）工作，成立公益诉讼工作领导小组，及时上报公益诉讼工作开展情况，排查公益诉讼案件线索，办理公益诉讼案件2件。与桐庐广播电台893合作，联合制作播出《检察官说法》栏目，专题宣传公益诉讼。

检察官进校园开展法治教育

【未成年人检察“双引双模”工作】 2017年5月，杨某某（作案时未满18周岁）伙同武某某分五次取走他人银行卡内人民币14000元。案件移送至县检察院审查起诉，经过了解案情，深入社会调查、严格证据审查，县检察院拟对杨某某作相对不起诉并委托桐庐彩虹公益组织，对其开展3个月的帮教（社会公益服务活动、心理辅导、劳动技能培训、法律知识学习等内容）。通过3个月的帮教，杨某某真心悔过，表现良好，县检察院对其作出相对不起诉决定，这是县检察院未检科“双引双模”（指引入社会公益力量建立项目化帮教模式，引入在校学生建立课题化预防模式）工作机制一次典型实践，全年共帮助3名未成年人改过自新，重回社会。是年，组织桐庐中学课题小组完成具有学生特色的本地未成年人犯罪大数据分析报告，指导学生成立法治社团（厚法格致社）。

【推进监察体制改革】2017年，县检察院推进国家监察体制改革试点工作，县检察院原反贪污贿赂局、反渎职侵权局、职务犯罪预防科共14名干警整体转隶至县监察委员会，相关职务犯罪案件全部侦查终结，职务犯罪线索按规定移交完毕。加强与县监委工作对接，与县监委联合出台《关于加强和规范职务犯罪案件移送工作的会议纪要》，明确案件办理细则，依法办理县监委移送职务犯罪案件2件2人。

组织召开淘宝代运营案件协调会

【检察体制改革落地生效】2017年，县检察院完成检察官、检察辅助人员、司法行政人员三类人员分类管理，分两批遴选员额检察官20名，确定检察辅助人员20名、司法行政人员12名，新任命7名检察官助理协助员额检察官办案。建立与司法责任制改革相配套的内设机构体系，改革后内设机构由原来的15个缩减至8个。入额院领导、检察委员会专职委员带头办案，检察长、副检察长、专职委员共办案92件。建立检察官联席会议制度，召开检察官联席会议12次，讨论处理疑难复杂案件15件。

【诉讼制度改革】2017年，县检察院开展认罪认罚从宽制度试点，制定认罪认罚案件审查起诉工作规则，规范公诉阶段适用认罪认罚从宽制度法律文书，落实值班律师制度，对107件110人适用认罪认罚从宽制度，适用率44.4%，其中起诉91件，不起诉16件。落实“四类人员”（证人、鉴定人员、有专门知识的人、侦查人员）出庭的实施细则及相关配套规定，13名“四类人员”在8起案件中出庭作证。

【“最多跑一次”改革工作】2017年，县检察院制定检察环节推进“最多跑一次”改革实施方案，明确服务事项具体处理流程和责任部门，通过“两微一端”一次性告知办事和申请程序。建立线上线下一体化服务平台，依托检察服务大厅和桐庐检察微信公众号，实现24小时一站式不间断服务。建立案管、公诉、侦监、控申等部门“最多跑一次”事项沟通衔接机制，简化办事程序，提升办事效率。

【剿灭劣V类水行政执法监督专项行动】2017年，县检察院制定《剿灭劣V类水行政执法监督专项行动实施方案》，集中排查案件线索，了解全县水体及剿劣工作情况，现场抽查督导13处重点整治水体、3家重点排污企业和乡镇温室甲鱼养殖场，对治理污染不到位、行政机关监管缺位的情况发出检察建议督促整改。运用县级河长督察机制，对巡查发现的废水直排、污水井渗漏等问题，运用行政检察监督手段督促相关职能部门整改到位。开展“破坏环境资源和危害食品药品安全犯罪专项立案监督”活动，主动介入环境保护执法活动，建议行政机关移送涉嫌“两个专项”犯罪案件1件1人，监督公安机关立案2件3人。

【服务保障非公有制经济】2017年，县检察院制定《服务保障“妙笔小镇”建设工作方案》和《精准服务特色小镇建设的工作意见》，把不法势力欺行霸市、收取非公有制企业“服务费”、合同诈骗等危害企业正常经营和公平竞争犯罪作为打击重点，对非公有制企业经营管理人员、技术骨干人员涉嫌犯罪，情节较轻且积极配合调查的，或者采取取保候审、监视居住等措施能够保障刑事诉讼顺利进行的，一般不采取羁押措施，对2起涉嫌犯罪的非公有制企业负责人依法不批准逮捕，保障企业正常经营。

（魏　丹）

·法院·

【概况】 2017年，桐庐县人民法院共受理各类案件13048件，办结12699件，同比分别增长10.77%和11.09%，收结案再创桐庐法院历史新高。一审民事行政息诉率95.99%，列杭州地区基层法院第1位；案件平均审理天数62.13天，平均执行天数100.74天，均列杭州地区基层法院第4位；主要办案质量、效率、效果指标持续名列前茅。是年，县法院法律援助工作站被评为“杭州市优秀法律援助工作站点”，立案庭荣获杭州市“巾帼文明岗”，分水法庭被评为省高级人民法院先进集体，院办公室被省高级人民法院记集体三等功。干警楼柯柯被省高级人民法院记个人二等功，张志勇、姚秋娉被省高级人民法院记个人三等功。

【刑事案件审判】 2017年，县法院审结刑事案件484件，判处罪犯668人，其中审结非法持有、私藏枪支、弹药，交通肇事、危险驾驶等危害公共安全罪案件112件112人；审结合同诈骗，非法经营、生产、销售伪劣产品等破坏社会主义市场经济秩序罪案件17件27人；审结过失致人死亡、强奸、非法拘禁、重婚等侵犯公民人身权利、民主权利罪案件47件56人；审结抢劫、盗窃、诈骗、抢夺、挪用资金、敲诈勒索等侵犯财产罪案件190件231人；审结妨害公务、聚众斗殴、赌博、容留他人吸毒、走私、贩卖毒品等妨害社会管理秩序罪案件81件126人；审结贪污、挪用公款、受贿罪案件4件4人；审结滥用职权罪案件1件1人。

【民商事案件审判】 2017年，县法院受理民商事案件7391件，同比增长10.9%；审结6275件，与2016年持平，结案标的额27.2亿元。审结婚姻家庭、遗产继承、抚养、抚育纠纷等案件495件；审结追索劳动报酬、经济补偿金、侵权赔偿、工伤保险等案件297件；审结买卖、承揽、保险、建设工程、房地产开发经营等案件336件；审结金融借款、信用卡纠纷案件468件，结案标的额近3亿元；审结民间借贷纠纷案件3217件，结案标的额近7.2亿元。

【行政案件审判】 2017年，县法院受理行政诉讼案件17件，审结15件；审查行政非诉执行案件44件，其中1件撤诉、43件准予强制执行。发布年度行政审判司法审查报告，通报败诉案件情况及行政机关执法中存在的不足，及时分析原因，提出建议。与县法制办共同召开府院联席会议暨法治政府建设工作会议，以会议纪要形式出台《桐庐县行政规范性文件合法性审查“府院衔接”工作机制》《桐庐县行政复议和行政诉讼衔接工作意见》，为诉讼和复议更好衔接提供制度支持。

【案件执行工作】 2017年，县法院受理执行案件5132

县法院举行首批员额法官入额宣誓仪式

件，执结执行案件4762件，同比增长18.90%，执行到位金额6.74亿元，同比增长53.11%。对285名被执行人实施罚款、司法拘留，1名涉嫌犯罪的被执行人移送县公安局。依托“总对总”“点对点”网络执行查控系统，查控存款11.20亿元、房产1998处、机动车220辆。4493名“老赖”信息被纳入全国法院失信被执行人系统，通过公交电视、微信、网站、户外电子平台等渠道，曝光“老赖”。设立保全、查控、裁决、实施4个工作小组，实行执行员固定接待日、24小时备勤制度。

【首批员额法官入额宣誓仪式】 2017年4月5日，县法院举行首批员额法官入额宣誓仪式。县委书记朱华、县人大常委会主任游宏等县领导出席。县人大代表、政协委员、人民陪审员参加。法院院长陆忠明为领誓人，左手抚按宪法，右手举拳，面向国旗，带领入额法官宣读誓词。法官员额制按照司法规律配置司法人力资源，是实现法官正规化、专业化、职业化的重要制度和推进司法体制改革的重要举措。首批入额法官31名，经过多环节筛选，均为业务水平高、司法经验丰富的业务骨干。12月7日，县法院举行第二批员额法官入额宣誓仪式。县法院现有员额法官37名。

【“无讼无访村（社区）”创建】 2017年8月25日，县法院召开全县“无讼无访村（社区）”创建活动部署会。浙江省高级人民法院副院长何鑑伟、市中级人民法院副院长郎长华出席。会议确定城南街道梅林社区、东兴村，桐君街道南门社区、麻蓬村，分水镇武盛村、城西村，横村镇城东村、杜预村，江南镇窄溪村、珠山村（社区）为“无讼无访村（社区）创建第一批试点单位”。“无讼无访村（社区）”创建活动以村（社区）为基本单元，整合纠纷解决的各项社会资源，发挥人民法院审判职能和专业优势，落实关口前移、一线解决、协同作战，努力实现“小矛盾不出村（社区）、大矛盾不出乡镇（街道）、重大疑难纠纷不出县”的目标。活动采取“4+X”联动机制（“4”是指法院、公安、司法行政、信访4家单位，“X”是指对化解矛盾纠纷有帮助的组织或个人，多方联动协作化解“疑难杂症”），在达成调解协议的基础上，加上人民法院的司法确认，使调解协议获得强制执行的法律效力。是年，5个乡镇（街道）、10个村（社区）通过创建验收。《浙江法制报》、省高级人民法院官方微信对桐庐“无讼无访村（社区）”创建活动作经验介绍。

【破产审判团队成立】 2017年，县法院组建破产审判团队，由一名审判委员会专委、两名员额法官、一名法官助理组成。是年，受理申请破产清算案7件（浙江中置房地产开发有限公司破产清算案、浙江舜飞重型发电设备制造有限公司破产清算案、桐庐新恒基旅游开发有限公司破产清算案、桐庐伟邦房地产开发有限公司破产清算案、杭州纷尼诗工艺品有限公司破产清算案、杭州美凯西姆置业有限公司破产清算案、杭州米勒旅游开发有限公司破产清算案），申请公司清算案1件（桐庐金盛房地产开发有限公司强制破产清算案）。破产团队制定个案定期例会制度，周报、月报公开汇报制度，其发布的《贯彻“两鸟”思想，

桐庐县“无讼无访”社区示范点揭牌仪式举行

服务“产业强县”——努力打造破产审判工作的桐庐样本》，获得社会关注和好评。

【体制机制改革】 2017年，县法院推进内设机构改革，整合立案庭、民三庭力量，成立诉讼服务中心。完善分案制度，打破传统按照案件类型分案壁垒，推行大民事改革，实行电脑随机分案为主、指定分案为辅的案件分配制度。推进刑事诉讼中认罪认罚从宽试点工作，适用该制度审结刑事案件177件，平均审理天数1.75天，占同期审结的判处三年以下刑罚案件数的42.24%。推进刑事案件律师辩护全覆盖试点工作，共为142名没有委托辩护人的被告人通知法律援助机构指派律师为其辩护。

【“智慧”法院建设】 2017年，县法院加快“智慧”法院建设，深化庭审记录改革，将11个审判法庭升级为庭审语音智能识别法庭，采用录音录像代替传统书面记录案件3454件。推广在线矛盾纠纷多元化解平台，线上调处纠纷11起。深化网络司法拍卖，通过淘宝网处置被执行财产258件，成交额8.31亿元，溢价率221.45%，实现当事人利益最大化。建成8个互联网庭审直播法庭，直播庭审184场；推广电子送达，微信、门户网站公告送达法律文书1171份，为当事人节省报刊公告费70.26万元。

【执行案件实施繁简分流】 2017年1月1日，县法院执行局试行执行案件实施繁简分流，通过案件繁简分流、合理分工、责任到人，进而达到简案（无财产可供执行案件）快办，繁案（有财产可供执行案件）精办，老案专人办的执行运转机制。执行局下设执行实施一科、执行实施二科、执行实施三科和执行裁决科。执行实施一科从事分案管理、局案件报表统计等内勤工作、财产保全案件办理、财产查控及案件办理、管理执行指挥中心、执行服务专区工作。实施二科从事对无财产案件的执行，内设老案组，办理原程序终结案件。实施三科从事对有财产案件的执行，对资产进行评估、拍卖等，对部分在处置资产案件的批案执行。综合裁决科从事对执行异议案件审查、需执行裁决事项的办理等。4月24日，省高级人民法院院长陈国猛对《桐庐法院“繁简分流”全力破解执行难》给予充分肯定。

【“大立案、大服务、大调解”三大机制建设】 2017年，县法院新建诉讼服务中心大楼投入使用，内设立案服务中心、诉调对接中心和执行服务专区，为当事人提供一站式、综合性、全方位的诉讼服务。拓展司法服务“最多跑一次，最好不用跑”覆盖面，加强跨域立案服务，在院机关、分水、横村、江南三个人民法庭间实现跨域立案，协助异地受诉法院办理登记立案58件；加强网上立案服务，增设网上立案窗口，通过互联网、APP网上立案平台登记立案2234件；加强延伸立案服务，在百江、合村、新合司法所设立诉讼服务点。不断完善多元化纠纷解决机制，构筑诉前化解、立案调解、简案速裁三道过滤网，与县司法局联合出台加强诉调对接工作意见，将19个调解组织吸纳为特邀调解组织，新选任特邀调解员51名，将未入额的老法官、年轻法官进入立案调解团队。是年，诉前调解案件1104件，立案调解757件，适用简易程序审结6021件，实现矛盾分层递进化解，促成“案结事了人和”。

“法院直通车”进凤川街道暨“网上立案、跨域立案”宣传活动

【省道路交通纠纷“网上数据一体化处理”综合改革试点】 2017年6月，浙江省道路交通纠纷“网上数据一体化处理”第三批综合改革试点工作在桐庐启动，杭州市保险行业人民调解委员会驻桐庐工作室揭牌。杭州市保险行业人民调解委员会选派1名调解员进驻县法院，与法官一起利用“网上数据一体化处理系统”，处理道路交通纠纷。根据试点工作要求，道路交通事故纠纷先由杭州市保险行业人民调解委员会调解员通过系统进行调解。调解员通过面对面、电话、微信等方式开展纠纷调解，无须诉讼案件规定的期限、开庭、质证等要求。系统在获取当事人基本信息及交通事故损伤数据后，根据调解员或审判员输入的赔偿标准，自动计算最终赔偿数额，产生调解协议的，当事人点击“一键理赔”按钮，进入理赔程序，保险公司在一周之内进行理赔。调解不成的案件，当事人可在线申请支付诉讼费，法官在线审核诉讼材料并下发立案通知，通过远程视频开庭审理。

【公交车载电视曝光失信被执行人】 2017年8月16日，县法院举行“公交车载电视曝光失信被执行人”新闻发布会。邀请县人大代表、政协委员、人民陪审员、媒体记者、银行、律师、市民等群体代表30余人参加。公交车载电视曝光失信被执行人是执行局创新工作举措，在社区曝光、大屏曝光、微信曝光的基础上的大胆尝试，运用公交车载电视对失信被执行人的信息和照片进行循环滚动曝光，曝光老赖51名，有10名被执行人主动到法院履行义务，执行到位标的额47.14万元。

【阳光司法】 2017年，县法院落实裁判文书上网制度，上网公布裁判文书2955份，公开执行信息55条。组织“公众开放日”8次、新闻发布会1次，邀请200余名市民代表走进法院。全年组织人民陪审员参与审理案件1376件，一审普通程序案件陪审率97.11%。

（章彩女）

·司法行政·

【概况】 2017年，县司法局全年共受理指派法律援助案件829件，其中刑事案件214件，民事案件615件，代写法律文书128件，提供法律咨询2800余人次。开通浙江政务服务网网上初审及电子签章功能，优化申请流程，实施“最多跑一次”改革工作。开展“E律师律所综合管理系统”试点工作，提升律师事务所信息化水平。律师事务所全年共办理刑事辩护案件133件，办理行政诉讼案件12件，办理民事代理1469件，办理非诉讼法律事务21件，解答法律咨询517人次，代书法律文书192件。县公证处落实公证质量自查制度，全年共办理各类国内公证2455件，涉外案件563件、涉港澳台公证19件。是年，桐庐县司法局被评为杭州市司法局综合督导优秀单位，被县政府授予平安建设工作集体嘉奖，詹晓铭同志获杭州市 “最美平安卫士”称号，吴莺同志获“桐庐县全国文明城市创建工作先进个人”，其原创漫画《宪法伴你我一生》获司法部、全国普法办“我与宪法”优秀微视频二等奖。

【人民调解】 2017年，县司

全县人民调解培训班

法局举办第十三届调解干部业务培训班，邀请专家讲解调解案例和调解工作实务，全县286名人民调解员参加培训。开展上年度全县优秀人民调解员评比活动，在全县村（社区）人民调解组织中评选出24名优秀人民调解员。开展人民调解案例撰写和案卷制作评比活动和人民调解“互联网+”工作，开通“在线矛盾纠纷多元化化解平台”，实现远程视频联调，116名线上调解员成功注册并完成操作培训。全县有乡镇（街道）人民调解委员会15个，村（社区）人民调解委员会208个，企事业人民调解委员会2个，各类行业性专业调委会21个，驻法院、“警调衔接”等调解组织12个，共有调解员891人。全年全县各类人民调解组织排查各类矛盾纠纷8803起，成功化解8761起，调解成功率99.5%，挽回经济损失16471.13万元。

【社区矫正】 2017年，县司法局推进社区矫正中心建设，升级社区矫正视频系统的兼容功能，实现省司法厅、市司法局、县司法局与乡镇司法所联网运行，开展视频教育、视频会议等，共有400余人次社区服刑人员参加集中点验和教育学习活动。利用杭州市司法局管理平台和手机APP定位系统，实时掌握社区服刑人员的信息和动态。组织矫正业务指导交流工作实务，发挥万强农庄、多源制笔厂两个安置帮教基地和桐庐县看守所建立警示教育基地的作用，定期组织社区服刑人员到基地参加教育学习、社区服务和警示教育。是年，共接收社区服刑人员194名，期满解除社区服刑人员205名，年底在册人员共248名，其中：缓刑202人，假释32人，暂予监外执行14人，未成年人3人。办理审前社会调查评估209件，警告15人，撤销缓刑1人，暂予监外执行收监2人。

【普法教育】 2017年，县司法局开展“法治宣传进万家 守护文明桐庐郡”活动，制定《桐庐县重点加强全县法治宣传教育工作实施方案》。设计桐庐市民“十不行为”、换届选举纪律等漫画，人民调解、法律援助等公益广告，中华人民共和国宪法、社会主义核心价值观等宣传图板，投放至微信、报刊、橱窗及农村公交站亭。开展“全民学宪法”朗读比赛、“李老师法治讲堂”巡回讲课、“以案释法”等活动，全年录制以案释法栏目5期，发布经典案例15个。实施《杭州市法律援助条例》，放宽法律援助经济困难认定标准，开通“特殊案件绿色通道”，针对行动不便的人员及群体性讨薪案件做到律师服务先期介入、审查程序同步进行、办理过程跟踪协调，全年有600余人通过“绿色通道”得到法律服务。

【“学习十九大·宪法伴我行”法治嘉年华活动】 2017年12月4日第四个国家宪法日，县司法局组织策划以“学习十九大 宪法伴我行”为主题的法治嘉年华活动，开展“阳光法治”综合法律咨询服务、“跟着宪法走一回”趣味定向赛、“12•4”线上纪念毅行、“宪法七字歌”抖音挑战赛等。各基层司法所结合辖区实际，开展法治进校园、宪法宣誓等法治宣传活动，营造浓厚的法治宣传氛围。

【社区矫正执法大队挂牌成立】 2017年12月28日，县司法局

“学习十九大，宪法伴我行”法治嘉年华活动

社区矫正执法大队正式挂牌成立，主要职能包括以“依法规范、积极稳妥”为工作方针，确保对突发事件防范有力、处置迅速、应对有效；处理社区服刑人员脱管、漏管案件；对违反监管规定的社区服刑人员进行调查核实并提出处理意见等。此番设立社区矫正执法大队，既利于社区矫正职能部门与公、检、法部门的日常工作衔接与协调，也便于统筹辖区内的社区矫正工作任务，机动灵活、合理调配社区矫正工作力量，对统一规范社区矫正执法权的行使，保障执法公正，提高社区矫正执法工作的规范性和严肃性起到积极作用。

【“律师进学校”实现全覆盖】 2017 年 6 月，桐庐县律师进社区（村）工作指导协调小组下发《关于做好法律服务“进社区（村）、进学校、进企业”工作的通知》，以政府购买服务的形式，安排 47 名律师、基层法律服务者与 62 家公办中小学、幼教集团结对，每季度为全县公办中小学校提供法律咨询、法律宣传、合同审查等法律服务。12 月，结合“法治惠民月”，县司法局、县教育局联合下发《关于开展全县幼儿园教职工法制培训的通知》，组织律师、基层法律服务者为全县幼儿园全体教职工讲解《未成年人保护法》《学生伤害事故处理办法》《幼儿园教师专业标准》《浙江省学前教育条例》等，受众人数 2000 余名。

【刑事案件认罪认罚从宽制度试点】 2017 年，县司法局在调研总结周边区县先进经验的基础上，结合桐庐实际，制定法律援助参与刑事案件认罪认罚从宽制度试点工作的方案。先后两次组织全县各律师事务所召开刑事案件认罪认罚从宽制度试点工作动员会，在全县筛选一批执业 3 年以上，并承办刑事案件 10 件以上未受过行政处罚、口碑良好的社会律师，建立认罪认罚案件律师资源库。同时，完善律师指派流程，8 月至 12 月共受理指派认罪认罚法律援助案件 75 起。

全县社区矫正业务培训班暨年度特色工作交流总结会

【“最多跑一次”改革工作】 2017 年，县司法局简化法律援助办事流程，落实法律援助中心窗口工作人员首问责任制，实行“一次告知、一次办理、一次评价”三个一制度，方便群众办事。对群众来电来访，做到一次性解答法律咨询或告知法律援助需提供的相关材料；对符合援助条件的案件，做到“即立即办”；对办结的援助案件，做到“一案一评”，及时电话回访受援群众，对援助律师进行满意度评价。在浙江政务服务网开通网上初审及电子签章功能，进一步优化申请流程，实现在当事人符合条件并提供完整材料的情况下当场完成受理指派工作，对申请材料不齐但事由紧急或路程较远的申请人，在确定可以补齐材料的情况下开展“容缺受理”服务，确保寻求援助群众“跑对路”“不白跑”。

【“E 律师律所综合管理系统”试点全面推广】 2017 年，县司法局开展全面应用“E 律师律所综合管理系统”试点工作，组织对全县律师和行政人员进行系统操作培训，协调各律所完成各类试点业务，实现人员、业务、财务、行政全方位的综合管理，提升律师事务所信息化水平。律师事务所全年共办理刑事辩护案件133件，办理行政诉讼案件12件，办理民事代理1469件，办理非诉讼法律事务21件，解答法律咨询517人次，代书法律文书192件。

【服务保障中共十九大】 2017年，县司法局高度重视中共十九大安保工作，与司法所签订十九大安保责任书，分解任务，落实责任。与社区服刑人员及监护（保证）人签订做遵纪守法好公民“七讲”承诺书和“十九大自律承诺书”，要求社区服刑人员自觉遵守国家法律法规和社区矫正相关规定，督促家属自觉履行监护（保证）责任。10月，开展中共十九大安保专项排查，及早化解发现的矛盾纠纷，营造良好社会环境。

（徐　宁）

·人民武装·

【概况】 2017年，桐庐县人武部紧紧围绕强军目标新要求，坚持抓学习强素质、抓班子强队伍、抓基层强基础、抓落地强实效，全县国防和后备力量建设呈现良好发展态势。是年，国防动员系统以结构重塑、力量优化为重心的调整改革任务压茬推进，7月1日省军区系统正式进入新体制运行，干部任职岗位重新任命到位。7月4日，桐庐县人武部党委任职通知正式下达，中共桐庐县委书记朱华兼任桐庐县人武部党委第一书记。及时组织武装战线人员开展新岗位新职责教育，进一步引导以创新精神筹划开展各项工作；坚持把学习贯彻十九大精神作为首要政治任务和头等大事，创造“原原本本学、背记要点学、浓厚氛围学、辅导解读学、系统专题学、联系实际学、把握亮点学、剖析反思学、对照比照学、实践转化学”的“十学”新举措，持续掀起学习热潮，县人武部“十学”做法被浙江省军区转发推广。

【党管武装】 2017年，桐庐县委始终把武装工作纳入重要议事日程，认真落实好党委议军、军事日、第一书记述职等工作制度，及时调整国动委、双拥领导小组等组织机构，按规定提高党管武装在全县综合考评中的分值比重，各乡镇（街道）抓武装工作力度和质量同步提升。是年，在杭州市对区（县、市）武装工作2017年度综合考核中，桐庐县位居第一。

【国防教育】 2017年，桐庐县将国防教育纳入全民教育范畴，推动国防教育活动常态化，开展全县领导干部国防讲座、应征对象国防教育课以及参观爱国主义教育基地等活动，举办新兵出征仪式和退役士兵欢迎式等活动，《桐庐国防》月刊突破100期，《今日桐庐》“国防教育专栏”、国防微信公众号宣传国防教育更加深入。

【民兵整组工作】 2017年2月24日，桐庐县人武部召开民兵整组工作任务部署会，县国动委“八办”负责人、全县专武干部参加会议，会议明确年度民兵整组的时间节点和任务要求。4月中旬，县人武部分组对全县民兵整组工作进行逐单位检查验收，按照“战时应战、急时应急、平时服务”的原则，突出支援保障力量建设重点，加大统编统训力度。城南街道按照“一队多能”要求，将民间的“阳光救援队”35人成建制吸收进民兵应急分队，并给予物资力量和经费支持，成为

2017年12月14日，桐庐县委议军会召开

民兵的新锐力量。应急支援力量建设得到加强，县、镇（乡）、村三级情报信息骨干网得到完善，推动智慧国防建设，成建制吸收城南“阳光”、分水“极速”等民间救援队，城南街道“智慧国防建设”样板得到浙江省军区肯定和推广。

【征兵工作】 2017年，县人武部围绕破解征兵难题、提高征兵质量的总目标，按照“立足于早、立足于实”的要求，规范兵役登记、目测初检、上站体检、政治考核等程序，注重征兵宣传“八有”方法，抓住宣传造势“三个回合”，实现三个“首次”，即首次逐个听取基层单位兵员分配意见，按照“相对集中、远近搭配、兵种均衡”的原则，对分兵数量和去向进行集体研究；首次全程跟进体检、全面了解政审合格人员情况，集体研究并适时调整办法，确保兵员的数量和质量；首次在正式定兵前，对大学生比例等关键指标进行二次审定和优化。适应征兵“五率”新要求，在大学生征集要求提高、高素质兵员相对少的情况下，通过发布桐庐籍官兵“八一”光荣榜、提高大学生入伍奖励、优化征兵流程等举措，全额顺利完成全县兵员征集任务，新兵大学生征集比例达到67%，创出历史新高。

【新兵出征仪式】 2017年9月8日，桐庐县在县中心广场举行2017年度新兵出征仪式，县委副书记、县长、县国防动员委员会主任方毅等县领导参加仪式。方毅发表讲话并宣布出征，县委常委、常务副县长、县征兵领导小组组长吴金富宣读新兵入伍名单，新兵、家长及接兵部队代表分别表决心，县四套班子领导与全体新兵合影留念。全体新兵、专武干部和部分民兵还走上街头开展“我为祖国守国防，我为家乡创文明”的文明城市创建主题活动。

2017年新兵出征仪式

【队伍建设】 2017年，桐庐县有专武干部30人，其中部长15人（含开发区1人），副部长12人，干事3人。专武干部爱岗敬业，旧县街道武装部长朱运钱主抓的垃圾分类工作，在中央电视台《新闻联播》播出；钟山乡武装部长虞剑锋成功化解一名省级重点上访户，受到杭州市主要领导批示表扬；合村乡武装部长邓士军勇救落水遇险儿童，被评为“杭州市最美公务员”。是年，县人武部全面贯彻古田全军政治工作会议精神和正风肃纪要求，从严落实军委禁酒、省军区停发考核奖等新规禁令，承担的“基层风气监督点”试点工作在浙江省军区作经验介绍。

【军民共建】 2017年3月10日，县人武部组织召开“创建文明城　民兵在行动”誓师动员大会，并连续6个月在民兵中开展“文明交通我先行、爱岗敬业当标兵”等“八大行动”。以桐君、城南两个中心街道武装部为主，每月开展一次有成效、有影响的文明城市创建攻坚克难行动，全力做好分工片区和县城主要55条背街小巷的文明维护工作。整个助创活动共动用民兵1.3万人次，为成功创建全国文明城市贡献力量。6月28日，县人武部接到杭州警备区跨区支援兰溪抗洪抢险命令，第一时间组织民兵应急力量20人，携带7艘冲锋舟和2艘橡皮艇等器材按时赶赴指定地点，参加抗洪抢险工作。

【战备规范化建设】 2017年，

县人武部高标准抓好兵器室、器材库等建设，统一配备防震报警装置和指纹密码锁，建立“110”报警联动机制，调整充实部分战备器材，落实日常保养维护。各基层武装部和民兵营（连）按照“六有”标准，加强办公室、资料室、活动室、战备器材库建设，配齐配全民兵装备器材，做到各类场所齐全、内部设施规范、物品摆放有序、方案计划配套、软件资料统一。是年，桐庐县民兵应急连被杭州警备区评为基层建设标兵单位。

【军事训练】 2017 年，县人武部加大统编统训力度，组织专武干部暨新任民兵连长训练、民兵营连长暨情报信息员训练、民兵应急分队训练等系列训练活动，高质量完成 3 类人员 6 个批次 375 名骨干训练任务。6 月上旬，组织专武干部和新任民兵连长进行集中轮训，通过理论授课、技能培训、体能强化等方式，解决政策法规不熟悉、质量标准不规范、业务水平不过硬、工作动力不昂扬等问题。在 9 月份杭州警备区组织考核中，桐庐县人武部现役干部成绩排名位居各区、县（市）前列。

【举办退伍军人专场招聘会】 2017 年 2 月 10 日，县人武部、民政局、人力资源和社会保障局联合举办退伍军人专场就业招聘会，58 家企业提供 1200 个工作岗位，1500 余名退伍军人参加，现场 235 人达成就业意向。

【举行首次退役士兵欢迎仪式】 2017 年 10 月 27 日，桐庐县举办首次退役士兵欢迎仪式。欢迎仪式把退伍士兵座谈会、家乡父老欢迎会、安置政策解读会、退伍军人专场招聘会以及赴桐庐城市规划展示中心参观等活动串联起来，使退役士兵第一时间感受到家乡党委政府的温暖，看到家乡的巨大变化。

【军民融合工作】 2017 年，县人武部按照杭州市《军民融合“十三五”规划》要求，全面统计全县军民融合相关科研院所和企业信息，掌握“民参军”和“军转民”的潜力情况。主动联系协调智慧安防军民融合小镇军品研发采购的前期工作，争取早日形成具体成果。10 月 16 日，县人武部政委许康波一行到桐庐经济开发区杭州海康威视电子有限公司和杭州老桐君制药有限公司两家重点企业就军民融合工作进行调研，并与相关企业负责人进行座谈。

【“军事日”活动】 2017 年 11 月 16 日，桐庐县四套班子领导到县民兵训练基地参加“军事日”活动，了解人民武装工作，接受国防教育。活动中，县四套班子领导听取军事教官讲解轻武器的基本性能及射击动作要领，按预定的编组及顺序进入射击靶位，检查枪械、调整姿势、实弹上膛、瞄准、射击，体验轻武器实弹射击。

【安全管理】 2017 年，县人武部强化安全发展理念，突出人、车、枪、弹、密、财等管理，每月召开安全形势分析会，对照标准，查漏补缺。特殊时期发挥群众智慧，落实安全工作措施，提高管控时效；日常完善安全管理设施，健全营院监控网络，做到安全和保密工作每天自查、每周提醒、每月分析、每季整顿，及时排除隐患。是年，县人武部被杭州警备区评为安全管理工作先进单位。

（徐伟泉）

2017 年桐庐县退役士兵座谈会

·人民防空·

【概况】 2017年，县人防办结合人防建设新发展，完成新一轮人民防空方案修订初稿，对通信警报、工程保障、物资保障、交通运输、医疗救护、人口疏散及重要目标防护等工作部署进行调整与充实；完成抢险抢修、交通运输、医疗救护、防化防疫、治安、消防、通信7支专业队伍整组与信息收集核对工作，上报专业队员花名册290名，充实志愿者服务队41名；完成112工程竣工财务决算审计，引入2家专业维保单位，对112工程进行全面检查维保；完成指挥工程及配套设施设立军事管理区的区域勘界划定和申请上报工作。5月，组织22家社会化管理单位利用无线统控管理系统试鸣防空警报，设备完好率、鸣响率100%。

【人防窗口建设】 2017年，县人防办"人防工程质量监督手续办理"事项进驻县行政服务中心，实现人防办所有事项应进尽进。全面推进"最多跑一次"改革工作，梳理纳入"最多跑一次"事项20项，完成20项事项的"一件事"标准化梳理，进一步精简申报材料，压缩审批时间，提升审批效率。创新服务模式，充分利用电话、QQ、微信等，对项目提前介入，主动服务企业。协同推进县企业投资项目"标准地+承诺制"试点改革，确定5个试点项目。协同出台《企业投资项目从立项至开工阶段审批操作办法（试行）》，实行"一窗受理、内部流转、并联审批、限时办结"集成化审批服务。协同推进桐庐县建设工程施工图联合审查工作，实现建设工程施工图网上报送，电子化联合审查。

【人防依法行政】 2017年，县人防办依法办理行政许可和行政征收事项70件，办结率100%。其中人防工程易地建设审批及人防易地建设费征收受理43件，收取易地建设费3471.15万元，新建人防工程审批9件，人防工程竣工验收备案7件，与其他单位会审项目39个。

【结建工程建设与管理】 2017年，桐庐县审批新增人防结建工程9个，其中年内开工建设8个，实施人防专业监理100%，办理人防工程专业质量监督手续100%，安装标识标牌100%。至年末，县城人防结建工程项目103个，其中竣工验收67个（是年新增竣工验收备案项目7个）。独立开展辖区内在建防空地下室工程底板、墙板、顶板质量监督和专项隐蔽验收12次，参与市人防质监站对辖区内人防工程质监交底、结构验收、竣工验收10余次。开展行政执法检查1次、"双随机"抽查1次，抽查率6.7%。配合市人防办开展结建防空地下室产权制度改革，完成全县人防工程产权情况普查。

【人防指挥通信建设与管理】 2017年，县人防办组织6人次参加"杭州金盾—2017"杭州市人民防空指挥所开设和保障的研究性演习，组织3人次参加杭州市人防系统应急应战民防应急指挥车（移动指挥所）机动通信保障演练。是年，组织6人次参加民防应急指挥车（移动指挥所）野外拉练、设

人防教育讲座

三合中学“5·12”防空防灾应急疏散演练

备检查和操作训练。按杭州市人防办指挥通信业务综合联训要求，完成省、市、县、镇四级会议视频联训2次，市、县两级视频会议联训14次，县、镇两级视频会议联系2次，短波电台综合训练50次。

【宣传教育】 2017年，县人防办组织开展“国际民防日”宣传活动，利用微博、微信等载体宣传防空警报知识，在各社区、人防大楼等悬挂宣传横幅；结合“桐庐百姓日”活动，借助百姓热线“967000”平台在中心广场开展宣传活动，在迎春商务区所有楼宇大厅播放《防空防灾警报知识与防护知识》视频；联合县教育局在三合中学开展防空防灾应急疏散演练，向学校发放防空防灾知识挂图8套；在城关中学、玉华初中、富春江中学开展以强化人防意识、提高避险能力为主题的防空防灾知识专题讲座，发放《人防教材》1700余本。完成杭州市人防（民防）系统理论调研论文2篇。

（徐潇楠）

教育·科技

Education · Science and Technology

教育　科技

·教育综述·

【概况】 2017年，桐庐县有中小学、幼儿园109所，在校学生56162人。其中普通高中5所，完全中学2所，在校学生5115人；职业高中2所，在校学生2801人；初中（含九年一贯制学校）13所，在校学生10344人；小学28所，在校学生24107人；特殊学校1所，在校学生48人；幼儿园47所，在园幼儿13747人；成人文化技术学校14所。全县学前三年在园幼儿入园率98%，标准化幼儿园36所，等级幼儿园在园幼儿占在园幼儿总数98.6 %；优质学前教育覆盖率（省二级以上）72.2%，城乡互助共同体覆盖率100%，九年义务教育入学率、巩固率均为100%。标准化学校比例97.5%。

是年，县教育局深入实施“联片蹲校”制度，全县各级各类学校分8个片区，局机关全体干部分小组进行督导检查。全面贯彻落实《中小学德育工作指南》要求，以“文明校园”创建为契机，实施“美丽校园”“美丽课堂”“美丽班级”“美丽教师”“美丽学生”“美丽寝室”“美丽办公室”“美丽家长”八项工程，组织开展桐庐县第二届“画城十佳小公民”、桐庐县首届美丽寝室、桐庐县第二届美丽家长、第二批文明校园、第四届“感动校园·美丽教师”等评选活动。完成幼儿园、中小学教师资格认定，教师职称评审，学生中考加分，民办学校审批，幼儿园等级评定等16项权力事项网上的梳理和公示，切实推进“最多跑一次”改革。完成全县教育现代化指标2016年度监测评估数据的收集、统计和审核报送工作，根据浙江省教育厅通报，桐庐县处于杭州原七县（市、区）前茅。县教育局被评为全国文明城市创建工作先进集体、县安全生产综合目标管理责任制考核优秀单位、省级校车鼓励先进集体。

【“适岗竞聘”工作】 2017年，县教育局出台《关于加强聘用合同管理 建立教师退出机制的实施意见（试行）》，按照“总量控制、全县统筹、民主推选、分级竞聘”原则，在全县中小学校全面推开县管校聘框架下“适岗竞聘”工作，共涉及教师2869名，47位校内竞聘未聘教职工参加第二轮县内竞聘，其中跨校竞聘成功41人、在校待岗3人、解除聘约3人。逐步建立教师能上能下、能进能出机制，实现适岗尽才、优师优教，全面提高教师综合素质。“适岗竞聘”工作，得到省市教育行政部门充分肯定，桐庐被列为浙江省试点县。

【卓越教师培养工程】 2017年，县教育局分层次、分学科对全县教师开展精准培训。在初中语文、数学、英语、科学，小学语文、数学6个学科里选取120名获得过县级教坛新秀以上称号的教师，分批开展小班化、个性化、精英化、精品化的精准培训，打造一批站在教学改革前沿、具有引领能力的学科领军人物。

【“校长组阁制”】 2017年，县教育局在县实验初中探索实

全县中小学校开展“适岗竞聘”活动

行任期制度、评议制度、应急解聘制度相结合的“校长组阁制”。由县教育局聘任校长，由校长选聘副校长及学校内设机构负责人，进一步简政放权，完善学校管理体制，推进“管办评”不断分离。

【中小学第六届校本课程评比活动】 2017年9月至11月，桐庐县开展中小学第六届校本课程评比活动，有37所学校参加，共收课程108门，评选出桐庐县义务教育合格校本课程25门，普通高中合格课程9门，职业高中合格课程2门。评选出的优秀校本课程推荐到省市参加评选，桐庐中学“换个视界学物理”等四门被评为浙江省精品选修课程，县城关初级中学“校园诗意水彩”等四门被评为杭州市精品课程。

【教师培养梯队形成】 2017年，县教育局按照教师“十三五”发展规划要求，制定青年教师专业成长规划，开展青年教师专业成长的论坛、学科大比武等活动，初步形成“互联网+”“1+3”青年教师专业发展的主题与路径。以“特级教师工作室”“省市班主任工作室”“市名师乡村工作室”“县名师系列人选”为孵化器，通过名师送教、专题论坛等方式，形成多梯度、多层次、多渠道的教师培养模式。全县有68名名师工程教师入选杭州市新锐教师工程，建立9个市级名师乡村工作室基地，开展活动30次，辐射教师500多名。

【打造全域育人新格局】 2017年，县教育局不断完善学校、家庭、社区（政府）合作的“部门联动工作机制”，打造桐庐教育全域育人新格局。开展义务教育阶段育人述职工作，全县义务教育阶段学校在每年年底向辖区乡镇（街道）、村两委会、“两代表一委员”、教师和家长代表进行育人工作述职。开展家庭教育送教活动，全年举办家庭教育讲座160余场。打造桐庐全域育人新格局工作在浙江省深化课程改革第四次研讨会上作典型经验交流，此项工作被列入2017年杭州市学校德育工作十大名片。

【民办学校管理】 2017年，县教育局修订《桐庐县幼儿园等级评估标准》，在全县范围内开展新一轮等级认定工作。新认定一级幼儿园1所、二级幼儿园2所、杭州市标准化幼儿园2所。全县47所幼儿园，其中特级幼儿园17所，甲级幼儿园3所，乙级幼儿园11所，丙级幼儿园8所，准办幼儿园2所。4家民办中小学、24家民办幼儿园和32家民办教育培训机构一次性通过年检。及时变更部分民办学校的法人、校长（园长）以及办学场所，确保民办学校的合法性。

【“平安校园”创建】 2017年，县教育局加强安全教育网络化、系统化、全员化建设。在全县中小学（幼儿园）中开展安全演练和消防、生命教育、体验式教育等活动，实现“三防建设”“校园安保”“警务室”全覆盖。加强接送车安全管理，规范校车许可工作。开展学校“电动三轮车”“电瓶车”专项整治活动，发放交通安全通知书万余份。全县学校总食堂126家，A级、B级食堂119家，等级食堂超过93%。所有中小学全部配备卫生保健室，幼儿园严把“接种”入园关。

【督学队伍建设】 2017年，县教育局推进责任督学“四个一”工作，每月每校一次到访，每月一次工作月报，每学期一个典型案例剖析，每学年每校一份主题督导报告。局督导室对责任区督学联系学校作调整安排，明确工作职责，改进督学队伍管理。督导室与责任区督学实地走访检查辖区学校、幼儿园的督学挂牌服务工作，规范辖区学校（园）的民主监督制度。

【教育研究成果】 2017年，县教育局积极开展教育科学研究，研究成果获杭州市第32届教育科研优秀成果一等奖1个、二等奖2个、三等奖6个，获杭州市第六届基础教育教学成果奖一等奖1个、市三等奖1个，获2017杭州市教师小课题优秀成果一等奖2个、二等奖8个、三等奖7个。83名教师获桐庐县第16届教坛新秀称号，32名教师获杭州市教坛新秀称号，2名教师获浙江省教坛新秀称号。

【文体科技活动】 2017年，桐庐县在杭州市体能素质检测各区县总平均分成绩排名中名列第二。三合初级中学在杭州市第九届“市长杯”中小学学生足球联赛中，获初中男子组第三名；叶浅予中学获初中女子组第三名。分水高级中学在2017年杭州市中小学生篮球联赛中，获高中男子组第五名、高中女子组第三名；县实验初级中学获初中女子组第四名；城关初级中学获初中男子组第五名。是年，县教育局组织举办2017年桐庐县中小学生科技节（科技创新大赛）、桐庐县第四届中小学生足球比赛、桐庐县第45届中小学生运动会、桐庐县第9届中小学生篮球比赛等大型活动。

【家庭经济困难学生资助】 2017年，桐庐县中小学享受教育资助券学生515人次，资助金额39.115万元；高中农户奔小康学生资助378人次，资助金额24.53万元；享受普通高中国家助学金1083人次，资助金额108.3万元。中职免学费5139人次，资助金额513.9万元；享受中职国家助学金744人次，金额74.4万元。幼儿园享受减免保育费207人次，金额16.96万元。实施义务教育阶段困难寄宿生生活补助，小学每生每学期500元，初中每生每学期625元，全县共有280人享受该政策，资助金额17.28万元。

·学前教育·

【概况】 2017年，桐庐县有幼儿园47所，其中公办22所（含幼教教育集团8个），占幼儿园总数46.8%；民办25所，占53.19%。47所幼儿园中，省一级幼儿园4所、省二级幼儿园18所、省三级幼儿园23所，占总数85.71%。教学班429个，在园幼儿13747人；公办幼儿园在园幼儿8397人，占在园幼儿的61.1%。学前三年在园幼儿13483人；等级幼儿园在园幼儿13559人，占在园幼儿的98.6%。3—5周岁户籍适龄儿童12662人，入园11970人，入园率94.53%。

【幼儿园及教学点增减】 2017年，桐庐县新增2个幼儿园园区并投入使用，分别为桐庐县分水实验幼儿园教育集团、桐庐县春蕾幼儿园教育集团春江景苑园区。两所幼儿园总班级数27个，缓解当地幼儿入园难问题。富春江镇中心幼儿园、桐君街道中心幼儿园动工建设。是年，撤并5所低小散民办幼儿园，分别是分水镇东溪幼儿园、梧桐村幼儿园、天英向阳幼儿园、桐君街道梅蓉幼儿园和江南镇徐畈幼儿园。改建天英、梅蓉、徐畈3个公办园园区。

【幼儿园多样化课程】 2017年，县教育局创新幼儿教师研训模式，推进以共同体为单位开展实验基地的研究工作，开发“以游戏为基本活动”的学前教育区域特色课程。结合地域文化、历史传承、园情、领域优势等开展多样化的园本课程开发，逐步形成适宜的园本课程。是年，已形成10个相对完善的课程资源，并在园本课程实践活动上取得一些开发成果。

【幼师队伍培养】 2017年，县教育局出台《桐庐县第二轮学前教育三年行动计划》《桐庐县民办幼儿园考核补助办法》，计划经过三年努力，完善以政府为主导的学前教育公共服务体系，加快改善办园条件，提高保教队伍素质，提升办园水平。是年，县教育局组织全县幼儿园教师进行《浙江

桐庐县分水实验幼儿园教育集团

省学前教育条例》学习与竞赛，组织开展园长论坛、环境评比等活动，提升办园品质；通过特色品牌交流、游戏案例研修、核心经验教学评比与展示等活动，加强教师队伍建设。

·义务教育·

【概况】 2017年，桐庐县有九年制义务教育阶段学校40所（含民办）、特殊学校1所。小学、初中入学率、巩固率均为100%，三类残疾儿童入学率100%，九年义务教育完成率100%。接受外来务工人员子女就读9160人，其中小学7240人、初中1920人。是年，县教育局出台《2017年桐庐县桐君街道城南街道公办小学初中招生方案》，明确县城义务教育阶段招生政策，按照"户籍优先、在读优先、同城待遇、就近入学、方便监护"原则，将县城8所小学（含校区）、3所初中生源分成三类，实行"分类报名、分批录取、统筹调集"办法。分水初中教育集团与杭州江南实验学校继续深度合作，招设4个"课改班"，由杭州江南实验学校派出优秀教师和班主任负责教学与管理。

【课堂教学改革】 2017年，县教育局以强化研训一体、实施精准培训为载体推进"学为中心"课堂教学改革。参加研训学校312所，开展培训281次，听课1906节。出台《桐庐县深入推进初中基础性课程分层走班教学改革工作方案》，促进初中分层走班教学"从形式分层"走向"实质分层"。12月，举办桐庐县课程改革专题论坛暨第三届教育学会主题论坛，全面推进各学段课程改革工作。

【小微学校质量提升工程】 2017年，县教育局深入8所农村小微学校和5个教学点，开展"基于小微班级特质的课堂教学方式研究"的研训活动，为小微学校的课堂教学问诊把脉。2017年9月，县教研室教师发展中心率先在分水实验小学开展"青年教师成长联盟"活动，首次打破学校边界，分批有序地安排小微学校52名青年教师，在分水实验小学开展为期三天的驻校蹲班学习。年底，县教育局出台《小微学校"十个更"》和《小微小学教学常规三十条》，进一步有针对性地指导小微学校教育教学工作。

【中小学教师微课制作评比】 2017年，经浙江省教育技术中心、省教育厅教研室、省教育厅职成教教研室组织专家评选，全县有8支微课程团队获奖，团队成员来自浙江师范大学、县教育技术装备中心、县教研室、桐庐本地的10所学校和杭州市区的2所中小学校，初步形成以微课为媒体、名师引领、高校指导、教师为主的跨区域交流合作机制。其中县教育局教研室"Moodle中小学网络教学平台部署与管理"与"一年级难字童趣化教学"获浙江省精品微课程，富春江小学"教师必备的ipad应用"等6门微课程被列入浙江省微课程。

【外来务工人员子女就学】 2017年，县教育局继续实施《关于做好外省籍务工人员随迁子女接受义务教育后在本县参加各类高中升学考试工作的实施意见（试行）》，规范外来务工人员随迁子女就读高中条件。据统计，全县义务教育段外来民工子女共7517人，其中在公办学校就读的有6838人，占外来民工子女总数的90.97%。

·高中教育·

【概况】 2017年，桐庐县有高中阶段学校7所，班级208个，在校学生7916人。全县初中升高中3235人，升学率99.69%，其中普通高中招生1664人（不含县外招生），占总人数的51.44%；职业高中1189.69人（不含县外招生），占总人数的36.75%；成人中专普通版44人，占总人数的1.36%；技工学校58人，占总人数的4.88%；其他180人，占总人数的5.56%。是年，普通高校招生报名1918人，录取新生1859人，录取率97.02%。桐庐中学创新班提前招生80人。是年，桐庐中学、富春高中、分水高中全面实施学科走班教学改革。桐庐中学成功创建为省一级特色示范高中，富春高中成功创建为省二级特色示范高中。

【名校合作】 2017年，县教育局深化名校结对工作，杭州第二中学教育集团桐庐校区"创新班"、长河高级中学教育集团分水高中校区"励志班"，分别由杭城合作的学校输出师资与管理，标志着与杭城优质学校合作办学步入实质性阶段。合作办学成效显著，桐庐中学在2017年各级各类教育教学竞赛、征文活动中，共获国家级奖项54人次、省级奖项310人次。高一“创新班”学生在全省化学学科竞赛中取得一等奖1名、二等奖7名、三等奖8名的突破性成绩。

【高考研究】 2017年，县教育局教研室组建各学科高考研究指导小组，以2017年高考考试说明为重点内容，对“考什么”“怎样考”“考到何种程度”开展针对性研究。开展每月一次的高三集体教学调研，以调研促进各普高教学常规的落实，不断提升课堂教学效率，初步构建“调研—培训—制定复习计划—参加复习研讨—改进复习计划—指导第二阶段的选考复习计划—参加集体研讨”的提升策略。

【高考成绩】 2017年，桐庐县普通高校考试报名人数1737人，职高单独考试报名人数181人，总计1918人。全县普通高中录取人数1710人，高职类录取149人，总计录取1859人。

【中等职业教育】 2017年，桐庐县通过“全国农村职业教育和成人教育示范县”复核工作，县职业技术学校、桐江职业技术学校完成省改革发展示范校的验收评估工作。成功创建示范性职业教育集团1个、职业教育省级优势特色专业1个、市现代学徒制试点1个、市示范性教学实训车间1个、杭州市名校长3名、市中职名师1人、国家级邮政快递类示范专业点1个。2017年，县中职师生在国家、省市各级职业大赛中，成绩优良，共获95个奖项，其中学生获奖81项，教师获奖14项。

【校企合作】 2017年，桐庐县职业技术学校、桐江职业技术学校共安排1586名学生下企业锻炼，其中高三顶岗实习566人。县教育局推进职业教育“引企入校　对接行业”工作。桐江职技校引入中国人寿保险股份公司浙江分公司，成立电话呼叫中心；与深圳汉来无人机科技公司合作，创建桐江无人机创新基地；与杭州霍普曼电梯制造有限公司合作，共建霍普曼电梯实训基地；与上汽集团荣威汽车公司合作，共同建立上汽荣威汽车实训基地。县职业技术学校机械加工技术专业引入桐庐可可五金制造有限公司，在兼职教师、机器设备日常维护等方面开展合作。全县共聘请21名企业高技能人才担任外聘兼职教师。

桐庐县庆祝第33个教师节文艺晚会

·成人教育·

【概况】 2017年，桐庐县建有14所乡镇成校，成校覆盖率100%，14所成校均为省标准化成校，标准化乡镇成校达标率100%。是年，完成各类培训10万余人次，其中家政培训2003人、扫盲培训1178人、双证制培训844人、文明素质培训3856人次、社区教育28500人次。桐君成校的“家庭服务系列培训”项目被命名为浙江省成教品牌项目。红叶舞蹈艺术团等5个社团被评为杭州市学习型社团。

【构建市民学习圈】 2017年，县教育局推进成人学校向社区学校转型，统筹全县社区教育资源，构建市民学习圈，大力推进终身教育，推动“人人皆学、处处可学、时时能学”的学习型城市建设。各成校把民间社团培育成农村学共体，全年共培育71个学共体。开展成人学校社会培训成果信息存入学分银行工作，依托桐庐县社区学院，成立浙江学分银行杭州市桐庐分中心；依托桐君成人文化技术学校等15家单位成立杭州市桐庐分中心受理点，全年在学分银行开户3万余人。

【一校一品活动】 2017年，县教育局深入开展"一校一品"特色品牌培训项目创建活动，全县10所职业成校申报开展特色品牌培训项目。编印10本图文并茂、通俗易懂的社区教育、技能培训课程读本。"庭园课堂"辐射全县，桐君成校编写的《农村庭院美化》在各乡镇（街道）印发。富春江成校"水电机械技能培训"、桐君成校"家庭服务系列培训"被评为省级成人教育品牌培训项目。

·师资队伍建设·

【概况】 2017年，桐庐县在职教职工3543人，其中专任教师3490名，专任教师中高级职称630名、中级职称1707名。是年，全县54名教师晋升中学高级教师，104名教师晋升中学一级或小学高级教师，10名研究生学历教师初定为中学一级教师，189名教师初定为初级职称。公开招聘新教师89名，引进高校优秀毕业生76名，成熟型人才3名，定向培养农村幼儿园教师17名，桐庐县培养的免费师范生入编就业23名。开展教师资格认定工作，全年受理教师资格认定申请139人，

暑期师德培训

认定具有相应教师资格139人。幼儿园、小学、初中专任教师学历达标率均为100%；小学教师具有大专以上学历、初中教师具有本科以上学历比例分别为98.4%和93.9%。全县中小学、幼儿园中青年后备干部39名。

是年，全县有"特级教师工作室"6个、"名师乡村工作室"5个，100多名学员参与工作室的学习。继续给予在桐庐县教育系统服务且已签订5年期聘用合同的在职在编特级教师发放津贴，每人每月1000元，年度考核每人每年10000元。特级教师根据岗位绩效考核，发放教科研经费补助每人每年20000元。

【中小学党组织建设】 2017年，县教育局党委以"基层党建全面落实年"为目标，建立中小学党组织关系隶属于县教育局，所在乡镇（街道）党（工）委协助管理的"行业主管、属地协管"的中小学党建体制，进一步加强基层学校党组织规范化、示范化建设。富春高中党员"123"、县职业技校党员暖心工程"十个一"、东溪小学"你若不离，我便不弃"成为党建品牌。是年，县教育局直属支部发展教师党员5名，预备党员7名。

【师德师风建设】 2017年，县教育局推进"两学一做"学习教育常态化制度化，不断强化作风建设。组织开展教育系统纪念中国共产党建党96周年主题党课暨2017年暑期师德集中培训活动，组织召开学习贯彻中共十九大精神会议，参加学习培训人数5500人次。在全县各学校开展师德专题培训、对标找差、以"四讲四有""四个意识""四有教师"等为主题的专题学习讨论活动，师德师风建设全面加强。

【教师交流工作】 2017年，桐庐县义务教育阶段有145名校长、教师参加校际交流，其中校级领导9人，骨干教师25人。县教育局选派5名校长赴

杭州市名校挂职锻炼，12 名教师赴海外研修，2 名机关干部赴县属学校挂职锻炼，4 名农村学校校级领导赴城区学校挂职锻炼。

【专业技术岗位设置】 2017 年，桐庐县各学校聘任事业单位管理岗位 448 人（含双肩挑人员 441 人），聘任事业单位专业技术岗位 2831 人，其中高级职称 518 人，中级职称 1505 人，初级职称 808 人；未定级岗位 201 人；聘任工勤技能岗位 36 人。

【第五届“名师发展工程”】 2017 年，县教育局牵头开展特级教师、特级教师重点培养人选、县名师、县学科带头人、县骨干教师和名校长、骨干校长的学年度考核及届末考核工作。启动新一轮名师名校长评选，实施第五届“名师发展工程”，评选出骨干教师 275 名，学科带头人 150 名，名师 30 名，名校长 6 名，骨干班主任 23 名，领衔班主任 3 名，名班主任 4 名。评选出县级教坛新秀 83 名，市级教坛新秀 32 名。

【优化教师培养机制】 2017 年，县教育局通过赴高校现场招聘、网络招聘等途径招录优秀人才，招录特级教师 3 名；引进一本生以上优秀高校毕业生 78 人，其中引进研究生 16 名、一本生 60 名、学前教育本科生 2 名；公开招聘 89 名。是年，23 名定向委培学前教育教师、17 名免费教育师范生到岗进编。继续实施免费教育师范生政策，招收优秀高中毕业生 9 名，纳入培养；继续实施小学全科定向培养师范生计划，招收毕业生 5 名纳入培养；招收高中毕业生 10 名，作为杭州科技职业技术学院协作培养的定向农村幼儿园师资。

【乡村教师支持计划】 2017 年，县教育局加强乡村教师队伍建设，拟定《桐庐县乡村教师支持计划（2017—2020 年）实施办法》，建立健全“越往基层、越在偏远、越是艰苦，地位待遇越高”的激励机制，努力造就一支数量充足、素质优良、结构合理、甘于奉献、扎根乡村的专业化乡村教师队伍。继续实施农村特岗教师津贴，根据农村学校地理位置偏远程度、条件艰苦程度等因素，分三个类别按人均每月 300 元、500 元、800 元的补贴进行核拨，全县 47 所学校 1800 名教师受益。

·办学条件·

【概况】 2017 年，桐庐县教育经费投入 120998 万元，其中财政教育事业费拨款 104576 万元，征收教育费附加 5947 万元（同口径比 2016 年减少 436 万元），政府性基金（彩票公益金）22 万元（同口径比 2016 年减少 15 万元）。是年，县财政安排 400 万元资金用于课程建设、教学改革、分类辅导、教育科研等。预算内人均公用经费职业高中 2686 元、普通高中 1843 元、初中 1641 元、小学 1165 元、幼儿园 1326 元，分别比 2016 年增加 45 元、82 元、115 元、50 元和 43 元。全县中小学义务阶段学生继续全面实施免费基本午餐，每人每餐 5.5 元，每人每年补助 1100 元，全年全县共 34451 人次享受免费午餐，资助金额 3729 万元

【教育布局规划】 2017 年，县教育局对全县教育布局进行全面梳理，完成《桐庐县义务教育学校布局专项规划（2013—2020 年）》《桐庐县学前教育布局（布点）专项规划（2011—2020 年）》的修编，明确到 2020 年，将新增幼儿园 8 所，中小学 5 所，进一步优化完善教育资源布局。

【校舍改善工程】 2017 年，分水实验幼儿园、春蕾幼儿园教育集团春江景苑园区、石阜小学建成并投入使用。启动开发区学校、城西小学、富春江小学、分水镇第二小学、方埠初中、县职业技术学校园林基地建设，实施桐君街道中心幼儿园、富春江幼儿园、开发区幼儿园美丽校园建设项目 18 个、校舍场地维修改造 12 个。

【智慧校园建设】 2017 年，县教育局投入资金 180 万元，完成“教育融合互通教学视频联网系统”建设项目，将全县 44 所学校全部整合到教学视频会议系统中。投入资金 480 万元，启动实施小学互动录播教室建设项目，实现城区学校和偏远学校之间的课堂互动，提升“教育融合互通教学平台”的应用深度。全县共建成 12 所移动终端试点学校，移动学习终端进课堂教学模式全面推广应用。 （杨东增）

2017 年桐庐县各级各类学校概况

表 27

学校类别	学校（所）	班级数（个）	毕业学生（人）	招生数（人）	在校学生（人）	教职工（人）	专任教师（人）
普通高中	5	129	1710	1756	5115	586	551
职业高中	2	79	849	871	2801	249	211
成人文化技术学校	14	—	—	—	—	58	53
初级中学	12	268	3245	3725	10344	1005	965
小学	28	642	3975	3997	24107	1495	1461
幼儿园	47	429	4271	4242	13747	1635	852
特殊教育学校	1	9	2	5	48	17	10
合　　计	109	1556	14052	14762	56162	5042	4109

·科学技术·

【概述】 2017 年，浙江省科技厅和省统计局联合公布《2016 年度县（市、区）科技进步统计监测评价报告》显示：2016 年桐庐县科技进步各项指标持续稳步提升，全县 R&D 经费支出占 GDP 比重为 1.9%，与上年相比提高 0.23 个百分点，增幅居全省第四；是年，桐庐县顺利通过省科技强县复评；县科技局荣获省科技宣传与普及工作先进单位；知识产权快速维权援助工作在全国绩效考核中名列第二，获国家知识产权局重点表扬，《浙江日报》对此进行宣传报道。科技创新（改革）专项获得市级以上党委政府、省级以上科技部门表彰 3 项，专利权质押融资、科技特派员、小微企业培育等工作取得实质性突破，获国家、省市领导批示肯定 9 项。2017 年全县专利申请量 2161 件，其中发明专利 212 件；专利授权量 1404 件，其中发明专利 98 件，同比增长 100%。新认定市专利试点企业 13 家，企业知识产权贯标实现零突破。完成专利权质押融资贷款 5 笔共 2100 万元。是年，全县新培育市级及以上高新技术企业 59 家，其中国家高新技术企业 4 家；培育认定市级及以上企业研发中心 15 家，其中省级 6 家；征集企业技术难题 35 项，发布高校科研院所科技成果 62 项。开展产学研合作、科技成果转化项目 55 项。新列入省级新产品试制计划 15 项，科技成果登记 12 项。新培育认定省级众创空间 1 家、市级众创空间 1 家、县级众创空间 2 家。

【高新技术企业培育】 2017 年，县科技局着力培育高新技术企业，全县新培育市级及以上高新技术企业 59 家，其中国家高新技术企业 4 家；组织推荐申报国家高新技术企业 23 家，其中重新认定 17 家、新申报 6 家。新认定第一批市级高新技术企业 13 家，培育第二批市级高新技术企业 25 家。获省科技进步三等奖 1 项，市科技进步三等奖 1 项，列入省重大科技专项 1 项，市重大科技创新项目 2 项，新列入省级新产品试制计划 15 项，科技成果登记 12 项。

【科技型企业培育】 2017 年，县科技局新培育认定浙江省科技型中小企业 47 家，新列入市“雏鹰计划”培育企业 3 家，获科技型初创企业培育经费 46 万元。

【企业研发机构建设】 2017 年，县科技局引导企业与高校院所共建企业研发中心，以高新技术企业、科技型企业、创新型企业、专利示范企业为重点，坚持软硬件并重，通过借智借力，着力提升企业科技创

县领导调研科技企业

新核心平台的自主创新能力，全力支持企业研发机构建设。是年，新认定省级高新技术企业研发中心6家，市级高新技术企业研发中心9家。

【科技金融工作】 2017年，县科技局深化杭州高科技担保公司和贷款银行合作事项，发挥科技风险池基金的放大效应，帮助企业降低融资成本，累计为科技型中小企业发放贷款1.5亿元；探索开展专利权质押融资试点工作，与恒丰村镇银行和邮政储蓄银行签订合作协议，试点5笔专利权质押贷款2100万元。

【科技创新服务】 2017年，县科技局继续推进研发管理向创新服务职能转变，联系浙江大学、浙江工业大学、中国计量大学、省农科院、九三学社专家到桐庐开展技术指导、对接、洽谈36场次。邀请九三学社谭建荣院士、浙大控制科学与工程学院专家（国家“青年千人计划”人才、省“千人计划”人才、省特聘专家）深入企业开展科技服务，帮助企业解决创新发展中的困难和问题。推广科技创新公共服务平台创新券、小微企业服务券和活动券，全年发放创新券429.8万元，实际使用86.06万元，同比增长42.04%和20.28%；发放电子活动券1359张，签到数量974张，同比增长437%和353%。强化产学研合作，吸纳技术86项，实现技术交易额3875万元。

【科技创新项目】 2017年，县科技局以发展新一代信息网络技术、先进装备制造、医疗器械、生物医药、现代农业等产业为重点，组织实施县级科技项目112项，其中工业创新类65项。由浙江艾罗网络能源技术有限公司实施的“智能光伏储能并网逆变器”项目列入省重大科技专项，获得县级补助20万元。由浙江艾罗网络能源技术有限公司实施的“适用于分布式光伏电站的高效组串式并网逆变器”项目和由哈托利海托阀门（杭州）有限公司实施的“无泄漏特殊化工介质控制阀门”项目列入市重大科技专项。全年共争取市农业科研竞争性分配资金255万元，市级农业科研项目立项13项，争取市科技扶贫项目1项，补助资金10万元。

【中国杭州（制笔）知识产权快速维权援助中心运行】 2017年，中国杭州（制笔）知识产权快速维权援助中心依托国家知识产权局授权的中国外观设计专利智能检索系统（简称D系统）和中国专利电子审批系统（E系统），为制笔行业专利申请、专利确权等提供快速服务，促进专利创新提质增效。是年，中心受理外观设计专利快速申请505件，快速授权外观设计专利479件。在企业产品开发前和开发过程中，中心主动提前介入，开展对其设计的新颖性和创造性进行检索对比，提高新申请专利的有效性和稳定性。在全县开展2017年制笔行业知识产权保护联合执法专项整治行动，累计共收缴赔偿金141.5万元、模具及型腔80副，结案率100%。

【知识产权战略实施】 2017年，县科技局坚持量质并举，激发企业原始创新潜力，提升企业核心竞争力，全县专利授权量1404件，其中发明专利授权98件，万人发明专利授权量2.45件，万人专利授权指数67.65。新实施县专利技术产业化项目8项，新认定县级专利示范企业4家，新认定杭州市专利试点企业13家，杭州春江阀门有限公司通过知识产权贯标，并顺利通过浙江省专利示范企业复评。办理专利资助1210件，发放县专利资助197.43万元，同比增长34.2%，市资助49.99万元，省发明专利资助21.3万元。

【产学研合作】 2017年，县科技局继续深化与浙江大学、浙江工商大学、浙江工业大学、省农科院等高校院所战略合作，发挥专家团队的“外脑”作用，帮助企业解决技术难题。累计征集企业技术难题35项，发布高校科研院所科技成果62项，开展产学研合作、科技成果转化项目55项。牵头联系高校科研院所与桐庐县企业开展技术指导、对接、洽谈、培训等36场次，引进高校专家为企业开展科技服务63人次，其中院士2名、B类人才4名、C类人才9名。组织8名浙江大学研究生来桐庐开展暑期挂职锻炼工作。

【众创空间建设】 2017年，县科技局制定出台《桐庐县众创空间认定管理办法》，对认定为县级及以上众创空间给予奖励，同时对房租、装修、运行经费等进行补助，补助金额236.2万元。杭州安厨·星创天地被认定为第二批国家级星创天地（农业农村领域的众创空间），并获省级首批“星创天地备案”，桐庐科技孵化园被认定为杭州市级科技企业孵化器。全年新增省、市级众创空间各1家，县级众创空间2家，总孵化面积9.64万平方米，入驻企业230家，其中，拥有众创工位557个、使用工位432个。

桐庐县2017年科技（科普）活动周启动仪式

【承办“两个周”活动】 2017年，县科技局依托科技（科普）活动周、科技人才周主平台，签约产学研及科技合作项目6个，组织开展众创风暴沙龙、双创论坛、物联网与智能工厂研讨、科技成果推介、浙大教授桐庐行等活动8场，企业家、科技人才参与活动45C人次。表彰“桐庐县科技创新特别贡献奖”1名，“桐庐县科学技术进步奖”18个，“桐庐县十佳科技人才”10名，推荐县产业顾问2名，创业导师1名。邀请著名风云浙商（丝绸之路控股集团董事长凌兰芳）、投资人（红榕资本总经理丁肇亮、立元创投副总魏振兴等）、专家教授（浙大博导朱燕建等）

“火炬杯”创新创业大赛暨新能源及节能环保行业总决赛颁奖典礼

以及创业导师来桐庐演讲和指导。科技（科普）活动周共开展县级重点活动项目26项。

【创新创业大赛】 2017年，县科技局组织12家企业参加中国创新创业大赛，其中杭州桐庐盛通环保科技有限公司获得省赛行业决赛第1名，补助资金30万元。承办中国创新创业大赛浙江赛区新能源及节能环保领域决赛，组织桐庐70余家企业现场观摩，了解行业前沿技术，学习商业模式，提升创新理念，并与20余家投资机构开展融资对接。

【农业与民生科技工作】 2017年，县科技局继续加强对科技特派员的目标化、制度化、规范化管理，完成第七批市级科技特派员选派工作，新增省级科技特派员团队2个。瑶琳镇获市科技特派员工作先进单位。组织实施省级科技特派员项目1项，争取资金20万元；组织实施市级特派员项目4项，争取资金44万元；组织实施省级团队科技特派员项目2项，争取资金20万元。新认定市级农业科技企业5家，认定县农业科技示范基地7个。

【防震减灾工作】 2017年，县科技局依托桐庐极速户外救援公益服务中心，成立桐庐县地震应急救援队，在桐庐红林木业有限公司厂区成功举行首家企业地震应急救援疏散演练。在第九个全国"防灾减灾日""桐庐百姓日"、科技活动周期间，围绕"减少灾害风险，建设安全城市"主题，开展防震减灾宣传活动，组织观看防灾科普电影《地震应急避险与自救》，提高市民防震减灾意识。

（周燕萍）

2017年桐庐县新增国家重点扶持高新技术企业

表28

序号	企业名称
1	杭州新湖电子有限公司
2	杭州重力脚轮科技有限公司
3	杭州伊贝实业有限公司
4	杭州星冠机械科技有限公司

2017年桐庐县新增杭州市高新技术企业

表29

序号	企业名称
1	杭州威德医疗科技有限公司
2	杭州欧创医疗器械有限公司
3	浙江申振机械科技有限公司
4	杭州润畅数码科技有限公司
5	杭州里德通信有限公司
6	杭州丰元味食品有限公司
7	桐庐前沿医疗科技有限公司
8	浙江金柯金属制品有限公司

续表 29

序号	企业名称
9	杭州安厨电子商务有限公司
10	浙江福朗特汽车设备有限公司
11	桐庐旭日鞋业有限公司
12	杭州康鹏机械制造有限公司
13	桐庐华地服饰有限公司
14	桐庐中浩塑料机械有限公司
15	杭州友普装饰材料有限公司
16	杭州天锋电子有限公司
17	杭州南宇医疗器械有限公司
18	杭州振瑞实业有限公司
19	桐庐光华文化用品有限公司
20	杭州桐庐华盛拉丝机械有限公司
21	桐庐富瑞达针织服饰有限公司
22	杭州耐思自动化设备有限公司
23	杭州冠华王食品有限公司
24	桐庐绫慧针织有限公司
25	浙江宾利实业有限公司
26	浙江春风米兰鸥服饰有限公司
27	桐庐富禾针织服饰有限公司
28	桐庐富霖针织服饰有限公司
29	杭州吾尚生物科技有限公司
30	浙江三源织造有限公司
31	桐庐明业家艺有限公司
32	密尔沃基（桐庐）阀门有限公司
33	桐庐方圆锁业有限公司
34	杭州市飞腾针纺有限公司
35	杭州美全机械有限公司
36	桐庐国锋石材有限公司
37	桐庐利健制笔厂

2017 年桐庐县新增省级研发中心

表 30

序号	研发中心名称	企业名称
1	杭州和韵表面处理研发中心	杭州和韵科技有限公司
2	科德磁业永磁材料省级高新技术企业研究开发中心	杭州科德磁业有限公司
3	千芝雅卫生健康护理用品省级高新技术企业研究开发中心	杭州千芝雅卫生用品有限公司
4	施强制药省级高新技术企业研究开发中心	浙江施强制药有限公司
5	天元机电风力发电设备省级高新技术企业研究开发中心	桐庐天元机电有限公司
6	浙江艾罗智能光伏储能系统省级高新技术企业研究开发中心	浙江艾罗网络能源技术有限公司

2017 年桐庐县新增市级研发中心

表 31

序号	研发中心名称	企业名称
1	申达斯奥高新技术企业研发中心	浙江申达斯奥医疗器械有限公司
2	杭州欣源电梯用高性能钢丝绳高新技术研发中心	杭州欣源电梯部件有限公司
3	畅翔玻璃高新技术研发中心	杭州畅翔玻璃有限公司
4	奋飞金属制品高新技术研发中心	桐庐奋飞实业有限公司
5	迅和机械高新技术研发中心	浙江迅和机械制造有限公司
6	斗源机械配件高新技术研发中心	杭州斗源机械电子有限公司
7	汉德邦新型建材高新技术研发中心	浙江汉德邦建材有限公司
8	杭州重力脚轮高新技术研发中心	杭州重力脚轮科技有限公司

文 化

Culture

张劲锋／摄

文 化

·文化·

【文体设施】 2017年，县文广新局完成《春江花月夜》演出场地桐庐剧院配套设施升级改造；完成叶浅予艺术馆第四展厅提升改造工程；投入284万元，保障县图书馆、文化馆、博物馆、叶浅予艺术馆等场馆免费开放和活动开展；县文化馆添置数字化互动体验设施；改造县图书馆古籍、地方文献特藏室，总服务台、24小时书屋改建工作基本完成。

【文化惠民】 2017年，县文广新局举办“唱响桐庐”新年晚会、三月三畲族文化节等大型群众文化活动52场；举办“剿灭劣V类水 创全国文明城市”采风作品展、“龙腾盛世·喜迎十九大”农村文化礼堂展演、“喜迎十九大”群众文化优秀成果摄影展等100场。开展送书画摄影、送戏、送综艺演出等文化下乡活动200场，越剧大戏演出84场（含剧院惠民演出22场），送电影下乡2400场，举办桐江人文讲堂10期。开展健身球、排舞、少儿合唱、少儿硬笔书法等培训202场次，培训4150人次；开设剪纸、书法、石雕等免费培训166课时，培训1100余人次。

【“欢乐大舞台·幸福桐庐人”群众文化活动】 2016年12月7日，桐庐县第五季“欢乐大舞台·幸福桐庐人”系列群众文化活动在江南镇深澳村启动。2017年5月6日，活动总决赛在桐庐剧院举行，全县选送小品、情景剧、魔术、歌曲、舞蹈、杂技等45个节目参加总决赛，决赛产生金奖2个、银奖10个、铜奖15个，最佳人气奖10个。其中城南街道文体站选送的《闻鸡起舞》和横村镇文体站选送的《祭礼长生天》获得金奖。活动从海选、乡镇决赛、复赛、决赛到颁奖晚会，历经半年，共计开展87场，参演1万余人次，观众10万余人次。

【桐庐百姓日文化活动】 2017年5月6日，县文广新局开展第五季“欢乐大舞台”决赛及颁奖晚会、“你阅读我买单”服务、国民体质免费测试等文体活动10余项。县图书馆、叶浅予艺术馆、县体育馆、县博物馆等各大文体场馆全部免费开放，开展免费观影和KTV免费欢唱活动。面向全县发放颁奖晚会入场券、电影票、KTV入场券、游泳票等10000余张。

【纪念叶浅予110周年诞辰系列活动】 2017年，桐庐县举办一系列纪念叶浅予110周年诞辰活动。3月22—26日，由中国文联、中国美协主办的“中国精神·中国梦——美丽乡村行”写生采风团在桐庐开展写生创作活动；4月11日，“薪火相传”叶浅予师生艺术行路团——姜宝林师生桐庐写生采风活动拉开帷幕，全国各地的60余名学生在桐庐采风创作；9月，采风团写生创作作品在叶浅予艺术馆展出；11月10—11日，举办“叶浅予公园”揭幕和专家座谈会、“潇洒桐庐”全国中国画作品展等系列纪念活动，共吸引2万余人参加。其中，“潇洒桐庐”全国中国画作品展收到来自全国各地4000余件作品。

【非物质文化遗产保护和传承】 2017年，桐庐县桐君中药文化申屠银洪、严子陵传说申屠

2017年11月11日，纪念叶浅予110周年诞辰暨“潇洒桐庐”全国中国画作品展开幕

2017 年 11 月 10 日，叶浅予家属及学生参观叶浅予公园

丹荣、彰坞狮毛龙舞徐雪标、十六回切家宴许马尔 4 人被评为省级非遗项目代表性传承人；钟山乡被评为省非遗旅游（石雕）主题小镇；合村乡、桐君堂药业公司被评为省级非遗生产性保护基地；钟山乡天尊贡芽技艺、江南镇深澳灯彩、莪山畲乡红曲酒被评为杭州市级非遗示范生产性保护基地。

是年，浙江省非遗工作培训会议在桐庐县召开，全省 110 余名非遗业务骨干及桐庐县各乡镇文体站长参加培训；组织文化交流团赴法国、瑞士开展非遗民间文化交流活动；开展寻找传统年俗活动，桐庐县近千名中小学生分成百余个小组在指导老师的带领下走访桐庐剪纸、合村绣花鞋、深澳灯彩、畲乡红曲酒、江南时节等民间手工艺人和民俗非遗专家；举办“回乡下 品乡韵”最美桐庐万人过大年活动，大年初一至初三，组织合村划旱船和桐庐越剧两个传统非遗项目到江南镇荻浦村展演；举办第七届“龙舞春江 福满桐庐”元宵民间文化活动，在中心广场开展剪纸、刺绣、木雕等 25 个传统手工技艺项目展示展演活动，50 余名民间艺人参加表演；承办第九届浙江·中国非遗博览会“履步生花”——全国绣花鞋制作竞技赛，16 个省（市自治区）30 个县（市区）56 名绣花鞋艺人参加比赛，并召开全国绣花鞋研讨会、合村绣花鞋专家座谈会等活动；承办全省绿水青山剪纸采风活动，40 余名剪纸艺术家来桐庐采风。开展非遗“五进”（进农村、进学校、进社区、进机关、进军营）惠民活动，开展非遗培训体验活动 30 余场。麻根英绣花鞋工作室获 2017 年市级绣花鞋技能大师工作室称号。申屠银洪、周慧洪、王德林被评为桐庐首批工匠。刘莲花的剪纸作品《东方魅力》和周慧洪的石雕作品《小沙弥》获第七届中国·浙江工艺美术精品博览会金奖。瑶琳小学、分水实验小学获全国非遗进校园先进学校，县非遗中心获先进单位，横村初级中学校长柴春杰、分水实验小学校长赵大富、瑶琳小学校长孟子君获全国非遗进校园先进校长称号。

【文化馆】 2017 年，县文化馆举办新年晚会、第五季“欢乐大舞台”“送春联 剪纸下乡”下乡、杭州市三江歌手大赛等大型文化活动 30 余场，各类展览展示 12 场。开展送春联、剪纸下乡活动 40 场，送出春联 7000 余幅，剪纸 1500 余幅，“福”袋 1500 个。开展桐庐—富阳文化走亲、桐庐—金华文化走亲、桐庐—湖北五峰歌舞文化交流、桐庐—贵州榕江文化走亲等省内省外文化活动 6 次。为全县各行政村（社区）、群众免费提供排舞、梅花锣鼓、腰鼓等文艺辅导 45 次，培训辅导 837 人次；开办面向全社会的免费文艺培训班 170 期，培训学员 5000 人次。

是年，选送各类文艺作品参加大赛，获得省市各类大奖 40 余项。其中，选送周剑镔代表杭州市参加浙江省群众声乐大赛并获金奖；杭州市“清清家乡水”少儿书画摄影展金奖 3 名、银奖 6 名、铜奖 10 名，并获优秀组织奖；选送 12 组选手参加 24 届杭州市“三江歌手”演唱大赛，共获 5 金 1 银 6 铜。

【文艺创作】 2017 年，县文广新局完成《知桐庐 爱家乡》

《桐庐县传统建筑维修保护成果集萃》等书稿编写工作；复排并公演《何文秀》等2部越剧大戏；原创越剧小戏《山哈人家》获2017年杭州市戏剧大赛表演和创作双金奖，“江浙沪第三届现代小戏邀请赛”表演金奖、创作银奖、优秀演员奖及优秀作曲奖；原创作品《剪》《拱猪》等作品参加杭州市“风雅颂”民间艺术精品展演；由王樟松作词、夏林青作曲的凤川街道翙岗村村歌《一个凤凰起飞的地方》在第九届全国村歌大赛上获中国村歌好声音金奖、中国村歌十大金曲奖、词曲金奖三项大奖。

【图书馆】 2017年，桐庐县图书馆入库文献52505册，其中，图书51242册、光盘76册、馆地方文献编目入藏585册。全馆提供文献服务65278人次，其中新老两馆26823人次，乡镇分馆38455人次，书、刊、碟外借471099册次，其中新老两馆共206780册，乡镇分馆共262033册，微图2286册。累计为流通点、农家书屋配送图书27428册，订阅报刊591余种，共计2287份。全馆共征集地方文献323种，完成《白石斯氏宗谱》《正山叶氏宗谱》《新安琅琊王氏统宗世谱》等7套家谱的数字化工作，完成省图书馆《中国茶文化资料集成·浙江卷》桐庐部分资料收集和整理，搜集到桐庐人士编写的《潇洒桐庐茶》《桐庐茶文化》《桐庐茶界》《桐庐茶文——桐庐县茶文化研究文集》等相关资料，填补特藏室茶文化专题书籍空白。全年举办各类读者活动155场，主题展览16期，观展读者7万人次；主题展览和讲座进社区、进校园、进分馆等下基层服务33次；举办“桐江人文讲堂”10期，接待听众读者约2500人次；持续推出“你阅读我买单”服务，与富春江镇慢生活体验区民宿、江南养生文化村园等单位合作新建图书流通点10个，配送图书14126册；与社区、村、单位合作新建图书借阅站6个，其中为传媒高级中学借阅点配送图书3300余册，为城南街道、桐君街道借阅点配送图书1700册，为康复医院借阅点配送图书1000余册。

是年，县图书馆顺利完成第六次公共图书馆评估工作；地方文献特藏室入藏一套文澜阁版《四库全书》影印本，全书分经、史、子、集四部，共1539册；桐庐首个24小时城市书房建设基本完工，面积100余平方米，可放图书5000册，阅览座位40个，配备智能感应式照明、空调系统、自助借还设备及智能门禁系统。县图书馆选送的《家训》《木兰辞》两个节目在浙江省未成年人朗诵大赛中分别获得第三名和优胜奖以及优秀组织奖；在杭州市第十一届西湖读书节中，县图书馆被评为“第十一届西湖读书节先进单位”；在2017全国少年儿童阅读年活动——“优礼· 我行”故事大赛中，县图书馆选送的故事共获得一等奖1个、二等奖3个及优秀组织奖。

【桐庐文化传播有限责任公司（桐庐越剧传习中心）】 2017年，桐庐文化传播有限责任公司完成《春江花月夜》演出50场，接纳观众1.5万人次；完成越剧大戏演出109场（含惠民演出22场），桐庐剧院商演、外出商演及政府性活动50场；通过公开招标形式，引进其他优秀民办演艺团队，完成文化下乡演出62场。继续加强越剧艺术人才培养，探索文教合作办学模式，在县职技校开设越剧班和舞蹈班。

【电影院】 2017年，桐庐时代电影大世界、桐庐晨光国际影城、桐庐时代金球影城、分水时代影城、横村时代影城5家影院放映电影44433场，观众427024人次。

【文化市场】 2017年底，桐庐县有文化、印刷、体育经营单位498家。其中文化经营单位232家（网吧55家，出版物、音像制品经营单位76家，歌舞娱乐场所73家，电子游戏房12家，文艺演出团体16家），印刷经营单位242家（出版物印刷3家，包装装潢印刷73家，其他印刷品印刷103家，打字复印63家）；体育经营单位14家（游泳13家，射击1家）；广播影视10家（广播电视节目制作经营单位3家，广播电台、电视台2家，电影放映5家）；文物保护单位85家（省级11家，县级74家）。

【文化行政许可】 2017年，县文广新局文化行政许可审批事项全部实现“最多跑一次”，通过精简审批流程，提高办结速度，全年共受理、办结行政许可76件，许可案件提前办结率、回访满意率100%。

【文化文物执法】 2017年，县文化市场行政执法大队开展日常巡查，出动检查2683人次，检查2727家次；查处违规29家次，警告19家次，行政处罚立案调查28件，重大案件1件，停业整顿1家次，吊销许可证1家，已全部结案，未出现行政复议和诉讼情况。共收缴罚款32000元，没收非法所得2033元，没收违法物品200件。

·文物·

【文物保护】 2017年，县文广新局完成19幢历史建筑维修，面积1.06万平方米，总投资500万元。联合社会力量参与农村历史建筑保护工作，实施竣工项目6个，对按要求实施历史建筑维修工作的产权所有者或使用者进行资金补助，由县文物管理办公室和财政等部门组织验收和审计，共投入维修资金144.2万元（审计价），其中财政补助26.3万元。编制2018年农村历史建筑维修计划，9月，下发通知要求各乡镇（街道）结合方案分级分类进行申报；12月，对各乡镇（街道）上报的50余处历史建筑资料进行整理和现场踏勘。

【文物考古】 2017年，县文管办配合杭州市文物考古研究，对筹建的临金高速沿途经过所在地进行前期考古调查。根据调查，除大麦凸遗址为复查文物外，新发现瑶琳镇永安村石山脚墓群、分水镇下马坞墓群、莪山畲族乡塘联村郭家塆墓地等3处古墓葬，旧县街道鸿儒村大塆遗址（新石器时代至战国时期）1处及莪山畲族乡塘联村牛头山西麓牛轭岭、莪山畲族乡塘联村九亩岭、横村镇胜峰村塘湾里等3处可能分布有古墓葬的文物点。

【文物普查】 2017年6月，桐庐县召开各乡镇文体站站长工作会议，开展2015年桐庐县历史建筑调查梳理工作，经核查，2015年公布挂牌的1166幢历史建筑中总体保存基本完整的982幢，部分倒塌的91幢，已拆除的93幢。在第三次全国文物普查中，对1107处登录点开展复查，发现已灭失的登录点104处。

【展览宣教】 2017年，桐庐县博物馆推出“百年海派—嘉兴博物馆馆藏海派书画精品展”“中兴纪胜—南宋风物观止暨桐庐博物馆宋代馆藏文物展”“走遍浙江—桐庐·陆抑非传人书画展”“菩提花开—藏、汉、南传金铜佛像艺术展”“滕州汉画像石精品拓片展”“绿叶繁花—西溪湿地植物展”等6个主题展览；9月举办“刀与笔—姚思铨与浙江抗日救亡”原创性专题展览，展出姚思铨诗文、版画等文物和图片内容，全年共接待部门单位团体75个，参观人数35244人次。

是年，引进浙江省博物馆“钱江潮——浙江现代革命历史陈列”图片展，开展“流动博物馆”进社区、进校园、进部队巡展活动26场，参观人数5万余人次；结合博物馆日和文化遗产日，开展民间收藏免费鉴宝活动；举办“汉代的陶瓷艺术”等公益讲座3场；举办第二课堂活动50场，开展剪纸培训班3期35次，参加活动人数1800余人次。

·体育·

【体育基础设施建设】 2017年，桐庐县新规划健身点10个，篮球场10个，乒乓球场（室）5个。创建省小康体育特色村16个、省老年人体育俱乐部1个、市体育提升工程4个，复评省级体育强街道、强镇各1个。完成全县体育器材排查，完成新增体育器材招标工作。

【群众体育】 2017年，桐庐县全年举办“幸福桐庐·活力乡村”第四届篮球俱乐部制联赛、第四届百村乒乓球比赛、羽毛球甲乙级联赛等县级比赛40余场，镇乡级比赛、活动、培训30余场。同时，承办第二届国际50后羽球达人邀请赛、2017年中国足球协会女子足球甲级联赛、2017体育彩票全国象棋业余棋王赛、全国围棋甲级联赛等大型比赛6场。是年，桐庐县有各类体育产业单位84家，其中主营体育产业业务单位25家，兼营体育产业业务单位59家；全县有各类体育协会18家。注册登记社会体育指导员1213人。

2017 年 7 月 15 日，首届全民运动节之游泳挑战赛

继续开展国民体质监测工作，在江南镇、城南街道等地进行测试，测试 2000 余人，逐步建立群众体质监测数据库。

【桐庐县首届全民运动节】 2017 年 7 月 15 日，桐庐县举办浙江省首个县域全民运动节，内容主要有开幕式、富春江游泳挑战赛、特色体育表演（19 项）、健身体验项目（10 个）、健身惠民服务（28 个）、竞技体育比赛（7 个），以及遍布全县所有乡镇（街道）的特色活动，运动员、赛事服务人员共计 11400 余人次，吸引观众 11 万人次。

【桐庐县（中通）体育基金会】 2017 年 7 月 15 日，桐庐县（中通）体育基金会在全县首届全民运动节上揭牌成立。该基金是浙江省首个县级体育基金会，也是浙江省首个县级民间资本体育基金会，主要致力体育公益事业发展，用于开展全民健身运动和公益体育设施建设；扶持体育社会组织，资助重大体育赛事；奖励为体育事业做出卓越贡献的运动员、教练员和体育工作者；关怀资助伤残、退役、困难运动员等方面。是年，该基金会已获中通快递、龙生股份、宏兴建设、桐庐农商银行等企业捐赠 680 万元，为桐庐县首届全民运动节赞助经费 16 万元，受益人群 8000 余人。

【国际 50 后羽球达人邀请赛】 2017 年 5 月 28—30 日，“体彩大乐透 • 威克多 • 华人杯”2017（浙江 • 桐庐）国际 50 后羽球达人邀请赛在桐庐体育馆举行，来自江苏、贵州、新疆、内蒙古以及韩国等国内外 300 余名羽毛球爱好者参加。

【中国滑板俱乐部联赛】 2017 年 12 月 23 日，2017 年中国滑板俱乐部联赛（桐庐站）开赛。亚奥理事会副主席、中国奥委会秘书长宋鲁增，浙江省体育局副局长吕林，杭州市政府副秘书长、亚组委办公室主任毛根洪，县委副书记、县长方毅，副县长周建英出席比赛开幕式。该赛事由国家体育总局社会体育指导中心、中国轮滑协会和桐庐县人民政府联合主办，桐庐作为该项赛事的首站，共有天津市轮滑运动协会、上海市轮滑运动协会、杭州滑板俱乐部等 11 支滑板队参加。

【竞技体育】 2017 年，在杭州市第十九届运动会上，桐庐县代表团参加 25 个大项，863 个小项，共夺得金牌 225 枚、银牌 105 枚、铜牌 70 枚，名列杭州市各县（市）区金牌榜及奖牌榜榜首，创历史最好成绩。陈雨菲获 2017 年全运会羽毛球女子单打冠军；邱烨晗获 2017 年全运会女子 10 米气步枪团体冠军；季钰露获 2017 年全运会混合团体亚军。

2017 年桐庐县参加市级以上比赛获奖情况

表 32

序号	比赛名称	日期	比赛地点	姓名	项目	名次
1	杭州市第十九届运动会乒乓球	3 月 8—10 日	桐庐	潘逸凡	甲组单打	第一名

续表 32

序号	比赛名称	日期	比赛地点	姓名	项目	名次
1	杭州市第十九届运动会乒乓球	3 月 8—10 日	桐庐	桑文豪	甲组单打	第八名
				侯繁华	乙组单打	第七名
				龙圣烨	丙组单打	第一名
				包佳鑫	丙组单打	第二名
				潘逸非、张祖康	甲组双打	第五名
				李王栋、张栋淇	乙组双打	第二名
				郑思逸、唐铃倩	乙组双打（女）	第七名
				袁林艺、傅韬衡	丙组双打	第六名
				陈海论、吴芷靖	丙组双打（女）	第六名
2	杭州市第十九届运动会网球（短网）	3 月 20—24 日	余杭	王馨潼	甲组单打（女）	第一名
				莫瑞格	甲组单打（女）	第四名
				王雨琪	甲组单打（女）	第五名
				叶玟伽	乙组单打（女）	第一名
				庄铭祺	乙组单打（女）	第二名
				韩靖祎	乙组单打（女）	第三名
				项翊雯	乙组单打（女）	第四名
				王秉杰	丙组单打	第五名
				汪子博	丙组单打	第六名
				陈奕如	丙组单打	第一名
				叶玟伽、庄铭祺	乙组双打（女）	第一名
				项翊雯、韩靖祎	乙组双打（女）	第二名
				王秉杰、汪子博	丙组双打	第一名
				王铖沣、楼自然	丙组双打	第八名
				陈奕如、方敬轩	丙组双打（女）	第一名
3	杭州市第十九届运动会国际式摔跤	3 月 27—28 日	杭州	李龙飞	男子甲组自由 50 公斤	第一名
				黄河涛	男子甲组自由 50 公斤	第二名
				吴剑杰	男子甲组自由 55 公斤	第一名
				俞千万	男子甲组自由 65 公斤	第一名

续表 32

序号	比赛名称	日期	比赛地点	姓名	项目	名次
3	杭州市第十九届运动会国际式摔跤	3 月 27—28 日	杭州	徐斌	男子乙组古典 58 公斤	第一名
				俞涛	男子乙组古典 75 公斤 +	第一名
				石少帅	男子乙组自由 50 公斤	第一名
				高世龙	男子乙组自由 54 公斤	第一名
				张志正	男子乙组自由 58 公斤	第一名
				周金丽	女子组自由 50 公斤	第一名
4	杭州市第十九届运动会拳击	3 月 30—31 日	余杭	吴恩浩	男子甲组 48 公斤	第一名
				蒋范元	男子甲组 48 公斤	第二名
				陈腾飞	男子甲组 50 公斤	第一名
				陈俊荣	男子甲组 50 公斤	第二名
				李洋晨	男子甲组 52 公斤	第一名
				杨黄尹浩	男子甲组 60 公斤	第一名
				韩昊天	男子甲组 64 公斤	第一名
				申屠丁杰	男子甲组 81 公斤 +	第三名
				吴婉妮	女子乙组 46 公斤	第三名
				吴文杰	男子乙组 46 公斤	第三名
				金逸逍	男子乙组 48 公斤	第三名
				林锴	男子乙组 50 公斤	第二名
				李潇锴	男子乙组 52 公斤	第三名
				赵亦杰	男子乙组 56 公斤	第二名
				毛铭杭	男子乙组 56 公斤	第三名
				郑航天	男子乙组 69 公斤	第二名
				陈都	男子乙组 69 公斤 +	第三名
5	杭州市第十九届运动会举重	4 月 5—7 日	萧山	皇甫依瑞	女子乙组 63 公斤	第四名
				李诗伊	女子乙组 58 公斤	第六名
				王悦悦	女子乙组 53 公斤	第一名
				徐薇	女子丙组 52 公斤	第二名
				袁茹	女子丙组 46 公斤	第二名

续表 32

序号	比赛名称	日期	比赛地点	姓名	项目	名次
5	杭州市第十九届运动会举重	4 月 5—7 日	萧山	方静紫	女子甲组 69 公斤 +	第七名
				皇甫单媛	女子乙组 63 公斤 +	第二名
				华丹娜	女子丙组 52 公斤 +	第二名
				刘雨桐	男子丙组 56 公斤 +	第一名
				申屠依楠	男子甲组 85 公斤	第二名
				徐斌	男子甲组 69 公斤	第二名
				范欣哲	男子乙组 62 公斤	第二名
				尹铭杨	男子乙组 56 公斤	第七名
				孙锦栋	男子乙组 52 公斤	第二名
				赵文斌	男子甲组 52 公斤	第二名
				赵超越	男子乙组 46 公斤	第一名
				杨俊楠	男子乙组 77 公斤 +	第三名
6	杭州市第十九届运动会自行车	5 月 6—7 日	杭州	徐　涛	男甲组公路原地 100 米	第六名
				张雨萌	女甲组公路原地 100 米	第三名
				胡方蕾	女甲组公路原地 100 米	第五名
				赵佳豪	男乙组公路原地 100 米	第二名
				陈烨杭	男乙组公路原地 100 米	第四名
				曾卿伦	男乙组公路原地 100 米	第五名
				柯佳凡	男乙组公路原地 100 米	第七名
				孙美佳	女乙组公路原地 100 米	第一名
				陈美灵	女乙组公路原地 100 米	第六名
				方吉	男丙组公路原地 100 米	第二名
				罗烨辉	男丙组公路原地 100 米	第八名
				程卢芬	女丙组公路原地 100 米	第一名
				兰雨嫣	女丙组公路原地 100 米	第二名
				何巧妮	女丙组公路原地 100 米	第三名
				黄雨怡	女丙组公路原地 100 米	第四名
				陈谢欣	女丙组公路原地 100 米	第六名
				柴艺	女丙组公路原地 100 米	第七名

续表 32

序号	比赛名称	日期	比赛地点	姓名	项目	名次
6	杭州市第十九届运动会自行车	5 月 6—7 日	杭州	徐涛	男甲组公路行进 200 米	第一名
				吴昊	男甲组公路行进 200 米	第七名
				胡方蕾	女甲组公路原地 200 米	第四名
				张雨萌	女甲组公路原地 200 米	第五名
				申屠晓城	男乙组公路原地 200 米	第三名
				陈烨杭	男乙组公路原地 200 米	第五名
				赵佳豪	男乙组公路原地 200 米	第八名
				陈美灵	女乙组公路原地 200 米	第一名
				孙美佳	女乙组公路原地 200 米	第二名
				方吉	男丙组公路原地 200 米	第三名
				周叶烨	男丙组公路原地 200 米	第七名
				周俊诚	男丙组公路原地 200 米	第八名
				兰雨嫣	女丙组公路原地 200 米	第一名
				黄雨怡	女丙组公路原地 200 米	第二名
				程卢芬	女丙组公路原地 200 米	第三名
				何巧妮	女丙组公路原地 200 米	第四名
				柴艺	女丙组公路原地 200 米	第八名
				吴昊	男甲组公路 1 公里	第五名
				徐涛	男甲组公路 1 公里	第六名
				胡方蕾	女甲组公路 1 公里	第三名
				张雨萌	女甲组公路 1 公里	第四名
				柯佳凡	男乙组公路 1 公里	第二名
				赵佳豪	男乙组公路 1 公里	第三名
				陈烨杭	男乙组公路 1 公里	第四名
				申屠晓城	男乙组公路 1 公里	第五名
				曾卿伦	男乙组公路 1 公里	第八名
				陈美灵	女乙组公路 1 公里	第一名
				孙美佳	女乙组公路 1 公里	第二名
				方吉	男丙公路 1 公里	第六名
				周叶烨	男丙公路 1 公里	第七名

续表 32

序号	比赛名称	日期	比赛地点	姓名	项目	名次
6	杭州市第十九届运动会自行车	5 月 6—7 日	杭州	程卢芬	女丙公路 1 公里	第一名
				黄雨怡	女丙公路 1 公里	第二名
				兰雨嫣	女丙公路 1 公里	第三名
				何巧妮	女丙公路 1 公里	第四名
				柴艺	女丙公路 1 公里	第五名
				孙美佳	女乙公路 2 公里	第一名
				陈美灵	女乙公路 2 公里	第三名
				方吉	男丙公路 2 公里	第四名
				周叶烨	男丙公路 2 公里	第六名
				程卢芬	女丙公路 2 公里	第一名
				黄雨怡	女丙公路 2 公里	第二名
				兰雨嫣	女丙公路 2 公里	第三名
				陈谢欣	女丙公路 2 公里	第四名
				何巧妮	女丙公路 2 公里	第五名
				柴艺	女丙公路 2 公里	第六名
				吴昊	男甲组公路 3 公里	第二名
				徐涛	男甲组公路 3 公里	第四名
				陆铭宽	男甲组公路 3 公里	第八名
				胡方蕾	女甲组公路 3 公里	第一名
				张雨萌	女甲组公路 3 公里	第二名
				陈烨杭	男乙组公路 3 公里	第四名
				申屠晓城	男乙组公路 3 公里	第五名
				赵佳豪	男乙组公路 3 公里	第六名
				陈美灵	女乙组公路 15 公里	第一名
				孙美佳	女乙组公路 15 公里	第二名
				方吉	男丙公路 15 公里	第五名
				周叶烨	男丙公路 15 公里	第六名
				毛伟沣	男丙公路 15 公里	第八名
				程卢芬	女丙公路 15 公里	第一名
				兰雨嫣	女丙公路 15 公里	第二名

续表 32

序号	比赛名称	日期	比赛地点	姓名	项目	名次
6	杭州市第十九届运动会自行车	5 月 6—7 日	杭州	黄雨怡	女丙公路 15 公里	第三名
				徐涛	男甲公路 15 公里	第三名
				吴昊	男甲公路 15 公里	第六名
				陆铭宽	男甲公路 15 公里	第八名
				张雨萌	女甲公路 15 公里	第一名
				胡方蕾	女甲公路 15 公里	第三名
				柯佳凡	男乙公路 15 公里	第一名
				赵佳豪	男乙公路 15 公里	第二名
				申屠晓城	男乙公路 15 公里	第三名
				陈烨杭	男乙公路 15 公里	第四名
				曾卿伦	男乙公路 15 公里	第五名
7	杭州市第十九届运动会羽毛球	5 月 2—6 日	杭州	滕哲、余果	男甲组双打	第五名
				滕哲、龚晓婷	甲组混双	第五名
				申屠从余、邵张颖	甲组混双	第八名
				程雨琦	女乙单打	第一名
				蒋奕佩	女乙单打	第二名
				钟昊泽	丙组男子单打	第八名
				章俞鲁	丙组女子单打	第五名
				钟昊泽、龚鑫浩	丙组男子双打	第五名
				熊奕玮、杨东宇	丙组男子双打	第七名
				王佳一、章俞鲁	丙组女子双打	第四名
8	杭州市第十九届运动会散打	5 月 9—10 日	临安	谢赛琪	甲组 52 公斤	第二名
				宫世豪	甲组 56 公斤	第一名
				郑斌栎	甲组 60 公斤	第一名
				陈梦豪	甲组 65 公斤	第二名
				郑嘉嵩	甲组 70 公斤	第四名
				叶书超	甲组 80 公斤 +	第二名
				朱帅帅	乙组 52 公斤	第一名
				乔晋华	乙组 72 公斤 +	第四名

续表 32

序号	比赛名称	日期	比赛地点	姓名	项目	名次
9	杭州市第十九届运动会柔道	5 月 11—12 日	临安	徐琛	男子甲组 -55	第一名
				孟东阳	男子甲组 -81	第二名
				张伟健	男子乙组 -55	第二名
				方柏琰	男子乙组 -60	第五名
				章晨亮	男子乙组 -73	第五名
				周乐斌	男子乙组 -81	第二名
				周敏	女子甲组 -70	第一名
				祝翛然	女子乙组 -45	第一名
				季杭芬	女子乙组 -48	第一名
				应文清	女子乙组 -57	第三名
				魏丽琦	女子丙组 -42	第二名
				吴汇霖	女子丙组 -42	第三名
				周雨婕	女子丙组 -45	第三名
10	杭州市第十九届运动会跆拳道	5 月 15—16 日	富阳	汤智恒	男子丙组 45 公斤	第七名
				单浩然	男子丙组 48 公斤	第一名
				胡崔杨科	男子丙组 52 公斤	第八名
				姜余慧	女子丙组 40 公斤	第二名
				方灿	女子丙组 43 公斤	第四名
				邓晓盈	女子丙组 47 公斤	第一名
				宋煊怡	女子丙组 52 公斤	第七名
				陈喆	男子甲组 54 公斤	第一名
				田浩男	男子甲组 67 公斤	第二名
				江佰烨	男子甲组 72 公斤	第六名
				朱舒昭	女子甲组 46 公斤	第二名
				程倩	女子甲组 49 公斤	第二名
				王栩琛	女子甲组 53 公斤	第三名
				黄家云	女子甲组 62 公斤	第一名

续表 32

序号	比赛名称	日期	比赛地点	姓名	项目	名次
10	杭州市第十九届运动会跆拳道	5 月 15—16 日	富阳	赖雨雁	女子甲组 62 公斤 +	第四名
				刘顺清	男子乙组 48 公斤	第六名
				孙芷杭	男子乙组 52 公斤	第八名
				姚剑涛	男子乙组 57 公斤	第一名
				张嘉楠	男子乙组 57 公斤	第八名
				龚以林	男子乙组 57 公斤 +	第一名
				杨庆顺	男子乙组 57 公斤 +	第二名
				黄子轩	女子乙组 46 公斤	第二名
				李佳儿	女子乙组 55 公斤 +	第四名
11	杭州市第十九届运动会射箭	5 月 18—19 日	杭州	阿　娜	女甲单轮全能	第一名
				沈　婵	女甲单轮全能	第三名
				阿　娜	女甲 50 米个人淘汰	第一名
				沈　婵	女甲 50 米个人淘汰	第二名
				张世彦	男子单轮全能	第一名
				林信宏	男子单轮全能	第五名
				金俊豪	男子单轮全能	第八名
				张世彦	男乙 30 米个人淘汰	第一名
				金俊豪	男乙 30 米个人淘汰	第七名
				王伊珊	女乙单轮全能	第二名
				潘　佳	女乙单轮全能	第三名
				叶盈盈	女乙单轮全能	第五名
				黄伊蕊	女乙单轮全能	第六名
				王伊珊	女乙 30 米个人淘汰	第二名
				潘佳	女乙 30 米个人淘汰	第四名
				叶盈盈	女乙 30 米个人淘汰	第五名
				黄伊蕊	女乙 30 米个人淘汰	第七名
				张　喆	男丙光弓 18 米单轮	第七名
				张志焕	男丙复合弓 18 米双轮全能	第二名

续表 32

序号	比赛名称	日期	比赛地点	姓名	项目	名次
11	杭州市第十九届运动会射箭	5 月 18—19 日	杭州	郑鸿宇	男丙复合弓 18 米双轮全能	第七名
				顾正豪	男丙反曲弓 18 米双轮	第四名
				顾泽羽	男丙反曲弓 18 米双轮	第七名
				曹俊杰	男丙反曲弓 18 米双轮	第八名
				李雨欣	女丙光弓 18 米单轮	第七名
				蓝雲燕	女丙复合弓 18 米双轮全能	第一名
				钟佳欣	女丙复合弓 18 米双轮全能	第五名
				俞雅斐	女丙复合弓 18 米双轮全能	第六名
				邱海燕	女丙复合弓 18 米双轮全能	第八名
				许　婷	女丙反曲弓 18 米双轮	第二名
				赵　丽	女丙反曲弓 18 米双轮	第三名
				应明焕	女丙反曲弓 18 米双轮	第六名
12	杭州市第十九届运动会田径	5 月 23—26 日	杭州	冯萱	13 岁女 100 米	第五名
				徐鑫莉	14—15 岁女 100 米	第一名
				徐梦琴	16—17 岁女 100 米	第三名
				陶嘉洋	14—15 岁男 200 米	第八名
				徐鑫莉	14—15 岁女 200 米	第一名
				张文霞	14—15 岁女 200 米	第七名
				陶嘉洋	14—15 岁男 400 米	第七名
				周鑫	16—17 岁男 400 米	第七名
				朱陈恺	16—17 岁男 400 米	第八名
				李鑫	16—17 岁男 800 米	第五名
				季许浩	16—17 岁男 800 米	第八名
				季许浩	16—17 岁男 1500 米	第五名

续表 32

序号	比赛名称	日期	比赛地点	姓名	项目	名次
12	杭州市第十九届运动会田径	5月23—26日	杭州	李鑫	16—17岁男1500米	第八名
				徐梦琴	16—17岁女100米栏	第一名
				兰杰	16—17岁男110米栏	第一名
				兰杰	16—17岁男400米栏	第一名
				孙绪淼	13岁男子跳高	第一名
				李贞仪	16—17岁女跳高	第五名
				丁雅彤	14—15岁女跳远	第一名
				曾兴隆	16—17岁男铅球	第二名
				吴子腾	16—17岁女铅球	第四名
				李天宇	13岁男子铁饼	第一名
				冯萱	13岁女子铁饼	第二名
				曾兴隆	16—17岁男铁饼	第三名
				吴子腾	16—17岁女标枪	第二名
				李贞仪	16—17岁女五项全能	第一名
				黄靖文	12岁以下60米栏	第二名
				李天宇	13岁男子铅球	第一名
13	杭州市第十九届运动会帆船	6月6—7日	淳安	卢延瑞	男子乙组障碍赛	第一名
				苏中昊	男子甲组障碍赛	第二名
				苏中昊	男子甲组场地赛	第二名
				卢延瑞	男子乙组场地赛	第二名
14	杭州市第十九届运动会游泳	5月31—6月3日	杭州	周睿杰	男子9岁及9岁以下组自由泳全能	第二名
				胡添翼	男子10岁组蛙泳全能	第二名
				李潇	男子12岁组仰泳全能	第二名
				李睿阳	男子12岁组蛙泳全能	第三名
				叶雨晨	男子13岁组蛙泳全能	第二名
				许可心	女子8岁以下组自由泳	第一名
				叶天瑜	女子8岁以下组蝶泳	第三名
				潘铄	女子9岁组蝶泳	第一名

续表 32

序号	比赛名称	日期	比赛地点	姓名	项目	名次
14	杭州市第十九届运动会游泳	5 月 31—6 月 3 日	杭州	李治锦	女子 10 岁组仰泳	第三名
				马梦雪	女子 10 岁组蛙泳	第二名
				黄瓅	女子 12 岁组蛙泳	第三名
				胡添翼	男子 10 岁 100 蛙 +200 混	第二名
				张宇昊	男子 11 岁 100 蛙 +200 混	第二名
				潘铄	女子 9 岁 100 蝶 +400 自	第一名
				李治锦	女子 10 岁 100 仰 +400 自	第三名
				马梦雪	女子 10 岁 100 蛙 +200 混	第一名
				周睿杰	男子 9 岁及以下 50 自由泳	第二名
				许可心	女子八岁以下组 60 自由泳	第一名
				许可心	女子八岁以下组 400 自由泳	第一名
				许可心	女子八岁以下组 200 混合泳	第一名
				马梦雪	女子 10 岁组 200 混合泳	第三名
				黄瓅	女子 12 岁 400 自由泳	第二名
15	杭州市第十九届运动会武术	4 月 27—28 日	桐庐	黄智恩	女丙 24 式太极拳 +32 式太极剑全能	第一名
				张成	甲组第三套规定套路（拳）+ 自选刀棍	第一名
				杨璐嘉	女丙少年规定拳 + 个人基本功 + 自选器	第一名
				苗美美	女丙第三路初级拳 + 短器械长器械全	第一名
16	杭州市第十九届运动会蹦床体操	7 月 1—2 日	杭州	李贤淑	女乙全能蹦床	第二名
				蔡香香	女甲全能蹦床	第一名
				王家阳	男甲全能蹦床	第一名

续表 32

序号	比赛名称	日期	比赛地点	姓名	项目	名次
16	杭州市第十九届运动会蹦床体操	7 月 1—2 日	杭州	卢昱安	男甲全能	第一名
				卢昱安	自由体操 + 鞍马 + 吊环	第一名
				王天	男丙跳马	第一名
				胡世磊	男丁双杠	第一名
				易思琪	女乙跳马	第一名
				易思琪	女乙平衡木	第一名
				黄艺桐	女丙跳马	第一名
				王婧慈	女丙平衡木	第一名
17	杭州市第十九届运动会射击	7 月 3—5 日	杭州	郑前	女乙气步枪 40 发	第一名
				刘羽雯	女乙气手枪 40 发	第二名
				毛艺杰	男子乙组标准手枪 30 发	第一名
				郑前	男子乙组小口径运动步枪 3×20	第一名
				刘羽雯	女子乙组运动手枪慢射 60 发	第一名
				严丁依	女子丙组小口径运动步枪 30 发卧射	第一名
18	杭州市第十九届运动会皮划艇	7 月 4—5 日	杭州	叶俊铭、张宇豪	男子乙组 500 米 K2	第二名
				黄鑫航、方朴恒	男子乙组 500 米 C2	第一名
				章金仙、霍利	女子乙组 500 米 K2	第一名
				吴正华、陈磊	男子甲组 500 米 K2	第一名
				郑方芳、洪倩	女子甲组 500 米 K2	第一名
				华星剑、孟蔚嘉	男子甲组 500 米 C2	第一名
				胡馨怡、华春燕	女子丙组 500 米 K2	第一名
				寇江城	男子乙组 1000 米 K1	第一名
				叶俊铭、张宇豪	男子乙组 1000 米 K2	第一名
				郑方芳、洪倩	女子甲组 1000 米 K2	第一名
				华星剑、孟蔚嘉	男子甲组 1000 米 C2	第一名

续表 32

序号	比赛名称	日期	比赛地点	姓名	项目	名次
19	杭州市第十九届运动会赛艇	7 月 4—5 日	杭州	李倩雯、何璐儿	女子乙组 500 米 2X	第一名
				邹佳琪	女子甲组 500 米 1X	第一名
				陈祎雯、王欣怡	女子丙组 500 米 2X	第一名
				李倩雯、何璐儿	女子乙组 1000 米 2X	第一名
				邹佳琪	女子甲组 1000 米 1X	第一名
				陈祎雯、王欣怡	女子丙组 1000 米 2X	第一名
20	第十三届全国运动会羽毛球	9 月 7 日	天津	陈雨菲	2017 年全运会羽毛球女子单打	第一名
21	第十三届全国运动会射击	8 月 31 日	天津	邱烨晗	2017 年全运会女子 10 米气步枪团体	第一名
22	第十三届全国运动会射箭	9 月 2 日	天津	季钰露	2017 年全运会混合团体	第二名
23	第十三届全国运动会自行车	9 月 1 日	天津	李晗清	2017 年全运会女子场地麦迪逊赛	第五名
24	第十三届全国运动会皮划艇	9 月 7 日	天津	俞诗梦	2017 年全运会静水女子 200 米单人皮艇	第六名
				吴　江	2017 年全运会静水男子 200 米双人皮艇	第七名
25	第十三届全国运动会自行车	8 月 31 日	天津	申屠健埔	2017 年全运会男子场地团体追逐赛	第八名

·广播电视管理·

【农村应急广播体系建设】 2017 年，县文广新局继续完善桐庐县 183 个行政村“村村响”工程，重点检查各村设备维护管理及经费下拨情况，保障“村村响”工程的日常运行维护及安全播出工作，要求落实播出制度，先后到 5 个乡镇（街道）30 余个行政村对应急广播工程进行督查。

【农村电影固定点放映】 2017 年，县文广新局按时发放农村电影放映场次补贴，推进农村电影放映工作，同时利用投影、悬挂标语等形式积极做好重大主题、重大活动的宣传，截至年底，共计放映电影 2400 场，观众人数 209000 人次。

【广电惠民工程】 2017 年，县文广新局继续实施广播电视“低保工程”，为低保户家庭办理有线电视减免相关手续，开展实地抽查督促验收。全年，减免有线电视收视费 3235 户，免有线电视新装入户费 11 户。

【安全播出】 2017 年，桐庐县调整广播电视安全播出领导

《春江放排》参加省农村文化礼堂优秀文艺作品展演

协调小组成员，修订完善广播电视安全播出应急预案。元旦、春节等重要节日、会议期间实行一日一报“零报告”制度。与县住建局、华数电视等9个单位签订中共十九大广播电视安全播出责任书，落实安全播出责任，确保安全播出。

（王　洁）

·县信息传媒中心·

【概况】 2017年，县信息传媒中心在服务中心、媒体融合和事业发展等方面取得新突破，形成《今日桐庐》、桐庐新闻网、桐庐发布为主要内容的多媒联动、齐头并进的良好势头。《今日桐庐》全年发行338期，每期发行量25000份，总发行量845万份。桐庐新闻网（www.tlnews.com.cn）网站日浏览量20000人次，桐庐发布微信公众号关注人数12万人，获评浙江“金舆奖·政务发布十强”。是年，11篇新闻报道分别获得浙江省县市区域报好新闻奖一、二、三等奖。

【强化主题宣传】 2017年，县信息传媒中心策划推出“深入学习贯彻十九大精神 加快建设美丽中国桐庐样本”“创无违建县 建中国最美县”“最多跑一次 跑出新常态”等16个主题宣传，共计4530余篇报道；启动“文明同步 新闻同行”全国文明城市创建大型采访行动，全体采编人员奔赴一线齐参与，共计刊发相关报道1230余篇；围绕贯彻县委全委会、县“两会”、全国文明城市创建、推进五水共治、创建无违建县、“最多跑一次”改革等，策划撰写53篇评论员文章；刊发有关社会主义核心价值观、文明城市创建、无违建县、讲文明树新风等宣传主题的公益广告合计230余个整版。

【加强媒体融合】 2017年，县信息传媒中心搭建全媒体新闻采集、编辑管理、多元发布的集成式业务管理系统，进一步推动信息生产向“一次采集、多次生成、多元发布、融合传播”转型升级。推进《今日桐庐》与桐庐新闻网、桐庐发布全方位互动，通过立体式、全方位、多角度的宣传，为县“两会”、“桐庐百姓日”、中国杭州国际快递业大会等营造浓厚氛围。

【关注民生新闻】 2017年，县信息传媒中心策划推出“春运伴我回家路”“3·15”我们在行动、“准备！迎接‘文明大考’”“聚焦2017中高考”“三伏天看民生”“情系寒门学子无悔追梦青春”等系列民生新闻报道1360篇；每周五推出“天天民生”服务版，做精“信息超市”“周末去哪儿”“你问我答”等栏目；持续深化头版“曝光台”专栏，策划推出有关“文明城市创建”“五水共治”“无违建县”“小城镇环境综合整治”等方面舆论监督报道86篇；桐庐新闻网全年刊登民生新闻1476条，桐庐发布发布民生类信息占全年总发布量的70%以上。

【做强典型报道】 2017年，县信息传媒中心积极寻找、发现、宣传身边的各类最美桐庐人，全面宣传桐庐县各行各业的先进典型，凝聚至善至美的精神力量。《今日桐庐》结合“雷锋日”“三八国际妇女节”“五一劳动节”“七一中国共产党建党节”、教师节等节点以及在全国文明城市创建和“无违建县”创建、防汛防台、抗雪防冻过程中涌现的先进典型，重点策划推出各类微美人物报道43篇。同时，大力宣传站上世界技能大赛冠军领奖台的杨金龙、蒋应成，倒在工作一线的治水好干部童有希等人的先进事迹，产生广泛的社会影响。

【抓好队伍建设】 2017 年，县信息传媒中心结合学习力提升工程，举办“微讲堂”4 次，鼓励全体新闻从业人员学习、钻研新闻基础业务；注重整合资源，强化考核激励，大力培养“名记者”“名编辑”“名评论员”，深化全能型人才队伍建设；巩固深化采编人员“走转改”活动，深入基层一线，全面宣传全国文明城市创建、“五水共治”“三改一拆”等工作，在活动中锤炼作风，提高稿件质量。

（陈　燕）

·广播电视·

【概况】 2017 年，桐庐县广播电视台播发广播电视新闻 6473 条，采制广播电视专题 2367 期。全年被上级台录用新闻 513 条次；28 件广播电视作品获省、市政府（新闻）奖。在 2017 年度全省对农节目服务工程建设考核中，广播电视对农栏目《田园之声》获得“优秀”等次。27 条报道在中央电视台各频道和中央广播电台播出。动漫配音作品《血祭供养》获得第十三届中国国际动漫节声优大赛个人赛优秀奖。完成中央无线广播电视节目数字化覆盖分水玉华山项目，实现桐庐、分水两地同频发射。

【做好重大主题报道】 2017 年，县广播电视台围绕县委、县政府各项重点工作，推出全国文明城市创建、无违建县创建、剿灭劣Ⅴ类水、小城镇环境综合整治等主题报道 2000 余条。特别是围绕全国文明城市创建这一重心，开设“创建全国文明城市”专栏，推出大型新闻行动，根据创建工作不同节点，曝光存在问题、挖掘创建亮点，共播出有关报道 1000 余条，形成强有力的宣传声势。

【强化舆论监督】 2017 年，县广播电视台继续以《新闻聚焦》为平台，开展建设性舆论监督。以“目击全国文明城市创建”专栏为载体，围绕文明创建中存在的问题，对乱停车、出店经营、不礼让斑马线、行人闯红灯等不文明行为进行曝光，助推全国文明城市创建。广播《阳光热线》节目每月邀请机关单位负责人上线，就有关热点难点问题答疑解惑，接受监督。

【促进媒体融合】 2017 年，县广播电视台微信公众号“同乐汇”粉丝数保持在 24 万人，全年有 190 条消息阅读量超过 1 万，最高阅读量为 340 万 +，进入全国县级电视台微信排行榜十强 2 次。《微友说事》互动栏目播出 66 篇。893 车友会系列活动、“小践行家”系列活动等通过与微信、电视等平台的互动，增强影响力。桐庐文明网、“文明桐庐”微信公众号、中国画城潇洒桐庐网、桐庐广电微博与广播电视等播出内容联动，共同发出桐庐广电好声音。

【首届“健康达人秀”大赛】 2017 年 11—12 月，县广播电视台与县体育局、县卫计局、县总工会合作，依托《健康大讲堂》栏目，创新推出桐庐县首届“健康达人秀”大赛。比赛围绕“全民健康”主题，采用国民体质监测、卫生体育相结合的选拔模式，5 个赛区 7 场比赛覆盖全县，300 多名选

“健康达人秀”总决赛

富春山水诗词吟诵大赛决赛

手报名参加，最终选拔出十佳“健康达人”。各阶段比赛都在桐庐电视台《健康大讲堂》栏目中播出，总决赛及颁奖实现微信直播。《体坛报》《钱江晚报》《杭州日报》等媒体对大赛进行报道。

【富春山水古诗词吟诵大赛】 2017年11—12月，县广播电视台牵头承办桐庐县富春山水古诗词吟诵大赛（第一季），以竞赛的形式组织社会各界500名选手参与吟诵桐庐有关的古诗词、进行古诗词知识问答，营造全县上下学读古诗词的社会氛围。最终评出“十佳吟诵者”10名、“优秀吟诵者”10名，“最佳才艺奖”“最佳表现奖”各1名。决赛当天的微信直播收看人数和点赞数均超过2.6万次。

【百姓摄影节】 2017年，县广播电视台结合“创建全国文明城市”活动，推出“镜头中的文明”主题摄影活动，共征集作品694幅，用镜头展现桐庐“文明、有序、和谐、友善”的城市形象，营造“争创全国文明城市 争做文明有礼桐庐人”的良好氛围。

【广电队伍建设】 2017年，县广播电视台通过推进“两学一做”学习教育常态化制度化、落实党风廉政建设责任制、强化执纪督查等举措，提升广电队伍整体素质。全年组织集中学习40次，观看《巡视利剑》《红船精神》等专题教育片10部；推送“每周一廉”短信，开展正风肃纪值月检查30次；组织干部职工参加基层走亲、文明城市创建志愿服务等。是年，县广播电视台被评为全国文明城市创建先进集体，2人被评为先进个人。全年共有10人取得助理级以上职称，其中副高1人、中级4人；1人获评桐庐县职业技能带头人并当选桐庐县青年联合会第三届委员会常务委员。

（吴敏秋）

卫生

Public Health

王家鸣／摄

卫 生

·医疗卫生·

【概况】 2017年，桐庐县设有医疗卫生机构333个，其中县级卫生单位2个（疾控中心、卫生监督所），县级医疗机构5个，乡镇卫生院（社区卫生服务中心）13所（个），纳入乡村卫生服务一体化管理社区卫生服务站86个、村卫生室105个，医务室、卫生站等9个；个体办村卫生室、社区卫生服务站36个，个体诊所、门诊部等民办医疗机构等77个。新审批设置医疗机构13个，注销医疗机构执业许可证2个。核定县公立医疗卫生单位编制2317人，其中在岗职工2223人（编内正式职工2149人、编外人事代理74人），临时性合同工1167人。其中编内在岗研究生学历50人，占2.33%；本科学历1422人，占66.17%；大专学历532人，占24.76%。高级职称303人，占14.10%；中级职称648人，占30.15%。是年，取得正高级卫技职称10人、副高级卫技职称30人，士级25人、师级124人、中级94人。

是年，爱心门诊接诊56428人次，减免医药费6.68万元。完成高校招生体检1911人及征兵体检工作。受理120求救电话29191起，有效接警电话7134起，急救派车6972次，救治病人总数5718人次，院内转送病人1211次。完成中国杭州国际快递业大会、全国女子足球比赛、中高考保障等活动医疗保障35次，共计派出医务人员240人次，救护车45次。

2017年桐庐县卫生系统医疗机构基本情况

表33

单位名称	实际开放床位（张）	职工人数（人）	卫技人员数（人）
桐庐县第一人民医院	600	997	816
桐庐县第二人民医院	185	345	294
桐庐县中医院	350	715	582
桐庐县妇幼保健院	103	388	319
桐君街道社区卫生服务中心	0	104	92
旧县街道社区卫生服务中心	7	31	27
横村镇中心卫生院	80	147	130
江南镇中心卫生院	10	101	88
凤川街道中心卫生院	15	72	63
富春江镇中心卫生院	26	99	68
百江镇中心卫生院	5	57	51
钟山乡卫生院	9	52	48
分水镇卫生院	4	99	91
莪山畲族乡卫生院	10	33	29
瑶琳镇卫生院	3	84	73
合村乡卫生院	7	34	29
新合乡卫生院	0	94	90
合　　计	1414	3452	2890

2017 年桐庐县新审批医疗机构

表 34

机构名称	负责人	注册日期	机构地址
桐庐藏筋堂中医门诊部	程　鹏	2017-09-17	桐庐县县城春江路 281 号（二楼）
桐庐桐芝堂中医门诊部	金建波	2017-01-22	桐庐县富春江镇芝厦村芝厦 33 号（1-3 楼）
桐庐怡生堂大药房连锁有限公司窄溪内科诊所	王　冰	2017-09-30	桐庐县江南镇金浦路 79—83 号（一楼）
桐庐怡生堂大药房连锁有限公司九龙中医门诊部	王　冰	2017-09-30	桐庐县分水镇东门路 48 号
桐庐怡生堂大药房连锁有限公司大联内科诊所	王　冰	2017-01-26	桐庐县县城大联路 227—229 号
桐庐圆德中医康养医院	祝建渭	2017-01-05	桐庐县城富春路 179 号 1—7 楼
桐庐祝王均口腔诊所	祝王均	2017-04-14	桐庐县城滨江路 44—46 号
桐庐周嫱口腔诊所	周　嫱	2017-08-25	桐庐县横村镇城东村徐家埠 69 号（1—2 楼）
桐庐县横村中心卫生院方埠村社区卫生服务站	李冬明	2017-09-12	桐庐县横村镇方埠村双湖
桐庐富春堂中医门诊部	叶　韬	2017-08-16	桐庐县县城滨江路 1581—1587 号（1—2 楼）
桐庐益康医院	汪学增	2017-08-19	桐庐县县城劳动路 101—109 号（1—4 楼）
桐庐怡生堂大药房连锁有限公司富春江内科诊所	王　冰	2017-08-10	桐庐县富春江镇七里泷大街 307 号
桐庐安养医院	王均支	2017-11-22	桐庐经济开发区春江东路 658 号（一楼、二楼、五楼）

【瑞金—桐庐合作医疗联合体】 2017 年，上海瑞金医院专家到桐庐开展病例讨论 881 次，教学查房 156 次，手术 34 例，门诊诊疗 1822 人次。开展各类培训讲座 78 次，听课人次达千余人。开通人才培养“快速通道”，派出专业中层骨干 24 人赴上海瑞金医院进修及短期培训。根据《瑞—桐医联体重点人才培养工程实施方案》，评估考核瑞桐医联体 2016 年中青年人才及遴选 2017 中青年人才。推进双向转诊和分级诊疗建设，设立慢病联合门诊督查制度，完成转诊 5323 例。以三乙医院为标准，全面推进县第一人民医院、县中医院三乙创建。实行院长任期目标责任制，制定院长目标考核细则，开展各院区年终考核督查工作。开设“健康大讲堂”栏目，每周二 19：35 分在桐庐电视台综合频道播出，全年共播放 30 期。11 月，启动桐庐县首届健康达人秀活动，录制达人秀 7 场。

【杭州市一医院桐庐分院】 2017 年，杭州市第一人民医院桐庐分院医疗业务收入同比增长 6.14%，手术例数同期增

2017年桐庐县注销医疗机构

表 35

机构名称	负责人	注销原因	注销日期
桐庐雷海玉妇科诊所	雷海玉	自动歇业	2017-11-30
桐庐郑鸿飞口腔诊所	郑鸿飞	自动歇业	2017-10-30
桐庐徐明成口腔诊所	徐明成	自动歇业	2017-04-28

长12.49%，体检人次同期增长136.42%。通过杭州市一医院专家带教等多种形式培养，17名骨干成为二级学科带头人。医联体内举办各类讲座和培训19次，召开分水地区乡村医师大会2次。全年双向转诊下转分水、百江、合村、瑶琳各院区共计1034人次；心内科住院病人下转至各院区共计94人次；各院区上转至杭州市一桐庐分院1105人次；上转至杭州市一医院135人次，逐步开展分级诊疗，使优质医疗资源有序有效下沉，整合推进区域医疗资源共享。

【医疗质量管理】 2017年，桐庐县制定《关于医疗质量提升行动实施方案（2017—2019）的通知》，健全落实医院规章、医疗质量和医疗安全、医疗技术管理和医院感染管理等18项核心制度。全县四家县级医院执行门诊停输抗药物制度，并逐步在乡镇卫生院停用限制抗菌药物。开展全县医疗安全管理和风险防范自查工作，推进优质医疗资源下沉，加强“双下沉、两提升”长效机制建设，省市专家每天派驻10位专家在各县级医院坐诊。同时，组建慢病联合门诊专家库，每周固定时间到乡镇卫生院坐诊，为慢性病患者提供专业化、精细化、个性化的治疗方案及健康保健指导。年底出台桐庐县分级诊疗方案，建立完善的基层首诊、分级医疗、双向转诊的就医制度。在县级公立医院与基层医疗卫生机构之间建立便捷转诊通道，优先为基层转诊患者提供就诊、检查、住院等便利。

【重点专科建设】 2017年，县卫计局进一步完善重点专科建设管理制度，加强学科建设投入，促进学科文化和技术提升。至年底，浙江省县级龙头学科增至2个（县第一人民医院神经内科和呼吸内科）。杭州市三类医学重点学科发展成6个（心血管内科、泌尿外科、肿瘤外科、肾内科、产科医学科、骨科）。评选出桐庐县医学重点专科8个：县第一人民医院肾内科、普外科、麻醉科、消化内科，县第二人民医院普外科，县中医院中西医结合泌尿外科，县妇幼保健院儿科，县疾病预防控制中心疾控科（现场流行病学）。桐庐县重点培育专科8个：县第一人民医院ICU，县第二人民医院消化内科、神经内科，县中医院中西医结合肿瘤科、脾胃病科，县妇幼保健院妇科医学科，富春江医院肿瘤介入科、呼吸内科。

【医学科研】 2017年，县卫计局共申报省中医药管理局科研课题1项，申报杭州市科技发展计划28项，申报桐庐县科技发展计划47项。其中已完成科研课题验收的有省中医药管理局课题1项，市级课题4项，县级课题12项。同时，鼓励医护人员积极申报优秀论文，县第一人民医院全年发表论文30余篇，其中SCI论文1篇。

【中医药服务能力提升工程】 2017年6月，桐庐县完成全国基层中医药工作复评考核。县中医院于8月成功通过孙光荣国医大师专家工作站考核，并正式建站运行，同时，县中医院也通过评估考核成为湖南中医药大学教学医院。11月20日，“中医中药中国行——中医药健康文化推进行动”桐庐县活动启动仪式暨孙光荣国医大师（浙江）工作站和湖南中医药大学教学医院授牌仪式在县中医院举行。活动特邀孙光荣国医大师亲临工作站现场带教指导、把脉义诊，湖南中医药大学何清湖副校长受邀传授中医药文化自信讲座。

桐庐县全国基层中医药工作先进单位复评考核汇报会

是年，继续深化中医适宜技术推广和应用。制定《桐庐县基层常见病多发病中医药适宜技术推广应用实施方案（2017—2019年）》，完成适宜技术基地合同书签订，确定基地专家、辖区各单位师资和技术推广骨干人员，遴选年度适宜技术推广项目清单。4月20日，召开年度中医适宜技术推广启动工作会议，并于4—6月完成四个批次分层分类培训，累计培训160人次，共计推广三类16项技术。开展中医非药物治疗站室171家，站室应用覆盖率94.48%，站室四项达标率64.33%，站室中医非药物治疗总人次数82592人次，总收入77.82万元，同比增长23.22%。至年底，65岁以上老年人中医体质辨识建档率51.91%，0—3岁儿童中医健康管理率59.90%。

“桐庐百姓日”中医保健专家开展中医义诊活动

【卫生信息化】 2017年，桐庐县、乡、村三级医疗机构全部建成医院管理信息系统，实现全县医疗机构就诊“一卡通”刷卡应用，县级公立医院完成与浙江省预约诊疗平台的统一接入，开展网上预约诊疗。完成对县第二人民医院和县中医院的信息化整体建设，对县第一人民医院和县妇保院部分信息系统进行调整，所有公立医疗机构原有PACS系统进行升级，初步完成县域影像中心建设。双向转诊和全科医生签约服务系统，均已跟市级平台完成对接。

【智慧医疗】 2017年，县卫计局大力推广智慧医疗诊间结算、“医信付”“支付宝”快捷支付，共计投放宣传材料3万余份。截至12月底，智慧医疗交易笔数240000次，同比增长190%；建设完成医保智能审核平台，截至年底县第一人民医院和桐庐县中医院，50%的乡镇医疗机构接入该平台，有效防止医生违规开处方等。

【医疗业务数据】 2017年，桐庐县公立医疗单位业务收入11.28亿元，同比增长12.56%，其中县级医院9.66

2017年桐庐县卫生系统医疗单位主要业务指标金额

表36　　单位：万元

医院／类别指标		县级医院	乡镇（街道）卫生院（中心）	合　计
业务收入	2016年	87419.83	12778.27	100198.10
	2017年	96614.53	16170.25	112784.78
增长幅度（%）		10.52	26.54	12.56
业务支出	2016年	96574.54	21928.23	118502.77
	2017年	108199.69	25362.57	133562.26
增长幅度（%）		12.04	15.66	12.71
业务收支结余	2016年	-9154.71	-9149.96	-18304.67
	2017年	-11585.16	-9192.32	-20777.48
增长幅度（%）		26.55	0.46	13.51
全年平均职工人数	2016年	2270	946	3216
	2017年	2428	972	3400
门诊人次（人次）	2016年	2055379	1364045	3419424
	2017年	2217529	1523920	3741449
住院床日（床日）	2016年	393669	27720	421389
	2017年	424336	26786	451122
人均业务收入	2016年	38.51	13.51	31.16
	2017年	39.79	16.64	33.17

说明：该表统计范围为公立医疗机构，业务收入不包括财政补助和上级补助收入

亿元，同比增长10.52%；乡镇（街道）卫生院（社区卫生服务中心）1.62亿元，同比增长26.54%；门急诊人次总数374.14万人次，同比增长9.42%，其中县级医院221.75万人次，同比增长7.89%；13家公立乡镇卫生院（社区卫生服务中心）152.39万人次，同比增长11.72%。公立医疗单位全年出院45742人次，总住院42.14万床日，其中县级医院39.37万床日、乡镇（街道）卫生院（社区卫生服务中心）2.77万床日；全县平均病床使用率86.53%，其中县级医院病床使用率93.42%、乡镇（街道）卫生院（社区卫生服务中心）病床使用率42.28%。

【人才队伍建设】 2017年，县卫计局通过春季人才招聘会、外省高校专场招聘会、网络招聘等形式，引进全日制本科以上学历43人，其中硕士研究生以上5人、副高职称3人。是年，面向社会公开招聘临床医生、护理等岗位医务人员87人。委托杭州医学院定向培养本科层次农村社区医生10名；29名定向委培生分配至乡镇卫生院。实施“重点人才培养三年行动计划”，完成30名重点人才选拔工作，正式进入培养周期。安排78名住院医师参加县临床技能培训中心规范化培训，开展首届青年医师说课比赛。各县级医院自主申报获批省市级继教项目9个，完成初、中级继教256名；派出包括临床、医技、管理等中层骨干共48人赴上级医院进修。县中医院成为湖南中医药大学教学医院。

【行风建设】 2017年，县卫计局对下属各单位开展服务效能和工作纪律检查10余次，发现问题50余个，对19名违反行风效能的人员作出通报批评。开展“反腐倡廉教育宣传月”系列活动，举办廉政书画展，拍摄廉政微作品《答案》，以及征集“群廉谱”事迹，以廉政宣传教育形式促行风有效提升。在卫生系统层层签订党风廉政建设责任书，细化行业行风提升方案，开展专项经费管理使用以及“吃空饷”、小金库、公务接待等方面专项检查，落实责任制考核，以压实主体责任方式促行风有效提升。

【新闻宣传】 2017年，县卫计系统利用报纸、电视、微信、微博等加大宣传力度，全年在《健康报》报道《县域健康档案或成建设健康中国基石 》1篇；在《杭州日报》上刊登《桐庐有了空中120 从桐庐抵达浙二医院只要20分钟》《“别急，我是医生” 危急时刻挺身而出 施救成功悄然隐退》等2篇；在《钱江晚报》刊登《白衣后面你如此美丽》《和家长一起读懂孩子身体的秘密》等11篇；在《健康杭州》刊登《她永远活在村民的心中——记桐庐县乡村医生徐兰英》等信息5篇；利用微信公众号每周更新卫生计生知识，发送图文消息410篇。

·无偿献血·

【概况】 2017年，桐庐县组织无偿献血77次，市民参加无偿献血5547人次，其中乡镇献血人次占49.95%、部门占24.55%、街头自发占25.5%；无偿献血总量1109.46升，临床用血总量1105.2升，无偿献血占临床用血比例为100.39%。印发《2017年公立医疗卫生单位目标考核细则》，加强医疗机构临床用血管理。定期检查各单位临床用血工作，定期培训医务人员，指导科学合理用血。

·初级卫生保健·

【国家基本药物制度实施】 2017年，桐庐县13家公立乡镇（街道）卫生院和190家村卫生室（社区卫生服务站）全面实施国家基本药物制度，实现基本药物制度全覆盖。继续提高县级公立医院基本药物采购使用比例，实现4家县级医院基本药物采购使用比例达省里规定比例，基本满足日常诊疗活动。

【参合农民健康体检】 2017年，县卫计局会同财政部门制定下发《关于做好2017年桐庐县参合农民健康体检和国家重大传染病专项体检工作的通知》，各乡镇（街道）卫生院于6月起全面组织开展参合农民健康体检工作，截至年底，完成参合农民健康体检135845人，其中60岁以上老年人49068人，0—6岁儿童体检22199，中小学生体检41406人，检出各类常见病、慢性病62466人次，其中发现高血压17269人，糖尿病4278人，胆囊炎、胆石症6069人，精神疾病380人，肺结核70人，慢性阻塞性肺疾病（COPD）49人。对体检过程中发现的慢性病人建立专项档案，进行随访管理。

【全科医生签约服务工作】 2017年，桐庐县制定实施《关于“健康树”综合家庭医生签约服务考核办法（试行）的通知》，规范家庭医生签约服务考核制度；组建签约服务团队207个，签约医务人员615名，签约居民12.84万人，签约服务率达到31.33%，其中重点人群签约率达66.3%。开展签约服务相关知识培训，培训服务人员480名。对全县已签约居民的电子健康档案进行动态信息核实、更新，集中开展“跨年慢病人群服务”。电话回访签约对象9000余名，知晓度79.68%，满意度85.39%。

【精神病防治】 2017年，桐庐县有严重精神障碍患者1720人，新发现112人，检出率4.33‰。其中精神分裂症1039名，情感性精神障碍259名，癫痫所致精神障碍198名，精神发育迟滞195名，其他29名。严重精神障碍管理率98.96%，治疗患者1575名，治疗率91.56%。门诊服用基本抗精神病药物费用得到全额保障，新增免费服药54人，免费32余万元。全年住院精神病人信息反馈153人。

·爱国卫生·

【建设健康城市】 2017年，桐庐县继续开展控烟宣传及执

表 37

2017 年桐庐县卫生创建名单

创建类型	创建单位
浙江省卫生先进单位（2 个）	浙江桐庐恒丰村镇银行股份有限公司
	桐庐县凤川社区卫生服务中心
杭州市爱国卫生先进单位（2 个）	桐庐县横村幼儿园教育集团
	桐庐县东溪小学
浙江省无烟单位（2 个）	桐庐县滨江幼儿园教育集团
	桐庐县春蕾幼儿园教育集团
杭州市无烟单位（6 个）	杭州住房公积金管理中心桐庐分中心
	浙江省桐庐县国家税务局
	桐庐县横村幼儿园教育集团城东园区
	桐庐县横村幼儿园教育集团横村园区
	桐庐县东溪小学
	桐庐县中医院
桐庐县无烟单位（8 个）	桐庐县东辉小学
	桐庐县文物管理委员会办公室
	桐庐县瑶琳镇幼儿园
	中共桐庐县委桐庐县人民政府信访局
	桐庐县百江镇中心幼儿园
	桐庐县图书馆
	桐庐县百江小学
	桐庐县三合初级中学

法活动，作出控烟警告处罚 35 家次，罚款单位 4 家，罚款 3000 元；个人罚款 2 人次，罚款 100 元；利用宣传日活动现场和健康教育三级网络，发放画报、折页、单页、小册子以及健康支持性工具 9.5 万余份，播放健康教育视频 300 多小时；深入乡镇（街道）、企事业单位、社区、学校开展健康教育讲座 856 余场，受益 8000 余人。举办桐庐县健康支持性环境建设培训班一期、桐庐县无烟单位培训班一期、桐庐县 2017 年爱国卫生知识竞赛活动。对全县 14 个乡镇（街道）健康教育专（兼）职人员开展业务培训，覆盖面 100%。是年，创浙江省卫生先进单位 2 家，浙江省卫生村 3 个，杭州市卫生先进单位 2 家；创浙江省无烟单位 2 家、杭州市无烟单位 6 家、桐庐县无烟单位 8 家。

【改水改厕】 2017 年，县爱卫办制定农村生活饮用水水质监测方案和监测计划，县疾控中心按计划开展水质卫生监测。全年完成农村饮用水卫生监测 687 份，任务完成率 100%，覆盖率 100%，水质监测结果及时抄告相关乡镇（街道）及水利部门；配合水利部门做好农村饮用水长效管理考核工作，县改水办及时对长效管理考核结果进行通报。农村饮用水水质合格率同比有所提高，达93.5%。农村新建、改建无害化户厕200座，全县卫生厕所普及率100%，无害化卫生户厕普及率96.71%。

【除“四害”】 2017年，县爱卫办对县城主城区公共环境及农贸市场、建筑工地实行市场化运作，每月对PCO开展监督检查。联合县农林局开展春、秋两季灭鼠工作，联合县疾控中心举办“除四害”培训班。巩固国家卫生县城、确保全县病媒生物控制水平达到国家标准C级以上，安排有关乡镇（街道）进行病媒生物控制水平达到国家标准C级以上评估工作。保障登革热疫情防控工作，采取蚊媒控制等综合性防控措施，启动联防联控工作机制，多次联合监督、疾控对乡镇街道进行监督检查，对存在的问题要求立即整改，发放灭蚊宣传资料10万份。

【城乡整洁行动】 2017年，桐庐县农村保洁补助经费提高到80元/人/年，实现“清洁桐庐”工作日常化、常态化。开展以小城镇环境综合整治为主的城乡环境卫生大整治，以背街小巷、城中村、城郊接合部、“五小”行业和农贸市场及周边等区域为重点，清理卫生死角、乱堆乱放、乱贴乱画。实行暗访考核、排名公示制等长效管理机制，开展4次暗访检查，并将暗访结果公示在《今日桐庐》报。

·计划生育·

【概况】 2017年，桐庐县共出生婴儿4898人，其中计划内出生4843人，符合新政策1294人，计划外出生55人；计划生育率为98.88%，多孩违法生育发生率0.37%，统计误差率控制在1.5%以内，出生上报及时率达95%以上；群众工作中无违反“七不准”行政侵权行为，无恶性事件和行政败诉案件；为群众办理生育登记服务卡3977张。审核审批再生育152件，审批合格率达到100%；群众工作中无违反“七不准”行政侵权行为，无恶性事件和行政败诉案件；群众对乡村计划生育工作的满意率达到 98%以上。出生人口性别比为105.8，未发现有关“两非”违法案件发生。全面实施二孩政策，继续做好社会抚养费征收工作。

【生育服务证制度改革】 2017年，县卫计局深化和完善“最多跑一次”改革，全面应用生育登记服务平台，通过网上生育登记，实现群众“零跑路”。探索推进生育服务登记与母子健康手册等“多证合一”。简化再生育审批，优化办事流程，推行婚育情况承诺制、代办制、容缺受理制，户籍人口取消提供婚育情况证明，流动人口婚育证明电子化。

【流动人口服务管理】 2017年，县卫计局创新模式管理，按照“一盘棋”和均等化的要求，进一步加强流动人口队伍建设。探索流动人口网格化服务，通过网格化管理、片组户联系、均等化服务，建立制度规范化、管理精细化、服务人性化的流动人口计划生育工作新机制。流动人口计划生育均等化服务目标人群覆盖率达到90%以上，流动育龄妇女计划生育登记服务管理率达到90%以上。高质量完成国家流动人口在城南街道（东兴村、上杭社区）和分水镇（乔东村、武盛村）四个样本点动态监测。

【关爱母亲基金】 2017年，“关爱母亲”基金收到施强药业捐款50万元，该捐款主要用于补助低收入、困难产妇补助10000元以下的生育费用及高龄孕产妇DNA检测1000元的补助。全年共有310对产妇得到补助，补助款共计32万元。

【独生子女父母养老保险补助】 2017年，县卫计局继续推行计划生育家庭社会基本养老保险制度，开展农村独生子女父母参加城乡居民养老保险补助工作，是年累计应发放补助对象15922人，发放补助金159.22万元。

【医养结合】 2017年，桐庐县共有养老机构20家，其中3家养老机构为医疗机构内设养老机构，10家公办乡镇医疗机构与辖区的15家养老机构签订合作协议，另有两家养老机构与民营医疗机构签订服务协议，提供医疗服务的养老机构占比为100%。全县正常运行的日间照料中心160家，14家基层医疗机构与122家日间照料中心签订服务协议，提供医疗服务的日间照料中心占比 76.25%。签订协议的医疗机构以对口支援的形式为养老机构和日间照料中心的老人们提供日常巡诊、定期体检、家庭医生签约、健康档案登记、慢性病管理、康复护理、中医适宜技术推广、转诊等医养护服务。是年，共建家庭病床 180 张，开展家庭病床服务 3724 人次。

· 疾病控制 ·

【概况】 2017 年，桐庐县共报告法定乙、丙类传染病 17 种 3907 例，报告死亡 1 例，发病率 941.71/10 万。其中乙类传染病 11 种 1682 例，报告死亡 1 例，报告发病率 405.42/10 万，报告丙类传染病 6 种，发病 2225 例，发病率 536.30/10 万，无甲类和按甲类管理的乙类传染病报告。全年传染病自动预警信息系统共发出预警信号 10 种 184 条，响应率 100%；其中阳性信号数 3 条，阳性率为 1.63%，经调查分析为猩红热 1 例、流行性腮腺炎 1 例、其他感染性腹泻 1 例。全年共报告法定传染病报告卡 4444 张，报告及时率 99.91%；审核卡片 4370 张，审核及时率为 100%，重卡率为 0。

是年，新发现艾滋病感染 22 例，纳入管理的 HIV/AIDS 患者共 139 例，死亡 21 例。全年确诊结核病 292 例，其中肺结核病 211 例（阳性肺结核病人 103 例、阴性肺结核病人 108 例），结核性胸膜炎 43 例，肺外结核 38 例。全年共报告手足口病 299 例，无重症病例和死亡病例报告，发病率 72.67/10 万。3 家县级医院均按要求开设肠道门诊进行霍乱监测，其中县第一人民医院作为霍乱监测点医院常年开设。全年共接到麻疹疑似病例报告 32 例，实验室确诊麻疹 20 例，确诊风疹 1 例，排除 11 例。发生暴发麻疹疫情 1 起，为 3 月 15 日发生在县社会福利中心的疑似麻疹病例报告，完成应急接种 732 人。

【突发事件应对】 2017 年，县疾控中心共接报、处置 24 起传染病暴发（聚集）疫情，其中，诺如病毒感染性腹泻暴发疫情 9 起，水痘疫情 6 起，流感疫情 4 起，流行性腮腺炎、猩红热、腺病毒、麻疹、疑似军团菌疫情各 1 起，其中 3 起达到突发公共卫生事件相关信息报告标准。2 月 15 日，叶浅予中学发生诺如病毒感染胃肠炎暴发疫情，累计发生 54 例病例，波及 876 人，罹患率 6.16%。5 月 19 日，燕子矶幼儿园发生腺病毒感染暴发疫情，累计发生病例 25 例，波及 294 人，罹患率 8.50%。12 月 12 日，叶浅予中学发生水痘暴发疫情，累计发生病例 29 例，波及 994 人，罹患率 2.92%。所有疫情均及时开展调查、采样、防控，均得以有效控制。

【卫计—教育联合卫生应急演练】 2017 年 12 月 8 日，县疾控中心在桐庐世贸酒店会议室举办 2017 年桐庐县卫计—教育联合卫生应急演练，全县所有公立医疗卫生单位、中小学校、托幼机构共计 200 多人参加。此次演练以某中学发生疫情诺如病毒感染急性胃肠炎聚集性疫情为背景，通过桌面推演方式，要求各学校保健老师、医院医务人员、疾控中心卫生应急队员在规定时间内回答疫情处置流程相关问题。通过本次应急演练，检验和评估《桐庐县突发公共卫生事件应急预案》，增强卫计与教育等其他各部门的传染病防控卫生应急协作，让各学校老师、医务人员加强对诺如病毒感染防控知识掌握及能力的实践，提高学

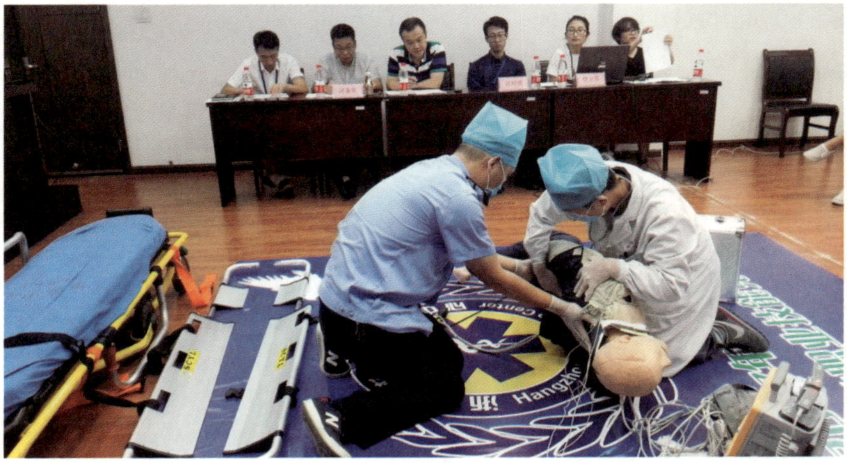

2017 年桐庐县院前急救技能比武

校对诺如病毒感染疫情应急处置能力。

【性病、艾滋病防治】 2017年，桐庐县纳入管理的HIV/AIDS患者共139例（其中艾滋病人71例，失访5例，现住址新发管理22例），定期进行CD4T淋巴细胞免费检测、肺结核、梅毒筛查，全年共完成336人次淋巴细胞免费检测，90人次病毒载量检测。新纳入治疗感染者23人，累计治疗感染者及病人125人，因药物反应终止治疗1人，死亡2人。全县有艾滋病筛查中心实验室1家（县疾控中心）、艾滋病初筛实验室4家（县第一人民医院、第二人民医院、中医院、妇保院）、艾滋病自愿咨询检测点3个（县疾控中心、第一人民医院、妇保院），13个艾滋病快检点，总计筛查各类重点人群56299人次，新报告感染者及病人19例，其中县妇幼保健院发现6例、县中医院发现2例、县第一人民医院发现5例、县第二人民医院发现1例、疾控中心发现5例。全年共提供免费咨询1279人次，筛查阳性6人次，确证HIV阳性4人。对县看守所在押人员353人进行艾滋病知识宣传教育和免费检测，阳性1例。全年累计干预男性同性恋者200余人次，动员HIV和梅毒检测9人次，均为阴性。举办预防艾滋病教育进课堂巡回讲座，对全县5所高中2000余名高二学生开展艾滋病防控宣讲。

【结核病】 2017年，桐庐县共发现各类结核病人292例，其中涂阳肺结核病人103例（新涂阳91例）、涂阴肺结核病人108例、结核性胸膜炎43例、肺外结核38例，所有病人均纳入规范管理。非结防机构发现报告肺结核病人数285人，报告率100%，对103例涂阳病人的206位密切接触者进行筛查，筛查率100%。肺结核病人患者系统管理率95.25%。新确诊2例耐多药肺结核病人，纳入治疗的7例耐多药肺结核患者均采取全程督导化疗。

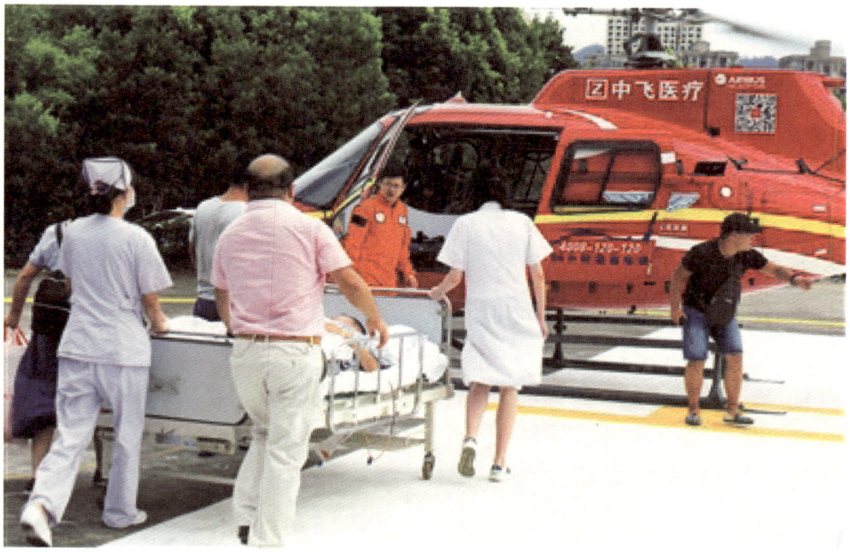

空中医疗急救

【免疫规划】 2017年，桐庐县未发现AFP病例诊断。全县疑似预防接种反应异常反应检测系统共报告个案104例、一般反应89例、异常反应10例、偶合4例、待定1例。对全县幼儿园、小学、初中共132家12984名学生开展查验预防接种证、补证、补种等工作。其中幼儿园80家、小学39家、初中13家，查验率100%。查验无证35人，补证35人，补证率100%。需补种1517人，已补种1491人，补种率为98.29%。对春节期间返乡、春节后入城儿童开展“九苗”免疫接种工作，卡介苗、脊灰糖丸、麻风疫苗、麻腮风疫苗、百白破疫苗、乙肝疫苗、乙脑疫苗、流脑疫苗、甲肝疫苗“九苗”接种率均在95.35%以上。完成了2017—2018年第一轮脊灰麻疹疫苗集中式查漏补种工作，新发现儿童118人，麻风疫苗应补种485人，实际补种463人。脊灰疫苗应补种984人，实际补种935人。开展常住儿童（1周岁、2周岁和7周岁儿童）疫苗接种情况调查。1岁组疫苗接种情况：乙肝、卡介苗、脊髓灰质炎、百白破、麻疹、乙脑、流脑接种率均在97.14%以上；2岁组疫苗接种情况：乙肝、卡介苗、脊髓灰质炎、百白破、麻疹、乙脑、A群、甲肝接种率均在99.52%以上；7岁组儿童疫苗接种情况：乙肝、卡介苗、脊髓灰质炎、百白破、白破、麻疹、乙脑、A群流脑两剂次、流脑A+C两剂次、甲肝接种率均在96.19%以上。开展流动儿童接种率调查，抽取城南街道和桐君街道，调查1周岁、2周岁、7周岁3个年龄组，共120人，建卡率100%。1周岁组儿童“五苗”（卡介苗、乙肝、脊灰、百白破、麻疹类）全程接种率均为97.5%，A群流脑疫苗一剂次、乙脑减毒疫苗一剂次接种率均为100%；2周岁组儿童疫苗全程接种率95%，百白破疫苗第四剂次、第二剂麻疹、第二A群流脑、二剂乙脑、甲肝疫苗接种率均在90%以上，7周岁组儿童疫苗全程接种率92.5%，第4剂脊灰、白破、两剂A+C流脑疫苗接种率均在95%以上。

【地方病防治】 2017年，县疾控中心采集县盐业公司盐样108份，合格108份，合格率100%，碘盐中位数22毫克/千克。抽检合村、分水、瑶琳、钟山、凤川5个乡镇（街道）8—10岁2—4年级的学生210人，查出有甲状腺肿大学生15人，甲状腺肿大率为7.14%；同时对这5个乡镇小学8—10岁学生采集随机尿样和家中食用盐（男、女各半，共210份），检测尿碘、盐碘含量，结果显示：尿碘中位数为173.5微克/升，尿碘值＜50微克/升的人数为9人，盐碘中位数为21.9毫克/千克，非碘盐6份，碘盐覆盖率97.14%，合格碘盐食用率94.29%；抽查这5个乡镇105名孕妇随机尿样、晨尿及家中食用盐进行尿碘和盐碘检测，结果显示：随机尿尿碘中位数为109微克/升，晨尿尿碘中位数为105微克/升，总尿碘中位数109微克/升，尿碘值＜150微克/升的人数有70人；盐碘中位数为22.1毫克/千克，非碘盐16份，碘盐覆盖率84.76%，合格碘盐食用率83.81%。开展外环境水碘分布调查：调查对象为居民户饮用水，通过调查，桐庐县水碘含量最低0.25微克/升，最高3.36微克/升。开展疟疾“三热”病人监测工作，全年共发现“三热”病人633人，实际血检633人，血检率0.15%，发现1例恶性疟疟疾病例。开展血吸虫病血清学监测，监测477人，其中来自历史血吸虫病流行区403人，来自本地和其他省份的74人。经检测，未发现血清学阳性病例，未发现疑似血吸虫病例。全年未发现疑似血吸虫病例。开展“4•10”查螺日活动，对原历史螺区江南镇徐畈村采用环境抽样法对划分的条块进行查螺，未发现钉螺。

【慢性非传染性疾病防治】 2017年，桐庐县常住总人口411439人、147688户，建档人数381655人，人口建档率92.76%。慢性病患病情况：桐庐县共有高血压病人38803人，检出率9.43%；建档管理人数36016人，规范分级管理人数22361人，血压控制人数20100人，血压控制率为55.81%。糖尿病人8927人，检出率2.17%；建档管理人数8382人，规范化随访管理人数5180人，血糖控制人数4259人，血糖控制率为50.81%。通过浙江省慢性病监测信息管理系统统计，新增糖尿病1462例，肿瘤1102例，冠心病急性事件98例，脑卒中发作1040例。全年全县死亡2706例。全县各级医疗单位内科门诊总人次1569241人次，其中35岁以上首诊人次360713人次，测血压350110例，首诊测压率97.06%。

【水质监测】 2017年，县疾控中心全年共检测水样818份，合格691份，总合格率84.5%，其中：城市饮用水（县城供水）监测41份，合格41份，合格率100%；农村饮用水监测

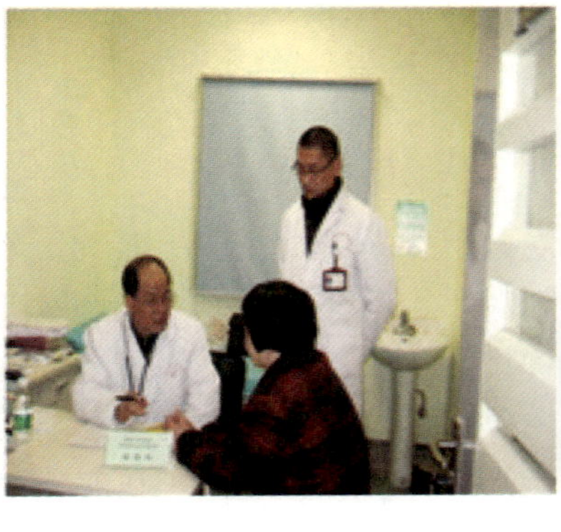

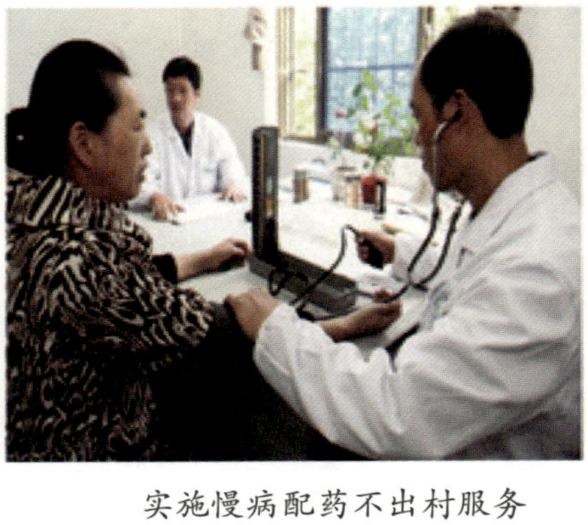

实施慢病配药不出村服务

777 份，合格 650 份，合格率 83.6%。农村饮用水主要不合格指标有消毒剂指标为游离余氯，微生物指标为菌落总数、总大肠菌群、耐热大肠菌群，理化指标为浑浊度、肉眼可见物。

【农村粪便无害化效果监测】 2017 年，县疾控中心与爱卫办对富春江镇横山村和横村镇板头村随机选择无害化厕所 14 户，进行粪便无害化效果监测和现场调查，监测点的农户厕屋卫生状况良好，厕屋内空气中氨浓度达标、无臭味，化粪池内无成蝇和蛆，寄生虫卵沉降率全部达到粪便无害化标准，监测结果表明，使用砖砌三格式化粪池，无害化卫生厕所对肠道致病菌处理效果均较为显著。

【食品安全】 2017 年，县疾控中心开展食品安全风险监测，对全县各地超市、农贸市场、餐饮店、学校周边小店、门市部等食品采样抽检，共采集食品样品 420 份，检出不合格样品 7 份，合格率 98.33%，不合格样品为 1 份油条检出铝超标，1 份蔬菜冬瓜检测氯氰、氯氟氰菊酯类农药超标，1 份香菇干检出二氧化硫超标，2 份香菇检出二氧化硫超标，2 份大米检出元素铅超标。是年，全县 4 家食源性疾病病例监测点通过浙江省食源性疾病监测系统上报可疑食物暴露史的病例 287 例，检出副溶血性弧菌阳性 9 例、沙门氏菌阳性 7 例、志贺氏菌阳性 1 例。在 287 例患者中，无可疑流行病学史。全年未接到食源性疾病暴发事件报告。

【营养与学校卫生】 2017 年，县疾控中心对叶浅予中学、三合初级中学、桐庐富春高级中学 3 所监测点学校的饮用水、学校食堂食（饮）具消毒质量进行监测，监测结果均合格。是年，县疾控中心共监测 46 所学校 38341 名学生，学生体检结果，身高上等率 17.21%，下等率 4.45%，体重上等率 17.72%，下等率 4.90%，生长迟缓率为 0.68%，轻度消瘦率为 9.49%，中重度消瘦率为 2.04%，超重率为 1.09%，肥胖率 8.71%，视力不良率 52.40%，龋患率 14.88%，沙眼发现率 1.74%。对叶浅予中学、圆通小学、富春高级中学 3 所学校开展因病缺课监测，缺课人次数为 463 人次，排在缺课人次数前五位的病因依次为感冒（343 人次）、其他疾病（34 人次）、胃肠道疾病（27 人次）、牙病（7 人次）、意外伤害（5 人次）。同时对上述 3 所学校开展健康危险因素和饮用水、学校食堂食（饮）具消毒质量监测，结果均合格。

【职业卫生】 2017 年，县疾控中心审核桐庐县区域职业病与职业卫生信息监测报卡总数为 330 张，其中：有毒有害作业工人健康监护卡 265 张、农药中毒报告卡 55 张、尘肺病报告卡 8 张、疑似职业病报告卡 2 张。各职业健康检查机构共对桐庐县 41 家企业的 274 名接触重点职业病危害因素的劳动者开展职业健康检查，需复查 22 人，检出职业禁忌证 8 人。

【消杀工作】 2017 年，县疾控中心对县各级医疗机构、部分民营医院、幼儿园、宾馆以及县社会福利院等 50 家单位进行消毒灭菌效果监测，样品主要为无菌包、3M 生物指示剂、空气、消毒灭菌后医疗器械、物体表面、医护人员手（操作人员手）、残留血、污水、医疗用水、玩具、餐具等，其中医疗机构采样 38 家，采样品数 531 件，合格 510 件，合格率 96.05%。重点场所采样 12 家，共采样 141 件，合格 137 件，合格率为 97.16%。

·卫生监督·

【双随机任务】 2017 年，县卫计监督所承担“双随机、一公开”（在监管过程中随机抽取检查对象，随机选派执法检查人员，抽查情况及查处结果及时向社会公开）共计 202 家，其中，国家任务 89 家、省级任务 113 家，全部在 8 月 15 日时间节点前完成；全年双随机涉及的监督抽检 47 家次、涉及样品 206 件，合格 191 件，合格率 92.7% ；对在双随机监督检查中发现的 43 家问题单位，其中给予罚款 8 家（共计罚款 1.33 万元）、单纯警告 34 家、医疗机构依法执业计分 1 家。同时，对 202 家单位的监督、抽检、处罚结果按规定予以公开。202 家双随机任务完成率 100%、存在问题查处率 100%、信息公开 100%。

【公共场所监管】 2017年，县卫计监督所全面完成节假日公共卫生保障、婴幼儿沐浴场所整改治理行动、公共场所控烟执法检查、游泳场所夏季保健康专项行动、公共场所安全套放置、足浴场所整治等系列专项检查，共出动1686人次，检查2023户次，检测场所空气及公用物品99家次394件样品，对抽检不合格单位予以立案查处，落实整改。

【控烟专项执法】 2017年，县卫计监督所针对违反《杭州市公共场所控制吸烟条例》的行为予以罚款6起共计3100元（其中2起针对个人罚款共计100元）、当场警告29起；开展多部门联合控烟检查，检查网吧14家次、电影院12家次、KTV24家次、公共场所176家次、机关事业单位54家次；开展娱乐场所夜间错时控烟监督检查，累计检查32家次，当场警告8家次；发放禁烟标识、宣传资料2000余份，开展控烟知识进校园活动，倡导社会参与为主，提高公众知晓率。

【学校卫生监管】 2017年，县卫计监督所共出动112人次，检查学校58所，监督覆盖率100%，全力做好学校传染病防控工作；在高考、中考期间做好卫生监督保障工作，未发生突发公共卫生应急事件；完成国家、省级共计13家学校双随机监督任务，针对双随机检查中发现的问题和现场教学环境监测不合格的学校，当场出具卫生监督意见书并将有关问题抄告县教育局；继续开展学校卫生综合监督评价工作，共对5所城区中小学、1所镇区中小学、4所乡村中小学进行评价，其中优秀学校4所、合格学校6所、不合格0所。

【饮用水卫生】 2017年，县卫计监督所采集水样49件，其中：水源水8件、出厂水8件、末梢水22件、二次供水11件，合格率均为100%；继续深入推广社区生活饮用水卫生检测示范项目和龙头水监测结果公示制度，落实3个社区（东门、南门、鑫鑫）开展每月一次的水样监测工作，每季按时对龙头水检测结果予以公示；完成7家集中式供水单位在线监测预警系统的安装，实现24小时管网末梢水总氯、PH酸碱度、浊度3项指标实时监测；全县应量化分级管理的集中式供水单位8家，经综合评定，A级单位2家、B级单位6家。

【依法监管】 2017年，县卫计监督所对全县323家医疗机构实行分级分类监管，不断规范医疗卫生机构执业行为。检查二级以上医疗机构13家次、各类中小医疗机构438家次，监督覆盖率100%，对检查中存在问题的单位共计分38家次（累计计分108分）、立案查处违法行为20起（罚没款6万元）；完成打非回访排查45家次，未发现再次非法行医行为；对3家医疗美容诊疗单位开展监督检查，组织全县38家大中型生活美容机构开展专题培训，签订《生活美容机构依法经营、杜绝非法行医承诺书》，督促生活美容机构自觉杜绝非法医疗美容行为；联合市场监管、公安、教育、环保等多部门对16家中小学校及托幼机构周边的非法行医行为、违法医疗广告发布等内容进行全面检查和整治。

【传染病管理】 2017年，县卫计监督所结合登革热疫情防控等工作，开展预防接种专项督查，检查涉及疫苗流通和预防接种的医疗卫生机构20家次；开展病原微生物实验室生物安全督查，检查设有病原微生物实验室的单位5家，设有二级生物实验室的单位12家，检查中发现的存在问题已督促落实整改到位；开展医疗安全管理和风险防范督查，共出动118人次，检查单位146家次；开展传染病防控分类监督综合评价工作，根据工作要求及实际情况，确定108家试点名单，通过现场督查及分级分类综合评价，优秀53家，合格55家；加强消毒产品抽检工作，抽检消毒产品生产企业1家、经营单位4家，共抽检样品14件，合格14件，合格率100%；组织开展医疗机构消毒隔离知识专题培训，受训达80余人，进一步提高医护人员的消毒隔离意识；继续开展口腔诊疗机构专项整治，以18家公立医疗机构口腔科、私人口腔诊所、门诊部为整治重点，同时对口腔器械、口腔治疗用水等样品进行抽检，共采集样品107件，经检测合格102件，合格率为

95.3%。对存在问题或抽检不合格单位予以记分13家次，其中立案6家，罚款1.7万元。

【医废管理】 2017年，县卫计监督所确定产生医疗废物单位277家，其中：55家与大地维康直接签订医疗废物回收协议；222家与县妇保院、辖区乡镇卫生院（社区卫生服务中心）等签订医废回收协议，通过小箱进大箱的形式，由上述单位先行代收后再由杭州大地维康医疗环保有限公司回收集中处置，医疗废物安全处置率100%。全县二级以上医院、乡镇卫生院、社区卫生服务中心、口腔诊所门诊部及民营医院等36家医疗机构的医废处置重点环节已安装监控设备，实现监控联；落实专人定期进行在线监督，发现违规情况及时反馈，督促整改。

【餐饮具集中消毒】 2017年，县卫计监督所结合桐庐县餐桌安全治理行动三年计划的总体要求，重点做好春节、“五一”假期等节前督查工作，组织开展“百日攻坚”专项行动。累计出动56人次、检查消毒服务单位28户次、警告2家次；监督抽检15家次、抽检样品共90批次180件、检验合格178件、产品合格率为98.9%。及时公示抽检结果并抄告相关部门，对抽检不合格单位，责令立即召回不合格产品；对检查中发现的包装未标注消毒日期、未严格执行集中消毒餐饮具出厂检验以及监督抽检不合格等行为4起予以警告，督促单位落实整改到位。不定期组织开展问题单位“回头看”，防止风险隐患“回潮”，确保食品安全。

·妇女保健·

【妇保指标】 2017年，桐庐县管理孕产妇4869例，建卡4869例，系统管理4765例，系统管理率97.26%。住院分娩4899例，住院分娩率100%。新法接生4899例，新法接生率100%。开展孕24—32周县级高危孕产妇筛查及追踪管理组织中级职称以上妇产科、内科医生285人次到基层开展高危筛查，筛查孕妇4809例，高危筛查率98.77%，经筛查评定高危孕妇3445例，100%实行追踪管理。产前筛查4705例，筛查率96.63%。筛选出678例高风险孕妇，产前诊断91例，其中确诊21三体综合征畸形6例，18三体综合征畸形2例，性染色体异常1例，其他染色体异常3例，NT异常3例，均及时医学诊治妊娠；做产前筛查、羊水穿刺同时动员孕24—26周进行三维B超全套检查，发现6例心脏畸形、4例肾脏异常、3例多发畸形、2例脊柱裂、2例肢体短缩、1例无脑畸形、4例其他畸形，均在28周前发现畸形，及时进行医学终止妊娠，减少出生缺陷发生。

是年，全县各接产点分娩产妇5313例，活产数5337人，新法接生4426人。其中县内产妇4350例、县外流动人口产妇963例，全年无孕产妇死亡发生，新生儿破伤风发生数为0。开展围产儿死亡及出生缺陷监测工作，全年各接产单位上报死胎11例、死产1例，7天内新生儿死亡3例，围产儿死亡率2.62‰。出生缺陷儿33例，出生缺陷发生率6.17‰。

【妇女病检查】 2017年，桐庐县20—64岁妇女111100人，普查39447人，检查率35.51%。其中筛查宫颈癌21220例，筛查乳腺癌22092例。查出患妇科病人数8464人，其中阴道炎3565例、宫颈炎2812例、宫颈癌17例、乳腺癌5例、卵巢癌2例。

【婚前医学检查】 2017年，桐庐县继续实行免费婚检制度，结婚登记3659对，参加婚检3464对，婚前医学检查率94.67%；婚检查出患疾病人数2427人，患病率35.00%，治疗率100%。

【“五免一补助”项目】 2017年，桐庐县继续实施“五免一补助”项目，对全县农村妇女实行免费政策。全年免费发放叶酸3091人，分娩补助2405人，免费孕检4869人，免费产前筛查4866人。

·儿童保健·

【儿保指标】 2017年，桐庐县0—6岁儿童25755人，受检25572人，保健覆盖率99.29%。0—6岁儿童系统管理25465人，系统管理率98.87%。全县调查登记0—6岁流动儿童0—6岁流动儿童4978人，实际系统管理4901人。

5 岁以下儿童死亡 23 例（桐庐籍 21 例），其中婴儿 19 例（包括新生儿 9 例）、1—4 岁儿童 4 例，本地 5 岁以下儿童死亡率 4.29‰，婴儿死亡率 3.47‰，新生儿死亡率 2.45‰，5 岁以下儿童死亡率与上年相近，婴儿死亡率和新生儿死亡率较上年有所升高。6 个月内婴儿母乳喂养率 91.83%，纯母乳喂养率 76.89%。对桐庐县户籍人口实施 0—6 岁婴幼儿免费健康体检。

【营养性疾病和高危儿管理】 2017 年，桐庐县 5 岁以下检查人数 18902 人，体重 / 年龄 < 中位数 -2SD 人数 81 人，体重低下发生率 0.43%；体重 / 年龄 < 中位数 -2SD 人数 110 人，生长迟缓发生率 0.58%；体重 / 身高 > 中位数 +1SD 人数 1771 人，超重发生率为 9.37%；体重 / 身高 > 中位数 +2SD 人数 425 人，肥胖发生率为 2.25%。5 岁以下血红蛋白检查人数 13442 人，贫血人数 765 人，贫血患病率 5.69%，其中中重度贫血患病人数 42 人，中重度贫血患病率 0.31%。全县本地 0—3 岁儿童共管理营养性疾病和高危儿 2001 例，其中新发现 1037 例，发病率为 21.87%（占 0 岁组儿童数）；各类营养性疾病和高危儿均按照要求给予专案管理，管理率 100%；结案 616 例，结案率 30.77%。5—6 岁儿童测视力 10191 人，右眼视力小于等于 0.8 的 808 人，左眼小于等于 0.8 的 957 人。

【新生儿疾病筛查】 2017 年，桐庐县新生儿先天性遗传代谢性疾病筛查共 5340 人（接产活产数 5337 人），筛查率为 100.06%。确诊先天性遗传代谢病 26 例（亚临床甲低 4 例，先天性甲状腺功能低下症 7 例，葡萄糖 6 磷酸酸酶缺乏症 11 例，肾上腺皮质增生症 4 例）。享受免费 4 项新生儿疾病筛查 4516 人，免费率 84.57%，较上年提高 3.67%。全县新生儿听力筛查 5291 人（活产数 5337 人），新生儿听力筛查率 99.14%。初筛未通过 185 人，初筛未通过率 3.50%；复筛 176 人，初筛未通过召回率 95.1%；复筛未通过 17 人，召回 17 人，复筛未通过召回率 100%；确诊 3 人，异常率 0.57‰。继续实施免费新生儿疾病筛查新项目，包括 4 项新生儿疾病筛查 4516 人，免费率 84.57%，较上年提高 3.67%；免费新生儿听力筛查 4510 人，免费率达 85.24%，较上年提高 5.03%。

（朱　应）

社会生活

Social Activities

彤轩 / 摄

社会生活

·民政事业·

【概况】 2017年，县民政局创新机制、夯实基础、规范管理，全力推进防灾救灾、社会救助、优抚安置、社会事务等服务体系建设。完成村社组织换届选举工作和审批服务事项“一件事”标准化建设，“最多跑一次”改革取得实效，得到省委常委、市委书记赵一德批示肯定；开展乱建坟墓专项整治，助力“无违建县”创建；推进全县社会工作专业人才队伍建设，成立“桐庐县社会工作者协会”，社会工作者执证率提升19%；圆满完成全国文明城市创建任务，被县委县政府授予“全国文明城市创建工作先进集体”。

【社会救助】 2017年，桐庐县城乡低保对象8936户11040人，残保对象3511人，五保对象668人，低保人数占比达到全县人口的2.69%。全年发放低保金1935.19万元，残保金1668.53万元。开展低保边缘家庭认定，全年认定8319人，完成率78%。完善临时救助政策，全年临时救助402户982人，其中因病等支出型临时救助804户2096人，火灾等应急型临时救助5户17人，发放临时救助金256.72万元。开展“慈善助学”活动，全年对278名困难学生发放助学金65.48万元。开展大病公益金救助工作，帮扶救助大病致贫困难群众69人，发放救助金139.08万元。全年救助城市流浪乞讨人员111人次，其中流浪乞讨人员救助98人次，危急重病人和精神病人13人。

【救灾救济】 2017年，桐庐县新建村级避灾安置场点20个，其中涉及地质灾害隐患村15个，全县村级避灾所覆盖率达87%。积极应对自然灾害，汛期启用避灾场所5个。开展“5·12”全国防灾减灾日和“10·13”国际减灾日主题宣传活动，全年组织防灾减灾政策知识现场咨询5次，发放防灾减灾宣传资料1960余份、宣传品1000余份。

【优抚安置】 2017年，桐庐县发放重点优抚对象优抚金2069.8万元，其中为83名因生活困难退役军人发放临时生活补助8.3万元，为523名义务兵家庭发放年优待金784.5万元。全县2016年冬和2017年春接收转业士官和退伍士兵223名，其中214名退役士兵实行自主就业，发放退役士兵自主就业补助金753.99万元。维护退役士兵合法权益，出台加强退役士兵管理工作举措，加大对退役士兵帮扶力度，建立健全应急处置机制，做好退役士兵安置和权益保障工作。

【移民工作】 2017年，桐庐县实施移民扶持项目68个，投资3176万元。其中创业致富项目26个，补助资金1486万元，占比46.35%，其中50万元（含）以上项目36个，占比52.29%。新增投资100万元以上产业基地7个。完成库区后扶资金预算编报工作，全年后扶资金2783.94万元，计划项目资金774.24万元，其中基础设施类项目339.4万元，创业致富类项目435万元；直补资金2009.7万元，直补人口33495人，年度直补资金发放准确率为100%。全年移民培训人数735人。积极做好水库移民各项工作，建立工作联动机制，妥善应对库区移民上访问题，全年保持稳定。

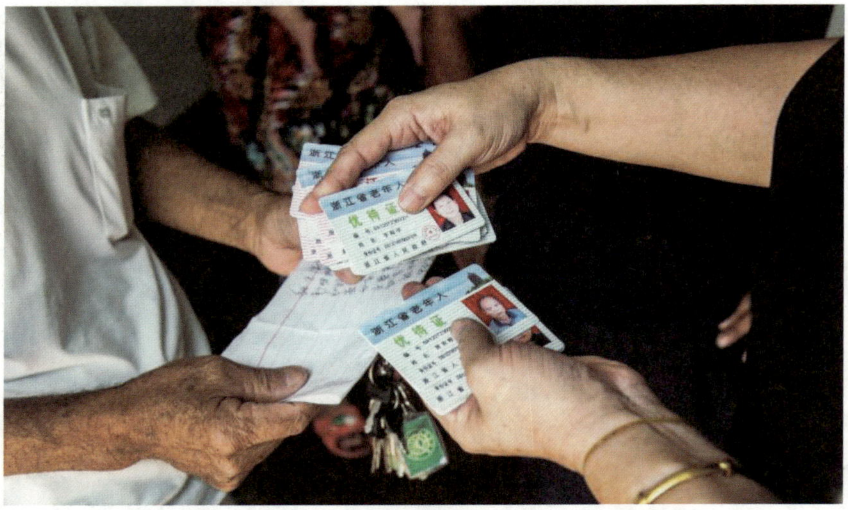

县民政局对年满60周岁的老年人实行送证上门服务

村级组织换届选举投票

【村社换届】 2017年，桐庐县完成182个行政村、19个社区（居委会）的换届选举工作，共选举产生村社两委班子成员1417名，其中村（居）委会670名，交叉兼职121名。举办全县新任村社干部“三树一创”暨“实干担当提升战斗力”主题培训班，开展全县“最美社工”评比活动，评选出市级“最美社工”1名、提名1名，县级“最美社工”10名。

【社会组织管理】 2017年，县民政局以“三社联动”为抓手，发展社会组织595家，其中社会团体241家，民办非企业单位352家，基金会2家。完成社会组织年检工作，全年完成年检451家。举办社会组织公益活动，全年提供公益服务1万余人次，发放宣传资料3万余份。开展社会组织公益创投，36万元资金用于政府购买服务项目14个。创新社会组织党建工作，全年新成立5家社会组织党支部，打造社会组织党建示范点。

【“最多跑一次”改革工作】 2017年，县民政局全面推进“最多跑一次”改革，民政事业改革“一件事”标准化建设77子项，进驻县行政服务中心71子项。开展社会组织审批事项“一窗受理、集成服务”工作，实行“一窗受理、部门转递、依法审批、统一反馈”，切实方便社会组织和群众办事；对当年满60周岁的老年人实行送证上门，让老年证成为一份特殊的“生日礼物”，实现群众“零次跑”；门牌证办理推行“5+2”周末值班办事制度，解决办事群众“上班时间没空办事、休息时间没处办事”难题；婚姻登记处开通微信查阅档案信息方式，方便群众补领结婚证。

【乱建坟墓清理整治专项行动】 2017年，县民政局以全国文明城市创建为抓手，组织开展乱建坟墓清理整治专项行动，全年共迁移、拆除、整治乱建坟墓3439座，其中迁移2601座、拆除460座、绿化覆盖46处319座、整治59座。全县107个单位18961名党员干部签订《乱建坟墓清理承诺书》，实现党员干部100%带头拆，群众自拆助拆率90%以上，完成106个村级公益性墓地建设，开展骨灰网上与实地跟踪管理，有效遏制乱建滥埋现象。是年，落实殡葬基本服务费减免政策，免除死亡人员2679人的殡葬基本服务费151.25万元，其中重点减免对象28人，

桐庐县开展乱建坟墓专项整治行动

减免金额 23570 元。

【区划地名管理】 2017 年，县民政局共审道路命名 18 处、住宅区 18 处、建筑物 8 处。办理门牌证 14369 本，制作或更换道路指示牌 206 处，各类楼、门牌 24796 块，出具地名证明 1404 余份。下发《桐庐县关于进一步加强地名文化遗产保护工作的通知》，开展《中国标准地名词典》（桐庐篇）词目录和内容编写工作。完成地名普查工作，全年完成 11 大类 45 个子类地名信息 7872 条，新增国家地名数据库信息 688 条。出版发行 2017 版《桐庐县政区图》《桐庐旅游图》。

【婚姻登记及收养登记】 2017 年，县民政局依法办理结婚登记 3122 对，离婚登记 1444 对，补领结婚证 748 件次，补领离婚证 38 件次，出具无婚姻登记证明 6 份。全年办理收养登记 49 件。婚姻、收养登记合格率 100%。

（邵叶丹）

·人民生活·

【全体居民收入】 2017 年，桐庐县全体居民人均可支配收入 38069 元，比 2016 年增加 3009 元，增长 8.6%。其中人均工资性收入 22804 元，比 2016 年增加 1717 元，增长 8.1%，占人均可支配收入的比重为 59.9%；人均经营净收入 8905 元，比 2016 年增加 825 元，增长 10.2%，占人均可支配收入的比重为 23.4%；人均财产净收入 2023 元，比 2016 年增加 119 元，增长 6.2 %，占人均可支配收入的比重为 5.3%；人均转移净收入 4337 元，比 2016 年增加 348 元，增长 8.7%，占人均可支配收入的比重为 11.4%。

【城镇居民收入】 2017 年，桐庐县城镇居民人均可支配收入 46108 元，比 2016 年增加 3612 元，增长 8.5%。其中人均工资性收入 28566 元，比 2016 年增加 2238 元，增长 8.5%，占人均可支配收入的比重为 62.0%；人均经营净收入 8915 元，比 2016 年增加 817 元，增长 10.1%，占人均可支配收入的比重为 19.3%；人均财产净收入 2786 元，比 2016 年增加 170 元，增长 6.5%，占人均可支配收入的比重为 6.0%；人均转移净收入 5841 元，比 2016 年增加 387 元，增长 7.1%，占人均可支配收入的比重为 12.7%。

【农村居民收入】 2017 年，桐庐县农村居民人均可支配收入 26785 元，比 2016 年增加 2166 元，增长 8.8%。其中人均工资性收入 14715 元，比 2016 年增加 987 元，增长 7.2%，占人均可支配收入的比重为 54.9%；人均经营净收入 8892 元，比 2016 年增加 839 元，增长 10.4%，占人均可支配收入的比重为 33.2%；人均财产净收入 952 元，同比增加 47 元，增长 5.2%，占人均可支配收入的比重为 3.6%；人均转移净收入 2226 元，同比增加 293 元，增长 15.1%，占人均可支配收入的比重为 8.3%。

2017 年桐庐县居民人均可支配收入

表 38

指 标 名 称	全体居民（元）	同比增长（%）	城镇居民（元）	同比增长（%）	农村居民（元）	同比增长（%）
人均可支配收入	38069	8.6	46108	8.5	26785	8.8
（一）工资性收入	22804	8.1	28566	8.5	14715	7.2
（二）经营净收入	8905	10.2	8915	10.1	8892	10.4
1. 一产经营净收入	751	-10.3	114	69.1	1646	-14.1
2. 二产经营净收入	2156	44.7	3621	111.4	100	-91.5
3. 三产经营净收入	5998	4.3	5180	-18.0	7146	44.1
（三）财产净收入	2023	6.2	2786	6.5	952	5.2
（四）转移净收入	4337	8.7	5841	7.1	2226	15.1

2017年桐庐县居民人均生活消费支出

表39

指标名称	全体居民（元）	同比增长（%）	城镇居民（元）	同比增长（%）	农村居民（元）	同比增长（%）
人均生活消费支出	21484	7.9	25192	8.2	16280	7.3
1. 食品烟酒	6661	14.1	7643	9.5	5284	25.0
2. 衣着	1677	16.3	2164	14.8	992	21.2
3. 居住	4575	17.5	5063	15.2	3891	22.0
4. 生活用品及服务	1288	16.8	1625	14.4	816	24.4
5. 交通通信	3149	-13.6	3736	-1.8	2324	-32.1
6. 教育文化娱乐	2097	-1.4	2519	-8.0	1504	18.7
7. 医疗保健	1451	0.8	1650	11.2	1172	-14.9
8. 其他用品和服务	586	36.3	792	36.1	297	37.3

【全体居民生活消费】 2017年，桐庐县全体居民人均生活消费支出21484元，比2016年增加1571元，增长7.9%；恩格尔系数为31.0%，比2016年上升1.7个百分点。其中人均食品烟酒支出6661元，比2016年增加825元，增长14.1%；人均衣着支出1677元，比2016年增加235元，增长16.3%；人均居住支出4575元，比2016年增加683元，增长17.5%；人均生活用品及服务支出1288元，比2016年增加186元，增长16.8%；人均交通通信支出3149元，比2016年减少496元，下降13.6%；人均教育文化娱乐支出2097元，比2016年减少29元，下降1.4%；人均医疗保健支出1451元，比2016年增加11元，增长0.8%；人均其他用品和服务支出586元，比2016年增加156元，增长36.3%。

【城镇居民生活消费】 2017年，桐庐县城镇居民人均生活消费支出25192元，比2016年增加1903元，增长8.2%；恩格尔系数为30.3%，比2016年上升1.0个百分点。其中人均食品烟酒支出7643元，比2016年增加661元，增长9.5%；人均衣着支出2164元，比2016年增加278元，增长14.8%；人均居住支出5063元，比2016年增加671元，增长15.2%；人均生活用品及服务支出1625元，比2016年增加204元，增长14.4%；人均交通通信支出3736元，比2016年减少68元，下降1.8%；人均教育文化娱乐支出2519元，比2016年减少219元，下降8.0%；人均医疗保健支出1650元，比2016年增加166元，增长11.2%；人均其他用品和服务支出792元，比2016年增加210元，增长36.1%。

【农村居民生活消费】 2017年，桐庐县农村居民人均生活消费支出16280元，比2016年增加1108元，增长7.3%；恩格尔系数为32.5%，比2016年上升3.2个百分点。其中人均食品烟酒支出5284元，比2016年增加1056元，增长25.0%；人均衣着支出992元，比2016年增加173元，增长21.2%；人均居住支出3891元，比2016年增加703元，增长22.0%；人均生活用品及服务支出816元，比2016年增加160元，增长24.4%；人均交通通信支出2324元，比2016年减少1097元，下降32.1%；人均教育文化娱乐支出1504元，比2016年增加237元，增长18.7%；人均医疗保健支出1172元，比2016年减少205元，下降14.9%；人均其他用品和服务支出297元，比2016年增加81元，增长37.3%。

【全体居民家庭主要耐用消费品】 2017年，桐庐县居民每百户家庭拥有家用汽车60辆、摩托车22辆、洗衣机105台、电冰箱（柜）116台、彩色电视机234台（其中接入有线电视207台）、空调232台、热水器123台、固定电话42部、移动电话277部（其中接入互联网190部）、计算机98台（其中接入互联网83台）。

【城镇居民家庭主要耐用消费品】 2017年，桐庐县城镇居民每百户家庭拥有家用汽车70辆、摩托车12辆、洗衣机108台、电冰箱（柜）112台、彩色电视机233台（其中接入有线电视198台）、空调268台、热水器122台、固定电话44部、移动电话276部（其中接入互联网193部）、计算机113台（其中接入互联网97台）。

【农村居民家庭主要耐用消费品】 2017年，桐庐县农村居民每百户家庭拥有家用汽车45辆、摩托车37辆、洗衣机100台、电冰箱（柜）122台、彩色电视机236台（其中接入有线电视219台）、空调181台、热水器123台、固定电话39部、移动电话279部（其中接入互联网184部）、计算机76台（其中接入互联网63台）。

【城乡居民住房面积】 2017年，桐庐县居民人均住房建筑面积62.89平方米，城镇居民人均住房建筑面积44.45平方米，农村居民人均住房建筑面积88.78平方米。

（姚健云）

·民族宗教·

【概况】 2017年，桐庐县有少数民族乡1个、少数民族村7个，佛教场所28处，基督教场所49处，天主教场所1处。全力推动少数民族特色村寨建设，3月，莪山畲族乡新丰民族村入选第一批“浙江省少数民族十佳特色村寨”名单。4月，莪山畲族乡新丰民族村获第二批“中国少数民族特色村寨”命名。梳理“最多跑一次”改革事项9项，100%实现一次办理，3个行政许可事项纳入县行政服务中心，确保让群众少跑腿、让数据多跑腿。

【“中国畲族第一乡”持续创建】 2017年，县民宗局积极与省市民宗部门沟通联系，安排中央资金和省级资金重点投向莪山畲族乡下辖的少数民族村。牵线“九三之家”落户莪山畲族乡，依托九三学社浙江省委和浙江工商大学杭州商学院的智力支持，为莪山畲族乡提供人才引进和创新服务，完成“美丽畲乡”综合指标体系的构建。与中科院开展硒土合作研究，提升红曲酒、笋干、龙须等畲乡农产品附加值，发展食品深加工业，帮助农村剩余劳动力就业，提升农产品的市场竞争力。

【项目资金使用和管理】 2017年，县民宗局争取到少数民族中央扶持资金70万元，省级扶持资金90万元。收集少数民族村发展项目13个，重点支持莪山畲族乡中门民族村、新丰民族村、龙峰民族村、湾下民族村开展特色村寨、产业发展、扶贫项目建设。积极开展精准扶贫，争取到普陀山佛协20万元“慈爱慈行·共帮共创”慈善资金，帮扶湾下民族村发展。

【民族宗教人士思想政治教育】 2017年，县民宗局深化宗教界人士理想信念教育实践活动，

2017年桐庐县少数民族村干部培训班开班仪式

通过举办宗教人士培训班、宗教团体负责人季度学习会等形式，学习和贯彻中共十九大精神，开展《宗教事务条例》《浙江省宗教事务条例》等法律法规学习和解读。深化少数民族人士理想信念教育实践活动，通过领导干部上党课、少数民族干部培训班、同心大讲堂等形式，夯实少数民族人士的思想政治基础。

【少数民族干部培训及培养】 2017年7月3—6日，县民宗局组织莪山畲族乡新丰村、中门村、湾下村主要负责人赴丽水参加全省民族经济工作培训暨现场会。7月11—13日，召开桐庐县少数民族村干部培训班，组织莪山畲族乡、横村镇、百江镇、富春江镇统战干事及7个少数民族村两委干部在县委党校进行专题学习，并赴温州苍南、平阳、金华兰溪等地实地考察民族乡村发展情况。8月2—4日，组织莪山畲族乡及7个少数民族村主要负责人赴建德、武义参加全市少数民族乡村负责人培训班，提升整体能力和水平。

【宗教场所规范化管理】 2017年，县民宗局会同县国保大队、县消防大队、乡镇（街道）、宗教团体联合开展检查，将场所安全纳入日常巡查，对发现的安全隐患及时通知整改。巩固全县28处佛教场所文明敬香工作成果，助力全国文明城市创建。核对全县宗教场所组织机构代码证，推进宗教场所统一社会信用代码赋码工作。

【"政策法规月"系列活动举办】 2017年，县民宗局开展社会主义核心价值观宣讲"进教堂"活动，邀请县委党校老师到桐庐教堂宣讲文明城市创建的有关知识和社会主义核心价值观，桐庐县基督信众200余人聆听讲座。开展文明城市创建"进寺庙"活动，分批赴圆通寺、慈化寺、水口寺等佛教场所进行文明城市创建宣传，利用举办水陆法会、佛像开光等活动向信教群众发放文明城市宣传手册300余份。召开宗教团体负责人学习会议，组织学习《宗教事务条例》，提升新时代宗教干部和宗教团体依法管理宗教事务水平。

（洪继国）

县民宗局组织宗教场所开展消防演练

•老龄事业•

【概况】 2017年，桐庐县60周岁及以上老年人有97112人，占总人口数的23.41%，比上年同期增加5565人，增长1.16%。全县65周岁及以上老年人口63595人，占总人口数的15.33%，比上年同期增加4307人，增长0.92%；70周岁及以上老年人口38237人，占总人口数的9.22%，比上年同期增加2181人，增长0.46%；80周岁及以上高龄老人14281人，占总人口数的3.44%，比上年同期增加827人，增长0.17%；90周岁及以上老人1469人，占总人口数的0.92%；100周岁及以上老人30人。横村镇城东村双湖洪红女（女）107岁为最年长者。全县纯老年家庭人数为29133人，失能与半失能老年人数12747人，占老年人口数的14%。探索微机构+X服务模式，培育医养结合"微养老"机构4家，"微养老"模式在中央电视台《辉煌中国》栏目作经验介绍，实现可复制、可推广的养老服务模式。是年，瑶琳镇何宋村顺馨养老服务中心、分水镇塘源村居家养老服

桐庐县 2017 年老年人口概况

表 40

乡镇（街道）	60 周岁及以上老年人口数（人）	占总人口比例（%）
桐君街道	11536	24.77
城南街道	11873	17.24
旧县街道	2126	25.44
凤川街道	4410	22.84
江南镇	11896	23.26
富春江镇	6897	27.65
新合乡	1235	23.58
横村镇	10475	25.09
莪山乡	2240	24.44
钟山乡	5087	23.52
瑶琳镇	9413	26.77
分水镇	12889	24.29
百江镇	4662	23.80
合村乡	2373	21.96
合计	97112	23.41

务照料中心被评定为市级四星级居家养老服务照料中心。

【养老服务】 2017 年，县委、县政府出台《桐庐县养老服务业综合改革试点方案》，明确 2017 年发展目标、主要任务和保障措施，进一步深化全县养老服务业改革，满足多样化养老服务需求。全县新建居家养老服务照料中心 32 家，累计建成 216 家。新建老年食堂 34 家，累计建成 188 家。新建民办养老机构 6 家，新增床位 284 张；是年，在册养老机构共计 24 家，其中公办 12 家，民办 12 家；总床位 2517 张，其中护理型床位 1678 张。根据县委县政府提出的“不让桐庐的老人因为空巢而无人照顾”的要求，建立老年人信息数据库，落实“银龄互助”帮扶机制，实现养老互助行政村和人员全覆盖。政府购买居家养老服务 5741 人，占老年人人口总数的 6%，比上年增加 163 人。是年，县老龄工办被评为 2017 年度全省先进县级老龄工办。

【敬老爱老】 2017 年，桐庐县向全县 5.32 万名 60 周岁及以上享受城乡居民社会养老保险基础养老金的老年人每人发放 800 元春节慰问金。重阳节期间，由县领导、机关部门、乡镇（街道）、村四级联动，开展集中慰问老年人活动。纳入低保救助老年人 3061 人，救助金 1065 万元；同时为 100 名困难失能老人发放 100 张护理床和轮椅。第六届“桐庐百姓日”期间，各乡镇（街道）、村（社区）组织开展文艺、祝寿、发红包、健康体检等各种敬老活动。

【“微型养老机构 +X”服务模式】 2017 年，面对农村老人浓厚的恋乡情结以及自身的经济情况，桐庐县探索特色农村养老道路，打造“微型养老机构 +X”服务模式，建立医养结合微养老机构 4 家。该微型养老机构体量较小，一般规模 10—30 张床位，具有居家养老照料服务等功能，并通过与当地医疗部门、居家养老服务照料中心、社工等进行组织融合、信息融合、功能融合、情感融合，全方位服务农村老人。而“X”包括慈善基金、村建民营、居家养老服务、连锁化运营、长期护理险与医养结合等多种特色模式。这种垂暮不离亲、养老不离家的“微养老”模式在中央电视台《辉煌中国》纪录片（第五集：共享小康）中播出，作经验介绍。

【老年活动】 2017年6—10月，县老龄办、县老年书画研究会、县老龄事业发展基金会联合举办以“画城韵味·别样精彩”为主题的老年书画摄影比赛，并将获奖作品报送杭州市参加老年人书画摄影年赛，获得优异成绩。10月，“敬老月”系列活动有序开展，选派百花艺术团参加2017年度杭州市老年文化艺术周活动，其中越剧龙凤锁折子戏《借红灯》获得戏曲类专场优秀奖；举行“欢庆十九大 舞动桐庐城”千人健身球操展演活动，全县45支老年人健身队伍参加，人数达800余人；举办诸暨、义乌、浦江、桐庐第七届书画联展活动，共展出老年书法、绘画、摄影作品150件。

【老年宣传】 2017年，县老龄办与县广播电视台联合推出《君山夕阳红》老年节目，以现场采访、录制、信息发布等形式对全县老年政策、老年人活动信息及健康知识等进行报道，每周不少于两次。同时，借助敬老月、红色讲坛、科技下乡、平安送健康和全国法制宣传日等载体，加大对《中华人民共和国老年人权益保障法》宣传力度，发放《中华人民共和国老年人权益保障法》宣传册10000余本。

【老年教育】 2017年，桐庐县老年电大学员9500人，入学率占全县老年人口数的10%。开展党校社区学院“红色讲坛”进基层、老科技工作者协会“健康知识讲座”、平安老年病医院“平安行动送健康”等活动，丰富老年电大第二课堂。是年，共开展各类授课活动60余堂。

老年书画摄影展

【老年保险】 2017年，根据《桐庐县老年人团体意外伤害统筹保险工作实施意见》，县财政出资196万元，为桐庐籍60周岁及以上老人每人购买意外保险1份，最高保额5万元。是年，收缴保费362万元，理赔4643件，赔付966万元。

（王 芳）

·关心下一代工作·

【青少年思想道德教育】 2017年，县关工委组织宣讲团利用重点节日和纪念日进学校开展“两史”（党史、国史）主题宣讲活动。3月29日，首场宣讲活动在新合小学举行，宣讲团成员89岁离休干部陈昆仑为100余名学生作《励志蓝天 保家卫国》主题宣讲。其他各中小学因地制宜开展多种形式的“两史”主题教育活动，如国旗下讲话宣讲“两史”、观看红色电影《冲锋号》《没有共产党就没有新中国》，举办“两史”主题绘画书法比赛及“两史”主题班会课、参观党史教育基地等。开展红色主题教育活动，清明期间，各级关工委通过组织学生祭扫革命烈士墓、参观革命纪念馆、举办革命爱国事迹报告会、网上祭英烈等活动，弘扬爱国主义精神，引导青少年了解先烈们的革命奋斗历程。“桐庐百姓日”当天，邀请抗战离休干部陈昆仑向青少年学生代表讲述革命故事，重温红

县关工委到学校开展“大手拉小手 文明进校园”法治宣传活动

色记忆。国庆节期间，县青少年宫策划开展“喜迎十九大，喜看家乡变化大”——2017年桐庐青少年国庆节主题活动。坚持抓好法治主题教育活动，利用举办法治讲座、法庭进校园、法治辩论会、法律知识竞赛、法律图板展、法治黑板报、法治征文、法治文艺演出、校园周边治安环境集中整治等形式开展丰富多彩的法治宣传和依法治理活动。如县关工委联合横村初级中学开展“大手拉小手 文明进校园”法治宣传活动，向500余名学生宣传文明城市法治，弘扬文明精神。与县青少年宫一起组织策划开展“我知晓 我参与 我奉献”——桐庐县创建全国文明城市青少年网络知识竞赛；开设文明课堂，通过教孩子们画文明——文明的畅想，写文明——书写社会主义核心价值观，说文明——守住文明根脉，达到传承文明风尚的目的。

【帮困助学】 2017年，县关工委先后争取省、市关工委3个帮困助学项目35万元资金支持，资助112名困难学子，3个项目分别是省关工委“福彩暖万家·点亮梦想”——困难少年儿童专项资助活动，资助人数70人，资金14万元；省关工委“福彩暖万家·点亮梦想”——困难大学新生专项资助活动，资助24人，每人8000元；市关工委“奋飞助学”活动，资助困难学生18人，每人1000元。是年，与团县委联合开展帮困助学活动，对全县范围内36名贫困大学新生、41名高中生，46中小学生，按照每名大学生3000元，高中生1500元，中小学生800元的助学金标准予以发放（其中“精实基金助学金”按省青基会标准发放），共计23.43万元。

【青少年活动开展】 2017年，县关工委联合县文明办、团县委、县科协、县教育局开展“2017暑期快乐总动员”系列活动，包括“关爱留守儿童 共享文明成果”乐游少年宫公益活动、“小候鸟”法治夏令营活动，带领“小候鸟”走进巡特警大队参观并上法治课；组织20名来自全县低收入家庭子女、新居民子女、留守儿童、社区青少年参加“红领巾小主人”自护特训一日营活动等。

【五老三团】 2017年，县关工委科技服务团为青少年送科技办展览进校园21次，其中参加活动的青少年3800人次，农民600人次；开展农业技术培训53次，受益农民3600余人次。县关工委讲师团开展革命传统、爱国主义、理想信念教育宣讲活动35场，受教育人数1800余人次；开展法治教育活动22场，受教育青少年5500余人次。

（诸婵娜）

乡镇·街道

Local Districts

胡军／摄

乡镇　街道

·城南街道·

【概况】 2017 年，城南街道以“山清水秀民富县强的美丽中国桐庐样本”为战略目标，奋力践行“三大战略”，全面落实“五大抓手”，全面推进“五个走在前列”，街道经济社会各项事业稳步发展。全年实现财政收入 2.5 亿元，同比增长 12.3%；其中地方财政收入 1.2 亿元，同比增长 13.8%；居民人均纯收入 22175 元，同比增长 6.4%。是年，街道荣获乡镇（街道）综合考评优秀等次、县全国文明城市创建工作先进集体。

美丽城南

【农业经济】 2017 年，城南街道实现农业总产值 3.1 亿元，同比增长 2.1%。完成 7 个行政村 11 个杭州市村庄生态环境修复项目；推进一事一议项目 4 个（仁智村文化礼堂“创星”提升工程、春江村江头停车场及环境整治项目、湾里村移民点饮水提升工程、金溪村赵家自然村自来水修建及赵家道路硬化工程项目）；申报和落实 3 个“双包双引”帮扶项目（金联村范家边大礼堂修建工程、春江村江联自然村村道改建工程、湾里村饮用水提升改造工程）；向县农办申报实事项目

2017 年城南街道情况数据库

表 41

项　目	单　位	合　计
地域面积	平方公里	97.11
耕地面积	公顷	11014
粮食播种面积	公顷	749.33
粮食总产量	吨	4720
行政村	个	18
经联社	个	4
社区	个	4
总人口	万人	6.67
工业销售总产值	亿元	74.10
农业总产值	万元	30740
财政收入	万元	25036
农村居民人均纯收入	元	22175

1个（春江村春江驿站建设工程），县财政局农村综合改革试点项目1个（春江村环境整治及垃圾分类整治运营管理项目）；完成村账民管改革2个村（金牛村、下轮村）；实现各村网银支付、零现金支付、零库存现金全覆盖工作；完成农村产权交易平台信息发布25笔，交易22笔；新建仁智村、湾里村农民之家创业服务社，完成岩桥、东兴、金东、金牛、金溪、大丰村土地确权测绘工作。做好重大动物疫病防控，完成免疫注射猪瘟704头、猪口蹄疫704头、猪蓝耳病704头，牛口蹄疫18头、羊口蹄疫209头、鸡禽流感28092只、狗狂犬病8490只。

【林业建设】 2017年，城南街道与22个村（经联社）签订森林消防安全责任状，入户签订森林消防责任书14000份，安装森林消防蓄水桶12只，森林消防警示器4个。完成生态公益林建设2988.5公顷，争取资金130万元；绿化造林8.7公顷、平原绿化8.7公顷、森林抚育63公顷（彩色健康森林）；省级林道建设1公里，修复水毁林道3.5公里。严格执行林木采伐限额管理制度，审批林木采伐许可证48份，材积855.1立方米；对11株树龄百年以上古树名木实施保护，并有效防控松材线虫病及林业有害生物。

【工业经济】 2017年，城南街道有工业企业582家，其中规模企业32家，实现工业销售总产值74.1亿元，同比下降10.1%；其中规模企业37.8亿元，同比下降25%。外贸出口交货值17.9亿元，自营出口5.24亿元；固定资产投资35.5亿元，同比下降25.1%，其中工业投资3.6亿元，同比下降69.5%。招商引资项目15个，实到资金5.5亿元，其中市外内资4.6亿元、浙商创业创新资金2亿元、外资2000万美元。继续实施对磁性材料、医疗器械、中医生物制药三大主导产业培育，引导龙头企业加大技改力度，相继实施象限科技、科德磁业、美磁科技、天松医疗、桐君堂等企业技改项目。投资1.7亿元的安厨农产品电子商务产业园办公楼主体结顶，新引进启点物流、中吉物流等电商配套物流项目，电商销售总额2.96亿元，实现农村淘宝全覆盖。

【三产经济】 2017年，城南街道直接管理限额以上服务企业50家，实现服务业增加值34.01亿元，同比增长26.9%；实现社会消费品零售额32.03亿元，同比增长10.9%；新增限额以上服务业企业7家。完成三产投资31.85亿元，其中江南养生文化村、达利丝绸博览中心分别完成年度投资计划的172%和213.3%；龙生大厦结顶，龙生科研中心、大奇山度假景苑等项目建设有序推进。民宿产业实行规范化管理，实名制登记39家，办理营业执照21家。培育一、二、三产融合发展产业园1家（金牛村大塘红豆杉东方养生园），打造金牛桐庐民宿第一村，新引进大唐养生庄中医项目及疯狂蚂蚁主题乐园项目。

【全国文明城市创建】 2017年，城南街道积极创建全国文明城市，加大镇村环境卫生、公共秩序整治，提升城市文明水平。安装公益广告宣传牌3680块，开展百人以上宣传活动39次2万余人次；清理牛皮癣并粉刷楼道338个，分类清理楼道及室外堆积物7563车1万余吨；清理僵尸车719台，其中汽车7台；完成57个小区近3万平方米绿化带复绿工

城南街道商会助力全国文明城市创建启动仪式

作；完成527个楼道3200个楼道灯和2000套消防设施的修复维护等。

【五水共治】 2017年，城南街道落实19条河道河长、52段河道分段长制度，更新“河长制”公示牌26块，制定“河长制”考核细则，签订城南街道水环境综合整治责任书，明确17个行政村409个小微水体责任人，街道范围内河道溪流水质达到Ⅲ类以上。投入700万元，完成上杭村包家小区截污纳管工程、龙潭溪大丰段引水工程、江南人家区块截污纳管工程、城南街道乔林村常山头马家庄污水管网整治工程、尖端路雨污分流工程、320国道民生塑业至蜂之语市政污水管网改造工程、包家溪河道生态治理工程、青山区块 48家工业企业截污纳管工作、乔林变电站截污纳管工程、富力纺织区块雨污分流工程、4个村的生活污水处理池改造工程。开展畜禽养殖污染治理网格化巡查，关停拆除畜禽养殖场18家、温室甲鱼养殖场15家。

【无违创建】 2017年，城南街道拆除违章建筑2466处，建筑面积225056平方米，腾出土地170774.1平方米。其中用于农民建房41255平方米、建设用地复垦8509.8平方米、临时公用设施33808平方米、其他用地76954平方米，拆后利用率94%。立案查处和执法处置12件，拆除违法面积20039.8平方米；拆除影响消防安全隐患违建12处，拆除面积1995平方米；两路两侧整治83处。完成街道“无违建重点村”创建3个（新建村、兰田村、金中村）。

【县级重点项目建设】 2017年，城南街道承担政府性投资项目和县重点项目59个，其中省重点项目8个，市重点项目1个，县重点项目21个，县政府性投资项目29个。继续完善以街道主要领导为责任主体，分管领导分片联系，各办、驻村干部负责落实的服务体系，有效完成相关项目的前期征地、房屋征迁、青苗赔偿、坟墓平移和保障无障碍施工等工作，确保重点项目顺利推进。

【民生保障】 2017年，城南街道城乡居民养老参保人数37291人，参保率95.23%，城乡居民基本医疗保险参保人数40132人，参保率99.5%。新增低保户14户29人，取消38户57人，调整87户；新增残保户25人，取消34人，调整73人；申报低保边缘户322人；集中供养“五保户”29人，户院挂钩“五保户”6人。新增优抚定补人员7人；困难群众临时救助82人次，救助资金25.89万元；大病致贫困难群众帮扶7人次，帮扶救助资金15.63万元。梳理核对在册移民信息257条，核减移民48人；申报移民项目9个，争取资金410万元。投入245万元，实施洋洲小学综合楼改造、城南小学足球场改造、街道中心幼儿园仁智园区改造、金西老教学楼立面墙改造等工程；完成城西小学、开发区小学选址征地工作。

【大庄里安置房开工建设】 2017年7月，城南街道上杭经联社大庄里区块城中村改造安置房项目开工建设。大庄里安置区块用地面积4公顷，安置房由9栋6F多层住宅和5栋26F、2栋28F高层及一个地下室组成，总建筑面积122405.3平方米，642套住宅，工期计划三年完成。

【街道社会服务管理中心启用】 2017年7月，城南街道社会服务管理中心正式启用，为全县首个乡镇（街道）级社会服务管理中心。管理中心依托社会治理综合指挥室，统筹综治工作、综合执法、便民服务、市场监管“四个平台”及区域内各条块管理服务力量，进一步优化整合资源，着力打造集信息汇总、综合研判、流转督办、绩效评估等职能于一体的社会服务管理中心。其中，便民服务平台将36项“最多跑一次”改革项目整合，完善“一站式”政务服务体系，提升公共服务能力。同时，将城南街道阳光应急救援队纳入便民服务平台服务范围，由社会服务管理中心统一管理，增设紧急搜救热线，丰富公共服务内容，完善政府应急救援体系。综合执法平台整合国土、住建、水利、环保、公安、交警等部门力量开展联合执法，在接受社会服务管理中心统一指令基础上，不定期开展巡查及专项整治行动。

（童志萍）

2017年城南街道各行政村、社区、经联社基本情况

表42

行政村、经联社社区	行政村、经联社、社区党委（支部）书记	村委会、社区、经联社主任	人 口（人）	年人均收入（元）
金东村	叶萍莉	—	2242	18234
金溪村	朱双林	吴正阳	3585	23744
金中村	温新华	方周青	2068	22635
金牛村	王荣明	王伟权	1395	20381
金联村	赵良浩	赵志林	2805	21821
春江村	戴小忠	郑勋专	2511	22254
湾里村	施永清	周海滨	2693	21001
岩桥村	王平川	皇甫斌	2317	24227
仁智村	张永平	周　毅	2872	22625
乔林村	邢伟勇	—	1080	22612
新建村	胡雨海	胡秋珍	596	22834
大丰村	汪勇飞	朱世林	1256	26336
滩头村	黄　辉	孙　中	2849	23158
东兴村	潘政权	蒋国军	3161	21550
上洋洲村	朱雪东	柯立兴	2411	17999
桑园村	赵有金	王潮富	866	19684
下洋洲村	朱樟平	朱国强	2275	21563
下轮村	吴雪平	吴新华	823	21689
上杭经联社	杨兴国	赵春荣	1680	20496
中杭经联社	许国平	吕　峰	1223	25435
大联经联社	吴军平	王福根	2099	25355
兰田经联社	郑金卫	王洪宜	478	19402
中杭社区	钟　罡	钟　罡	7622	23704
下杭社区	季红卫	季红卫	10468	23690
梅林社区	姚　扬	姚　扬	4617	23722
上杭社区	邵慧芳	邵慧芳	7857	23754

·桐君街道·

美丽桐君

【概况】 2017年，桐君街道紧紧围绕县委“一个目标、三大战略”决策部署，团结带领街道全体党员干部，真抓实干、奋勇争先，经济社会发展平稳运行，实现财政总收入2.1亿元，同比增长20.6%，其中地方财政收入1.2亿元，同比增长22.4%；农民人均纯收入25258元，同比增长13.5%。是年，创成杭州市首批语言文字规范化乡镇（街道），街道电子商务众创孵化园被评为桐庐县乡镇首个中国（杭州）跨境电子商务综合试验区桐庐园区。

【农业经济】 2017年，桐君街道实现农业总产值1.6亿元，同比增长2.4%。围绕村级集体经济化债增收，加快发展农业农村经济，利用城郊区位、矿山资源、特色产业等优势，6个村实现增收412万元。其中阆苑村获得2017年度全县首批化债增收“明星村”，君山村、浮桥埠村获“示范村”。坚持产业项目带动，合理利用农业基地优势，探索一、二、三产融合发展；投资

2017年桐君街道情况数据库

表43

项　目	单　位	合　计
地域面积	平方公里	63.73
耕地面积	公顷	345.4
粮食播种面积	公顷	403
粮食总产量	吨	2424
行政村	个	6
居委会	个	1
社区	个	7
总人口	万人	4.66
工业销售产值	亿元	67.2
农业总产值	万元	15895
财政收入	万元	21195
农村居民人均纯收入	元	25258

200万元，联合天子地景区在麻蓬花海打造婚纱摄影基地；投资1800万元，在浮桥埠村大湾里发展香榧、白茶种植基地，建设集加工、包装、储存等功能于一体的生产线。新增浙江旭野农业开发有限公司连片优化种养结构面积33.3公顷；推进麻蓬村、阆苑村农民之家创业服务社示范社创建工作。完成水利工程建设项目9个，其中修建河道1处、灌溉机埠7座，小山塘1座、渠道1处，饮用水改造提升4处，水毁修复1处。

【工业经济】 2017年，桐君街道有工业企业453家，其中规模以上企业24家。完成工业销售总产值67.2亿元，同比增长4.5%；其中规模企业实现销售产值31.82亿元，同比增长5.6%。完成固定资产投资9.7亿元，同比下降41.1%，其中工业投资3.1亿元，同比下降29.5%；三产投资6.4亿元，同比下降41.8%。招引项目12个，实际到位资金4.2亿元，实到市内外资3亿元，浙商创业创新资金1.3亿元，实到外资600万美元。企业实施技改项目15个。加大电商产业培育力度，入园企业37家，其中跨境电商企业10家。

【五水共治】 2017年，桐君街道围绕“治水剿劣”目标，完成治水项目28个，麻蓬尖山塘等4个省级督办Ⅳ类以下水体生态化改造通过验收；修编完善“一河一策”提升方案，聘请“沟长、塘长、渠长”37名，增设小微水体管理公示牌73块。坚持每周巡查不少于3次，下发巡查通报13期，通报问题47起。实施农村安全饮用水项目4个，改造农村生活污水处理池33个，完成山塘整治、泵站改造、水毁修复等防洪项目9个。

迎春社区天井圆桌会

【“三改一拆”】 2017年，桐君街道拆除违法建筑1254处64815平方米，处置非法“一户多宅”357户18337平方米；完成旧住宅改造93835平方米、旧厂房改造11130平方米、城中村改造173700平方米；推进“四边三化”整治，完成省市县三级任务点位81处，整治率100%；开展生态殡葬专项行动，集中整治重点路段可视范围和重要区域的坟墓、寿坟67处；加大危旧房安全隐患排查治理，134处城镇居民危房实行第三方动态技术监测；整治完成辖区地质灾害点位21处。

【重点项目推进】 2017年，桐君街道全力推进重点项目建设。完成脉地坞区块坟墓迁移“清零”、富春阳明山项目二期供地手续及前期准备工作；扎实推进城隍庙（遗址）公园二期、西湖弄旅游特色街区、老县衙遗址景观整治、阆苑村“温泉小镇”和高山民宿项目建设；切实做好柴埠大桥东连接线安置房建设配套工程、千岛湖配水工程井湾支洞标段施工、浮桥埠加油站等服务保障工作；梅蓉村省级历史文化保护重点村落项目、吴家坞“杭派民居”项目完成年度建设任务。

【文化教育事业】 2017年，桐君街道投入120万元，为辖区五所中小学校统一安装空调；投入50万元，修建桐君街道中心幼儿园梅蓉园区。增设街道文体综合站，新开设图书阅览室和青少年活动中心。注重桐君文化挖掘传承，向市民公开征集古城故事传说、遗址遗迹、名人轶事等，梳理老城文脉，挖掘桐君文化，收集一批史志材料和桐君故事，编辑完成《古城记忆》。结合首批“诗歌村”创建工作，收集整理古人描写、咏颂梅蓉村诗篇160首，汇编《九里洲诗集》。实施语言文字规范化建设，创成杭州市首批语言文字规范化乡镇街道。

【民生保障】 2017年，桐君街道慰问困难群众780户，发放慰问金65万元；完成低保边缘申报195户；申报实施移民项目3个，项目资金140万元；完成养老服务综合改革试点任务，新建街道照料中心1家、医养结合照料中心5家、社会化运营照料中心1家，南门社区“老年之家”成为居民自主服务、自我管理的品牌；迎春社区智慧养老社会化服务试点，让40户老年人享受智慧养老带来的便利。深化殡葬改革，投资400万元建设阆苑村高山生态公墓315穴。

【“四个平台”建设】 2017年，桐君街道以“四个平台”建设为重点，统筹街道、公安、城管、市场监管等力量，成立街道综合信息指挥室，安装互联网视频监控788个、移动终端91个，做到“一张网采集、一张网派遣、一张网协同、一张网处置”，实现综治视联网村级全覆盖。设立“一长三员”581名，承担网格内群众联系、民情掌握、民生服务、一线处置等职责，流转办理事项16120件，其中县级事件办结率99.87%。深化平安桐庐创建，发挥桐君360平安巡防机制优势，实现巡山巡水巡房巡路全覆盖，集中开展安全生产大检查4次，各类消防安全培训和模拟演习10次，灭火和疏散逃生演练8次，指导各类生产经营场所整改火灾隐患62处，安装电瓶车集中充电装置28处420个点位，在全县率先实现微型移动消防站村级全覆盖。

全国文明城市创建街道干部在行动

【全国文明城市创建】 2017年，桐君街道积极创建全国文明城市，加大镇村环境卫生、公共秩序整治，提升城市文明水平。街道严格落实网格包干责任制，班子成员包社区、街道干部包网格，社区党员“以一带十”、辖区企业、单位全程参与。通过集中整治，清理楼道1300余个、垃圾6000余吨、拖运僵尸车823辆，安装消防设施2600余处，楼道亮灯、小区公益广告全覆盖，实现老城区锈门亮化、广告净化、线网序化、外墙洁化、楼道美化、街巷绿化“六化”目标。

【老县衙遗址改造】 2017年，桐君街道启动对老城区南门弄老县衙遗址改造工程。桐庐县自唐开元二十六年（738）县治从旧县东迁桐庐后，历唐、宋、元、明、清，县衙地址一直不曾更改，为桐庐政治中心。老县衙遗址为城市轴线上关键点位，改造面积700平方米。改造过程中，景观逐级抬高，以移步换景设计理念，使整个轴线的层次更加丰富。至年底，改造工程已完成雨污管网安装、矮墙和围墙工程砌筑、地面铺装浇筑、景观石和浮雕小样加工等总工程量的60%。

（吴晨辉）

2017年桐君街道各行政村、社区基本情况

表44

行政村、社区	行政村、社区党委（总支、支部）书记	村委会主任	人口（人）	年人均收入（元）
梅蓉村	吴方云	柯志潮	3364	25368
濮家庄村	江明东	濮建设	1402	18162
君山村	濮志明	闻一明	1072	25815
浮桥埠村	徐文干	方林才	1013	29878
麻蓬村	余加星	余林峰	1816	24612
阆苑村	戴华锋（副书记，主持工作）	包国昌	2951	25560
迎春社区	陆群英	—	5717	—
圆通社区	朱　琼	—	5869	—
南门社区	罗秋英	—	6004	—
东门社区	方美平	—	6468	—
鑫鑫社区	王健美	—	2625	—
迎宾社区	戴欣峰	—	3545	—
洋塘社区	郑　英	—	3090	—
桥北居委会	叶红朝	—	1639	—

·旧县街道·

【概况】 2017年，旧县街道以建设“现代版富春大岭图、高品质美丽新旧县”为目标，聚焦品质集镇标杆区、全域AAAA先行区、古韵文化特色区、经济提质活力区“四区”建设任务，经济与社会平稳发展。实现财政收入3947万元，同比增长2.2%；农民人均纯收入26907元，同比增长11.49%；受理各类信访、效能投诉205件，调处矛盾纠纷162起，办结率、调解率100%。是年，荣获浙江省卫生街道、杭州市平安示范乡镇（街道）、杭州市五水共治工作先进集体、桐庐县乡镇（街道）年度综合考评优秀等次、“富春大岭图实景地”成功创成国家AAA级旅游景区。

合岭春色

2017年旧县街道情况数据库

表45

项 目	单 位	合 计
地域面积	平方公里	33.5
耕地面积	公顷	427.87
播种面积	公顷	776.33
粮食总产量	吨	2567
行政村	个	5
总人口	万人	0.83
农业总产值	万元	7833
财政收入	万元	3947
农村居民人均纯收入	元	26907

【农业经济】 2017年，旧县街道实现农业总产值0.8亿元，同比增长2.7%。完成新造林12公顷，其中苗木、中草药、果树林10公顷，色彩林业2公顷。建成毛竹高效林基地6.7公顷，森林抚育15.2公顷，建设高效毛竹示范基地10公顷、林道11公里。完成连片优化种养结构33.3公顷，增加连片设施农业面积27公顷，新建毛竹喷滴灌工程6.7公顷。村级集体收入700万元，同比增长35%，街道5个行政村实现无负债。

【工业经济】 2017年，旧县街道有工业企业232家，其中规模企业12家。完成固定资产投资4.98亿元，同比下降8.1%；其中工业投资1.8亿元，同比下降38.2%，招商引资项目7个，实到资金9986万元，其中新项目资金3794万元，市外内资5690万元。盘活闲置低效土地3.3公顷、闲置厂房10000平方米，实施县重点项目3个，完成投资1亿元。“浙江·蓝天下”桐庐影视产业项目、江苏巴特思科技、杭州冷冻创意设备有限公司、杭州惠宝汽车配件有限公司等项目成功落户。“富春·慧岭”智创工场双创平台为园区小微企业开发新产品、实施转型提供支撑，先后获国家商务部、农业部行业优秀平台称号。

【全域旅游景区建设】 2017年，旧县街道围绕美丽乡村建设，集聚资源、集中力量，推进全域景区创建。投入1000万元，完善道路沿线标识标牌建设，加大沿线环境整治；完成AAA级村落景区游客接待中心主体工程、合岭环湖景观工程、竹海大道景观提升工程建设；启动德昌古街改造、杭严古道修复、富春名园提升文化“四个一”工程等。投入400万元，完成杭严古驿道修复设计和招投标，避暑楼、王维澄旧居修复和旧县微型历史展陈馆前期准备工作。

【小城镇环境综合整治】 2017年，旧县街道以创建全国文明城市为契机，推进小城镇环境综合整治。投入4000万元，实施项目41个，开工率90.2%，完工率70.7%。其中，港桐路立面改造、美丽公路提升、公园一期、入城口提升等18个重点项目完成。集中开展道路两侧、集贸市场、背街小巷等环境卫生整治，清除垃圾死角，成功创建省级卫生街道。开展集镇交通环境柔性治理，有效治理乱停乱放现象。首创垃圾分类“鸡毛换糖”，垃圾分类正确率达到90%以上。拆除各类违建799处，面积53430.6平方米，率先在全县实现党员、村干部、村民代表违建“三清零”。

【民生实事工程】 2017年，旧县街道完成农村D级危旧房改造7家，继续推进上峰、西武山、合岭地质灾害点治理。解决失地农民养老保障255户，清理“老农保”2196人，上峰农村居家养老中心成功创建四

第二届杭州桐庐（旧县）金秋桂花非遗文化节开幕式

星级养老服务中心，农村“健康树”签约率100%。

【五水共治】 2017年，旧县街道投资5600万元，完成五水共治项目21个，其中治污水项目10个、防洪水项目8个，排涝水、保供水、抓节水项目各1个。完成9处Ⅳ类及以下小微水体整治，辖区2条主要河道旧县溪、寺坞坑溪水质全年保持Ⅱ类以上，成功创建省级美丽牧场1家。

【首创“鸡毛换糖”垃圾分类模式】 2017年，旧县街道西武山村创新外来人员融入、共管共享管理机制，通过文化之家、服务之家、职工之家、关爱之家建设，加速外来人员融入当地生产生活，形成共荣共辱共识，调动村民参与村级事务管理和基层社会治理。在杭州地区首创“鸡毛换糖”垃圾分类兑换法，每月10日、20日、30日的上午，村民们可在村内的“鸡毛换糖”站点进行兑换，标准：300个烟蒂兑换打火机一只，50只塑料袋兑换鸡精一包，20个塑料瓶兑换牙膏一支，10节旧电池兑换酱油一包……，通过“鸡毛换糖”换出一片美丽新气象。“鸡毛换糖”垃圾分类兑换法，相继被中央电视台一套、中央电视台国际频台、浙江卫视、杭州电视台、人民网、光明网、农业网、东方网、浙江日报、杭州日报等主流媒体宣传报道，称这是一次对“绿水青山就是金山银山”两山理论的生动实践。

“鸡毛换糖”垃圾分类兑换点

【第二届杭州·桐庐（旧县）金秋桂花非遗文化节】 2017年10月8日，第二届杭州·桐庐（旧县）金秋桂花非遗文化节在旧县母岭村开幕。本次活动以“千年国桂·万事流香”为主题，围绕“桂花”举办“桂花王”下祈福、抬酒缸、共饮桂花酒，以及召开桂花产业研讨会、体验桂花系列产品等活动，同时集中展示杭州非遗手工艺人绝活。活动的举办不仅为旧县乡村旅游增添新的动力，更为母岭村村集体经济发展推波助力，致富当地百姓。

【第二届上峰麻糍节】 2017年10月30日，旧县街道第二届上峰麻糍节开幕。上峰麻糍源于老佛节，是民间为庆祝当年丰收并祈求来年风调雨顺有个好收成，祭拜天地神灵的仪式，已经沿袭数百年。上峰麻糍主要有蒸、舂、整、晾四道工序。先将糯米浸泡在水中，等胀足后淘尽沥干、上蒸桶蒸熟，再放在石臼内用棒槌猛捣，捣烂成团后起舂。打好的麻糍再均匀裹上芝麻与红糖，香糯黏滑、口感独特。麻糍节现场，销售麻糍3000余份，成交额3万余元。活动现场还开展孝老系列志愿者服务、中医药咨询等活动。（夏 芳）

2017年旧县街道各行政村基本情况

表46

行政村	村党委（总支、支部）书记	村委会主任	人口（人）	年人均收入（元）
西武山村	王良忠	王良忠	292	26140
旧县村	张志平	李 骅	4086	28083
母岭村	邵双贤	邵双贤	1388	23422
鸿儒村	—	张柏金	1612	26342
合岭村	邵小龙	邢红根	918	23159

·凤川街道·

【概况】 2017年，凤川街道以建设“村美、民富、和谐”新凤川为目标，经济和社会各项事业稳步发展。实现财政总收入19916万元，同比增长9%，其中地方财政收入3033万元，同比增长42.7%；农民人均纯收入25108元，同比增长9.9%。全年排查各类矛盾纠纷15次，妥善处置矛盾纠纷154起，调解率98%。受理各类信访365件，办结率100%。是年，获杭州市第二批“无违建街道”，翙岗村列入浙江省第二批历史文化村落。

【农业经济】 2017年，凤川街道农业总产值1.8亿元，同比增长1.9%。持续重视农业发展，完成翙岗村石桥市级低产田改造、潇源村色彩农业、县级粮食功能区等项目建设，新增连片效益农业6.7公顷。投资603.11万元，实施重点建设水利项目11个，已完成10个。开展规模农产品生产者信息大调查，为24家规模农产品生产者建立“一户一档”及GPS定位。开展第三次农业普查，对辖区内实际耕地情况，确权耕地面积等农业、农户信息进行普查，摸底6697户，上门登记5055户，系统录入4995户。推进农民之家创业服务社示范社建设，完成翙岗村、

2017年凤川街道情况数据库

表47

项目	单位	合计
地域面积	平方公里	153.3
耕地面积	公顷	1613.7
粮食播种面积	公顷	646.9
粮食总产量	吨	4242
行政村	个	8
总人口	万人	1.93
工业销售总产值	亿元	31.35
农业总产值	万元	18138
财政收入	万元	19916
农村居民人均纯收入	元	25108

外源村、三鑫村农民之家创业服务社年检工作。

【工业经济】 2017年，凤川街道本级工业企业237家，其中规模企业7家。实现工业销售总产值31.44亿元，同比增长12%，其中模规企业实现工业销售总产值11.42亿元，同比增长10.4%；完成固定资产投资17.4亿元，同比增长19%，其中工业投资5.0亿元，同比下降20%。招商项目15个，实到资金6.0亿元，实到市外内资5.0亿元、浙商创业创新资金1.9亿元，外资800万元美元。以履约清理、“三改一拆”等途径盘活和利用存量工业企业用地，推进“零地招商”，成功对联拓工艺、永良针纺、虎跃针织、皮尔宇特、精工管业等5家企业进行腾笼换鸟。

【小城镇环境综合整治】 2017年，凤川街道以创建全国文明城市为契机，着力推进小城镇环境综合整治。以高起点规划、高标准建设、高水平管理，明确用两年时间完成具体整治项目27个，其中一类项目15个，二类项目及其他项目12个，总投资6225万元。是年，投资3635万元，完成项目18个。其中，投入25万元完成潇源村杭州市村庄生态环境修复项目；重点整治“四边三化”“两路两侧”点位46处，拆除宣传广告牌81处，整治乱搭乱建、乱堆乱放、建筑垃圾等27处。完成街区内道路、立面墙改造及古村落文化历史展览馆、市级二星级农贸市场的修建。

凤川街道小城镇环境综合整治

【五水共治】 2017年，凤川街道进一步完善河长制例会、巡查、督查、通报等工作制度，发挥河长制APP及微信公众平台作用，剿灭Ⅳ类及以下水体8个，清除淤泥550立方米，辖区内4条主要河道Ⅰ、Ⅱ类水质占比100%以上。

【无违创建】 2017年，凤川街道坚持拆、改、建相结合，建立全街道农户房屋一户一档信息，拆除违章建筑1188处，建筑面积114357平方米，其中拆除一户多宅338处，建筑面积46416平方米；完成县无违建督查交办点位224处；拆除彩钢棚395处，拆除面积9015平方米，其中拆除桦桐家私集团厂区内影响消防安全彩钢棚2163平方米。

【社会保障】 2017年，凤川街道有低保202户310人，残保167户167人，困难群众临时救助26户10.8万元，慈善助学19人4.5万元，参加政策性农村住房保险4931户，上缴保费4.93万元（村交1.4万元，财政补3.53万元），办理老年人优待证347张，慰问80周岁以上老年人631人，完成农村困难户危旧房改造7户。

【翙岗古村落景区建设】 2017年，凤川街道大力推进翙岗古村落景区建设，完成古建筑民居抢救性修复40幢、修复性保护10幢。投资1000万元，完成历史文化展示馆设计、涉居人口转移、东边厅、方店厅和西边厅古戏台等项目建设。完善古村落旅游配套服务设施，旅游接待中心、停车场、景区内无线Wi-Fi等正式运行。新建智慧云导游9个，村落景区电子旅游词导入系统全面启用。是年，接待乡村游客16万人次，同比增长34%，实现旅游收入1373万元。

（程天佑）

2017 年凤川街道各行政村基本情况

表 48

行政村	村党委（总支、支部）书记	村委会主任	人　口（人）	年人均收入（元）
翙岗村	吴军龙	奚增良	4827	25668
园林村	方增力	杨　春	3429	32467
柴埠村	方郎军	俞　亮	2850	35841
西庄村	孙　丽	华立成	1444	23075
三鑫村	洪国根	郑国有	1882	24105
外源村	钟　良	郑芳弟	1533	22609
潇源村	黄国亮	申屠仁良	1193	22657
大源村	李　铖	潘祥春	2147	22926

·江南镇·

【概况】 2017 年，江南镇围绕加快建成“一城两区”新江南，凝心聚力，真抓实干，社会综合实力稳步提升。实现财政总收入 1.97 亿元（含开发区江南区块），同比增长 16.02%，其中地方财政收入 8079 万元，同比增长 51.8%；农民人均纯收入 25791 元，同比增长 8.9%。接待办理群众来信来访836件，受理县 110 社会服务联动平台案件 130 件，调处各类矛盾纠纷 536 起，其中重大矛盾纠纷 32 起（非正常死亡 12 起），涉及金额 330 万元。是年，成功创建国家卫生镇、基本无违建镇。全国政协副主席董建华、阿里巴巴集团董事局主席马云先后考察江南古村落风景区。

【农业经济】 2017 年，江南镇实现农业总产值 2.7 亿元，同比增长 2.1%。稳步推进农业基础建设，完成金茂满林和华丰粮食功能区建设；实施鱼塘湾和梧村下畈高效节水项

2017 年江南镇情况数据库

表 49

项　目	单　位	合　计
地域面积	平方公里	78.6
耕地面积	公顷	2932
粮食播种面积	公顷	1412.9
粮食总产量	吨	9060
行政村	个	20
社区	个	1
总人口	万人	5.11
工业销售总产值	亿元	106.8
农业总产值	万元	27304
财政收入	万元	19678
农村居民人均纯收入	元	25791

江南镇

目；申报莲塘村潘家畈市级中低产田改造项目；完成农业生产者调查，其中农业规模化生产单位34家；实施陆家塘、新塘、仙坞、荷花塘等山塘综合整治工程，完成金茂、珠山等机电排灌项目；实施彰坞新庄、珠山桥下、华丰、屏源、梧村排水渠水毁修复，严坞辽塘丘、天子源溪屏源段、小潘溪、彰坞新庄护岸基础加固和黄平坞上坝道路挡墙修复。绿化造林5.33公顷，森林抚育40.7公顷，林道建设3公里。新建森林消防蓄水池一座，雨水桶安装10只。20个行政村实现村集体收入855.43万元，同比增长41.86%。化解村级债务7576.17万元，化债率59.61%。

【农业污染源整治】 2017年，江南镇关停违规养猪场2家，复耕还田（地）9054.07平方米；退租及转场温室甲鱼养殖场21家。病死动物无害化处理启用冷链收集系统，协同县畜牧局、县人财保险、无害化公司及相关保留场等五方工作人员，全年依法依规处理病死动物341头，完成春、秋两季动物疫病强制免疫工作。

【工业经济】 2017年，江南镇有工业企业562家，其中规模企业35家，实现工业总产值106.8亿元，同比下降1.87%，其中规模工业企业总产值76.3亿元，同比下降4.04%；完成固定资产投资30.64亿元，同比下降9.7%；其中工业投资7.20亿元，同比下降51%；招商引资项目27个，实到资金7.29亿元；工业项目实到资金4.09亿元，市外内资5.40亿元，浙商创业创新项目1.99亿元，实到外资1100万美元。招引新兴产业，成功签约阿尔法人工智能产业田园小镇项目。推进镍铁企业转型，金鸿源金属集团与清华大学合作研发生产复合绝缘子，金鸿源贝红斌博士成功申报省“千人计划”专家。启动工业园区提升改造，出台《江南镇工业园区提升改造实施方案》《桐庐县江南镇工业园区管理办法》，执行企业准入机制。加大履约清理和存量盘活力度，清退低小散企业7家，盘活存量厂房6.5万平方米，打造小微企业创业园、医疗器械产业孵化园。小微企业创业园入驻企业10家、医疗器械产业孵化园招引医疗贸易企业27家。

【小城镇环境综合整治】 2017年，江南镇全面启动小城镇环境综合整治，完成《江南镇总体规划》修编，《江南镇小城镇环境综合整治规划》被评为杭州市优秀规划方案。投入资金3250万元，实施整治项目41个，启动鼓楼老街改造，定期开展集镇出店经营、道路违停专项整治等。继续推进“三改一拆”，拆除一户多宅和违法建筑1630余处，面积17.67万平方米。出台拆后土地利用奖励政策，利用拆后土地规划农居点12个，可安排农民建房120幢，6个农居点已启动建设。全县拆后土地利用现场会在珠山村设点观摩学习。开展乱建坟墓专项整治行动，拆除搬迁违建坟107座。

【全域旅游建设】 2017年，江南镇启动旅游整体规划编制，以深澳片“古风民俗风情带”、窄溪片“春江休闲产业带”、

环溪安澜桥

石阜片“生态农业观光带”三大区块为重点，发展全域旅游。投入2000万元，完善古村落景区基础配套、提升沿线景观，青源村创成AA级风景区。深澳老街的SH江南、南宋抹茶、澳里探蜜等三家休闲业态店正式营业。推出江南古村落夜游项目，在深澳村大塘周边制作夜色景观灯及寓意吉祥、团圆等中国传统元素的龙、麒麟、财神等彩灯。依托渔塘湾农家乐、梧村农业观光园、富春江沿江绿道等资源，开发亲子互动采摘游、农事体验游、农业观光游、骑行游等旅游产品。举办江南彰坞民俗文化旅游活动和首届民俗文化旅游节，《致命来访》《沉睡城》等剧组在深澳、彰坞等地拍摄取景。是年接待游客178.53万人次，同比增长14.9%；实现旅游收入1.02亿元，同比增长39.9%。

【五水共治】 2017年，江南镇完善河长制与河长巡河机制，25个县级重点小微水体完成剿劣销号，290个小微水体实施常态化保洁，主要河道水质达到Ⅱ类。投资700万元，完成鼓楼定安路截污纳管项目，新增城镇污水配套管网0.8公里；投资2000万元，开工建设窄石路集镇截污纳管项目，新增管网1.4公里。完成荷花塘等清淤项目6个，清除淤泥1.46万立方米。

【环境卫生整治】 2017年，江南镇全面排查整治环保问题隐患，拆除散装水泥打包点3处，关停石材加工点3家，淘汰改造高污染燃料型锅炉11个，5家塑料粒子厂安装废气处理设施。集中开展环境卫生专项整治，治理脏乱道路16700平方米，清除卫生死角86处，清理小微水体146处，消灭病媒生物滋生地187处，清除乱张贴351处。对4376个污水管网窨井进行清理，组织集中灭蚊活动2次，喷杀面积28430平方米。完成金茂、莲塘、横山埠、舒川四个村太阳能资源化站点提升改造工程。是年，国家环保部副部长黄润秋到环溪村、荻浦村调研垃圾分类、农村生活污水处理等工作。

【文体事业】 2017年，江南镇深澳古建筑群入选浙江省第七批文物保护单位名录，深澳村《鼓动山哈》节目参加“喜迎十九大·农民进城晒文化——2017浙江省农村文化礼堂优秀群众文艺作品大赛”，获杭州市第九届风雅颂金奖；深澳村申屠飞东获浙江省民间文艺“映山红”灯彩大赛“华灯杯”传统灯彩银奖，入选2017浙江民间文艺“新峰计划”青年后备人才名单；彰坞村徐雪标入选浙江省第五批非物质文化遗产代表性项目传承人；承办中国文联、中国美协·中国精神——美丽乡村行赴桐庐采风、“薪火相传”叶浅予师生艺术行——姜宝林师生桐庐采风活动、红旗飘飘书画院杭州分院书画名家公益活动、民进杭州市委会机关支部读书活动等活动；珠山村青年皮划艇运动员俞诗梦获2017亚洲皮划艇（静水）锦标赛金牌3块。举办“彰显江南魅力·共创文明城市”2017年首届全民运动节系列活动，1200名运动员参与，15000余名观众观看。是年，成功创建浙江省民间艺术之乡。

【阿尔法人工智能产业田园小镇项目落户江南镇】 2017年8月17日，阿尔法人工智能产业田园小镇项目合作协议签约和启动仪式在桐庐举行。阿尔法机器人（杭州）有限公司是一家集研发、销售智能化机械设备、技术转让、机器人产业投资为一体的综合性企业。此次落户桐庐县江南镇的阿尔法人工智能产业田园小镇项目规划总面积5.1平方公里、总投资50亿元，核心内容包括智能制造产业园、人工智能技术学院、人工智能体验中心、人工智能会展中心等，着重引进机器人芯片、传感器、机器视觉精准定位、智能制造等高端项目，打造产学研一条龙式的创新体系，努力建设成人工智能产业绿色智慧经济的创新标杆。

【第十届杭州骑游大会在江南镇成功举办】 2017年11月25日，第十届杭州骑游大会在桐庐江南古村落荻浦村发车。本次活动以“古韵江南，骑画新篇”为主题，省内外600余名选手参加。骑游路线把江南各个古村落相结合，将1个国家级历史文化名村、6个中国传统村落、7个省级历史文化名村串点成线，让骑友们深度感受江南独特魅影。通过骑游活动的开展，进一步推进“旅游+体育+美食+文化”的相互融合，吸引更多人前来江南镇度假旅游，打响江南镇全域旅游品牌。

【世界皮划艇青年锦标赛俞诗梦夺得冠军】 2017年7月29日，在罗马尼亚举行世界皮划艇青年锦标赛（U18）女子单划200米决赛中，俞诗梦凭借出色的发挥，不负众望，斩获该项目冠军，实现历史性突破。俞诗梦，江南镇珠山村俞家自然村人，1999年出生，曾就读于石阜小学，从小爱好体育运动。2010年12月，俞诗梦被输送至杭州市水上运动中心进行训练，2015年被“八一”海军队选中成为一名军人运动员，在第一届全国青年运动会中，分别获得女子四人皮划艇500米和200米第一名及多个全国单项比赛冠军。

【阿里巴巴董事局主席马云考察江南古村落景区】 2017年12月，阿里巴巴董事局主席马云和快递“桐庐帮”“三通一达”（申通、圆通、中通、韵达）董事长考察江南古村落景区深澳村。马云一行先后参观怀素堂、深澳特色业态风情街、民国记忆和精品民宿等，零距离感受千年古村新魅力。走在青石板街巷、鹅卵石村道，穿过白墙黛瓦的民居，考察团在感受悠悠古韵和历史遗迹的同时，详细了解江南镇深澳村的历史底蕴、人文风情、产业特色和未来规划布局等情况。

【深澳获评浙江省民间艺术之乡】 2017年2月，江南镇深澳村凭借民俗活动深澳高空狮子项目成功入选2016年浙江省民间文化艺术之乡。深澳高空狮子表演起源于清乾隆年间，经过数百年历史变迁，表演遍布桐庐、富阳、新登等地。由于社会变革，解放后一度停止，1989年深澳老年协会成立，为活跃农村文化生活，聘请申屠永清、申屠增荣等重新制作，活动增添新时代内容，多次参加县举办的民间艺术展示活动。高空狮子抢绣球作为一项传统表演，凝聚着古代劳动人民的心血和智慧，极具观赏价值和人文价值，被列入省、市、县非物质文化遗产保护目录。

（申屠梦秋）

2017年江南镇各行政村基本情况

表50

行政村	村党委（总支、支部）书记	村委会主任	人口（人）	年人均收入（元）
青源村	申屠雪良	潘谷平	1922	25973
环溪村	周忠平	周忠莲	2018	26492
徐畈村	朱永武	申屠增军	1281	25824
深澳村	申屠永军	申屠作平	3940	26127
荻浦村	申屠永惠	申屠祥军	2381	26560

续表 50

行政村	村党委（总支、支部）书记	村委会主任	人口（人）	年人均收入（元）
华丰村	许源雄	许杭明	1139	25909
凤鸣村	钟海群	吴梅琴	3100	25748
金茂村	姚永树	俞南通	1828	26772
石泉村	吴宏华	吴明来	1311	25866
梧村村	李　海	李永权	1415	25859
彰坞村	徐健	徐传虎	3139	26088
小潘村	潘仲毅	潘聪聪	1369	25033
珠山村	吴建良	徐学军	4157	25812
石阜村	方明亮	方君初	3816	26072
舒川村	赵惠平	方向华	1543	25690
莲塘村	徐群伟	徐立强	1681	25949
窄溪村	沈雪炎	徐再建	7898	26199
锦江村	胡江平	黄建民	4578	26651
横山埠村	王宇鹏	申屠军军	1151	24831
渔业村	毛梦夏	徐晚仙	112	—
鼓楼社区	黄波	—	1339	—

·新合乡·

【概况】 2017年，新合乡经济社会保持稳中有进、进中向好发展态势，实现财政总收入1453万元，同比增长17.3%，其中地方财政470万元，同比增长11.8%；农民人均纯收入21402元，同比增长8.4%。是年，成功创建省级卫生乡、杭州市无违建乡，举办杭州桐庐首届新合“雪水云绿”开茶节、“新合味道”索面文化节，引坑村列入省第六批历史文化村落保护和利用重点村。

【农业经济】 2017年，新合乡实现农业总产值5119万元，同比增长2.6%。加快推进现代农业园区建设，完成外松山、山桑坞、引坑源等5个茶产业基地建设及引坑榧留香谷省级香榧产业园提升改造。种植茶叶166.7公顷，种植香榧266.7公顷。实施农业基础设施提升工程，投入3600万元，新增标准化示范基地1个，建设高标准基本农田10公顷。新增连片效益农业17.9公顷，新发展葡萄种植基地2公顷、桃树基地2.7公顷、中药材基地3.3公顷、梨树基地2公顷、旱粮2.7公顷。完成绿化造林12公顷，建设省级林道9公里，森林病虫害成灾率控制在0.2‰以下，防治率80%以上，种苗产地检疫率90%。实施壶源江桐庐县境内河流综合治理（一期）项目，其中隧道口段、湖田段、纪念馆段、集镇段进场施工；实施旧庄溪小流域农业生态工程（一期）项目，其中一、二区块完成招投标进场施工；实施新合村何家堰坝修复工程、新合村渠道建设工程。推进村级集体经济增收化债工作，收回村集体山林资源33.3公顷，村级集体经济增收134万元。

2017年新合乡情况数据库

表51

项　目	单　位	合　计
地域面积	平方公里	74.21
耕地面积	公顷	275.6
粮食播种面积	公顷	125.67
粮食总量	吨	819
行政村	个	5
总人口	万人	0.52
工业销售总产值	万元	43916
农业总产值，	万元	5119
财政收入	万元	1453
农民人均纯收入	元	21402

【工业经济】 2017年，新合乡有工业企业124家，其中规模企业5家，实现工业销售总产值43916万元，同比下降14.1%；其中规模工业销售产值12779.6元，同比增加6.1%。完成固定资产投资2.4亿元，同比下降23.3%；其中工业投资5030万元，同比下降19.2%。招引项目3个，实际到位资金3611万元，其中市外内资1112万元。盘活闲置厂房6095平方米，成功招引投资1500万元的杭州欣晟农业科技有限公司生物科技项目，浙江恒大数控机床制造有限公司获国家高新技术企业、国家重点扶持高新技术企业，是年申请发明专利9项、实用新型专利25项。

【小城镇环境综合整治】 2017年，新合乡有序推进小城镇环境综合整治，投入9900万元，整治项目44个。投资580万元，实施集镇立面、污水管网综合整治工程；投资250万元，实施雪水富春民居立面改造工程；投资300万元，实施壶源江桐庐境内环境综合整治项目（雪水岭隧道口段）等。完成高枧精品民宿区入村景观道路、新民村休闲公园、引坑村风景田园、新民村入村口道路硬化等建设项目。

【民生保障】 2017年，新合乡农村新型合作医疗保险率100%。投入33万元，救助困难群众65户；享受最低生活保障待遇96户132人；享受残疾人最低生活保障待遇92人；帮扶贫困学生35名；落实残疾人就业6人。完成农村困难群众住房救助10户，其中低保户2户，残疾户6户，低收入户2户。妥善处理劳动合同工资、工伤纠纷争议案5起，涉及人数10人，金额3.6万元。

【全科网格建设】 2017年，新合乡制定《新合乡全科网格建设方案》，将全乡5个行政村划分为13个网格，配备专职网格员13名，兼职网格员56名，网格指导员18名，收集矛盾纠纷、违章建筑、环境保护等基础信息500余条；落实安全生产责任制，建立城建、安监、消防、市场监管、环保等部门“一体联动”工作机制，做到“基础信息不漏项、社情民意不滞后、问题隐患全掌控”。

【省级卫生乡创建】 2017年，新合乡以创建“省级卫生乡”为目标，推进剿灭四类以下水体、清洁乡村、垃圾分类等各项环境美化工作。全面落实“河长制”、小微水体日常巡查等机制，建立短信、微信每日工作信息报送制度，全乡5条主

新合索面

要河溪水质在Ⅱ类以上，19 个小微水体等水质在Ⅲ类以上。完善公共厕所等基础设施配套，购买垃圾车、洒水车各 1 辆，整改提升垃圾中转站 1 处，集镇环境明显改观。

【无违创建】 2017 年，新合乡推进拆违治危村庄面貌提升行动，做好“控”“拆”“用”“保”“美”五方面工作，处置违建 367 处 3.3 万平方米，完成危旧房整治，拆除和腾空 D 级危房 64 处，拆后利用面积 1.98 万平方米，利用率 99.7%，解决农户建房宅基地 35 户。是年，成功创建杭州市无违建乡。

【首届雪水云绿开茶节暨醉在茶乡摄影节采风大赛】 2017 年 3 月 29 日，新合乡首届雪水云绿开茶节暨醉在茶乡摄影节采风大赛在新合乡新四村雪水自然村野丫雪水云绿茶叶基地开幕，原杭州市政协主席、杭州市茶文化研究会会长虞荣仁，杭州市西湖景区管委会旅游商贸局局长王建荣，桐庐县人民政府副县长余荆棘出席。“雪水云绿”为针形茶叶，以“色、香、味、形”四美见长，形似莲芯，玉质透翠，挺而匀，深得消费者青睐，在历届国际级、国家级名茶评比中获得金奖，是全省唯一连续获得中国农业博览会金奖的名茶，列入浙江省十大名茶、国际金奖名茶。活动现场，县摄影家协会 50 余名摄影爱好者用照相机记录茶乡新韵，民间手工茶制作艺人现场制作雪水云绿茶，与会人员现场观摩雪水云绿茶道、品尝雪水云绿茶。新合乡人民政府分别与杭州安厨电子商务有限公司签订战略合作协议，与浙江紫金港投资控股有限公司签订产业项目投资协议（新四村松山驿农旅开发项目）。

新合乡首届雪水云绿开茶节暨醉在茶乡摄影节采风大赛开幕式

【第一届“新合味道”索面文化节】 2017 年 12 月 2 日，第一届杭州桐庐“新合味道”索面文化节在引坑村开幕，桐庐县副县长余荆棘出席开幕式。桐庐农商银行向索面经营户进行授信，杭州安厨电子商务有限公司与引坑村签订索面线上销售合作协议，发布索面新品种。现场还举办索面宴、索面制作体验等各类活动。新合索面又称长寿面，有数千年历史，需经过和面、索面、盘面、熟面、晒面、收面六道繁复的手工工序，兼具长、软、韧、滑的特点，柔软如丝，折而不断，深受客户喜爱。全乡有 300 余户 1000 余人从事着索面加工制作。本次索面文化节的举办为新合乡传统产业与旅游融合提升营造良好的人文产业环境，为打响“新合索面”金字招牌奠定坚实的基础。

（宋超群）

2017 年新合乡各行政村基本情况

表 52

行政村	村党委（总支、支部）书记	村委会主任	人 口（人）	年人均收入（元）
新四村	阮如芬	方忠大	1354	24024
新民村	蓝 清	钟志坚	917	21069
新合村	何海港	潘振波	1445	20784
松山村	钟黎萍	郭锋飙	812	20333
引坑村	钟一平	钟根土	726	20800

·富春江镇·

【概况】 2017 年，富春江镇以“最美富春江、最强富春江”建设为目标，齐心协力、真抓实干，全镇经济社会协调发展，民生福祉明显改善。实现财政总收入 3.64 亿元，同比增长 13.8%；其中地财政收入 11282 万元，同比增长 13.8%。农村居民人均纯收入 26739 元，同比增长 9%；接待办理群众来信来访 965 件，调处矛盾纠纷 1005 起。是年，获第二批全国特色小镇、国家级美丽宜居示范镇、浙江省书香城镇、浙江省级森林特色小镇、杭州市无违建乡镇、杭州市平安示范乡镇、杭州市无邪教乡镇。

【农业经济】 2017 年，富春江镇实现农业总产值 3.45 亿元，同比增长 3%。加快传统农业向高效生态现代农业转变，做大做强做优中药材、蔬菜水果、特种养殖等特色产业基地。胡庆余堂中药材种植基地、增先水果生态园、沃德威先种猪基地等农业项目产业化水平逐步提高，金家水果精品园区被列入县两大水果精品园区之一。新增农业连片设施 28.4 公顷，发展家庭农场 5 家。建成林道 1 公里，完成造林 16.2 公顷。建成 2 处县级美丽田园示范区，完成茆坪百亩畈 4.7 公顷色彩水稻种植。石舍村申报省级森林人家培育村。投入 764.53 万元，建设里董村小庄、六亩头、大塘垅段，茆坪村陈坑、

2017 年富春江镇情况数据库

表 53

项 目	单 位	合 计
地域面积	平方公里	198.89
耕地面积	公顷	876
粮食播种面积	公顷	838.4
粮食总产量	吨	5350
行政村	个	15
社区	个	2
人口	万人	2.49
工业销售总产值	亿元	60.08
农业总产值	万元	34453
财政收入	万元	36364
农村居民人均纯收入	元	26910

芦茨村入选省级慢生活休闲旅游示范村

茆坪村茶园里堤防工程，孝门村石塘下溪、芝厦村东施垅山塘、里董村小岩山山塘、孝门村柯竹垅溪农村灌排、石舍村长洲溪农村灌排河道整治工程，横山村定塘垅、俞赵村黄泥口头、七里泷村沙湾泵站，北渠除险加固清淤二期工程，石舍西坑口、北渠倒虹吸修复工程等，水利设施进一步完善。

【工业经济】 2017年，富春江镇有工业企业466家，其中规模企业32家，新增规模企业5家。实现工业销售总产值60.08亿元，同比增长2.5%；规模工业新产品产值率48 %；完成固定资产投资13.46亿元，同比下降42.8%，其中工业投入4.47亿元，同比下降64.4%；招商引资4.96亿元，其中市外内资3.87亿元，实到外资800万美元，浙商创业创新资金1.59亿元；招引项目15个，协议资金4.95亿元。盘活鸿兴车业、泽伦门窗、杭州中水闲置土地和资产，招引富泰新材料、玖龙纸制品、为环科技等产业项目。浙富水电ERP软件应用项目，龙生物联网工厂建设与应用项目有序推进。是年，申报科技项目7个，创建省高新技术企业1家、市高新技术企业5家，申请各类专利188项（其中发明专利25项）；投入科技研发经费1.01亿元，其中试验发展经费8100万元。

【第三产业发展】 2017年，富春江镇实现社会消费品零售额7.46亿元，服务业增加值5.29亿元。新增限额以上服务业单位2家（桐庐滕信贸易有限公司、杭州兆通物流有限公司）。全镇有民宿202家，床位4297张，接待游客130万人次，旅游经营收入1.4亿元。加快旅游特色小镇建设，利用富春江慢生活体验区内农村文化礼堂、宗祠、书院、知青楼等存量空间，成功招引日本清水艺社旗袍馆、茆坪非遗体验馆等项目，开发形成蓝染、茶道、禅修等20余项文化创意产业和旅游产品。

【小城镇环境综合整治】 2017年，富春江镇开展小城镇环境综合整治，整治项目23个，计划总投资2.56亿元。投入719万元，实施学士南路、工人路、人民路、蒋旗线等道路污水管网铺设及路面改造提升；有序推进蒋小线、严大线公路改造和沙湾畈污水管网检测维修工程；完成农贸市场区块停车场建设项目。投入93万元，实施城镇危旧房加固改造，完成商业公司宿舍楼危旧房改造。编制《小城镇环境综合整治规划》获省、市优秀设计方案。芦茨村小城镇环境综合整治通过省级考核验收。

【五水共治】 2017年，富春江镇严格落实“河长制”，在全县率先完成Ⅳ类以下水体剿劣任务，确保各类水体常年稳定在Ⅲ类水质及以上。推进垃圾分类和农村生活污水处理工作，完成芦茨梅树坞、石舍枫林老池等4处污水池整改。整治提升3家规模养殖场。常态化做好山塘水库除险加固和中小河流域治理，推进排涝工程建设，完成俞赵工业园区二期污水管网工程建设。

【无违创建】 2017年，富春江镇拆除违法建筑1180处，面积14.7万平方米；其中拆除既有违建995处，拆除面积10.5万平方米；拆除一户多宅185户，拆除面积4万余平方米；完成石粉生产行业低效落后产能淘汰工作。

【民生保障】 2017年，富春江镇继续推进银龄互助工作，完善服务网络建设，新建居家养老服务照料中心2家。全镇有低保户355户，残保户128户，新增残保户16户；重点优抚对象92人。走访困难户810户，发放各类救助金76.62万元。完成农村D级危房改造63户、困难群众危旧房改造10户，下发补助资金31.4万元。享受60周岁以上农村籍退伍军人优惠政策182人。完成残疾人基本服务状况和需求信息输入668人。

【慢生活体验区建设】 2017年，富春江镇继续推进慢生活体验区建设，忆松树岭、清雅楼、慕溪晓庐、天方夜谭等高端精品民宿陆续建成并对外营业，原乡芦茨、庐居里外等二期项目建成营业，静庐澜栅二期开工建设。引导大众民宿与社会资本合作转型升级，提升体验区整体民宿品牌竞争力，云邻、顾锐旅舍、老屋居完成提升改造对外试营业。参加杭州市文博会推介，以“文化+”的跨界模式，将乡村、旅游、生活、文创等有机融合，打响慢生活体验区品牌。

【国家卫生镇创建】 2017年，富春江镇以“全民参与爱国卫生，共建共享健康家园”活动为载体，创建国家级卫生镇。以普及卫生知识为切入点，广泛开展形式多样健康教育活动。组织全镇健康教育从业人员定期开展相关知识培训；各村（社区）、中小学、卫生院设置多个健康教育宣传栏，定期出版健康知识宣传板报；派发健康教育各类宣传材料1万余份，

芝厦村溪南蔬菜基地

富春江镇庭院议事会

中国历史文化古村落——石舍

宣传入户率达100%。集中开展清理卫生死角专项行动，镇村干部和志愿者参与活动3100人次。加大集镇基础设施建设，城镇配套进一步完善。是年，通过国家卫生镇创建市级验收。

【入选第二批全国特色小镇】 2017年8月，富春江镇入选第二批全国特色小镇，成为继分水镇（第一批认定）后桐庐第二个“全国特色小镇”。此次特色小镇评比活动按照《住房城乡建设部关于保持和彰显特色小镇特色若干问题的通知》和《住房城乡建设部办公厅关于做好第二批全国特色小镇推荐工作的通知》要求，在各地择优推荐的基础上，经现场答辩、专家审查后确定。富春江镇凭借特色鲜明的产业形态、和谐宜居的美丽环境、彰显特色的传统文化成功入围。

【入选省级书香城镇】 2017年11月，浙江省第三届全民阅读节开幕式上，富春江镇荣获浙江省首批“书香城镇”，获得主办方免费定制的专有版“博雅书房”掌上书城，率先拥有个性化城镇移动端掌上图书馆和书城，通过电子书轻便快捷的传播、阅读模式，推进全民阅读风尚形成，让书香蔓延。富春江镇拥有图书2.5万册，涉及22大类图书资料，年投入购书经费人均4元以上。投资1100万元，建设镇综合图书馆，面积780平方米，全镇17个行政村（社区）全部设立“农家书屋”，增设电子阅览室和公共阅览点，免费开通wifi网络，扩大居民的求知和阅读面，让读书渐成文明的生活方式。

【入选全国第四批美丽宜居小镇】 2017年1月，住建部公布第四批美丽宜居小镇、美丽宜居村庄示范名单，富春江镇成为杭州地区唯一入选美丽宜居小镇。近年来，该镇按照“精致、精品”理念，投入1.5亿元用于美丽乡村建设，完成里董、芝厦等中心村，俞赵、金家等精品村和芦茨、茆坪、石舍美丽宜居示范村及中国传统村落建设。投入7000万元，实施320国道沿线、七芝线沿线整治提升及慢生活精品线建设，工程涉及房屋立面改造、围墙整治、绿化提升、人行道改造等项目，打造沿线“美丽路、田园景、花卉村”风景。坚持生态优先，开展“五水共治”“四边三化”“治土治气”等专项行动，实现农村生活污水处理、农村生活垃圾分类处置全覆盖；推进“两路两侧”环境整治，完善城镇功能，高起点规划建设学校、文体中心、市民休闲广场、污水处理等公共服务设施，形成便捷、充足、安全的市政服务环境。

【芦茨村入选省级慢生活休闲旅游示范村】 2017年2月，浙江省旅游局公布首批“省级慢生活休闲旅游示范村”创建名单，富春江镇芦茨村通过地方申报、县级初审、市级再审、省级专家及官方评审，成功入选。芦茨村坐落在风景秀丽的江南龙门湾景区，与严子陵钓台隔江相望，2006年被授予省级“农家乐特色示范村”。2012年，芦茨、茆坪、石舍三村和严子陵、白云源两个景区以及该区域内的江与溪、山与谷、村与田等原生态自然景观，共同纳入富春江（芦茨）乡村慢生活体验区，依托区域内独特的山水景观和深厚的人文底蕴、打造“至慢”生活，成为浙江省政府首个批准的乡村慢生活体验区试点。

（张 琳）

2017 年富春江镇各行政村基本情况

表 54

行政村	村党委（总支、支部）书记	村委会主任	人口（人）	年人均收入（元）
横山村	王明江	刘小华	1320	29772
七里泷村	邵雪宝	宋鑫群	2311	28616
俞赵村	严勇樑	徐宝根	3321	27772
渡济村	沈阿平	沈静华	624	27451
上泗村	邹春华	杨勇成	816	26019
严陵村	江发根	徐云燕	1538	24327
里董村	沈纯浩	吴伟英	1278	23255
大庄村	张建华	张铁明	538	24170
象山桥村	吴小明	吴增勇	606	24478
芝厦村	吴　昊	潘利民	1617	26625
孝门村	—	刘国群	1681	26100
金家村	黄洁琼	郑登峰	789	24934
芦茨村	—	章红华	1398	29919
茆坪村	胡宗扬	方森源	1266	27821
石舍村	蒋勇飞	蒋勇飞	922	28192

·横村镇·

【概况】 2017 年，横村镇以建设山清水秀民富镇强“中国针织名镇”为奋斗目标，团结带领全镇广大党员和干部群众，开拓进取，团结拼搏，经济和社会各项事业取得新业绩。实现财政总收入 2.81 亿元，同比增长 9.17%；其中地方财政收入 1.1 亿元，同比增长 10%。农民人均纯收入 27731 元，同比增长 8.59%。成功举办第九届桐庐山花节开幕式、第四届桐庐柳茂蓝莓采摘节和三月初八横村庙会等重大活动。

雾缭横村

2017年横村镇情况数据库

表55

项　　目	单　位	合　计
地域面积	平方公里	120.7
耕地面积	公顷	2741
粮食播种面积	公顷	1305.7
粮食总产量	吨	12964
行政村	个	24
社区	个	2
总人口	万人	4.7
工业销售总产值	亿元	115.2
农业总产值	万元	49493
财政收入	万元	28108
农村居民人均纯收入	元	27731

【农业经济】 2017年，横村镇实现农业总产值4.93亿元，同比增长2.0%。稳步推进农业产业化，新增蔬菜、水果等设施农业33.33公顷；实施上唐村喻宅畈市级中低产田改造项目，完成道路硬化4000平方米；龙伏村粮食功能区内新建农业污染源监测点一处；申报实施农业创新项目5个，项目涉及农产品深加工、循环农业、高效农业、新技术推广等领域；投入200万元，实施生态美丽牧场建设3处；投资1454万元，实施水利建设项目24个，完成小流域治理、山塘、排渠道改造、水毁工程、农村饮用水安全提升等工程建设。完成绿化造林13.67公顷，森林抚育62.67公顷，平原绿化11.33公顷，阔叶林提升16.67公顷，省级林道建25公里。培育美丽业态，打造现代农业精品园区，依托产业特色，加速三产融合，规划“水果采摘＋针织乐购＋大众民宿”精品旅游线，力推线上线下“一日游”，吸引游客85.42万人次，经营收入4391.26万元。

白云村落景区

【工业经济】 2017年，横村镇有工业企业891家，其中规模企业58家，实现工业销售总产值115.2亿元，同比下降17.56%，其中规模工业销售产值57.8亿元，同比下降13.0%；固定资产投资20.44亿元，同比下降4.4%，其中工业投资6.7亿元，同比下降16.4%；招商项目15个，实际到位资金4.91亿元；工业项目实到资金3.49亿元，市外内资3.66亿元，浙商创业创新资金1.4亿元，实到外资700万美元。外贸出口交货额53.1亿元，同比下降7.6%；自营出口7.5

亿元，同比下降0.61%。基本完成针织品市场一期主体工程和横村小微企业创业创新孵化园建筑规划设计，举办“横村针织”论坛、产业政策微讲堂、银企对接会，建立龙头企业品牌培育重点跟踪服务计划，水晶运动获浙江省著名商标。开设电商众创智慧空间，引进羽化网络科技专业服务公司，针织、运动机械、化工等产业先后入驻阿里巴巴产业带、天猫、京东、亚马逊等B2B、B2C电商平台，是年销售各类商品11亿元，同比增长50.68%，其中跨境电商出口3660.08万美元，同比增长70.59%。实施双招双引“一号工程”，引进昱达科技外资110万美元，煜凯大厦、杭州晓昇科技有限公司新建厂房等招商项目成功落地。引进中国工程院院士葛昌纯，建立核材料院士工作站；吸纳杭州市“115”引进国（境）外智力计划项目3个，培育杭州市“131”中青年人才培养计划优秀人才1名、桐庐县“511”中青年人才培养计划优秀人才7名，全镇各行业申报实用新型、发明、外观等多类型专利480个。

【小城镇环境综合整治】 2017年，横村镇制定《小城镇环境综合整治规划》，实施徐家埠拆迁改造区块、老横村旧城改造区块、深畈—方埠工业经济转型提升区块、临金高速带工业备用区块、生态旅游区块等“五大板块”环境提升工程，总投资13.3亿元，整治项目95个，已完成38个，累计投资4.6亿元。排查违法建筑2392处，拆除1867处190121平方米，拆后利用86251平方米，利用率88.18%；投入1018万元，完成集镇市场化保洁服务采购项目，提升集镇卫生标准；投资180万元，新建垃圾中转站，实现高效、环保、节能低耗垃圾处理模式。首创“线乱拉”智慧管理平台，为实现“杆线序化、管线成景”提供智能因子。实施“网上＋网下”环境卫生整治模式，网下实行以村卫生分管人员为责任人，镇清洁办联系村的模式，建立联村领导、驻村干部、村干部和保洁员四级网格化管理体系；网上实现以镇主要领导挂帅，各职能单位明确分工、联合治理的模式，开展智慧化督查，形成即查即改高效处理模式。

【五水共治】 2017年，横村镇投资9650万元，实施五水共治重点建设项目29个。关停环保不达标企业6家、畜禽养殖场3家、温室甲鱼养殖场1处；实施小微水体修复治理工程，304个池塘沟渠等小微水体设立公示牌，24个水质在Ⅳ类及以下池塘完成整治并通过验收。投入1000万元，完成板头、香山、城东、元村、阳山畈、孙家、横村等村18只池塘生态化改造。对4条县级河道和2条镇级河道以及龙伏溪、大坑溪沿线进行综合整治，消除大小污水排放口16只；

强化农村生活污水处理工程运维管理，整改完成污水处理池31个；投入5000万元，完成西环路、马铺路、庄头路、独山路（南段）、毛家畈、柴场里、老综合市场（陈家门）、临溪路、电池厂至锦华路等路段污水管网建设8公里；投入200万元，完成新民路北、龙富路雨污分流改造以及华地印花、元盛工艺、力博针织、蜂和园等规模企业雨污改造。

猕猴桃基地

【全域旅游建设】 2017年，横村镇规划“一轴两翼”空间布局，以分水江为主轴，建设城市水上旅游休闲带，以阳山畈村和白云村为核心，建设东西两大乡村旅游集聚示范区，逐步形成“春花、夏果、秋景、冬食”的全域旅游格局。优化“一带•五区•多点”空间结构，投入698万元建设“白云间”休闲旅游度假区，完成旅游总规编制、白云村历史文化挖掘及部分旅游配套设施建设。投入10500万元，实施郑城厚院村舍高端民宿项目二期、葛家山九野云谷生态田园综合体、半山莲社溪客精品民宿、芸菁溪墅精品民宿及大会山古村落复建项目，高端民宿初具规模。

【民生保障】 2017年，横村镇有低保户549户，新增21户；残保户334户，新增45户，发放低保、残保金500万元；新增低保边缘家庭824户1012人；开展困难临时救助54人，发放救助金15万元；大病致贫公益金8户，发放救助金13.3万元；慈善助学40人，发放助学金9万元。发放优抚对象优抚金156万元；60周岁以上老年人9968人，发放春节慰问金529万元；投资100万元，完成五保供养中心消防提升改造；在全县率先启动敬老院"公建民营"项目，已完成项目招标；新建孙家、双溪、凤联老年食堂，实现全镇老年食堂行政村全覆盖工作。继续做好残疾人两项补贴申报，享受重度护理补贴490人，享受困难残疾人生活补贴714人，发放补助资金297万元。申报移民项目7个，争取移民资金440万元，其中创业致富项目3个，补助资金250万元。

【农村住房改造】 2017年，横村镇实施农村住房改造建设项目3个，分别为柳岩村农居点、浪石农居点、九岭农居点，改造户数130户；农村困难住房救助对象23户，其中低保困难户10户，残疾户11户，救助方式新建户3户，置换户12户、修缮户19；完成房屋建设和改造19户，基本完成改造4户。是年受理农户申请建房111户，其中新建户23户，原基拆扩建户88户，用地总面积为11515.98平方米。

【土地资源开发利用】 2017年，横村镇继续抓好土地后备资源开发利用工作，实施土地整理项目5个，面积105.4公顷，其中孙家村陆家畈土地整理13.74公顷，横村村杨柳畈土地整理13.61公顷，富乐土地整理项7.18公顷，湾下村、胜峰村里柴土地整理25.52公顷（2016年项目），柳岩村、香山村土地整理47.68公顷（2016年项目）；实施双溪村等农村土地综合整治项目3个，整治面积3.91公顷（2016项目）；实施龙伏村滩圩山垦造水田2.67公顷，东南村七树湾垦造水田3.66公顷、旱改水1.17公顷。

【四大平台建设】 2017年，横村镇全面整合城管、综治、交警、派出所等资源，以综治工作、市场监管、综合执法与便民服务四大平台为依托打造"全科网格"指挥枢纽。进一步优化网格设置，科学划分99个网格，选优配强574名专、兼职网格员，上报重点信息11693条，全科网格智库初步形成。镇综合信息指挥室提供有效信息5100条，出动巡防队员5000余人次，借助"雪亮工程"446处治安监控，成功排查消防、公共安全、地质灾害等隐患115处。

【平安巡防】 2017年，横村镇深入开展"重点人员看管""平安巡防""三合一企业整治"等专项行动，成立平安巡防大队，下设29个平安巡防中队、99个平安巡防小队，逐层签订责任状，做到"任务、人员、岗位、职责"四落实，聘用49名专职平安巡防队员，36名巡查队员，580名兼职平安巡防队员，制作红袖章350只、反光背心350套、走访工作证580只、记录本107本、夜间照明设备107具、防暴设备107套，安装监控探头30套，增加巡防车6辆、对讲机10部。开展消防安全隐患大排查，对辖区1515套出租房，1735家"三合一"企业、20家民宿点、7家快递点、7家瓶装液化气销售点进行定点监管。是年，累计办理县长公开电话、上级部门交办信访件940件，其中来信来访105件、县领导批示件45件；调处各类矛盾纠纷1379起，调解成功率98%，镇本级调解矛盾纠纷42起，其中重大疑难案件16件，涉及金额600万余元，受理法律援助初审案件12起。接收社区服刑人员21名，解矫社区服刑人员27名，组织社区服刑人员集中教育10次，开展社区服务282余人次。办理"110"社会联动件137件，办结率100%。

【"百家碗"厨艺大比拼】 2017年11月，横村镇白云村与厚院郑城民宿共同举办"百家碗"厨艺大比拼活动。参加厨艺大比拼的10位选手，八仙过海，各显神通，炒龙须、山粉饼、土豆丝、玉米烧饼、土鸡堡等地道农家土菜被端上桌，由评委们在色、香、味、形上打分。活动的举办进一步挖掘当地百姓原始家常菜的做法，了解传统菜肴烹调特点、习性口味，让民宿经营找到最原始最纯朴的感觉，加深浓郁的乡村情调。

（叶慧琳）

2017年横村镇各行政村基本情况

表56

行政村	村党委（总支、支部）书记	村委会主任	人　口（人）	人均收入（元）
湾下村	毛樟良	毛樟良	308	25179
横村村	朱勇军	周　杰	4204	23375
杜预村	姚兴军	华良国	1358	25826
城东村	张红明	—	3627	25910
龙伏村	王樟荣	—	1009	25538
阳山畈村	包洪弟	滕海炎	915	23087
板头村	邵洪德	陈炎明	717	24096
柳岩村	李世洪	吴爱良	1602	23168
双溪村	叶建忠（1月—8月） 虞茂玉（8月—12月）	—	1154	21886
方埠村	濮樟国	—	1532	23174
孙家村	许海锋	陆炎法	1758	24579
华凤村	曹　标	钱林根	1018	21836
浪石村	陈怀庆	陈云飞	583	22293
上唐村	陈　军	殷　明	1690	22955
元村村	周海明	厉建民	1419	22445
九岭村	俞振洪	吴森钢	1521	21151
胜峰村	周萍华	柴国炎	3033	23534
东南村	方志明	吴金虎	1803	22117
柳茂村	洪献军	李炎林	1458	23265
宅里村	李　鑫（1月—10月） 王文汉（10月—12月）	王文汉	1223	23560
香山村	赵　军	王清凉	1075	22053
白云村	林雪标	袁国华	1642	22044
后岭村	喻昌友	喻世明	1653	21828
凤联村	孙小洪（1月—8月） 余伟标（8月—12月）	喻新军	2540	21778

·莪山畲族乡·

【概况】 2017年，莪山畲族乡以创建“中国畲族第一乡”为目标，扎实推进高水平全面小康建设，经济社会各项事业持续健康发展。实现财政总收入3088万元，同比增长9.4%；农民人均纯收入22842元，同比增长15%。是年，莪山畲族乡成功创成全国气象示范乡镇、浙江省级文明乡、省级卫生乡、省级第二批森林特色小镇、杭州市级无违建乡、市级无邪教先进单位、市级禁毒工作先进单位，入选第四批全国民族团结进步创建活动示范单位。

2017年莪山畲族乡情况数据库

表57

项　目	单　位	合　计
地域面积	平方公里	28.73
耕地面积	公顷	480.5
粮食播种面积	公顷	4744
粮食总产量	吨	2224
行政村	个	7
总人口	万人	0.92
工业销售总产值	万元	120000
农业总产值	万元	11442
财政收入	万元	3088
居民人均收入	元	22842

【农业经济】 2017年，莪山畲族乡实现农业总产值1.14亿元，同比增长2.2%。完成莪山村低产田改造提升33.33公顷，绿化造林6.67公顷，沈冠村、中门村、莪山村、龙峰村林道建设5公里；完成水利建设项目12个，农产品监测6340批次，动物防疫监测率100%。以农民之家创业服务社示范社建设为载体，完成全乡农产品展示和闲置农村劳动力平台建设，开展农民素质培训700人次。

【工业经济】 2017年，莪山畲族乡有工业企业251家，其中规模企业5家。完成工业销售总产值12亿元，其中规上销售5.1亿元，同比增长11.3%；完成规上工业增加值1.6亿元，同比增长14.2%；完成固定资产投资2.9亿元，同比下降6.7%，其中工业投资0.7亿元，同比增长84.6%；招商引资项目5个，新项目到位资金1256万元。投入6000万元，完成企业零地工业技改3家。投资2000万元，完成集镇和工业园区周边三线入地配套建设。

【第三产业】 2017年，莪山畲族乡完成社会消费品零售额11.2亿元，服务业增加值0.68亿元。全乡有中高端民宿9家，其中精品民宿4家。举办“三月三”畲族文化节、稚笋如娇开笋节、五彩年糕美食节等畲族文化活动，与网易视频合作“匠心匠艺”直播节目，开展红曲酒宣传。启动西金坞文化名人村建设，引进5位名人入驻。与浙江大学启真人才学院、浙江大学城市学院人文学院、浙江工商大学杭州商学院合作，建立产学研基地，开展国学讲堂、畲族文化学术研讨会、畲族音乐节等活动。提升龙峰民族村红曲酒酿造基地和尧山村综合物业楼项目改造，探索农村电商“互联网+农事文化”“旅游+农业”等新模式，以举办系列节庆活动提升畲乡农产品的知名度和美誉度，实现农产品线上与线下销售同步运行，销售额突破1000万元。

莪山畲族乡入城口

【“最多跑一次”改革】 2017年，莪山畲族乡被列为县“最多跑一次”改革试点乡镇，围绕提升“十个一”建设标准（即一个场地、一块牌子、一套制度、一本台账、一部电话、一套设备、一张网络、一个公示栏、一个微信群、一套办事须知），创新实施“两网一全程”（以网格下沉、信息服务为接入点，实现网格代办员“最多跑一次”；以部门联动、事项代办为关键点，实现全程代办员“最多跑一次”）服务机制，村民凭身份证可直接办理事项10件，全程代办事项90件，实现办理时间平均减少20%至30%。

【小城镇环境综合整治】 2017年，莪山畲族乡确立“三年整治任务一年完成”目标，投资5700万元，加快推进整治项目3大类（环境卫生、城镇秩序、乡容镇貌）16个项目（集镇街巷肌理改造、雨污分流、农贸市场提升改造、停车管控安装、空中线路整治、集镇立面改造、沿街住户卷闸门改造、屋顶太阳能热水器整治、农创客孵化中心、乡政府危房拆迁改建、畲乡文创中心、畲族风情体验中心、停车场建设、乡灯光球场建设、公共厕所建设、道路绿化整治提升工程）建设，集镇公建配套、环境面貌、产业基础得到显著提升，产业导入取得突破，老供销社文创中心、酒吧、咖啡馆、畲医畲药馆等初具雏形，整治工作通过省级验收。

【五水共治】 2017年，莪山畲族乡完成五水共治项目24项，其中治污水项目10项，治洪水项目8项，保供水项目4项，排涝水项目2项。新建污水池体4只、中门微动力处理池1只、新丰100吨处理池一只，完成集镇雨污分流工程、西金坞污水管网铺设工程及全乡24处IV类及以下小微水体整治任务，乡域内水质均达到III类及以上标准。是年，中门村莪溪露天浴场区块被选为市县“先

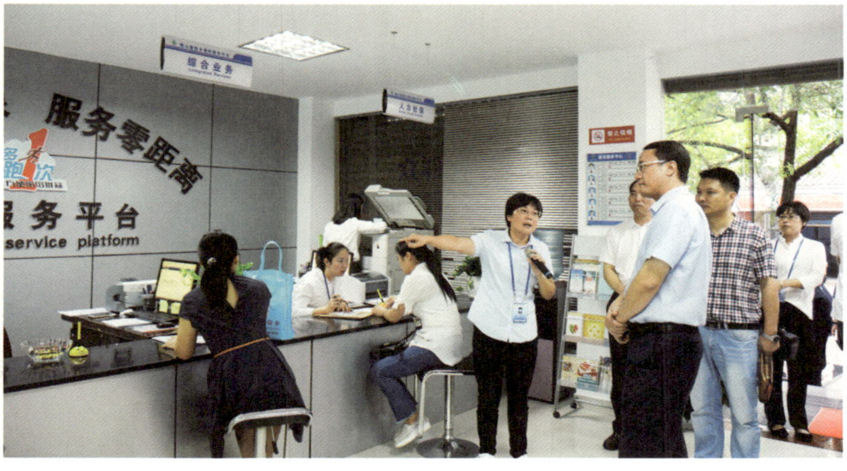

县领导检查莪山乡“最多跑一次改革”工作

第八届“三月三”畲族文化节

行先享”示范区创建现场会考察点。

【村级化债增收】 2017年，莪山畲族乡围绕多元增收、切实减负、逐年化债的总体要求，全力推进村级集体经济化债增收工作。至年末，全乡村集体经济收入482万元，同比增长404%；其中经营性收入190万元，同比增长691%；村级负债350万元，同比降低198%。莪山、塘联、中门、新丰4个村村级债务全部化解，30万元以下村集体收入且5万元以下经营性收入的薄弱村全面消除。

【社会保障】 2017年，莪山畲族乡实行最低生活保障制度动态管理，新增低保13户33人，动态变更135户。开展困难户临时救助58户17.16万元，大病救助2户5万元。完成D级危房户住房改造29户。投入560万元，完善公墓设施建设，建成全县首创树葬模式，承办县级生态殡葬现场会。实施农村小额意外保险和老年人意外保险工作，全年受理理赔案件283起，理赔金额76万元。

【平安莪山建设】 2017年，莪山畲族乡建立社会面防控等级响应机制，开展春季、夏季消防大检查和居住出租房专项整治行动，各类安全隐患得到有效整治。完成7个村消防站建设，实现消防站村村全覆盖。开展企业职业病健康培训和安全生产培训，参加员工1000余人次。受理各类信访、矛盾纠纷156件，110联动件19件，调处成功率100%。开展全科网格试点工作，优化网格划分，建强网格队伍，在信息采集、平安宣传、矛盾化解等方面取得实效。

【入选第四批全国民族团结进步创建活动示范单位】 2017年1月，莪山畲族乡经组织推荐、专家评审和结果复审等程序确定，被国家民委命名为第四批全国民族团结进步创建活动示范单位。近年来，莪山畲族乡围绕建设“中国畲族第一乡”奋斗目标，因地制宜，依靠自身优势精准定位，注重特色发展，内生动力不断增强，百姓收入持续增加。同时，在基础设施建设、村庄环境整治、公共配套设施等方面实施一大批重点民生实事工程，百姓生活品质得到较大提升，获得感不断增强，全乡经济社会各项事业健康稳步发展。

【“稚笋如娇”畲族文化节】 2017年4月22日，莪山畲族乡在龙峰民族村举办第二届“稚笋如娇”畲族文化节，近千名游客与畲乡村民共同欢庆收获春笋的喜悦。此次活动将民族风情体验、乡村旅游和高节笋、黄金粽等农产品销售相结合，挖掘具有畲乡特色的农副产品，强调游客参与和体验，让游客感受优美自然风光的同时体验人文风情，打造具有畲乡特色旅游线路。此次活动吸引了杭州电视台、网易直播等多家媒体报道，为畲乡宣传添砖加瓦。

【“九三之家”落户畲乡】 2017年11月4日，由九三学社浙江工商大学委员会、浙江工商大学杭州商学院、莪山畲族乡政府主办的“九三之家”落户、五彩年糕美食节暨畲乡伴手礼系列产品发布会在畲乡尧山村举行。莪山畲族乡和九三学社签订多个合作协议和项目落户协议，九三学社将通过为畲乡“创新引智”提供人才供给和服务创新，积极推进乡村振兴战略，为畲乡美丽乡村建设、农产品开发、包装销售等提供各类服务，以促进畲乡农业增效、农村增绿、农民增收。

（陈艺华）

2017 年莪山畲族乡各行政村基本情况

表 58

行政村	村党委（总支、支部）书记	村委会主任	人口（人）	人均收入（元）
塘联村	张 平	姚国良	1298	23736
莪山民族村	姚樟水	蓝志炎	1930	22715
尧山村	姚世庆	潘明亮	1068	22753
沈冠村	黄金源	应潮林	1478	22219
龙峰民族村	雷天星	钟生明	1496	23816
中门民族村	姚朝水	傅汉华	1039	22107
新丰民族村	钟春培	雷国良	886	22167

·钟山乡·

【概　况】 2017 年，钟山乡围绕“党建引领示范年、全面争先创优年、工程项目推进年、制度规范执行年、特色工作创新年”行动，较好完成全年工作任务。实现财政总收入 6983 万元，同比增长 6.6%，其中地方财政收入 670 万元，同比增长 20.4%；农村居民人均收入 24511 元，同比增长 13%。排查矛盾纠纷 827 起，化解率 100%，其中化解县乡两级重点信访积案 4 件。是年，获浙江省非遗主题小镇、杭州市无违建乡镇等。

【农业经济】 2017 年，钟山乡实现农业总产值 2.3 亿元，同比增长 2.2%。推进精品农业与观光农业发展，歌舞“天尊贡芽”获“中华文化名茶”，“桐江”牌蜜梨获 2017 年浙江农业之最梨擂台赛一等奖、2017 浙江精品果蔬展销会金奖。投入 8843 万元，完成土地整治项目 17 个，其中建设用地复垦 17.1 公顷、垦造水田 22.3 公顷、垦造耕地 12 公顷。实施“优质耕作层工程化快速构建技术”项目，陇西试验田作为浙江省唯一一个试点，获国土资源部通报表扬。

2017 年钟山乡情况数据库

表 59

项　目	单　位	合　计
地域面积	平方公里	107.79
耕地面积	公顷	1187
播种面积	公顷	737.2
粮食总产量	吨	4000
行政村	个	11
总人口	万人	2.16
工业销售总产值	万元	93500
农业总产值	万元	23299
财政收入	万元	6983
农村居民人均纯收入	元	24511

蜜梨之乡——钟山

【工业经济】 2017年，钟山乡有工业企业70家，其中规模企业5家。实现工业销售产值9.4亿元，同比增长3.3%，其中规模工业销售产值2.5亿元，同比增长42.6%；固定资产投资5.14亿元，同比增长47.3%；招商项目10个，实际到位资金4925万元，市外内资3235万元。优化产业结构，实现腾笼换鸟，通过盘活闲置石材企业资源，引进浙江庐森建材科技有限公司石材木皮复合板、杭州一诺再生资源利用有限公司石材污泥高分子建材生产线和杭州上得新材料科技有限公司高档橱柜台面板生产线等高科技项目6个；浙江佳业达装饰工程有限公司通过厂房改建，引进先进设备，生产高档玉石背景墙，提升产品档次和附加值。

【小城镇环境综合整治】 2017年，钟山乡编制小城镇环境综合整治规划，制定重点项目推进计划表，有序推进小城镇环境综合整治。完成集镇区主干道"三线"入地、路面白改黑、管道雨污分流、道路交通标线、红绿灯安装和部分立面改造等工程。拆除各类违章建筑1450处14.3万平方米，完成旧厂房改造18550平方米，旧村改造23000平方米。

【民生保障】 2017年，钟山乡建立全乡困难户数据库，新审批低保户12户23人、残保户38人，584人通过低保边缘户审查。开展大病致贫救助和临时救助，大病致贫救助7户，临时困难救助34户，救助资金30万元；完成农村困难家庭危房改造10户。桐庐籍民营快递企业"三通一达"百万教育公益金全部用于钟山小学、幼儿园教师慰问奖励及困难学生资助。

【生态环境建设】 2017年，钟山乡严格执行河长制，完成6个IV类以下小微水体整治，拆除、关停养鸡场2家，完成美丽牧场整改1家，完成养殖场提升改造4家。投资300万元，实施农村生活污水处理设施提升改造工程。对"三沿五区、两路两侧"可视范围内的老坟新修和寿坟进行专项整治，拆除乱建坟墓24座，绿化整治公墓点及零散坟墓400余座。

【平安建设】 2017年，钟山乡建立"调解员、网格员、110联动联络员、平安巡防员"多员联动机制，第一时间处置化解矛盾纠纷。全年排查各类矛盾纠纷827起，化解826起，调处成功率99.9%。推进全科网格建设，将全乡划分为50个网格，配齐配强"一长三员"队伍（即网格长、专职网格员、兼职网格员、网格指导员），对40余户出租房及30余家"三合一"加工点进行消防整治，排除消防安全隐患。

【民生实事工程建设】2017年，钟山乡十大民生实事工程项目基本完成。其中，万家岭停车场建设工程完成土地征用、场地平整、围墙砌筑、排水设施建设、地面硬化，增设30余个货车停车位并已投入使用。慈祥岭至万家岭段道路亮化美化提升工程，完成沿线照明路灯更新、灯箱提升改造、沿线脏乱差整治等工作。新建污泥填埋场。集镇石城路综合提升工程完成路面拓宽、白改黑、“三线”入地、人行道提升改造、雨污分流、集镇道路智能交通等。直坑水库新建工程（跨年）完成有毒有害植物调查报告、初步设计审查及土地农转用。邵家湾“富春民居”示范工程完成房屋立面整治、入村口节点、观景平台、景观挡墙、绿化提升等。

【“水果强乡”创建】 2017年，经省政府同意，钟山水果特色农业被列入全省第一批建设一、二、三产深度融合省级现代农业园区和特色农业强镇。钟山乡是浙江省最大蜜梨生产基地，现有种植面积668公顷，年产量1万余吨，年产值超8000万元。为浙江省现代农业示范基地、国际先进农业技术实验园和国家标准果园创建点。是年3月引进十万株金果梨、红梨、红桃树苗。“金果梨个大核小，肉质细腻。晚熟耐藏，果实一

第四届桐庐钟山蓝莓采摘节开幕式

般在10月份成熟，采收时间错开其他大批梨上市期，从而扩大了销售空间。

而蓝莓则是继蜜梨之后又一新品，种植面积100公顷，为全县最大的蓝莓种植基地。通过科研培育蓝莓苗、新建加工生产线、深加工蓝莓产品等，蓝莓产业逐步走出一条集种植、加工、科研于一身的规范化、标准化发展之路，成功开发生产蓝莓干红酒和蓝莓干果，申报8个蓝莓系列产品专利，每年收入近千万元。蜜梨、蓝莓已成钟山乡金名片，沿着徐七线公路经济果林产业带的成熟，集生产种植园、采摘游乐园、观景园于一体的多种特色园区逐渐凸显。

钟山第四届天尊贡芽开茶节暨歌舞茶文化交流大会

【“天尊贡芽”荣获“中华文化名茶”】 2017年9月，钟山乡歌舞村“天尊贡芽”茶被中国国际茶文化研究会授予“中华文化名茶”。南宋贡茶“天尊贡芽”为浙江史载历史名茶，2013年注册为国家地理标志证明商标。“天尊贡芽”茶产于歌舞，茶园基地面积300公顷，核心区面积133.3公顷，年均产量4600公斤，产值1500万元。“天尊贡芽”茶采摘标准为一芽一叶初展，制1公斤干茶需芽叶5万朵左右，茶叶经鲜汁摊放、簸片、杀青、轻揉、初焙、摊凉、复焙、提毫等独特工艺工序制作而成，形质兼美，堪称珍品。

【钟山乡入选省级非遗主题小镇】 2017年7月，浙江省文化厅、省旅游局联合开展第四批非物质文化遗产旅游经典景区申报和认定工作。经组织评选，推荐列入第四批浙江省非物质文化遗产旅游景区32个，其中非遗主题小镇15个、民俗文化旅游村17个。钟山乡入选非物质文化遗产主题小镇，保护方向为钟山石雕。钟山石雕工艺起源于清咸丰年间，2012年被列入第四批浙江省省级非遗项目。

（傅　祎）

2017年钟山乡各行政村基本情况

表60

行政村	村党委（总支、支部）书记	村委会主任	人口（人）	年人均收入（元）
中一村	胡明龙	季法春	2420	25876
钟山村	毛正国	吴勇富	4995	24070
陇西村	蒋志芳（女）	陆根洪	1620	21599
城下村	洪华军	赖小平	2348	25055
仕厦村	项柏泉	周炳兴	1225	21935
大市村	王鑫锋	戴柏良	2766	23973
魏丰村	刘立泉	王学明	1011	18932
高峰村	麻樟生	滕雪根	1045	22124
子胥村	吴根贤	陈浪峰	1701	28689
歌舞村	张明星	郑土根	1942	27235
夏塘村	施建萍	郑志平	679	28527

·瑶琳镇·

【概况】 2017年，瑶琳镇以建设“中国最美全域旅游名镇”为目标，着力打造宜居、宜业、宜商、宜游新瑶琳。实现财政总收入7024万元，同比增长17.7%；其中地方财政收入3019万元，同比增长36.0%。农民人均纯收入24057元，同比增长9.66%。是年，获2017年中国体育旅游目的地、浙江省美丽乡村示范乡镇、浙江省“平安农机”示范乡镇，成功创建省级运动休闲小镇。

【农业经济】 2017年，瑶琳镇实现农业总产值4.37亿元，同比增长2.8%。加速现代农业示范园区建设，投资618万元，搭建连栋大棚8.4公顷；投资320万元，修建机耕路4

美丽乡村建设——大方村

2017 年瑶琳镇情况数据库

表 61

项　　目	单　位	合　计
地域面积	平方公里	216.6
耕地面积	公顷	1855.2
粮食生产面积	公顷	1128.33
粮食总产量	吨	6518
行政村	个	16
总人口	万人	3.43
工业销售产值	亿元	28.71
农业总产值	万元	43742
财政收入	万元	7024
农村居民人均纯收入	元	24057

公里；投资 200 万元，开发喷滴灌设施等智慧农业；投资 20 万元，搭建农业观光长廊；投资 250 万元，建造 500 个控根池、3 公里路沟渠。绿化造林面积 77.6 公顷，其中重点造林 40.7 公顷、一般造林 34.9 公顷、彩色林业 2 公顷，新建森林消防蓄水池 7 座、林道 19 公里。实施水利项目 41 个，其中投资 1900 万元，完成红灯笼堤防工程；投资 1200 万元，完成永安村堤防工程。成功举办桐庐恒信农业开发有限公司首届茶叶文化节、瑶琳千亩金花第二届葡萄采摘节。

【工业经济】 2017 年，瑶琳镇有工业企业 436 家，其中规模企业 14 家，实现工业销售总产值 28.7 亿元，同比增长 12%；其中规模企业销售产值 9.6 亿元，同比增长 17%。固定资产投资 10.3 亿元，同比下降 10.8%。招引项目 6 个，实际到位资金 2.6 亿元，其中市外内资 2.0 亿元，浙商创业创新资金 1.1 亿元，外资 500 万美元。盘活工业园区用地 7 宗、闲置企业 8 家、存量土地 17 公顷，建筑面积 5.4 万平方米，其中司法拍卖 4 宗、转让土地 1 宗、出租厂房 2 宗。

【小城镇环境综合整治】 2017 年，瑶琳镇按照“新建、拆旧、整治、盘活”思路，全面推进小城镇环境综合整治。投资 11880 万元，实施整治改造项目 31 个，当年完成投资 5205 万元。其中瑶琳大桥、府前断头路建设竣工，中心东街道路完成人行道铺设及路灯安装，镇卫生院迁建工程主体建筑完成；林场段新建停车场、星级公厕及污水泵站项目完成招投标；林桃线两侧建筑立面改造工程，其中一期完成工程量的 95%，二期完成工程量的 30%；老街特色街改造项目及农贸市场商业综合体建设项目完成初步设计方案和“三线”整治规划施工图及预算，即将开工建设。

【全域旅游建设】 2017 年，瑶琳镇按照全域旅游要求，实施城镇主要道路两侧外立面改造，完成旅游标识牌规划设计，启动旅游星级厕所等配套建设。瑶琳国家森林公园恢复营业，潘联至红灯笼精品旅游线路完成节点建设，百岁精品绿道实现贯通。整顿旅游市场，成立全域旅游综合执法服务中心，建立镇旅游市场综合监管联席会议机制，定期开展旅游专项执法。是年萝卜洲成功申报省级湿地公园。是年旅游接待人数 180.7 万人次，同比增长 4.1%，旅游总收入 1.1 亿元，同比增长 34%。

【五水共治】 2017 年，瑶琳镇采取清淤、截污纳管、引进活水等措施，完成小微水体整

第二届瑶琳千亩金花葡萄采摘节

治116个，水质达到Ⅲ类以上。镇域范围内7条主要河流，其中5条河流水质达到Ⅱ类，2条河流水质达到Ⅲ类。加强面源污染管控，完成71个运行异常的农村污水处理池整改提升。关停温室甲鱼养殖场31家，面积15万平方米，处置各类甲鱼、乌龟452万只。

【无违创建】 2017年，瑶琳镇结合全科网格建设，组建镇村两级“无违建”长效管理网格，划分网格58个，确定镇村两级网格巡查员170名（村级98名，镇级72名），实行联村领导、驻村组长包村制度。开展“一户一档”排查，处置非法一户多宅301户，其中拆除195户，收回106户。完成“三改一拆”18.82万平方米，其中城中村改造1.85万平方米、旧厂区改造2.13万平方米、拆除违法建筑14.84万平方米。拆除违法建筑2195处，整治违法用地11公顷。

【社会保障】 2017年，瑶琳镇城乡居民医保参保率99.65%，城乡居民养老参保率97.04%。完成琴溪、皇甫2个行政村居家养老服务中心建设，何宋村居家养老服务中心提升为综合型微型养老机构，列入浙江省四星级居家养老服务中心。全镇有低保549户826人，新增低保3户24人；残保 299户，减少残保35户；重度残疾人护理补贴461人，残疾人生活困难补贴687人，每月发放两项补贴24.7万元。临时困难救助37户，发放救助金84000元；大病救助5人，发放救助金116700元；完成优抚对象年审工作，困难退伍军人临时救助14人，发放救助金14000元；完成830户低保边缘户审核、资料系统输入、网申上报工作。申报办理就业创业证16本，接访劳资纠纷类事件7起，涉及金额28.1万元，成功调解4起。推进老农保清理工作，完成清理8185个，清理办结率98%。落实困难群众建房26户，争取资金61.93万元。开展地质灾害点治理，投入资金195万元，避险搬迁4户，应急治理2处。

【“治水先锋”童有希】 童有希，1959年1月出生，1994年12月入党，大专学历，1990年参加工作，高级农艺师。历任桐庐县瑶琳镇农科员、农办负责人、科协秘书长。自全省全面开展剿灭劣Ⅴ类水工作以来，童有希积极投身瑶琳镇剿灭劣Ⅴ类水暨温室甲鱼场专项整治行动，2017年3月29日下午4时左右，在姚村与村干部商谈温室甲鱼场整治工作时，突发心肌梗塞，倒在治水一线，经抢救无效不幸去世。童有希一直奋战在农业生产一线，工作勤勤恳恳，任劳任怨，先后荣获全省农业系统先进个人、杭州市“五水共治”先进个人等。童有希同志先进事迹得到时任浙江省委副书记袁家军的批示，号召全省干部向童有希学习。是年，童有希被市总工会追授“杭州市五一劳动奖章”获得者。

【杭州市首个美丽乡村“生态贷”试点】 2017年，瑶琳镇围绕“化解村级债务、壮大集体经济”这一重点，创新思路、勇于破题，主动与桐庐农村商业银行商洽对接，成功争取杭州市首个美丽乡村“生态贷”落户瑶琳。根据合作协议，桐庐农村商业银行给予该镇综合授信5000万元，对该镇符合条件的村级集体经济组织经营或参股项目优先提供美丽乡村“生态贷”，简化审批手续、实行利率优惠，并积极探索扩大有效担保物范围。是年，全镇有13个行政村获“生态贷”

2017 年全国山地救援交流赛（中国桐庐）在瑶琳镇举行

资金 4043 万元。

【入选 2017 中国体育旅游目的地】 2017 年 10 月，由中华全国体育总会、中国奥委会、中国旅游协会主办的 2017 中国体育旅游博览会上，瑶琳镇入选 2017 中国体育旅游目的地。瑶琳镇位于风景秀丽的分水江畔，是杭州至千岛湖黄山旅游黄金线的必经之地，境内拥有瑶琳仙境、垂云通天河、瑶琳国家森林公园、红灯笼乡村家园、红石湾、琴溪香谷、天目溪漂流、百岁抢滩 8 大景区，神仙峰、玉柱山寨、醒悟谷、纪龙山野营区等 11 个运动拓展培训基地，以及即将建设的运动休闲小镇、田园综合体、山地极限运动主题景区等，兼具山水之美与城镇之韵的运动瑶琳面貌初显。

【省级旅游风情小镇创建】 2017 年 9 月，瑶琳镇列入浙江省第二批省级旅游风情小镇创建名录。旅游风情小镇是 2017 年浙江省旅游发展重点，是指具有特色的历史文化要素、独特品位的人文风貌资源、丰富的旅游业态、完整的公共服务、有效的管理机制、良好的生态环境、旅游安全且服务质量良好的乡镇街道。此次瑶琳镇创建区域涉及 8 个行政村及 4 个旅游景区，面积 160.9 平方公里，东北至琴溪村，东南至潘联村，西南至百岁村，中部在东琳村，以运动风采、溶洞意趣、瑶琳韵味为主线打造旅游休闲体验人居地，实现文化传承、产业兴旺、农民增收、事业发展的目标。

【承办第九届全国山地救援研讨交流活动】 2017 年 6 月 10—11 日，第九届全国山地救援研讨交流活动在瑶琳镇举办。此次活动旨在总结和报告 2016 年全国山地救援行业工作开展情况，分享全国各地山地救援的信息，交流技术、经验，听取救援队员的意见建议，进一步完善国内山地救援体系。国家体育总局登山运动管理中心高山探险部部长次落，培训部代理部长王云龙、浙江省登山协会会长周红伟及来自全国各地的 60 名山地救援专业人士参加此次活动。期间，浙江省登山协会授予瑶琳镇“浙江省户外拓展运动示范小镇”，山地救援人士进行吊运救援、横渡救援、野外模拟救援等项目的比赛。

（陈佳蕾）

表 62

2017 年瑶琳镇各行政村基本情况

行政村	村党委（总支、支部）书记	村委会主任	人　口（人）	年人均收入（元）
潘联村	徐洪展	徐洪展	832	21214
姚村村	张钧亮	向移苟	2881	28258
皇甫村	叶芳忠	—	3040	28411
桃源村	叶荣昌	巫剑鑫	2408	27409
东琳村	皇甫权国	吴世军	4546	24894
毕浦村	王金木	钱　勇	1571	22514

续表 62

行政村	村党委（总支、支部）书记	村委会主任	人　口（人）	年人均收入（元）
永安村	江高平	冯文军	1935	19680
何宋村	徐元骏	仰长林	2026	21382
大山村	洪正明	詹寿根	1028	24436
文源村	沈徐芬	从雷锋	1501	20313
舒家村	林梁	胡卫平	1027	28978
百岁村	刘正荣	赵荣炳	2800	21500
元川村	赵炳生	袁庆生	1467	24656
后浦村	王罗标	袁德琴	1579	23249
高翔村	汪　勤	喻来贤	2533	20095
琴溪村	王小军	王根祥	3165	23810

• 分水镇 •

【概况】 2017 年，分水镇紧紧围绕生态立镇、产业强镇、全民兴镇“三大战略”，凝心聚力，真抓实干，较好完成年初确定的各项目标任务。实现财政总收入 2.3 亿元，同比增长 21.4%；其中地方财政收入 1.1 亿元，同比增长 32.6%；农村居民人均纯收入 26147 元，同比增长 8.6%。是年，通过浙江省小城镇环境综合整治验收，获国家级卫生镇、中国轻工业特色区域和产业集群“创新升级示范区”、杭州市无违创建先进乡镇、杭州市五水共治工作先进集体等。

2017 年分水镇情况数据库

表 63

项　　目	单　　位	合　　计
地域面积	平方公里	299.43
耕地面积	公顷	1524.4
粮食播种面积	公顷	1536.6
粮食总产量	吨	9074.9
行政村	个	26
社区	个	2
总人口	万人	5.36
工业销售产值	亿元	90.17
农业总产值	万元	64527
财政收入	万元	23193
农村居民人均纯收入	元	26147

【农业经济】 2017年，分水镇实现农业总产值6.5亿元，同比增长4.0%。打造生态农业观光游，全面贯通分水前溪休闲带，以新龙村龙潭为起点，途经武盛、天英、里湖、儒桥，至大路村下横山区块，由骑行绿道连接，全长约15公里；生龙湖投资项目落地，徐桥精品村项目建设进展顺利。抓好林业生产，完成造林59.73公顷、色彩林业13.6公顷、生态公益林管护7814.5公顷。

【工业经济】 2017年，分水镇拥有工业企业1239家，其中规模企业41家，实现工业销售总产值90.17亿元，同比增长3.9%；其中规模工业销售产值26.58亿元，同比增长5%。完成固定资产投资25.4亿元，同比下降15.3%；其中工业性投资6.2亿元，同比下降4.0%。招商引资项目16个，实到资金3.7亿元，实到市外内资3.4亿元，浙商创业创新资金1.8亿元，实到外资800万美元，完成自营出口11835万美元。新开工项目22个，竣工投产项目65个。企业完成科技研发投入1.17亿元，创成市级高新技术企业4家。整治石材、模具、电镀、拉丝等行业，相继建设石材园、模具城、喷涂园、拉丝园。成功举办第四届中国笔业博览会。

【小城市建设】 2017年，分水镇以小城镇环境综合整治为契机，围绕“五美四提升”总体目标，实现形态、生态、文态、业态融合发展。投资1.2亿元，实施武盛街、县前街等8条道路截污纳管改造工程，建设日供水量2.5万吨的标准自来水厂，日处理量1万吨的污水处理厂。投资2.3亿元，实施新淳西路、武盛东街等6条道路的三线入地、空中蜘蛛网整治工程，实施玉华路、天曙路、玉泉路卷闸门整治和立面改造工程，实施九龙路、文化路等6条城市断头路打通工程。投资2.2亿元，建设城东物流园、石材园、模具产业园等一批产业园区，倒逼低小散企业集聚转型发展。新招引商业综合体2家，商场营业面积5.6万平方米；商品房开发面积26.7万平方米。挖掘修建武盛古街高家厅、宁绍会馆等16个文化节点，形成韵味空间、记忆建筑、景致情趣的步行街。

【无违创建】 2017年，分水镇拆除存量违建4252处，建筑面积305044.58平方米；其中非法一户多宅拆除323户，建筑面积75485.13平方米。整治彩钢棚1537处，面积75999.1平方米；拆除各类破败建筑2392处，面积153560.35平方米。腾空土地283441.87平方米，规划用于土地复耕36191平方米、建设86708.8平方米、绿化100291.78平方米、其他用途42066.79平方米。

【五水共治】 2017年，分水镇投资2.5亿元，实施五水共治项目55个。完成砖山、盛村、东溪、太平等村沟渠池塘生态化治理；完成7个Ⅳ类及以下小微水体整治及销号，成功创成“桐庐县剿劣示范点”项目2个；完成新龙、砖山、塘源、徐桥等村污水工程提升整治；实施小流域治理、水毁工程修复、山塘除险加固整治项目29个；改造建设城镇污水管网11.5公里；完成喷涂企业、拉丝企业整治改造提升45家；新建或改建供水管网8.75公里，排水管网清淤15公里，设置排

第四届中国笔业博览会在分水召开

（污）水口157个；22条主要河道水质全部达到Ⅱ类标准。

【社会保障】 2017年，分水镇全面落实就业促进政策，新增就业岗位1794个，社会就业率96%，处置化解劳资纠纷42起。落实各项基本保障制度，城乡居民养老保险参保率99.7%，医疗保险参保率99.7%。实行低保动态管理，年末有低保户544户832人，残保户698户698人，发放低保金276万元，残保金468万元，发放特殊困难临时救助金40万元。新增20名五保对象，年末有“五保户”97户，发放五保金140万元。

【第六届中国·桐庐休闲乡村旅游节】 2017年3月23日，第六届中国·桐庐休闲乡村旅游季在分水镇大路村开幕。旅游季以“慢享桐庐”为主题，按“春赏花、夏亲水、秋养生、冬美食”主线，整合全域旅游资源，实现多产业融合。开幕式上发布“烂漫山花慢赏游、雪水云绿慢品游、富春绿道慢骑游、隐居文化慢访游、美丽乡村慢步游、桐庐味道慢尝游、富春民居慢宿游、最美县城慢享游”8条休闲乡村旅游季精品线路，分水镇被住建部授予“第一批中国特色小镇”，范蠡休闲养生村落景区被授予国家AAA级村落景区称号。

【第九届怡合青笋宴】 2017年4月28日，第九届怡合青笋宴在外范村大山自然村举办。外范村位于分水西部山区，全村人口1783人，青笋面积400公顷，黄花菜面积200公顷，是怡合山区最大的青笋干和黄花菜生产基地。本届怡合青笋宴活动设置采笋比赛、摄影采风、舌尖上的青笋、参观体验、剥笋比赛等多个环节，并推出精品民宿10个免费床位和10顶帐篷让游客入驻体验，领略云顶森林峡谷风光，看日出，享野趣，尽情拥抱大自然，来自上海、杭州等地上千游客参加活动。

【分水镇首届全民运动节】 2017年7月15日，分水镇为推动全民健身热潮，打造覆盖各类人群“亲民、开放”全民运动，举行首届全民运动节，千人慢跑九龙绿道、百人广场太极拳、活力篮球赛、羽毛球赛等活动，吸引机关干部，各村（社区）代表，医院、学校等单位千余人参加。运动节活动精彩纷呈，群众参与热情高，全民健身氛围浓厚。

第六届休闲乡村旅游季在分水镇大路村开幕

【云湖省级森林公园】 2017年11月，桐庐云湖森林公园被授牌省级森林公园。云湖森林公园位于分水镇保安源内，由朝阳、盛村和徐桥三大村落相连而成，境内群山起伏连绵，满目苍翠，有丰富的文化遗迹和古树资源。园内森林覆盖率93%，绿化率94.8%，有国家一、二级保护树植物9种，国家二级重点保护和省重点保护动物19种。中国·桐庐第二届古树节在云湖森林公园举行。

【浙江工商大学杭州商学院分水制笔创新中心揭牌】 2017年11月25日，浙江工商大学杭州商学院分水制笔创新中心成立。创新中心由制笔制造中心、电商运营中心、制笔业跨界研究中心组成；下设产品设计工作室、产品制作工作室、产品展示厅、电商运营工作室四大功能区。分水镇与浙江工商大学杭州商学院合作，双方本着资源共享、优势互补、平等互利、服务社会的原则，通过校地产学研合作，实现人才共育、项目共建、成果共享，为分水制笔产业转型升级汇聚智力支持。

【列入省第一批“千年古镇”地名文化遗产】 2017年，

秋意浓分水

分水镇通过省民政厅、省住建厅、省文化厅、省旅游局、省文物局联合开展地名文化遗产认定，成为浙江省第一批“千年古镇”地名文化遗产。分水镇原为县治所在地，是原分水县的政治文化经济中心，是众多历史事件发生地。现有历史古建筑126处，其中列入县文物保护单位52处，拥有7项县级非遗项目，曾是范蠡西施隐居地、施肩吾读书处、南堡精神诞生地、中国工程院院士王三一故居地，有“状元故里、进士之乡”美誉。

【分水本土文史作品《分阳书画》刊发】 2017年7月，分水乡土文学作品《分阳书画》由杭州出版社出版发行。作品由分水乡土文史作家、民间学者王顺庆编著。王顺庆醉心于分水文史研究，先后参与编著《悠悠分水》《古邑分水》；个人出版《分水访碑录》《分阳诗稿选赏》等系列作品。《分阳书画》集古邑分水文献资料与书画艺术融一体的文艺类专著，内容丰富、史料翔实、图文并茂，装帧美观，有较高的文史收藏价值和艺术观赏价值，是研究分水历史风物的珍贵资料。

（潘　伟）

2017年分水镇各行政村基本情况

表64

行政村、社区	村、社区党委（总支、支部）书记	村委会、社区主任	人口（人）	年人均收入（元）
武盛村	李　鑫	蒋义平	5049	29905
城西村	阮禾丰	龚青山	1876	29008
天英村	吴泉生	韩正明	3247	28947
塘源村	燕鹏飞	朱樟华	2164	27551
里湖村	王海鹏	金　杰	1931	28218
儒桥村	吴慧星（副书记，主持工作）	陈关根	1616	26564

续表 64

行政村、社区	村、社区党委（总支、支部）书记	村委会、社区主任	人口（人）	年人均收入（元）
大路村	查正文	陈林华	2765	27841
桥东村	丁都君	周爱华	1374	28975
东溪村	林　斌	程军祥	3874	30525
三合村	朱雪强	郎国淦	1704	28005
新龙村	叶洪波	胡连平	1355	27726
怡华村	徐　勤	王苏波	770	23432
百岁坊村	卢月明	汪贤钧	2387	25900
外范村	华　亮	洪解军	1804	20100
高联村	毛春宝	李金亮	1137	22338
保安村	张启勇	张国豪	2003	23310
小源村	江远战	雷立东	2259	22098
徐桥村	王培良	张希才	1218	22664
盛村村	徐坚钢	徐坤荣	1421	23370
三溪村	周国清	林土炎	793	20567
朝阳村	郎一元	柯金炎	1208	21614
太平村	刘黎明	刘祝平	1378	21930
三槐村	季国红	储高弟	863	21975
富源村	王关友	方海忠	1506	23041
砖山村	郑根法	柴春跃	1005	22817
后岩村	沈柏潮	张晓敏	547	23217
玉华社区	陆一萍	胡　玥	2232	--
分江社区	吴忠美	余　靖	2001	--

· 百江镇 ·

【概况】 2017 年，百江镇实施“村级组织换届年、重大项目见效年、集镇竞赛验收年、特色小镇启动年”行动，全面推进“戏水天堂 · 庄园小镇”建设，全镇经济社会稳步发展。实现财政总收入 1085 万元；农村居民人均纯收入 21628 元，同比增长 12%。办理信访件 388 件，满意率 98%。排查矛盾纠纷 289 件，成功调解率 100%。是年，获杭州市小城镇环境综合整治优秀示范乡镇。

2017 年百江镇情况数据库

表 65

项　目	单　位	合　计
地域面积	平方公里	235.03
耕地面积	公顷	898
粮食播种面积	公顷	1027
粮食总产量	吨	5197
行政村	个	15
总人口	万人	1.96
工业销售总产值	万元	83000
农业总产值	万元	26270
财政收入	万元	1085
农村居民人均纯收入	元	21628
农村居民人均纯收入	元	26147

【农业经济】 2017 年，百江镇实现农业总产值 2.6 亿元，同比增长 2.7%。推进现代农业规模发展，完成百江片高标准农田建设项目，提升改造 466.7 公顷农田基础设施。完成农发粮油、丰河粮油烘干房建设，新增土地流转 33.3 公顷。大力实施“千亩水田”垦造工程，实施垦造水田项目 15 个，面积 66.8 公顷，其中已完工项目 9 个，面积 38.5 公顷。推进各项水利工程建设，创建标准化水库 3 座、山塘 5 座；新建、加固防洪堤 3000 米，堰坝 3 座；完成农村灌排河道整治 4 公里；奇源水库除险加固工程通过竣工验收。完成《百江红庄园小镇田园综合概念性规划》编制，启动“先行先试”区块建设工作，在第二届国际民宿论坛上正式推出“百江红”区域品牌。

清清百江溪

【工业经济】 2017 年，百江镇有工业企业 94 家，其中规模企业 2 家。实现工业总产值 8.3 亿元，同比下降 12.6%；工业新产品产值率 22%；固定资产投资 2.5 亿元，完成年度目标 110.5%；成功招引百江国际建筑大师艺术集合村暨国际乡土建筑高峰论坛项目，实到资金 4802 万元，完成年度目标 104.8%，其中市外内资 3013 万元。完成技改投入 5600 万元，准提实业项目正式投产，牛耳科技项目试生产。设立首个乡镇层面产业发展基金（2 亿元）。

【全域旅游建设】 2017 年，百江镇继续推进全域旅游发展。利用百江依好平台，委托专业研发机构，试水开发樱花樱桃系列产品，解决樱桃周期短、储存难等问题。整合资源网络，成功举办第三届双坞樱桃节、第一届天子地情花谷等节庆活动。推进双坞村村落景区提升工程，完成旅游接待中心、林场休闲公园、精品民宿等项目建设；天子地二期项目完成芍药花海建设；奇源水库旅游综合体项目完成景区道路、拦沙坝等建设；秾秀生态园项目完成景观湖、景区道路等建设；大野水岸度假村项目完成景观河道建设。

【生态环境建设】 2017年，百江镇投入6300万元，完成集镇供水工程等33个项目。开展疏浚河沟渠塘，全面落实“河长制”。对保留的9家养殖场实施治理提升工程，拆除养鸡场5家、养猪场2家、生猪散养户6家。完成28个终端异常的农村生活污水池整改，实现全域水质Ⅲ类以上。完成6个村饮用水提升改造工程。开展乱建坟墓专项整治，全年拆除寿坟（阳坑）31穴，迁移坟墓12穴；完成13个村22个公墓点建设。

百江镇小城镇环境综合整治

【民生保障】 2017年，百江镇对低保工作实施动态管理，基本实现“应保尽保、应补尽补、应退尽退”，新增低保11户14人，残保53人；困难救助35人，发放救助金16.5万元。新增镇级养老服务中心1家，创建四星级养老服务中心3家，完成东辉村居家养老照料中心第三方接管工作。发放百江“快递人”慈善基金84.7万元，用于大病救助、助学、助教等。开展危旧房改造工程，排查危房173户，通过民宿二次利用、宅基地改造、困难家庭救助等途径治理危房124户。

【小城镇环境综合整治】 2017年，百江镇以小城镇环境综合整治为抓手，实施全域整治、

美丽百江

立体整治、综合整治，全面提升美丽百江。投入5000万元，实施建设类项目22个，完成天子地大道立面整治工程、百江镇人行道提升改造、市民广场、百江镇老街提升改造和百江一桥廊桥修复工程、集镇里弄小巷综合整治、新农贸市场、三个公共停车场等工程建设。关停无证无照企业2家，整改企业安全隐患50个。推进无违建创建工作，拆除违建点位1537处、15.05万平方米，其中拆除非法一户多宅177户，面积4.7万平方米。开展集镇地面保洁、庭院整治行动，彩钢棚、赤膊墙、裸露土整治，道乱占、车乱开、摊乱摆、房乱建、线乱拉“五乱”治理，集镇环境焕然一新。是年被评为杭州市小城镇环境综合整治优秀示范乡镇。

【中青社会工作与新农村发展实践研究基地在百江成立】 2017年6月，中国青年政治学院“中青社会工作与新农村发展实践研究基地”在百江镇奇源村挂牌成立。8月，中国青年政治学院社工学院研究生进驻奇源村，开展第一阶段课题调研，主要研究美丽乡村建设新模式，探索“政府+企业+社会”合作的新农村发展道路，如何促进村民共享发展。

【“互联网+生态旅游”启动暨第三届樱桃节】 2017年4月23日，百江镇“互联网+生态旅游”启动暨第三届樱桃节在百江镇双坞村开幕。该届樱桃节，除新鲜樱桃采摘外，樱桃酒、樱桃蜜等成为游客关注焦点。为解决樱桃周期短、储存难等问题，由大学生村官和返乡创业青年组成的百小侬团队共同研发出国内首款樱花酒，成为网红产品，使樱花鲜花保鲜度由1个月延长至1年，产品供不应求。

【百江侬好·星创天地双创平台】 百江侬好·星创天地双创平台成立于2016年，是百江镇政府鼓励青年创业创新、实现梦想新平台。百江侬好·星创天地双创平台以地方特色优势农旅产业为主导，通过聚集各类创新创业资源，为本地涉农旅中小微企业、合作社、农业种植户、大学生、农民等提供创业实训基地、销售平台、技术服务、金融支持、管理培训等开放性“直播+”微平台和乡创学院实体平台。2017年入驻团队19个，入驻基金2只，服务团队3支，覆盖创业面积30平方公里，惠及农户1300余户。

【天子地小镇入选市级特色小镇培育名单】 2017年，百江镇天子地小镇入选市级特色小镇培育名单。百江天子地小镇规划总面积5平方公里，以乡村原生态+新鲜空气+山水资源，打造集田园风光、休闲度假、康体养生、民风民俗等为一体的特色小镇。总计划投资20亿元，推进天子地二期休闲旅游度假区项目、秾秀生态农业项目、罗山长子大酒店项目、奇源旅游综合体项目、旗鼓山养生园项目、炮台山休闲观光体项目等11个重点项目。

（翁燕萍）

2017年百江镇各行政村基本情况

表66

行政村	村党委（总支、支部）书记	村委会主任	人　口（人）	年人均收入（元）
双坞村	潘志敏	潘志敏	586	20408
联盟村	臧社军	邵华军	3037	24306
金塘坞村	钟玉明	钟玉明	364	21682
百江村	郑爱华	吴玉坤	3272	23038
奇源村	谢春明	王文军	864	22804
苎坑村	江春法	梅樟平	756	20181
乐明村	徐　文	朱　敏	1177	20683

续表 66

行政村	村党委（总支、支部）书记	村委会主任	人　口（人）	年人均收入（元）
罗山村	蒋伟军	黄卸平	1183	18680
松村村	胡伟平	陈树平	1646	18854
钱家村	赖伟民	邓加富	1310	22012
小京村	邱国平	胡关宝	1301	23285
后河村	—	吴锡强	1052	20884
东辉村	杨荣寿	杨荣寿	1679	19305
郭村村	黄水林	朱国根	785	19707
翰坂村	赵金锋	徐江采	906	22420

·合村乡·

【概况】 2017年，合村乡坚持“生态立乡、产业富民、特色发展”发展理念，实施全域旅游创建提升、美丽乡村“山乡复兴”、产业富民精准扶贫、基层自治共建共享“四大工程”，全面推进“山清水秀民富乡强最美乡村”建设。实现财政总收入634万元，同比增长16.1%，其中地方财政收入240万元，同比增长46.27%。农村居民人均纯收入17079元，同比增长9.2%。是年，获全国文明乡、国家卫生乡镇、小城镇环境综合整治省级样板乡、浙江省特色体育乡镇、浙江美丽乡村示范乡。

【农业经济】 2017年，合村乡实现农业总产值1.6亿元，同比增长2.2%。实施“一村一景”建设，瑶溪村中国传统村落和宜居示范村建设基本完成，并通过省级验收；高凉亭村成功申报省级“森林人家”项目。实施“一村一品”美丽乡村细胞工程，打造岭源潘家住院、合村田园农家、凉亭人家、三源灯笼秘境、古风瑶溪、花艺

2017年合村乡情况数据库

表 67

项　　目	单　　位	合　　计
地域面积	平方公里	122.24
耕地面积	公顷	596.12
粮食播种面积	公顷	535
粮食总产量	吨	2969
行政村	个	6
总人口	万人	1.01
工业总产值	万元	13760
农业总产值	万元	16454
财政收入	万元	634
农村居民人均纯收入	元	17079

人家等庭院品牌，聚“小美”绘“大美”。实施“一村一策”，破解美丽乡村建设资金难题，全年旱改水项目11个，已完成4个，正在实施4个，招投标3个。

绿色合村

【工业经济】 2017年，合村乡实现工业销售总产值1.4亿元，同比增长11.2%。固定资产投资2.5亿元，同比增长26.8%，其中工业投资3211万元，同比增长85.1%；招商引资项目1个，实到资金2430万元，其中市外内资1112万元。

【推进全域旅游建设】 2017年，合村乡以创建国家AAAA级景区为抓手，全面推进全域旅游发展。加快瑶山养生谷二期、小木厂乡创园、琅玕精品果园等在建项目建设，完成生仙里逸道4公里，拓宽改造坑横线3.4公里、合大线3.2公里，下山坞滑坡治理等项目，完善旅游标识标牌、公共停车场、旅游公厕等配套设施。开通“生仙里”周末旅游直通车，引进VR技术用于景区宣传。鼓励民宿产业发展，新增民宿7家、床位69张，瑶山谷、羽栖等一批精品民宿投入运行，“宿在合村”品牌逐步打响。是年接待游客40余万人次，旅游收入2800余万元。

【成功创建杭州市无违建乡】 2017年，合村乡处置存量违建742处，建筑面积72091.2平方米，处置率100%，其中非法占用耕地拆除27处，面积6352平方米；处置非法“一户多宅”185处，建筑面积28624.2平方米，其中收回25户，调剂9户；拆除安全隐患违建1处，建筑面积69平方米；拆除主要道路两侧违建1处，建筑面积89平方米；拆除彩钢棚违建51处，面积2268平方米。是年，获杭州市无违建乡称号。

【成功创建小城镇环境综合整治省级样板乡】 2017年，合村乡以打造省级样板乡为目标，实施小城镇环境综合整治项目54个，其中完成46个，正在实施8个。拆除彩钢棚、破旧房屋近1万平方米，整治小木加工企业2家，迁建影响入乡口景观建设房屋2处。启动昭德水街建设，完成碧溪沿线三线入地改造、亲水栈道生仙里逸道集镇段、碧溪水环境提升、非遗民俗广场打造等项目。完善路（街）长机制，组建综合执法协管队伍，重点治理道乱占、车乱停、摊乱摆、房乱建、线乱拉五大行动。是年，成功创建小城镇环境综合整治省级样板乡，合村小城镇环境综合整治规划被评为省级优秀规划方案，并在杭州市小城镇环境综合整治现场会上作交流发言。

昭德水街

首届“履步生花”——全国绣花鞋精品展

【民生实事工程】 2017年，合村乡实施民生实事工程项目6个。其中岭源村环境整治工程、三源村外黄山环境提升工程、后溪村自来水工程等均已完工。结合“最多跑一次”改革、“街（巷）长制”等工作，打造升级版“联合移动办公”模式，实现村民“零跑腿”，为村民解决问题200余个。成功举办第四届“合”爱心基金助学活动，做好困难群众慈善救济、住房救助等工作，为152位老人购买社会化养老服务，合村小学食堂改造工程完成。

【五水共治】 2017年，合村乡投入资金4000万元，实施五水共治项目28个，组织2800余人次清理整治脏乱差点位320余处，清理河道7.3公里，全面实现“乡域Ⅱ类水”目标。启动实施全域禁渔工作，开展联合整治行动80余次，收缴各类违规渔具350余件。

【首届“履步生花”全国绣花鞋精品展在合村举行】 2017年9月23日，首届“履步生花”——全国绣花鞋精品展在合村乡昭德水街举行。亚太地区非物质文化遗产国际培训中心主任张晶，国家非遗保护专家委员会秘书长屈盛瑞、省文化厅非遗处处长胡雁及相关县领导出席。会展期间举行合村绣花鞋传承保护与产业发展研讨会、合村特色非遗技艺活态展演以及“绣花鞋项目指导站—余知音刺绣工作室”、省第二批非遗生产性保护基地和省非物质文化遗产特色街区揭牌仪式。其中，作为活动重头戏的绣花鞋精品展吸引众多游客的广泛关注，精品展展品来自第九届浙江·中国非遗博览会“履步生花”——全国绣花鞋制作竞技赛活动，该活动吸引了来自北京市、浙江省、云南省、四川省、甘肃省、山东省等全国15个省（市）的众多绣花鞋制作技艺高手前来参加比赛，共评选产生“天工金履奖”3名、“创意设计奖”6名、“技艺薪传奖”6名、“技艺创新奖”6名。此次活动的举办对进一步做大做强合村绣花鞋产业和全域旅游经济将起到积极推动作用。 （叶丽君）

2017年合村乡各行政村基本情况

表68

行政村	村党委（总支、支部）书记	村委会主任	人　口（人）	年人均收入（元）
后溪村	胡建富	陈学海	1512	17065
合村村	严财华	潘　勇	3736	17156
高凉亭村	顾永龙	毛亚君	637	17124
岭源村	陈美英	鲍永平	2395	17106
三源村	丁士文	金　文	1549	16992
瑶溪村	陈亚妃	陈嫩平	642	17033

四大平台

The Four Platforms

刘森月／摄

四大平台

海康威视厂区

·桐庐经济开发区（富春江科技城）·

【概况】 2017年，桐庐经济开发区（富春江科技城）有规模以上（年主营业务收入2000万元以上）工业企业102家。实现固定资产投资45.58亿元，其中：工业投资22.06亿元，同比增长10.8%。全年实现财政收入11亿元，同比增长21.1%。其中，地方财政收入3.78亿元，同比增长15.9%。按照“智慧·风情·生态城”定位，推进园区基础设施建设，启动实施电子器械产业基地项目，马家路、江南里公路、春江路等道路建设基本完成，姚家路停车场、东兴路生态停车场建成启用。

【双招双引】 2017年，桐庐经济开发区（富春江科技城）突出精准招商、产业链招商，全年招引项目19个。电子信息产业引进源展电子科技（杭州）有限公司、杭州亿美科技有限公司、杭州巨象智能物联有限公司等项目；健康医疗产业落户普望健康管理（杭州）有限公司、杭州汇桐医疗器械有限公司等项目。全年完成招商引资到位资金31.99亿元，其中：市外内资21.23亿元；浙商创业创新6.74亿元；实到外资4477万美元；自营出口22.67亿元。做好“高精尖缺”人才招引，新柔性引进“国家千人计划”人才2人、“万人计划”人才2人、市“521”人才1人，自主培育“省千人计划”人才1人，参评桐庐县高层次人才项目13个。

桐庐科技孵化园

【科技创新】 2017年，桐庐科技孵化园被认定为杭州市市级科技企业孵化器，至年底入孵创业项目60个。支持企业建立和引进研发中心、研究院、重点实验室等机构，全年新认定市级及以上高新技术企业16家，申报成功市级及以上高新技术研发中心9家。

【项目推进】 2017年，桐庐经济开发区（富春江科技城）实施重大项目31个，其中：社会投资项目13个，政府投资项目18个。海康威视安防产业基地项目二期主体结顶；英飞特电子LED电源驱动器生产项目二期厂房桩基工程完成50%；桐庐国际箱包智慧产业园A区主体结顶，B区33层在建；修正（桐庐）健康饮品产业园项目部分厂房和宿舍楼结顶；浙江施强制药有限公司复方玄驹中成药研发生产项目制剂车间、中药车间结顶；杭州里德通信有限公司、浙江艺福堂茶业有限公司正式投产。

【“一网双全”党建工作体系】 2017年，桐庐经济开发区（富春江科技城）推出“一网双全”党建工作体系，即以网格化管理助推党建、服务两个全覆盖。按照“地域相近、便于管理和开展组织活动”原则，将园区划分成8个网格，将所有企业纳入网格化治理。根据“一个网格+一个党总支+N个党支部”思路，每个网格建立党总支，党总支下设若干企业单建支部和1个网格企业联合支部，将所有企业及党员全部“网”进党组织管理，实现党建全覆盖。坚持党建引领，打造全科网格，实行网格“包干”制度，负责落实党建、企业服务、安全生产、社会治理等工作事务，持续提升党建引领经济发展作用，实现以党建强服务、以服务促发展。（徐　剀）

2017年桐庐经济开发区（富春江科技城）规模工业企业一览表

表69

序号	企业名称	序号	企业名称
1	桐庐维尔利水务有限公司	22	桐庐三星玉米产业科技有限公司
2	浙江华博电力科技有限公司	23	杭州商莱金属科技有限公司
3	杭州永杰研磨材料有限公司	24	桐庐联信金属有限公司
4	杭州高庐服饰有限公司	25	杭州泰弘橡胶有限公司
5	杭州重力脚轮科技有限公司	26	浙江英飞特光电有限公司
6	杭州里德通信有限公司	27	桐庐县窄溪工艺电镀厂
7	杭州金益科技有限公司	28	杭州三朵花印务有限公司
8	杭州励升科技有限公司	29	桐庐富春江织造集团有限公司
9	杭州三恒包装材料有限公司	30	浙江新东昇实业有限公司
10	杭州中科赛思伺服电机有限公司	31	杭州三延金属制品有限公司
11	杭州中科赛思节能设备股份有限公司	32	杭州海康威视电子有限公司
12	杭州嘉顺印务有限公司	33	浙江福朗特汽车设备有限公司
13	浙江博玺热能科技有限公司	34	浙江圣兰德厨卫有限公司
14	桐庐耀捷针织厂	35	桐庐久利金属有限公司
15	杭州振兴医疗器械制造有限公司	36	浙江金鸿源金属集团有限公司
16	杭州富士达特种材料股份有限公司	37	杭州程泰金属制品有限公司
17	杭州申达通信工业有限公司	38	浙江施强制药有限公司
18	桐庐森蓝服饰有限公司	39	浙江金贝能源科技有限公司
19	杭州北辰轻工机械有限公司	40	杭州碧于天保健品有限公司
20	浙江瑞晶特种玻璃有限公司	41	杭州老桐君制药有限公司
21	福朗特机电科技有限公司	42	杭州天龙油墨有限公司

续表 69

序号	企业名称	序号	企业名称
43	浙江田泰凯特金属制品有限公司	73	杭州富利登塑胶制品有限公司
44	浙江华锦制管有限公司	74	杭州惠尔邦厨具有限公司
45	杭州千芝雅卫生用品有限公司	75	杭州易通新型材料有限公司
46	杭州锦昌塑业有限公司	76	杭州华大海天科技有限公司
47	威立雅资源再生（杭州）有限公司	77	杭州凤嘉纺织有限公司
48	浙江艾罗网络能源技术有限公司	78	杭州立山皮件有限公司
49	杭州润品金属制品有限公司	79	浙江国奥家具有限公司
50	杭州新华纸业有限公司	80	桐庐耀强服饰有限公司
51	杭州桐庐医疗光学仪器有限公司	81	杭州泛亚卫浴股份有限公司
52	浙江环益资源利用有限公司	82	桐庐瀚威健身器材有限公司
53	今麦郎饮品（杭州）有限公司	83	桐庐赛林手帽服饰有限公司
54	杭州瑞坤时装有限公司	84	杭州三汇水电设备有限公司
55	桐庐圆通印务有限公司	85	杭州力高旅游用品有限公司
56	杭州欣源电梯部件有限公司	86	浙江凯胜畜产品加工有限公司
57	浙江拓卡斯机械科技有限公司	87	浙江汉德邦建材有限公司
58	杭州畅翔玻璃有限公司	88	中艺花边集团有限公司
59	桐庐新佳服饰有限公司	89	杭州康基医疗器械股份有限公司
60	浙江瑞能通信科技股份有限公司	90	杭州伊贝实业有限公司
61	杭州妙洁日化科技有限公司	91	杭州艾高控股有限公司
62	桐庐恒如服饰有限公司	92	杭州万丰建筑装饰有限公司
63	桐庐富瑞达针织服饰有限公司	93	密尔沃基（桐庐）阀门有限公司
64	桐庐富禾针织服饰有限公司	94	杭州美克瑞思服装有限公司
65	桐庐富霖针织服饰有限公司	95	浙江白云源电气有限公司
66	杭州丰元味食品有限公司	96	杭州立升塑胶制品有限公司
67	杭州萧富水电设备有限公司	97	杭州元创新型材料科技有限公司
68	桐庐中汽商用汽车零部件有限公司	98	杭州笑雪服饰有限公司
69	杭州和韵科技有限公司	99	杭州吾尚生物科技有限公司
70	杭州永强金属制品有限公司	100	杭州汇家卫浴用品有限公司
71	杭州索康博能源科技股份有限公司	101	杭州斗源机械电子有限公司
72	杭州安烨户外休闲用品有限公司	102	通用电气生物科技（杭州）有限公司

·桐庐迎春商务区·

迎春智谷

【概况】 2017年，桐庐迎春商务区（范围包括投入使用的22幢商务楼宇和1个商贸综合体）新注册企业666家，其中县外新设企业535家；累计入驻单位2366家，其中企业2166家，个体户170家，从业人数10780人，楼宇入驻率73.62%；其中注册资金5000万元以上企业62家，1亿元以上25家。全年实现招商引资到位资金39849万元，市外内资36359万元，浙商创业创新资金15208万元，外资1834万美元，固定资产投资32447万元。全年实现税收1.57亿元，地方财政收入5917万元。全年完成社会消费品零售总额17.94亿元；完成自营出口6.50亿元；实现服务业增加值4.37亿元。

【首届桐庐县创业创新大会举行】 2017年11月17日，首届桐庐县创业创新大会暨第四届桐庐县电子商务发展大会开幕，大会主题为“新时代、创时代、梦时代”。会上，农村电子商务专家莫问剑作题为“桐庐：创未来的九个维度”演讲。大会举行桐庐县创业联盟成立、中国（杭州）跨境电子商务综合试验区桐庐园区揭牌、市级科技企业孵化器授牌等仪式，并为获桐庐县科技创新特别贡献奖、第四届桐庐县十佳科技创新人才、桐庐县科技进步奖、2017年桐庐县十佳电子商务企业等个人和单位颁奖。浙江工商大学杭州商学院分水笔业创新中心、人工智能多通道人居系统等创业创新项目签约仪式也在会上举行。创业创新项目在现场进行网络注册。

【电子商务】 2017年，迎春商务区管委会根据商务区电子商务与创新创业的结合，开创“迎春智谷”新平台。至年底，迎春商务区共注册电商企业421家，实际入驻196家；迎春智谷作为县级电商主平台，入驻电商企业142家，是年，新入驻电商项目32家，招引初录网络、龙生电子、云客服等优质创新型、平台型、配套型电商企业。全年，商务区实现电商销售额29亿元，同比增长51.8%。建成中国（杭州）跨境电子商务综合试验区桐庐园区、跨境电商孵化中心，集聚跨境电商配套服务与实操培训资源，孵化跨境电商创业项目。

【创新创业】 2017年，迎春商务区启用“春江渡口·虚拟现实应用中心”，培育AR、VR、MR技术服务和应用的企业，

迎春商务区创业大咖分享会

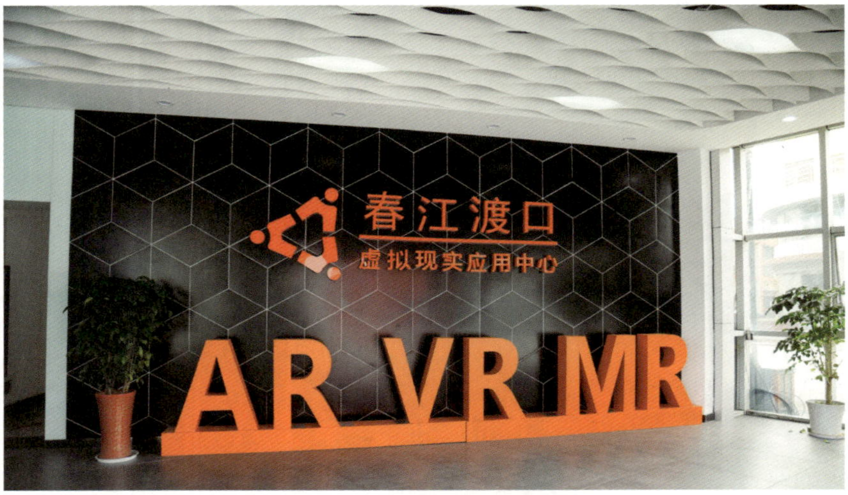

春江渡口虚拟现实应用中心

入驻虚拟现实技术服务、应用企业10家；鼓励、引导奥鑫集团、家禾房产等企业结合自身资源或资本优势，建设众创平台，参与双创培育。启动建设“春江渡口·青年新创”，与滨江聚邦、杭州启迪东信、苏州创客邦等市场化众创空间、孵化器运营方对接，引进成熟的众创平台运营方。常态化组织创业分享会、创业沙龙等创业交流活动，电商、企业经营等创业培训活动，创新创业K歌大赛、无偿献血等文娱性、公益性活动。“春江渡口·设计创客”被评为省级众创空间。

【楼宇管理】 2017年，迎春商务区制订完善出台《迎春商务区楼宇管理考核办法》《迎春商务区突发公共事件总体应急预案》《迎春商务区社会面防控等级响应工作实施方案》，构建楼宇安全防控机制；结合商务区“四级安全管理”“一季一查”等安全体系，开展楼宇安全检查、消防治理检查等大型综合性安全检查7次，消防登高面、足浴娱乐场所、高层建筑瓶装液化气整治、消防夜查等各类专项检查行动15次；委托浙江科能安全公司开展楼宇全面检查12次。组织开展楼宇消防安全演练15次，参与人员730余人次，开展安全生产、消防安全培训7次，参加人员353人次。会同县金融办开展金融类企业排查，实行金融类企业入驻把关，做好金融风险防范工作。

【楼宇党建】 2017年，迎春商务区管委会不断强化楼宇“两新”党建工作，将楼宇党支部融入商务区网格管理中，探索楼宇网格联动机制。组织8个楼宇党支部和机关党支部开展中共十九大精神学习、“两学一做”学习教育制度化常态化与党员固定主题党日活动，召开基层党建工作推进会6次，全年新建党支部1个，发展党员1名，吸收入党积极分子2名。

（李宇龙）

桐庐迎春商务区2017年新注册1000万元以上企业一览表

表70

序号	企业名称	注册资金（万元）
1	浙江褶源网络科技有限公司	1000
2	桐庐奇御土工合成材料有限公司	5000
3	浙江骑力商贸有限公司	1000
4	桐庐梦回瑭朝娱乐管理有限公司	1000
5	浙江宇轩电气工程有限公司	5000
6	杭州泓伸清洁能源科技有限公司	1000
7	浙江悦心教育咨询有限公司	1000
8	杭州展锐贸易有限公司	1000

续表 70

序号	企业名称	注册资金（万元）
9	浙江易佳装装饰有限公司	1600
10	杭州良中教育咨询有限公司	1000
11	杭州纯熟信息技术有限公司	1000
12	杭州商道科技有限公司	1500
13	杭州蓝禾硕贸易有限公司	1080
14	杭州元宇旅游投资开发有限公司	1000
15	桐庐底蕴信息科技有限公司	1000
16	杭州朔汐网络科技有限公司	1000
17	杭州永明大科技有限公司	1000
18	桐庐水淼企业管理有限公司	3000
19	浙江聚衷物资有限公司	1200
20	杭州熠聪科技有限公司	1000
21	浙江宏圣新能源科技有限公司	1118
22	杭州港湾建设有限公司	2010
23	杭州爱幼爱文化传媒有限公司	3000
24	浙江远诚房地产营销策划有限公司	5000
25	浙江百战服饰有限公司	5000
26	杭州朔汐投资管理有限公司	1000
27	浙江众踪信息科技有限公司	1000
28	浙江云创教育科技有限公司	1000
29	浙江胜嘉服饰有限公司	1000
30	桐庐申联环保科技有限公司	1000
31	杭州桐庐申联环境投资发展有限公司	10000
32	浙江中建电缆有限公司	1000
33	杭州明澈环境工程有限公司	1000
34	杭州源泉网络科技有限公司	1500
35	浙江缔盟商贸有限公司	1000
36	杭州锦苑建筑工程有限公司	1000
37	浙江泽凡建筑工程有限公司	5000
38	浙江千线投资管理有限公司	1010
39	桐庐迎春商务区楼宇发展有限公司	3000

续表 70

序号	企业名称	注册资金（万元）
40	浙江天穹文化传媒有限公司	1000
41	浙江新益网络科技有限公司	9800
42	杭州博润创业投资合伙企业（有限合伙）	4600
43	浙江弘胜商贸有限公司	1000
44	杭州欣久网络科技有限公司	1000
45	杭州壹粒商业管理有限公司	2000
46	杭州羽林光伏科技有限公司桐庐分公司	1000
47	杭州鼎悦网络科技有限公司	2000
48	杭州桐庐卓麓投资合伙企业（有限合伙）	1000
49	杭州桐庐卓银投资合伙企业（有限合伙）	1000
50	杭州云客服网络科技有限公司	1000
51	浙江博茂能源工程有限公司	5000
52	浙江爱德温电子商务有限公司	1000
53	杭州丰汇雅鑫科贸有限公司	1088
54	杭州龙生电子商务有限公司	2000
55	浙江糠达装饰工程有限公司	8000
56	浙江幸达科技有限公司	1000
57	左中右电动汽车服务（桐庐）有限公司	3000
58	杭州掌亿网络科技有限公司	1000
59	杭州比模特科技有限公司	1000
60	桐庐逸风电子设备有限公司	13000
61	杭州卓研信息技术有限公司	10000
62	杭州勋为信息技术有限公司	2000
63	杭州展锐贸易有限公司	1000
64	杭州创羽贸易有限公司	2000
65	杭州酷喵文化投资有限公司	2000
66	浙江合萍科技信息有限公司	1000
67	桐庐韵梦实业投资有限公司	1500
68	杭州青木机电工程有限公司	1000
69	杭州百城建筑工程有限公司	1000

续表 70

序号	企业名称	注册资金（万元）
70	浙江希澳海洋技术咨询有限公司	1000
71	浙江中体华奥体育传媒有限公司	1000
72	浙江重圆科技有限公司	3000
73	浙江兴伟科技有限公司	1000

·富春山健康城·

【概况】 2017年，富春山健康城以打造“健康产业发展主平台、产城融合发展新高地、‘三招三引’新蓝海”为目标，重新规划修编，形成生命科技、中医健康和运动休闲三大主导产业体系，围绕构造健康产业生态圈和产业链要求，先后启动桐庐生命健康产业先行先试区、健康小镇AAA级景区、桐庐·凤栖生命港、“智慧医谷”平台、大奇山路健康幸福体验区创建工作。在余杭、上海设立招商驻点，先后37次组织招商小分队赴北京、上海、深圳等14个城市，招引光华国际精准医疗中心、中科纳泰4P健康产业园、莱IN体育生活之城、中通云谷等5个项目，协议投资额125亿元，达成“国家千人计划”人才合作项目3个，“省千人计划”人才合作项目1个。全年实现固定资产投资17.25亿元，完成招商引资任务3.64亿元，其中完成市外内资3.3亿元、浙商创业创新资金1.26亿元，完成外资2000万美元。9月，浙江省健康服务业发展联席会议办公室公布2017年全省健康产业“四个一批”（一批特色小镇、一批产业基地、一批重点企业、一批重点项目）重点培育清单，富春山健康城、健康小镇分别入选为健康产业示范基地、健康特色小镇创建单位。江南养生文化村入选为健康产业重点项目。9月19日，富春山健康城被评为第二批长三角健康服务产业集聚区；12月9日，健康小镇荣获2017年度中国十大特色小镇称号。12月28日，健康小镇通过杭州市旅游景区质量等级评定委员会验收，被评为国家AAA级景区。

【第三届国际瑜伽日庆典暨“健康江南”首届国际瑜伽交流大会】 2017年6月17日，第三届国际瑜伽日庆典暨“健康江南”首届国际瑜伽交流大会在健康小镇江南养生文化村开幕，来自社会各界600余名瑜伽爱好者参加。印度驻上海总领事古光明，中国区域瑜伽教育负责人马诺奇参加活动，宣布国际瑜伽日纪念活动长期落户健康小镇江南养生文化村。

【“中国健康4S智慧小区”论坛】 2017年8月11日，由浙江省海高会生物医药分会和桐庐富春山健康城管委会联合举办的首届“中国健康4S智慧小区”论坛在富春山健康城举行。论坛以“健康4S智慧小区”的“健康”与“智慧”的定义、功能和效果为主题，邀请浙江省海高会生物医药分会副会长

江南养生文化村

中科纳泰4P健康产业园

许洋博士等国家特聘专家、著名大健康领域专家、健康4S智慧小区的地产商、小区物业管理机构、小区快递网点、大药房、健康养生馆、健康管理中心负责人，共同探讨新经济形式下大健康产业的商业模式和发展前景。

【第二届国际4P健康高峰论坛暨2017年杭州·桐庐“君山引凤”科技人才周开幕】 2017年11月14日，第二届国际4P健康高峰论坛暨2017年杭州·桐庐“君山引凤”科技人才周开幕式在富春山健康城举行。论坛汇集美国系统生物学研究院创始人、美国四院院士、4P医学理念奠基人Leroy Hood（勒罗伊·胡德）院士，中科院“百人计划”研究院、中科院精准基因组医学重点实验室主任、中国人群精准医学研究计划首席科学家曾长青教授，中科院国家纳米科学中心“百人计划”研究员、北京4P健康研究院院长兼首席科学家、“桐庐中科纳泰医学检验实验室”项目领衔人胡志远教授等国内外医学专家，围绕以PREDICTIVE（预见性）、PREVENTIVE（预防性）、PERSONALIZED（个性化）、PARTICIPATORY（参与性）为宗旨的4P医学进行学术研讨。

【中科纳泰4P健康产业园】 2017年6月17日，中科纳泰4P健康产业园项目签约落户富春山健康城。项目由杭州中科纳泰健康科技有限公司投资，总投资10亿元。11月13日，双方签订投资协议。项目以“肿瘤监测与精准医疗”为特色，开展纳米医疗临床病理和肿瘤等监测技术，实现“产学研用”和检测市场化和中国第一个4P健康医院。一期为4P医学检验室，二期计划投资建设试剂生产基地和大数据4P健康医院。

【光华国际精准医疗中心】 2017年6月17日，光华国际精准医疗中心项目签约落户富春山健康城。项目由法国CRAM研究中心投资10亿元，利用健康城内闲置资产（原女儿村）打造建设大健康产业的特色体检、肿瘤早期筛查、纳米枪肿瘤治疗技术的肿瘤专科医院等。项目一期将建立私立亚健康医院及全国首家健康酒店旗舰店，预计2018年7月对外开放；项目二期将通过“医到家”ISPACE服务体系，打造集检测和干预于一体的个性化健康服务特诊平台，构建高端健康社区示范基地，预计2018年底全部投入使用；项目三期将打造全球第一家专业运用纳米枪技术对各种晚期癌症进行治疗和术后康复的医疗平台，预计2020年底前竣工完成。

【桐庐·凤栖生命港】 2017年6月，富春山健康城启动桐庐·凤栖生命港项目。项目由浙江富春山健康城投资开发有限公司投资4.07亿元建设，位于健康城的生命科技产业核心区。用地面积7公顷，建筑面积约7万平方米，包括生产厂房、食堂、宿舍以及路演大厅、商务酒店、公共会议区等园区配套综合楼，重点招引医学、生命科技和生物工程等高端项目企业入驻，打造国家级生命健康产业加速器，成为健康城产业生态圈的重要组成部分。

【“智慧医谷”平台】 2017年8月，富春山健康城通过改造新收储的女儿村一期部分，打造“智慧医谷”平台。智慧医谷位于城南西路，距杭千高速桐庐出入口3分钟，距杭黄

智慧医谷

铁路桐庐综合体5分钟车程，占地面积约6000平方米，建筑面积约3113平方米。主要招引从事健康管理、医疗器械等贸易型的健康产业类的企业以及股权、基金、金融类的企业入驻。智慧医谷作为健康城税源经济招引的平台，用金融资本手段推动健康产业类企业做大做强，全年共招引企业12家。

【莱IN体育生活之城】 2017年8月26日，莱IN体育生活之城项目签约落户富春山健康城。项目由莱茵达（桐庐）体育发展有限公司投资建设，总投资约20亿元，总用地面积约17.23公顷，分为智慧社区及体育场馆两部分开发。其中，智慧社区用地面积9.18公顷，建筑面积约110000平方米，建设集商业、运动休闲、智慧社区与一体的商住综合体。体育场馆用地面积8.06公顷，建设一座满足甲级要求的专用足球比赛场，座席数量不低于15000座，足球比赛场地符合国际性比赛标准；不少于1片符合要求的11人制足球热身练习场地；建设一座满足甲级要求的中型体育馆，比赛场地符合大型体育馆场地要求，座席数量不低于3000座，场地符合冰球场地和其他室内运动场地功能快速互换的要求。通过国际康复中心、足球博物馆、足球学校与足球赛场的有效嫁接，实现“运动+健康+文化”有机融合。

【中通“云谷”项目】 2017年9月1日，中通“云谷”项目签约落户富春山健康城。项目由中通快递股份有限公司投资建设，总投资额20亿元。建设内容为中通学院、培训中心，健康禅修，归隐禅院，基金人才集聚，中通金融，产业基金和物流大数据中心为一体的大健康和新金融集聚项目。

【桐庐香江健康山谷】 2017年9月13日，桐庐香江健康山谷项目签约落户富春山健康城。项目由香江集团投资建设，计划投资60亿元，规划总面积约73.33公顷。项目以大健康产业为核心，将健康医疗、健康旅游、科创文化、健康产品、健康生活、健康金融六大产业体系融为一体。其中一期主要定位为健康养生、健康运动及绿化廊道，构筑健康管理中心、健康疗养、高端健康产业、高质量特色旅居、健康运动、有机餐饮等在内的一站式健康主题疗养胜地，形成“定制式健康度假、多学科治疗养生、长期性健康管理”的特色模式。二期将旅、居、产、研相结合，打造具有复合功能、独居特色、互动性强的健康养生度假区。

【浙江省女子冰球、冰壶队落户】 2017年11月19日，浙江省女子冰球、冰壶队落户富春山健康城。浙江省女子冰球、冰壶队成立于2017年8月11日，是浙江省体育局、哈尔滨体育学院和浙江省著名的体育企业和上市公司莱茵达合作的结果，是浙江省冬季项目零的突破。省女子冰球、冰壶队是继浙江省女子足球俱乐部后落户桐庐的第二、三支省级体育俱乐部，桐庐也成为国内首个同时拥有三支省级体育俱乐部的县级城市。

（胡凌祺）

·富春江（芦茨）乡村慢生活体验区·

【概况】 2017年，富春江（芦茨）乡村慢生活体验区围绕特色小镇创建，新引进企业23家，其中特色创业企业21家，完成固定资产投资5.47亿元，旅游接待135.97万人次，旅游经营收入 1.44 亿元。

【基础设施建设】 2017 年，富春江（芦茨）乡村慢生活体验区完成游客接待服务中心、旅游厕所、旅游内外部标识系统建设；完成智慧旅游服务平台建设，增设语音导览讲解、星级民宿查询等系统，为游客提供更加便捷的服务；提升青龙坞精品民宿集聚区基础配套设施，对道路、河道、景观进行提升改造，增设景观悬索桥和停车位；提升村落景观配套工程，完成“下湾渔唱”摩崖石刻项目、石舍拱桥工程。

【产业转型提升】 2017 年，富春江（芦茨）乡村慢生活体验区以民宿产业转型升级为抓手，适时引导中低端民宿提升改造，通过为本地民宿业主搭建招商平台，吸引具有先进经营理念和设计创意的团队，促成双方资源互补、互利合作，进一步提升体验区民宿整体品牌竞争力。大母山、大茶棚、坞头、茆坪新区等区块 12 家民宿获社会资本青睐；完成忆松树岭、云邻、庐居里外青龙坞店、顾锐的旅舍、白云深处、忆松树岭、清雅楼等精品民宿改造。

【品牌策划推广】 2017 年，富春江（芦茨）乡村慢生活体验区加大对外推介力度，相继开展非遗展示体验活动、石舍•幻水彩画展、美丽乡村采风行、假装去石舍画画、山水清音水墨画展、百人旗袍秀展、《高山流水觅知音》主题读书会、金石印拓展、第五届慢生活体验节等 10 余项活动。与国际友好村（法国卢瓦尔河地区谢尔省尚皮尼村）对接，将慢生活体验区推向国际市场。做好市文博会推介工作，以“文化 +”的跨界模式，将乡村、旅游、生活、文创等有机融合，重塑文化价值，让更多人了解“慢生活”。组织民宿业主参加国际民宿论坛及旅游展销，在 2017 第十三届杭州•浙西旅游合作峰会上，静庐澜栅荣获年度“二十佳”民宿，天空之城负责人付小燕获年度新锐人物；静庐澜栅民宿位列 2017 中国民宿总评榜前 50 名。

第五届富春江乡村慢生活体验节

【民宿规范经营】 截至 2017 年年底，富春江（芦茨）乡村慢生活体验区共有民宿 192 家，床位 4094 张，其中中高端民宿 32 家。是年，富春江慢生活体验区管委会相继出台《关于进一步加强慢生活体验区精品民宿建设管理工作办法（试行）》《关于富春江慢生活体验区民宿综合考核实施办法（试行）》等文件，加强对村民及民宿业主的教育与管理，强化门前三包、庭院整治、垃圾分类意识，不断提高服务质量。联合公安、消防、卫生、市场监管等部门组建“草帽行动队”，在 7 月、8 月旅游旺季对民宿安全经营进行突击检查，督促引导民宿业主规范、安全经营。

（毛飞杰）

文献

literature

·重要文件目录·

中共桐庐县委文件

表 71

序号	文 号	文 件 标 题
1	县委〔2017〕7 号	中共桐庐县委《关于推行县政府民生实事项目人大代表票决制工作的通知》
2	县委〔2017〕16 号	中共桐庐县委《关于进一步加强和改进人民政协参政议政的意见》
3	县委〔2017〕24 号	中共桐庐县委　桐庐县人民政府关于印发《桐庐县发展村级集体经济化解村级债务专项行动方案》的通知
4	县委〔2017〕28 号	中共桐庐县委　桐庐人民政府《关于深化县管企业负责人薪酬制度改革的实施意见》
5	县委〔2017〕29 号	中共桐庐县委《关于认真学习宣传贯彻党的十九大精神的通知》
6	县委〔2017〕31 号	中共桐庐县委《关于进一步推进“清廉桐庐”建设的实施意见》
7	县委〔2017〕34 号	中共桐庐县委《关于加强和规范街道人大工作的意见》

桐庐县人民政府文件

表 72

序号	文 号	文 件 标 题
1	桐政发〔2017〕4 号	桐庐县人民政府《关于加快推进残疾人全面小康进程的实施意见》
2	桐政发〔2017〕49 号	桐庐县人民政府《关于推进综合医改先行先试的实施方案》
3	桐政发〔2017〕77 号	桐庐县人民政府《关于深化工业企业综合评价和分类服务的实施意见》
4	桐政发〔2017〕116 号	桐庐县人民政府关于印发《桐庐县创建国家农产品质量安全县工作实施方案》的通知
5	桐政发〔2017〕117 号	桐庐县人民政府关于印发《桐庐县政府民生实事建议项目征集办法》的通知
6	桐政发〔2017〕118 号	桐庐县人民政府关于印发《桐庐县户口迁移管理办法》的通知
7	桐政发〔2017〕119 号	桐庐县人民政府《关于加快体育事业发展的实施意见》
8	桐政发〔2017〕129 号	桐庐县人民政府《关于市场体系建设中建立公平竞争审查制度的实施意见》

中共桐庐县委办公室文件

表 73

序号	文 号	文 件 标 题
1	县委办〔2017〕1 号	县委办公室 县政府办公室《关于支持人民法院基本解决执行难工作的通知》
2	县委办〔2017〕8 号	县委办公室 县政府办公室 《关于建立健全大督查考评机制提升执行创造能力的实施意见》
3	县委办〔2017〕12 号	县委办公室《关于在县管领导班子和领导干部中开展“三提一争”活动深化“四比一争”考评的通知》
4	县委办〔2017〕19 号	县委办公室 县政府办公室《关于桐庐县“无违建县”创建攻坚行动实施意见》
5	县委办〔2016〕20 号	县委办公室 县政府办公室《关于桐庐县“千亩水田 万亩耕地”垦造工程的实施意见》
6	县委办〔2017〕31 号	县委办公室 县政府办公室《关于开展社区“三项竞赛、五星考评”进一步加强党建工作的意见（试行）》
7	县委办〔2017〕36 号	县委办公室 县政府办公室《关于全面加强基层党建做实网格治理工作的实施意见》
8	县委办〔2017〕37 号	县委办公室 县政府办公室关于印发《桐庐县县管干部廉洁诚信积分管理办法（试行）》的通知
9	县委办〔2017〕40 号	县委办公室 县政府办公室《关于建立桐庐县法治宣传教育责任清单制度的意见》
10	县委办〔2017〕49 号	中共桐庐县委办公室关于印发《关于进一步发挥退离县管领导岗位干部作用的实施办法（试行）》的通知
11	县委办〔2017〕62 号	县委办公室 县政府办公室关于印发《桐庐县加快推进商事领域市场主体“准入即准营”改革方案》的通知
12	县委办〔2017〕63 号	县委办公室 县政府办公室《关于全面落实商事领域“最多跑一次”改革强化事中事后监管的实施意见》
13	县委办〔2017〕64 号	县委办公室 县政府办公室《关于深入推进村落景区提升发展工作实施意见》
14	县委办〔2017〕68 号	县委办公室《关于实施“学习力提升工程”加强干部创业干事能力建设的若干意见》
15	县委办〔2017〕69 号	县委办公室 县政府办公室关于印发《关于推进农村文化礼堂长效机制建设的实施意见》的通知
16	县委办〔2017〕70 号	县委办公室 县政府办公室《关于开展产业发展“氛围大营造、工作大推动、环境大优化”活动的通知》

续表 73

序号	文 号	文 件 标 题
17	县委办〔2017〕72 号	县委办公室 县政府办公室《关于完善县党政班子领导与党外代表人士联系交友制度的通知》
18	县委办〔2017〕79 号	县委办公室 县政府办公室关于印发《桐庐县养老服务业综合改革试点方案》的通知
19	县委办〔2017〕92 号	县委办公室 县政府办公室印发《关于深入整治不担当不作为不落实问题推动建设山清水秀民富县强的美丽中国桐庐样本的意见》的通知
20	县委办〔2017〕102 号	县委办公室《关于建立健全基层党建县、乡镇（街道）、村（社区）三级党组织联动机制的通知》

桐庐县人民政府办公室文件

表 74

序号	文 号	文 件 标 题
1	桐政办〔2017〕3 号	桐庐县人民政府办公室《关于进一步健全残疾人康复和托养服务体系的实施意见》
2	桐政办〔2017〕12 号	桐庐县人民政府办公室《关于深化学习型政府建设开设“桐政论坛”的通知》
3	桐政办〔2017〕18 号	桐庐县人民政府办公室《关于加强道路交通安全管理工作的实施意见》
4	桐政办〔2017〕32 号	桐庐县人民政府办公室关于印发《桐庐县加强食品安全社会共治工作实施方案》的通知
5	桐政办〔2017〕37 号	桐庐县人民政府办公室《关于进一步加强政府民生实事项目监督检查工作的通知》
6	桐政办〔2017〕46 号	桐庐县人民政府办公室关于印发《桐庐县 2017 年大气污染防治实施计划》的通知
7	桐政办〔2017〕50 号	桐庐县人民政府办公室关于印发《桐庐县特殊教育提升计划（2017—2020 年）》的通知
8	桐政办〔2017〕51 号	桐庐县人民政府办公室关于印发《桐庐县学前教育第二轮三年行动计划（2017—2019 年）》的通知
9	桐政办〔2017〕67 号	桐庐县人民政府办公室关于印发《桐庐县乡村教师支持计划（2017—2020 年）实施办法》的通知
10	桐政办〔2017〕76 号	桐庐县人民政府办公室关于印发《桐庐县 2017 年法治政府建设工作要点》的通知

续表 74

序号	文 号	文 件 标 题
11	桐政办〔2017〕78 号	桐庐县人民政府办公室 《关于推进农业领域“机器换人”的实施意见》
12	桐政办〔2017〕93 号	桐庐县人民政府办公室《关于开展第二次全县污染源普查的通知》
13	桐政办〔2017〕96 号	桐庐县人民政府办公室《关于进一步加强防雷减灾工作的通知》
14	桐政办〔2017〕109 号	桐庐县人民政府办公室关于印发《桐庐县推进区域能评改革实施方案》的通知
15	桐政办〔2017〕111 号	桐庐县人民政府办公室《关于加强农村留守儿童关爱保护工作的实施意见》
16	桐政办〔2017〕113 号	桐庐县人民政府办公室《关于全面落实“五公开”制度加强办文办会工作的通知》
17	桐政办〔2017〕121 号	桐庐县人民政府办公室关于印发《桐庐县分级诊疗工作实施方案》的通知
18	桐政办〔2017〕122 号	桐庐县人民政府办公室《关于桐庐县人民政府行政复议案件处理程序若干问题的通知》
19	桐政办〔2017〕125 号	桐庐县人民政府办公室关于印发《桐庐县特优人群优惠乘车改革方案》的通知
20	桐政办〔2017〕126 号	桐庐县人民政府办公室关于印发《桐庐县改造提升传统制造业实施方案》的通知

· 重要文件辑录 ·

关于推行县政府民生实事项目人大代表票决制工作的通知

县委〔2017〕7 号

各乡镇党委、人民政府，街道党工委、办事处，县级机关、企事业各单位：

为规范行使县人大及其常委会的重大事项决定权，推进政府决策科学化、民主化、规范化，扩大政府工作民意基础，促进县人大代表围绕发展大局，发挥代表监督助推政府工作的重要作用，经县委研究，决定自 2017 年起探索开展县政府民生实事项目人大代表票决制工作，有关事项通知如下：

一、指导思想

以中共十八大和十八届历次全会精神为指导，以推动政府公共服务科学化、均等化为主导，以加强和改善中共领导、规范人大职权行使、提升政府民生实事项目决策和实施的科学化民主化水平为主线，以项目设置可票决、进展可监督、结果可评议、调整可动议、成效可检验为核心内容，在建设重大发展项目的同时，着力推进贴近民生的实事项目更加精准、办实办好，让人民群众在共建共享中得到更多的获得感。

二、主要做法和工作步骤

县政府民生实事项目人大代表票决制工作按照“项目征集由政府负责、实施项目由代表票决确定、实施过程由代表监督助推、完成结果由代表评价”的办法进行。整个票决制工作分项目征集、候选项目确定、代表票决、实施监督、代表评议 5 个环节进行。

（一）项目征集阶段

1. 县政府办公室发布公

告，负责征集民生实事建议项目，截止时间为每年11月上旬。

2. 民生实事建议项目征集主要途径：一是征求“两代表一委员”和社会各界的建议；二是征求县级机关、企事业各单位和乡镇（街道）的建议。

3. 民生实事建议项目征集原则：坚持突出重点、先急后缓；尊重民意、突出民生；公益均等、普惠共享；量力而行、尽力而为；可检可评、注重实绩等五条原则。

4. 民生实事建议项目的征集要求：

(1) 建议项目应具有可操作性，一般包括项目名称、项目背景、实施主体、建设目标、投资额度及资金来源、可行性分析报告及其他需提供的内容，特殊情况可适当做简化处理。

(2) 在建议项目布局上，贴近民生，改善公共配套与公共服务，具有较大的覆盖面和受益面。

(3) 在资金投入上，应具有可行性，要充分考虑我县财政实力，量力而行，尽力而为，以集中财力办好实事。

(4) 在建设周期上，应具有可控性，原则上当年度能够完成。

5. 建议项目的征集方式，可采取网络征集、书面征集、座谈征集、调研征集、到代表联络站听取意见等多种方法，做到集思广益，汇聚民智。

（二）候选项目确定阶段

1. 收集整理。建议项目征集结束后20日内，由县政府办公室会同有关部门，按照民生实事项目征集的原则和要求，对征集到的建议项目进行分类、归并和筛选，完善建议项目的规范性，并由有关单位提交县民生实事项目票决制工作领导小组研究。

2. 再次征求意见。组织召开县人大代表小组组长会议等形式，进一步征求县人大代表的意见和建议。同时，县政府办公室将初选项目通过县政府门户网站、今日桐庐、电视台等媒体渠道，向社会再次公开征求意见和建议。在此基础上，形成民生实事初选项目。

3. 讨论筛选。县民生实事票决制工作领导小组对提交的项目进行可行性分析，在充分考虑各方面实际情况，并征求县政府领导意见，综合平衡政府各线工作后，确定候选项目序列。

4. 确定候选项目。由县政府办公室将候选项目提交县政府常务会议等相关会议研究讨论，随后提请县人大常委会初审。候选项目确定以后，其他项目要列入备用项目库。

（三）代表票决阶段

1. 县人大常委会初审通过后的县政府民生实事候选项目，提交县人民代表大会会议审议票决。

2. 民生实事项目的投票表决办法草案，由县人大常委会初审后提交大会主席团审议，再提请全体会议审议，以超过全体代表半数以上赞成票始得通过。投票表决相关的代表审议讨论活动安排，由大会主席团决定。

3. 县政府在县人民代表大会会议期间，应向代表报告民生实事候选项目形成情况，并将候选项目名称、项目内容、实施主体、投资额度、完成时限、相关要求等形成书面材料，分发给全体代表审议讨论。代表审议讨论时，如就民生实事候选项目提出询问，有关部门应派员负责回答和说明。

4. 提交票决的民生实事候选项目应具有一定的选择空间，票决差额比例控制在20%左右。

5. 县人民代表大会会议期间，县人大代表10人以上联名可以就提交票决的民生实事候选项目的具体问题，包括增加或削减投资额度、变更项目具体内容、调整建设完成时限等提出建议。代表联名提出建议应在大会主席团规定的截止时间前提出，由大会主席团决定并向有关代表反馈。如大会主席团决定调整相关候选项目内容，大会秘书处应及时向代表印发书面资料。

6. 投票表决必须在到会代表达到全体代表三分之二以上的情况下进行，采用无记名投票方式，实行一人一票，一次发票，一次投票，不实行委托投票。

7. 代表表决统计采用计票的办法，在获得赞成票超过全体人大代表半数的候选项目中，根据每个项目的累积得票，按照得票高低，最终确定县政府民生实事项目。如出现得票排序靠后的若干候选项目票数相同，由大会主席团讨论决定取舍。表决结果由大会主席团发布公告。

8. 大会投票表决设总监票人、副总监票人各1名和监票人若干名。监票人由各代表团在代表中协商推选，报主席团通过。总监票人、副总监票人由大会主席团提名，经各代表团酝酿讨论后，提请大会通过。计票工作人员由大会秘书处指定。

（四）项目监督实施阶段

1. 县人民代表大会会议结束1个月内，县政府办公室应根据表决结果，收集整理实事工程项目责任单位形成的项目建设计划书，提交县人大常委会办公室，并印发县人大代表各小组。

2. 县人大常委会在接到县政府办公室提供的项目建设计划书后1个月内，按照项目与代表生活或工作地相邻相近和代表本职工作相关的原则，将代表分成若干个联系组，实行代表联系项目责任制。联系内容包括了解掌握民生实事项目进展情况、存在困难，人民群众对项目建设的反响和意见要求，协助有关部门做好政策解释说明、拆迁户动员和维稳等工作，发挥代表参与、监督和助推实事项目建设的作用。

3. 县人大常委会在民生实事项目实施过程中及项目完成后，采取“代表问政”、听取报告、视察检查、质询等方式，组织县人大代表对当年所有项目进展情况、资金使用、项目质量、实施绩效等进行监督检查。

4. 县政府办公室及有关项目责任单位应积极配合县人大常委会组织的监督检查活动，如实提供相关数据和资料。及时向县人大代表通报民生实事项目进展情况。对县人大代表在监督检查民生实事项目建设和完成情况时提出的意见和建议，县政府有关部门应当及时办理并答复代表。

5. 县政府在民生实事项目实施过程中，遇到不可抗力，无法在预定时间内保质保量完成项目，需要对现有项目予以中止、调整的，应当在票决当年的10月之前通过议案的形式向县人大常委会提出动议，由县人大常委会审议决定。县人大常委会如作出同意调整的决定，应当及时告知有关项目联系代表，并报县人民代表大会下一次会议备案。

（五）代表评议阶段

1. 县政府应当将当年县政府民生实事项目完成情况形成专题书面报告，由县人大常委会会议初审；

2. 县政府民生实事项目完成情况的报告在下一年县人民代表大会会议上书面印发全体县人大代表，并由全体县人大代表进行满意度测评。

三、组织领导和职责分工

为切实加强县政府民生实事项目人大代表票决制工作的领导，成立县民生实事项目代表票决制工作领导小组，并明确县相关单位的职责分工。

1. 县民生实事项目票决制工作领导小组成员由县人大常委会、县政府领导和县人大办公室、县政府办公室、县委宣传部、县发改局、县财政局、县监察局、县审计局、县人大常委会有关工委等有关单位负责人组成，负责县政府民生实事项目人大代表票决相关工作的领导和协调处理。

2. 县人大常委会办公室负责与县政府办公室有关具体工作衔接、县人民代表大会会议代表票决民生实事项目办法起草和具体筹备服务、发布公告等工作。

3. 县人大常委会代表工委负责有关代表活动的联络组织和服务工作等。

4. 各县人大代表小组负责代表活动组织，包括征求汇总和向有关部门反馈代表的意见建议，组织代表开展视察、调研、检查等监督活动，积极助推民生实事项目的建设。

5. 各新闻单位和媒体要做好县政府民生实事项目人大代表票决制工作全过程的宣传，认真宣传报道其重要意义、基本做法等，并跟踪报道票决制工作实施进展情况，为推进票决制工作努力营造良好的社会舆论氛围。

本通知自发文之日起试行，到2018年12月底截至，根据试行情况再行完善。

关于进一步推进“清廉桐庐”建设的实施意见

县委〔2017〕31 号

各乡镇党委、街道党工委，县级机关、企事业各单位党委（党组）：

为深入学习贯彻落实中共十九大精神，根据省第十四次党代会提出的建设“清廉浙江”要求，结合我县实际，现就进一步推进“清廉桐庐”建设提出如下实施意见。

一、工作目标

以习近平新时代中国特色社会主义思想为指导，力争通过 5 年的时间，不敢腐的成果得到巩固、不能腐的制度更加完善、不想腐的堤坝有效构筑，在目前反腐败斗争压倒性态势已经形成的基础上，进一步扩大成果，使其成为定势、成为胜势。反腐败工作领域从党政机关向全社会延伸，以领导干部的示范表率，引领全体党员干部廉洁从政、广大群众廉洁从业，推动党内正气持续上升、社会风气持续上扬，力争在建设干部清正、政府清廉、政治清明的政治生态上取得更大成绩。

二、工作举措

（一）营造山清水秀的政治生态

1. 严明中共政治纪律和政治规矩。突出党员领导干部这个关键少数，加强日常教育管理监督，发挥表率作用。对照党内政治生活准则提出的“12 个不准”，加强对遵守和执行政治纪律和政治规矩情况的监督检查。加强对十九大精神和党章党规执行情况的监督检查，决不允许自行其是、各自为政，有令不行、有禁不止，确保党政令畅通。

2. 推进党内政治生活规范有序。认真抓好《关于新形势下党内政治生活的若干准则》贯彻落实，把各项要求落到实处。坚持和落实民主集中制，健全完善党委（党组）工作规则。严格党内组织生活，用好批评和自我批评武器，严肃认真地开好“三会一课”、民主生活会、组织生活会、主题党日活动，完善党性定期分析、党内民主评议等机制。探索建立良好的政治生态，推动党内政治生活呈现新面貌。

3. 夯实全面从严治党主体责任。严格执行并不断完善主体责任任务分解、工作报告、纪实留痕、检查考核、责任追究等制度，推动全面从严治党向基层延伸。坚持“一案双查”，严格追究主体责任、监督责任和领导责任，确保问责刚性和严肃性。认真落实《中国共产党党内监督条例》，全面强化党委（党组）全面监督和纪检机关专责监督等各类监督作用，着重强化巡察监督“利剑”、发挥派驻机构“探头”作用，真正做到两个“全覆盖”。

4. 保持反腐败高压态势不放松。坚持深化监察体制改革，充分发挥反腐败协调小组作用，实现对公职人员监察全覆盖。坚持把纪律挺在前面，运用好监督执纪“四种形态”，坚决把存量减下来，把增量遏制住。坚持老虎、苍蝇一起打，重点查处不收敛不收手，问题线索反映集中、群众反映强烈，现在重要岗位且可能还要提拔使用的领导干部和发生在群众身边的不正之风和腐败问题。坚持做好案件查办“后半篇”文章，做到“查处一案、警示一批、教育一片、整改一方”。

（二）建设清廉高效的实干政府

1. 深化行政审批制度改革。深化“四张清单一张网”运用，加快推进“最多跑一次”改革，倒逼各部门简政放权、优化服务、提高效率，不断提升群众办事满意度和获得感。推行“互联网 + 政务服务”，按照“应上尽上、全程办理”要求，实现行政审批、行政执法网上办理全覆盖。全面清理规范行政审批中介服务，加强对中介服务机构监管。

2. 全面推进政务公开。整合各级政务信息资源，完善政府网站、微信、微博等新媒体公开载体建设。建立健全政务公开、信息发布、政策解读、回应社会关切等机制制度。加大财政预决算、教育医疗、住房环保、食品安全、项目工程、社会保障等重点领域政府信息公开力度，力争政务信息公开“全覆盖、无死角”。

3. 加强执法规范化建设。进一步完善行政处罚裁量基准制度和裁量标准，建立健全行政执法全过程记录、行政执法人员管理等制度。完善行政监督工作机制，创新制度、整合资源，合力预防和化解行政争议。推进行政执法信息化建设和信息共享，落实行政执法责任制和纠错问责机制。

4. 构建新型政商关系。认真落实省市关于构建新型政商关系的意见要求，加强政商沟通协商、强化涉企服务力度、规范党政部门服务行为，建立新型政商关系行为守则和政商交往行为指引，明确领导干部商事活动底线和尺度，着力构建"亲""清"新型政商关系。

（三）打造一心五力的桐庐铁军

1. 推进"两学一做"学习教育常态化制度化。健全完善日常学习、宣传引导、考核评估等制度，建立践行"四个合格"、查找解决问题、以上率下层层示范、党支部发挥主体作用等长效机制。全面实施"学习力提升工程"，加强干部干事创业能力。持续推进"联村走企访户"深化基层走亲、"三提一争"主题活动，开展"不忘初心，牢记使命"主题教育活动，树立党员干部良好形象。

2. 持之以恒纠正"四风"。严格执行中央八项规定精神和省市县委相关规定，做深做实"疏堵结合"文章，狠抓制度执行，形成常态化监督检查机制。盯紧享乐主义和奢靡之风，克服形式主义和官僚主义，破除主体隐蔽、手段隐蔽、场所隐蔽，探索"互联网＋监督"等发现隐形变异"四风"问题的方式方法。坚持越往后执纪越严，严肃查处顶风违纪问题，对2016年以后发生的顶风违纪问题一律点名道姓通报曝光。

3. 重点整治"三不"顽疾。围绕县委、县政府重大决策部署以及重点工作，深入开展"不担当、不作为、不落实"问题专项治理。完善行政机关"三不"问题线索移送、处置、问责、反馈等工作机制，加大问责追责力度。进一步健全完善党员干部教育培养、考核评价机制，发挥退离领导岗位干部的作用。严格落实容错免责办法，旗帜鲜明地为担当者担当。

4. 加强干部日常监管。加强对党员干部特别是领导干部的党风廉政教育。建立健全领导干部个人有关事项报告、领导干部插手干预重大事项记录等制度。全面推进党员干部廉政档案建设，健全完善信息收集、分析研判、结果运用等制度。加强重点领域、重点对象的日常监督和管理，探索开展对党员干部"八小时外"的监督，实现监督无盲区。

（四）孕育崇廉尚洁的社会风尚

1. 深化廉洁文化建设。把家风建设摆在突出位置，弘扬真善美、抑制假恶丑，加强家规家训的挖掘整理、运用和宣传，更加注重家庭、家教、家风，努力形成领导干部从严治家良好风尚。大力弘扬中共优良作风和中华民族优秀传统文化，挖掘培育机关、企业、学校等廉政文化教育精品，发挥乡规民约作用，扩大"最美现象"的示范效应，推动社风民风持续好转。

2. 加强廉政宣传教育。整合廉政宣传资源，发挥宣传部、党校、妇联、文联等职能部门力量，着力构建大宣教格局。坚持正确的舆论导向，进一步完善反腐倡廉舆情收集、研判、处置机制，办好专题专栏或专网专页，充分利用网络、微博、微信等新媒体加强面向广大干部群众的正面宣传和舆情引导。着力打造高效多能的公安看守所廉政警示教育基地，不断拓展警示教育覆盖面，增强辐射力。

3. 引导群众有序参与。完善广播、电视、报纸、网络"四位一体"的"民情热线"联动运行机制，落实"在线访谈""网络访谈"常态化机制，及时回应社会关切。深化完善"桐庐百姓日""政府开放日""邀请群众走进机关"等系列活动，组织引导群众代表参与政府决策，推进民生事实项目在县乡两级人代会票决制落实。畅通公众有序参与监督渠道，充分发挥群众监督作用。

三、工作要求

（一）加强组织领导，形成共识。成立进一步推进"清廉桐庐"建设领导小组，建立联席会议制度，负责"清廉桐庐"建设工作的规划、指导、协调和监督检查等工作。县纪委、县委组织部、县委宣传部等牵头单位要切实履行职责，认真研究部署，细化分解任务，抓好组织落实。全县各单位党委（党组）切实履行好主体责任，加强领导、落实责任，健全机制、扎实推进，强化宣传、营造氛围，把各项任务落到实处。

（二）严格监督检查，确保落实。领导小组办公室要制定督查考核工作机制，采取明察暗访、督查督办、定期通报等措施加强监督检查，每年对完成情况进行考核评估，对落实不力、推进缓慢的，及时采取通报、约谈等追责问责措施，切实推动工作落实。要加强对工作落实过程中的新情况新问题的研究，不断完善“清廉桐庐”建设。

（三）营造舆论氛围，提升实效。把“清廉桐庐”建设作为当前和今后一个时期宣传工作的重点，开设专版专栏，及时宣传开展“清廉桐庐”建设的重要意义，专题报道工作中涌现的好做法、好经验、好典型。要充分发挥新闻媒体监督、群众监督作用，营造全民参与的浓厚氛围，为进一步推进“清廉桐庐”建设提供有力保障。

关于加快推进残疾人全面小康进程的实施意见

桐政发〔2017〕4号

各乡镇人民政府、街道办事处，县政府各部门、各直属单位：

为加快推进我县残疾人全面小康进程，根据《浙江省人民政府关于加快推进残疾人全面小康进程的实施意见》（浙政发〔2015〕50号）和《杭州市人民政府关于加快推进残疾人全面小康进程的实施意见》（杭政函〔2016〕127号）等文件精神，结合我县实际，现提出如下实施意见：

一、总体目标

坚持普惠与特惠相结合，兜底保障与就业增收相结合，政府扶持、社会帮扶与残疾人自强自立相结合，统筹兼顾与分类指导相结合，全面加强残疾人民生保障，不断强化残疾人权益保障和公共服务，大力促进残疾人就业增收和融合发展，加快推进残疾人全面小康进程。到2020年，建成比较完善的残疾人社会保障和基本公共服务体系，促进残疾人共享经济社会发展成果、共享全面小康生活。

二、全面加强残疾人基本民生保障

（一）加大残疾人社会救助力度。对符合城乡低保条件的残疾人家庭，确保应保尽保。本人收入低于低保标准的重度成年残疾人、本人收入低于低保标准的成年精神（智力）残疾人以及家庭人均收入在低保标准2倍以内的重度残疾人，可按照单人户纳入最低生活保障范围。经认定的低保家庭，其残疾人初次就业或失业登记后再就业的，3年内所获得的就业收入可不计入家庭收入。

对低保、低保边缘家庭（家庭人均收入在低保标准100%—150%）中的未成年重度残疾人和未成年三、四级精神（智力）残疾人，参照社会散居孤儿的养育标准适时发放基本生活补贴，不再重复享受最低生活保障金。

（二）加大残疾人基本医疗康复保障。做好残疾人医疗救助工作，提高医疗救助标准，对不能通过基本医疗保险支付医疗费用的残疾人，应当优先给予医疗救助；对符合医疗救助条件的精神残疾人门诊服用基本抗精神病药物个人自负部分，实行全额保障。严格执行省关于扩大基本医疗保险支付的医疗康复项目范围、调整已纳入基本医疗保险支付的医疗康复项目限制条件等规定，落实脑瘫、智障残疾儿童医疗康复项目有关医疗保障工作；将残疾儿童、精神残疾人和“三瘫一截”等成年重度残疾人纳入基层责任医生签约服务范围，个人承担部分的签约服务费由县财政给予不低于80%的补助。

（三）健全残疾人福利补贴制度。整合残疾人共享小康工程相关政策，建立完善残疾人生活、护理、康复和社会保险等补贴制度，并实行补贴标准的动态调整。

1. 困难残疾人生活补贴。主要补助残疾人因残疾产生的额外生活支出，对象是生活困难的残疾人。对家庭人均收入在低保标准150%以内的残疾人、本人收入在低保标准150%以内的18—60周岁残疾人以及持有效期内《桐庐县困难家庭救助证》《桐庐县残疾人基本生活保障证》的残疾人，按照桐庐县低保标准30%比例计发，并随着低保标准调整而动态进行调整。

2. 重度残疾人护理补贴。主要补助残疾人因残疾产生的额外长期照护支出，对象是残疾等级为一级、二级且需要长期照护的重度残疾人以及非重度智力、精神残疾人，按生活完全不能自理、基本不能自理、部分不能自理三档，分别给予每人每月500元、250元和125元。对家庭不具备照料条件，经县民政局、县残联批准由机构托养照料服务的重度残疾人，在上述补贴标准基础上上浮50%。

3. 残疾人康复补贴。主要补助残疾人因残疾而产生的额外康复支出。加大康复救助力度，调整项目设置，扩大受益覆盖面。健全残疾儿童康复救助制度，对0-6周岁听力言语残疾、肢体残疾、智力残疾、孤独症、脑瘫等残疾儿童少年（含多重残疾）在机构接受基本康复训练，给予适当康复补贴；为各类残疾儿童适配助视器、助听器、假肢、矫形器、轮椅等辅助器具；对有手术适应指征的听力残疾、肢体残疾儿童给予手术及术后康复训练补贴；对7—18周岁残疾儿童少年提供基本养护服务。对残疾人自费配置人工耳蜗等辅助器具，可给予适当补贴。

4. 残疾人社会保险补贴。落实残疾人参加基本养老和基本医疗等各项扶持政策。重度残疾人参加城乡居民基本养老保险，个人缴费部分按当地最低缴费标准给予全部补贴。低保和低保边缘家庭残疾人、重度残疾人参加城乡居民基本医疗保险，个人缴费部分给予全额补贴。用人单位招用已认定为城乡就业困难人员的残疾人（公益性岗位除外），为其办理就业登记并依法缴纳社会保险费满12个月的，可享受每人每月500元用工补助和社保补贴。已认定为城乡就业困难人员的残疾人申报灵活就业并在我县以灵活就业人员身份缴纳社会保险费的，可享受每人每月200元灵活就业补助和社保补贴。推动建立残疾人补充保险制度，全面开展残疾人住院医疗及大病补充保险，推进托养服务机构综合责任保险。

符合条件的残疾人，可同时申领以上四类残疾人福利补贴。对既符合困难残疾人生活补贴和重度残疾人护理补贴，又符合因公致残、离休等生活补贴（津贴）、护理补贴（津贴）条件的残疾人，可就高申领其中一类生活补贴（津贴）、护理补贴（津贴）。享受儿童福利基本生活保障政策的残疾儿童不享受困难残疾人生活补贴，可享受重度残疾人护理补贴。领取工伤保险生活护理费、纳入特困人员供养保障的残疾人不享受困难残疾人生活补贴和重度残疾人护理补贴。领取职工养老保险金的残疾人不享受困难残疾人生活补贴，享受养老服务补贴的残疾人不享受重度残疾人护理补贴。以上四类补贴不计入低保和低保边缘家庭的收入。

（四）优先保障残疾人基本住房。进一步完善残疾人住房长效救助机制，对符合住房保障条件的城镇残疾人家庭，优先提供公共租赁住房或发放住房租赁补贴。实施农村危房改造时，对符合救助条件的困难残疾人家庭予以优先安排，减免相关费用。

三、全力推进残疾人就业增收

（一）依法推进按比例就业。县残联要建立用人单位按比例安置残疾人就业公示制度，将安置残疾人就业情况纳入企业信用信息公示范围。除创业3年内、在职职工总数不超过20人的小微企业外，对未达到安置比例要求的用人单位，严格依法征缴残疾人就业保障金；对超比例安置残疾人就业的企业，每多安置本县残疾人1人，每年按我县4个月最低工资的标准予以奖励。各级党政机关、事业单位、国有企业应当带头招录（聘）和安置残疾人就业。县级残工委成员单位要积极创造条件，安排一定数量的岗位用于残疾人就业。每年举办残疾人专场招聘会。公办医疗机构应当积极吸纳符合条件的盲人医疗按摩人员就业。

（二）稳定发展集中就业。全面落实残疾人集中就业税费减免、社会保险补贴等优惠政策，在同等条件下，政府优先采购残疾人集中就业单位的产品和服务。对超比例安置本县残疾人就业的福利企业，每多安置1人，按每人每年1个月县最低工资的标准发放奖励，并对残疾人职业技能培训、无障碍设施改造给予补助。对残疾人辅助性（庇护性）就业机构，除根据规模给予一次性开办补助经费外，每安置本县残疾人1人，按每人每年2个月县最低工资的标准发放奖励，并可享受场地（所）租赁、技能培训、康复器材配置、设施改造提升等补助。各级党政机关、事业单位和团体组织使用纳入预算管理的资金采购与残疾人庇护产品同一品目或类别的产品和服务的，在同等条件下，优先采购残疾人庇护产品；2017年前，我县至少落实1家政府优先采购残疾人庇护产品的生产单位和1种政府优先采购的庇护产品。对盲人按摩机构等其他残疾人集中就业机构，可根据安置本县残疾人人数给予一定的社保缴费补助。

（三）促进残疾人多渠道就业创业。全面落实促进残疾人就业的相关优惠政策，并对其从事个体经营、自主创业、灵活就业所需的场地（所）租赁、启动资金、设施设备购置等予以补助。对从事来料加工居家就业的残疾人及提供来料加工服务的经纪人给予补助。推进残疾人电子商务就业，对安置本县残疾人就业的电子商务企业，每安置1人，按每人每年2个月县最低工资的标准发放奖励。推动建立残疾人创业孵化机制，鼓励电子商务产业基地增设残疾人创业孵化区，对依托大众创业孵化平台或利用现有残疾人服务设施创办的残疾人创业孵化园（基地），可给予场地（所）租赁、无障碍设施改造、设施设备购置补助。政府开发的公益性岗位、政策性帮扶岗位，优先安排残疾人和残疾人家庭中符合就业困难人员认定条件的成员就业。

（四）推进农村残疾人增收。把农村低收入残疾人作为重点扶持对象纳入精准扶贫工作机制和贫困监测体系，将其生活水平提高和数量减少情况纳入新农村建设考核指标。加大农村残疾人扶贫开发支持力度，符合条件的农村残疾人优先享受产业扶贫、就业扶贫、小额信贷扶贫、异地搬迁等财政专项扶贫政策。鼓励农业龙头企业、种养业大户等吸纳低收入残疾人就业，按其安置本县残疾人人数予以奖励，并可同时享受就业补助等其他政策。对市级农村残疾人种养业示范基地（帮扶联合体），享受市级补助相关政策。对县级农村残疾人种养业示范基地（帮扶联合体），每年给予1至3万元经费补助，补助期限为4年。保障残疾人土地承包经营权和土地流转合法收益。

（五）加强残疾人就业服务。县残疾人就业服务机构和公共就业服务机构要免费向残疾人提供职业指导、职业介绍等就业服务，对符合条件的残疾人提供就业援助。加强残疾人就业服务信息网络建设。加大残疾人职业技能培训力度，建立培训成效与补助资金挂钩的绩效考核制度，鼓励并支持残疾人参加各类残疾人职业技能竞赛，推动和健全残疾人技能培训基地建设。对残疾人自主参加职业培训，符合条件的给予培训费用补助。

除辅助性（庇护性）就业机构以外，已享受我县税收优惠政策的企业，不再享受超比例安置奖励、社保补贴等其他财政性扶持政策。

四、加快推进残疾人基本公共服务

（一）加强残疾人康复服务能力建设。加强和优化康复资源整合与配置，依托基层医疗机构，完善提升社区康复机构功能，全县设置规范化的社区康复站20家以上。有条件的县级综合性医院和中医院要专设康复科室。加强社区康复服务，加大对基层医疗卫生工作中社区康复内容的考核力度。鼓励和扶持社会力量兴办残疾儿童康复服务机构。加强专业康复人才培养培训，组织基层医疗机构中的部分全科医生开展康复技能培训，改善提升全县残疾人的康复条件和服务能力。在临床住院医生规范化培训中强化医疗康复方面的内容。进一步完善0—6周岁儿童残疾筛查工作，普及残疾预防知识，提高公众残疾预防意识。实施以奖代补政策，引导严重精神障碍患者家庭落实监护责任。

（二）提高特殊教育发展水平。进一步完善残疾学生随班就读、重点学校的特教班和特教学校集中就学的保障体系。提高残疾儿童义务教育入学率和教学质量，积极发展以职业教育为主的残疾人高中阶段教育。加快特殊教育学校标准化建设，规划并完成县培智学校的迁建工程，将县培智学校范围从义务教育阶段逐步扩大至残疾儿童学前教育和高中阶段。到2020年，基本普及残疾少年儿童十五年教育。进一步提高残疾学生和困难残疾人家庭子女资助水平，建立完善残疾学生特殊学习用品、教育训练、交通费补助政策。鼓励特殊教育教师终身从事特殊教育事业，在教师专业技术职务评聘、评先评优时给予适当政策倾斜。全面落实特殊教育津贴制度，绩效工资分配向特殊教育教师倾斜。

（三）完善残疾人服务设施建设和管理。加快推进残疾人服务设施建设，将残疾人专业服务设施、无障碍设施改造等纳入县政府为民办实事项目，给予重点扶持。到2020年，全县至少建有1家示范性残疾人专业康复机构和1家示范性残疾人专业托养机构，平均每百名残疾人的康复和集中托养床位达到3张以上。人口在1万人以上的乡镇（街道）至少建有1家残疾人庇护机构，鼓励、扶持村（社区）建立残疾人庇护照料机构。加强残疾人服务设施的管理，已投入使用的残疾人服务设施不得挪作他用。整合乡镇（街道）、村（社区）养老助残资源，为智力、精神和重度残疾人提供托养照料、居家安养服务。对民营机构开展的残疾人康复、托养、庇护、教育、文化体育等服务，参照养老服务业相关优惠政策执行。

（四）全面推进城乡无障碍环境建设。贯彻落实《无障碍建设条例》，推动全县无障碍环境建设，继续实施“无障碍设施进家庭”建设项目。加快公共交通、公共场所和设施的无障碍改造，在公共停车区设置残疾人专用停车泊位，进一步提高公共场所出入口的坡道平整覆盖率。公共服务建设项目无障碍设施竣工验收时，应吸收残联组织和残疾人代表参加。逐步推进各级政府信息以无障碍方式发布，县级电视台开办手语栏目，主要新闻及气象栏目加配手语解说或字幕。实施本县户籍残疾人免费乘坐县内公共交通政策。公共服务窗口设置醒目标志，为残疾人提供优先、优惠和辅助性服务。

（五）发展残疾人文化体育。县内公共文化体育设施和公园等公共场所对残疾人免费或优惠开放，并配备适合残疾人的文体活动器材。残疾人集中就业、康复托养、庇护照料等场所，配备适合残疾人康复健身的文体设施和用品，并定期组织开展文体活动。对残疾人文体人才的就学、就业、创业给予优先安排和政策扶持，对做出突出贡献的残疾人文体人才给予奖励。到2020年，全县至少建成1个残疾人文化体育活动示范点和示范基地，残疾人文体活动参与率达到65%以上。

五、发挥社会力量和市场机制作用

（一）积极推动政府购买服务。以残疾人康复、托养、护理、无障碍改造、文化体育、法律维权等服务为重点，加大政府购买服务的力度，推动服务方式创新，丰富助残服务内容，规范服务标准，健全监管机制，实现政府购买服务对残疾人服务供给的带动和引领作用。

（二）大力发展残疾人慈善事业。鼓励和支持社会公众、社会组织通过捐款捐物、扶贫开发、助学助医等方式，为残疾人奉献爱心，提供慈善帮扶。鼓励支持服务残疾人的各类公益慈善组织发展，采取公益创投等多种方式，在资金、场地（所）、设备、管理、岗位购买、人员培训等方面给予扶持，引导和规范其健康发展。大力培育残疾人慈善项目品牌，倡导社会力量兴办以残疾人为服务对象的公益性医疗、康复、特殊教育、托养照料、社会工作服务等机构和设施。鼓励企业为“仁爱家园工疗站”等残疾人服务机构提供稳定安全的庇护产品。

（三）广泛开展志愿助残活动。突出需求导向和精准服务，健全志愿助残的招募注册、服务对接、服务记录、组织管理、评价激励、权益维护等制度。积极搭建志愿助残服务平台，广泛开展助残志愿者“阳光行动”，创新服务项目，做强服务品牌，满足残疾人的服务需求。到2020年，全县助残志愿者注册人数达到300人以上。

（四）加强残疾人事业宣传。县级广播、报刊、电视和网站等主要新闻媒体要开设残疾人专版专栏专题，每年定期刊登播放助残公益广告。在“全国助残日”“国际残疾人日”等残疾人重大节日期间，广泛开展特色主题宣传活动。开展“最美桐庐人——十佳残疾人”“最美助残志愿者”等评比活动，营造更加优良的残疾人事业发展环境。对维护残疾人合法权益、发展残疾人事业、为残疾人服务等方面做出突出贡献的单位和个人给予鼓励，在全社会营造理解、尊重、关心、帮助残疾人的良好氛围。

六、全面落实保障措施

（一）强化组织领导机制。坚持党委领导、政府负责的残疾人工作领导机制，将加快推进残疾人全面小康纳入政府重要议事日程，将残疾人工作列入各乡镇（街道）和县残工委成员单位年度综合目标考核内容。积极落实市政府每年与县政府签订的残疾人工作重点任务责任书内容。县政府残疾人工作委员会要进一步完善工作机制，切实发挥统筹协调作用，明确各成员单位工作职责，对年度工作任务完成情况进行考核和通报，并协调监督有空缺编制岗位的残工委成员单位招聘残疾人。充分利用残疾人基本服务状况和需求信息数据动态更新工作成果和全省残疾人全面小康进程监测和评估结果，作为考核残疾人工作成效的重要依据。

（二）完善工作保障机制。建立完善多渠道、全方位的资金筹措机制，保障残疾人事业发展所需经费。县财政要建立完善稳定的残疾人事业经费保障机制，按照支出责任合理安排推进残疾人全面小康进程所需的经费。确保福利彩票公益金本级使用部分的10%以上用于为残疾人服务的福利设施、设备。加强残疾人就业保障金的征收、使用和管理，残疾人就业保障金应及时、足额征缴到位。加强基层组织建设，乡镇（街道）残疾人专职委员实现全覆盖，其工资待遇参照社区工作者工资标准执行；村（社区）残疾人专职委员岗位按不低于县最低工资标准予以补助，兼职的给予适当补助。加强信息化建设，建立完善民政、人社、卫计、教育、公安、税务、市场监管、残联等部门和单位之间相关数据信息的互通共享机制。建立健全县级各类残疾人专门协会，落实活动场所和经费。

（三）健全残疾人权益保障机制。将残疾人权益维护纳入各级“平安建设”考核内容，加强对残疾人权益保障工作的督促检查。县政府和有关部门研究制定重要政策和实施重大建设时，涉及残疾人权益的，要征询本级残联组织和残疾人代表的意见和建议。加强对残疾人的司法保护，严肃查处侵害残疾人合法权益的违法行为。开通残疾人服务热线与网上信访工作平台，畅通残疾人合法利益诉求渠道。

本意见自2017年4月1日起施行，由县残联负责牵头组织实施。前发文件与本意见不一致的，以本意见为准，其中2016年度已下发的残疾人生活困难补贴、重度护理补贴等按所发文件规定的具体实施时间执行。

关于推进综合医改先行先试工作的实施方案

桐政发〔2017〕49号

各乡镇人民政府、街道办事处，县政府各部门、各直属单位：

根据《浙江省人民政府关于印发深化医药卫生体制改革综合试点方案的通知》（浙政发〔2016〕19号）和省卫生计生委、省发改委、省财政厅等五部门《关于推进全省综合医改先行先试地区重点改革任务的意见》（浙卫发〔2016〕59号）精神，结合我县实际，现就我县推进综合医改先行先试工作制定如下方案。

一、总体要求

深入贯彻全国及省、市卫生与健康大会精神，牢固树立“大健康”理念，全面实施“大健康”战略，推动医疗、医保、医药“三医联动”，牢牢把握改革发展新要求和群众健康新需求，突出供给侧结构性改革，进一步完善医药卫生体制改革的基本制度、服务体系、管理体制和运行机制，增强群众获得感，加快构建惠及全县人民的大卫生、大健康格局，为全力打造美丽中国桐庐样本、建设健康桐庐提供坚实健康支撑。

二、主要目标

按照先行先试要求，到2017年率先完成国家、省、市关于深化医药卫生体制改革意见中明确的改革任务，实现人人享有安全、有效、方便、价廉的基本医疗卫生服务；到2020年，健康桐庐建设全面推进，实现人人享有更加完善、更有质量、更高水平的基本医疗卫生服务。

——现代医院管理制度加快建立。按照管办分开、放管结合的要求，强化政府办医责任，落实医院经营管理自主权，联动推进药品耗材采购供应、医疗服务价格、医保支付标准、医务人员薪酬制度和绩效考核管理等综合改革，形成维护公益性、调动积极性、保障可持续的运行新机制。到2017年，公立医院综合改革深化推进；到2020年，基本建立权责明晰、运行规范、管理科学、监督有效的现代医院管理制度。

——有序就医秩序基本构建。按照重心下移、关口前移的要求，全面推进“双下沉、两提升”工作，进一步推动优质医疗卫生资源纵向延伸，大力推行责任医生签约服务，加快建立基层首诊、双向转诊、急慢分治、上下联动的分级诊疗模式。到2017年，县域内就诊率较2015年提升5个百分点；力争到2020年，县域内就诊率达到90%以上。

——全民医保体系更加健全。按照制度更完善、保障可持续的要求，深化医保管理体制和运行机制改革，健全筹资机制和待遇调整机制，形成更加完善的多层次医疗保障体系， 不断强化医保在管控医疗费用、规范医疗服务行为和化解灾难性医疗费用支出风险等方面的重要作用。“十三五”期间，统筹区内城乡居民医保政策范围内门诊、住院报销比率分别达到50%和75%及以上。

——智慧医疗服务特色鲜明。按照创新服务、便民惠民的要求，大力推进“互联网+医疗健康服务”，促进大数据在医药卫生领域的广泛应用，加快形成智能、便捷、高效、经济、共享的服务新模式，改善群众看病就医体验。到2020年，实现智慧医院全部覆盖公立医院。

——多元办医格局进一步形成。按照调整存量、优化增量的要求，合理调控公立医院数量、规模，优化结构布局，大力发展社会办医和健康服务业，推动公立医院和社会办医疗机构有序竞争、相互促进、共同发展。到2017年，全县社会办医总体规模和发展水平明显提升，床位数和服务量占比较2015年提高2%及以上；到2020年，社会办医疗机构床位数占比达到25%以上。

——健康产业优势进一步凸显。按照“生态为基、产业为王、项目为要”，优化产业布局、严把准入关口，着力引进生命科学和生物工程领域高端项目，做深“旅游+”文章，努力成为生命健康与旅游产业融合发展新高地 。

三、重点任务

（一）加快分级诊疗制度建设。（1）建立优质医疗资源梯度下沉机制，积极探索医疗联合体等多种实现形式。借助上级医院等与县域县、乡、村医疗卫生机构组成四级医疗服务体系。到2017年底，县级医疗资源规范化下沉乡镇覆盖率达到80%。（2）建立转诊流程和相关制度，完善可追踪、可调控、可监管的双向转诊平台。县级医院要积极与省内外医院医院要深化合作关系，积极开展对口转诊。到2017年底，基层转诊占公立医院门诊就诊的比例达35%以上。（3）建立基层医疗机构首诊制，探索制定县域内首诊疾病种类目录，完善医保差异化支付制度。力争到2017年底，未按规定转诊患者医保报销比例明显降低。（4）制定、落实签约服务经费预付与月考月结结合等相关政策，加快推进责任医生签约服务，到2017年底，签约服务人数达到常住人口的30%以上，县域内就诊率较2015年提升5个百分点；到2020年，县域内就诊率达到90%以上。（5）稳步推进县域临床检验中心、医学影像中心、心电诊断中心、消毒供应中心等共享中心建设，力争到2017年底，探索建立县域内分片包干、区块合作等多种共享中心模式。（6）深化基层卫生综合改革，进一步提升卫生院（社区卫生服务中心）医疗服务能力。力争到2019年底，三分之一卫生院（社区卫生服务中心）具备基层特色科室（专科）。卫生院（社区卫生服务中心）积极做好医、养、护结合，开展常见病、多发病、老年病、慢性病等住院服务，逐步开展一、二类手术，逐步达到至少1名全科医生能提供规范的儿童基本医疗服务。

（二）完善药品耗材采购使用机制。（7）积极实施医药购销领域“两票制”改革，在省药械采购平台上开展以医疗机构组成采购联合体等形式自主谈判采购药品，确定药品采购价。（8）加大财政支持力度，销售价和采购价之间差价由财政保障，经财政、卫计、人社等部门联合考核后落实，主要用于薪酬制度改革和医院的发展等的奖励。（9）加强抗菌药物临床应用分级管理，规范抗菌药物合理使用。严格控制辅助性和营养性用药、中成药、高值耗材采购范围和临床不合理使用，建立重点品种重点监控机制，并及时纠正不合理用药行为。（10）逐步提高国产医疗设备配置水平，逐步建立大型设备共用、共享、共管机制。到2017年底，基药使用比例不低于省定标准，县级医疗全面停止门诊患者输注抗菌药物，药品耗材支出同比下降10%，力争药品耗材使用比例控制在50%以下。到2020年，医用耗材使用比例合理，患者自主选择在医院门诊药房或凭处方到零售药店购药，基层医疗卫生机构逐步停止门诊患者输注抗菌药物。

（三）推进医疗服务价格改革。（11）率先推进医疗服务价格改革，实施医疗服务价格分类管理，即公立医疗机构提供的基本医疗服务实行政府指导价，提供的特需医疗服务及其他市场竞争比较充分、个性化需求比较强的医疗服务实行市场调节价，对非公立医疗机构医疗服务价格进行监督检查。（12）按照“控总量、腾空间、调结构、保衔接”的路径，在确定县域医药费用和医疗服务费用合理增量的基础上，对药品耗材采购环节降低虚高价格、诊疗环节减少不合理用量和减少不合理检查化验腾出的空间，主要用于调整医疗服务价格，合理让利医保和患者，并做到腾一次、调一次，小步快跑，逐步到位。（13）落实医疗服务价格与医保支付、医疗控费政策统筹衔接，医疗服务价格调整部分，按规定纳入医保支付范围。完善政府补助机制，启动专项补助与付费购买相结合、资金补偿与服务绩效相挂钩的补偿机制改革。在2017年8月底前完成首轮调价，力争到2017年底，公立医院医疗技术服务收入占比提升10%，达到50%以上。

（四）加快推进医保支付制度改革。（14）完善城乡居民基本医疗保险制度，实现管理体制、经办服务、覆盖范围、筹资政策、保障待遇、医保目录、定点管理、基金管理等有机统一。（15）建立完善医保支付标准并动态调整，实施差别化医保支付政策，阶梯式设置不同等级医疗机构和跨统筹区医疗机构就诊的起付标准和报销比例。到2017年底，县域内城乡居民医保政策范围内门诊、住院报销比例保持在50%和75%左右。（16）深化医保支付制度改革，按照“超支负担、结余奖励”的原则，继续完善总额预付管理。（17）开展基于DRGs的质量标化管理和付费改革探索，建立居民健康管理和医保基金使用“双守门人”制度。（18）全面覆盖医保智能监管，将医保对医疗机构服务的监管延伸到对医务人员医疗服务行为的监管。推行全省长期护理保险制度试点县工作，解决长期失能人员的生活和与基本生活密切相关的医疗护理难题。

（五）实行人事薪酬分配

制度改革。（19）创新编制管理方式，积极推进编制备案制管理，加快建立县域卫生人才柔性流动机制。（20）健全院长选拔任用机制和激励约束机制，推行公立医院院长任期制，探索年薪制等薪酬待遇和目标考核相结合的薪酬制度。（21）探索符合行业特点的薪酬机制，实行医疗机构工资总额核定制度。在保证优质完成基本服务基础上，允许通过拓展增值服务获得额外收入，允许乡镇卫生院医疗服务收入在扣除财政核定收入数的结余部分后主要用于提高医务人员收入待遇，逐步实现县乡两级收入相衔接，充分调动管理和医护人员两类人员的积极性。（22）加强人才队伍建设，借助医疗联合体、医教联合体等平台，通过培训教育、实习带教、进修轮训等形式，提高服务技能和水平，培养中高级技术性人才和中层及以上管理人才。继续实施卫生人才招引政策，鼓励乡村医生参加学历教育，完善农村定向委托培养医学生制度。（23）进一步完善专业技术职称评聘制度，促进人才成长发展和合理流动。

（六）全面加强公立医院综合监管。（24）按照管办分开、放管结合的要求，到2020年，逐步建立和完善现代医院管理制度。（25）全面开展公立医院目标管理和绩效考核，严格执行《关于控制公立医院医疗费用不合理增长的若干意见》（国卫体改发〔2015〕89号），严格控制公立医院费用不合理增长。到2017年底，实现公立医院门诊、住院患者人均费用和总收入增幅下降，患者自付医疗费用占总医疗费用比例下降，并定期排序公开。到2020年，基本达到绩效考核突出工作数量、服务质量、技术能力、医德医风等指标，考核结果与岗位聘用、晋升晋级、薪酬待遇挂钩。（26）大力改善医疗服务，重点做好预约诊疗、日间手术、信息推送、结算服务、药事服务、急诊急救、优质护理等工作。着力提升医疗服务水平，改善就医感受，以老百姓是否得实惠为目标，不断改善软硬件服务环境，接受社会监督，提升满意度。

（七）大力发展智慧医疗健康服务。（27）建立区域公立医院综合监管服务、医疗质量管理及智能审核系统和公众健康信息查询平台，通过平台数据的分析提升对公立医院信息化监管服务水平。（28）建立区域分级诊疗信息平台，并与省、市预约、转诊平台对接，畅通双向转诊通道。（29）全面推进智慧医院建设，实施医疗机构就医流程信息化再造，实现智能化挂号、支付、导诊、诊疗报告查询和健康指导等业务应用，改善群众看病就医体验。建立县域PACS和心电会诊中心、临床检验中心，实现公立医疗机构之间进行会诊和共享。（30）全面加强基层卫生信息化建设，建立责任医生签约服务信息系统，并与居民电子健康档案、电子病历数据库和分级诊疗信息平台实现融合。探索“互联网+”医疗健康产业发展。到2020年，全面建成与省、市平台融合，在公共卫生、计划生育、医疗服务、药品管理、综合管理等六大领域互联互通、交换共享、有效协同人口健康信息系统。

（八）大力扶持民营医院发展。（31）进一步加大对社会办医的扶持力度，落实“两宽一强”（放宽市场准入、放宽人才流动，加强医疗服务行为监管）。（32）加快形成多元办医格局，新增医疗资源如医养护一体化服务，优先考虑社会力量举办。鼓励符合条件的医师申办个体诊所、开展医师多点执业和自由执业。鼓励公立医院与社会力量合资合作举办新的非营利性医疗机构。率先在全市开展民办公益医疗服务机构纳入事业单位统一登记管理试点工作。力争到2017年底，社会办医疗机构床位数占全县床位数比例达到25%以上，服务量明显提升。

（九）探索推进桐庐特色医改工作。（33）深化、优化医疗联合体改革。以落实医疗机构功能定位、提升基层服务能力、理顺双向转诊流程为重点，不断完善医联体组织管理模式、运行机制和激励机制，逐步建立完善不同级别、不同类别医疗机构间目标明确、权责清晰、公平有效的分工协作机制，推动构建分级诊疗制度，实现发展方式由以治病为中心向以健康为中心转变。利用三级公立医院优质资源集中的优势，通过技术帮扶、人才培养等手段，发挥对基层的技术辐射和带动作用。鼓励医联体内统一管理模式，发挥集约优势，推进区域医疗资源共享，发挥科技引领与支撑作用，提高医疗服务体系整体能力与绩效。强化县级医院龙头能力建设。积极做好县第一人民医院“三乙”综合性医院和县中医院“三乙”综合性中医院创建的各项准备工作，力争在评审周期内通过评审。加快实施县妇幼保健院迁建工程，谋划启动县第一人民医院诊疗中心大楼、县第三人民医院精防大楼建设，力争县第二人民医院、县妇保院早日创成二级甲等医院。（34）优先发展大健康产业。依托富春山健康城，聚焦生命科技、中药健康、运动休闲三大板块，打造省级生命健康产业先行先试区。精准发力，强势推进，做强平台，做大产业，将生态优势转化为产业优势，实现“绿水青山”向“金山银山”有效转化。（35）加快推进“健康树”综合签约服务。转变服务模式，提升基层医疗机构和家庭医生的服务能力，提供慢性病配药服务、分级诊疗服务、居家医养服务等健康医疗服务，进一步提高基层就诊率，方便群众就医。（36）大力发展中医药事业。传承药祖桐君文化，圆满通过全国基层中医药工作先进单位复评，建设中医药旅游示范区，加强中医药和旅游的产业融合，打造中医药健康旅游线路，开发中医药特色健康旅游产品。开展校地合作，推进中医药产业化发展。

四、保障措施

（一）强化投入保障。继续按照公共财政的要求，构建可持续的卫生发展保障机制。逐步建立科学合理的投入补偿机制，确保财政补偿资金及时足额到位。强化政府办医责任，政府卫生投入重点用于支持公共卫生、基本医疗和基本医保，切实落实符合规划的公立医院基本建设、大型设备配备、学科建设、人才培养、符合国家规定的离退休人员费用和政策性亏损补贴等投入6个方面的投入责任。积极推进补偿机制改革，探索实行政府购买服务等多种形式的投入方式，促进服务机制转变，提高资金使用绩效。在加大政府投入的同时，要鼓励社会资金投资医疗卫生事业，形成政府主导、社会参与的多元投入格局。

（二）强化协同推进。各成员单位建立主要领导负总责，分管领导具体抓工作机制，逐级分解任务，层层明确责任，制定具体实施方案和年度工作计划，按照全县统一部署和要求，细化任务分解，完善具体措施，确保综合医改先行先试工作有力有序推进。

（三）营造良好环境。坚持正确的舆论导向，充分发挥新闻媒体和网络作用，积极做好医改政策的宣传解读，引导社会合理预期。主动向社会通报改革的进展情况，及时解答和回应社会各界关注的热点问题，争取广大群众和社会各界的理解和支持，调动各方参与医改的积极性，为深化改革营造良好的舆论环境。

关于加快体育事业发展的实施意见

桐政发〔2017〕119号

各乡镇人民政府、街道办事处，县政府各部门、各直属单位：

为深入贯彻《浙江省体育发展“十三五”规划》（浙发改规划〔2016〕467号）、《浙江省全民健身实施计划（2016-2020）》（浙政发〔2016〕39号）和《浙江省人民政府关于加快体育产业促进体育消费的实施意见》（浙政发〔2015〕19号）等文件精神，进一步满足人民群众日益增长的体育文化需求，提高全民健康水平，促进山清水秀民富县强的美丽中国桐庐样本目标建设，结合我县实际，现就加快体育事业发展提出如下实施意见。

一、总体目标

紧紧围绕县委、县政府“建设一个目标、实施三大战略”的总体部署，推进体育与经济社会同步发展。深入实施公共体育惠民工程，全面提升公共体育服务能力和水平；深入实施竞技体育育才工程，全面提升竞技体育的竞争力和贡献力；深入实施体育市场繁荣工程，全面提升体育市场发展规模和层次。着力打造“健康桐庐”，到2020年努力实现体育各项事业处于全省领先水平，率先基本实现体育现代化，为争创“全国体育强县”打下坚实基础。

——公共体育设施持续完善，体育服务能力持续增强。基本建成“全覆盖、高水平”的公共体育服务体系。实现“15分钟健身圈”，人均体育场地面积达到2.3平方米，全县便民体育设施全覆盖、行政村（社区）体育设施全覆盖，公共体育设施和符合条件的学校体育场地设施开放率达100%。实现乡镇（街道）“1+5”体育社会组织网络全覆盖，全县体育社会组织达到30个以上，体育协会达到20个以上。每千人拥有社会体育指导员3人以上，国民体质监测合格率达到95%以上。全县经常参加体育锻炼的人数比例达到45%以上，大力开展青少年体育；普及开展老年人体育；广泛开展群众体育，积极倡导文明健康的生活方式，提升全民健身意识，营造群众共同参与的社会氛围。

——竞技培训机制全面提升，竞技体育优势全面扩大。项目布局进一步优化，在县青少年体育学校、市县联办体育传统项目学校、俱乐部开设各类体育训练项目达到15个以上。在此次奥运周期输送、储备省、市体育后备人才200名以上，创建省级高水平体育后备人才基地1个，省校园足球特色学校3所，力争有桐庐籍运动员参加奥运会等世界顶级赛事。

——体育消费市场逐步扩大，品牌赛事影响力不断提升。积极培育市场主体，力争创建省级体育运动休闲小镇2个以上，省级运动休闲示范基地5个以上，积极引进体育上市公司，力争“体育+”项目和省级体育示范企业5家（个）以上落户桐庐。到2020年，努力实现有品牌赛事进入《浙江省重点培育品牌体育赛事名录库》，体育市场产业增加值的年均增长速度超过同期经济增长速度。

二、主要任务与举措

通过实施“三大工程”，实现我县体育全面、协调和可持续发展。

（一）实施“公共体育惠民工程”。

1. 加强体育场地设施规划建设和利用。加快体育场地设施专项规划编制，将其纳入城乡规划、土地利用总体规划。新建居住小区和社区按室内人均建筑面积不低于0.1平方米或室外人均用地面积不低于0.3平方米的标准配套群众健身设施，住建、体育等相关部门要建立审批制度。各乡镇（街道）要有效开发利用城镇低效用地建设体育场地设施，加强体育公园、健身苑点等便民体育设施建设，配套经费做好农村体育场地、设施管理和维修工作。推进体育场馆改（扩）建工程，实施江南体育馆（综合馆）扩建、江北健身中心改造等项目，多元筹资新建大型体育场馆，满足各类大型体育赛事和全民健身活动的需求。加强基层体育设施建设，建设省、市级小康体育提升工程40个，全民健身活动中心3个，体育休闲公园5个，拆装式游泳池10个，笼式足球场地15个。推进公共体育设施，学校、企事业单位体育场地设施向社会开放，通过补贴扶持等措施，实现所有公共体育设施和符合条件学校体育场地设施100%向社会开放。

2. 完善健全体育社会组织网络。加强对体育社会组织的扶持培育和服务管理，不断健全体育总会工作网络，推动体育总会网络向乡镇延伸。到2020年每个乡镇（街道）达到1+5工作格局（即一个体育总会工作站，5个以上专业体育社会组织）。相关部门要制定体育社会组织扶持政策，完善向社会购买公共体育服务机制。到2020年，实现达到体育社会组织30个以上，县级体育协会20个。

3. 积极打造全民健身活动平台。制度化、经常化，推动全民健身活动广泛开展，全县经常参加体育锻炼的人数比例达到42%以上。打造全省唯一的县域“全民运动节”，实施“人人会游泳”培育计划，到2020年基本实现乡镇（街道）游泳培训场所全覆盖。大力开展在校学生游泳培训，通过若干年努力实现桐庐县“人人会游泳”的目标，形成全省具有地方特色的品牌。积极打造“农村篮球俱乐部制联赛”“百村乒乓球赛”“县广场舞大赛”等一批县级全民健身品牌赛事，每年举办各类体育赛事活动100场（次）以上，基本实现“月月有赛事、周周有活动”，每位市民有1-2项体育运动爱好，享受体育的乐趣。

4. 加强体育健身的科学指导。进一步提升“体卫协作”水平，开展科学健身指导，加强非医疗健康干预，通过运动促进慢性病防治。推进互联网+体育健身指导应用，建设互联互通的县域体育大数据平台，完善县、乡两级国民体质监测网络，完成国家和省、市每年测试任务2000人，合格率达到95%以上。继续夯实社会体育指导员的培训与继续教育，提高专业指导水平。加强体教合作，全面实施《国家学生体质测试标准》，中小学生体质测试合格率达97%、优秀率达20%以上，浙江省高校新生体质健康测试反馈成绩列全省前茅。

（二）实施“竞技体育育才工程”。

5. 加强竞技体育训练体系建设。按照“夯实基础、强基育苗、立足输送”的布局原则，加强由“县青少年体育学校、市县联办体育传统项目学校、各类俱乐部、各类体育培训机构”构成的训练网络，对其做好组织申报、审核、考评和验收工作。做好15个以上运动项目布点工作，对成绩突出的项目单位实行奖励。

6. 完善竞技体育训练和指导机制。解决农村重点体育后备人才在转校（县城）集中训练、学习、生活等方面的困难。县教育、体育部门制定体育特长生招生政策，向社会公开并接受监督。经县体育部门认定聘用长期带训的业余教练员享受相关政策和经费补助；对省市比赛获得优异成绩的运动员、教练员予以奖励。

7. 实施金牌战略。加强体育优秀人才培养，坚持培优计划、走精兵之路。建立县级体育人才储备库，本奥运周期内为国家、省市输送顶尖体育后备人才200人以上，继续保持我县竞技体育在省市的领先地位。激励桐庐籍运动员进军奥运会等世界顶级赛事，按体育赛事级别给予奖励。

（三）实施“体育市场繁荣工程”。

8. 培育特色体育示范基地。大力推进运动运动休闲基地和体育设施建设，重点培育山地运动，户外拓展、水上娱乐等运动休闲项目。到2020年，力争打造省级健身步道3条，汽车露营基地2个以上；力争创建省级体育运动休闲小镇2个，省级运动休闲示范基地5个。

9. 发展品牌赛事。设立赛事引导基金，吸引社会资本参与，重点培育游泳、马拉松、羽毛球、棋类等展示桐庐山水和文化特色的品牌赛事。到2020年努力实现有品牌赛事进入《浙江省重点培育品牌体育赛事名录库》。

10. 加大体育项目招引力度。推动体育与旅游、美丽乡村、健康产业结合，以2022年杭州亚运会举办为契机，积极争取足球、马术等重大项目及省级以上赛事和训练基地落户我县，并积极打造赛事相关产业。

三、组织保障

11. 健全组织领导。建立县加快体育事业发展工作领导小组（见附件），负责政策制定、工作协调、评估考核等工作。各有关职能部门在落实职责分工的同时，要加强协作形成合力，推进体育事业加快发展。各乡镇（街道）要建立相应的工作机制，统筹规划，协调推进。县体育局负责制定成员单位联席会议制度，定期召开联席会议。

12. 落实资金保障。县乡两级配套建立健全体育事业发展财政保障机制，从2017年起，按照人均25元以上标准设立体育事业发展专项经费（含省、市配套资金），主要用于体育场馆修建、设施运维、竞技训练、群众活动及体育市场培育等，再设立500万元以上的赛事、活动引导资金，用于举办品牌赛事和通过购买公共体育服务的方式，扶持和鼓励县内各类体育社会组织稳步发展，具体细则由财政和体育部门另行制定。多渠道筹措体育基金，弥补体育人才培养、赛事活动举办等相关项目财政资金的不足。各乡镇（街道）要加强对体育事业的投入，每年安排一定经费，重点保障场地修缮、更新设施设备、体育活动组织、落实相关人员经费等支出。

13. 强化人才队伍。完善体育人才培养、使用和激励机制，加大高层次、紧缺型体育人才的招引力度。将适合我县紧缺需求，退役来桐工作的国家一级（含）以上等级运动员纳入桐庐县高层次人才目录，按参加赛事级别、参赛成绩等不同享受不同的县高层次人才保障政策，具体级别另行制定。对拥有国家一级（含）以上运动员等级或高级职称的教练员，聘任可以不受专技岗位指标限制。对我县急需体育人才招引，可适当放宽学历和职称要求，侧重专业技能水平考核。建立在国内外重大比赛中取得优异成绩的教练员、运动员表彰奖励制度，建立省队以上现役运动员慰问制度。

14. 实行绩效评估。相关部门要根据各自职责，建立考核机制，密切配合，切实形成工作合力。加强对各乡镇（街道）加快体育事业发展实施情况的绩效评估，加大考核权重，进一步完善县综合考评体系。领导小组办公室要定期组织人员进行督查，发现问题及时督促整改，确保工作有序推进。

15. 本意见试行三年，自2017年12月1日起实施，由县文广新局(体育局)负责解释。

关于全面落实商事领域“最多跑一次”改革强化事中事后监管的实施意见

县委办〔2017〕63号

各乡镇党委、人民政府，各街道党工委、办事处，县级机关、企事业各单位：

为认真贯彻落实国务院《关于“先照后证” 改革后加强事中事后监管的意见》（国发〔2015〕62号）、《浙江省人民政府办公厅关于深化“先照后证”改革加强事中事后监管的实施意见》（浙政办发〔2016〕43号）、《杭州市人民政府办公厅关于深化“先照后证”改革加强事中事后监管的实施意见》（杭政办函〔2016〕144号）、《桐庐县加快推进商事领域市场主体“准入又准营”改革方案》（以下简称《改革方案》）等文件精神，结合我县实际，就深化我县商事制度改革，建立部门协同机制，强化事中事后监管，提出如下实施意见。

一、指导思想

深入贯彻中共十八大和十八届三、四、五中全会精神，认真落实国务院、省市政府决策部署，遵循“职责法定、协同监管、信用约束、社会共治”的基本原则，按照《浙江省人民代表大会常务委员会关于推进和保障桐庐县深化“最多跑一次”改革的决定》要求，强化商事登记改革后的事中事后监管，加快政府职能转变，推动工作重心由规范市场主体资格为主向规范市场主体行为为主转变，促进政府管理由事前审批为主向事中事后监管为主转变。

二、总体目标

根据《改革方案》精神，营造便利化、规范化、法治化的营商环境和公平、统一、高效的市场环境，着力解决市场体系不完善、政府干预过多和监管不到位等问题，逐步建立横向到边、纵向到底的监管网络和科学有效、宽进严管、权责明确、透明高效的监管机制，打造“放而不乱、管而不死”的行政履职新格局，最大程度释放改革红利，促进我县经济社会持续健康有序发展。

三、具体做法

（一）严格执行行政审批事项目录

市场监管部门要严格执行国家工商总局公布的工商登记前置审批事项目录和《改革方案》中的审批事项分类清单，不得擅自增加或变相增加前置审批。属于前置审批目录事项的，经有关部门审批同意后，市场监管部门依法核发营业执照；属于后置审批目录事项的，市场监管部门直接依法核发营业执照，其中对整合类及告知承诺类的审批项目，各部门将申请人须承诺的事宜和企业承担的主体责任以告知承诺书的范本形式予以明确。

对行政审批中的具体条

件、标准涉及环境保护、安全生产、消防安全、城市管理等相关规定而列入我县市场准入负面清单的行业，由县行政服务中心负责汇总，做好沟通衔接，确保行政审批工作的顺利实施。

（二）严格落实“双告知”“双公示”制度

各部门要积极构建并健全商事制度“最多跑一次”改革新环境下的协同监管机制，全面落实“双告知”“双公示”制度。

1. 在办理注册登记核发营业执照时，市场监管部门要根据已经公布的工商登记后置审批事项目录书面告知申请人需要审批的经营项目和相应审批部门，申请人需书面承诺在取得审批前不得擅自经营。告知承诺类审批项目的申请人，必须签署告知承诺书，承诺达到法定许可条件后方可从事经营活动。

2. 在办理登记注册后，市场监管部门通过杭州市企业信用联动监管平台将注册登记信息和告知承诺书实时推送相关审批部门，其中属于整合的许可事项，相关部门在接收到市场监管部门推送的信息后尽早进行核查或备案；属于告知承诺制的许可事项，有关部门按照各自的事中事后监管要求进行行政指导、行政检查。

3. 建立健全公示制度，打造“双公示”桐庐样本。实施“双公示”制度，积极完善和推动桐庐县公共信用信息平台的建设和应用，各审批部门及行业主管部门借助桐庐县信用信息公示平台辅以相关网站媒体对申请人承诺事项及其监管结果进行公示。

（三）明确监管职责提升协同监管实效

按照“谁审批、谁监管，谁主管、谁监管”的原则，遵循《杭州市人民政府办公厅关于深化“先照后证”改革加强事中事后监管的实施意见》关于明确部门监管职责分工的基本规定，突显桐庐特点。

1. 各部门结合《改革方案》，立足各自审批事项特点、行业管理风险制定事中事后监管工作方案，按照时间节点和工作路线图抓好方案实施并报县“跑改办”备案，其中涉及告知承诺的事项报县法制办审核，真正实现工作重心由规范市场主体资格为主向规范市场主体行为为主转变。

2. 按照“法定职责必须为”的要求，正确把握无证经营和无照经营、超范围经营的法律内涵，理解告知承诺制的实质含义，厘清审批部门、行业主管部门和市场监管部门的职责边界，尤其是对“承诺不践诺，备案不真实”的，通过责令改正、行政处罚等方式落实整改，确保事有人管、责有人负，杜绝监管盲区和真空。园区、楼宇、招商中心切实落实“谁引进、谁负责”的招商原则，加强源头防控。

3. 厘清职责边界。对涉及工商登记前置审批的事项，未取得审批文件、证件，擅自从事经营活动的，由审批部门依法查处；对已取得审批文件、证件，未取得营业执照，擅自从事经营活动的，由市场监管（工商）部门依法查处。

对涉及工商登记后置审批的事项，已取得营业执照，但未取得审批文件、证件，擅自从事经营活动的，由审批部门依法查处，如涉及2个以上审批部门，各审批部门在各自职责范围内依法查处，并相互配合。对分工查处职责存在分歧的，由县落实商事登记“最多跑一次”强化事中事后监管联席会议协调明确；对涉及多部门职责的，可以根据乡镇属地负责和综合执法等实际情况，明确由属地乡镇牵头、各部门配合查处。

市场监管部门依法对符合办照条件且不涉及前置许可审批的无照经营行为进行查处，并积极协助配合许可审批部门和行业主管部门加强监管。

4. 增强各部门监管协同能力。各部门在执法过程中，发现违法违规行为线索且属于其他部门监管职责的，应及时以书面形式或通过联动监管平台告知相关部门，收到线索的部门应及时依法处置。在违法违规行为的查处中，由县落实商事登记“最多跑一次”强化事中事后监管联席会议对没有专门执法力量、执法力量不足的，探索在重点监管领域开展部门联合检查，共同查处决定。

四、创新机制，强化事中

事后监管

（一）探索制定政府监管行为标准，实现专业监管。以标准的形式明确监管的依据、权限、程序和责任，提升监管过程的科学性、透明度。针对24个整合备案类审批事项，逐项制定备案管理办法，明确“无备案经营”的法律责任，采取加大事中检查、事后稽查处罚力度等办法确保管理措施落实到位；针对实行告知承诺制的11个事项，重点对企业履行承诺情况进行检查，对企业在规定期限内未提交材料，或者提交的材料不符合要求的，在审查、后续监管中发现企业作出不实承诺的，应当记入企业诚信档案并予以公示，并对其永不再适用告知承诺的审批方式，各部门按各自事中事后监管实施办法进行后续跟踪处理。

（二）推广“双随机、一公开”监管，实现规范监管。各职能部门建立健全“一单、两库、一细则”，合理确定随机抽查的比例、频率和方式，特别对投诉举报多、列入异常名录或有严重违法失信记录等情况的市场主体，要提高随机抽查的比例，既保证必要的覆盖面和监管力度，又防止检查权滥用和过度检查。

（三）坚持问题导向监管原则，实现精准监管。运用大数据、物联网等现代信息技术，实行“互联网+”监管模式。以高危行业、重点企业、重要商品、重点领域、重点时段为主要监测对象，整合抽查检验、执法办案、投诉举报、违法失信、风险监测等相关信息，构建市场监管风险监测研判机制，提高监管的科学性、有效性和精准性，做到早发现、早预警、早处置。

（四）强化信用信息归集与共享，实现信用监管。积极完善和推动桐庐县公共信用信息平台的建设和应用，强化企业信息公示和公示信息抽查制度，把事前承诺和容缺办理相结合，加快实施企业信用承诺制度和“双公示”制度，将企业信用承诺信息和部门检查结果通过公共信用信息平台及其他媒体平台对外公示，接受社会监督。推进信用分类监管，依据监管对象的告知承诺检查情况、日常经营活动、信用评价信息等诚信情况，将监管对象分为不同类别，建立与监管类别相配套的不同频率的检查监管制度、不同程序的惩戒措施。针对失信和守信的主体对象明确相关惩戒或激励措施，由各职能部门进行联合惩戒，对有严重失信行为的，给予“一票否决”，形成“一处违法、处处受限”的联合惩戒机制。

（五）注重引导主体自律，实现社会共治。一要强化市场主体责任。建立完善市场主体首问责任制，促使市场主体在安全生产、质量管理、营销宣传、售后服务、信息公示等方面加强自我监督、履行法定义务。开展多层次多受众的宣传培训筑牢市场主体自律第一道防线。二要探索协会自治。发挥行业协会自律作用，建立政府与行业协会商会间的信用信息互联共享机制，积极发挥行业协会商会在权益保护、资质认定、纠纷处理、失信惩戒等方面的作用。三要推动社会监管。鼓励社会力量参与事中事后监管，将现有各职能部门协管员、监督员进行整合，融入县人大代表、政协委员、人民陪审员等多通道立体化信息渠道，利用互联网打通监管信息的中梗阻，营造良好社会共治氛围。

五、工作要求

（一）统一思想认识。各部门要深刻领会加强事中事后监管的重要意义，正确区分主体资格、一般经营资格、许可经营资格的不同功能和法律效力，准确把握登记注册、行政审批和行业主管的关系，正确处理行政监管与企业自律、社会共治的关系，从“重审批轻监管”“只审批不监管”“不审批不监管”向审批和监管并重转变，维护良好市场秩序，促进大众创业、万众创新，助推我县经济健康可持续发展。

（二）加强组织领导。建立桐庐县落实商事登记“最多跑一次”强化事中事后监管联席会议制度，统筹协调推进工作，定期通报工作进展。联席会议办公室设在县“跑改办”，负责日常具体工作。会议议题由联席会议办公室或相关单位提出，经分管县领导审定后，召集涉及具体讨论事项的职能部门和乡镇负责人召开联席会议，会议审定事项以会议纪要等形式予以明确。联席会议决议一经形成，各相关单位按照职责分工和决议安排相互配合，积极推进落实。

（三）加强督查考核。要将此项工作纳入县年度工作绩效考核内容。各部门要建立监管目标责任制，用制度来保障新常态下审批与管理工作全面有效推进。监察部门要运用信息化监测平台加强对政策落实情况的监督问责，确保各项措施落到实处。

（四）加强宣传引导。精准解读桐庐县商事领域“最多跑一次”改革加强事中事后监管的新认识、新规定、新举措，及时总结和推广各部门强化事中事后监管的工作方案和工作亮点，推动事中事后监管工作全面有效开展。

关于深入推进村落景区提升发展工作实施意见

县委办〔2017〕64号

各乡镇党委、人民政府，各街道党工委、办事处，县级机关、企事业各单位：

为深入推进我县全域旅游示范区建设，积极培育和打造乡村旅游精品项目，推进村落景区由数量型向质量型转变，不断提升建设发展水平，经研究，决定深入推进村落景区提升发展工作，特制定本实施意见。

一、总体目标

立足现有A级村落景区，通过高起点规划、大项目招引、高标准建设、精细化管理，更加注重挖掘培育特色魅力，培育一批具有一定知名度、美誉度和市场影响力的高品质村落景区，全面提升村落景区建设水平和发展绩效，助推我县创成首批国家全域旅游示范区。至2019年，创成2个左右“浙江省旅游风情小镇”、5个左右“浙江省休闲旅游示范村”，重点创成3个AAAA级景区、7个AAA景区，转型提升发展15-18个村落景区、40个行政村建设，提升桐庐“中国最美全域旅游目的地”形象，为“建设山清水秀民富县强的美丽中国桐庐样本”发挥积极作用。

二、基本原则

1. 布局为首。准确把握桐庐村落景区发展现状，科学分析未来乡村旅游发展趋势，全盘谋划、合理布局全县新一轮村落景区提升发展工作。

2. 项目为王。找准核心亮点、关键项目，积极丰满业态、丰富内涵，加强村落景区的项目招引，努力落地一批有品质、有影响、有个性、有人气的项目。

3. 品牌为先。坚持品牌意识，拓宽营销渠道，积极嫁接、借力、招引品牌，努力培育地方特色品牌，走村落景区品牌化发展道路。

4. 内容为本。围绕提升村落竞争力，以内容建设为根本，强化产业融合发展，做深“旅游+”文章，不断丰富旅游产品，提升村落景区内涵。

5. 特色为上。立足村落生态、文化和资源特色，因地制宜、差异发展，力求突出主题、彰显特色，注重文化感知和氛围体验，培育形成个性化特色产品。

6. 效益为重。更加注重村落景区建设实效，更加关注投入机制、土地保障与长效管理，不断吸引社会资本参与村落景区建设，兼顾“美村”“富民”和“强县”，多重效益并举。

三、主要内容

1.“优环境”，提升旅游整体风貌。大力实施“生态立县”战略，深入推进“五水共治”“四边三化”“三改一拆”“小城镇环境综合整治”“剿灭劣Ⅴ类水”等中心工作，不断优化提升村落景区环境品质。深入实施城乡垃圾一体化处理，推进生活垃圾定点存放清运、生活垃圾无公害化处理、生活污水纳管集中处理。在加强村头巷尾的洁化同时，深入推进乡村道路的美化，山塘水库河流的净化和村容村貌的靓化，促进长效机制的健全和群众行为习惯的养成，不断优化提升旅游发展环境品质。

2.“强配套”，提升旅游服务水平。一是提升旅游交通建设。围绕A级景区、省级旅游风情小镇和休闲旅游示范村有关等级公路标准，沿途驿站、观景泊位、旅游厕所配套等公共交通要求，沿线交通标识的规范要求，以及城、乡、村、景之间的绿道慢行系统建设要求，不断完善提升旅游交通建设。二是提升旅游公共配套服务。深化“厕所革命”，推进A级标准旅游厕所和家庭卫生间建设，旅游厕所数量能满足游客需求。推进旅游接待中心、停车场、内部标识系统等配套的进一步完善，按规范标准推进建设，提升旅游服务水平。三是推进智慧旅游设施建设。顺畅移动通信线路和网络建设，推进视频监控、无线网络覆盖和智能导游导览服务平台等建设，不断提升智能化服务水平。

3.“植项目”，提升旅游业态丰满。一方面，逐步完善购物、餐饮、住宿、休闲娱乐等综合服务场所，形成布局合理、管理规范、安全有序、服务优良的发展格局，满足游客“吃住行游购娱”等需求。另一方面，积极利用农村闲置房屋、土地、山林等资源，开展旅游休闲养生类项目招引，努力招引落地一批品质好、影响力大、吸引力强的项目，特别关注消费能力较强的年轻人群，努力植入互动性强、体验性好、具有时尚元素的项目，不断丰满旅游业态，打造提升村落景区核心吸引物。

4.“增效益”，提升旅游工作实效。注重村落景区提升发展工作实效，在招徕更多游客同时，增强游客逗留时间，并促进游客消费，实现游客量和营业收入同步增长。通过村落景区的提升发展，努力增加更多的旅游就业岗位，提高旅游从业人员在本地社会从业人员的占比，探索建立并逐步提升民宿等旅游“税源经济”，在“美村、富民”同时，为地方经济发展做出贡献，达到社会效益和经济效益“双赢”。

5.“建机制”，提升经营管理水平。积极完善村落景区的经营管理机制，健全管理机构与制度，做到内部管理、营销管理、统计管理、投诉处理、安全管理等管理机构健全、职责分明；各项规章制度健全，尝试进行“景区＋公司”合作制、职业经理人聘任制、旅游第三方服务购买制等管理模式的有效探索，不断提升经营管理水平。

四、重点工作

1. 谋划全局，制定提升发展规划。根据《桐庐县“十三五”旅游业发展规划》和乡村旅游发展趋势要求，结合全县村落景区建设现状，制定今后五年我县村落景区提升发展规划，明确对象范围、发展目标、工作内容和任务要求等，描绘村落景区优化升级发展蓝图。同时，结合省市有关工作要求和桐庐美丽乡村建设工作实际，按时序每年度安排创建和提升对象，有序推进村落景区优化升级工作。

2. 分类实施，有序推进提升发展。围绕以乡镇（街道）整域为提升范围的“浙江省旅游风情小镇”创建，以单个或多个村落为提升范围的“浙江省休闲旅游示范村”创建，和已建A级村落景区转型升级三大类别，根据不同创建标准和要求，细化工作内容、任务和实施方案，针对性开展工作，增强村落景区提升发展工作实效。

3. 强化帮扶，推进提升发展部门协作。建立由县旅委、县农办、县财政等部门组成的联席会议制度，会商把关村落景区提升发展行动计划和重点项目，引导相关涉农资金、技术、要素向村落景区提升发展工作倾斜，通过部门协作，各方力量拧成一股绳、劲往一处使，提升村落景区提升发展的针对性和实效性。

4. 加强指导，推进提升发展督查指导。加强对村落景区提升发展的过程督查指导，经常性组织县内相关部门对创建和提升对象进行现场督查，开展情况通报，分享经验、通报问题。同时，积极对接省市旅游部门，邀请领导和业内专家、进行理论培训和现场指导，并适时组织外出考察学习，提升创建能力水平。

5. 强化监管，开展A级村落景区复核考评。按照村落景区建设标准，对全县所有A级村落景区，全面开展复核考评工作，强势推行通报、曝光、摘牌等管理举措，同时，对各乡镇（街道）村落景区提升发展工作实行属地管理，将工作纳入年度旅游综合考核内容，推动村落景区创建水平提升。

五、工作保障

1. 加强组织领导。进一步完善县村落景区创建工作领导小组，全面协调深入推进村落景区提升发展工作。各相关乡镇（街道）要认真制定村落景区提升发展工作计划，明确工作目标，落实专人负责，统筹指导，积极推动工作。

2. 完善工作机制。一是申报机制。对全县范围内符合浙江省旅游风情小镇、浙江省休闲旅游示范村创建和A级景区优化升级条件的对象，由所在乡镇（街道）政府自荐或推荐，经县政府审核后，开展创建或组织向上申报。二是例会制度。根据提升发展工作推进实际情况，县旅委牵头不定期组织召开工作会或现场督查会，交流工作、推进项目，及时协调解决提升发展中的困难问题，以例会机制推进项目顺利实施。三是通报机制。县旅委牵头对村落景区提升发展工作中各单位工作进度、经验成效、问题困难、建议举措等情况进行通报并及时上报省市部门，扎实推进提升发展工作。

3. 加强协同推进。各有关乡镇（街道）要高度重视村落景区提升发展工作，并纳入党委、政府中心工作，安排专项资金，确保稳步推进。各部门要发挥各自职能特点，建立协同推进机制，并积极探索通过基金模式、PPP模式，引入市场机制，扩大融资平台，推进村落景区优化升级工作创新发展。

4. 强化政策扶持。一是优先享受省市政策。各实施单位优先享受上级部门有关财政资金、土地保障、投融资、宣传营销等方面的政策扶持。浙江省旅游风情小镇、浙江省休闲旅游示范村创建工作，列入省旅游补助及贴息专项资金分配因素，享受金融机构的信贷支持、省旅游产业基金重点投资和对外宣传推广营销等方面支持。浙江省旅游风情小镇创建工作，在利用“坡地村镇”建设用地试点等政策合理保障旅游用地需求方面，明确享受相关扶持政策。二是给予资金扶持。县财政安排资金扶持村落景区提升发展，对创建浙江省旅游风情小镇、浙江省休闲旅游示范村和村落景区优化升级的，参照县“6+1”产业扶持政策相关标准予以扶持。三是强化部门帮扶结对。县旅委、农办、发改、住建、农林、文广新、国土、环保、水利、交运等单位，选择部分创建或优化升级单位，根据职能部门特点和资源，围绕创建项目开展扶持，重点帮助解决旅游用地、项目落地、交通道路、公共配套、宣传营销等需求，每年初上报项目，经县政府审定后予以公布实施，确保相关涉农资金向创建和优化升级村落景区倾斜。

关于实施“学习力提升工程”加强干部创业干事能力建设的若干意见

县委办〔2017〕68号

各乡镇党委、街道党工委，县级机关、企事业各单位党委（党组）：

为深入贯彻中共十八届六中全会精神和省、市委关于加强干部队伍建设的要求，推进“两学一做”学习教育常态化制度化，切实解决我县部分党员干部在工作中存在的“理念不够新、专业不够强、办法不够多”等问题，突出以学习力提升来推动干部队伍能力建设，有效帮助广大党员干部提高党性修养、理论水平、知识素养和工作能力，打造一支绝对忠诚、干事担当、干净自律、充满活力的“桐庐铁军”队伍，以一流状态建设一流城市。现就实施“学习力提升工程”，加强干部创业干事能力建设提出如下意见。

一、重要意义

当前桐庐发展已经进入新阶段，面临许多新挑战、新要求，转型升级和创新发展压力增大，民生改善和社会稳定的任务加重。要巩固稳中向好局面，夯实长远发展基础，扎实推进生态产业化与产业生态化、智慧产业化与产业智慧化，持续做精做美自然生态系统，着力打造产业生态系统，不断优化人文生态系统，全面提升桐庐的美誉度、知名度，关键是要建设一支过得硬、打胜仗的“桐庐铁军”队伍。实施“学习力提升工程”，加强干部创业干事能力建设，既是推进桐庐科学发展，建设“美丽中国桐庐样本”的迫切需要，也是解决当前我县党员干部创业干事能力不足的现实要求，有利于切实推动全县各项工作落到实处，为实现产业强县、民富县强提供坚强保证。

二、工作目标

以县管领导干部和中层干部为重点，注重发动一般党员干部积极参与，通过多种形式鼓励和引导广大干部向书本学知识，更向实践学本领，切实激发学习动力、增强学习毅力、提高学习能力，着力提升专业素养、提高克难攻坚能力，着力在坚守最铁信仰、坚定最铁信念、锻造最铁纪律、扛起最铁担当上取得新进展，争当勇立潮头铁军排头兵、“一心五力”好干部。具体要实现五个明显：在政治担当上有明显增强，严守政治纪律和政治规矩，坚决贯彻县委决策部署，做到一个声音、一以贯之、一管到底。在眼界思路上有明显拓宽，以新发展理念为引领，准确把握桐庐“建设山清水秀民富县强的美丽中国桐庐样本”的历史定位。在能力素质上有明显提高，着力提升专业化水平，提高新形势下推进桐庐经济社会各项事业发展的本领。在工作实绩上有明显提升，砥砺前行、奋发有为，让全县人民享有更好发展、更好环境、更好生活。在作风形象上有明显改进，坚持严字当头、始终从严，进一步树立顾大局、守纪律、敢担当、善作为的桐庐干部形象。

三、主要举措

实施“学习力提升工程”，主要是要坚持围绕中心、服务大局，坚持问题导向、严格要求，坚持突出重点、全员覆盖，坚持因地制宜、分类推进。具体是要在县级层面抓好“五个深化”，在单位层面用好“五个载体”。

（一）县级层面

1. 深化发展认识，开展解放思想大讨论。认真学习贯彻市县全委会精神，围绕“在解放思想上是否坚持不懈、走在前列，在奋勇争先上是否坚持不懈、走在前列，在担当实干上是否坚持不懈、走在前列，在增强本领上是否坚持不懈、走在前列”等四个方面问题，在全县范围内开展一次解放思想大讨论，把解放干部思想作为解决发展问题的先导，通过大讨论使全县各级干部尤其是领导干部破除墨守成规的思想、破除安于现状的心态、破除不敢担当的桎梏、破除能力不足的恐慌，形成团结一心、干事创业的强大合力。各级党组织要围绕主题组织党员干部开展一次大讨论，深入查找问题，深刻分析原因，提出解决对策。各单位党委（党组）要以身作则，率先垂范，利用理论学习中心组、专题座谈等形式，带头开展讨论，各单位主要领导作为第一责任人，要当好大讨论活动的组织者、推动者和实践者，切实负起责任，做好督促检查。要在大讨论中注重收集、推选出一批有助于推进桐庐改革发展的“金点子”，并抓好落实。

2. 深化梯队建设，加强“君山育凤”专业化培训。着重办好“专业化能力提升系列专题班”，以提升干部专业化能力为主，坚持干部缺什么补什么的要求，按照县政府领导分管条线各举办一期培训班的设想，举办5期专业化培训班，包干办班、分线教学，切实提高专业化培训针对性。办好“中青年干部基层实训班”，坚持在实践中培养锻炼干部，优化中青年干部成长路径，每年择优培训中青年干部约50名，作为县管后备干部培养，每季度集中学习，平时分派挂职锻炼。办好“年轻干部周末选学班”，以营造干在实处、学在前列浓厚学风为主，将所有好学上进、充满潜力且富有责任心的年轻干部纳入培训计划，开设经济金融、国土城建、社会治理、信息产业、生态旅游5个选学班，每两年动态择优培训年轻干部约200名，每隔一周组织学习。县委组织部、县委党校会同专业培训机构做好课程设计和跟踪管理，按类别建好干部专业人才培养库，为干部专业成长夯实基础。

3. 深化“周四夜学”，开设“桐庐大讲堂”。充分利用、发挥好干部学习新干线、“周四夜学”等学习载体，尤其要进一步深化“周四夜学”的形式和内容，在原有基础上办好“桐庐大讲堂”。在时间上，每月开展一次“桐庐大讲堂”，每月第三周的周四晚上组织县四套班子领导、全县县管领导干部集中学习。在内容上，由县委组织部、县委宣传部会同专业培训机构围绕中共建设、产业发展、依法执政、社会治理、生态文明、国防建设等设计课程，重点突出产业发展，邀请在国家或省内相关领域、行业有权威性的专家主讲。在对象上，以县管领导干部为主，视情安排专业对口中层干部参加，在乡镇（街道）住夜值班的领导干部可通过远程视频终端观看学习。在纪律上，由县纪委、县直机关党工委从严抓好学风学纪，实行刷卡签到考勤，严格请假制度，对无故不参加学习或存在代听、代学行为的予以通报批评，两次以上的进行约谈。

4. 深化领导示范，推进领导干部上台讲课。结合“三提一争”主题活动、固定主题党日、“周四夜学”等载体，扎实推进领导干部上台讲课。县党政班子成员按照干部教育培训工作条例要求，每年至少进党校讲课一次；县管正职领导干部每半年面向本单位全体干部上课不少于一次；县管副职领导干部每年面向本单位全体干部上课不少于一次，时间一般安排在每月第一周的周四晚上或固定主题党日。可视情邀请乡镇基层干部、服务对象参与听课。课程分党建课和业务课，内容重点突出对本单位业务知识、相关领域前沿思想、县委县政府重要会议重大政策的解读。通过上台讲课，既体现领导干部自主学习、主动思考的示范带动，又积极引导和教育所在单位干部开阔眼界、增长知识、形成氛围。各单位要结合领导干部上台讲课建立干部月度例会制度，每月固定召开全体干部大会，由主要领导传达、解读重要会议、重要文件、重大政策精神，总结、布置阶段性工作，使广大干部在工作中认清形势、把握大局、明确方向、精准发力。

5. 深化正向激励，开展“一心五力”好干部推选。把干部善于学习、敢于担当、激情干事、甘于奉献，作为检验开展学习力提升工程成效的重要标准，对表现突出的干部进行表彰激励。全面总结首届“双十佳”担当有为好干部推选活动经验，举办“一心五力”好干部推选活动，分成县管领导干部和中层及以下干部两个层面进行评比，进一步深化推选活动的广泛性和科学性，对在推进全国文明城市创建、“无违建县”创建、剿灭劣Ⅳ类水等重难点工作任务中涌现出来的善学习、敢担当的好干部予以表彰，激励先进。同时加强对先进典型事迹的宣传，引导干部对标先进、学习先进。各单位还要支持鼓励干部对各类专业领域的学习和研究，对取得个人工作领域直接相关的专业资格证、考级证等证书的，给予支持和激励。

（二）单位层面

1. 开设一个微讲堂。各单位要固定开设一个学习交流微讲堂，双月开展一次。改变以往单纯的“领导讲、干部听”模式，让每名干部轮流上台讲课，内容一般以业务知识为主，注重短平快，锻炼干部思考谋划和语言表达能力。各条线、科室每两个月推荐1至2名干部参加，单位全体干部及班子成员须听课并参与打分评价，可视情邀请部分服务对象参加，每次可评选出1至2堂精品课。为丰富讲课内容，要求每名干部参加培训归来必讲、挂职锻炼归来必讲、考察学习归来必讲，实现成果共享。在推进干部上台讲课的同时，还要注重通过论坛发言、主题演讲、专家讲座等形式加强学习交流的广度和深度，真正让每一名干部动起来。

2. 办好一个读书会。各单位每季度要组织办好一次读书会，人数较多的单位可以分条线、科室进行。读书会以“读一本好书”为基本要求，内容不仅限于业务知识，更多的可以是工作以外的如社科、人文、历史等题材，可以是看一本书后的所思所想，也可以是了解一个领域后的所感所悟，将一个季度的学习成果提炼转化成一个小时内可传授的知识，实现知识共享，培养干部勤思考、善钻研、踱方步、谋长远的学习品质。分管领导须参加各条线、科室读书会活动，每次由1至2名干部进行知识分享，下个季度作分享的干部则将分享的主题进行预告，便于其他干部提前了解思考。

3. 开展一场大比武。各单

位每年至少开展一次业务技能大比武，可通过理论知识测试、现场操作展示、案例复盘分享、项目模拟推演、调研文章撰写等形式比业务、争先进。要通过大比武及日常工作中的表现，挖掘、推选出一批综合业务突出、素质能力过硬的“业务标兵”，“业务标兵”纳入专业化干部后备人才库，在干部选拔任用中优先培养使用。要专门针对新入职干部开展以“暗访、接访、走访”为主要内容的“三访”活动，在发现问题、解决矛盾、联村访户中了解社情民意，提高实践本领。

4. 选挂一批好苗子。除由县委组织部统一选派干部挂职外，各单位要积极对接发达地区和上级主管单位，将一些追求上进、好学肯钻的业务骨干、优秀苗子派出去，让他们在挂职锻炼中开阔视野、学习经验、增长才干。完善干部“上派”挂职锻炼备案制度，各单位自行选派干部挂职须提前报县委组织部备案，备案须有挂职单位的挂职来函或要求挂职的去函批复。从严抓好挂职干部的跟踪考察，干部挂职结束后各单位要及时与挂职单位对接出具挂职鉴定意见，存入干部个人档案。同时要积极落实干部挂职补贴政策，明确标准，应补尽补，大力激发干部外出挂职的主动性。

5. 建立一套硬制度。各单位在推进“学习力提升工程”中重点要制定、实施好两项制度。一是制定本单位学习力提升细化方案。严格对照任务要求，逐项细化分解、逐项落实责任、逐项对标推进，决不允许“打折扣”“搞变通”。同时，立足自身实际，进一步丰富载体和抓手，力求体现本单位的实践特色，实现规定动作不走样，自选动作有特色。二是制定学习力提升考核办法。围绕本单位学习力提升的任务要求，对各项任务完成情况进行评价考核，考核到条线、科室、人员，确保人人都有成绩单，将考核成绩与干部评优评先挂钩。

四、有关要求

1. 加强组织领导。全县各单位党委（党组）要切实担负起抓班子、带队伍的政治责任，把开展“学习力提升工程”作为加强干部创业干事能力建设的长效机制，作为落实全面从严治党、推进产业强县战略的重要举措，在思想上高度重视，行动上狠抓落实，成效上切实保证。各单位主要领导要切实负起“第一责任人”责任，分管领导负责具体工作落实，工作完成情况列入“季察年考”范围。此项工作作为抓干部队伍建设的重要内容，列入党建工作责任制考核。

2. 提高学习实效。全县各级干部要深刻理解“学习力提升工程”的重大意义，做到主动学习、刻苦钻研、提高本领，既要准确领会县委、县政府的重大战略部署，也要熟练掌握本单位、本领域所需的专业本领；既要提升思考谋划水平，也要提高语言表达能力；既要提升专业理论素养，也要强化业务实践技能；既要成为本单位、本领域的行家里手，也要成为工作、学习上的百事通，成为“坐下来能写、站起来能讲、走出去能干”的复合型干部。

3. 营造良好氛围。各单位要及时总结在推进“学习力提升工程”中的好做法好经验好典型，通过微信、微博等形式广泛宣传。县级各新闻媒体要精心策划、设计载体，全方位、多角度、多形式地加强活动宣传报道，为高质量、高标准推进活动营造良好氛围。县委宣传部、县直机关党工委等部门在谋划“学习节”活动时，要进一步抓好结合、抓出效果。县纪委、县委组织部等部门要整合督查资源，适时开展专题督查、重点抽查，指导、督促各单位抓好活动落实。

关于推进农业领域“机器换人”的实施意见

桐政办〔2017〕78 号

各乡镇人民政府、街道办事处，县政府各部门、各直属单位：

为提升农业设施装备水平，推进农业领域“机器换人”，促进农业产业转型升级，根据《浙江省人民政府办公厅关于加快推进农业领域“机器换人”的意见》（浙政办发〔2016〕19 号）、《杭州市人民政府办公厅关于促进农业领域“机器换人”的实施意见》（杭政办函〔2016〕77号）、《桐庐县人民政府关于实施产业强县战略促进产业转型升级的若干意见》（桐政〔2017〕2号）等文件精神，结合我县实际，制定如下实施意见。

一、总体要求

围绕县委、县政府三大战略，以提高农业全产业链机械化、设施化水平为目标，以“稳增长、调结构、提质量”为主线，以社会化服务为纽带，以农业生产需求为导向，加大政策扶持力度，加快先进适用机械的试验引进和推广应用，缩小地区间、产业间机械化水平差异，提高农业设施装备的覆盖面，为农业现代化提供有力支撑。

到2020年，全县新增各类农业机械3000台套，农业作业机械动力占比85%以上，主要粮食作物耕种收机械化水平75%以上，全县规模农业产业主要环节基本实现机械化。创建农业领域“机器换人”示范乡镇3个，示范基地15个，农机综合服务中心1家，区域性农机维修服务中心2家，示范农机合作社7家。

二、发展重点

1．协调发展，缩小区域、产业间机械化差距。在加快河谷平原地区机械化的同时，注重丘陵山地机械的推广引进；在解决粮油产业全程机械化的同时，推进茶叶生产全程机械化（名优茶除外），推进水果、蔬菜、畜禽、水产、中药材、花卉苗木等产业关键环节的机械化。重点推广引进植保、旱粮播种收获、蔬菜播种移栽、果园除草施肥、茶园中耕施肥、茶叶自动化加工流水线、农产品运输、冷链、农业智能控制系统等装备设施。

2．破除门槛，加强农机农艺融合。要在新机具引进推广、设施建设上征求农艺的意见，农艺要在品种引进、农作制度等环节适应机械作业的需求。

3．因地制宜，创建一批高标准的示范乡镇和示范基地。建成的示范基地向高水平发展，主导产业要增加示范基地的数量，其他产业要创造条件建设示范基地。

4．强化监管，切实做好农机安全生产工作。层层落实安全生产责任制，规范操作，强化宣传培训，推进农机保险和农机报废，强化农田安全检查和免费实地检验。

5．创新理念，提升农机从业人员素质和社会化服务能力。按照专业化、标准化、品牌化的要求，培育高质高效的农机服务主体，吸引年轻人的加入，鼓励服务主体全产业链、跨产业链提供专业的农机作业服务。

6．统筹布局，培育一批综合性的农机服务主体。围绕构建新型农机社会化服务体系和“三位一体”改革要求，按照“量质并重、质量为先”的原则，合理优化布局，引导建设一批农机作业、维修、培训等综合性的农机服务主体。推进农机合作社示范创建活动，支持和引导建设一批“五有”型农机合作社。

三、扶持政策

根据“机器换人”总体要求和发展重点，在省市农业领域“机器换人”各项扶持政策的基础上，县财政每年安排160万元，积极支持农业领域“机器换人”的进程。

1．完善农机购置补贴。建立县级农机购置补贴目录，对我县重点推广的农业生产环节和初加工环节农业机械装备实行县级单独补贴，对已纳入中央、省、市补贴目录的重点推广农业机械设备实行县级追加补贴。原则上单独补贴不超过购机额的70%，追加补贴累加不超过购机额的70%。对省级出台的农机购置补贴和报废补偿政策，根据相关规定给予足额配套。

2．实施首台引进补贴。对我县首次引进的先进农业机械和设施装备进行适应性试验应用的，按购机价的70%补贴，单台补贴最高不超过10万元。

3．开展示范基地创建。根据省市“机器换人”实施意见和省农业厅《关于印发＜浙江创建全国农业“机器换人”示范省实施方案＞的通知》（浙农专发〔2017〕35号）文件精神，对通过验收的机器换人示范基地、农机农艺融合示范基地、区域性维修服务中心，按设备设施投入的60%给予补助，最高不超过16万元。

4. 深化“平安农机”建设。一是根据《浙江省农业厅、浙江省安全生产监督管理局关于印发＜浙江省进一步深化“平安农机”创建活动实施意见＞的通知》（浙农专发〔2017〕47 号）文件精神，开展“平安农机”示范乡镇、示范村和示范合作社（服务经营组织）创建活动。二是根据《桐庐县政府向社会力量购买服务指导性目录（2017 年度）》《政府向社会力量购买公共农业服务的管理办法》（桐农林[2017]84 号），以招投标形式，按照一定的程序确定政府购买农业机械免费实地检验服务的承接主体，开展对危及人身财产安全的农业机械免费实地检验工作。三是开展政策性农业机械综合保险服务，在市级补贴的基础上，按保费的 30% 给予追加补贴，最高不超过保费的 70%。

四、工作措施

1. 加强组织领导。各乡镇（街道）及相关部门要把农业领域“机器换人”作为推进农业现代化的重要抓手，切实加强组织领导，统筹安排，协调推进，共同推动农业领域“机器换人”工作。

2. 加强资金管理。农林、财政等部门制定切实可行的资金管理办法和具体操作流程，严格执行财政资金国库单一账户统一拨付制度。同一主体、同一项目，按照从优从高原则，只能享受一项补贴，不得重复补助。对列入项目化管理的扶持项目，要求主体明确，管理规范，财务制度健全。

3. 加强信息公开。要把扶持政策列入政务公开范围，利用广播电视、网络报刊等多种形式，及时将支持推广机具目录、补贴额度、补贴范围、操作程序、投诉渠道等内容向社会公开。

4. 加强监督检查。相关部门要按照资金管理办法，严格操作程序，加强资金补助申报及验收环节的监管。对骗取、挪用、移用财政支农资金的业主，一经查实，予以追回补助资金并取消其三年内申报补助资格。对违反法律法规的，移送司法机关处理。对相关部门、乡镇（街道）审核把关不严、监督不力的行为，也要进行问责查处。

本意见自 2017 年 10 月 1 日起施行。

桐庐县改造提升传统制造业实施方案（2017 年—2020 年）

桐政办〔2017〕126 号

各乡镇人民政府、街道办事处，县政府各部门、各直属单位：

为贯彻落实省市决策部署，全力推进我县传统制造业改造提升，稳增长、调结构、强创新、促转型，促进传统产业优势再造，根据《浙江省人民政府关于印发浙江省全面改造提升传统制造业行动计划（2017—2020 年）的通知》（浙政发〔2017〕23 号）和《杭州市全面改造提升传统制造业实施方案（2017—2020）》（杭政函〔2017〕171 号），制订本实施方案。

一、目标要求

围绕“产业强县”战略实施，以供给侧结构性改革为主线，以提质增效为核心，以改革创新为动力，坚持市场主导与政府引导相结合，着力打好“四换三名”等经济转型升级系列组合拳，联动推进“互联网 +”“机器人 +”“标准化 +”“大数据 +”在传统制造业领域的融合应用，不断提高传统制造业智能化、服务化、绿色化、国际化发展水平。促进传统制造业实现技术水平、竞争能力、集聚水平、经济效益的明显提升，为全县经济发展做出新贡献。

主要目标：企业实力显著增强。推进龙头企业做大做强，培育 20 家以上行业骨干企业，加快打造超百亿元的产业集群，实现传统制造业由个别优势向规模效益转变。加快小升规培育，每年传统制造业小升规企业达 10 家以上，规模以上传统制造业增加值年均增长 5% 以上。创新能力持续提升。实施技术改造、自主创新、两化融合，促进企业减员增效，推动传统制造业由成本优势和比较优势向技术优势和创新优势转变。每年推进重点技改投资项目 15 个以上，工厂物联网项目 6 个以上。2020年规上企业研发经费支出占主营业务收入比重达2.2%，新产品产值率35%以上。质量效益明显提高。通过品牌建设、工业设计、内需挖掘、商业模式创新，推动传统制造业由单纯制造向微笑曲线两端延伸，由出口向国内外市场并重转变。每年新增市级以上品牌4个以上，实现企业自主品牌销售年增幅8%以上。传统制造业规上工业企业全员劳动生产率年均增长7%以上；规上企业“两化”融合指数达到85以上。绿色发展更有成效。综合运用市场化、法治化手段，加快推行节能降耗、淘汰落后产能，推动传统制造业由资源消耗向生态环保转型升级，每年推进低小散（四无）企业整治30家以上，新建（扩建）标准厂房1万平方米以上，推动入园集聚15家以上。单位工业增加值能耗、主要污染物减排完成省、市核定目标。

二、重点产业

根据省、市传统制造业改造提升重点行业，立足桐庐产业优势和发展实际，以制笔、针织列入全市分行业试点为契机，瞄准今后一段时期发展前景，重点推进针织、制笔、箱包、建材、有色金属冶炼及加工等传统制造业改造提升。

针织：积极顺应针纺服装（饰）时尚化、个性化、品牌化发展的趋势，不断完善针织服饰产业链，培育行业龙头企业和自主品牌，推进“四换三名”、产品研发设计、精细化管理、物联网应用等优化升级途径，努力向产业价值链高端延伸。从生产工艺、设备和流程再造等重点环节，狠抓产品质量，满足高端消费需求。加快横村针织市场、企业孵化园、跨境电商示范区等行业平台建设，着力构建完整产业生态，进一步扩大“中国针织名镇”知名度。

制笔：发挥行业研发平台公共服务功能，加大制笔研发投入，加快3D打印技术应用，促进技术、设备、产品的引进和创新，突破关键核心技术，提升笔尖、模具的设计制造能力。完善制笔产业体系，拓展产业链条，补齐关键技术和重点领域短板，努力由制笔向文化产业延伸。加大制笔营销模式创新，发展第三方电商平台，优化营销体系建设。支持企业实施品牌和质量提升计划，加强制笔行业自主品牌培育，利用“互联网+”“文化+”等模式，通过设计创新和人才引进，提升高端笔产品的设计能力，推进产品个性化、时尚化定制能力，提升产品附加值。

箱包：以国际箱包智慧产业园建设为抓手，建设集设计创意、品牌体验、产品检测、人才公寓为一体的产业综合体，提升产品设计能力，积极培育原创品牌，推进产业链向时尚产品展示、交易、信息发布、技术交流等领域延伸。

建材：加快水泥行业工艺装备升级改造，引导水泥企业拉长产业链，提高熟料的本地消化比例，有效降低单位能耗。适应绿色建筑和新型建筑工业化趋势，为装配式建筑提供优质板材。采取无托板打包出厂技术，创新“雨水回收循环利用系统”，实现节能建筑向绿色建筑、高能耗建筑向低能耗建筑的转变。积极推进建筑废弃物资源化利用，实现建筑废弃物处理资源化、减量化、无害化。加大建材行业落后产能淘汰步伐。

有色金属冶炼及加工：加快有色金属冶炼及加工向绿色、节能、集约方向发展，推动资源综合利用企业规范化、清洁化发展。加快有色金属企业向新材料研发、生产转型，扩大高温合金材料的产学研合作，形成以点带面的发展态势。

三、主要任务

（一）加快创新驱动

加快建设传统制造业省级企业研究院和院士工作站，发挥人才对企业创新的引领作用。提升分水妙笔小镇和横村针织小镇的产业实力和科技内涵，构建企业创新生态链。加快建设集研发设计、检验检测、成果转化、教育培训等功能于一体的产业创新服务综合体。依托分水笔业产品创新服务平台，加大研发投入力度，促进技术、设备、产品引进和发展，提升发展笔用油墨、笔尖、笔芯以及模具设计、制造等产业。推进中国杭州（制笔）知识产权快速维权援助中心升格为中国（杭州·文创）知识产权保护中心。

（二）推进智能制造

支持传统制造业技改和“机器换人”项目，给予政策重点支持。推进力高股份“国际箱包智慧产业园”项目，将其打造为集工业、旅游、文化为一体的二、三产融合标杆项目。推进分水制笔“双创”平台建设，加大制笔行业从设计到营销产业链等一系列关键技术的研发投入和技术支持，吸引科技型小企业入驻。实施传统制造业企业“工厂物联网”应用示范工程，引进智能化系统、设备。以“上网、触电、入云”为切入点，深化电子商务进企业，推进横村电商众创智慧空间、分水制笔行业电商平台的建设，努力再造传统制造业商业模式。举办传统制造业“钉钉”服务应用推广活动，鼓励企业积极“上云”，实现信息化、精细化管理。

（三）强化品牌营销

以研发设计和品牌营销为重点，明确“产品中高端”的定位，拉长“微笑曲线”两端，推进企业从生产型向品牌型转变，从大众型生产向个性化订制转变。加快自主品牌的培育，实现自主品牌年均销售增幅10%以上，扩大品牌市场占有率，壮大区域品牌影响力。通过开设培训班、聘请专业人才参与产品设计，进一步提升企业研发设计水平。每年开展企业与院校人才对接活动，积极开展设计方面的柔性引才。

（四）培育优势企业

聚焦传统制造业中的特色优势行业，鼓励企业通过战略重组、科技创新、品牌培育、资本运作等方式做专做精和做大做强。培育重点企业培育库，加强对重点企业的指导、跟踪、协调和服务，着力打造形成一批拥有自主知识产权、主业突出、核心竞争力强的制造优势企业。推进“凤凰行动计划”，建立传统制造业上市后备资源库并加快股改上市步伐。深入实施“三名”战略，全面推动龙头企业技术创新、管理创新、生产方式创新和商业模式创新。深化精细化管理促进企业内部挖潜，积极推行卓越绩效管理。注重扶持培育一批行业标杆企业，建立“专、精、特、新”企业培育库，打造一批“隐形冠军”企业。加快传统制造业“小升规”工作，引导成长性佳、市场潜力好的小微企业升级为规模企业。开展企业综合评价和分类服务，开展差异化指导服务。

（五）园区整治集聚

建设一批小微企业创业创新园区，整治一批低小散（四无）企业，处置一批僵尸企业，腾出发展空间，加快传统制造业小微企业的搬迁、集聚，提升园区承载力和产业集聚力。通过履约清理、项目招引，加快闲置资产盘活。建设分水模具城项目，引导制笔模具加工企业的集聚。加快横村时尚针织小镇的培育，深化跨境电商园区的管理服务，培育一批跨境电商龙头企业。

（六）强化市场拓展

组织传统制造业企业参加境内外重点展销活动。以G20峰会笔和媒体包为契机，以中国笔业博览会和国际箱包产业园为平台，积极打造拥有市场竞争力、具备消费引导能力的原创品牌，开展特色产品宣传。加快建设横村针织市场，通过招引引进一批市场主体。办好中国（分水）笔博会，努力打造成国内行业知名展会。加快产能对接，借助“一带一路”契机，与沿线国家开展经贸合作，化解现有产能，培育高端产能。发展工业旅游，打造以时尚购物为特色的横村针织购物街。

（七）优化行业管理

不断强化政府、企业、协会之间的有机联动，为传统制造业改造提升创造良好环境。发挥好社会团体作用，在产业发展、专利申报、展销组织、项目初审方面加强对会员企业的指导，深化制笔行业知识产权快速维权中心工作，建立专利交易平台，激发企业科技创新积极性。强化企业家素质提升，以“学习经验、提升素质”为目标，以“创二代”为主要对象，开展系列企业家培训活动。根据产业发展实际和企业需求情况，组织重点企业参加外地考察学习活动，进一步开拓思路，提振发展信心。

四、保障措施

1. 加强组织领导。县产业发展领导小组负责统筹传统制造业改造提升工作，县经信、科技、财政、国土、住建、环保、商务、市场监管、安监、统计、金融等部门要密切协作，细化政策举措，形成工作合力。制笔、针织行业要分别制定工作方案，建立专门工作小组加以推进。横村、分水、桐君、江南等乡镇（街道）和富春江科技城要落实主体责任，健全工作机制，认真抓好落实。

2. 强化政策支持。用好“6+1”产业政策，通过税收优惠、财政补助、产业基金引导等方式，激发企业发展动能，减轻企业负担，提升传统制造业转型升级积极性和主动性。加强对“低小散”传统制造业企业的整治力度，实现集聚发展、规范发展、抱团发展。开展工业企业绩效综合评价工作，将有限资源要素向优势产业、企业倾斜，实现效益最大化。

3. 优化发展环境。按照“放管服”改革的总体要求，落实“最多跑一次”改革措施，优化办理流程，提高审批效率。开展助企服务行动，着力解决企业发展和项目建设中的问题。深入开展降成本专项行动，全面实施“营改增”，严格执行减税清费政策，切实降低企业生产经营成本。

4. 加强宣传引导。发挥企业主体作用，深入挖掘传统制造业企业在技改投资、新品研发、人才引进、上市重组等方面的先进经验和典型做法。开展组团政策宣讲和分类指导，及时把省、市、县支持传统制造业发展的政策、法规传递给企业。通过典型选树和宣传引导，形成全社会积极支持、合力推进传统制造业改造提升的浓厚氛围。

本通知自2018年3月1日起施行，有效期至2020年12月31日止。

名　录

Directory

名　录

·2017年县级主要机构及负责人·

·中共桐庐县委·

书　记：朱　华
副书记：方　毅　　周　扬（女）
常　委：朱　华
方　毅
周　扬（女）
王优健
盛春霞（女）
邵雪荣
张启成
华　健
吴金富
姜英杰（—2017.6）
周海静
方　科（2017.6—）
许康波（2017.12—）

·县委工作部门·

【县委办公室】
主　任：卢　强（—2017.3）
徐文波（2017.3—）
县纪委、县监委派驻第一纪检监察组组长：
刘建钟
【县委台湾工作办公室（县政府台湾事务办公室）】
主　任：卢　强（—2017.3）
徐文波（2017.3—）
【组织部】
部　长：邵雪荣
常务副部长：余荆棘（—2017.3）
朱红亮（2017.3—）
人才办主任：余荆棘（—2017.3）
朱红亮（2017.3—）
县纪委、县监委派驻第三纪检监察组组长：
裴　昶
【宣传部】
部　长：王优健
常务副部长：仰忠明（—2017.12）
赵雄军（2017.12—）
文化创意产业办公室主任：
叶剑铭（—2017.12）
毛杏丽（女，2017.12—）
县纪委、县监委派驻第四纪检监察组组长：
皇甫秋宏
【统战部】
部　长：盛春霞（女）
常务副部长：俞　放
【县委政法委（县社会管理综合治理委员会办公室）】
书　记：周　扬（女）
综治办主任：施　伟
维稳办主任：朱伟民
【县委防范和处理邪教问题领导小组办公室（县政府防范和处理邪教问题办公室）】
主　任：施　伟
【机构编制委员会办公室】
主　任：黄建军
【县委、县政府农业和农村工作办公室】
党组书记、主任：毛旭红
县纪委、县监委派驻第七纪检监察组组长：
林清坤
【县直属机关党工委】
书　记：金继民（—2017.3）
方义成（2017.6—）
【县委、县政府信访局（县长公开电话受理中心）】
局　长：钟关贤（—2017.3）
皇甫林（2017.3—）
县长公开电话受理中心主任：
钟关贤（—2017.3）
皇甫林（2017.3—）
【老干部局】
局　长：王国荣
【县委党校（行政学校）】

校　长：邵雪荣（2017.1—）
常务副校长：王兴春
【党史研究室】
主　任：余志明
【县广播电视台】
台长、党委书记：赵雄军（—2017.12）
叶剑铭（2017.12—）
【县信息传媒中心】
党组书记、主任：石樟全（—2017.3）
周桂平（女，2017.4—）
【档案局】
局　长：谢　棣

·中共桐庐县纪律检查委员会·

书　记：张启成
副书记：姚　民　金　伟（—2017.9）
方静根（2017.9—）

·桐庐县监察委员会·

主　任：张启成（2017.2—）
副主任：姚　民（2017.2—）
金　伟（2017.2—2017.9）
方静根（2017.9—）
【中共桐庐县委巡察工作领导小组办公室】
主　任：郑士英
中共桐庐县委第一巡察组
组　长：陈忠民
中共桐庐县委第二巡察组
组　长：汪玉成
中共桐庐县委第三巡察组
组　长：杜拥祥
中共桐庐县委第四巡察组
组　长：倪金夫

·桐庐县人民代表大会常务委员会·

党组书记、主任：游　宏
党组副书记、副主任：徐海初
副主任：潘晓萍（女）
周一明（—2017.2）
钟玉华（—2017.2）
俞建华（2017.2—）
吴爱群
徐志勇（2017.2—）

·县人大办事机构·

【办公室】
主　任：潘胜华（—2017.3）
宋健民（2017.3—）
【法制和内务司法工作委员会】
主　任：严根巨
【财政经济工作委员会】
主　任：华权有
【教科文卫工作委员会】
主　任：王利平（—2017.3）
董利荣（2017.3—）
【代表工作委员会】
主　任：吴柏存
【城建环保工作委员会】
主　任：虞星华（—2017.3）
吴生明（2017.3—）
【农业和农村工作委员会】
主　任：李法强

·桐庐县人民政府·

党组书记、县长：方　毅
党组副书记：吴金富（2017.2—）
副县长：潘立铭（—2017.2）
姜英杰（—2017.6）
吴金富
方　科（2017.6—）
周建英（女）
吕爱华（女）
荆　慰
潘　渭
卢　强（2017.2—）
余荆棘（2017.2—）
贺笑容（2017.3—）

·县政府工作部门及所属企事业单位·

【县政府办公室（法制办公室）】

党组书记、主任：申屠群雄（—2017.1）
钱潮力（2017.1—）
法制办公室主任：申屠群雄（—2017.1）
钱潮力（2017.1—）
县纪委、县监委派驻第二纪检监察组组长：
吴有良

【发展和改革局】
党委书记、局长：钱潮力（—2017.1）
王先勇（2017.1—）
物价局局长：钱潮力（—2017.1）
王先勇（2017.1—）
县纪委、县监委派驻第五纪检监察组组长：
兰天明（—2017.5）
方　芸（女，2017.5—）

【经济和信息化局】
党委书记、局长：钟一平（—2017.3）
潘胜华（2017.3—）
县纪委、县监委派驻第六纪检监察组组长：
袁雪满

【教育局】
党委书记、局长：季建平
县纪委、县监委派驻纪检监察组组长：
林　群（女）

【科学技术局】
党组书记、局长：周华新（—2017.12）
雷会鑫（2017.12—）

【民族宗教事务局】
局　长：俞　放

【公安局】
党委书记、局长：荆　慰
党委副书记、政委：许国宏（2017.12—）
党委副书记、常务副局长：
许国宏（—2017.12）
许　琨（2017.12—）
县纪委、县监委派驻纪检监察组组长：
章　巡

【民政局】
党委书记、局长：丁有理

【司法局】
局　长：陈伟琴（女）
党组书记：宋健民（—2017.3）
金　伟（2017.9—）

【财政（地税）局】
党委书记、局长：徐志勇（—2017.3）
孙叶华（2017.3—）
地税局局长：徐志勇（—2017.3）
孙叶华（2017.3—）

【人力资源和社会保障局】
党委书记、局长：周政洪

【国土资源局】
党委书记、局长：邵卫华（—2017.3）
吴志忠（2017.3—）
纪委书记：徐　强（—2017.8）
樊　琳（女，2017.8—）

【住房和城乡建设局】
党委书记、局长：陆端平（—2017.3）
倪天震（2017.3—）
规划局局长：陆端平（—2017.3）
倪天震（2017.3—）
县纪委、县监委派驻第八纪检监察组组长：
潘兴华

【交通运输局】
党委书记、局长：倪天震　（—2017.3）
邵卫华（2017.3—）

【农林局】
党委书记、局长：金焕梁

【水利水电局】
党委书记、局长：江小鹏

【商务局】
党委书记、局长：王红春（2017.1—）

【旅游委员会】
党委书记、主任：方新东

【文化广电新闻出版局（体育局）】
党委书记、局长：方劲松

【卫计局】
党委书记、局长：吴志忠（—2017.3）
蔡忠明（2017.3—）
县纪委、县监委派驻纪检监察组组长：
吴媚玉（女）

【审计局】

党组书记：潘爱琴（女，—2017.5）
滕建明（2017.5—）
局　长：潘爱琴（女，—2017.5）
贾安琪（女，2017.5—）

【统计局】

党组书记、局长：毛振农（—2017.3）
钟关贤（2017.3—）
桐庐县社会经济调查队队长：
毛振农（—2017.3）
钟关贤（2017.3—）

【环境保护局】

党组书记、局长：张利军（—2017.3）
申屠增标（2017.3—）

【城市管理局】2017年3月7日县编委会下文：原在桐庐县城市管理局挂牌的桐庐县城市管理综合行政执法局更名为桐庐县综合行政执法局；原在桐庐县城市管理局挂牌的桐庐县城市管理综合行政执法大队更名为桐庐县综合行政执法大队。

2017年3月30日县委常委会决定：撤销中共桐庐县城市管理局委员会，建立中共桐庐县城市管理局（综合行政执法局）委员会。

党委书记、局长：陈柏其（—2017.3）
桐庐县城市管理综合行政执法局局长：
陈柏其（—2017.3）
桐庐县城市管理综合行政执法大队大队长：
陈柏其　（—2017.3）
县纪委、县监委派驻第九纪检监察组组长：
江月平（—2017.6）
王权华（2017.6—）

【城市管理局（综合行政执法局）】

党委书记、局长：陈柏其（2017.3—）
桐庐县综合行政执法大队大队长：
陈柏其　（2017.3—）
县纪委、县监委派驻第九纪检监察组组长：
江月平（—2017.6）
王权华（2017.6—）

【安全生产监督管理局】

党组书记、局长：郑宝成

【市场监督管理局】

党委书记、局长：方志荣（—2017.3）
陈　彬（2017.3—）
桐庐县工商行政管理局局长：
方志荣（—2017.3）
陈　彬（2017.3—）
桐庐县质量技术监督局局长：
方志荣（—2017.3）
陈　彬（2017.3—）
桐庐县食品药品监督管理局局长：
方志荣（—2017.3）
陈　彬（2017.3—）

【行政服务中心、公共资源招投标管理委员会办公室】

党组书记：方义成（—2017.6）
杜玉玉（女，2017.6—2017.9）
吴金富（2017.9—）
主　　任：方义成（—2017.6）
杜玉玉（女，2017.6—）

【桐庐经济开发区（科技城、新城建设）管理委员会】

党委书记：华　健
主　　任：孙峰民（—2017.12）
张苏平（2017.12—）
县纪委、县监委派驻纪检监察组组长：
王华杰

【桐庐迎春商务区管理委员会】

书　记：吴爱群（—2017.6）
王红春（2017.6—）
主　任：王红春（2017.6—）

【桐庐富春山健康城管理委员会】

书　记：周海静（2017.3—）
主　任：张丁玎（2017.5—）

【富春江（芦茨）慢生活体验区管理委员会】

书　记：吴金富（—2017.8）
余荆棘（2017.8—）
主　任：沈国红

【分水江水利枢纽工程管理局】

局　长：徐昌东（—2017.3）
金继民（2017.3—）

【移民局】

局　长：毛杏丽（女，—2017.12）

【杭州住房公积金管理中心桐庐分中心】
主　任：申屠海荣
【机关事务管理局】
党组书记、局长：陈　刚
县委县政府接待办主任：陈　刚
【供销合作总社】
党委书记、主任：张利军（2017.3—）
【县拆迁工作领导小组办公室】
党组书记、主任：包来顺（—2017.12）
毛铁兵（2017.12—）

·政协桐庐县委员会·

党组书记、主席：王金才
党组副书记、副主席：周媛玉（女 ）
副主席：王志炎
郑为民
俞建华（—2017.2）
雷国兴
濮樟明
潘立铭（2017.2—）
秘书长：俞　谷（—2017.12）
副秘书长：方培泉（—2017.12）
仰忠明（2017.12—）

·县政协办事机构·

【办公室】
主　任：方培泉（—2017.12）
仰忠明（2017.12—）
【提案委员会】
主　任：郑萍萍（女）
【委员工作委员会】
主　任：姚圣华（—2017.12）
方培泉（2017.12—）
【经济科技委员会】
主　任：毛有良
【城建和人口资源环境委员会】
主　任：赵新华
【社会法制和港澳台侨委员会】
主　任：江明德
【文史和教文卫体委员会】
主　任：王樟松

·县人民武装部（部队直管单位）·

党委第一书记：朱　华
党委副书记、部长：侯超纪（—2017.6）
张鸿军（2017.12—）
党委书记、政委：许康波（2017.6—）

·县人民法院·

党组书记、院长：陆忠明
党组副书记、常务副院长：
邵樟庆（—2017.10）
王　华（2017.10—）
县纪委、县监委派驻纪检监察组组长：
高克俭

·县人民检察院·

党组书记、检察长：夏　涛
党组副书记、常务副检察长：方继民
县纪委、县监委派驻纪检监察组组长：
袁建方

·群众团体·

【总工会】
主　席：滕建明（—2017.3）
俞建华（2017.3—）
党组书记：滕建明（—2017.3）
潘武伟（2017.5—）
常务副主席：潘武伟（2017.5—）
【共青团桐庐县委】
书　记：方姬宇（女，2017.3—）
【妇女联合会】
党组书记、主席：梅晓波（女，—2017.6）
方飞燕（女，2017.6—）
【文学艺术界联合会】
党组书记、主席：董利荣（—2017.3）
石樟全（2017.3—）
【工商业联合会】
党组书记：李玉标
主　席：李玉标（—2017.6）

方　中（2017.6—）

【科学技术协会】

党组书记、主席：刘仲勋

【残疾人联合会】

党组书记、理事长：叶林茂

【红十字会】

会　长：周建英（女）

常务副会长：陈金星

【社会科学界联合会】2017年6月20日县编委会下文：设立桐庐县社会科学界联合会，列入群团序列，归口县委管理，不明确机构级别；设主席1名（按正科级领导干部配备）、副主席1名（按副科级领导干部配备）。

主　席：周华新

·双重和垂直管理单位·

【国网桐庐县供电公司】

党委副书记、总经理：张国连

党委书记、副总经理：许欣农

【桐庐农村合作银行】

书记、董事长：胡红群（—2017.8）

朱晓龙（2017.8—）

行　长：潘　丽（女）

【烟草专卖局（烟草公司）】

党组书记、局长、经理：黄　征

【华数数字电视公司】

党委书记、总经理：余晓群

【国税局】

党组书记、局长：郦晓良

【气象局】

党组书记、局长：陈　斌

【邮政管理局】

局　长：翁　磊

【国家统计局桐庐调查队】

党组书记、队长：王樟云

【人民银行桐庐支行】

党组书记、行长：戴茂青

【银监委浙江监管局桐庐办事处】

主　任：张国强

·乡镇（街道）·

【桐君街道】

党工委书记：周海静（—2017.1）

申屠群雄（2017.1—）

办事处主任：蔡忠明（—2017.3）

方纪锋（2017.3—）

人大工委主任：姚鼎文

【城南街道】

党工委书记：王先勇（—2017.1）

周海静（2017.1—）

办事处主任：杨洪平

人大工委主任：阙炳军

【旧县街道】

党工委书记：徐　雯（女）

办事处主任：唐根云

人大工委主任：苏建军

【凤川街道】

党工委书记：孙叶华（—2017.3）

陈锦强（2017.3—）

办事处主任：陈锦强（—2017.3）

余红坚（2017.4—）

人大工委主任：邵明喜（—2017.12）

董永泉（2017.12—）

【富春江镇】

党委书记：沈国红

镇　　长：姚明军

人大主席：陈红卫

【江南镇】

党委书记：胡亚明

镇　　长：申屠洪平

人大主席：项芳农

【新合乡】

党委书记：徐江宏

乡　　长：李昌坤

人大主席：杨柯忠

【横村镇】

党委书记：邵　政

镇　　长：董永泉（—2017.12）

包来顺（2017.12—）

人大主席：王小龙

【莪山乡】

党委书记：雷会鑫（—2017.12）
李春龙（2017.12—）
乡　　长：雷启迪（女）
人大主席：叶爱军

【钟山乡】

党委书记：余哲华
乡　　长：王利华
人大主席：刘曙明

【瑶琳镇】

党委书记：王维洪
镇　　长：潘其君
人大主席：郑建伟

【分水镇】

党委书记：施建华
镇　　长：岑洪伟
人大主席：徐昌东

【百江镇】

党委书记：邵黎明
镇　　长：舒　丹（女）
人大主席：申屠忠平

【合村乡】

党委书记：申屠庆良
乡　　长：李春龙（—2017.12）
姚者新（2017.12—）
人大主席：杨志强

·其他工作机构·

【县国有资产投资经营有限公司】

董事长、总经理：方　新

【县城市建设投资集团有限公司】

董事长、总经理：叶向前

【县交通发展集团有限公司】

董事长、总经理：杨文鸣

【县旅游投资开发有限公司】

董事长、总经理：江　峰

专　刊

Special Issues

·国家及部属颁发的荣誉称号·

获奖单位

表 75

单　位	荣誉称号	颁奖单位	颁奖时间
桐庐县	全国文明城市	中央精神文明建设指导委员会	2017 年 11 月
桐庐县	第三批全国农村集体“三资”管理示范县	农业部	2017 年 1 月
桐庐县	全国平安建设先进县（2013—2016 年）	中央综治委	2017 年 9 月
富春江镇	第二批全国特色小镇	住房城乡建设部	2017 年 8 月
县体育局	2013—2016 年度全国群众体育先进单位	国家体育总局	2017 年 8 月
旧县街道	2017 年度农村电子商务典型案例	商务部	2017 年 12 月
旧县街道	旧县街道金秋非遗文化节获 2017 年度全国优秀旅游节庆	国家旅游局	2017 年 11 月
县妇联	2017 年度全国妇女宣传舆论阵地建设“先进单位”	全国妇联	2017 年 8 月
江南镇	国家卫生镇	全国爱国卫生运动委员会	2017 年 6 月
分水镇	国家卫生镇	全国爱国卫生运动委员会	2017 年 6 月
合村乡	国家卫生乡	全国爱国卫生运动委员会	2017 年 7 月
合村乡	全国文明乡镇	中央精神文明建设指导委员会	2017 年 11 月
莪山畲族乡	第五批标准化气象为农服务乡（镇）	中国气象局	2017 年 12 月

获奖个人

表 76

姓名	单　位	荣誉称号	颁奖单位	颁奖时间
张海兵	县纪委	2017 年度全国纪检监察系统网络舆情和评论工作优秀个人	中央纪委宣传部 中央网信办网络评论工作局	2017 年 12 月
沈关忠	县安监局	全国安全生产监管监察先进个人	国家安全监管总局	2018 年 1 月

·省级及省属部门颁发的荣誉称号·

获奖单位

表 77

单　位	荣誉称号	颁奖单位	颁奖时间
桐庐县	浙江省平安金鼎	中共浙江省委、浙江省人民政府	2017 年 3 月
桐庐县	2017 年社会主义新农村建设优秀县（市）区	中共浙江省委、浙江省人民政府	2018 年 2 月
桐庐县	2017 年度浙江农村生活垃圾治理工作优胜县（市）区	中共浙江省委、浙江省人民政府	2018 年 2 月
桐庐县	2017 年度浙江省法治政府建设（依法行政）考核先进单位	浙江省人民政府办公厅	2018 年 4 月
桐庐县	2017 年度浙江省行政区域河流交接断面水质考核优秀区（县）市	浙江省环保厅、浙江省财政厅、浙江省水利厅	2018 年 3 月
桐庐县	浙江省林业现代化试验示范县	浙江省林业厅	2017 年 11 月
桐庐县	2017 年度森林浙江建设目标责任制考核优秀单位	浙江省林业厅	2018 年 3 月
桐庐县	2016 年度重大农业植物疫情防控优秀单位	浙江省防控农林植物重大疫情指挥部	2017 年 5 月
桐庐县	“四好农村路”省级示范县	浙江省交通运输厅	2017 年 6 月
县编委办	2017 年度浙江“最多跑一次”改革先进集体	浙江省人民政府	2018 年 3 月
县人社局	浙江省人力资源和社会保障系统先进集体	浙江省人力资源和社会保障厅	2018 年 1 月
县广播电视台	2017 年度全省电视新闻协作县级先进集体三等奖	浙江广播电视集团	2017 年 6 月
县烟草专卖局	浙江省卷烟打假工作成绩突出集体	浙江省烟草专卖局、浙江省公安厅	2018 年 1 月
第三次农业普查领导小组办公室	浙江省第三次农业普查先进集体	浙江省人民政府第三次农业普查领导小组	2018 年 2 月
城南街道	浙江省第三次农业普查先进集体	浙江省人民政府第三次农业普查领导小组	2018 年 2 月
富春江镇	浙江省首届书香城镇	浙江省新闻出版广电局	2017 年 10 月
富春江镇	浙江省第三批森林特色小镇	浙江省林业厅	2018 年 1 月

续表 77

单　位	荣誉称号	颁奖单位	颁奖时间
桐君街道	全省小微企业培育监测工作基层单位	浙江省经济和信息化委员会	2017 年 1 月
县建筑工程质量监督站	2016 年度全省建设工程质量安全管理工作先进单位	浙江省住房和城乡建设厅	2017 年 2 月
县地方税务局（稽查局）	稽查业务质效突出单位	浙江省地方税务局	2017 年 2 月
县财政局	2017 年浙江省卫生先进单位	浙江省爱国卫生运动委员会	2017 年 11 月
县市场监督管理局	全省食品药品监督管理系统先进集体	浙江省人社厅、浙江省食品药品监督管理局	2017 年 1 月
县市场监督管理局	2017 年度创新工作项目——打造“最多跑一次”县域样本	浙江省质量技术监督局	2018 年 1 月
县环卫处	浙江省城市市容环境卫生工作先进集体	浙江省住房和城乡建设厅	2017 年 10 月
县工商联	全省工商联系统先进集体	浙江省人力资源和社会保障厅、浙江省工商业联合会	2017 年 7 月
凤川街道翙岗古建筑群	第七批省级文物保护单位	浙江省人民政府	2017 年 1 月
新合乡引坑钟氏大屋	第七批省级文物保护单位	浙江省人民政府	2017 年 1 月
江南镇深澳古建筑群	第七批省级文物保护单位	浙江省人民政府	2017 年 1 月
富春江镇石舍古建筑群	第七批省级文物保护单位	浙江省人民政府	2017 年 1 月
瑶琳镇方家洲古遗址	第七批省级文物保护单位	浙江省人民政府	2017 年 1 月
桐庐富春山健康城管理委员会	省级健康产业示范基地	浙江省健康服务业发展联席会议办公室	2017 年 9 月
桐庐富春山健康城管理委员会	省级健康特色小镇创建单位（健康小镇）	浙江省健康服务业发展联席会议办公室	2017 年 9 月

续表 77

单 位	荣誉称号	颁奖单位	颁奖时间
非遗保护中心（合村绣花鞋专区）	第九届浙江 · 中国非物质文化遗产博览会“最佳展陈奖”	浙江省文化厅	2017 年 9 月
县青少年体育学校	浙江省体育后备人才基地	浙江省体育局	2017 年 11 月
县文广新局	第九届浙江中国非物质文化遗产博览会最佳组织奖	浙江省文化厅	2017 年 9 月
旧县街道	省级卫生乡镇（街道）	浙江省爱国卫生运动委员会	2017 年 12 月
旧县街道	2017 年度全省“小升规”培育及小微企业运行监测工作考核优秀基层单位	浙江省经信委	2018 年 1 月
合村乡	浙江省特级综合文体站	浙江省文化厅	2017 年 2 月
莪山乡	省级卫生乡	浙江省爱国卫生运动委员会	2017 年 12 月
莪山乡	省级文明乡	浙江省精神文明建设委员会	2018 年 1 月
瑶琳镇	省级平安农机示范单位	浙江省农业厅	2017 年 11 月
瑶琳镇	2017 年度多种形式消防队伍建设先进单位	浙江省公安消防总队	2017 年 12 月
县委政法委	全省党的十九大维稳安保工作先进集体	中共浙江省委、浙江省人民政府	2017 年 12 月
县公安局	全省党的十九大维稳安保工作先进集体	中共浙江省委、浙江省人民政府	2018 年 2 月
县公安局	全省公安机关执法优秀单位	浙江省公安厅	2018 年 2 月
江南派出所	2016—2017 年度“全省优秀公安基层单位”	浙江省公安厅	2017 年 8 月
县公安局团委	全省优秀“青少年维权岗”	浙江团省委	2017 年 11 月

获奖个人

表 78

姓　名	单　位	荣誉称号	颁奖单位	颁奖时间
张启成	县纪委	浙江省纪检监察系统先进工作者	浙江省纪委、浙江省人力资源和社会保障厅	2017 年 9 月
张海兵	县纪委	2017 年度“优秀通讯员”	浙江日报报业集团	2018 年 1 月
吴晓龙	县委第四巡察组	浙江省纪检监察系统先进工作者	浙江省纪委、浙江省人力资源和社会保障厅	2017 年 9 月
周政洪	县人社局	浙江省人力资源和社会保障系统先进工作者	浙江省人力资源和社会保障厅	2018 年 1 月
汪隽民	县人社局	党的十九大维稳安保工作做出突出贡献的个人	浙江省人力资源和社会保障厅	2018 年 1 月
虞剑平	县人社局	党的十九大维稳安保工作做出突出贡献的个人	浙江省人力资源和社会保障厅	2018 年 1 月
刘莉芬	县人社局	党的十九大维稳安保工作做出突出贡献的个人	浙江省人力资源和社会保障厅	2018 年 1 月
柯　斌	县信访局	全省信访系统先进工作者	浙江省人力资源和社会保障厅、浙江省信访局	2018 年 1 月
刘　焱	县信访局	浙江省党的十九大维稳安保工作先进个人	浙江省委、浙江省人民政府	2017 年 12 月
朱建生	县烟草专卖局	浙江省卷烟打假工作成绩突出个人	浙江省烟草专卖局、浙江省公安厅	2018 年 1 月
曹　宾	县烟草专卖局	浙江省卷烟打假工作成绩突出个人	浙江省烟草专卖局、浙江省公安厅	2018 年 1 月
朱霄岚	县农林局	浙江省第三次农业普查先进个人	浙江省人民政府第三次农业普查领导小组	2018 年 2 月
沈　慧	分水镇人民政府	浙江省第三次农业普查先进个人	浙江省人民政府第三次农业普查领导小组	2018 年 2 月
杨锦宜	凤川街道办事处	浙江省第三次农业普查先进个人	浙江省人民政府第三次农业普查领导小组	2018 年 2 月
汪顺来	桐君街道办事处	浙江省第三次农业普查先进个人	浙江省人民政府第三次农业普查领导小组	2018 年 2 月
王森强	富春江镇人民政府	2015—2016 年度省级优秀农村工作指导员	浙江省委办公厅、浙江省政府办公厅	2017 年 4 月

续表 78

姓　名	单　位	荣誉称号	颁奖单位	颁奖时间
邵黎明	百江镇人民政府	党的十九大维稳安保工作中做出突出贡献的个人	中共浙江省委、浙江省人民政府	2017 年 12 月
朱红卫	桐庐经济开发区管委会	浙江省党的十九大维稳安保工作先进个人	中共浙江省委、浙江省人民政府	2017 年 12 月
田间波	县住建局	浙江省党的十九大维稳安保工作先进个人	中共浙江省委、浙江省人民政府	2017 年 12 月
王　琪	县财政（地税）局	纳税服务之星	浙江省地方税务局	2017 年 12 月
方　晓	县财政（地税）局	2016 年度纳税服务窗口工作成绩突出个人	浙江省地方税务局	2017 年 1 月
王　振	县财政（地税）局	2015—2016 年度省优秀农村工作指导员	浙江省委办公厅、浙江省政府办公厅	2017 年 4 月
李　营	县财政（地税）局	“六五普法”先进个人	浙江省财政厅	2017 年 4 月
毛伟勇	县市场监督管理局	2015—2016 年度省优秀农村工作指导员	浙江省委办公厅、浙江省政府办公厅	2017 年 11 月
王　勇	县城市管理局	2017 年度浙江省智慧城管工作先进个人	浙江省住房和城乡建设厅	2018 年 2 月
李玉标	县工商联	全省工商联系统先进个人	浙江省人力资源和社会保障厅、浙江省工商业联合会	2017 年 7 月
陈　斌	县气象局	2017 年度浙江省气象业务服务工作先进个人	浙江省气象局	2018 年 2 月
凌　晨	县国税局	2017 年度全省国税系统“纳税服务之星”	浙江省国家税务局	2017 年 3 月
陈淑珍	县文广新局	浙江省第一次全国可移动文物普查先进个人	浙江省文物局	2017 年 6 月
江志标	县农林局	浙江省林业科技标兵	浙江省林业厅	2017 年 1 月
倪中应	县农林局	2016 年度浙江省农业技术推广贡献奖	浙江省农业厅	2017 年 8 月
邵　明	县公路管理段	2016 年度“美丽公路人”	浙江省公路管理局	2017 年 4 月

续表 78

姓　名	单　位	荣誉称号	颁奖单位	颁奖时间
吴　君	旧县街道办事处	全省“小升规”培育及小微企业运行监测工作基层单位（个人）考核优秀	浙江省经信委	2018 年 1 月
王云丽	分水镇人民政府	2017 年度浙江省“五水共治”信息工作先进个人	浙江省五水共治工作领导小组河长制办公室	2018 年 2 月
沈　慧	分水镇人民政府	浙江省第三次农业普查先进个人	浙江省人民政府第三次农业普查领导小组	2018 年 2 月
俞建芬	莪山畲族乡办事处	浙江省基层农业技术推广“万向奖”	浙江省农业厅、林业厅、海洋与渔业局等	2018 年 3 月
汪　海	县商务局	浙江省党的十九大维稳安保工作先进个人	中共浙江省委、浙江省人民政府	2017 年 12 月
朱伟民	县委政法委	浙江省党的十九大维稳安保工作先进个人	中共浙江省委、浙江省人民政府	2017 年 12 月
项忠信	县委政法委	浙江省综治工作先进个人	浙江省委办公厅、省政府办公厅	2017 年 3 月
李晓南	县公安局	浙江省党的十九大维稳安保工作先进个人	中共浙江省委、浙江省人民政府	2017 年 1 月
汪　凯	县公安局	浙江省党的十九大维稳安保工作先进个人	中共浙江省委、浙江省人民政府	2017 年 12 月
刘金军	县公安局	全省优秀人民警察	浙江省公安厅	2017 年 8 月
应　钢	县公安局	全省公安基层基础工作成绩突出个人	浙江省公安厅	2017 年 3 月
季剑炜	县公安局	个人二等功	浙江省公安厅	2017 年 12 月
许成武	县公安局	千名好民警	浙江省公安厅	2018 年 2 月
钟雪芳	县公安局	千名好民警	浙江省公安厅	2018 年 2 月
王　浙	县公安局	千名好民警	浙江省公安厅	2018 年 2 月
查　方	县公安局	千名好民警	浙江省公安厅	2018 年 2 月
应寒芬	县公安局	千名好民警	浙江省公安厅	2018 年 2 月

·中共杭州市委、市政府颁发的荣誉称号·

获奖单位

表 79

单　　位	荣誉称号	颁奖单位	颁奖时间
桐庐县	2016 年度平安创建责任制考核优秀达标地区	中共杭州市委、杭州市人民政府	2017 年 4 月
县委维稳办	杭州市 2016 年度平安工作先进集体	中共杭州市委、杭州市人民政府	2017 年 4 月
富春江镇	杭州市平安“示范乡镇”	中共杭州市委、杭州市人民政府	2017 年 4 月
富春江镇	杭州市“无邪教乡镇”创建工作先进单位	中共杭州市委、杭州市人民政府	2017 年 2 月
城南街道	杭州市平安“示范乡镇”	中共杭州市委、杭州市人民政府	2018 年 5 月
旧县街道	杭州市平安“示范乡镇”	中共杭州市委、杭州市人民政府	2018 年 5 月
江南镇	杭州市平安“示范乡镇”	中共杭州市委、杭州市人民政府	2018 年 5 月
县人民法院	杭州市 2017 年度平安工作先进集体	中共杭州市委、杭州市人民政府	2018 年 5 月
县民政局	杭州市 2017 年度平安工作先进集体	中共杭州市委、杭州市人民政府	2018 年 5 月
桐君街道	杭州市 2017 年度平安工作先进集体	中共杭州市委、杭州市人民政府	2018 年 5 月
合村乡	杭州市 2017 年度平安工作先进集体	中共杭州市委、杭州市人民政府	2018 年 5 月

获奖个人

表 80

姓　名	单　位	荣誉称号	颁奖单位	颁奖时间
晏　燕	县法制办	2017 年度杭州地区区、县（市）“十佳公务员”	中共杭州市委、杭州市人民政府	2018 年 5 月
徐江宏	新合乡人民政府	2017 年度杭州市平安工作先进个人	中共杭州市委、杭州市人民政府	2018 年 5 月
赵　波	县委政法委	2017 年度杭州市平安工作先进个人	中共杭州市委、杭州市人民政府	2018 年 5 月

续表 80

姓　名	单　位	荣誉称号	颁奖单位	颁奖时间
谢　敏	县公安局	2017 年度杭州市平安工作先进个人	中共杭州市委、杭州市人民政府	2018 年 5 月
杨洪平	城南街道办事处	2017 年度杭州市平安工作先进个人	中共杭州市委、杭州市人民政府	2018 年 5 月
孙　年	桐君街道办事处	2017 年度杭州市平安工作先进个人	中共杭州市委、杭州市人民政府	2018 年 5 月
陆勇平	横村镇人民政府	2017 年度杭州市平安工作先进个人	中共杭州市委、杭州市人民政府	2018 年 5 月
王维洪	瑶琳镇人民政府	2017 年度杭州市平安工作先进个人	中共杭州市委、杭州市人民政府	2018 年 5 月
钟林炳	县农技推广中心	2016 年度杭州市先进科技工作者	杭州市人民政府	2017 年 7 月

·2017 年度乡镇（街道）党建目标考核优秀等次·

富春江镇　桐君街道
旧县街道　分水镇
莪山乡　合村乡

·2017 年度县级机关、企事业单位党建目标考核优秀等次·

县政府办　县纪委
县委组织部　县委办
县委宣传部　县人大办
县政协办　县公安局
县委统战部　县人社局
县行政服务中心　县广播电视台
县旅委　县财政（地税）局
县检察院

·2017 年度乡镇（街道）、重大平台和县直机关单位综合考评·

【最佳乡镇（街道）班子】

分水镇　旧县街道

【乡镇（街道）、重大平台综合考评优秀等次】

分水镇　城南街道
富春江镇　钟山乡
合村乡　江南镇
旧县街道　富春山健康城
迎春商务区　开发区（科技城）

【乡镇（街道）、重大平台综合考评良好等次】

瑶琳镇　桐君街道
凤川街道　横村镇
莪山乡　新合乡
百江镇

【县直单位综合考评优秀单位】

县财政（地税）局　县行政服务中心
县经信局　县发改局
县公安局　县市场监管局
县人社局　县城管局
县委宣传部　县委组织部
县委统战部　县委政法委
县编委办　县检察院

县法院　　县委办
县人大办　　县政府办
县政协办　　县纪委（监委）

【县直单位综合考评良好单位】

县科技局　　县农办
县国税局　　县住建局
县环保局　　县审计局
县民政局　　县广播电视台
县妇联　　县总工会
县信访局　　县委老干部局

【最佳服务型机关】

县公安局　　县财政（地税）局
县委组织部　　县文广新局

【节约型单位】

县直机关工委　　县城管局
县旅委　　县编委办
县农办

【特色创新项目一等奖】

桐君街道：以基层协商民主助推中心工作

城南街道："服务+"居住出租房屋"旅馆式"服务管理新模式

县编委办：桐庐县纵深推进"最多跑一次"改革

县市场监管局：全国商事登记制度改革综合试验田

【特色创新项目二等奖】

旧县街道：借力智创助推传统小微企业转型升级

瑶琳镇：美丽乡村"生态贷"，政银合作助化债

富春江镇：整资源　聚要素　优环境——富春江镇培育镇域产业发展新动能

县委组织部：构建"快递红流"异地行业党建新模式，助力"双招双引"促发展

县财政局：梳理整合县级财政政策，实行产业精准扶持

县行政服务中心：建示范服务中心　探索24小时自助服务

【特色创新项目三等奖】

百江镇：农旅结合助推山区乡村发展

合村乡：履步生花——"小绣鞋"走向"大市场"

分水镇：用好用活土地政策

县纪委（监委）：国家监察体制改革试点

县发改局：桐庐县企业投资项目"标准地+承诺制"改革

县公安局：政府投资项目安评工作机制

县农办：桐庐县国家农业部土地经营权入股经营农业产业化试点

县环保局：创新环评管理新模式、推进环评审批高效率

·经济责任制专项考核结果·

【乡镇（街道）、重大平台一等奖】

瑶琳镇　　钟山乡

【乡镇（街道）、重大平台二等奖】

凤川街道　　莪山乡

【乡镇（街道）、重大平台三等奖】

江南镇　　分水镇　　合村乡

【县直单位经济责任制主要责任部门一等奖】

县科技局

【县直单位经济责任制主要责任部门二等奖】

县经信局

【县直单位经济责任制联动部门一等奖】

县国税局

【县直单位经济责任制联动部门二等奖】

县国土局　　县旅委　　县统计局

【县直单位经济责任制保障部门一等奖】

县公安局

【县直单位经济责任制保障部门二等奖】

县安监局　　县交运局　　县信息传媒中心

【招引人才二等奖】

县人社局　　县科技局　　县卫计局

【招引人才三等奖】

县教育局　　县经信局　　县商务局
县财政局　　县委党校

【招引项目二等奖】

县市场监管局　　县文广新局

【招引项目三等奖】

县纪委（监委）　　县农林局

县委宣传部　县委组织部
县农办　县国税局

【争资金、争项目二等奖】

县发改局　县国土局

【争资金、争项目三等奖】

县交运局　县农林局
县教育局

·2017年度桐庐县平安建设工作集体嘉奖和先进个人·

【集体嘉奖单位】

县委办　县人大办　县政府办
县政协办　县委组织部　县委宣传部
县纪委　县委政法委　县委统战部
县信访局　县公安局　县法院
县检察院　县司法局　县发改局
县人社局　县住建局　县民政局
县城管局　县文广新局　县商务局
县教育局　团县委　县旅委
县农林局　县卫计局　县交运局
县经信局　县财政局　县市场监管局
县安监局　县国土局　县邮政管理局
桐君街道　城南街道　旧县街道
凤川街道　江南镇　横村镇
富春江镇　分水镇　瑶琳镇
百江镇　新合乡　合村乡
钟山乡　莪山乡　开发区

【先进个人】

1. 记三等功人员（23名）

皇甫林　余国钦　姚伟国　刘叶青
刘先进　陈焕明　潘增洪　徐志林
汪宏华　王才金　李　芸　张晓良
姚强军　郑守忠　杨振武　虞剑峰
徐　军　毛黎兵　雷启迪　胡　桅
邓士军　李宇强　朱红卫

2. 嘉奖人员（215名）

童　琦　陈子童　朱佳力　袁雅丽
吴政远　刑凤根　朱樟平　赵有金
王荣明　韦　晶　戴梁伟　姚　翔
尹宣军　王伟国　喻益明　许晓翔
王健美　戴欣峰　郑　英　余加星
戴华锋　濮志明　郑继红　方晓益
汪晓东　方仕勇　袁　钢　杨芳根
姚　鹏　徐永华　惠银春　申屠荣平
王　升　钱　锐　赖春洪　张云飞
王　锐　雷　会　赵　丹　姚兴军
王雪英　张小建　尹建明　田东伟
郑永华　方　彪　滕新星　张松云
徐　星　林伟富　汪贤钧　方海忠
刘黎明　张照平　陆一萍　留　锋
王森强　周　晨　姚阿平　陈　刚
赵　婷　滕伟林　程晓雯　江剑斌
刘小华　裴雪娟　赖学泉　石亚明
钟兴华　濮俊臣　皇甫权国　王小军
徐洪展　方灿丽　余力银　邵　凌
蔡来兴　郑林成　王顺强　汪勇平
童丁丁　李何涌　周永群　赵　杰
邓卫庆　王永军　吴军龙　申屠忠平
徐　瀚　丁堂根　臧社军　赖伟民
余　锋　徐江根　叶爱军　李　华
刘海波　俞杭琴　许　莉　皇甫秋雁
杨柯忠　诸立铭　吴云生　章　帆
潘优栋　何向东　钟荣贵　潘华丰
陈柏林　潘　勇　徐灶金　刘虹巍
吴伟军　周金荣　陈纪伟　蒲　赟
陈　漫　沈雪军　李　骅　张柏金
邵双贤　徐伟军　郑美英　周汉明
胡小根　江　淼　杨爱生　邬利扬
吴锡勤　张震宇　邓　峰　徐秀来
任　珍　陈永春　诸　渊　姚林飞
黄志明　麻伟明　裘　聪　邵旭华
孙顺钟　蒲树荣　朱坤荣　吴海祥
钟成波　周祖平　胡国庆　郎宇鹏
戴　明　詹晓铭　梁　毅　罗　平
王晓敏　包羽非　虞忠伟　徐新宇
王灵杰　吴小建　王强强　王勇刚
叶慧琴　盛　炯　应　康　徐梅秀
林圆圆　童长军　许秋琦　李成秋
吴洪兴　叶　挺　姜朝荣　袁跃明
郭员宏　陈爱第　诸世平　宋晓怡

俞智鹏　陈　溧　钱　军　唐　赟
周玉明　马立强　朱　健　王丰平
周丽娟　沈宋杰　方加炎　金焕楠
傅学明　姚军强　王国平　余小华
林　琳　吴忠军　吴俊华　昌　青
俞　磊　童祖龙　戴凌云　袁　晶
王　星　王文科　陈　璀　王树军
钱华嫣　吴淑丹　詹平华　邓誉倩
王伟清　舒俊波　杜利民　钱　晶
徐向国　杨爱萍　方义成

·桐庐县全国文明城市创建工作先进集体和先进个人·

【先进集体】

县委办　县人大办
县政府办　县政协办
县纪委　县委组织部
县委宣传部　县委统战部
县委政法委　县编委办
县农办　县直机关党工委
县委老干部局　县广播电视台
县信息传媒中心　县档案局
县法院　县人武部
县发改局　县经信局
县商务局　县公安局
县财政局　县人社局
县国土局　县住建局
县交运局　县农林局
县旅委　县文广新局
县教育局　县卫计局
县市监局　县审计局
县统计局（国家调查队）县民政局
县城管局　县安监局
县行政服务中心　开发区管委会
县公积金中心　县机关事务局
县供销总社　县气象局
团县委　县银监办
桐君街道　城南街道
国网桐庐县供电公司　杭州技师学院
浙江工商大学杭州商学院

【先进个人】

1. 记三等功人员（38名）

潘　艺　周　敏　钱玉明　濮忠平
程大鹏　孟小云　张　浩　钱肖明
李光明　陈　超　肖瑞文　柴生标
宋九平　王晓明　叶伟康　皇甫良峰
童国平　余丽宾　吴浩亮　罗秋英
陆群英　周华英　童志萍　季红卫
钟　罡　蒋　毅　梁　波　赵雄军
许强峰　濮祖民　吴　峥　吴田金
董晓华　吴　炜　章锋华　王樟云
潘　珺　陈　余

2. 嘉奖人员（212名）

沈　佳　仰忠明　雷　燕　丁　妲
陈　灵　梁国平　李潇芳　丁　璐
方立新　陈　鹏　王　杰　张思杰
王建民　张堂堂　周晓东　潘贤平
罗　巍　洪宵伟　郑　瑜　范裕和
尹　铮　江　昆　罗百成　王成军
雷　欢　王勇军　徐更平　姚建民
郑瑞华　朱卫金　黎振远　杨荣潮
王素妹　黄乃明　许士龙　陈民祥
周建法　徐苗芳　吴晨辉　倪玲炳
王建军　田玲玲　潘可杭　徐燕波
卢明玉　何宗友　方法英　方小珍
华小明　杜海龙　何合林　汪建新
赖素月　徐友瑜　邓慧萍　桂向政
吴晨霞　曾艳君　邵惠芳　姚　扬
胡　迪　李承敏　戴亚锋　吴见英
夏　恺　申屠军军　佟　颖　王　聪
申屠通　李炳华　周　宁　朱红霞
姜春龙　章　俊　王　茗　郑杨杰
袁利华　林　琳　蔡建平　金　鑫
张步善　王超琦　雷吕品　谷　芳
徐晓云　陈中华　陈　泳　何旭萍
王丽晓　何银苗　陈　艇　毛林芳
钱　峰　陈淑珍　宣　岚　雷修成
颜　祥　曹　翔　陈玉平　金焕斌
方　芳　戴凌云　邓誉倩　邓士军
姚　鹏　倪　盼　柯建萍　应萍君

华　增　王　龙　李旭琴　闻荣杰
吴松英　冯　清　顾东东　方　菲
刘玲玲　蒋燕珺　姚荣平　徐益红
林　琳　王国荣　林易春子　张　红
谢云峰　徐　兵　林润宇　徐君仙
张鹤琦　吴　莺　童海鹏　何建忠
皇纯健　袁琼华　钟罗洪　徐　明
任丹萍　王诗远　吴小平　陈　伟
仇　涛　吴根仙　俞　峰　姚　瑾
王　迅　吴彩玲　吴建辉　江　峰
潘照军　王文科　许　军　江　于
陈　洁　孟永军　华康勇　王　靖
童燕萍　夏银海　田玲秀　刘为民
李竹青　施武民　刘卫良　许亦楠
严敏晶　朱林国　张　捷　李兰琴
傅向阳　王钟明　张　昕　高　禄
应寒苗　王　珊　邹建明　方金根
钟新军　皇甫国荣　黄　路　姚　垚
杨建军　储著威　计先平　何　勇
毛黎兵　方　毅　程洪辉　王良忠
陈　娥　陈罗贞　陈　莹　方　芳
吴　磊　苏　文　宓建锋　徐达军
叶丽琴　林　梁　陈建华　柴　丹
章锡灿　陈　诚　宋华军　章建明
朱　勃　郎　芬　吴　明　毛晓红
徐樟媛　徐国华　胡　剑　徐伟军

·2017年度桐庐县产业强县表彰名单·

【纳税十强企业】

浙江桐庐农村商业银行股份有限公司
杭州杰伦货运有限公司
杭州海康威视电子有限公司
桐庐顺和置业有限公司
国网浙江桐庐县供电公司
国网新源水电有限公司富春江水力发电厂
杭州康基医疗器械股份有限公司
浙江施强制药有限公司
东芝水电设备（杭州）有限公司
杭州申瑞快递服务有限公司

【工业重点企业】

杭州海康威视电子有限公司
杭州康基医疗器械股份有限公司
浙江施强制药有限公司
桐庐南方水泥有限公司
桐庐红狮水泥有限公司
杭州桦桐家私集团有限公司
东芝水电设备（杭州）有限公司
浙江龙生汽车部件科技有限公司
杭州泛亚润升控股集团有限公司
浙富控股集团股份有限公司
（以上10家企业为工业十强企业）
杭州千芝雅卫生用品有限公司
桐庐富春江织造集团有限公司
杭州象限科技有限公司
浙江英飞特光电有限公司
通用电气生物科技（杭州）有限公司
力高控股有限公司
浙江天松医疗器械股份有限公司
浙江艾罗网络能源技术有限公司
浙江环益资源利用有限公司
中艺花边集团有限公司
杭州励升科技有限公司
浙江奥鑫控股集团有限公司
密尔沃基（桐庐）阀门有限公司
杭州霍普曼电梯有限公司
浙江省桐庐汇丰生物科技有限公司
杭州伊贝实业有限公司
浙江金贝能源科技有限公司
浙江汉德邦建材有限公司
杭州光典医疗器械有限公司
杭州冠华王食品有限公司
杭州金慧达集团有限公司
桐庐三星玉米产业科技有限公司
浙江瑞能通信科技股份有限公司
杭州春江阀门有限公司
今麦郎饮品（杭州）有限公司
杭州和韵科技有限公司
杭州老桐君制药有限公司
杭州升惠机械有限公司
杭州中水科技股份有限公司

浙江五云山文化用品有限公司
杭州富春印务有限公司
杭州富利登塑胶制品有限公司
浙江迅和机械制造有限公司
杭州绫绣针织有限公司
浙江三源织造有限公司
桐庐鑫利针织有限公司
桐庐奔腾建材制品有限公司
桐庐优视医疗器械有限公司
杭州桐庐医达器械设备有限公司
桐庐友人塑料制品有限公司

【服务业十强企业】
浙江桐庐农村商业银行股份有限公司
杭州融高股权投资有限公司
桐庐顺和置业有限公司
桐君堂药业有限公司
杭州申瑞快递服务有限公司
桐庐通泽物流有限公司
杭州东方文化园桐庐旅业开发有限公司
浙江富春江旅游股份有限公司
桐庐大润发商业有限公司
浙江卓创乡建文化旅游发展有限公司

【自营出口明星企业】
杭州桦桐家私集团有限公司
浙江金帆达生化股份有限公司
浙江艾罗网络能源技术有限公司
桐庐富春江织造集团有限公司
杭州泛亚卫浴股份有限公司

【亩产贡献先进企业】
一等奖：杭州康基医疗器械股份有限公司
二等奖：杭州光典医疗器械有限公司
杭州泛亚卫浴股份有限公司
桐庐鑫利针织有限公司
三等奖：杭州升惠机械有限公司
桐庐优视医疗器械有限公司
浙江施强制药有限公司
桐庐富春江织造集团有限公司
密尔沃基（桐庐）阀门有限公司
通用电气生物科技（杭州）有限公司

【县政府质量奖企业】
杭州吾尚生物科技有限公司
杭州安厨电子商务有限公司
浙江施强制药有限公司

【品牌创建先进企业】
桐庐优视医疗器械有限公司

【首台套企业】
浙江艾罗网络能源技术有限公司
杭州中水科技股份有限公司

·发展村级集体经济优秀乡镇（街道）和明星村（示范村）·

【发展村级集体经济优秀乡镇（街道）】
一等奖：分水镇　合村乡
二等奖：富春江镇　莪山乡
三等奖：横村镇　百江镇

【发展村级集体经济明星村】
桐君街道阆苑村　横村镇横村村
分水镇武盛村

【发展村级集体经济示范村】
桐君街道君山村　桐君街道浮桥埠村
城南街道上洋洲村　城南街道金中村
旧县街道旧县村　凤川街道翙岗村
江南镇徐畈村　横村镇城东村
横村镇后岭村　富春江镇横山村
瑶琳镇元川村　分水镇城西村
分水镇东溪村　百江镇联盟村
新合乡松山村　莪山乡莪山村
钟山乡魏丰村　合村乡高凉亭村

·2017年度武装工作先进单位和先进个人·

【党管武装好书记】
周海静　城南街道党工委书记
施建华　分水镇党委书记
余哲华　钟山乡党委书记
申屠庆良　合村乡党委书记

【基层建设标兵单位】
分水镇武装部　钟山乡武装部
莪山乡武装部　合村乡武装部

【优秀专武干部】

朱运钱　　旧县街道武装部部长
李　明　　分水镇武装部部长
徐晓峰　　莪山乡武装部部长
诸立铭　　新合乡武装部部长
姚　翔　　桐君街道武装部副部长
申屠伊里　江南镇武装部副部长

【民兵连长标兵】

汤洁峰　　桐君街道梅蓉村民兵连长
方水良　　城南街道春江村民兵连长
朱　财　　旧县街道西武山村民兵连长
华佳群　　凤川街道西庄村民兵连长
夏小平　　横村镇香山村民兵连长
俞燕飞　　江南镇彰坞村民兵连长
赵松云　　富春江镇俞赵村民兵连长
叶鑫强　　瑶琳镇桃源村民兵连长
翁　波　　分水镇百岁村民兵连长
吴立鑫　　百江镇后河村民兵连长
钟善明　　新合乡松山村民兵连长
王火强　　莪山乡沈冠村民兵连长
罗放亮　　钟山乡钟山村民兵连长
王仁树　　合村乡合村村民兵连长

·2017 年度桐庐县食品安全工作考核优秀单位和个人·

【优秀单位】

桐君街道办事处　　城南街道办事处
凤川街道办事处　　旧县街道办事处
富春江镇政府　　瑶琳镇政府
莪山乡政府　　钟山乡政府
合村乡政府　　新合乡政府
县农业和林业局　　县市场监督管理局
县教育局　　县公安局
县城市管理局　　县卫生和计生局
经济开发区管委会

【优秀个人】

唐　静（桐君街道）　　申屠菁（城南街道）
毕海燕（凤川街道）　　蒲　赟（旧县街道）
方勇军（江南镇）　　蒋　略（富春江镇）
朱华龙（横村镇）　　方　彪（分水镇）
董　英（瑶琳镇）　　胡轶敏（百江镇）
苏　琦（钟山乡）　　皇甫秋雁（莪山乡）
闻　杰（合村乡）　　钟厚德（新合乡）
戎晓云（县城管局）　　王忠华（县教育局）
洪美萍（县农林局）　　吴俊华（县财政局）
邓　峰（县食安办）
陈建龙（县市场监管局）
方炉军（县市场监管局）
申屠军华（县广播电视台）
张建新（经济开发区管委会）
贝雪英（县食品安全协会）

·2017 年度爱国卫生和重大疾病防控工作考核·

【爱国卫生工作先进单位】

县委宣传部　　县市场监督管理局
县卫生和计生局　　县城市管理局
富春江镇人民政府　　新合乡人民政府
莪山乡人民政府　　旧县街道办事处

【爱国卫生工作先进个人】

戴秀凤　　方美平
桂向政　　刘　佳
邵亚平　　钱根云
冯　艳　　陈　燕
方苏权　　卢群英

【重大传染病防控工作先进单位】

县教育局　　县公安局
瑶琳镇人民政府　　百江镇人民政府
县卫生监督所　　县疾控中心

【重大传染病防控工作先进个人】

雷　燕　　徐华珍
何丹丹　　傅明芬
黄晓圆　　李妍俊
徐友瑜　　毕　欢
章建明　　申屠君锋

·县第十六届人大一次会议好议案建议·

【一等奖】

1. 周海静等 10 位代表提议的《关于坚持创新驱动发展 推动产业强县建设的议案》（第 2 号）

2. 申屠群雄等 10 位代表提议的《关于加快

推进城镇环境综合整治工作的议案》（第 3 号）

【二等奖】

1. 李颖等 13 位代表提议的《关于加快收储优质闲置资产促进富春山健康城快速发展的建议》（第 52 号）

2. 许丽娟代表提议的《关于加快“美丽资源”向“美丽经济”转变的建议》（第 69 号）

【三等奖】

1. 戚小群等 7 位代表提议的《关于进一步完善我县城乡公交一体化的建议》（第 56 号）

2. 邵明喜代表提议的《关于出台我县工业垃圾处置指导意见的建议》（第 60 号）

3. 姚岚代表提议的《关于完善大病致贫困难群众帮扶公益金补助办法的建议》（第 88 号）

4. 严根巨代表提议的《关于建设宪法主题公园的建议》（第 91 号）

5. 郑玉英等 10 位代表提议的《关于加大对实体经济支持力度的建议》（第 100 号）

6. 叶爱军代表提议的《关于加强小区物业管理的建议》（第 122 号）

7. 周敏等 10 位代表提议的《关于大力发展中医药产业，打响桐君金名片、建设桐庐大健康的建议》（第 182 号）

·县第十六届人大一次会议议案建议承办先进单位和个人·

【先进单位】

县住建局　　县农办
县交运局　　县旅委
县经信局　　县水利水电局
县文广新局　　县农林局

【先进个人】

县府办：王　茗　　县考评办：常梦竹
县住建局：姚苏华　　县农办：陈　明
县交运局：吴新华　　县旅委：何旭萍
县经信局：杨宇峰　　县水利局：张婷媚
县文广新局：刘志方　　县农林局：皇纯健
县市场监管局：吴忠良　　县国土局：张　适

·县政协九届一次会议优秀提案和社情民意·

【优秀提案】

1. 提案名称：关于整合“双创”平台资源，打造科技“双创”桐庐样本的建议

提案人：周叶芹

2. 提案名称：关于进一步深化名校对接，提升我县教育质量的建议

提案人：冯永平

3. 提案名称：关于整合优化财政涉企专项资金，提高财政资金使用绩效的建议

提案人：财金旅贸组

4. 提案名称：关于加大对民办养生养老机构扶持的建议

提案人：农工民主党桐庐县基层委员会

5. 提案名称：关于进一步放宽社会办医市场准入的建议

提案人：姚圣华

6. 提案名称：关于统筹规划，注重特色，充分发挥全县各类创业平台（空间）作用的建议

提案人：民主促进会桐庐县支部委员会

7. 提案名称：关于进一步加强污水治理的建议

提案人：城建环资组

8. 提案名称：关于发挥“唐诗西路”文化品牌优势，打造“中国诗词之乡”的建议

提案人：王剑波

9. 提案名称：关于推动我县中药材产业发展的建议

提案人：医药卫生组

10. 提案名称：关于综合整治江南工业功能区有色金属冶炼污染行业的建议

提案人：工业经济组

11. 提案名称：关于政银企携手，助力小微企业做大做强的建议

提案人：潘　丽

12. 提案名称：关于加强家庭作坊生产安全监管的建议

提案人：陆建平

【优秀社情民意】

1. 反映内容：关于命名柴埠—梅蓉新建大桥为“柴埠大桥”的建议

反映人：城建环资组

2. 反映内容：关于优化升级“全域旅游”的建议

反映人：李锡元

3. 反映内容：关于进一步推进“礼让斑马线”的建议

反映人：农业科技组

4. 反映内容：关于加快推进农村骨灰堂（生态公墓）建设的建议

反映人：财金旅贸组

5. 反映内容：关于优化我县普惠性福利机制的建议

反映人：王　琼

·2017年度桐庐县政协工作先进集体和积极分子·

【先进集体】

农业科技组　　财金旅贸组

城建环资组　　文化教育组

政协桐庐县委员会桐君街道工作委员会

政协桐庐县委员会旧县街道工作委员会

政协桐庐县委员会分水镇工作委员会

政协桐庐县委员会新合乡工作委员会

县政协之友联谊会一组

县政协摄影书画会书法分会

县政协企业家联谊会

派驻县国土资源局民主监督小组

【政协工作积极分子】

洪　周　　邱军华　　潘　艺

李　楠　　吴艳华　　魏　萍

方丽娟　　何丹丹　　张　丽

洪文婷　　汪惠芳　　章　帆

陈　娥　　朱华能　　胡建高

毛素霞　　李生祥　　吴根才

舒玉春　　洪芳良　　张　戈

方新娟

阅读引申

Reading Extended

整合空心村 改造老房子 增加新项目——桐庐打造全域旅游大景区

罗娅川　邵枝鑫　舒俊波

“绿水青山就是金山银山”，山水、生态优势和文化积淀是浙江桐庐的最大财富。近年，桐庐突出生态优势，深入实施“生态立县、产业强县、全民兴县”发展战略，努力打造全域旅游大景区，“美丽桐庐”建设走上快车道。

“全域大景区”画卷展开

桐庐在城市发展上坚持高标准规划、高品质建设，着力推进“旅游全域化，全域景区化，景区生态化”，走出一条县城美、两江美、乡村美到全域美的发展道路。

在规划布局上，坚持旅游产业规划与县域总体规划、城市规划、交通规划、生态规划等多规融合，做到旅游元素、景点标准、游客需求与其他项目建设统一规划、统筹实施。在生态治理上，打好以“拆治归”为核心的组合拳，统筹推进小城镇环境综合整治、治气、治土、治废等工作，入选首批国家级生态保护与建设示范区。在城乡建设上，坚持以景区的理念规划全县、以景点的要求建设镇村，大力实施最美县城、魅力城镇、秀美乡村建设工程，打造全域景区格局。

“旅游+”撬动产业转型

“全域旅游背后需要有非常清晰的产业支撑，创新发展路径展现桐庐特色，而这也正是桐庐接下来将重点规划打造的方向。”桐庐县委书记朱华说。

近年来，桐庐不断强化“旅游+”的思维，促进旅游与一产、二产、三产融合催化、互荣共赢。顺应旅游消费需求升级趋势，桐庐打造了江南古村落风景区、富春山健康城等产业平台，狠抓休闲旅游、乡村旅游、健康养生等新型业态培育，旅游产业规模进一步扩大、贡献度进一步提高。

民宿经济是桐庐旅游的金名片。2016年，全县民宿接待游客达到331.1万人次，同比增长23.9%。近几年，游客数量的急速增加，让用电量大幅增长，原本陈旧的线路设备，和低容量的变压器已难以满足需求。当地供电部门通过完善电网构架、主动落实增容布点、加强测温巡视，目前，桐庐县各民宿集中区域用电水平得到了大大提升，有力促进了以民宿为主体的“美丽经济”。

美丽经济共建共享

桐庐鼓励引导社会各界积极参与全域旅游开发建设，整合了一批空心村、老房子，引进社会资本投资高端精品民宿项目，仅2016年就招引旅游休闲养生项目50余个、吸引各类产业资本投入近300亿元。积极支持农民开民宿、当老板，目前全县拥有民宿示范村20余个、经营户500余户、总床位近1万张。

此外，桐庐动员全民参与节能减排降碳活动。在全面建成“村收集—镇中转—县处置”生活垃圾无害化处置体系的基础上，以农村为突破口，鼓励农户源头分类，全县30万农村人口全部参与垃圾分类……各种新建设施和休闲区块，让当地居民有了更多游憩空间，旅游设施正在转型为公共服务产品。

“只需要投1元硬币就可以给电瓶车充电5个小时，这种新型电动自行车充电模式受到了社区居民的极大欢迎”。截至今年7月底，桐庐县7个社区的340个充电桩口已经投入使用。为了解决电动自行车充电问题，桐庐县供电公司提出“三方合作”建设共享型电动自行车充电桩的工作思路，即地方政府部门牵头，桐庐县供电公司配合，电动车充电装置安装运营公司具体实施。通过三方合力，最终达到“先城区后乡镇，先住宅小区后公共场所”，实现充电需求全覆盖的工作目标。下阶段，桐庐将新增建设1500—2000个充电口，进一步提高设施覆盖率。

（原载2017年10月9日《人民日报》）

产业强县　扬帆起航再出发 杭州桐庐县召开产业发展千人大会

钱凌芸

产业强则桐庐兴，产业强则人民富。2017年，坚持“产业强县”的美丽桐庐，从新起点上扬帆起航再出发。

盛夏7月，比阳光更耀眼的是被杭州海康威视电子有限公司董事长徐礼荣、杭州桦桐家私集团有限公司谢智通等30位企业家捧在手中的纯金金牌。

7月11日，近260家桐庐企业的负责人齐聚一堂，参加全县产业发展大会。东芝水电、施强制药、康基医疗、龙生股份……一大批对桐庐经济做出重要贡献的企业，一一上台领取属于自己的荣誉和奖励。同时，围绕产业崛起、资本运作、转型升级、产业智慧化等热点话题，6位信息电子、先进装备制造、大健康等新产业的企业掌门人与浙江省工业和信息化研究院院长兰建平展开“华山论剑”。

与以往不同，此次大会在县级机关、企事业各单位和各乡镇（街道）设分会场，并通过电视向全县人民直播。“这样做的目的是为大力弘扬创新创业精神，同时向全县表达县委县政府实施‘产业强县’战略，推进产业转型升级的坚定决心。”桐庐县委书记朱华说。

生态产业化桐庐打造生命健康产业先行先试区

产业发展大会上，桐庐县成立2亿元的大健康产业引导基金，主要投向生命科技、医疗器械、中医健康、运动休闲等大健康产业领域的项目，着力打造生命健康产业先行先试区。

发展大健康产业是桐庐高举生态大旗，深入拓展“两山”转化路径，再造绿色发展新优势的重要通道之一。当前，桐庐集聚了健康小镇、智慧安防小镇两大省级特色小镇和省级医疗器械高新技术产业基地，拥有施强、天松、康尔、康基、康友等130余家医疗器械相关企业，硬管内窥镜国内市场占有率达50%以上，个别产品已形成替代进口格局，引进了爱唯（国际）细胞工程与再生医学产学研基地项目、杭州中科纳泰4P健康产业园、郎景和健康管理中心、正大基因抗衰老中心、国际健康医学中心、莱茵达国际体育小镇等一批重大生命健康产业项目，大健康产业集群已经初步形成，为创建生命健康产业先行先试区打下了坚实的基础。

创建生命健康产业先行先试区，桐庐将通过集聚健康领域高端科研要素资源，推进高端医疗器械、精准医疗服务、生物医药、中药及保健品等领域，特别是基因检测诊疗、细胞治疗等技术研发和应用推广创新探索，着力抢占健康产业发展制高点，推进高端前沿技术创新和产业化，培育竞争新优势，同时为全国健康产业创新发展提供先行先试经验，为我国健康产业供给侧结构性改革提供实践经验。

智慧产业化　桐庐重投1.1亿元撬动信息经济

产业发展大会上，全新的桐庐产业政策发布。桐庐将2.25亿元资金精准化扶持科技人才、工信经济、现代服务业、农业产业、开放型经济和对接资本市场，驰而不息打造产业生态系统，为接轨拥江发展战略，融入杭州“大都市区”筑牢产业基础。

其中更是将1.1亿元瞄准了科技人才和工信经济，以人才驱动引领创新驱动、以创新驱动推动创新发展，把产业强县落到实处，不断增强发展活力和发展后劲。

“就桐庐而言，要以符合生态环境要求、符合未来发展趋势、符合本地发展基础为前提，扎实推进生态产业化与产业生态化、产业智慧化与智慧产业化，加快建设创新创业、转型升级两个生态圈，着力构建大产业生态系统，大力发展信息电子、先进装备制造、新能源新材料、大健康等产业，为建设山清水秀民富县强的美丽中国桐庐样本奠定厚实的产业基础。”桐庐县委书记朱华在会上强调。

作为杭州市委市政府“一号工程”，信息经济已成为桐庐产业转型升级的新亮点和经济发展的新增长极。以富春江科技城为核心的杭州智慧E谷拓展区、以迎春商务区为核心的电子商务集聚区、以富春山健康城和乡村慢生活体验区为核心的智慧健康养生产业集聚区构成信息经济“三区”鼎立，各有特色。

龙生股份、泛亚卫浴、华盛围巾、新湖电子等企业积极实施工厂物联网，提升智能制造水平；裕隆通信“智慧农村三网合一云服务平台”和艾罗电源“基于互联网的智能微网光伏储能并网发电系统”入选省“互联网+”应用项目，推进企业智能化改造；引进集控科技、新松机器人、力泰科技等信息化服务公司，为传统企业提供咨询设计、软件开发、设施维护和管理运营等智能制造服务，服务支撑智能制造。

今年一季度，桐庐县信息经济实现增加值（剔重）4.9亿元，同比增长43.5%，排名全市第2位，实现主营业务收入（限上）27.05亿元，同比增长98.9%，排名全市第1位。

（原载2017年7月13日《人民网》）

桐庐：全国县级城市中留下古诗词最多的县

周保尔

“钱塘江尽桐庐县，水碧山青画不如。”这是唐代诗人韦庄在《桐庐县作》一诗中赞美浙江桐庐的诗句。桐庐不仅拥有“潇洒”的自然山水禀赋，而且据最新研究发现，桐庐是在全国县级城市中留下古诗词最多的县。南北朝至清代，共有1000余位诗人曾到过桐庐，并有诗词3000余首，吟咏桐庐山水、人文古迹。桐庐堪称“中国古诗词，县级之翘楚”。

以前有机构曾公布全国留下古诗词特别是唐宋诗词最多的十大古代城市，排名第一位杭州，共有93位诗人曾停留于此，有诗词1841首；排名第二位西安，共有58位诗人曾停留于此，有诗词1807首；排名第三位浙江安吉（县级），共有23位诗人停留于此，有诗词1524首；排名第六位江西上饶（县级），共有33位诗人曾停留于此，有诗词714首。最近，由杭州图书馆、浙江及桐庐县诗词楹联学会的文史专家共同对中国县域古诗词的研究统计，表明到过桐庐的古代诗人并留下的诗词数量，超过了排名中的任何一个古代城市，而独占鳌头。

桐庐留下的古诗词，不仅数量多，而且诗品高。唐代著名诗人几乎都到过桐庐，写过富春江山水诗。“李太白全集”中直接或间接写桐庐的有12首之多，其中的“古风”“酬崔侍御”，以及白居易的“宿桐庐馆同崔存度醉后作”“凭李睦州访徐凝山人”都是桐庐诗中的名作。中国山水诗鼻祖谢灵运写过三首桐庐富春江山水诗，产生了很大影响。北宋范仲淹更是一气呵成，写下了千古名篇“潇洒桐庐郡十绝”，为桐庐立下了千年的城市品牌。

据专家们研究，之所以到访桐庐的古代诗人多并留下大量诗词作品，主要原因有四：一是桐庐处于中国著名山水风景带之一的富春江山水带，境内群岚叠嶂，溪流纵横，江两岸胜迹遍布，自古就有“奇山异水，天下独绝”的美誉。数以千万计的名人雅士纷至沓来，访古探幽，览胜游赏，留下大量赞美富春江山水风景的诗词华章；二是得天独厚的交通优势。桐庐境内的富春江和分水江是古代两条天然的交通要道，而桐庐恰好处于枢纽地位，是南来北往的必经之地，这里处于古“唐诗之路”的西段，俗称“唐诗西路”；三是桐庐是东汉名士严子陵的隐居地，严子陵钓台为中国十大钓鱼台之首，隐逸文化非常深厚，我国古代文人多以严子陵为精神偶像，严子陵钓台是古代文人向往的精神家园。前往拜谒的人络绎不绝，严子陵钓台往往成歌台、赛诗台；四是唐朝时桐庐藉诗人阵容很强，“全唐诗”中收录有18位桐庐藉诗人的1067首诗词作品，占2.18%，也就是说，1%的桐庐藉诗人写了2%强的“全唐诗”收录的诗篇。

目前，桐庐县正加强对富春江诗词文化的研究、开发和利用，创建中国诗歌之乡的工作业已启动。经过一年多时间的规划建设，范仲淹纪念馆已于今年5月6日“百姓日”正式对市民开放，富春江南岸滨江公园的“唐诗西路文化走廊”景观带正在建设之中，《唐诗桐庐》文史专辑即将与读者见面。

（原载2017年10月15日《新华网》）

从小县城到“大景区”：浙江桐庐打造全域旅游名片

宋唯岚

“钱塘江尽到桐庐，水碧山青画不如”走进“中国最美县”——浙江桐庐，展现在眼前的是一幅现代版的“富春山居图”。小城内，碧玉飘带般的富春江斜贯全境，与两边的青山和建筑相得益彰。这个坐落于浙江西部的小县城，在“全域旅游”的发展理念下，俨然已经成为一个“大景区”。

“绿水青山就是金山银山”作为该理念的忠实践行者，如今的桐庐已实现了保护环境与经济发展的双赢，打造出一幅全域旅游的“桐庐样本”。

坚持生态立县 绿水青山成全域旅游底气

北宋名臣范仲淹一句“潇洒桐庐郡”，道尽桐庐山水之美。江南镇、瑶琳仙境等独具特色的美景，便是桐庐“全域旅游”最大的底气。

江南镇环溪村便是典型代表之一。这个有着千年历史的古村落内，草木林立、溪水潺潺。绿荫下，一座座独具江南特色的老屋错落有致，宛若一幅精致的水墨画。

尽管有着得天独厚的生态优势，但在几年前这里却由于垃圾随意堆放、河水污染等问题显得脏乱破败。“那个时候家门口水沟里都是臭烘烘的，一到夏天，蚊子苍蝇嗡嗡的。”环溪村村民周玉忠说。

近年来，通过河道治理、污水整治等方式，加之“莲”文化的深耕，环溪村重新焕发了生机，成了美丽宜居的小乡村，也吸引各地游客纷至沓来。

“我们这边游客比较多，如果是节假日，还要提前预订房间呢！”环溪村民宿老板汪小咪笑着说。

与之类似的还有分水镇新龙村。尽管没有悠久历史可诉，该村还是通过基础设施改造和内部环境改善，成为“大景区”中的一员。

自2011年美丽乡村建设以来，该村便通过道路修建、沿线绿化等多项新农村改造工作改善村貌，也成为乡村游的热门地之一。如今，放眼望去，满村皆是一片盎然绿意。

“我们村的400多个床位常常‘一床难求’！”分水镇新龙村党委书记叶洪波自豪地说。

实际上，不论是环溪村还是新龙村，都只是桐庐发展全域旅游的缩影。近年，桐庐致力于“全域大景区”的建设，以景区理念规划整个县域，以景点要求建设每个镇村，全力推进“最美县城、魅力城镇、美丽乡村”建设，打造出“山水如画、人间仙境”的“中国画城”。

“全区域整治，使得桐庐山更绿、水更清、天更蓝、空气更清新。”桐庐县长方毅表示。

如其所说，“处处是景、时时见景”已然成为桐庐全域旅游发展成果的真实写照。游客们也纷纷来到这个浙西的小城，一睹这如画美景。

数据显示，今年上半年，桐庐共接待游客687.1万人次，同比增长13.16%；全社会旅游业总收入70.52亿元（人民币，下同），同比增长15.21%。

发力产业强县 旅游+产业增强百姓获得感

绿水青山是桐庐最大优势，如何将其转化为金山银山，则是其更为关注的命题。对此，当地按“旅游+”思路，大力推进产业与旅游的融合催化，不仅增加了当地收入，还大大增强居民的获得感。

以“旅游+农业”为例，桐庐县环溪村村民毛冬梅的故事颇具代表性。

三年前，依托环溪村的种植基础与莲文化，农民毛冬梅承包了村里20亩荷花塘，专种观赏性荷花，供游客欣赏。

“这比起我原来在厂里上班赚得多多了！去年一年就赚了十多万。”毛东梅说。

除传统农业，工业也搭上旅游“快车”。

如当地企业晨乐文具现在已成桐庐分水镇的“火热”景点。

此外，桐庐也通过“旅游+”思路，培育着诸多新产业、新动能。

“中药鼻祖”桐君老人结庐行医之处——桐君山便是其中之一。桐庐将桐君山山水风光与养生产业相结合，开辟了专门的养生旅游线路。如今，到桐君山拜谒药祖，欣赏山水，品味药膳已成许多游客的选择。

“我们提出‘生态产业化、产业生态化’两个概念。把这两篇文章真正做深了，才能找到两山转化的一个通道。”桐庐县委书记朱华强调。

而当下，“旅游+”思路还吸引了越来越多“出走”的年轻人回到家乡创业致富。

高凉亭村民徐水华，几年前到新疆做服装外贸生意。不久前，看到老家的旅游业前景，他便回乡创业，专做户外培训项目。

“家乡有山有水，类似攀岩、定向等素拓项目都可以开展。”徐水华说，“现在我一星期接待120人左右，利润一年有二三十万元！”

桐庐人的获得感也体现在数字上。以去年为例，2016年度桐庐城镇居民人均可支配收入为42496元，名义增长8.0%；农村居民人均可支配收入为24619元，名义增长9.4%。在全域旅游目标的带动下，当地农村居民第三产业经营净收入4957元，增长41.2%。

践行“小二”思维 政府完善配套添发展软实力

生态守护、产业融合为桐庐全域旅游增添了浓厚色彩。而在硬实力不断增强的同时，桐庐的软实力也不断提升。

走进桐庐县全域旅游服务中心，值机站牌和滚动的航班动态立刻吸引了记者眼球。为更好地给游客提供服务，桐庐专门设立了“航站楼”，与杭州萧山机场实时同步对接。

据悉，在该航站楼内，旅客可轻松办理车票购买、换登机牌、行李安检、行李托运等业务，也可进行航班咨询等。该航站楼自4月24日试运营起至九月底，共输送航空旅客2426人，行李托运276件。

不止如此，为解决游客“后顾之忧”，桐庐也响应“最多跑一次”，设置全域旅游综合执法办公室（以下简称“办公室”），抽调市场监管局、物价局、公安等集中办公，专门处理旅游过程中产生的纠纷。

在办公室的旁边是全域旅游巡回法庭。在办公室无法得到协调解决的纠纷，便会被移交到该法庭，通过司法途径解决。

不久前，某游客向办公室投诉，称其今年4月在某景区参加互动活动时，被另一绍兴游客推倒致颅内出血，治疗后赔偿意见不一致，景区和绍兴游客要求司法途径解决，但投诉人一直不愿上法庭。

经全域旅游巡回法庭调解，景区同意由景区先将医药费等费用共计近4万元一次性付给游客，该游客对此处理结果感到十分满意。

“以前处理一起旅游消费投诉至少需要1个星期，有时没处理好，当事游客就不耐烦了，现在24小时内肯定处理完毕。”桐庐县市场监管局旅游分局局长说。

值得一提的是，在政府推动下，当地还利用互联网助力全域旅游发展。

“我们通过系统整合，从游客流量、分布、来源地以及游客的游览轨迹、逗留时间等方面监测游客综合动态，对接下去的旅游发展情况做预估。”全域旅游服务中心工作人员介绍。

“切实转变工作作风，提高办事效率，优化发展环境。”方毅此前强调当地政府工作要点，正融入于当地全域旅游推进过程中。

“接下来桐庐将树立全方位、宽领域、多层次的开放思维，厚植开放发展新优势，同时进一步创新营销方式和手段，推进客源市场国际化，加快拓展日韩、东南亚、欧美等入境旅游市场。”朱华说。

据悉，10月16—17日，第二届中国（桐庐）国际民宿发展论坛暨2017年国际乡村（民宿）设计大会将在中国杭州桐庐举行。本次大会首次以乡村（民宿）设计为主题，乡村设计师为主体，通过分享不同优秀乡村设计师的设计理念及设计案例，探讨中国乡村发展更优可能性。

（原载2017年10月10日《中国新闻网》）

浙江桐庐县政协“五个一”助建美丽中国桐庐样本

何小华　李　昕

“美林，我来看你了。”近日，浙江省杭州市桐庐县政协委员徐东，利用双休日来到百江镇金塘坞村看望慰问结对的困难户蓝美林。和徐东一样，桐庐县政协主席王金才也来到江南镇梧村的结对困难户李三庭家里。李三庭从老式的木制碗柜抽屉里拿出“传递爱心火炬”爱心结对卡，动情地说，“感谢你们为我做的一切……”

怀揣一颗真心，真情服务民生。据悉，县政协组织开展“寻找特殊困难家庭，传递爱心火炬”活动，发动县政协领导和广大政协委员与全县180余户特殊困难家庭进行一对一结对帮扶，通过各种渠道和方式帮助群众改善生活，受到社会各界的充分肯定。同时，县政协注重社情民意的收集，聘请政协信息员，建立信息直报点，扩大民意反映渠道，“为城市环卫工人开辟爱心休息点”等建议得到了党委、政府的重视和采纳，促进了民生问题的解决。

围绕一条主线，保持一线精神。“我去‘路上’了。”9月25日，县政协主席王金才处理完案头工作后，就向办公室“请假”。原来，那几天桐庐县创建全国文明城市正在如火如荼地进行着，他不放心自己负责路段的交通秩序，只有到了现场才心里有底。其他县政协领导班子成员也主动担当责任，自觉接受县委的工作安排，“一线”参与中心工作，为全县重点区块拆迁改造、重点项目推进、重大发展平台建设积极贡献力量。

“没有县政协的牵线，也就没有我们莪山畲族乡的今天。”杭州市政协委员、莪山畲族乡党委书记雷会鑫为桐庐县政协的工作点赞。近年来，县政协在做好市政协与莪山畲族乡“联乡结村”协调联系工作的同时，把支持莪山畲族乡发展作为县政协一项重要的履职工作，每年召开一次主席会议、开展一次专题视察，帮助莪山畲族乡更好更快发展。

据悉，莪山畲族乡“中国畲族第一乡”创建工作成果丰硕，成功入选第四批全国民族团结进步示范单位。

（原载2017年11月20日《人民政协报》）

桐庐：破除人情关系异地交叉巡察

张海兵

“就那么一丁点儿菜地，他们竟然也敢做手脚，多套出青苗补偿款9000元。实在是可恶，该查！”谈起县里最近查处的本村5名村干部套取集体资金的案子，浙江省桐庐县分水镇百岁坊村村民王某义愤填膺。

然而在这之前不久，县巡察组初入百岁坊村时，可是另一番景象。“班子成员很团结，肯干实事，我们信得过！”“村干部蛮好的，给村里做了不少事”……村民交口称赞、能干事成事的村干部们怎么就集体东窗事发了呢？

原来，为把全面从严治党向基层延伸，桐庐县选择主动出击，在2015年开展农村基层侵害群众利益问题专项整治的基础上，去年一开年就全面部署开展农村基层作风巡察。全县14个乡镇（街道）分别抽调所在乡镇（街道）纪检、“三资”管理、招投标服务等职能科室人员组建巡察组，由乡镇（街道）纪（工）委书记任组长。为破解乡镇基层圈子小、熟人多，执纪监督易受人情、关系等外界因素影响，巡察组统一归县巡察领导小组调度使用，按照异地交叉原则，临时指定巡察组。根据安排，由桐君街道巡察组巡察分水镇百岁坊村。

“异地交叉巡察，让我们巡察组成员无须过多顾忌人情关系，只需放下思想‘包袱’，大胆‘找茬’。”桐君街道巡察组组长吴国建介绍说，在巡察过程中，巡察组把“三重一大”事项和群众反映强烈、关注度高的问题作为巡察重点，通过从每笔资金、每项工程的重点环节入手，灵活运用受理投诉、翻阅账册、个别谈话等方式方法，力求精准发现问题，找出“病灶”。

“分水镇百岁坊村 2014 年 1 月的 42 号凭证里青苗补偿明细清单上部分数字有被涂改过的痕迹，造册姓名和领款人签名笔迹相似，巡察时要重点核查……”在进驻百岁坊村前的审计情况分析会上，与该问题一并移交巡察组的还有其他 4 个问题。

作为发现问题线索的重要手段，专项审计被充分运用。桐庐县专门聘请了 10 余名政治素质好、业务能力强，长期从事村级财务工作的老会计，在巡察组进驻前对被巡察村近三年村级财务、村级工程、拆迁补偿、津补贴发放等具体内容进行全面审计。也正是因为巡察组在面上巡察的同时，重点紧盯审计移交线索，迅速核实了百岁坊村村干部套取村集体资金的违纪行为。

异地交叉巡察，不仅有效破解了人情关系对巡察组的干扰，同时也让村民放下了心理戒备，反映问题更加主动、反映的内容无保留，为巡察组了解真实情况、掌握一手资料提供了帮助。2016 年，桐庐县共完成对 38 个村的异地交叉巡察，发现问题 196 个，其中问题线索 55 个，立案查处村干部侵害群众利益问题 21 起。

（原载 2017 年 1 月 11 日《中国纪检监察报》）

桐庐分水镇试点设立“美丽基金”

周兆木　黄晓圆　应兆丹

近年来，浙江省桐庐县分水镇通过“五水共治”“三改一拆”、庭院整治等一系列农村环境综合整治组合拳，村庄面貌明显改善，人居环境进一步优化。但同时，整治工作面临着人员、资金投入有限，整治成果巩固难等问题，为从根本上破解这些难题，桐庐县分水镇在后岩村试点设立了“美丽基金”，创新“党组织引领、党员带头、群众参与”三位一体的基层自治模式，狠抓污染源头治理，助力“五水共治”。

通过近年来农村环境面貌的改善提升，农村环境综合整治工作已深入人心、家喻户晓。今年 5 月初，后岩村全体村民自觉融入村集体，献计献策，按照“村集体补助、社会支助、村民自筹”的思路，在村民自愿的基础上，自发设立了后岩村“美丽基金”，以每年不少于 10 万元的资金用于奖励在垃圾分类、河道保洁、庭院整治等活动中表现突出的农户。

后岩村一共有 202 户农户，每户家门口的醒目位置都贴有一份红旗形状的承诺书，内容包括“五水共治”、庭院整治、垃圾分类、邻里和睦等 10 个方面。“我们村里每户人家都签了这份承诺书，贴在门口也是为了起到一个时刻提醒的作用，做到承诺上墙、责任上心。”后岩村党支部书记沈柏潮说，“一方面，是提醒村民要自觉搞好房屋前后、厨房这些地方的环境卫生，养成垃圾分类的好习惯，庭院、门口沟渠、河道的保洁也要维护好；另一方面，邻里之间也能够起到互相监督、相互带动的作用。”

为了强化对农户的日常管理和考核，后岩村利用“党建 +”模式：由党员联系承诺户，指导监督农户兑现承诺。全村 36 名党员按照是否有亲戚关系、是否住得较近、是否关系较好“三是否”认领相应农户，平均每人联系 6 户 -7 户，并统一印制垃圾分类、“五水共治”等联系户小卡片。

同时，村出台考核办法落实奖惩举措，每月不定期对农户“五水共治”开展情况进行督察打分，每月在村里的红黑榜进行公示。对检查全年无差错的农户每年每户奖励 500 元，被县级媒体正面报道的奖励升至 1000 元，被市级及以上媒体宣传报道的升至 2000 元；被暗访曝光的，第一次以劝导为主，第二次扣款 50 元，第三次扣款 100 元，第四次取消享受“美丽基金”的资格。

“第一个实行考核的月份中，全村 202 户只有两户上黑榜，效果还是很明显的。”沈柏潮表示，“过去我们村两委单打独斗，工作推进有难度、压力大，现在村民们主动干、带头干、一起干，积极性很高。”

分水镇生态旅游办主任王云丽表示：“后岩村这种模式为‘五水共治’等重点工作开展提供了坚实的经济后盾，并且有效提升了村民在环境保护、卫生保洁等方面的自觉性，也激励了村民们在河道管理等中心工作中‘肯干、愿干、乐干’的积极性，是一种良性发展的基层自治管理模式，在长效机制建设方面起到了很好的创新示范作用。”

（原载 2017 年 7 月 7 日《中国环境报》）

桐庐：“美丽中国”的实践探索

秋意渐浓，层林尽染的桐庐景色宜人。凭借“中国最美县”之誉，桐庐也吸引着越来越多的游客，纵情于富春山水和秀美乡村。

来自桐庐县旅游委员会的统计数据显示，今年“十一”黄金周，桐庐景区（点）和乡村旅游点接待游客 120 万人次，与去年同比增长 23.48%，旅游总收入 6.2 亿元，同比增长 26.02%。

而数据显示，今年上半年，桐庐共接待游客 687.1 万人次，同比增长 13.16%；全社会旅游业总收入 70.52 亿元，同比增长 15.21%。

“沉睡资源”成“发展资本”

“钱塘江尽到桐庐，水碧山青画不如”，位于钱塘江上游、地处浙江西北部的桐庐，自古以其秀美山水而闻名，得天独厚的自然环境，独树一帜的山水风光，吸引着历代的文人墨客流连忘返。

近年来，桐庐依托独特的山水资源，围绕“美丽中国，桐庐样本”，在浙江率先提出全域景区化的美丽乡村建设新理念，打造出“山水如画、人间仙境”的县域大景区。

几年来，桐庐多次获得国际花园城市、国际人居环境示范奖、国际休闲乡村示范区、全国文明县城、中国美丽乡村、中国人居环境范例奖、中国最具幸福感县级城市、国家园林城市、国家生态县等众多殊荣，走出了一条独具特色的绿色崛起之路。

在美丽乡村建设中，立足于资源禀赋，桐庐着力推进农村生态人居体系、农村生态环境体系、农村生态经济体系和农村生态文化体系等四大体系的建设，实现了美丽乡村建设的县域全覆盖。

与此同时，以最美县城、美丽乡村、养生福地为载体，大力发展“美丽经济”，通过产业生态化、生态产业化，培育出桐庐经济新业态，建立起与美丽生态、美丽城乡相适应的现代产业体系，让青山绿水、美丽城乡这一“沉睡资源”转化为实实在在的“发展资本”。

江南古村落、富春江乡村慢生活体验区、合村生仙里、旧县大岭图等一个个村落景区、乡村旅游点，因独特的魅力备受城里人的青睐，而伴着绿水青山与金山银山的良性循环，众多涉旅、涉乡、涉村产业成为桐庐美丽乡村建设和美丽经济发展的创新之举。

2013 年启动的“乡乡有民宿”计划，至今已形成 20 个民宿示范村，全县 14 个乡镇（街道）实现了“乡乡有民宿”。

据统计，至 2016 年底，仅民宿经营户全县就有 530 多家，床位近一万张。

旅游经济的发展壮大，也促进了桐庐农业、三产服务业等产业的融合发展。

桐庐县领导认为，生态立县是一切发展的落脚点，要实现桐庐的“绿色崛起”，就是要毫不动摇地坚守“绿水青山就是金山银山”理念，以好山好水好空气为依托、原汁原味原生态为卖点，让美丽生态、美丽城乡成为农民增收和经济发展的新源泉。

如今在桐庐，依托茶叶、蜜梨、蜜桃、杨梅等农业特色产业，发展了农业生态观光游、四季水果采摘游。依托蜂产品加工、分水制笔、针织服装等块状经济优势，开发工业旅游和旅游商品，增加了游客观光和体验购物功能。依托剪纸、越剧和合村布鞋等本土特色资源，鼓励开发特色旅游纪念品，发展特色商品购物市场；推出的地方特色产品购物游，又促进了旅游业与文创业的结合。通过推进美食、茶楼、保健疗养、运动休闲、工艺美术、演艺等特潜行业发展，以及组织申报特色潜力项目，开展最佳休闲去处评选等，促进特潜行业向旅游产品转化，成为培育旅游产业的新亮点。

从“美丽城乡”到“美丽经济”

美丽乡村建设的根本在于提升群众的生活品质，这就需要做美环境、做强产业。

桐庐的最大优势、最基础的优势是绿水青山，全域旅游背后需要有非常清晰的产业支撑，而这也正是桐庐接下来将重点规划打造的方向。

为此，桐庐在变秀美姿色为资本的同时，从风景与人文出发，深度开发山水、人文资源，拓展旅游产业门类，推出景观特色型、古村落文化体验型、乡野田园型、农业特色型等不同风格的乡村旅游，并与产业发展相结合，优化产业结构，延伸特色产业链，还将简易的农家乐打造成设施齐全的“桃花源”。

与此同时，在推动民宿经济、休闲旅游、现代农业、健康养老、生态人居、总部经济等特色产业，实现美丽城乡向美丽经济衍生转变的同时，桐庐着力于“生态产业化、产业生态化”“产业智慧化、智慧产业化”。

围绕“生态＋工业”，推进“互联网＋”“智慧＋”“品牌＋”“标准＋”，提质制笔、针织、箱包等传统优势产业，发展电子信息、高端装备、医疗器械、新能源新材料等新兴产业，引进培育生物医疗、人工智能、虚拟现实、大数据云计算和增材制造等未来产业。

围绕“生态＋服务业”，实施现代服务业发展三年行动计划，通过发展现代物流、现代金融、科技服务等生产性服务业，促进信息软件、文化体育、租赁物管等营利性服务业快速增长，并进一步谋划发展分享经济、体验经济、创意经济。

围绕“生态＋农业”，从深化农业供给侧结构性改革入手，加快茶叶、中药材、精品水果、林下经济等特色产业，打造一批田园综合体、特色农业精品园、农业产业集聚区。

如今，桐庐已成功引进了海康威视、英飞特等一批重大优质项目， 中科纳泰 4P 健康、普望生物技术、莱 IN 体育生活之城等先后成功落地，投资 16 亿元的颐居智慧养生产业园、投资 6 亿元的江南国际养生中心等一大批项目已在建设之中。

“延伸产业链、强化创新链、提升价值链”，富春江科技城（开发区）成了县域产业重构的引领区，而以大健康产业培育为主导的富春山健康城，则通过引进生命科技、生物医疗、运动休闲、中医健康等领域的高端人才、项目，成为浙江省级生命健康产业的先行先试区。

值得一提的是，百江天子地小镇、健康小镇、智慧安防小镇、分水妙笔小镇、富春江慢生活小镇、天子地小镇，以及横村时尚针织小镇、莪山山哈文化创意小镇、汽车人小镇、瑶琳仙境小镇、木画石小镇、农创客小镇、阆苑温泉小镇等一批“特色小镇”，成就了桐庐“传统产业焕发生机、新兴产业加速突围”的发展新格局。

“绿水青山”带来“金山银山”

在桐庐县第十四次党代会报告中，提出了建设山清水秀、民富县强的“美丽中国，桐庐样本”和“生态立县，产业强县，全民兴县”“一大目标，三大战略”。

生态是桐庐的生命线，一定要把它保持好并且发挥好，因此不管做什么产业都要建立在生态立县基础上，“以人民为中心”为发展理念，把群众幸福指数的提升、群众获得感作为政府工作的出发点和归属点。“让市场的无形之手、政府的有形之手、人民的勤劳之手同向发力，共创美好生活。”

事实上，着眼美好生活，全域景区化的美丽乡村建设已让桐庐百姓尝到了“绿水青山带来金山银山”的巨大红利。

富春江镇芦茨自然村仅有 160 余户村民，开设民宿的就有 94 户农户，仅“十一”期间就接待县内外游客 74000 余人次，直接经营收入达 680 多万元。江南镇荻浦村利用五水共治的契机，将牛栏变成咖啡店、猪栏变成茶吧，以此引爆了乡村旅游，仅停车管理费就直接为村集体创收 40

余万。

“舍南舍北皆种桃，东风一吹数尺高”的阳山畈村，2010年开始，按照“宜居、宜业、宜游、宜文”，进行杭州市首批“风情小镇”创建。

“以花为媒，借桃兴业”，村里先后成立阳山畈蜜桃合作社、合作社支部和支部服务站，合作社蜜桃产区面积达3000亩，社员173户，联系带动周边农户1500余户，联结全县蜜桃基地8000余亩，形成了“支部+合作社+农户”的经营管理模式。

今年阳山畈蜜桃销售达到了1300万元，每户桃农平均收入达到4万元，单价10元钱一只的精品水蜜桃供不应求。为了拉长桃产业链，村里还连续举办“山花节”，游客赏花、摘桃，合作社还带领桃农利用废弃的桃枝培育黑木耳获得成功。

环溪村是北宋大哲学家、理学鼻祖周敦颐14代后裔繁居地，随着环境的改善，为把美丽转化产业，村里又将全村380余亩土地流转，由公司统一种植莲花。夏天莲花盛开的时候，吸引大量的游客前来赏花，带旺了村里的农家乐。莲蓬、莲子和系列莲加工产品以及荷田套养的泥鳅、河蟹也给公司带来可观的经济效益。

（原载2017年11月17日《中国青年报》）

“四个不准”厚植乡村底色　桐庐打造村落大花园

戴睿云　雷　燕　钱凌芸

站在“未迟”民宿俯瞰合岭村，重峦叠嶂，一汪高山湖宛若明珠——这美景让前来度假的城里客流连忘返。为保护这原汁原味的富春山水，合岭村所在的桐庐县旧县街道刚刚拒绝一个投资3000万元的项目。理由是，项目计划在高山湖边建大棚，会破坏合岭村发展所依赖的山水实景画卷。

“绿水青山就是金山银山”。桐庐对有损美丽乡村建设的行为坚决说“不”。在新一轮村落景区建设中，桐庐提出严格落实“不准建牌楼、假山假水，不准新建办公楼等楼堂馆所，不准引进（种植）名贵苗木，不准盲目贪大求洋”等“四个不准”，坚持因地制宜、因势利导，挖掘村庄自身优势，打造村落大花园新样本。“坚持生态为本、规划引领，提升产业高度，力争打造全域美丽大花园、美丽乡村新标杆。”桐庐县委书记朱华说。

全域大花园的画卷，如何下笔？桐庐县农办有关负责人介绍，因地制宜做好规划，打造乡村特色已成为全县共识。

拥有一线富春江景的桐君街道，最近正在对梅蓉村历史文化村落的规划方案做最后修改。在这份规划里，记者看到核心内容包括：原汁原味地保护修缮古建筑、修复古街；整治沿江绿道，不做园林景观，只对现有树木做“疏减”……放眼桐庐全县，覆盖百余个中心村、特色村、精品村的规划各有特色，并与全域旅游规划无缝对接。浓浓乡愁，在对农村人文、自身资源的尊重和提升中“渗透”出来。

发展美丽经济，桐庐村落大花园为产业注入可持续发展的新内涵。在桐庐的粮食生产功能区分水镇大路村，为了让村内1200亩稻田更具吸引力，该村正规划建设“呱呱叫”欢乐农园，打造四季皆宜的亲子旅游项目。在富春江镇，民宿精品板块青龙坞今年秋天即将掀开面纱；非遗体验馆、旗袍馆等文创设计项目正在建设中，乡村成了城里人身心的新归处。

（原载2017年9月18日《浙江日报》）

桐庐建成10家农村微型养老机构　农村老年人养老不离村

黄珍珍　钱凌芸　江　超

最新统计数据显示，桐庐县农村老年人口共6.36万，占全县老年人口总数的70%，农村老人空巢率达31%。面对日益增加的农村老年人口，近年来，桐庐县不断探索完善农村养老服务体系。

早在2010年，桐庐县已在农村地区建起居家养老服务照料中心。但由于农村比较分散，居家养老服务照料中心服务辐射面有较大局限性，许多居住在偏远地区的老人无法享受照料中心服务。与此同时，部分居家养老服务中心养老服务不够专业。而县城的大型养老机构离农村太远，农村老人入住意愿不高。

为了让农村老人“离家不离亲，离家不离村”，2015年，桐庐县融合居家养老照料中心与民营农村微型养老机构，试水“家院一体”的新型养老模式。

如今，桐庐的农村老人在自家门口便可享受养老服务。今年78岁的陈杏云，家住分水镇塘源村，因中风导致行动不便。原先，陈杏云一直住在桐庐县城的一家养老机构。但离家远、亲人探望不便，独身一人的她倍感孤独。2015年4月，桐庐县阳光养老服务中心正式运行。得知村里建起了微型养老院，陈杏云的家人便将她送到这家养老院。“一来到这里，就有种回家的感觉。”陈杏云说，这里的阿姨和入住老人都是本村人，每天跟他们都有聊不完的话题。

麻雀虽小，五脏俱全。这座农村微型养老院依山而建，青砖白瓦屋内，21张护理型床位都已住满。老年食堂、棋牌室、阅览区、小公园等常规功能一应俱全。养老院现有5名护工，是经过专业培训后持证上岗的当地村民。有了专业护理人员的悉心照料，即便在失能老人的房间内，也寻不到一丝异味。养老院中的菜园，是养老院里最有人气的小天地。老人们平日里喜欢在这里播种、锄草。

为了尽快在全县铺开农村微型养老机构，2016年，桐庐县出台了《桐庐县关于进一步优化部门服务促进微型养老机构规范发展的指导意见》，简化证照审批手续，开展部门集中服务，建立起民政、国土、住建、消防、环保等多部门联合会诊制度和并联审批制度，实现“一窗口进，一窗口出”。对拟开办的微型养老机构进行现场指导和联合验收，大大加快了审批进度。

如今，桐庐已建成10家农村微型养老机构。据了解，近三年桐庐县共组织开展家庭养老护理员培训176场9888人次，开展职业资格证培训35次，720人取得护理员职业资格证书。目前，农村微型养老机构护理员持证率均达100%。

（原载2017年02月10日《浙江日报》）

桐庐党员干部作出廉洁承诺　万份承诺书层层压实责任

丁谨之　王璐怡　张海兵　蒋伟芳

“以上是我的承诺，敬请党组织和全体党员监督，如有违反，自愿接受党组织处理。”2月25日，桐庐县富春江镇里董村党员固定活动日现场，村委会主任董建龙在全村党员面前作出了廉洁承诺。与以往不同的是，董建龙还在他的《廉洁自律承诺书》上郑重签写了自己的名字。

日前，桐庐县在全县党员干部中部署开展了签订廉洁自律承诺书和履行“两个责任”承诺书活动。截至目前，全县已签订承诺书上万份。签订承诺书，并不少见。不同的是，桐庐党员干部签下的承诺书，都是“私人订制”款。

单位“一把手”、班子成员、普通党员干部、纪检监察干部、村（社区）两委干部……不同的党员干部，责任不同。记者了解到，桐庐县根据党员干部特点，专门制定《廉洁自律承诺书》《履行主体责任承诺书》《履行监督责任承诺书》等7个不同类型的承诺书，针对不同主体，明确了相关责任、具体任务、量化要求与责任追究依据等重点内容。如《“一把手”履行主体责任承诺书》，明确要求乡镇、部门“一把手”需每季度组织1次专题听取班子成员履行“一岗双责”工作情况汇报等12项具体承诺事项。

“这字可不是随便签下的，每写一笔我都对照着‘这个该做’‘那个不该做’，全村的党员都看着呢！”董建龙告诉记者，签署承诺书让自己进一步明确了责任意识。2016年7月，董建龙曾因违规存放村集体资金受到党纪处分。如今，在他签订的《村（社区）两委班子党员干部廉洁自律承诺书》中，就明确提出“不得违反规定处置集体资金、资产、资源，或者擅自使用集体财产为他人提供担保、损害集体利益”。

“虽然党委‘一把手’的‘第一责任人’职责早已在相关文件里明晰，但以承诺书的形式再次重申并要求签字承诺，能更好地让主体责任入脑入心。遇到问题时，也方便随时对照检查。”县总工会党组书记、主席滕建明拿着一纸承诺书说。

桐庐县纪委相关负责人告诉记者，签署后的承诺书还将按干部管理权限各自归档，成为今后责任追究倒查的依据。

（原载2017年3月1日《浙江日报》）

退居二线的他倒在了剿劣一线 桐庐治水干部童有希突发心肌梗塞不幸去世

杨蓥晖　陶　元　钱凌云

昨日16时03分，童有希忽然倒地，再也没有醒来。

这让他的同事——桐庐瑶琳镇党委副书记杨振武几近崩溃，“中午还和我一起在食堂吃饭，下午还在给我发微信，怎么说没了，就没了？”

童有希生前是瑶琳镇的农科员，58岁的他，今年还主动辞去了农办主任的职务，说要给年轻人机会，但最近“剿灭劣V类水”这场战役打响后，这位“老农办人”，又冲上了治水第一线。

毫无征兆的“倒地”

童有希的倒地，似乎毫无征兆。

昨日下午，童有希和现在的镇农办主任钟兴华，一起去了姚村，要谈谈村里温室甲鱼场整治的事情——瑶琳镇还有32处甲鱼养殖场，门口就是一条分水江，“剿灭劣V类水”战役打响后，这些都要暂停养殖——从3月17日开始，瑶琳镇的干部们，已经没日没夜地登门做养殖户的工作。

“本来老童都已经退二线了，”杨振武说，“但他说自己有着26年的农村工作经验，和很多养殖户都熟悉，说话管用，就主动加入了工作组。”

而在昨日16时03分，发生了意外，钟兴华看着童有希直直地倒下了——他们连忙把他送到了附近的分水镇人民医院——却等来一个噩耗。17时48分，分水镇人民医院宣布抢救无效，患者死于突发心肌梗塞。

杨振武说，“老童下午两点多钟给我发微信在讲甲鱼场的事情。我现在也很后悔，早知道就不应该让他去村里，可能也是压力太大了！”

中午还请大家吃了食堂饭

昨天的中午饭，是老童在食堂请的。

5个人点了3个菜，有一搭没一搭吃了起来——最近瑶琳镇的几个行政村都要换届，趁着午饭时候，杨振武说，“现在村里要换届，我们想几个标语，挂几条横幅吧。”

老童拿着筷子，端着饭碗，想了很久，说了一条，“风清气正抓换届　”——　大家都觉得这句话不错，马上就让负责宣传的同事，给记了下来。

杨振武回忆称，我们还在继续想横幅的事情，老童站起身，悄悄去刷了饭卡。回来后还问我们菜够不够，有人“埋怨”他去买了单，他回答说，“就食堂几个小菜，能值几个钱啊！吃完，我们去村里看看，赶紧赶紧！”

最后一天班，8点就在办公室了

瑶琳镇政府的上班时间，是早上的8点30分。

杨振武昨天8点15分就到了，没想到，老童已经坐在电脑面前，“我问他，你今天怎么来这么早？老童回答我，在处理一个效能投诉件，也是关于甲鱼场关停的。”

因为甲鱼场的关停，涉及很多村民的切身利益，事情要做好做细，加班加点成了镇干部最近一个月来最起码的工作要求——就在3月28日，瑶琳镇32家甲鱼养殖场签订了协议。

“我还听说昨天中午来了几个甲鱼养殖户上访，都是老童接待做好解释工作的，所以，中饭也晚了，吃完都快1点了，”杨振武说，“他下午3点多给我发的微信，就是这个效能投诉件的处理文字材料。”

昨晚11点多，杨振武还呆坐在办公室里，他说要送送这位老同事，想想和他的过往——偶尔不经意间，他还会翻出老童发给他的最后一条微信，时间定格在2017年3月29日14时59分。

（原载2017年3月30日《杭州日报》）

桐庐县全力打造15分钟政务服务圈
方便的是群众 收获的是信任

孙 钥 陶 元 黄建军

大半个中国跑下来，胡雪茹觉得还是桐庐最好。

好在哪？

三年前，这位桐庐媳妇在莪山畲族乡龙峰村海拔700米的高山上，承包了1000余亩地，干起了葡萄种植。别小瞧了种葡萄，返乡创业青年心里可有大目标——投资3000万元，想做一个无公害、产地可追溯的原生态葡萄酒厂。

前不久，胡雪茹赶着回北京办事。再回来，只几天工夫，一张葡萄酒厂的营业执照已经到手了。

她说，在桐庐创业，心里暖暖的。

这多亏了桐庐的三级代办服务体系——由10余名局长、65名乡镇（街道）干部、447名代办员组成，通过对县、区域、乡镇（街道）、村四级便民服务网点进行全面改造提升，将办件量大、群众最需要的128项审批服务事项下放到乡镇，让群众办事“小事不出村、大事不出镇”，打造15分钟政务服务圈。

“我们以‘最多跑一次’为契机，以敬民之心，行简政之道，完善便民举措，提升群众的获得感和幸福感。” 桐庐县委书记朱华说。

就近跑 22天办件量超过上半年总和

听说镇上就能办市民卡，分水镇新龙村刚满18岁的叶泓邑尝了尝鲜。

以往要换乘几路公交赶去县城办，昨天分水镇上的便民服务中心搬进了一台崭新的制卡机，办市民卡还能“立等可取”。

不用太久，未来桐庐包括分水在内，江南、横村、富春江这几个中心镇服务中心都要设置制卡机，办理市民卡申领、挂失、补卡、换卡等业务。

便民服务中心改造，可不只是面积扩大——窗口增加了，业务也更多了。

就拿富春江镇来说，以前拉个户籍证明要去派出所，交通违法处理要去交警中队，现在都能在一个便民服务中心里办结。

本着打造“上级授权最充分、体制运行最顺畅、事项下沉最到位、服务体验最优质”的最优服务网这一目标，目前桐庐县入驻乡镇便民服务中心的事项，已经从37项增加到127项，其中窗口即办的有55项，镇内流转办理的18项、上报县级部门审批的54项。

将原来分散于各科室办理的事项集中受理、统一代办，乡镇（街道）便民服务中心前台“一窗式”受理，乡镇（街道）科室或县行政服务中心后台分类办理，这样的模式最显著的效果，就是提高乡镇村两级便民服务事项直接办理、办结比例。

“我们重新开放后仅22天，共服务办理各类事项1547件，是今年上半年中心总办件量的1倍还要多。”镇党委委员王平军说。

不用跑 用贴心换民心

虽说是桐庐媳妇，可老公平日里都在北京做项目，两三个月回来一次，郭雪茹初来乍到毕竟有些人生地不熟。

多亏有个雷启迪。

她是莪山畲族乡乡长，还有个身份——代办员。

畲天农庄葡萄种植基地这个项目，她从头跟到尾，“尤其是返乡创业，我们从土地征用、项目建设、竣工验收、营业执照，甚至于农产品QS认证、项目推广宣传……一路跟办。”

郭雪茹感慨地说，“雷启迪办事速度很快，比我自己跑快多了。”

而代办员们也是收获满满，他们收获的更多是群众的信任。

廖荣美是尧山村村委委员，也是村里的专职代办员，前些天却在朋友圈里帮村里阿婆卖了100公斤花生。“最早我可是连她家门都进不了的。”

原来最近村里在拆违建，阿婆家鸡棚已经拆了，彩钢棚说什么也不愿意拆。

廖荣美话题一转，问起了花生的销路，这下阿婆说话了，自家吃不完，是否能帮忙卖。事后，老人家很感动，当晚就签了拆房协议。

升级代办内容，让群众不用跑，桐庐的三级代办服务体系，用贴心换民心，成效自然是显而易见的。

在县长方毅看来，桐庐的“最多跑一次”，从群众最根本利益出发，让大家“少跑一公里”“只需跑一处”，方便群众办事，拉近干群关系，更有效地推动了中心工作的顺利开展。

（原载2017年9月14日《杭州日报》）

打破时间壁垒 全天候受理
全省首个行政服务24小时自助服务厅在桐庐启用

钱凌芸　陶　元

“只有休息日空，平时没时间到窗口办事，等下班过去，窗口也下班了。”“人不在桐庐，周末才回来，怎么办？”今后这些在桐庐都不是个事——昨天，全省首个行政服务24小时自助服务厅在桐庐正式启用，采取受办分离，打破时间壁垒，桐庐“最多跑一次”改革又向前迈出坚实一步。

150平方米的服务大厅位于桐庐县行政服务中心一楼，分为自然人服务区、法人服务区和无人受理服务区三大区块，设置了10个部门的11台智慧政务自助一体机。在这里，不分工作日休息日、不分白天夜晚，市民可以任意时间在一体机上自助操作市民卡、社保医保、公积金、不动产、车辆指标、港澳通行证自助签注、工商登记、发票售领等常办事项，各类原件也能随时提交。市民只要将身份证或市民卡放置身份验证区，选择需要办理的业务，按照所提示的操作流程办事，即使最复杂的工商登记事项也仅需10分钟便可完成。

“此前，因政务数据尚未完全打通，一些事项还不能实现网上全流程办理，依然需要市民携带纸质甚至原件资料跑窗口办理，带来了诸多不便。”桐庐县行政服务中心党组成员吴飞介绍，如今首批6排72个智能文件交换柜是实现“一窗受理、集成服务”的前沿窗口。这批柜子与无人受理系统、数据交换系统共同构建了24小时无人受理服务平台，通过登录“无人受理窗口”界面，选择所需办理的事项，依托一体机自带的高拍仪将相关材料上传，利用自动生成专属二维码打开指定的文件交换柜，将相关原件申报资料装入专用文件袋投入其中便算完成。同时，系统会短信通知工作人员前来获取申报资料，而后通过申报、回执打印、资料存入等简易环节，便可实现这些事项24小时全天候受理。业务办理完成后，市民可以选择邮寄送达，也可以重新到交换柜或办事窗口直接领取。

此外，市民还可在自助机上查阅并打印县行政服务中心所有受理事项指南信息、申报表格，包括申请条件、申报材料、承诺时间等内容，所有的办事信息均与浙江政务服务网同步，群众办事办得明明白白、清清楚楚。

通过自主开发和启用首批智慧政务一体机，推动传统人工审批模式实现服务转型升级，按照银行ATM“无人受理”模式，实现了行政服务的“机器换人”，正是桐庐深化“最多跑一次”改革的又一次创新。接下来，系统将向桐庐的乡镇村延伸，全面打造15分钟全事项全天候政务服务圈。

（原载2017年11月9日《杭州日报》）

为创建国家文明城市注入坚实力量
桐庐1100名路长集体上岗

陶　元　钱凌芸

桐庐县四套班子带头，全县1100名路长集体上岗——近日，这些路长来到桐庐主要21条街道进行巡查，为桐庐创建国家文明城市注入坚实力量。

迎春南路是桐庐县城主干道和景观大道。上午9点30分，桐庐县委书记朱华身穿红色志愿者背心，佩戴“网格长胸牌”，以“路长”身份与党员志愿者一起，沿着县城迎春南路往富春江二桥方向开展步巡。

“你好，请问停在店门口充电的电瓶车是哪一位的？在这充电很不安全，麻烦停放到规定区域。”朱华看到迎春南路一家蛋糕房门口电瓶车挡住了人行道，对其劝导，并向他宣传文明创建相关内容，希望店主以主人翁姿态为提升桐庐形象和文明指数贡献自身力量——不仅自身要做好，也要提醒来店里的每一位客人做好交通工具规范文明停放。

当天桐庐发布《桐庐县创建全国文明城市网格化管理制度》，确定了21条道路网格，县四套班子主要领导每人担任一条主要道路“路长”，其余县领导每人担任一个网格“网格长”。

“每一条主要道路由四级路长来负责，一级路长是县领导，也是指挥官，另外三级分别由重点部门、共建单位以及社区市民志愿者组成。”桐庐县文明办主任程大鹏介绍。

各条包干道路，志愿者主要以劝导商家不占道经营，劝导市民不占用盲道、不乱停乱放、不乱扔垃圾；整治非机动车乱停、垃圾杂物乱堆等文明城市创建中存在的突出问题为主。

今后，每位县领导每个月至少要到各自网格走访检查1次，负责牵头督促、指导、协调职能部门落实文明城市创建各项工作；重点部门每天赴包干道路开展至少1次巡查，及时发现、解决问题；共建单位及志愿者每周要上街巡查。对于发现的每个问题，都填写在网格化管理动态巡查情况统计表、网格化管理包干单位上路集中劝导记录表中，做到发现一处解决一处。

（原载2017年4月4日《杭州日报》）

索　引

Index

袁东明／摄

索 引

说 明

一、本索引收录正文中所有条目（不包括卷首彩页、特载、大事记、文献、名录、专刊、阅读引申等）。部分条目因语言环境需要，在名称中酌加修饰词。

二、本索引按条目首字汉语拼音（同音字按声调）排序；首字相同的，按第二字拼音，以下依次类推。

三、各条目后的数字为该条目在文中所在页码。

阿拉伯数字·字母

A

B

C

D

E

F

G

H

J

K

L

M

N

P

Q

R

S

T

W

X

Y

Z